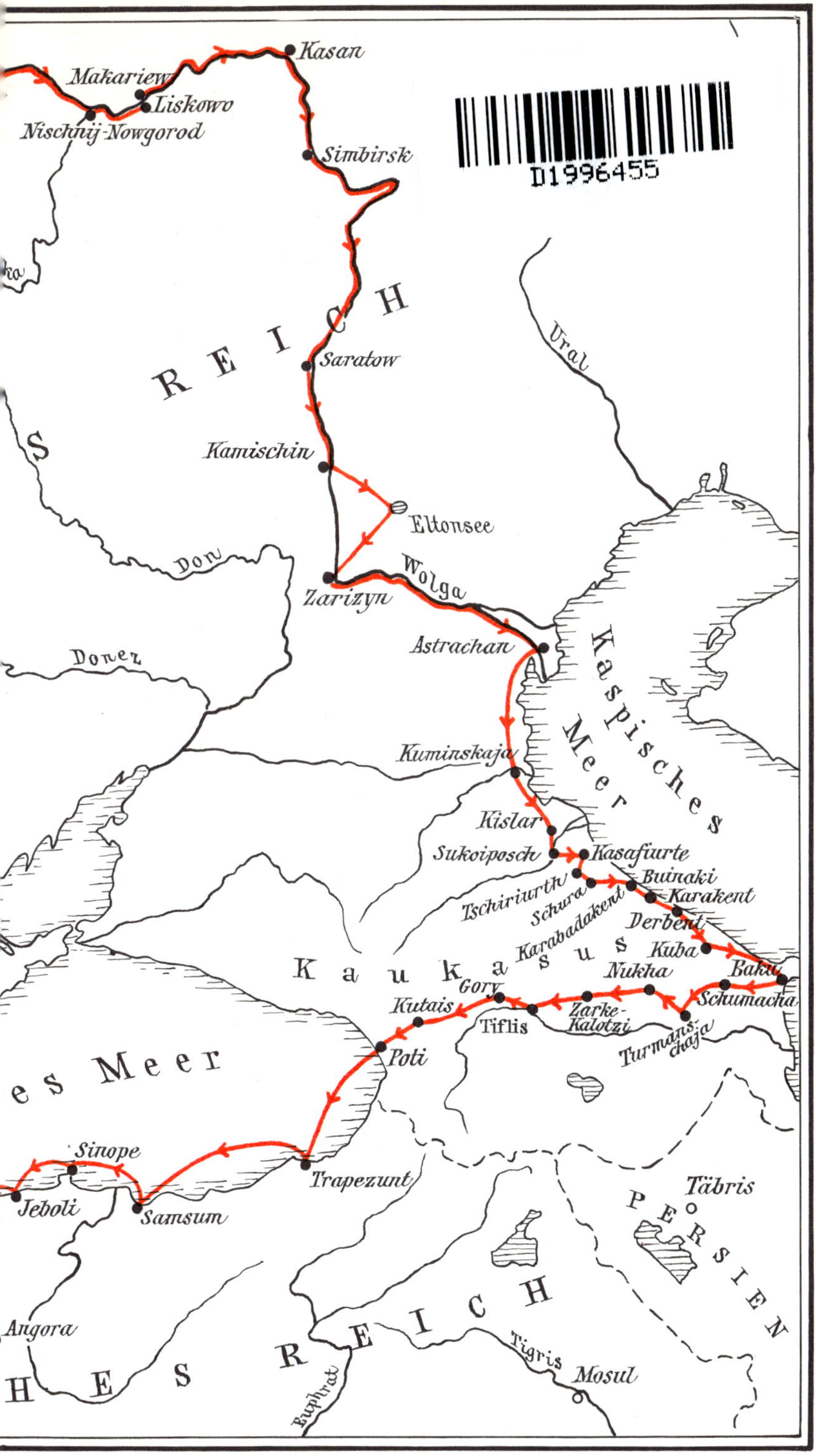

Kasan
Makariew
Liskowo
Nischnij-Nowgorod
Simbirsk
S REICH
Saratow
Ural
Kamischin
Eltonsee
Don
Zarizyn
Wolga
Astrachan
Donez
Kaspisches Meer
Kuminskaja
Kislar
Sukoiposch
Kasafiurte
Buinaki
Tschiriurth
Schura
Karakent
Karabadakent
Derbent
Kuba
Kaukasus
Baku
Nukha
Gory
Schumacha
Kutais
Tiflis
Zarke-Kalotzi
Turmanschaja
Poti
es Meer
Sinope
Trapezunt
Jeboli
Samsum
Täbris
PERSIEN
Angora
HES REICH
Euphrat
Tigris
Mosul

Alexandre Dumas

Rußlandreise
Kaukasische Fahrt

SOCIETÄTS-VERLAG

Aus dem Französischen neu übersetzt,
herausgegeben und mit einem Nachwort
von Th. P. Spiess

Societäts-Verlag · Frankfurter Societäts-Druckerei GmbH
Lizenzausgabe mit Genehmigung des
Hoffmann und Campe Verlages, Hamburg

Gesamtherstellung: Mohndruck Graphische Betriebe GmbH, Gütersloh
Umschlaggestaltung: Heinrich Müller
Petersburg im 19. Jahrhundert, Bildarchiv Preußischer Kulturbesitz
Printed in Germany 1981 · ISBN 3-7973-0383-1

ALEXANDRE DUMAS PÈRE

1. Kapitel

Reisen ist immer eine meiner Leidenschaften gewesen.

Vielleicht ist dies ein Erbteil meines Vaters, des Generals Dumas, oder noch eher meines Großvaters, des Marquis de la Pailleterie. Dieser hatte zwanzig Jahre lang als Pflanzer in Westindien gelebt, wo er auf San Domingo beim Kap Rose eine Plantage besaß.

Meine Großmutter väterlicherseits war eine Sklavin aus Westafrika und führte dem Marquis den Haushalt. Ihr Name war Cesette. Sie starb aber schon, als mein Vater gerade zehn Jahre alt wurde. Vorher war er von seinem Erzeuger formell als Sohn anerkannt worden.

Es war damals nichts Ungewöhnliches, wenn ein adeliger Pflanzer bei Rückkehr in die Heimat Söhne von halbafrikanischem Blut nach Frankreich mitnahm.

Mit 18 Jahren erlebte also mein Vater zum ersten Male eine große Reise, und als er sich wenige Jahre später unter dem Namen Dumas als Gemeiner bei dem Dragonerregiment der Königin in Soissons anwerben ließ, erregte er durch seine ungewöhnliche Körperkraft Bewunderung. Kurz darauf brach mit der Erstürmung der Bastille in Paris die große Französische Revolution aus, die ihm die Offizierslaufbahn erschloß, und seine bald legendären Waffentaten sowie die Tatsache, daß er sich sofort auf die Seite der revolutionären Republik stellte, ermöglichten es, daß er in unwahrscheinlich kurzer Zeit – in etwas über drei Jahren – vom Dragoner im Mannschaftsstand zum Divisionsgeneral befördert wurde. Es geschah dies im September 1793, und von da an wurde er durch seine Kommandierungen so lange hin und her geworfen, daß er nach zwei Jahren davon genug hatte und seinen Abschied nahm, um bei seiner Familie in Villers-Cotterets zu leben, denn inzwischen hatte er sich dort mit meiner Mutter, einer geborenen Labouret, verheiratet.

Noch einmal wurde sein ruhiges Leben dort gestört, als der Pariser Nationalkonvent von der *Jeunesse dorée* bedroht wurde und am 14. Vendémiaire zuverlässige republikanische Generale nach Paris rief. Der General Dumas stellte sich sofort der Republik wieder zur Verfügung, er kam jedoch einen Tag zu spät in Paris an, als der Konvent bereits von anderen Jakobinergeneralen gerettet war und das Direktorium an die Macht kam. Einer der Generale hieß Napoleon Buonaparte. Aus Dankbarkeit für seine Verdienste wurde dieser zum Befehlshaber der Armee ernannt, die zur Eroberung Italiens bestimmt war. Der Direktor Barras hatte dem Korsen – dem »Général Vendémiaire« – außerdem eine seiner früheren Mätressen, eine Kreolin aus Martinique, Josephine de Beauharnais, ins Bett gelegt.

Dumas blieb nichts anderes übrig, als sich dem 26jährigen Buonaparte für den Italienfeldzug zu unterstellen, was ihm widerstrebte, weil er diesen zunächst für einen Grünschnabel hielt, denn er selbst zählte bereits ganze 32 Jahre. Aber die republikanischen Generale Hoche, Marceau und Dumas ordneten sich doch dem jungen Korsen, der jetzt das ›u‹ aus seinem Namen entfernt hatte, damit er französisch klang, loyal unter und kämpften in Italien als Haudegen in den vordersten Reihen bis zum siegreichen Ende.

Der General Dumas wurde dann zu Napoleon berufen, als dieser den Oberbefehl über die Orientarmee erhalten hatte, und von ihm mit dem Oberbefehl über die Kavallerie der ägyptischen Expedition betraut. Seinen Reitern dort voranstürmend, trieb er die berühmten Mamelucken vor sich her bis in den Nil. Man sieht also, daß mein Vater kein Stubenhocker war.

Aber wir wollen nun von mir sprechen:

Die Reihe meiner größeren Reisen begann im Süden Frankreichs, in Aigues Mortes, Arles, Tarascon, Nîmes, Marseille, Avignon, alles ehrwürdige Stätten der Geschichte des Altertums und des Mittelalters.

Die nächste Fahrt dauerte zwei Jahre und führte mich nach Cannes, Nizza, Genua, Florenz, Pisa, Livorno, Turin, Mailand, Rom, Neapel, Palermo, Marsala, Syrakus, zum Ätna, nach Stromboli, Reggio und dann zu Fuß durch ganz Kalabrien bis Pästum. Schließlich wurde ich von Karabinieris des Papstes verhaftet und mit der Auflage, sofort nach Frankreich zurückzukehren, wieder freigelassen.

Einige Jahre später mietete ich eine kleine Barke in Livorno, um Elba, Monte Christo und Korsika kennenzulernen.

Im Jahr 1846 besuchte ich Madrid, Barcelona, Malaga, Granada, Cordua, Sevilla, Cadix und setzte dann über die Meerenge nach Tanger, Tetuan und zurück nach Gibraltar. Darauf ging es nach Oran und Algier, Constantine und Tunis. Diese große Studienreise kostete mich 33 000 Francs, wobei das Unterrichtsministerium in Paris mir einen Zuschuß von 10 000 Francs gewährte. Über meine Studienfahrten zu den historischen Stätten des westlichen Mittelmeeres habe ich acht Bücher geschrieben.

Aber ich hatte noch weitere Pläne und wollte mit einem flachgehenden kleinen Fahrzeug auch das östliche Mittelmeer kennenlernen und insbesondere Malta, Alexandrien, Beirut, Smyrna und Konstantinopel besuchen. Während meiner Vorbereitungen dazu erhielt ich jedoch ganz unerwartet eine großzügige Einladung des in Paris weilenden russischen Grafen Kuschelew Besborodko zu einer Rußland- und Kaukasusreise.

Nach der berühmten Belagerung und Eroberung Sewastopols durch Franzosen und Engländer im Krimkriege hatte 1856 der Friede von Paris den Feindseligkeiten ein Ende gemacht, und der reiche russische Adel konnte wieder nach Paris und seiner geliebten Riviera reisen.

Die kurz vorher erfolgte Thronbesteigung des Zaren Alexanders II. bedeutete den Beginn eines liberalen Kurses in Rußland, und es war anzunehmen, daß ich diesmal keine Visumschwierigkeiten haben würde. Obwohl zur Zeit seines Vorgängers, des Zaren Nikolaus I., verschiedene meiner romantischen Dramen und Romane ins Russische übersetzt worden waren, hatte die offizielle Kritik aus politischen Gründen Einwände erheben müssen, weil Helden, die auf der Bühne oder in Büchern der Gesellschaft den Krieg erklärten und gegen die Ehe sprachen, die regierenden Kreise in Unruhe versetzten.

Dann hatte ich die Geschichte zweier Teilnehmer des russischen Dekabristenaufstandes – *Mémoires d'un maître d'Armes* – Erinnerungen eines Fechtmeisters – erscheinen lassen. Darin wurden die Erlebnisse eines revolutionären russischen Gardeoffiziers geschildert, dem seine spätere Gattin in die Verbannung nach Sibirien folgte. Dieser Roman wurde in Rußland verboten, was natürlich nicht hinderte, daß er überall – auch von der Zarin – heimlich gelesen wurde. Aber ich war nun offiziell »persona non grata« im Zarenreiche.

Inzwischen hatte ich mehrere hundert Bände erscheinen lassen und wurde überall gelesen, ja, man sagte 1850: »Wenn es heute auf einer unbewohnten Insel einen neuen Robinson Crusoe gibt, dann liest er sicher jetzt die ›Drei Musketiere‹ von Dumas.«

Im nächsten Jahre verliebte sich mein Sohn nacheinander in zwei russische Aristokratinnen, die Gräfin Nesselrode und die Prinzessin Naryschkin, wodurch mein Interesse für dieses in Frankreich so unbekannte Land wieder besonders angeregt wurde.

Außerdem wußte ich, daß die Russinnen als die schönsten Frauen Europas galten und daß die Männer zu trinken verstanden, daß die Geschichte des Landes eine andauernde Folge blutiger und sinnlicher Dramen war sowie daß es noch ziemlich viel Exotisches, ja in manchem noch etwas vom feudalen Mittelalter hatte.

Man sprach sogar im Augenblick in Zeitungen davon, daß in Kürze 20 Millionen leibeigene Bauern der russischen Krone und 21 Millionen Leibeigene von Gutsbesitzern sowie sechs Millionen Leibeigene des Klerus – alles in allem mehr als 47 Millionen Sklaven – zu freien Menschen erklärt werden sollten. Man wird aus meiner Familiengeschichte verstehen, daß gerade dies mein Interesse erregen mußte.

Wer gegen Ende des Winters 1857 zwischen Mitternacht und vier Uhr morgens den Platz vor dem Palais Royal in Paris passierte, sah Tag für Tag zu seinem Erstaunen die erste Etage des Hotels »Trois Empereurs« – später in Hôtel du Louvre umbenannt – taghell erleuchtet.

Durch die offenen Fenster sah man von der Straße aus, wie sich dort oben mehrere Dutzend Leute angeregt unterhielten, wenn nicht gerade Musik gemacht wurde. Ein Balkon war trotz der frühen Jahreszeit ganz mit blühenden Rosenstöcken, Kamelien, Rhododendren und Azaleen geschmückt, und die Balkontür stand offen, damit man jederzeit frische Luft schöpfen konnte, obwohl damals die Unsitte des Zigarrenrauchens noch nicht allgemein verbreitet war.

Wenn nicht gerade eine Polka oder Mazurka ertönte und getanzt wurde, erschien dort manchmal eine junge Frau von halb europäischem, halb orientalischem Aussehen am Arm eines Gastes, um sich abzukühlen und einen Blick auf das nächtliche Paris und die wenigen so spät noch passierenden Fiaker zu werfen. Hin und wieder war sie auch von ihrem Gatten, einem noch jungen Mann von aristokratischem Aussehen begleitet.

Alle beide sind Russen. Er – Graf Gregor Alexandrowitsch Kuschelew-Besborodko – stammt aus einem alten Geschlecht, das halb kosakisch, halb russisch war. Einem seiner Ahnen, einem Zaporoger Kosakenfürsten, wurde in einem Türkenkriege der Unterkiefer abgeschlagen, worauf die Familie den Zusatznamen Besborodko annahm, was »ohne Kinn« bedeutet.

Eines Tages wurde von dem Hetman ein Kanzleichef für die Zarin Katharina II. angefordert. Die Wahl fiel auf Alexander Besborodko, den Großoheim unseres Grafen, der an den Hof nach St. Petersburg entsandt wurde. Falls er eine Prüfungsarbeit besteht, soll er die nur schlecht Russisch sprechende Zarin aus deutschem Fürstenhause in Russisch unterrichten. Die Arbeit soll er am nächsten Tage um zehneinhalb Uhr persönlich der Kaiserin übergeben.

Aber Besborodko ist jung und will das Petersburger Nachtleben sofort kennenlernen, also wird er mit Freunden und schönen Mädchen zu Abend essen und feiern. Erst kommt das Vergnügen und dann die langweilige Arbeit, und die Zeit vergeht im Fluge. Er kommt erst gegen zehn Uhr morgens nach Hause, also muß er einen Ausweg suchen. Er wird einfach von einem leeren Blatt Papier der Zarin etwas vorlesen, diese wird dann einige Verbesserungen wünschen und anstatt seine Arbeit nur zu berichtigen, wird er sie schnell ins reine schreiben.

Kurz entschlossen läßt er sich zur befohlenen Zeit melden, verbeugt sich vor Katharina, zieht ein Papier aus seiner Brieftasche, geht unter der Entschuldigung, daß er nicht gut sieht, ans Fenster und improvisiert seinen Text, den er angeblich abliest. Die Zarin aber macht keine Beanstandungen und verlangt das Schriftstück zur Abzeichnung.

»Majestät haben keine Änderungswünsche?«

»Nein, ich bin vollkommen mit Ihrer Lösung der Aufgabe einverstanden. Geben Sie her!«

Jetzt blieb nur eins übrig: Besborodko näherte sich ihr, beugte das rechte Knie und reichte ihr mit schuldbewußter Miene das leere Papier. Katharina sah gern einen schönen jungen Mann vor sich knien und verzieh ihm.

Aber es kam nicht so, wie man denken könnte. Sein Beschützer am Hof hatte dem jungen Höfling eingeschärft, er dürfe alles von der Zarin wünschen, nur nicht das eine, und so kam es, daß Besborodko sich verteidigte wie ein dorniger Rosenstock und man sagt, daß er für Katharina lediglich ihr Privatsekretär geblieben ist ...

Als sie ihm später ihr Testament diktierte, das den von ihr verbannten Sohn Paul von der Thronfolge ausschloß und zum Nachfolger ihren Enkel Alexander bestimmte, befahl sie ihm, eine Kopie von der wichtigen Urkunde zu machen, die sie gleichfalls unterschrieb.

Dann sagte sie: »Besborodko, du bist der einzige, dem ich vertraue. Deponiere das eine Testament beim Erzbischof von Moskau und das andere beim Senat in St. Petersburg. Geh!«

Nach acht Tagen meldete er sich zurück.

»Nun?« fragte ihn die Zarin.

»Die Befehle Eurer glorreichen Majestät sind ausgeführt!« antwortete ihr geheimer Kanzleichef, und von da an konnte die Kaiserin wieder beruhigt schlafen.

Nicht lange danach erkrankte sie plötzlich an Leibschmerzen und begab sich in ihr neu aus England eingeführtes Luxuskabinett, das unsere englischen Nachbarn *water closet* nennen. Als sie dort einen Schrei ausstieß und ihre Hofdamen herbeieilten, fanden sie die Zarin in

Agonie bewußtlos auf dem Boden liegen. Nach siebenunddreißig Stunden verschied sie.

Auf die Nachricht ihres Todes sprang Besborodko auf sein längst gesattelt bereitstehendes Reitpferd und jagte nach Gatschina, dem Exilort ihres Sohnes Paul.

»Hoheit, ich bringe Ihnen eine schreckliche Nachricht!«

»Welche?« fragte der erschrockene Prinz.

»Hoheit, Ihre erlauchte Frau Mutter ist verstorben.«

»Wenn das wahr ist, gebrauchst du eine falsche Anrede, Besborodko, denn dann bin ich nicht mehr Hoheit, sondern Majestät!«

Besborodko schüttelte den Kopf: »Die erlauchte Majestät hat Hoheit enterbt!«

»Mich enterbt? . . ., und zu wessen Gunsten?«

»Zugunsten Ihres Sohnes Alexander.«

»Aber das ist doch unmöglich und ich glaube es nicht!«

»Verzeihung, aber ich selbst habe auf Befehl der Zarin die Testamente nach Diktat schreiben müssen, und sie wurden von ihr vor meinen Augen unterzeichnet.«

»Und was hast du mit ihnen gemacht?«

»Ich habe Befehl bekommen, die eine Ausfertigung dem Erzbischof von Moskau zu überbringen und die andere beim Senat in St. Petersburg zu hinterlegen.«

»Das lügst du, Besborodko!«

»Hoheit, werden Sie mir glauben, wenn ich Ihnen die von mir geschriebenen und von Ihrer erlauchten Mutter unterzeichneten Urkunden jetzt übergebe...? Bitte, hier.«

»Tatsächlich, und was hast du in Petersburg und Moskau deponiert?«

»Nur zwei unbeschriebene leere Blätter Papier in einem versiegelten Umschlag!«

»Und wenn die Kaiserin dir mißtraut hätte und durch jemand anders einmal die Testamente zurückgefordert hätte? Du hast ja deinen Kopf riskiert!«

»Ein guter Spieler denkt eben nicht an den Einsatz.«

»Bist du sicher, daß diese beiden Testamente in meiner Hand die einzigen sind, die existieren?«

»Ganz sicher, ich übernehme die Verantwortung dafür, Hoheit!«

»Also könnte ich sie einfach zerreißen und vernichten?«

»Vernichten Sie sie, Majestät!«

»Ich danke dir und ernenne dich zum Fürsten!«

So schloß diese historische Unterredung. Es war also das zweite Mal, daß unbeschriebenes Papier Besborodko Glück brachte. Er wurde zum Dank für diesen Dienst nicht nur gefürstet, sondern erhielt auch das Amt des Großkanzlers sowie das Recht, sich im Reiche Kronländereien mit 20 000 Leibeigenen als Eigentum auszuwählen. Dies wurde dann der Grundstock eines großen Familienvermögens.

Jetzt habe ich mich zwar etwas weit vom Hotel »Trois Empereurs« in Paris entfernt, aber bevor ich dorthin mit meiner Erzählung zurückkehre, muß ich abschließend noch einiges sagen.

Als Katharina II. ihren Sohn Paul nach Gatschina verbannte, gab sie ihm einige junge Adlige mit, und unter ihnen war auch der Großvater des Grafen Kuschelew. Als später dank der Zerreißung ihrer beiden Testamente Paul doch ihre Nachfolge antrat, machte er seinen Lieblingsgespielen Kuschelew zum Chef der Kriegsmarine und zum Grafen.

Der neue Zar Paul I. war als exzentrisch bekannt. Er war von Statur klein, hielt sich aber für groß. Er war direkt häßlich, hielt sich aber für schön. Er kleidete sich wie Friedrich der Große von Preußen, obwohl seine Großtante Elisabeth bis zu ihrem Tode im Siebenjährigen Kriege, in dem wir bekanntlich Kanada und unsern Teil von Indien an England verloren, gegen ihn gekämpft hatte. Er trug einen gleichen Spazierstock, eine gleiche Schnupftabakdose wie der preußische König, sogar einen gleichen Dreispitz. Übrigens war der bekannte kleine Hut Napoleons eine Verkleinerung dieser militärischen Hutmode.

Inzwischen wünschte der Zar, daß Besborodko, der kinderlos war, seine Nichte mit seinem erwähnten Jugendfreund aus Gatschina, dem Grafen Kuschelew, verheiratete. Auf diese Weise wurden die großen Vermögen beider Familien vereinigt.

Dies war der Hintergrund des immensen Reichtums des jungen Grafen Gregor Kuschelew Besborodko, der mit seiner Gemahlin und einem Gefolge von zwölf Personen eine große Reise durch Polen, Österreich, Italien und Frankreich gemacht hatte und seit einem Jahre unterwegs war. Als Reisekasse hatte er für zwei Millionen Francs Wechsel auf die Rothschildhäuser in Wien, Neapel und Paris gezogen.

Die Reisebegleitung des Paares bestand aus der Schwester der Gräfin, einer jungen Schönheit von 18 Jahren. Sie war verlobt und zu ihrer Hochzeit sollte ich später eingeladen werden. Ihr Vorname war Alexandrine.

Dann hatten sie ihren sechs Jahre alten Sohn bei sich. Dieser war außerordentlich gut erzogen, niemals kletterte er auf die Knie der Anwesenden, er warf niemand ein Spielzeug an den Kopf oder stellte andauernd Fragen. Auch wenn er im Wohnzimmer war, sah man ihn einfach nicht. Er saß mit am Tisch und wenn er genug hatte, verschwand er lautlos. Ich wünschte, daß alle Leute, bei denen ich verkehre, ein solches Musterkind hätten. Er wurde Sascha gerufen und verstand sich sehr gut mit seinem Kindermädchen Helene und den Zofen.

Der Führer der russischen Reisekarawane war Dandré, 26 Jahre alt, französischer Herkunft, aber russifiziert. Er hatte seine junge Familie in Petersburg zurückgelassen, um das gräfliche Paar ins Ausland zu begleiten. Er führte die Kasse, machte die Wechsel zu Geld, regelte die Bezahlung der Rechnungen, war Postmeister, bestellte die Wagen, reservierte Plätze in der Eisenbahn, wenn man sie benutzte, sowie Hotelzimmer oder Kabinen bei Schiffsreisen, kurz, er war der Mann für alles. Wo immer man ankam, stets war ein reichliches Essen mit guten Weinen bereit. Wenn die Unterkunft schlecht war, zauberte er in kurzer Zeit Kissen und weitere Decken herbei.

Unterwegs waren noch drei männliche Reisebegleiter hinzugekommen: nämlich der Dichter Polowskij, der Musiker Milleloti und ein schottischer Spiritist mit Namen Home. Da ich in ihrer Begleitung so viele Meilen zurücklegen sollte, ist es für den Leser wohl nicht uninteressant, wenn ich sie näher vorstelle:

Das gräfliche Paar war in Rom und wohnte im Hotel Minerva, etwa im gleichen Stile wie jetzt in Paris, das heißt sie hielten freie Tafel für ihre Bekannten und Besucher tagsüber und des Nachts. Ihre Salons waren bis zum Morgengrauen taghell erleuchtet. Sie gaben übrigens täglich zwei- bis dreitausend Francs aus. Durch einen Zufall lernte der Graf dabei einen Landsmann aus Petersburg, Lasarew, kennen, der eine Oper komponiert hatte, gegen die »Wilhelm Tell« von Rossini, »Robert der Teufel« von Meyerbeer, »Don Juan« von Mozart oder der »Troubadour« von Verdi wenig bedeuten sollten.

Er wollte sie unbedingt dem Grafen – wenigstens im Rahmen eines Konzertes – vortragen lassen und dieser hatte die Unvorsichtigkeit, ihm aus Höflichkeit zu antworten, indem er mechanisch an seinem goldenen Riechfläschchen roch: »Meinetwegen, das wäre sehr gut.«

Von diesem Augenblick an mußte er täglich von fünf Uhr nachmittags bis fünf Uhr morgens den Komponisten um sich ertragen. Wenn dieser nicht gerade bei Tisch saß, sang, trällerte oder pfiff er Melodien aus seiner Oper und klimperte dazu mit einem Finger auf dem Piano. Dies machte den Grafen bald derartig nervös, daß er dem Künstler 1800 Francs für die Veranstaltung seines Konzerts überreichte und damit hoffte, dieser Pein ledig zu sein. Aber es kam anders.

Denn als er eines Abends seine Salons betrat, war er sehr unangenehm überrascht, als er dort ein Orchester mit Sängern, Sängerinnen und Musikern vorfand. Lasarew hielt einen Taktstock in der Hand. Er wollte dort seine Oper vortragen lassen. Für das Piano hatte er einen etwa 26jährigen Klavierspieler als Begleiter engagiert, der anscheinend sehr musikalisch war und durch sein Spiel das Interesse der Gräfin erregte. Der Graf war sofort geflüchtet und hatte sich im entferntesten Zimmer schlafen gelegt, so daß seine Gattin die Honneurs machen mußte.

Sie unterhielt sich hinterher mit diesem Musiker und fragte ihn, ob er sie nicht bei ihren Singübungen begleiten wollte und nannte ihm ein Honorar, das höher war als seine gesamten Einnahmen in einem halben Monat. Die erste Musikstunde sollte am nächsten Tage sein.

Als er um drei Uhr nachmittags erschien, hatte die Gräfin aber keine Lust zum Singen, sondern bat ihn, lieber leichte Musik – Polkas und ähnliches – vorzuspielen. Milleloti, dies war sein Name, hatte ein ganzes Repertoire auswendig im Kopf und spielte sehr angenehm ununterbrochen zwei Stunden. Um fünf Uhr meldete man, daß der Graf im Speisesaal sei und zwang Milleloti, am Essen und dann an einer Spazierfahrt teilzunehmen. Als man um Mitternacht zurückkehrte, zeigte der Graf dem Künstler drei oder vier von ihm selbst komponierte Stücke, und Milleloti begleitete den Grafen, der im Gesang ausgebildet war, so gut vom Blatt, daß er äußerte, er hätte noch niemals einen so guten Klavierbegleiter gehabt. Um zwei Uhr früh soupierte man und dann wurde bis fünf Uhr morgens weiter musiziert.

Von da an spielte Milleloti täglich Polkas, Mazurkas, Tarantellas, Opernmelodien oder Etüden, ohne große Pausen zu machen, und ohne seine Musikberieselung war der Salon des gräflichen Paares in Rom nicht mehr denkbar. Beim Abschied nach längerer Zeit hatten alle Tränen in den Augen und die Gräfin sagte schließlich: »Illustrissime, warum wollen Sie uns schon verlassen? Kommen Sie doch einfach mit nach Neapel!«

Der Graf unterstützte ihre Einladung. So kam es, daß Milleloti sich dem Gefolge des Paares nach Neapel, Sorrent, Florenz und schließlich nach Paris anschloß. Er sollte auch nach Petersburg mitgenommen werden.

Der Musiker war nicht der einzige, der im Gefolge der Kuschelews reiste. In Rom hatte der Graf sich den damals berühmten schottischen Spiritisten Daniel Douglas Home vorstellen lassen, dieser war ständiger Hausgast im Hotel »Minerva« geworden und nach einem Monat hatte er die jüngere Schwester der Gräfin so bezaubert, daß er sich mit ihr verlobte. Die Hochzeit sollte in Petersburg nach der Rückkehr gefeiert werden, und bis dahin wurde er bereits vom Grafen als Schwager angesehen und begleitete das Paar nach Neapel, Sorrent, Florenz und Paris.

Der Dichter und Schriftsteller Polowskij wohnte in Rom und begegnete dem Grafen bei einem Besuch des Kolosseums. Sie erkannten sich als Landsleute, kamen ins Gespräch und der Graf teilte ihm mit, daß er die Absicht habe, eine literarische Zeitschrift in St. Petersburg erscheinen zu lassen. Polowskij erklärte sich nach längeren Gesprächen einverstanden, die Leitung des neuen Blattes zu übernehmen, und wurde eingeladen, das gräfliche Paar auf der weiteren Reise zu begleiten.

Im übrigen war der reisende Haushalt noch durch die Siamkatze Signorina, eine Hündin und eine lebende Schildkröte vervollständigt. Signorina fiel der Gräfin im Geschäft des berühmten Mosaikhändlers Galanti in Rom auf, als ihr Mann die angebotenen Objekte dem geforderten Preis gegenüber nicht für schön genug erklärte. Er wollte gerade gehen, als die Katze einen Buckel machte, sich an den Rock der Gräfin schmiegte und zu schnurren begann.

»Was für eine schöne Katze!« rief diese aus.

»Sie gehört Ihnen!« antwortete sofort Galanti.

Er weigerte sich jedoch, sie zu verkaufen. Also nahm die Gräfin in ihrer guten Laune das Geschenk dankend an, und dem Grafen blieb nichts anderes übrig, als Galanti anstandshalber für 40 000 Francs alte Mosaiken abzukaufen. –

2. Kapitel

Jetzt muß ich aber davon berichten, wie es gekommen ist, daß ich mit dieser interessanten Familie bekannt und nach Petersburg eingeladen wurde.

Der bereits erwähnte Home hatte mich mehrmals aufgefordert, doch an einer seiner spiritistischen Sitzungen teilzunehmen, ich hatte aber wegen Arbeitsüberhäufung niemals Zeit dafür, obwohl ich schon zu Studienzwecken gern einmal dabeigewesen wäre und dachte nicht mehr daran.

Eines Tages kamen jedoch zwei gute Freunde, der Graf von Sancillon und der durch okkulte Bücher bekannte Schriftsteller Delaage, zu mir und erklärten, daß sie Auftrag hätten, mir am nächsten Tage Home vorzustellen. Da ich mit Arbeit überlastet war, lud ich die drei lieber zum Mittagessen ein. Am nächsten Tage erschienen also Sancillon, Delaage und Home bei mir zum Essen.

Home erzählte mir dabei, wie er in Rom das gräfliche Paar Kuschelew kennengelernt hatte, auch wie es zu seiner Verlobung mit der Schwester der Gräfin gekommen war. Schließlich aber kam er damit heraus, daß der Graf den dringenden Wunsch geäußert habe, mich bei sich zu sehen.

Es konnte nun sein, daß hier ein Fühler ausgestreckt wurde, um die frühere Brüskierung meiner Person durch den verstorbenen Zaren elegant auszubügeln. Als nämlich der russische Minister in Paris, Graf Uwarow, vor längerer Zeit beantragt hatte, mir den Stanislaus-Orden zu verleihen, »weil ich der volkstümlichste Dichter Frankreichs sei und Einfluß auf die öffentliche Meinung habe, die damals anscheinend aus sentimentaler Schwärmerei für Polen antirussisch gestimmt war«, hatte Zar Nikolaus diesen Vorschlag abgelehnt, und als ich kurz darauf in der *Revue de Paris* meinen Dekabristenroman »Der Fechtmeister« veröffentlichte, erregte dies beim russischen Hofe die allerhöchste Empörung.

Ich wollte also auf keinen Fall einen späteren Besuch des Grafen bei mir ablehnen und äußerte mich dementsprechend, daß ich ihn gern zum Diner einladen würde.

Home fragte darauf: »Wäre es nicht besser, wenn Sie die Einladung persönlich aussprechen würden? Und warum nicht gleich heute abend? Wir sollen Herrn de Sancillon sowieso nachher im ›Hotel des Trois Empereurs‹ einführen, und wenn Sie mitkommen, können wir gleich beide Vorstellungen erledigen.«

Ich erhob noch einige Einwendungen, daß es zu spät für einen ersten Besuch sei, aber man sagte mir, daß die Herrschaften nicht vor sechs Uhr morgens sich zur Ruhe legten und daß daher eine Besuchszeit zwischen elf Uhr und Mitternacht gerade richtig sei. Also erklärte ich mich einverstanden.

Am ersten Abend verließ ich das Hotel erst wieder um fünf Uhr morgens, am zweiten um sechs und am dritten um sieben Uhr. Als Entschuldigung muß ich anführen, daß in diesem magischen Salon Sivori Violine spielte, Ascher Klavier und Méry rezitierte. Aber schließlich mußte ich an meinen Romanen arbeiten und blieb dann standhaft für drei Tage weg.

Am dritten ließ man mich mit einem Wagen durch Home und Sancillon abholen. Ich seufzte und folgte meinen beiden Gendarmen.

Als wir im Hotel ankamen, war die Abendgesellschaft noch angeregter als sonst, und bei meinem Eintritt kam das gräfliche Paar auf mich zu und setzte sich dann rechts und links von mir in einen Sessel.

»Monsieur Dumas, wir glauben bemerkt zu haben, daß es Ihnen zu spät ist, wenn Sie uns erst um sechs Uhr morgens verlassen.«

»Ich muß gestehen, Graf, daß dadurch meine Tageseinteilung in Unordnung gerät.«

»Also werden wir keine Einwendungen mehr erheben«, fuhr die Gräfin fort, »wenn Sie uns bereits um Mitternacht verlassen.«

»Vielen Dank, Gräfin, man kann es ja versuchen.«

»Aber unter einer Bedingung«, sagte der Graf.

»Und das wäre?«

An seiner Stelle antwortete die Gräfin: »Daß Sie uns auf unserer Rückreise nach Petersburg begleiten!«

Ich sprang auf, weil mir dieser Vorschlag exzentrisch vorkam, und die Gräfin fuhr fort: »Wir dachten uns schon, daß Sie vor Überraschung aufspringen würden.«

»Aber Gräfin, das ist doch unmöglich!«

»Warum denn unmöglich?« fragte der Graf.

»Soviel ich weiß, reisen Sie in fünf Tagen ab, das ist zuwenig für mich, um eine solche Reise vorzubereiten. Außerdem würde ich niemals nur nach Petersburg fahren.«

Kuschelew stimmte mir zu: »Sie haben recht. St. Petersburg ist die Stadt Peters des Großen, aber nicht Rußland.«

»Nein, sicher nicht. Deshalb habe ich auch schon einmal daran gedacht, Moskau, Nischnij Nowgorod, Kasan, Astrachan und Sewastopol zu besuchen und dann auf dem Donauwege zurückzukehren.«

»Das würde sich sehr leicht ermöglichen lassen«, meinte die Gräfin, »ich habe nämlich ein Gut Koralow bei Moskau, mein Mann hat ein Landgut bei Nischnij, er besitzt Steppengebiete bei Kasan, Fischereien am Kaspischen Meer und ein Landhaus in Isatscha. Damit stünden Ihnen Absteigequartiere etwa in einer Entfernung von jeweils 200 Meilen zur Verfügung. Das müßte doch einen Mann verführen, der nur durch ein Frauenhaar an Paris gefesselt ist.«

»Gräfin, geben Sie mir zwei Tage Bedenkzeit!«

»Nein«, sagte sie, »entscheiden Sie sich in zwei Minuten, oder wir verweigern Home die Hand unserer Schwester, bei deren Hochzeit Sie Brautführer sein sollen.«

Darauf erhob ich mich endgültig und betrat den Balkon, um zu überlegen. Ich dachte daran, daß ich eigentlich in eineinhalb Jahren Griechenland, Kleinasien, Syrien und Ägypten bereisen wollte. Andererseits mußte es im Augenblick sehr interessant sein, durch Rußland zu fahren. Aber der Gedanke daran war eine Verrücktheit und vielleicht entschied gerade dies.

Nach Verlauf von zwei Minuten trat ich wieder zur Gräfin ins Zimmer, und sie sah mich an: »Nun, wie haben Sie sich entschieden?«

»Gut, ich werde mit Ihnen abreisen.«

Der Graf schüttelte mir hocherfreut die Hand, Home umarmte mich, und auf diese Weise kam meine große Reise durch das russische Reich zustande.

3. Kapitel

Man hatte für uns drei Eisenbahnwagen für die Fahrt mit dem Expreßzug nach Berlin über Köln reservieren lassen. Im mittleren saßen der Graf, die Gräfin und ich sowie unser Reisebegleiter Dandré in einem gesonderten Abteil. Die Hündchen Duschka und Muischka hatten Sondererlaubnis erhalten und brauchten nicht im Hundeabteil eingeschlossen zu werden, nachdem ihre Fahrkarten vorgezeigt waren.

Die Schildkröte von Sascha befand sich in einer leeren Konfitürenschachtel, die Katze Signorina in ihrem Reisekorb, und dann war noch der Schoßhund Charick, Eigentum der zweiten Zofe Louise, im Zuge. Die letzteren drei Tiere waren durchgeschmuggelt worden, ohne daß man für sie bezahlt hatte.

Mein persönlicher Reisebegleiter war der junge Maler Moynet, der in Paris als Dekorationsmaler von Theatern und Zeichner von künstlerischen Tapeten bekannt war. Er sollte meine Reiseerlebnisse mit seinem Stift festhalten und hatte im Wagen vor uns, zusammen mit dem Arzt, dem alten Erzieher, dem Spiritisten und dem Klavierspieler – Maestro genannt – Platz gefunden. Die Damen der Begleitung, das heißt das gnädige Fräulein Helene, ferner das Kindermädchen mit Sascha und die Zofen Annuschka und Louise befanden sich im Wagen hinter dem unsrigen. Der Diener Missam war nach Köln vorausgeschickt, um für uns dort ein gutes Frühstück vorbereiten zu lassen. Wo die anderen Begleiter waren, kann ich nicht sagen.

Es war zum Ersticken heiß. Aber unser an alles denkender Dandré hatte vorgesorgt. Er ließ drei Körbe servieren; im ersten war eisgekühlter Champagner, im zweiten befand sich kaltes Essen, nämlich gebratene Hühner, harte Eier, Würste und Bordeauxwein, im dritten Früchte: Trauben, Pfirsiche, Aprikosen und Mandeln.

In Pontoise wurde ein Abendessen eingenommen, in Creil gekühltes Sodawasser gereicht, und als wir in Compiègne ankamen, schlief schon alles. Ich wurde durch einen belgischen Zollbeamten geweckt, aber als er auf meinem Koffer und meinem Reisesack meinen Namen las, hatte dieser die gewohnte Wirkung. Ich brauchte nicht zur Zollkontrolle, sondern wurde nur gefragt, ob ich etwas zu verzollen hätte. Als ich verneinte, machte er ein Kreidezeichen auf mein Gepäck, und damit war ich abgefertigt. Erst nach einer Stunde konnten wir nach Aachen weiterfahren. Bis Verviers ging alles gut, aber an der preußischen Grenze hatte Dandré Schwierigkeiten mit unseren Vierfüßlern, weil die Hunde nicht im vorgeschriebenen Abteil waren und weil wir für drei Hunde nur zwei Karten hatten, aber schließlich wurde dies durch Nachzahlung geregelt, und gegen Mittag erreichte unser Zug endlich Köln.

Nach vier Stunden gingen wir wieder zur Bahn, um den Zug nach Berlin zu nehmen. Dort fanden wir Dandré in Schwierigkeiten wegen der Katze Signorina. Es gab zwar Hundebillets, aber keine Fahrkarten für Katzen, die im Beförderungstarif einfach nicht vorgesehen waren. Schließlich löste der herbeigerufene Bahnhofsleiter das Problem, indem er Signorina für einen Hund erklärte und als solchen abfertigen ließ, womit sicher Humboldt nicht einverstanden gewesen wäre.

Man darf mich nicht fragen, was es bemerkenswertes auf der Strecke nach Berlin gab. Es war so heiß und so staubig, daß wir die Vorhänge unseres Abteils zuzogen, und gegen zehn Uhr abends versuchten wir, so gut es ging, zu schlafen. Ich entsinne mich nur dunkel daran, daß mir Home einen kühlen Sorbet mit Erdbeeren anbot, und als der Tag anbrach, sahen wir, daß wir wie seinerzeit die alten Pompejaner unter einer Hülle von Staub und Sand fast begraben waren. Die Gräfin war gepudert wie eine Marschallin, und man hätte niemals geglaubt, daß ihr dies so gut stehen würde. Um elf Uhr früh kamen wir endlich in Berlin an.

Weil wir unbedingt etwas von Berlin besichtigen mußten, entschied ich mich zunächst für das Neue Museum, wo Kaulbach gerade sein sechstes großes Fresko-Gemälde malen sollte. Ich fand sie alle sehr schön.

Über eine Freitreppe stiegen wir dann in die griechische Abteilung des Alten Museums hinauf. Ich muß sagen, daß einem gerade hier klar wird, wie sehr die moderne Bildhauerei hinter der antiken zurücksteht. Wenn man an Bildwerke wie die Gruppe des Laokoon, den sterbenden Gladiator, die Ringkämpfer, den Herkules von Farnese und hundert andere denkt, so muß man sagen, daß selbst das von den Berlinern so gerühmte Reiterdenkmal Friedrichs des Großen von Rauch nicht den künstlerischen Wert der einfachen Reiterstatue von Balbus erreicht, die bekanntlich in Herkulaneum ausgegraben wurde, und die nicht einmal griechisch, sondern römisch ist.

Von Berlin selbst kann ich nur berichten, daß es 13 000 Wohnhäuser und 480 000 Einwohner hat, wobei die starke Garnison von 16 000 Soldaten eingerechnet ist. Die Stadt ist eine der am regelmäßigsten angelegten Städte

Europas. Die bedeutendsten Straßen sind die Friedrichstraße, 4200 Schritt lang, und die Promenade Unter den Linden, 170 Schritt breit und 2088 Schritt lang. Das königliche Schloß hat 420 Fenster.

Am Abend des nächsten Tages fuhren wir nach Stettin weiter, und eine Stunde nach unserer Ankunft schifften wir uns auf dem Dampfer »Wladimir« ein. Wenn das Baltische Meer ruhig bliebe, würde ich unterwegs bis St. Petersburg genügend Muße haben, um an Bord an meinem Reisebericht zu arbeiten.

Tatsächlich hatten wir Glück, und die See war zwar grau und trübe, wie es sich für ein nordisches Meer gehört, blieb aber glatt wie ein Spiegel.

Der bemerkenswerteste Passagier an Bord war ein englischer Tourist, der vom Blauen Nil kam, wo er Krokodile, Elefanten und Nilpferde geschossen hatte. Er begab sich – ohne sich irgendwo aufzuhalten – nach Tornea, um dort die Mitternachtssonne zu erleben. Man weiß, daß an diesem so nördlichen Punkte Europas der Sonnenball in der ganzen Nacht vom 23. zum 24. Juni nicht unter den Horizont sinkt, sondern rundherum wandert.

Es war merkwürdig, daß er die Reise zum zweiten Male machte, beim ersten hatte er den seltenen Moment verschlafen: Er war mit seinem Kammerdiener um zehn Uhr abends richtig auf einem Berge angekommen, von wo aus man, wie es hieß, das Phänomen besonders gut beobachten konnte. Aber er war so ermüdet und kreuzlahm, daß er sich dort niederlegte und seinem Diener mit seiner Uhr den Auftrag gab, ihn rechtzeitig vor Mitternacht zu wecken. Fünf Minuten vor der befohlenen Zeit wollte dieser seinen Herrn wachbekommen und rief: »Mylord, stehen Sie auf, es ist gleich Mitternacht!«

Aber Mylord schnarchte weiter. Der Bediente versuchte, ihn durch Schütteln zu wecken, und rief:

»Mylord, Sie haben mir doch befohlen, Sie pünktlich munter zu machen! Heute ist der einzige Tag zur Beobachtung, morgen geht es nicht mehr!«

»Ach laß mich jetzt zufrieden, ich werde einfach im nächsten Jahre wieder herkommen!« rief sein Herr und schlief weiter. In den nächsten Jahren konnte er nicht abkommen, aber jetzt nach drei Jahren machte er die gleiche Fahrt, immer noch von seinem John begleitet. Ich gab ihm meine Pariser Adresse, und er hat versprochen, mir nach dem 25. Juni über seine Eindrücke bei diesem Erlebnis zu schreiben.

Aber kehren wir wieder zu unserer Abfahrt von Stettin zurück: Um elf Uhr waren wir abgefahren und hatten bald den Anblick von zwei smaragdgrünen Ufern mit kleinen Häusern, die rote Dächer hatten. Die Gegend ähnelte sehr der Normandie. Nach etwa sechs Stunden erreichten wir die Ostsee und nach weiteren zwei Stunden versanken die Ufer von Pommern unter den Horizont.

Unsere Passage, einschließlich Verpflegung, kostete 232 Francs, von Paris bis Petersburg mußte man, einschließlich Übernachtungen, etwa 400 Francs, das heißt 10 Sous per Meile rechnen, was man nicht als ruinös bezeichnen kann.

Nach dem Tee gingen wir an Deck, wo wir bis Mitternacht verblieben, es war das erstemal seit unserer Abreise von Paris, daß wir frische Luft schöpfen konnten. Obwohl es nach Regen aussah, ließ sich die Gräfin sowie mehrere andere Personen ihre Betten an Deck aufschlagen. Nach zwei Stunden kam der Regen, und die See wurde unruhig. Als ich am nächsten Morgen an Deck kam, war der erste, den ich sah, unser Home. Er war bleich wie der Tod und hatte während der ganzen Nacht direkte Verbindung mit der Ostsee gehabt. Aber zum Glück war das Wetter besser geworden, als die Sonne über den Horizont aufstieg.

Ein großer junger Mann näherte sich mir, um sich bekannt zu machen, und stellte sich als Prinz Galitzin vor. Der Familienname bedeutet »Panzerhandschuh« und der Ahnherr gründete die Dynastie der litauischen Jagellonen. Die Familie hat jetzt so zahlreiche Prinzen im russischen Reich, daß sie ihre Namen numeriert haben, um sich auseinanderzuhalten. Eines Tages sagte ein Zar zu einem derselben: »Sie haben sich ja numeriert wie die Fiaker!«

»Jawohl, Sire, man könnte auch sagen: wie die Könige«, wurde ihm erwidert.

Wie sich aus unserer Unterhaltung bald ergab, war der Prinz ein großer Jäger, und wir sprachen ausführlich über die jagdlichen Möglichkeiten in Rußland, als wir an Backbord Land in Sicht bekamen. Es war die schwedische Insel Gotland, wie ich gleich vermutete. Während wir auf etwa sieben Meilen daran vorbeifuhren, gesellte sich ein schwedischer Getreidehändler zu uns, der uns ausführlich die Geschichte dieser alten Ruinenstadt erzählte, über die ich hier hinweggehen will. Eigenartig fand ich, daß die Insel weder Seen noch Flüsse hat, sondern nur einige Bäche, die im Sommer austrocknen.

Nachdem die Insel aus Sicht gekommen war, steuerten wir Gewässer an, die bereits zum russischen Reich gehörten, und fuhren eine Zeitlang an der kurländischen Küste nach Norden, bis aus leichtem Nebel die große Insel Ösel herauskam. Kurland wurde 1274 von den deutschen Ordensrittern erobert, geriet dann in ein Vasallenverhältnis zu Polen, und sein letzter Herzog Biren – Liebhaber der Zarin Anna Ivanowna – mußte 1795 abdanken, als bei der dritten Teilung Polens Kurland zum Zarenreich geschlagen wurde. Ösel wurde bereits 1721 russisch.

Beim Näherkommen sahen wir, daß die Küsten mit großen Wäldern bedeckt waren, wie es überhaupt ein Vorzug des Baltischen Meeres ist, daß seine Ufer überall reiche Vegetation haben. Merkwürdig ist es auch, daß der Einfluß des Süßwassers des Newastromes fast im ganzen Finnischen Golf bemerkbar ist, ja, von Petersburg bis Kronstadt ist das Seewasser als Trinkwasser benutzbar. Infolgedessen kann man in Petersburg nur Süßwasserfische kaufen.

Später passierten wir die Hauptstadt von Estland, Reval. Ihr Name stammt vom Dänenkönig Waldemar I., der hier im Jahre 1200 ein Schloß erobert hatte und von dort aus ein neues Königreich errichten wollte, und bereits die Umwallung für eine neue Hauptstadt – noch ohne Namen – errichten ließ. Als er einmal in den Wäldern einen Rehbock verfolgte, brach dieser sich im felsigen Gelände ein Bein. Waldemar sagte darauf, daß dies ein Zeichen für den Namen der im Bau befindlichen Stadt sei, und gab ihr den Namen *Rehfall*, woraus Reval oder in Französisch Revel wurde.

Am nächsten Morgen kam ich gegen fünf Uhr auf die Brücke und sah mit großem Interesse als erstes die russische Kriegsflotte, die im Finnengolf Manöver abhielt. Die Admiralsflagge bezeichnete das Flaggschiff des Großfürsten Konstantin. Er schien keine Eile zu haben, nach Kronstadt einzulaufen, denn er segelte verhalten nur vor seinen drei Marssegeln, obwohl er gut und gern seine ganze Leinwand setzen konnte. Obwohl auch unser »Wladimir« kein Schnelläufer war, hatten wir sein Geschwader bald überholt.

Gegen sieben Uhr früh stiegen vor unseren Augen aus einem unruhigen Meere rotgelb die Umrisse der Befestigungen von Kronstadt empor.

Kronstadt ist eine Gründung von Peter dem Großen aus dem Jahre 1710. Hier ist der Sitz der russischen Admiralität.

In Kronstadt endete unsere Fahrt mit dem *Wladimir*!

Der Graf Kuschelew hatte jedoch von Paris aus veranlaßt, daß uns bei unserer Ankunft ein kleiner Dampfer, der *Cockerill*, erwartete, welcher uns nach dem *Englischen Kai* in Petersburg bringen sollte. Mit uns waren auch der Prinz Trubetzkoi und die Prinzessin Dolgorukij angekommen, die auf Einladung unseres Grafen mit uns weiterreisten.

Wenn ich einen großen Adelsnamen russischen, moskowitischen, mongolischen, slawischen oder tatarischen Ursprungs erwähne, werde ich berichten, woher die Familie kommt. Ich werde mich jedoch hüten zu prophezeien, was aus ihr wohl werden wird. Denn seit ich den vor kurzem erlassenen Ukas Seiner Majestät des Zaren Alexander über die Emanzipation der leibeigenen Bauern kenne, habe ich den Eindruck, daß die ganze feudale russische Aristokratie wohl denselben Weg gehen wird wie die französische 1789, der 1793 zur Pariser Schreckensherrschaft führte, also zum Teufel.

Während wir vom *Wladimir* unter gewissen Schwierigkeiten auf den kleinen *Cockerill* überstiegen, salutierte der mit seinem Geschwader einlaufende Großfürst Konstantin durch 21 Salutschüsse die Festung, und ein Fort antwortete mit weiteren 21 Kanonenschüssen. Das waren insgesamt 42, und ich fand, es wäre übertrieben gewesen, wenn man sich noch mehr davon gewünscht hätte.

4. Kapitel

Während der Seereise hatte ich mich durch Lektüre und aus Erzählungen meiner Mitreisenden mit der Geschichte der Romanows bekannt gemacht, und ich muß sagen, daß sie so tragisch ist, wie sie sich ein Dramatiker gar nicht besser wünschen konnte, so grausig und skandalös war sie.

Der Anblick von Kronstadt erinnerte mich an das Erlebnis des Herrn de Villebois mit der Zarin Katharina I., der Gemahlin Peters des Großen. Sicher haben meine Leser schon von der Kaiserin gehört, werden aber kaum wissen, wer dieser de Villebois war. Er war einer der zahlreichen kühnen Abenteurer, die später ihr Glück in Rußland versuchten. Dieser bretonische Adlige hatte zunächst vor der heimatlichen Küste Schmuggel betrieben, bis er eines Nachts von Zöllnern überrascht wurde und dabei durch Schüsse drei von ihnen tötete.

Er mußte darauf nach England fliehen und konnte dort auf Grund von Empfehlungsbriefen Dienste auf einem britischen Kriegsschiff als Wachoffizier nehmen. Auf einer seiner Kreuzfahrten lief sein Schiff als Zwischenhafen das holländische Texel an. Der Zar Peter studierte damals, *inkognito* und als einfacher Zimmermann gekleidet, im nicht weit entfernten Zaandam praktisch die Kunst des Schiffbaues und wollte auch etwas von der Seefahrt und der Navigation kennenlernen. Er ging deshalb unerkannt an Bord des Engländers, und erhielt die Erlaubnis, die Rückfahrt des Dreimasters nach London mitzumachen.

Unterwegs wurde das Schiff durch widrige Winde aufgehalten und geriet in einen schweren Sturm, der drei Tage andauerte, so daß der Kapitän, der Erste Offizier und die Besatzung ihr Schiff bereits verloren gaben; sie waren auch am Ende ihrer Kräfte. Da ergriff Villebois in einem entscheidenden Augenblick persönlich das Steuerruder und legte das Schiff auf anderen Kurs. Das war die Rettung.

Der Zar hatte die ganze Zeit über den zweiten Wachoffizier beobachtet und erkannt, daß er ein Mann der Tat und des Verstandes war, wie sie ihm beim Ausbau und der Reformierung seines Landes behilflich sein konnten. Als die Hauptgefahr vorüber war, ging er auf ihn zu und küßte ihn auf beide Wangen. Diese Vertraulichkeit von einem einfachen Matrosen erregte ein gewisses Befremden bei dem bretonischen Adeligen. Er fragte Peter, wer er eigentlich sei, damit er ihn entsprechend behandeln könne.

Der vermeintliche Matrose eröffnete ihm, daß er der russische Zar sei. Jeder andere hätte dies für einen Scherz gehalten. Aber Villebois war ein Mann von Weitblick. Ein Blick genügte ihm, um in der Bärenhaut den Löwen zu erkennen, und ohne zu zögern und ohne weitere Worte verneigte er sich und redete ihn mit *Majestät* an. Der Zar ernannte ihn auf der Stelle zum Russischen Seeoffizier und zu seinem persönlichen Adjutanten.

Nun hatte unser Bretone nicht nur alle guten Eigenschaften seiner Landsmänner, sondern auch ihre Fehler: er war ein guter Marineoffizier, tapfer bis zur Verwegenheit, eigensinnig bis zur Starrköpfigkeit, aber er trank auch gern, und zwar, bis er sinnlos betrunken war. Und wenn er einmal dabei nicht unter den Tisch sank und dort seinen Rausch ausschlief, so war er zu allen Ausschreitungen fähig. Kurz, er ähnelte darin dem Zaren, der ihn im Krieg und an der Tafel als guten Gesellen ansah. Auch als Villebois bei drei verschiedenen Gelegenheiten in unzurechnungsfähigem Zustande drei Menschen getötet hatte, wurde ihm vergeben, denn Peter sah so etwas nicht als unentschuldbar an. Es war jedoch ein Pech für Villebois, daß er in Volltrunkenheit nicht immer nur zum Totschläger wurde.

Eines Tages war er mit dem Zaren im Schloß Streina, und dieser beauftragte ihn mit einer vertraulichen Nachricht an die Kaiserin Katharina, die sich im nicht weit entfernten Kronstadt aufhielt. Es war im Winter, etwa zwölf Grad Kälte, der Golf zugefroren und Villebois warf sich in einen Schlitten, nachdem er eine große Flasche Wodka eingesteckt hatte, um sich von Zeit zu Zeit innerlich zu erwärmen. Äußerlich schien er nüchtern zu sein, als er sich bei den Offizieren der Wache meldete, um der Zarin eine dringende Botschaft zu überbringen. Aber die Zarin war bereits im Bett und mußte geweckt werden.

Während dies geschah, wurde Villebois in das Wartezimmer geführt, das, wie in St. Petersburg üblich, überheizt war. Dieser plötzliche Temperaturwechsel erregte seinen alkoholisierten Körper außerordentlich, und als er von den Hofdamen ans Bett der Kaiserin geführt und mit ihr allein gelassen war, vergaß er, wen er vor sich hatte, sah in ihr nur eine sehr schöne Frau, der er seine Bewunderung beweisen wollte. Und da er ein Mann von kurzen Entschlüssen war, warf er sich kurzerhand über sie und überraschte sie mit seinem Angriff so vollständig, daß es bereits zu spät war, als auf ihre Rufe ihre Damen hereinstürzten. Villebois wurde sofort von der Wache überwältigt, und man schickte einen Eilboten an Peter ab, um ihm mit möglichster Schonung von dem unglaublichen Vorkommnis zu berichten. Der Zar ließ jedoch kein Zeichen des erwarteten Zornausbruchs erkennen, sondern fragte nur:

»Also, was habt ihr nun mit ihm gemacht?«

»Sire«, anwortete der Bote, »man hat ihn gefesselt und ins Festungsgefängnis gebracht.«

»Und was hat er dann getan?«

»Er ist sofort eingeschlafen, als er dort angekommen war.«

»Das ist echt Villebois«, rief der Zar aus, »ich wette, daß er morgen keine Ahnung haben wird, warum er eingesperrt ist, wenn man ihn danach fragt!«

Zum großen Erstaunen des Boten ging er mit mehr

verlegener als zorniger Miene einige Zeit im Zimmer auf und ab und sagte dann: »Obwohl dieser Tölpel eigentlich unschuldig ist, denn er wußte nicht, was er tat, muß man trotzdem ein Exempel statuieren, denn die Zarin wird beleidigt sein, wenn er nicht bestraft wird. Also soll er für zwei Jahre mit Ketten auf eine Galeere kommen«, und so geschah es. Aber schon nach sechs Monaten begnadigte ihn Peter, weil er ihn sehr entbehrte, und setzte ihn in seinen Rang wieder ein, und bat Katharina für ihn um Verzeihung, weil er nur deshalb so gehandelt hätte, da ihre Schönheit ihm die Besinnung geraubt habe . . .

Wir haben noch nicht einmal unseren Fuß auf russischen Boden gesetzt und bereits von Peter dem Großen gesprochen. Aber bevor wir die Newa hinauffahren, wollen wir über das Leben dieses Gründers von Petersburg noch einiges sagen:

Peter I. war ein Sohn aus der zweiten Ehe seines Vaters Aleksej mit Natalja Naryschkina. Der älteste aus dessen erster Heirat, Fedor, wurde zwar Nachfolger Aleksejs, verstarb jedoch nach dauernder Kränklichkeit nach etwa fünf Jahren und schloß seinen jüngeren Bruder Iwan wegen offenbarer geistiger Unfähigkeit von der Thronfolge aus, und zwar zugunsten seines Stiefbruders Peter, der allerdings bei seinem Tode nur zehn Jahre zählte. Es erhob sich also die Frage, wer die Regentschaft bis zur Großjährigkeit Peters führen sollte.

Aber nun entschloß sich eine Schwester des Verstorbenen, Sofja, die einen starken männlichen Ehrgeiz besaß und den Sohn ihrer Stiefmutter aus der Familie Naryschkin lieber beseitigt als auf dem Throne gesehen hätte, zum Handeln. Sie brauchte sich nur ihres Stiefbruders Peter zu entledigen und dann im Namen des geistesschwachen Bruders Iwan die Regierung führen. Die Umstände schienen günstig zu sein:

Zwei Tage nach der Beisetzung des Zaren Fedor war ein Aufruhr der Strelitzenregimenter ausgebrochen, sie rotteten sich zusammen und erschienen bewaffnet im Kreml, um sich zu beklagen, weil neun ihrer Obersten ihnen den Sold nicht richtig ausgezahlt hatten. Darauf wurden diese infam kassiert, abgesetzt, und die Strelitzen erhielten ihren rückständigen Sold.

Aber damit gaben sich die Leute nicht zufrieden, und als die neun Offiziere wieder in ihren Rang eingesetzt wurden, hatten sie dieselben durchgeprügelt und dann – nach orientalischer Sitte – von ihnen verlangt, daß sie sich bei ihnen dafür bedankten und ihnen eine Geldstrafe auszahlten, weil sie ihren Leuten so viel Mühe gemacht hatten, um ihre Vorgesetzten gerecht zu bestrafen.

Diese Unregelmäßigkeiten oder vielmehr diesen offenen Aufstand benutzte die Prinzessin Sofja, um die ihren Sieg bereits gebührend feiernden Strelitzen für sich zu gewinnen. Sie übersandte also den bereits schwer betrunkenen Soldaten eine Proskriptionsliste von vierzig angeblichen Staatsfeinden – hauptsächlich von Adligen, die ihr im Wege waren. Darunter waren auch zwei Naryschkins aufgeführt, die Brüder der Zarinwitwe waren. Ihre Abgesandten erzählten unter anderem, daß Jean Naryschkin unberechtigterweise den Thron des verstorbenen Zaren eingenommen hätte, daß er versucht habe, den noch lebenden Herrscher zu erwürgen und daß dieser dann von einem holländischen Arzt namens Daniel Vangard durch Gift zu Tode gebracht worden sei. Diese Lügen wurden durch reichliche Geldgeschenke und Versprechungen zukünftiger Solderhöhungen in ihrer Wirkung unterstützt.

Die Prinzessin hatte gegen ihren zehnjährigen Stiefbruder Peter nichts vorbringen können, sie hoffte jedoch, daß auch er in dem allgemeinen Wirrwarr umgebracht werden würde.

Auf der Liste, welche die Prinzessin den Anführern der Militärrevolte übersandt hatte, standen die Namen von Knjäs Dolgorukij und Knjäs Mattheof obenan. Der aufrührerische und angetrunkene Haufe begab sich in die Häuser dieser Proskribierten und warf seine Opfer aus den Fenstern einfach auf die Spitzen der Lanzen der draußen Wartenden.

Dann eilten sie in den Palast Naryschkin, trafen dort jedoch nur Athanasius Naryschkin an, während Jean, der angebliche Ursurpator des Thrones, abwesend war. Während sie auf ihn warten, werfen sie Athanasius ebenso aus dem Fenster wie ihre ersten Opfer.

Dann schlagen sie die Pforte einer Kirche ein und ermorden vor dem Altar drei dorthin geflüchtete Proskribierte.

Die Zarinwitwe begreift, daß diese Massakrierungen erst der Beginn eines Blutbades sind, nimmt ihren Sohn auf den Arm und entflieht durch eine Geheimpforte aus dem Kreml aufs Geratewohl über Land ohne ein bestimmtes Ziel zu haben.

Inzwischen setzen die Strelitzen ihr blutiges Werk fort: Ein junger Adliger aus der Familie Soltikow kommt ihnen zufällig in den Weg. Er steht nicht auf der Liste. Jedoch ein Strelitze rief, dies sei der gesuchte Naryschkin, also tötet man ihn. Hinterher wird der Irrtum erkannt, und sie tragen die Leiche zum Vater des Ermordeten, damit er ihn begrabe. Und der Schrecken, den der Anblick der Elenden um sich verbreitete, war derartig, daß der erschütterte Greis sich noch bei ihnen bedankt, ihnen eine Belohnung auszahlt, weil sie den blutigen Leichnam der Familie übergeben haben.

Aber die Mutter des Getöteten ist nicht auf der Höhe der gefährlichen Situation und macht dem Vater Vorwürfe, daß er aus Schwäche sich so erniedrigt.

»Wir müssen eben die Stunde der Vergeltung abwarten«, antwortete leise der Alte. Aber obwohl er leise gesprochen hatte, hörte doch ein Strelitze, der bereits den Raum verlassen hatte, diese Drohung, kehrte mit seinen Kameraden zurück, ergriff den alten Soltikow bei den Haaren, riß ihn daran zu Boden und erwürgte ihn auf der Türschwelle.

Inzwischen suchten die übrigen nach dem Arzt Vangard, trafen jedoch nur seinen Sohn an. »Wo ist dein Vater?«, fragten sie ihn.

»Ich weiß es nicht«, antwortete der Sohn.

»Dann wirst du für ihn bezahlen!«, und sie erwürgten ihn auf der Stelle.

Dann bedrohten sie einen anderen Mediziner, einen Deutschen:

»Ich bin nicht Vangard!«, antwortete dieser.

»Also nicht. Aber du bist ein Arzt?«

»Jawohl.«

»Dann hast du also den Zar Fedor nicht vergiftet, aber sicher andere«, worauf auch er umgebracht wurde.

Schließlich entdeckten sie doch den gesuchten Vangard, der sich inzwischen als Bettler verkleidet hatte, und nahmen ihn zum Zarenpalast mit. Dort versuchten zwei Prinzessinnen die Strelitzen um Gnade für ihn zu bitten, aber diese antworteten, er habe den Tod nicht nur als Arzt verdient, sondern auch als Zauberer, denn sie hätten eine getrocknete Kröte und eine Schlangenhaut bei ihm gefunden. Sie wollten jetzt unbedingt Jean Naryschkin fangen und sie wüßten, daß dieser irgendwo im Palais versteckt sei. Deshalb würden sie jetzt Feuer an das Gebäude legen und mit ihm alle Bewohner desselben verbrennen.

Nun bekommen die Prinzessinnen es mit der Angst und sie sagen heimlich dem Gesuchten in seinem Versteck, was die Strelitzen vorhaben. Dieser erklärt, bereit zu sein zu sterben, wenn er vorher von dem Patriarchen gesegnet sei. Darauf führt dieser den jungen Mann zu seinen Henkern, nachdem er ihm ein wundertätiges Heiligenbild der Jungfrau in die Hand gegeben hatte, das ihn schützen sollte. Aber das Opfer wird dem Patriarchen roh entrissen, die Freitreppe hinabgeschleift und zusammen mit Vangard im Blutrausch umgebracht. Und zwar mußten beide die altchinesische Marter der »Zehntausend Stücke« erleiden, welche die Tataren früher bei der Eroberung von China kennengelernt hatten, und wobei die Körper der Verurteilten in 10 000 kleine Scheiben geschnitten wurden. Hinterher wurden die Füße, die Hände und die Köpfe der Opfer auf die Eisenspitzen des Geländers gespießt.

Inzwischen hatte die Prinzessin Sophie erfahren, daß die Zarenwitwe mit ihrem Sohn Peter entkommen war, und jagte die Strelitzen zur Verfolgung hinterher. Sie sind bereits 60 Werst von Moskau entfernt, als die Flüchtigen eingeholt werden und vor den Mördern Asyl in einer Dorfkirche suchen. Aber diese dringen nach, reißen den jungen Prinzen vom Altar und ein Säbel schwebt bereits über seinem Haupte, als plötzlich Reiter – ohne abzusitzen – in die heilige Stätte sprengen und weiteres Blutvergießen verhindern. Peter wurde im letzten Augenblick gerettet!

Die Prinzessin Sophie befürchtete, daß sie womöglich des versuchten Brudermordes angeklagt würde und übernahm die Regentschaft im Namen der beiden Stiefbrüder Iwan und Peter. Die Zarinwitwe kehrte jetzt in großen Ängsten mit ihrem Sohne Peter in den Kreml zurück, aber dieser wurde dort nach kurzer Zeit wie ein junger Fürst behandelt.

Einige Zeit darauf entfernte die Regentin Sophie Peter

aus Moskau und sandte ihn in ein achtzig Werst entferntes Dorf mit Namen Preobraschenskij. Sie gab ihm fünfzig junge Russen als Spielkameraden mit, die zusammen mit ihm erzogen werden sollten. Sie sollten aber auch seinen Charakter durch Ausschweifungen verderben.

Aber bevor Peter Moskau verläßt, empfiehlt ihm der dänische Geschäftsträger seinen Sekretär Lefort, und Peter entschied sich, ihn mitzunehmen, nachdem er sich eine Weile mit ihm unterhalten hatte. Dabei erfuhr er von ihm, daß er im Auftrag des verstorbenen Zaren mit einem Oberst zum Anwerben von Soldaten nach Belgien geschickt worden war, dann sich mit den angenommenen Rekruten nach Archangelsk eingeschifft hatte, wo jedoch der Gouverneur nach dem eben erfolgten Tode des Zaren keine Veranlassung sah, den Transport weiterzuschicken, so daß Lefort sich schließlich allein und unter großen Gefahren nach Moskau begab, wo er beim dänischen Geschäftsträger eine Stelle als Sekretär angenommen hatte. Lefort war in Piemont von französischen Eltern geboren und hatte früher in Turin und Genf gelebt, kannte also etwas von der westlichen Welt. Er wurde ein bedeutender Mitarbeiter, ja Freund, des späteren Zaren Peter.

Zunächst wurde Lefort Kommandant der Militärschule, in die der einsame Marktflecken Preobraschenskij von ihm verwandelt wird. Die fünfzig Gefährten der Verbannung Peters werden von nun an zu Offizieren eines neuen Regimentes, das später den Namen »Preobraschenskij-Regiment« führen sollte, von ihm ausgebildet.

Aber sie müssen als gewöhnliche Soldaten von der Pike auf dienen und eine gewisse Zeit als Gemeine Dienst machen, bevor sie einen Offiziersrang erhalten. Das gilt auch für Peter. Dieser bastelt sich eine Schubkarre, um die Erde herbeizukarren, die er zum Aufwerfen seiner Verschanzungen braucht. Nach ihrer Fertigstellung wird er – wie die anderen auch – sie einen Teil der Nacht bewachen, sie dann als Pionier angreifen und schließlich mit dem Beil in der Hand das zu zerstören lernen, was sie soeben erst aufgebaut hatten.

Während dieser Lehrzeit wird er siebzehn Jahre alt, hat von einem Schiffszimmermeister Brandt Bootsbau gelernt, kann drechseln, bildhauern und zeichnen sowie russisch, holländisch und deutsch sprechen. Er ist bereits über sechs Fuß groß und stark.

Inzwischen hat in seiner Abwesenheit von Moskau die Regentin Sophie ihren geistesschwachen Bruder Iwan verheiratet und täuscht eine Schwangerschaft ihrer jungen Schwägerin vor, um bei Geburt eines Sohnes durch diese oder vielmehr nach einer Kindesunterschiebung Peter endgültig zu entthronen. Er muß handeln und begibt sich in die Hauptstadt, um sein Recht zu verteidigen. Unter dem Befehl von Lefort folgen ihm seine Jugendgenossen und verteidigen ihn gegen sechshundert Strelitzen.

Dann läßt er sich zum Selbstherrscher und Zaren ausrufen und die Bojaren, der Patriarch von Moskau sowie seine Untertanen strömen ihm zu, weil sie erkennen, daß er stärker ist als die Regentin, die er in ein fernes Kloster verweist. Bei seinem siegreichen Einzug in Moskau marschiert sein von ihm selbst aufgestelltes Regiment Preobraschenskij an der Spitze.

Jetzt wendet der russische Adler, der bis dahin nach Osten geblickt hatte, seinen Kopf nach Westen. Nachdem die jahrhundertelange Bedrohung durch den tatarischen Einfall in Rußland inzwischen in den Hintergrund getreten ist, tritt das natürliche Bestreben auch des nordischen Menschen, wärmeres und sonniges Klima aufzusuchen, in seine Rechte. Aber vor seinen Reformen zu einer Zivilisierung seines Reiches, das im Osten an den Ural, im Süden bis Astrachan und Kiew, im Westen an den Dnjepr und die Düna, im Norden an das sieben Monate im Jahr zugefrorene Weiße Meer reicht, muß er Ordnung schaffen.

Außer Lefort hat er noch einen Schotten, Gordon, der ihm sein Leben lang treu ergeben blieb, als militärischen Anführer gewonnen, und die beiden wurden Militärbefehlshaber in der Hauptstadt. Zum Zivilgouverneur von Moskau ernannte er den alten Bojaren Romodanowskij, dessen Zuverlässigkeit außer Frage stand.

Auf wen werden die ersten Schläge des jungen Selbstherrschers fallen? Auf die Strelitzen – die russischen Janitscharen –, den Klerus oder den Adel?

Es waren die Strelitzen, die die erste Veranlassung gaben. Sie waren mit der Neuordnung der Dinge am meisten unzufrieden und glaubten an eine allgemeine Unzufriedenheit auch im Volke. Die 12 000 Mann starken europäisch organisierten neuen Regimenter waren für ihre Existenz eine Bedrohung. Zwei Ketzer, ein Franzose und ein Schotte, beherrschen die »heilige Stadt« Moskau. Außerdem war noch ein Teil von ihnen zu den Grenztruppen abkommandiert, aber es war doch nie Sache der Strelitzen gewesen, sich mit Türken oder Kosaken herumzuschlagen. Ihre Aufgabe war es immer gewesen, in Moskau Zaren einzusetzen oder zu stürzen, wie es durch die Prätorianer im alten Rom geschah.

Daher zettelten zwei der Anführer der Strelitzen eine Verschwörung an, um den jungen Herrscher, in dem sie einen unerbittlichen Feind sahen, gelegentlich eines angelegten Feuers zu ermorden. Mitternacht wurde als geeigneter Zeitpunkt festgesetzt, und um elf Uhr wollte man sich bei einem Abendessen versammeln, bei dem Wein und Schnaps in Strömen fließen würden, um für den nötigen Mut der Verschworenen zu sorgen.

Aber zwei Mitwisser entdecken in letzter Stunde den

Anschlag insgeheim dem Zaren, und Peter kann die nötigen Maßnahmen treffen. Er läßt den Befehlshaber seiner Leibgarde kommen und gibt ihm den schriftlichen Befehl, genau eine halbe Stunde vor Mitternacht mit den Waffen in der Hand das Versammlungshaus seiner zukünftigen Mörder zu umstellen und die Verschwörer unschädlich zu machen. Aber in seiner Wut und Ungeduld irrt er sich in der Zeit um eine halbe Stunde. Er glaubt den Befehl an seine Garden für 11 Uhr gegeben zu haben und begibt sich bereits um elf Uhr fünfzehn Minuten in das ihm bezeichnete Haus. Er hatte erwartet, daß die Verhaftungen bereits vorgenommen waren und wollte sofort über das Schicksal der Gefangenen entscheiden.

Er findet aber die Teilnehmer am Komplott beim Tafeln, die Gläser in der Hand und bewaffnet. Der Zar verliert jedoch nicht die Geistesgegenwart und tritt anscheinend unbefangen und mit einem Lächeln auf den Lippen auf die Verschworenen zu und sagt: »Kameraden, zufällig hörte ich durch die Fensterläden das Klingen von Gläsern und habe gedacht, daß man hier feiert. Hier ist wohl noch ein Platz für einen weiteren Tischgenossen.« Und der Zar setzte sich zwischen die außer Fassung gebrachten Verschwörer, schenkte sich ein Glas ein und erhob es, indem er sagte:

»Also auf mein Wohl, meine Herren!«

Den bestürzten Anwesenden blieb nichts anderes übrig, als stehend ihr Glas auf das Wohl des Zaren zu leeren.

Aber bald faßten sie sich wieder und wechselten bedeutsame Blicke, schließlich war es doch ein unerhörter Glücksfall, daß ihr Opfer ahnungslos zwischen seinen bewaffneten Henkern saß.

»Bruder, es ist Zeit«, raunte der eine Haupträdelsführer seinem Komplizen Sukanin zu, indem er seinen Dolch halb aus der Scheide zog.

»Noch nicht!«, antwortete dieser.

Peter hörte sowohl diese Worte als auch gleichzeitig den Marschtritt seiner Garde, welche das Haus umstellte.

»Wieso noch nicht?«, wiederholte der Zar, »wenn es noch nicht Zeit ist für dich, so doch für mich!« Gleichzeitig stürzte er sich auf Sukanin und schlug dem Hochverräter mit der geballten Faust ins Gesicht.

Jetzt brach der Tumult los. Alle Verschworenen zogen ihre Dolche und der unbewaffnete Riese sah sich zwanzig Bewaffneten gegenüber. Es war klar, daß er unterliegen mußte. Aber in diesem Augenblick wurde die Tür aufgerissen und die Gardisten stürzten herein.

Auf das höhnische Lachen des Zaren begriffen die Überraschten, daß sie ihr Spiel verloren hatten, und warfen sich auf die Knie, ohne sich zu verteidigen.

»Endlich! Her mit den Ketten!« sagte Peter, indem er sich hoch aufrichtete.

Dann aber trat er zum Anführer seiner Garde und sagte:

»Das nennst du pünktlich sein?« und gab ihm darauf eine Ohrfeige. Der Offizier zog in aller Ruhe achselzuckend den schriftlichen Befehl aus seiner Tasche, der Zar las ihn durch und da stand: ›Pünktlich um elf Uhr dreißig Minuten.‹ Er vergleicht seine Uhr, sie zeigt genau elf Uhr dreißig Minuten.

Mit der Schnelligkeit seines Verstandes oder der Großmut des Herzens eines starken Mannes reißt er den Offizier in seine Arme, küßt ihn dreimal nach russischer Sitte, lobt seine Treue und übergibt ihm die Verhafteten.

Die Schuldigen wurden einem peinlichen Verhör unterzogen, nicht um Geständnisse zu erlangen, denn ihr Verbrechen lag klar am Tage, sondern um sie schwer zu foltern. Darauf riß man ihnen die Glieder einzeln aus und verstümmelte sie, bis sie nicht mehr Blut und Leben in sich hatten, um Schmerz zu fühlen. Dann wurden ihre Köpfe auf eine Säule gesteckt und ihre Glieder, zu Ornamenten geordnet, darunter befestigt.

Nachdem er so ein Exempel für Hochverräter statuiert hatte, konnte Peter daran denken, zu Studienzwecken für einige Zeit sein vorläufig gesichertes Reich zu verlassen, um Europa zu besuchen.

Aber vorher wollte er mit dem Himmlischen Reich der Chinesen Frieden schließen, denn man hatte Grenzstreitigkeiten wegen einiger russischer Befestigungen am Amur in Ostsibirien – dem Schwarzen Fluß der tatarischen Mandschu, dem Drachenfluß der Chinesen.

Am 12. August 1689 trafen sich endlich die beiderseitigen Gesandten in der Nähe von Nertschinsk am oberen Amur.

Nach 14 Verhandlungstagen kam schließlich der Vertrag von Nertschinsk zustande, der eine Grenzregelung und ein Handelsabkommmen zwischen Moskau und Peking brachte.

Im jetzigen Augenblick – also im Jahre 1858 – haben die Amerikaner den Russen den Bau einer großen Überlandeisenbahn von Moskau über den Amur nach dem Ochotskischen Meer, einem Teil des Stillen Ozeans, vorgeschlagen. Sie verlangen dafür kein Kapital, sondern lediglich die Baukonzession sowie rechts und links der Geleise die Übereignung eines Streifens Land in einer Breite von je einem Werst. Aber der Zar hat abgelehnt. Die Yankees wären ihm zu unruhige Nachbarn.

Nach Bereinigung der chinesischen Aufgaben durch einen Friedensschluß wandte sich die Aufmerksamkeit Peters den Türken zu, und es gelang ihm, an der Nordküste des Schwarzen Meeres durch Wegnahme von Asow Fuß zu fassen.

Er setzte mehrere Heeresgruppen dorthin in Marsch,

Gordon mit 5000 Mann und Lefort mit 12 000 ausgebildeter Truppen, Scheremetjev zog mit den Strelitzen und einem starken Kosakenheer den Don entlang. Peter selbst diente seiner Gewohnheit nach als Freiwilliger bei der Truppe und erwarb sich seine Beförderung zu höheren Dienstgraden langsam stufenweise von unten herauf, vom Trommler bis zum Generalmajor.

Nach dem Siege von Asow ließ er sich zum Kapitän eines Kanonenbootes ernennen und erst viel später, nach einem Seegefecht, zum Vizeadmiral. Er hatte schon immer Interesse für Seefahrt gehabt und baute nach seiner Auslandsreise nach Holland und England – in den Jahren darauf – die erste russische Kriegsflotte auf.

Während seiner Belagerung von Asow starb sein Stiefbruder und Mitregent Iwan, ohne Kinder zu hinterlassen, Peter wurde also Alleinherrscher, ließ jedoch die abgesetzte und verbannte Regentin Sophie bewachen, um nicht wieder durch Konspirationen von ihr und ihren Gesinnungsgenossen überrascht zu werden.

1697 kann er endlich ins Ausland reisen, tut das aber nicht offiziell, sondern läßt sich inkognito als »Peter Michailow« einer feierlichen Gesandtschaft zuteilen, die unter Lefort, ferner mit dem von den Verhandlungen mit China zurückgekehrten Golowin und einem Staatssekretär mit dem üblichen Gefolge von Sekretären, Edelleuten und einer Bedeckung von 50 Mannschaften des Preobraschenskij-Regimentes nach Europa aufbricht. Peter hatte nur seinen Kammerdiener, einen livrierten Lakaien und seinen Hofzwerg mitgenommen.

Der Weg führte über Pommern, Berlin, Westfalen nach Amsterdam. Dorthin eilt Peter der Gesandtschaft inkognito um 14 Tage voraus und logiert dort zuerst bei der Ostindischen Kompagnie, dann in einem kleinen Zimmer bei einer Werft der Admiralität. Als Meister

Peter arbeitet er einige Zeit bei einem Schiffsbaumeister in Zaandam, um zu lernen, und macht gelegentlich Abstecher nach Amsterdam, bei welcher Gelegenheit er etwas Anatomie und Physik studiert.

Wie er dann bei seiner Überfahrt nach England Villebois kennenlernt, ist bereits erzählt. Nach 15 Monaten im Ausland erreicht ihn in Wien plötzlich die Nachricht, daß die Strelitzen, die er inzwischen in der Ukraine garnisoniert hatte, im Einverständnis mit der verbannten Regentin Sophie auf Moskau marschieren, jedoch von Gordon in zwei Gefechten schwer geschlagen waren. Im ersten Treffen verloren sie 7000 Tote, im zweiten ergaben sich 8000 Mann.

Peter warf sich sofort auf ein Pferd und galoppierte nach Moskau zurück. Er beeilte sich so, daß er im gleichen Augenblick durch ein Stadttor eintritt, in dem die gefangenen Strelitzen durch ein anderes die Hauptstadt betraten. Diese Gelegenheit, ein für allemal mit dieser staatsgefährlichen und hochverräterischen Truppe ein Ende zu machen, ließ der Zar sich nicht entgehen.

Aber wie kam es, daß die Mannschaftsstärke der Strelitzen, die normalerweise 35 000 bis 40 000 Mann betrug, jetzt nur noch 17 000 bis 18 000 Köpfe zählte?

Eine listige Berechnung Peters war die Ursache: Zunächst hatte er die Strelitzen als seine »besten Soldaten« in der ersten Reihe gegen die Türken fechten lassen, so daß sie schwerste Verluste hatten. Es ist wahr, daß die Offiziere für Ersatz von Ausfällen sorgen mußten, aber während der Zar in Angelegenheiten der Heeresverwaltung sonst sehr genau war, drückte er bei dieser privilegierten Garde bei der Auffüllung der entstandenen Lücken beide Augen zu. Dabei ließ er an das Offizierkorps weiter den Sold für 40 000 Mann auszahlen, obwohl der Mannschaftsbestand inzwischen auf 18 000 Köpfe abgesunken war.

Der Hochverratsprozeß wurde nach den Regeln für Meuchelmörder abgewickelt. 2000 Strelitzen wurden gehängt, 5000 geköpft. Man errichtete 200 Galgen für je zehn Verurteilte. Der Zar wohnte der Exekution auf einem Throne bei, auf dessen Stufen die Prinzen, Höflinge und Offiziere seines Hofes saßen. Man ließ je zehn Mann aus einer Umzäunung heraustreten, zählte sie ab und zog sie dann am Galgen hoch. Als der Zar bis 2000 gezählt hatte, war es erst elf Uhr, und das zweite schaurige Schauspiel, nämlich die Enthauptung, konnte beginnen. Man hatte dafür genauso sorgfältig berechnete Vorbereitungen getroffen wie für das Hängen.

Gegenüber den Galgen hatte man nicht etwa einzelne Blöcke aufgestellt, sondern Balken auf Stützen so abgemessen, daß jeweils 100 Verurteilte gleichzeitig enthauptet werden konnten. Kein Regisseur eines Schauerdramas hätte an der Inszenierung etwas auszusetzen gehabt. Der Zar befahl, die ersten hundert Strelitzen vor dem Balken niederknien zu lassen und schlug ihnen mit eigener Hand den Kopf ab. In seiner Zimmermannszeit hatte er gelernt, mit Beilen meisterhaft umzugehen.

Dann trat er mit den Worten zurück: »Meine Arbeit habe ich getan, jetzt tut ihr die eure!«

Und alle, die er bei sich hatte, sein Großadmiral, sein Großkanzler, die Menschikows, die Apraxin, die Dolgorukij, alle mußten sich an die blutige Arbeit machen. Erst nachdem jeder zehn bis zwölf Köpfe abgeschlagen hatte, erlaubte der Zar ihnen, das Henkerbeil an Soldaten weiterzugeben, die das Werk beendeten.

Ein einziger Strelitze wurde begnadigt. Dies war ein junger Mann von 22 Jahren mit Namen Iwan Orell, das heißt Adler.

Als er an den Hauklotz herantrat, war ihm ein Leichnam im Wege.

»Trotzdem mußt du mir Platz machen, denn jetzt komme ich dran«, sagte er, indem er den Toten mit dem Fuß wegstieß. Diese Kaltblütigkeit machte einen solchen Eindruck auf Peter, daß er dem Soldaten, der bereits mit dem Beil ausholte, zurief: »Gnade für diesen da!«

Das war aber nicht alles. Der Zar nahm den Begnadigten in ein Linienregiment als Soldat auf. Dort stieg er zum Offizier auf und wurde wie üblich geadelt. Er wurde der Großvater der berühmten fünf Brüder Orlow. Der älteste derselben, Gregor, wurde der Geliebte von Katharina und wäre beinahe von ihr geheiratet worden. Alexis Orlow wurde der Mörder von Peter III. und hat auf diese Weise Katharina der Großen zur Thronbesteigung verholfen.

Drei weitere Strelitzen wurden bei dieser Gelegenheit nicht hingerichtet, sondern für eine schwerere Strafe aufgehoben. Es waren die drei Verfasser einer Ergebenheitsadresse, mit welcher der intriganten früheren Regentin Sophie die Krone angeboten wurde. Natürlich war diese verhaftet worden. Diese drei Strelitzen wurden mit diesem Schriftstück in der Hand so dicht vor dem Fenster ihrer Zelle gehängt, daß nach dem Steifwerden der Körper ein Arm durch das Fenster in die Zelle der Prinzessin hineinreichte. Auf Befehl des Zaren mußte dieser Arm und die dazugehörige Leiche solange in dieser Stellung verbleiben, bis beide durch Verwesung herunterfielen.

Durch diesen fürchterlichen Anblick wurde die Prinzessin endgültig von ihren hochverräterischen Widerstandsgelüsten gegenüber ihrem rechtmäßigen Stiefbruder geheilt, sie zog sich unter einem anderen Namen in ein Kloster zurück, wo wenige Jahre darauf ihr so unheilvolles Leben endete.

Die im Kampfe vor Moskau durch Flucht doch entkommenen Strelitzen wurden solange gejagt, bis sie elend umkamen. Peter hatte ein abschreckendes Exempel statuiert.

5. Kapitel

In der folgenden Betrachtung der nächsten Ereignisse im Leben des Zaren Peters I. wollen wir uns teilweise an Voltaires »Histoire de Charles XII.« – die Geschichte von Karl XII. von Schweden, seines größten Gegners – halten.

Nur nach einer kriegerischen Auseinandersetzung mit Karl XII. konnte der Zar einen Ausgang zum Finnengolf und der Ostsee in seine Hände bekommen. Polen hatte Livland an die Schweden abgetreten, und nach der Thronbesteigung Augusts des Starken in Warschau wollte dieser Livland wieder polnisch machen und einigte sich mit dem Zaren, durch sächsische Truppen Riga zu belagern, während Peter die Hafenstadt Narwa – zwischen Reval und dem späteren Petersburg – wegnehmen sollte.

Die Russen erschienen mit 60 000 Mann vor der befestigten Stadt, allerdings waren davon nur 12 000 Mann reguläre Truppen. Aber der junge schwedische König Karl XII. griff mit nur 9000 Soldaten und zehn Geschützen im Rücken der Belagerer an, während Peter gerade in Nowgorod abwesend war. Der Ausgang des Kampfes war kaum glaublich: infolge ihrer überlegenen Ausrüstung und Ausbildung töteten die Schweden 7000 Russen, machten 25 000 Gefangene und erbeuteten 145 Kanonen. Es war eine totale Niederlage.

Der Zar eilte sofort nach Moskau, ließ die Kirchenglocken einschmelzen, um 100 schwere Haubitzen,

143 Feldgeschütze, ferner Mörser und die nötige Munition herzustellen, und ließ alles Material nach Pleskau, an der Südspitze des Peipussees, transportieren. Dort wurden auf seinen Befehl Galeeren und flachgehende Fahrzeuge erbaut, um damit Narwa von Süden anzugreifen. Eine andere Flottille wurde mit Hilfe holländischer Schiffbauer auf dem Ladogasee unter seiner persönlichen Mitwirkung in Bau genommen, um damit die Newamündung zu gewinnen, an der später Schlüsselburg und Kronstadt erbaut wurden. Außerdem benutzte er eine Kampfpause, während der Schwedenkönig in Polen August den Starken vor sich herjagte, dazu, um den wirtschaftlichen und industriellen Aufbau seines Reiches voranzutreiben.

Fabriken werden gebaut, Milchvieh aus Sachsen wird eingeführt, Winzer aus Spanien, Schmiede aus Frankreich kommen, und aus vielen anderen Ländern werden Fachleute zum Aufbau angeworben.

Wegen der fehlenden Straßen wird ein strategisches Binnenschiffahrtsnetz ausgebaut. Durch Kanäle verbindet man das Kaspische und das Schwarze Meer, vertieft einen alten Kanal zwischen dem Don und der Wolga, ebenso die Verbindung zwischen Don und Düna, wodurch später ein schiffbarer Weg vom Schwarzen Meer zu der Ostsee geschaffen werden soll. Die Düna ergießt sich bei Riga in die Ostsee, und eines Tages werden die Schweden geschlagen sein und dann wird auch Riga russisch sein.

Inzwischen wurden die Russen in kleineren Gefechten geschlagen, aber jedesmal lernten sie dazu, bis schließlich der General Scheremetjew im Januar 1702 den General Schlippenbach besiegen, dabei die ersten vier schwedischen Fahnen erbeuten und dann Dorpat einnehmen konnte.

In der Folge fiel auch das dortige Marienburg in russische Hände. Die kleine Stadt hatte sich ergeben. Um sich eine bessere Behandlung zu sichern, hatten die Einwohner ihren lutherischen Pastor Glück als Unterhändler zum feindlichen Befehlshaber Scheremetjew entsandt. Dieser empfing den würdigen Mann in allen Ehren.

Aber dann fiel das Auge des Generals im Hause des Pastors auf ein schönes Mädchen, das in der Familie diente. Er erkundigte sich, wer sie sei, worauf ihm geantwortet wurde, daß ihr Name Katharina wäre. Ihre Mutter wäre eine arme Leibeigene aus Estland gewesen — das damals schwedisch war — ihr Vater sei unbekannt. Sie wußte nur, daß sie römisch-katholisch getauft war und daß ihre Eltern vor der Pest aus Dorpat aufs Land geflohen waren. Als ihre Eltern doch noch erkrankten und starben, wurde sie als Waise einem Pastor übergeben. Aber fast im gleichen Augenblick wurde auch die Familie im Pfarrhaus angesteckt und starb, so daß das Kind wieder verlassen war.

Zu ihrem Glück hatte sich damals ihr jetziger Dienstherr nach Marienburg begeben, um die Sterbenden mit den Tröstungen der Kirche zu versehen. Als er im verödeten Pastorenhause eintrat, fand er nur die kleine Dreijährige, fast verhungert, im Sterbezimmer des Pastors vor, und als sie ihn beim Talar ergriff, um Brot bettelte und ihm nachlief, nahm er sie aus Mitleid mit.

Er wohnte damals in Riga. Die arme Waise wuchs mit seinen zwei Töchtern im Hause auf und diente dort als Kleinmädchen und Magd. Als sie 16 Jahre alt war, glaubte der Pastor Glück zu bemerken, daß sein Sohn die Kleine zärtlicher anblickte, als es sich für den Sohn eines Priesters schickte. In der Tat war Katharina zu einer außerordentlichen Schönheit erblüht. Man hielt es daher für besser, sie baldmöglichst zu verheiraten.

Bei der sozialen Stellung des jungen Mädchens gab es keine großen formalen Schwierigkeiten, nachdem einmal dieser Beschluß gefaßt war, und man verehelichte sie mit einem jungen schwedischen Leibdragoner Karls XII., der in Marienburg in Garnison stand und sich mit ihr etwas angefreundet hatte.

Aber schon drei Tage nach der Hochzeitsfeier wurde der Ehemann zur schwedischen Armee in Polen abkommandiert und mußte seine junge Frau zurücklassen. Und weil diese nichts Besseres wußte, kehrte sie in den Haushalt ihres Erziehers zurück und machte weiter ihre Arbeit, als wenn sich nichts geändert hätte.

Wir haben bereits erwähnt, daß Pastor Glück von den Einwohnern des Städtchens mit Übergabeverhandlungen betraut war und daß der General Scheremetjew bei dieser Gelegenheit ein Auge auf Katharina geworfen hatte. Mit dem Recht des Siegers streckte er seine Hand nach ihr aus und nahm sie als seinen Anteil an der Beute. Glück wagte einige Einwendungen, Katharina versuchte zu widersprechen, sie wurde jedoch gezwungen, den Dienst im Pastorenhause zu verlassen und bei dem General eine andere Funktion zu übernehmen. Obwohl sie bei diesem Wechsel weinte, wurde sie Sklavin und Mätresse von Scheremetjew. Damals hatte schließlich der Herr eines Leibeigenen das Recht über Leben und Tod, und Katharina unterwarf sich dem Willen ihres Gebieters, ohne sich lange zu sträuben.

Sie war ungefähr sieben Monate in den Händen Scheremetjews, als Menschikow nach Livland kam. Dieser war damals noch nicht Graf oder Fürst, aber er war bereits ein mächtiger Mann und ein fähiger General, der den Oberbefehl über die russische Armee in Livland übernehmen sollte. Außerdem brachte er einen Zarenbefehl mit, daß Scheremetjew auf schnellstem Wege zu ihm nach dem polnischen Kriegsschauplatz kommen solle und sofort abreisen müsse. Infolgedessen ließ er in Livland fast sein gesamtes Hauspersonal zurück, mit Ausnahme einiger benötigter männlicher persönlicher Bedienter. Katharina gehörte zu den Zurückgebliebenen, aber Menschikow hatte sie mehrere Male zu Gesicht bekommen und sie hatte ihm sehr gefallen. Scheremetjew wurde gebeten, diese Leibeigene ihm aus Gefälligkeit zu überlassen, und er stimmte zu.

Durch diesen Wechsel ihres Herren kam Katharina in die Hände eines viel jüngeren und weniger gewichtigen Mannes, und diesmal unterwarf sie sich nicht nur aus passivem Gehorsam. Und weil Liebe Gegenliebe hervorruft, verliebte sich Menschikow sehr in seine Sklavin, und bald war sie die eigentliche Herrin im Hause.

So standen die Dinge, als Zar Peter vom Ladogasee anreiste. Dort hatte er die Schweden aus dem befestigten Noteburg vertrieben, das heute Schlüsselburg heißt, und die Mündung der Newa beherrscht. Als er beim Oberkommando von Livland ankam, stieg er bei seinem Günstling Menschikow ab.

Mit anderen Leibeigenen mußte Katharina den Zaren bei Tisch bedienen, und ihre Schönheit tat die gewohnte Wirkung. Nach Beendigung des ersten Mahles schickte Peter das Gefolge seines Gastgebers hinaus und blieb mit ihm allein.

Menschikow erwartete ein vertrauliches Gespräch über Staatsgeschäfte, aber zu seinem großen Erstaunen wurde er gefragt:

»Wer ist denn diese Sklavin Katharina und von wem hast du sie gekauft?« Auf diese Weise wurde ihm alles über sie erzählt, worauf der Zar die Tischbedienung wieder hereinkommen ließ.

Als Katharina mit den anderen hereintrat, wurde sie vom Zaren mit den Worten angeredet: »Mein schönes Mädchen, wenn ich mich jetzt in mein Schlafzimmer zurückziehe, wirst Du einen Leuchter nehmen und mir leuchten.«

Sie warf einen Blick auf Menschikow, der ihr durch ein Zeichen zu verstehen gab, daß sie gehorchen müßte. Sie war dem Zaren also zu Willen, und am nächsten Morgen schenkte er ihr bei seiner Weiterreise einen Dukaten – etwa zwölf Franken – für ihr gutes Leuchterhalten.

Übrigens war dieser auf den ersten Blick gering erscheinende Betrag sein übliches Geschenk, aber im Laufe eines Jahres verbrauchte der Zar etwa 6000 Franken für derartige Gefälligkeiten. Nach seiner Abreise machte Katharina Menschikow weinend Vorwürfe, daß er sie im Stiche gelassen hätte, worauf er sich damit entschuldigte, daß ein Zar eben allmächtig und er ihm zu Dank verpflichtet sei. Aber durch ihre Vorwürfe wurde seine Liebe zu ihr noch heftiger. Er sagte tröstend, der Zar sei abgereist, man habe seiner Gewalt weichen müssen, und niemand habe sich schuldig gemacht.

Aber Peter kam bald wieder zurück, um Klagen über Erpressungen der Einwohner durch Menschikow zu untersuchen, für die er bereits schlüssige Beweise in der Hand hatte.

Als er eines Tages unangemeldet ins Zimmer trat, war Menschikow sehr erstaunt, noch mehr aber, als er vom Zaren mit seinem Spazierstock schwer durchgeprügelt wurde. Dies war bei Peter üblich, wenn er Grund zu einer Bestrafung hatte, und zehn Minuten später war er dem Gemaßregelten nicht mehr böse, und alles war vergessen.

Also erklärte er seinem Günstling, warum er ihn so behandeln mußte, daß er schuldig geworden sei und daß ihm zu Recht die in solchen Fällen übliche Behandlung verabreicht worden war. Dann eröffnete er ihm, daß er noch einige Zeit in Livland zu bleiben gedächte und sich daher ein eigenes Haus als Wohnsitz nehmen wolle.

Außerdem versprach er zwei- oder dreimal in der Woche bei ihm zu speisen.

Er hielt sein Versprechen und bei den ersten Malen schien er an die schöne Sklavin nicht zu denken. Aber eines Tages fragte er: »Wo ist denn eigentlich Katharina?«

»Katharina?« stammelte Menschikow.

»Ja, ich sehe sie ja nicht mehr. Du bist doch nicht etwa eifersüchtig?«

»Alles, was ich habe und besitze, gehört meinem Wohltäter!«

»Gut, ich möchte das Mädchen sehen, laß sie kommen.«

Man ruft Katharina, die hochrot im Gesicht und ganz verlegen erscheint. Auch Menschikow errötet und erbleicht abwechselnd, er macht nicht den Eindruck, ein Herr zu sein, der seine Leibeigene hergibt, sondern eher ein Verliebter, dem man seine Geliebte wegnehmen will. Als der Zar sah, daß die eine schwer verlegen und der andere äußerst beunruhigt ist, macht er lediglich einige kleine amouröse Scherze zu ihr. Aber als er aus den Antworten der jungen Sklavin mehr Respekt als Sympathie herausfühlte, zog er seine bereits ausgestreckte Hand zurück und schwieg längere Zeit nachdenklich, ohne sie während der restlichen Mahlzeit anzusprechen.

Dann servierte Katharina auf einem kleinen Tablett mehrere Likörgläser. Als sie damit vor dem Zaren stand, schien dieser vergessen zu haben, wozu sie gekommen war, und sah sie lange an, ohne zu sprechen.

Darauf sprach er mit einer viel weicheren Stimme als gewöhnlich zu ihr:

»Katharina, es scheint mir, daß wir uns nicht mehr so gut verstehen, wie bei meinem ersten Hiersein.«

Sie senkte darauf ihre Augen und das Tablett zitterte in ihren Händen so, daß die Gläser aneinanderklirrten. Er fuhr fort:

»Ich hoffe aber, daß wir in dieser Nacht unseren Frieden schließen!« darauf wandte er sich barsch an seinen General:

»Weißt du, Menschikow, daß ich sie jetzt mitnehme?«

Sagen und Tun waren bei ihm eins, er erhob sich, setzte seinen Hut auf, faßte den Arm Katharinas unter und nahm sie mit nach Hause.

An den nächsten beiden Tagen sah der Zar Menschikow, ohne davon zu sprechen, daß er ihm Katharina zurücksenden wolle. Erst am dritten sagte er abrupt nach einem dienstlichen Gespräch:

»Höre, ich behalte Katharina, sie gefällt mir und du mußt sie mir abtreten.«

Diese Worte zerrissen Menschikow das Herz, er konnte nicht antworten, mußte sich aber zum Zeichen seiner Zustimmung tief verneigen.

»Übrigens«, fuhr der Zar fort, »du wirst dich erinnern, daß die Kleine fast nackt ist, und ich hoffe, daß du sie anständig ausstatten wirst, damit sie sich schön herausputzen kann.«

Menschikow verstand seinen Herrn und beschaffte so viel Kleider wie er konnte, nach den Maßen eines Mädchens von gleichem Wuchs. Dann füllte er ein Schmuckkästchen mit schönem Diamantgeschmeide und sandte ihr alles mit zwei leibeigenen Mädchen zu ihrer Bedienung und zu ihrer Verfügung.

Aber als diese in ihr Zimmer traten, war Katharina beim Zaren und sah alles erst, als sie in ihren Raum zurückkam. Sie war über alles aufs höchste erstaunt und ging sofort zurück, um ihm mit ihrer Selbstsicherheit, die ihr später die Krone einbringen sollte, lächelnd zu sagen: »Sire, ich bin bisher so oft und so lange in Ihrem Zimmer gewesen, daß Sie jetzt mich ruhig ein wenig besuchen können. Ich möchte Euch jetzt etwas Sehenswertes zeigen.«

Tatsächlich gehorchte ihr der Zar. Denn genau wie Menschikow war er zuerst der befehlende Herr gewesen, um bald der gehorsame Sklave zu werden.

Als er in ihrem Gemach war, zeigte sie ihm zuerst den Packen Kleider, der ihr übersandt worden war. Dann sagte sie sehr ernst: »Dieser Anblick zeigt mir, daß ich hier so lange bleiben muß, wie es Eurer Majestät gefällt. Daher ist es auch schicklich, daß Eure Majestät alle Kostbarkeiten besichtigt, die ich als Mitgift mitbringe.«

Dann begann sie, die Pakete zu öffnen und die Gewänder auf Bett und Stühlen auszubreiten. Aber im letzten Bündel entdeckte sie das Schmuckkästchen.

»Oh«, sagte sie, »das ist sicherlich ein Irrtum und ist nicht für mich bestimmt.«

Aber aus Neugierde öffnete sie es und fand darin einen kostbaren Ring, ein Halsband und andere Juwelen im Wert von etwa 20 000 Rubeln. Darauf sah sie den Zaren starr an und fragte ihn in ernstem Tone:

»Ist dies nun ein Geschenk von meinem alten oder meinem neuen Herrn? Wenn die Geschenke von Menschikow geschickt sind, dann muß ich sagen, daß er seiner Sklavin ein prächtiges Abschiedsgeschenk macht.«

Dann jedoch blieb sie unbeweglich und stumm nachdenklich stehen und flüsterte: »Armer Menschikow.«

Hierauf kämpfte sie mit sich und sagte dann:

»Wenn dieser Schmuck ein Abschiedsgeschenk meines alten Gebieters ist, dann brauche ich nicht zu überlegen, ob ich es ihm zurückschicke«, sie hob einen kleinen Ring von geringerem Wert hoch und fuhr fort:

»Das ist alles, was ich von ihm behalten will und was mich an alle Wohltaten erinnern soll, die er mir erwiesen hat. Ich will ihn nicht seiner Reichtümer berauben. Ach, ich wünschte mir sehnlich von ihm etwas viel Kostbareres, nämlich sein Herz.«

Darauf konnte sie nicht länger ihre Fassung behalten, brach in Tränen aus und wurde vor Schmerz ohnmächtig, Peter rief sie vergebens beim Namen, jedoch erst mit einer Riechessenz der Königin von Ungarn gelang es, sie wieder ins Bewußtsein zurückzurufen.

Der Zar sagte ihr, daß die Diamanten ein Erinnerungsgeschenk von Menschikow seien, das sie nicht abweisen könne, und daß er seinem Günstling dadurch verpflichtet sei, weil er sich ihr gegenüber so großzügig gezeigt hatte. »Behalte sie ruhig, ich werde mich für dich bedanken.«

Es blieb Katharina nichts anderes übrig, als ihm zu gehorchen.

Es wurde bereits erwähnt, daß Peter die Bedienten zu Hilfe rufen mußte, als sie ohnmächtig geworden war, und diese sahen staunend, wie sehr erschreckt er sich um die Bewußtlose bemühte, um sie zu sich zu bringen. Sonst war man eine solche Ritterlichkeit durchaus nicht vom Zaren gewohnt, weshalb sich bald das Gerücht verbreitete, daß der Herrscher über alle Reußen von einer ernsten Leidenschaft zu ihr entbrannt sei. Diese Propheten sollten sich auch nicht täuschen.

Von diesem dramatischen Augenblick an ließ Peter seine Katharina von niemand erblicken und hielt sie eifersüchtig verborgen, sprach auch mit niemand von ihr. Als sodann der Augenblick gekommen war, wo er nach Moskau zurückkehren mußte, beauftragte er einen Kapitän seiner Leibwache damit, Katharina mit aller Ehrerbietung dorthin zu begleiten und befahl ihm, täglich durch reitende Boten über ihr Befinden zu berichten.

Nach ihrer Ankunft in der Hauptstadt wurde Katharina in einem entlegenen Viertel einlogiert, und zwar bei einer Witwe aus guter Familie, die jedoch nicht sehr begütert war. Hier pflegte sie der Zar, für den der Zustand als heimlich Liebender und das Geheimnisvolle dabei etwas ganz Neues war, inkognito zu besuchen, wobei er sich durch einen breiten Hut, der bis zu seinen Augen gezogen wurde, sowie einen weiten Mantel um die Schultern unkenntlich zu machen versuchte.

In diesem Hause wurde Katharina in den nächsten Jahren von den Prinzessinnen Anna und Elisabeth entbunden. Diese waren also die Frucht eines doppelten Ehebruchs, weil weder die Ehe Peters mit der Zarin Eudoxia Lopuchina noch die Ehe Katharinas mit ihrem verschollenen schwedischen Leibdragoner formell geschieden war. Peters Ehe mit der Zarin aus dem Geschlecht der Lopuchina war das Werk einer Palastintrige der Naryschkins gewesen, Eudoxia war wenig klug, abergläubisch und fade sowie eine Feindin aller Reformen. Nach der Scheidung nahm sie erbittert vorübergehend den Schleier, während Katharina nachträglich legitimiert wurde.

Man muß sich vergegenwärtigen, daß damals Ludwig XIV. in Paris das Vorbild für Europa war, und wird es verstehen, daß Peter I. ihn in vielem nachahmte.

6. Kapitel

Wir werden nun die wichtigsten Ereignisse im Leben Peters I. bis zu seinem Tode und besonders die Gründung Petersburgs verfolgen, denn diese Zeitspanne im Leben des moskowitischen Volkes läßt das meiste in der späteren Entwicklung Rußlands verstehen. Dafür werden wir beim Besuch von Gedenkstätten aus der Zeit nach seinem Tode bis zur Thronbesteigung Katharinas II. – der Epoche der Palastrevolutionen – uns kürzer fassen können.

Wir wollen jetzt die spätere Katharina I. in ihrem kleinen Hause in der Moskauer Vorstadt, wo sie glückliche Träume, auch von ihrer zukünftigen Größe hat, verlassen und wenden uns dem Zaren selbst zu. Während man glaubt, daß er mit seiner Liebesidylle oder mit gesetzgeberischen Reformen wie Reformation des Kultus, Schaffung von Arbeitshäusern, Schulen, Akademien, von Fabriken aller Art, und zwar von solchen zur Herstellung von Stecknadeln bis zu Geschützgießereien, in Moskau voll beschäftigt ist, erscheint er unerwartet acht Tagereisen entfernt im Norden auf einer der kleinen Inseln der unteren Newa, die niedrig, morastig, ungesund sowie öde und wüst ist, stampft mit dem Fuße in den Schlamm und sagt: »Hier werden wir Petersburg bauen.«

Warum gerade hier? Bedenkt er nicht, daß hier der Boden moorig ist, das Klima hart, der Winter fast acht Monate dauert, daß der Fluß dann vereist, die Wassertiefe ungleich und das Fahrwasser so versandet ist, daß neugebaute Kriegsschiffe nur mit Hilfe von Hebemaschinen und Zugtieren gewisse Stellen passieren können? Hat er nicht den einsam stehenden Baum beachtet, an dem die verschiedenen Hochwasserhöhen des noch unregulierten Stromes markiert sind?

Aber er hat seinem Entschlusse ganz genaue Überlegungen zugrunde gelegt. Die natürlichen Hindernisse, die zunächst Bedenken auslösen, sind lediglich Schönheitsfehler des gewählten Platzes von untergeordneter Bedeutung.

Man muß daran denken, daß die drei wichtigsten Teile der Erdkugel – nämlich Asien, Europa und Amerika – am Nordpol ungefähr zusammenstoßen. Das russische Reich erstreckte sich gleichzeitig über den amerikanischen Kontinent – Alaska und südlicher – und über große Teile Asiens und Europas. Es ist fast unbekannt in Europa und hat Wasserverbindung über die Beringstraße mit Amerika, über das Kaspische Meer mit Zentralasien sowie über das Schwarze Meer und die Ostsee mit Europa.

Wenn der Zar also seine Landerwerbungen an diesem östlichen Zipfel des Baltischen Meeres ausnutzt und ebenso ihre Wasserverbindungen, so hat sein Land nützliche Verbindungen mit allen drei Weltteilen. Bei St. Petersburg werden sich nicht nur der Seehandel, sondern vielleicht einmal auch die Wasserverbindungen mit Europa und Asien, sowie womöglich einmal auch die mit dem Weißen Meer, dem Eismeer und Nordamerika vereinigen. Auch liegt dieser Platz nahe an der oberen Wolga, dieser großen Verkehrsschlagader Rußlands.

Deshalb soll in die neue Stadt der Adel und die Regierung, der Senat verpflanzt werden, damit sich auch Kaufleute und Bürger dort ansiedeln. Man wird Paläste bauen, und gleichzeitig auch Wohnhäuser errichten. Sicher wird der Kampf mit den feindlichen Elementen lang und mörderisch sein. Aber wenn er 100 000 Menschen dabei verlieren sollte, was würde das ausmachen? Der Zar hat doch im Augenblick bereits 18 Millionen Untertanen, bei seinem Tode voraussichtlich 30 Millionen, und werden in 100 Jahren seine Nachfolger nicht mindestens über 60 Millionen herrschen?

Dann wird niemand mehr an die Gefahren und Verluste der Gründungszeit denken, denn was man vergißt, hat nicht existiert.

Am 27. Mai 1703 also legte der Zar feierlich den Grundstein zu den Befestigungen, welche das im Bau befindliche Petersburg umgeben sollten.

Inzwischen werden Narwa und Dorpat wieder belagert und mit dem Schwerte in der Hand genommen. Dann macht er Karl XII. einen Friedensvorschlag, jedoch dieser antwortet: »Nur wenn wir Moskau genommen haben!«

Das war hochmütige Verblendung!

Der Zar sagte dazu: »Oh, oh, mein Bruder Karl XII. will ein zweiter Alexander werden, aber er wird in mir keinen zweiten Darius finden.«

Aber Karl zweifelte nicht an seinem Siege. Er äußerte: »Meine Peitsche wird genügen, um dieses moskowitische Gesindel nicht nur aus Moskau zu jagen, sondern auch die Welt von ihm zu befreien.«

Der schwedische König nahm Smolensk ein, nur hundert Marschstunden von der Hauptstadt entfernt, wo bereits Schrecken und Verwirrung regierten.

Aber jetzt tat er etwas Wahnwitziges: anstatt auf der großen Straße nach Moskau weiterzumarschieren und obwohl man den König dringend bat, die Ankunft des Generals Loewenhaupt mit seinen 15 000 Mann sowie Verpflegung und Munition zunächst abzuwarten, weil das Heer diese dringend benötigte, führte er seine 20 000 Mann nach Süden, um sich mit den Kosaken Mazeppas, des Fürsten der Ukraine, zu vereinigen. Hätte er seine Verstärkungen erwartet, so hätte er mit fast 40 000 schwedischen Soldaten die östliche Welt erobern können. Alexander der Große hatte nur 20 000 Mazedonier mit sich, als er Persien und Indien besiegte, und im 18. Jahrhundert waren die Schweden die Mazedonier des Altertums.

Karl ließ also Loewenhaupt überstürzt den Befehl zugehen, ihm in Eilmärschen die Truppen und Vorräte in seine beabsichtigten Winterquartiere in der Ukraine nachzuführen, dann wollte er im Frühjahr Moskau nehmen, nachdem er die Ukrainer fest in der Hand hatte. Er hatte aber die Schwierigkeiten der sehr schlechten Wegeverhältnisse unterschätzt, außerdem hatte der Zar vom Abfall Mazeppas sofort Wind bekommen und sich auf die Kosaken gestürzt, so daß sich Mazeppa nur mit Mühe und Not schließlich mit 6000 Mann und einigen Packpferden mit

Gold und Silber zum schwedischen Hauptheer retten konnte. Er kam dort mehr als Flüchtling statt als Verbündeter an.

Die Rettung konnte eine Einnahme Poltawas sein, das mit großen Lagerbeständen an Waffen, Munition und Lebensmitteln versehen war. Nach weiteren Verlusten durch den einsetzenden schweren Winter begannen die Schweden die Belagerung. Hierbei wurde der König am Bein verwundet, und zwar bei einem Ausfall der Belagerten, nachdem diese durch ein Hilfskorps unter Menschikow verstärkt worden waren.

Nach einer schweren Entscheidungsschlacht, die zuerst nach einem Siege der Schweden aussah, neigte sich der Sieg dem Zaren zu, dessen Hut dabei von einer Musketenkugel durchbohrt wurde. Aber die 5000 Reiter, welche im entscheidenden Moment den Russen in die Flanke fallen sollten, hatten sich bei ihrem Umfassungsmanöver im unübersichtlichen Gelände verirrt, und die überlegene russische Artillerie – 72 Kanonen gegen 4 schwedische – gab den Ausschlag. Menschikow und Golowin taten ihr Äußerstes, ersterem wurden drei Pferde unterm Leib erschossen, und als die russische reguläre Infanterie dann angriff, war alles entschieden. Mit Mühe gelang es, den verwundeten schwedischen König zu retten, der seiner Begleitung, die ihn herausgehauen und in einen Wagen gelegt hatte, als Fluchtziel Bender in Bessarabien angab, wo er mit dem türkischen Großherrn sich gegen Peter verbünden wollte. Der Zar ließ den gefangenen schwedischen Offizieren die Degen wiedergeben, gab jedoch Anordnung, alle gefangenen Kosaken aufs Rad zu flechten.

Nach Vernichtung der schwedischen Armee reformierte Peter die russische und gliederte sie in 33 reguläre Infanterie-, 24 Kavallerieregimenter und 58 000 Mann in Garnisonbataillonen.

Dann gab er den Befehl, zur Sicherung von Petersburg an der Newamündung Kronstadt zu gründen und stark zu befestigen.

Die Zarin Eudoxia Lapuchina lebte seit fünf Jahren in einem Kloster, als ein merkwürdiges Ereignis eintrat: Unter den 14 000 gefangenen Schweden aus der Schlacht von Poltawa befand sich der Leibdragoner, der zwei Tage mit Katharina verheiratet war, als er abkommandiert wurde. Er hatte inzwischen erfahren, daß sie noch lebte und in welchem Verhältnis sie zum Zaren stand. Er schöpfte daraus Hoffnung und vertraute diese Tatsache dem Gefangenenkommissar an. Dieser sandte sofort einen Bericht darüber an Peter. Der Zar schrieb lediglich an den Rand desselben: »Dieser Mann ist ein Verrückter, man soll ihn aber nicht schlechter behandeln als die übrigen Gefangenen.«

Daraufhin wurde er mit diesen nach Sibirien in Marsch gesetzt, wo er zwölf Jahre später eines natürlichen Todes starb. Erst dann veranlaßte Peter I., daß Katharina öffentlich als Zarin anerkannt wurde. Sie durfte aber von jetzt an den Zaren bei seinen Feldzügen begleiten.

7. Kapitel

Inmitten seiner Siegesfestlichkeiten in Moskau erhielt der Zar die unerwartete Nachricht, daß nach einer Haremsintrige in Konstantinopel der schwedische König erreicht hatte, daß der Großherr zwei starke Heere, ein türkisches und ein tatarisches, gegen ihn in Richtung Jassy–Bessarabien in Marsch gesetzt hatte.

Diese 200 000 Mann wurden von Mehmed Baltadji befehligt. Sein Beiname Baltadji bedeutet *Holzhacker*, und in der Tat war dieser früher als solcher im Harem des Sultans tätig gewesen, bis er das Vertrauen seines Herrn gewann und Karriere machte. Er hatte zunächst den Oberbefehl abgelehnt. Als der Großherr ihm jedoch einen kostbaren Säbel mit Edelsteinen übersandte, mußte er sich zur Übernahme bereit erklären.

Peter war durch seinen großen Erfolg bei Poltawa zu stolz geworden und schätzte Türken und Tataren in ihrem Kampfwert so niedrig ein, wie der schwedische König vor Poltawa die Russen. Daher zog er mit nur 30 000 Mann russischer Elitetruppen gegen die 200 000 Mann starken türkischen Armeen. Er verließ sich auch auf Bündnisversprechungen, die ihm von den Fürsten der Walachei und der Moldau gemacht waren, aber diese nahmen zwar russisches Geld an, erklärten sich jedoch nachher für die Türken und lieferten die von Peter angekauften Lebensmittel an den Großwesir aus, natürlich gegen nochmalige Bezahlung.

Das war eine Katastrophe für den Zaren, der nun seine Truppen am Pruth von den feindlichen Massen zusammengedrängt sah, mit wenig Lebensmitteln, fast ohne Munition und Artillerie, die nur drei Schuß je Kanone abfeuern konnte.

»Zum Teufel«, sagte er, »jetzt bin ich also in derselben üblen Lage, wie mein Bruder Karl vor Poltawa.«

Darauf zog er sich in sein Zelt zurück, verbat sich jegliche Störung und gab die Befehle aus für einen letzten verzweifelten Ausbruchsversuch am nächsten Tage. Dann rief er zum zweiten Male den General Scheremetjew zu sich, um während der Nacht die Bagage verbrennen zu lassen, damit der Feind sie nicht erbeuten konnte. Bei Tagesanbruch soll mit aufgepflanztem Bajonett der

Durchbruch versucht werden. Scheremetjew salutiert und verläßt tief bekümmert das Zarenzelt.

Kaum ist Peter allein, als er von konvulsivischen Krämpfen befallen wird. Es ist eigenartig, daß alle großen Staatsmänner, angefangen mit Cäsar bis zu Napoleon Bonaparte, Anlage zur Epilepsie haben. Als er wieder zu sich kommt, fällt sein Blick auf Katharina, die ihn ins Feld begleitet hat. Als er sie im Jahre 1707 heimlich geehelicht hatte, war sie vom lutherischen zum orthodoxen Glauben übergetreten und hatte ihren alten Taufnamen Martha abgelegt.

Während der Zar sich erschöpft in sein Zelt zurückgezogen hatte, hielt sie eine Art Kriegsrat mit dem Vizekanzler Schafirow und den übrigen Generalen ab, wobei man zu dem Schluß kam, daß man mit den Türken verhandeln müsse, bevor man den letzten Verzweiflungskampf wage. Der Vizekanzler entwarf darauf sofort einen Brief an den Großwesir, und Katharina hatte diesen in der Hand, als sie trotz strengen Verbotes in das Zarenzelt trat, um ihn zur Unterschrift zu bewegen.

Sie war in den letzten Jahren sein geheimer Ratgeber geworden, und nach langen Bitten und Tränen erreichte sie schließlich, daß Peter unterschrieb und von neuem Hoffnung schöpfte.

Aber es handelt sich hier nicht um einfache Verhandlungen, nein, man muß auch bestechen, wenn nicht den Großwesir, so doch wenigstens seinen Stellvertreter Osman Aga. Da Katharina weder lesen noch schreiben – dies war in Livland ein Privileg der Kleriker – gelernt hatte, mußte ihr der anwesende russische Botschafter aus Konstantinopel, Graf Tolstoi, den Text des Schreibens vorlesen. Tolstoi hatte Erfahrung mit verräterischen Intrigen aus seiner Dienstzeit im Kreml und kannte die schwache Seite der Machthaber der Pforte.

Katharina drängte den Zaren: Sicher könne man bei genügendem Angebot bei der türkischen Führung etwas erreichen. Sie nennt ihm auch den Namen eines geschickten Subalternoffiziers, den sie für intelligent genug hält, den Brief sicher zu überbringen. Peter erhebt sich von seinem Lager, und mit neuen Mut läßt er den Unterhändler kommen, übergibt ihm den Brief, von dem das Schicksal des russischen Reiches abhängt und instruiert ihn mündlich, ein Geschenk von vier Millionen anzubieten.

Als der Offizier sofort aufgebrochen ist, blickt Peter Katharina an und fragt: »Wenn der Wesir einverstanden ist, wo wollen wir das nötige Geld auftreiben? Die beiden Schufte werden sich doch nicht mit leeren Versprechungen zufriedengeben.«

»Hier im Feldlager«, antwortete Katharina, »ich habe meine Diamanten bei mir und werde den Rest in Edelsteinen und Goldstücken sicher zusammenbringen können.«

Darauf steigt sie zu Pferde und reitet durch das ganze Lager, wobei sie sich an die Offiziere und Soldaten mit den Worten wendet:

»Meine Freunde, wir sind hier in einer sehr schwierigen Lage und haben nur die Wahl, für unsere Freiheit zu sterben oder unseren Feinden eine goldene Brücke zu bauen. Wenn wir im Kampfe untergehen, nützen uns unsere Juwelen und unsere Goldstücke nichts mehr. Wir wollen sie also zusammenwerfen und unsere Feinde damit verführen. Ich habe bereits alle meine Edelsteine sowie mein Edelmetall dem Zaren zur Verfügung gestellt, aber es genügt noch nicht. Wenn wir hier herauskommen, werdet ihr alles hundertfach zurückbekommen.«

Darauf gab ein jeder, vom General bis zum einfachen Soldaten, alles Beutegut und was sie sonst an Wertsachen hatten, hin, und die Haufen wurden sofort geordnet und in Säcken zum Abtransport bereitgestellt.

Als der Parlamentär zurückgejagt kam, brachte er die mündliche Antwort des Großwesirs mit, daß er einen Friedensunterhändler empfangen würde.

Nach einigen Berichten war es der Vizekanzler, der sich in die Höhle der Löwen begab, nach anderen wollte Katharina keinesfalls eine so lebenswichtige Verhandlung einem Fremden überlassen und übernahm selbst diese Aufgabe. Durch den Eindruck ihrer Persönlichkeit soll der Erfolg der zuerst schwierigen Verhandlungen erleichtert worden sein, denn man weiß, wie sehr die Anhänger des mohammedanischen Glaubens für weibliche Schönheit empfänglich sind, und nach ihrem Glauben werden sie im Paradies von jungen Huris erwartet, die ewig schön und jungfräulich bleiben. Nun war die Zarin zwar nicht in jeder Hinsicht mit den Huris im Paradies zu vergleichen, dafür besaß sie jedoch eine Schönheit, die doppelt so groß war.

Zuerst verlangte der Großwesir: »Wenn der Zar seinem Christenglauben abschwört und unser Bruder wird, werden wir ihm nichts Vernünftiges abschlagen!«

Peter ließ erwidern: »Ich bin bereit, alle Gebiete bis Kertsch am Ausgang des Asowschen Meerbusens wieder abzutreten, aber einen Glaubenswechsel muß ich ablehnen. Wie könnte auch der Großwesir meinem Friedensversprechen glauben, wenn ich mein Gott gegebenes Versprechen nicht halte?«

Die zweite Forderung der Türken war bedingungslose Kapitulation. Diese wurde vom Vizekanzler mit den Worten abgelehnt: »Dann wird der Zar in einer Viertelstunde nach meiner Rückkehr angreifen, und wir werden uns lieber bis zum letzten Mann opfern, als eine so schmachvolle Bedingung anzunehmen.«

Ich möchte annehmen, daß der Vizekanzler in diesem Stadium seine Verhandlungen abbrach und daß Katharina persönlich allein weiterverhandelte. Jedenfalls wurde in derselben Nacht ein Vorfriedensvertrag abgeschlossen.

Darin wurde der Zar verpflichtet, Asow wieder zurückzugeben, die von ihm im dortigen Hafen gebauten Galeeren zu verbrennen, alle Befestigungen zu schleifen und die gesamte Festungsartillerie nebst Munition den Türken auszuliefern, das Königreich Polen wieder zu räumen und den Tataren jährliche »Subsidien« in Höhe von 40 000 Zechinen in Gold zu zahlen, wie vor den letzten russischen Erfolgen in diesem Gebiet.

Dagegen erhielt der Zar freien Abzug mit seiner Armee, Feldartillerie, Fahnen und Bagage, und die siegreichen Türken lieferten ihm noch Lebensmittel.

Die politische Schwäche Schwedens bedeutete eine Ruhepause für Peter. Die Türken hielten den Friedensvertrag. St. Petersburg wird allmählich eine große Stadt, der Golf von Finnland und das Kaspische Meer sowie Archangelsk werden jetzt von vielen Schiffen angelaufen.

Der Zar hat nunmehr Zeit, eine zweite Studienreise ins Ausland zu unternehmen. Diesmal nimmt er Katharina, die er seinen guten Geist nennt, mit. Sie reisen durch Deutschland und Holland, er will ihr Frankreich zeigen. Die Schwierigkeiten der Hofetikette verhindern allerdings, daß sie von Ludwig XV. als gekrönte Häupter feierlich empfangen werden.

Man kennt jedoch die Einzelheiten der Frankreichreise Peters I. Er hatte eine persönliche Zusammenkunft mit dem jungen König Ludwig XV. und der Marquise de Maintenon, er besuchte das Grabmal Richelieus und tat dort den berühmten Ausspruch: »Großer Staatsmann, ich würde die Hälfte meines Reiches geben, um von dir zu lernen, wie ich die andere Hälfte regieren sollte.«

Peter weigerte sich, das Palais zu benutzen, das man ihm zur Verfügung stellte, wollte nicht, daß man ihn mit Luxus umgab. Er nahm lieber Quartier in einem kleinen Hause, indem er sagte: »Ich bin Soldat. Ein Stück Brot und ein Topf mit Bier genügen mir. Ich liebe große Zimmer nicht und will nicht in leerem Prunk leben oder viele Leute behelligen.«

Beim Verlassen von Versailles aber gab er eine düstere Prophezeiung ab, die sich 60 Jahre später erfüllen sollte: »Ich möchte über das schöne Frankreich und seinen kleinen König weinen, denn ich sehe voraus, daß sie durch ihren Luxus und ihr Leben im Überfluß noch ihr Königtum verlieren werden.«

Aber da erreichte ihn – genau wie während seiner ersten Auslandsfahrt – eine Schreckensnachricht: Sein Sohn, der Zarewitsch Alexis und seine verstoßene erste Frau Eudoxia Lapuchina hatten gegen ihn eine Verschwörung angezettelt, ähnlich wie seinerzeit die Prinzessin Sophie zusammen mit den Strelitzen.

Es wurde bereits erwähnt, daß der Zar sich von seiner ersten Gattin getrennt und sie in einem Kloster interniert hatte.

Die Verbannte war dort jedoch nicht ganz von der Außenwelt abgeschlossen und lernte dort einen Bruder des früheren Erzbischofs Glebow, der im Kloster lebte, kennen und lieben. Diese Liebesintrige führte zu einer politischen Verschwörung, durch die Peter entthront und ermordet und der Sohn der Zarin, Alexis, auf den Thron gehoben werden sollte. Dieses Komplott wurde jedoch verraten.

Darauf wurde Eudoxia mit der Knute gegeißelt und in der unzugänglichen Festung Schlüsselburg eingekerkert. Der jüngere Glebow wurde gepfählt, und zwar in der Mitte eines großen Schafotts, an dessen vier Ecken der Erzbischof – der das Liebesverhältnis begünstigt hatte – sowie ihr Bruder Abraham Lapuchin und zwei andere kompromittierte Bojaren aufs Rad geflochten und enthauptet wurden.

Es blieb Peter noch die Abrechnung mit seinem entarteten Sohne Alexis, der bereits mehrfach gegen ihn intrigiert hatte. Er läßt ihn vor ein Gericht stellen, das ihn zum Tode verurteilt.

Am nächsten Tage entsteht ein Aufruhr unter der Bevölkerung, und es erscheint eine Abordnung, die vor ihm niederkniet, um für seinen Sohn um Gnade zu bitten. Peter antwortet: »Nun wohl! Ich will ihn begnadigen. Man soll dem Gefangenen diese Mitteilung machen.«

Dann aber läßt er seinen Leibarzt kommen und sagt zu ihm: »Doktor, Sie wissen, wie sehr der Zarewitsch nervös ist. Womöglich wird er sich über die unerwartete Begnadigung so aufregen, daß dies zu seinem Tode führt. Gehen Sie in sein Gefängnis und lassen Sie ihn reichlich zur Ader.«

Und als der Arzt gerade die Türe hinter sich schließen will, fuhr er mit haßerfüllter Stimme fort: »Aber an allen vier Gliedern!«

Nach zwei Stunden wurde ihm gemeldet, daß der bedauernswerte Zarewitsch, der von seiner Mutter in einen so unnatürlichen Vatermord verwickelt werden sollte, an Verblutung gestorben war.

Das große Werk des Staatsmannes hatte über Familienbande gesiegt. Aber eines Tages sollte ihm seine zweite Frau, Katharina, das von ihm gekrönte einfache Landmädchen aus Livland, durch Untreue das Herz brechen.

Als ihm berichtet wurde, daß Katharina ein Liebesverhältnis mit einem seiner Günstlinge, dem Kammerherrn Moens de la Croix, habe, wollte er es zunächst nicht glauben. Ihr Geliebter sollte der geadelte Bruder seiner ersten Mätresse Anna Moens, die sich ihm gegenüber so kalt gezeigt hatte, sein. Obwohl er diesen Geheimbericht von einem seiner engsten Vertrauten erhielt, wollte er sich erst persönlich davon überzeugen, daß er auf Wahrheit beruhe.

Er erklärte also, daß er für zwei Tage nach Kronstadt müsse, ließ aber nach einigen Meilen halten, kehrte um und schickte einen Pagen zurück, welcher der Zarin Grüße bestellen sollte, so als ob er in Kronstadt angekommen sei. Der Page hatte Auftrag, über alles seine Beobachtungen zu machen und dann sofort zurückzukommen. Seine Aussagen ließen dem Zaren keinen Zweifel an der bitteren Wahrheit und er ging nach seiner Rückkehr direkt in das Schlafzimmer Katharinas.

Die Schwester von Moens de la Croix, seine frühere Mätresse Anna Moens, wachte im Vorzimmer der Zarin. Bei ihrem Anblick verdoppelte sich der Zorn Peters, alle, die er geliebt hatte, vereinigten sich, um ihn zu verletzen. Er stieß sie beiseite und ging weiter. Ein Page, der ihn zweifellos nicht erkannte, wollte die Tür zum Schlafzimmer der Kaiserin verteidigen, aber er schlug ihn mit einem Faustschlag zu Boden und riß die Tür auf.

Außer sich sprang Katharina aus dem Bett, um ihren Geliebten zu verteidigen. Mit seinen Blicken suchte der Zar das Bett ab und erblickte Moens de la Croix darin. Dieser hatte sich bereits in sein Schicksal ergeben und erwartete vollkommen ruhig seinen sofortigen Tod.

Jedoch Peter verließ das Zimmer, ohne ein weiteres Wort. Dann ging er in das des Fürsten Repnin und schüttelte ihn:

»Steh auf und hör mir genau zu.«

Der Fürst streckte seine Hand aus, um sich anzukleiden, aber der Zar sagte: »Laß das, du brauchst mir nur zuzuhören«, und dann erzählte er ihm, was vorgefallen war. Der Fürst war über diese Vertraulichkeit höchst erstaunt und fragte ihn dann erschüttert, was er nun beschlossen habe.

Der Zar antwortete: »Ich bin entschlossen, die Zarin bei Tagesanbruch enthaupten zu lassen!« Darauf warf sich Repnin ihm flehend zu Füßen, indem er sagte: »Und was soll dann aus Ihren beiden Töchtern, den Prinzessinnen Anna und Elisabeth werden?«

»Ach ja, meine beiden Töchter . . .?«

»Bedenken Sie doch, Sire, daß sie ihre Legitimität in Zweifel setzen, wenn Sie ihre Mutter so entehren!«

Peter stieß einen tiefen Seufzer aus und antwortete: »Aber ich bin doch der unumschränkte Herr hier.«

Darauf erwiderte Repnin kopfschüttelnd: »Oh, dann handeln Sie so, wie es ihr Gewissen erlaubt.« Ohne ein weiteres Wort verließ ihn der Zar, um sich in seine Gemächer zu begeben.

Am nächsten Tage wurde Moens de la Croix wegen einer Verschwörung gegen die Sicherheit des Staates verhaftet, seine Schwester als Mitschuldige gleichfalls. Der Prozeß wurde eingeleitet und während der Dauer desselben hatte der Zar Wutanfälle, die an Wahnsinn grenzten.

Moens de la Croix wurde, nachdem er alles, was Peter wissen wollte, eingestanden hatte, wegen Untreue, Verrat und Verschwörung zum Tode durch Enthaupten verurteilt, seine Schwester zur Auspeitschung, die der Zar persönlich mit der Knute vollstreckte, bevor sie nach Sibirien verschickt wurde.

Ihr Bruder schritt zur Hinrichtung wie ein Märtyrer. Er hatte immer am Handgelenk ein kleines Diamantarmband getragen, das die Zarin ihm geschenkt hatte. Bei seiner Verhaftung konnte er es im Strumpfband verstecken, so daß es ihm nicht weggenommen wurde.

Als er auf dem Schafott mit dem lutherischen Pastor sprechen konnte, gelang es ihm, diesem Begleiter auf seinem letzten Gange das Armband unauffällig zuzustecken, nachdem er ihn gebeten hatte, das Andenken der Kaiserin wieder zuzustellen.

Von einem Fenster des Senates sah der Zar zu, wie seine Ehre gerächt wurde. Nach der Vollstreckung bestieg Peter das Schafott, ergriff das Haupt bei den Haaren und ohrfeigte es.

Darauf begab er sich in den Palast zur Zarin und sagte zu ihr: »Steigen Sie mit mir in den unten wartenden Wagen, wir haben eine Spazierfahrt zu machen.«

Obwohl sie irgendeine furchtbare Absicht vermutete, wagte Katharina nicht, sich zu weigern, und gehorchte. Darauf fuhr er mit ihr an den Platz, wo das blutige Schafott noch stand, und das abgeschlagene Haupt gerade auf einen Pfahl gesteckt wurde. Er führte sie daran vorbei, so daß die Falten ihres langen Kleides das Gerüst leicht streiften und einige Blutstropfen vom Kopfe, der beim Pfählen etwas neu zu bluten anfing, auf ihre Schleppe fielen. Das war die Strafe für die Ehebrecherin, die dabei keine Miene verzog. Von diesem Augenblick an hörte jeder Verkehr zwischen beiden Ehegatten auf und Peter sah die Zarin nur noch bei offiziellen Anlässen.

Eine Legende geht sogar so weit, den frühen Tod Peters Katharina und ihrem alten ersten Geliebten, dem inzwischen zum Fürsten erhobenen Menschikow, zuzuschreiben. Dies waren diejenigen, für die er in seinem Leben – abgesehen von seinen beiden Töchtern – am meisten getan hatte. Menschikow wurde während der kurzen Regierung Katharinas später der maßgebende Mann im Staate.

Peter hatte jetzt nur noch Interesse für seine großen Projekte: den Kanal, der die Flüsse Asiens mit denen

Europas verbinden sollte, ließ er neu trassieren und übergab die Durchführung Münnich, dem Senat und 2000 Arbeitern. Durch ihn sollte es ermöglicht werden, ohne Umladung von Moskau oder der Wolga über die Newa nach der neuen Hauptstadt fahren zu können. Die ältere Kanalverbindung über den Ilmensee wurde wieder aufgegeben, obwohl bereits zwölf steinerne Schleusen fertiggestellt waren.

Der Zar förderte die Erforschung Sibiriens durch zahlreiche Expeditionen, darunter die Berings, der zu Schiff das Beringmeer zwischen Kamtschatka und Alaska sowie die Beringstraße zwischen Asien und Nordamerika entdeckte.

Nach dem Abschluß des Friedens mit Schweden, das Livland, Estland, Ösel und Ingermanland abtreten mußte, nachdem er die Kosaken unterworfen, die Türken mehrfach besiegt und ihnen Asow als Ausgang zum Schwarzen Meer wieder abgenommen hatte, war ihm von den Russen die Bezeichnung *Peter der Große* gegeben worden.

Seine politische Leistung war größer als die Alexanders des Großen, Gustav Adolfs oder Napoleon Bonapartes, ebenso groß wie die Cäsars oder Karls des Großen. Er hatte seinem Volke die Türen nach Europa sowie China geöffnet, ebenso wie zu den geistigen und technischen Kräften der europäischen Neuzeit. Er hatte ein Recht, müde zu sein. Es war Tragik, daß bei seinem frühen Tode – er wurde knapp 53 Jahre alt – die Ära der Palastrevolutionen durch die neue Garde, den privilegierten Teil der von ihm selbst geschaffenen regulären Armee begann, eine Ära, die 37 Jahre dauerte.

Und jetzt, nachdem wir den geschichtlichen Schatten, den dieser russische Koloß über seine Länder geworfen hat, in großen Zügen kennengelernt haben, ist es an der Zeit, daß wir sein Reich und seine neue Hauptstadt auch wirklich betreten.

8. Kapitel

Wir haben uns so lange mit Peter dem Großen beschäftigt, daß der Leser wahrscheinlich vergessen hat, daß der Erzähler dieser Ereignisse sich noch an Bord des *Cockerill* befindet, der extra vom Englischen Kai in Petersburg nach Kronstadt beordert war, um uns abzuholen.

Dandré, unser charmanter Reiseleiter und Mann für alles – Sie werden sich an ihn noch erinnern – mußte zurückbleiben, um unsere 57 Koffer gegenüber den Zollbeamten zu verteidigen.

Das Übersteigen vom großen Schiff auf das kleine war übrigens ziemlich schwierig gewesen, denn die Laufplanke, die man zu der Nußschale hinübergelegt hatte, war steiler als das Dach des Rathauses von Paris, und man mußte sich sitzend hinuntergleiten lassen, was natürlich für die Damen bedenklich war. Man löste schließlich dies Problem, indem man den Verbindungssteg vom *Wladimir* nicht an Deck, sondern oben auf den Radkasten des *Cockerill* legte, so daß sie von dort auf die Kapitänsbrücke und von dort an Deck kommen konnten. Nicht gerade bequem, denn es wehte ein ziemlich starker Nordwind von der finnischen Seite, und das Meer war unruhig und der Seegang schlug beide Schiffe aneinander. Aber mit Hilfe von vier kräftigen Matrosen und dem Kapitän gelang es schließlich in der gleichen Reihenfolge wie bei einem Schiffbruch – also Kinder und Frauen zuerst, dann die Kammerfrauen, die Männer zuletzt –, mit viel Geschrei und Gelächter das Übersteigen ohne Unfall zu lösen.

Unten an der Brückentreppe wurden wir von zwei Dienern in großer Livree in Empfang genommen, während im Deckshause ein reichhaltiges Mittagessen für zwanzig Personen aufgetragen war. Die Neugierde über die Geschäftigkeit im Hafen hielt uns aber an Deck zurück, so daß wir das Essen auf später verschoben. Dies war aber eine große Unklugheit, wie wir gleich sehen werden.

Als endlich die letzte Zofe, die drei Hunde, die Katze und die Schildkröte an Deck waren, wurde der Befehl zur Abfahrt gegeben und der *Cockerill* hustete, spuckte und rauchte, und seine Schaufelräder schlugen das Wasser zu Schaum, als er sich von seinem so viel größeren Bruder löste. Dandré warf uns noch einen verzweifelten Blick zu, indem er achselzuckend auf die 57 Koffer zeigte, und mit einem letzten Zeichen der Ermutigung für ihn traten wir die Fahrt nach Petersburg an.

Wir mußten so lange auf die Zollabfertigung und Nachsendung unseres Gepäcks warten, daß wir nach drei Tagen weder Westen noch Krawatten oder frische Hemden hatten, geschweige denn Kleider zum Wechseln für Einladungen, so daß wir den neuen elektrischen Telegraphen zur Zollverwaltung in Kronstadt benutzen mußten, um eine Beschleunigung zu erbitten.

Inzwischen kam starker Seegang von der Seite auf und unser Fahrzeug fing derartig an zu schlingern, daß die Wirkung davon nicht lange auf sich warten ließ.

Die Damen fühlten sich unwohl und setzten sich nieder. Home wechselte mehrfach die Farbe, wurde erst rosa, dann gelb, dann grün im Gesicht und lehnte sich an unseren Maestro Milleloti, beide klammerten sich an Wanten der Takelage, während ich, meinem üblichen Appetit bei starkem Seegang folgend, mich zum gedeckten Mittagstisch begab.

Als ich gerade nach Überwindung großer Gleichgewichtsschwierigkeiten die Brückentreppe hinuntergeturnt war und einen Fuß – es muß wohl der linke gewesen sein – in den Eßraum setzte, holte das Schiff stark über, und das ganze schöne Essen, Teller, Flaschen, Gläser rutschten mit großem Getöse von der schön gedeckten Tafel herunter, denn man hatte vergessen, die Schlingerleisten anzubringen. Sämtliches Porzellan und Glas war zertrümmert. Ich raffte ein Stück Brot und eine Scheibe Schinken vom Boden auf und kam glücklich wieder auf der Brücke an, gerade in dem Augenblick, wo Home – glücklicherweise in entgegengesetzter Richtung – Ballast abgab. Voraus im Dunst hatte Moynet eine goldene Kuppel entdeckt und wollte sie Home zeigen, aber dieser weigerte sich energisch, den Kopf zu heben, weil ihm jede Bewegung gefährlich zu sein schien. Ich hielt dies für die Kuppel von St. Isaac, erbaut von unserem Landsmann Montferrand, was mir der Prinz Trubetzkoi, der seit Kronstadt mit uns reiste, kurz darauf bestätigte.

Anschließend lud er mich zu einer Wolfsjagd in Gatschina ein. Zusammen mit der Bärenjagd ist die Wolfsjagd bei den Russen sehr beliebt. Diese Abkömmlinge Ruriks lieben die Gefahr um ihrer selbst willen und haben eine Jagdart entwickelt, die gleich zwei verschiedene Gefahren bietet, nämlich die, von den Wölfen zerrissen oder mit dem Fahrzeug zerschmettert zu werden.

Ich möchte gleich hier kurz beschreiben, wie diese Wolfsjagd vor sich geht, natürlich nur im Winter, wenn die Wölfe hungrig und wild sind: Drei oder vier Jäger, ein jeder mit einer doppelläufigen Büchse, spannen ein Troikagespann vor einen Bauernwagen oder etwas Ähnliches, vielleicht einen Bauernschlitten. Troika heißt Dreigespann. Das Mittelpferd läuft immer Trab und die beiden Außenpferde müssen galoppieren. Bei dieser Art Bespannung läuft das mittlere Tier mit gesenktem Kopf und wird deshalb *der Schneefresser* genannt, während die äußeren Pferde lediglich einen Zügel haben und mit der Deichselgabel nur durch eine Leine von ihrem Leibgurt aus verbunden sind. Sie galoppieren etwas nach außen gewandt, rechts und links vom Leitpferd, und werden *die Rasenden* genannt. Infolge dieser Art der Anschirrung sieht es aus, als ob sie sich fächerförmig vorwärts bewegen. Ein geübter Kutscher lenkt die Troika.

Dahinter bindet man ein junges Schwein an einen Strick oder, um mehr Sicherheit zu haben, an eine leichte Eisenkette, die etwa zehn Meter lang ist. Natürlich wird das junge Schwein bis zum Erreichen des Waldes zur Vorsicht im Wagen mitgeführt. Dort läßt man es auf die Erde, und der Kutscher fährt an.

Das Schwein ist nun aber eine so schnelle Fortbewegung nicht gewöhnt und gibt klägliche Töne von sich, die bald zu einem durchdringenden ängstlichen Gequietsche werden. Hierauf dauert es nicht lange, bis erst ein, dann zwei, drei und zehn Wölfe angelockt erscheinen und das Schwein zu verfolgen beginnen.

Alle Wölfe streiten sich untereinander, um möglichst dicht an ihr Opfer heranzukommen, sowohl mit Tatzenhieben als auch mit Beißen. Inzwischen schreit das geängstigte Schwein in den höchsten Tönen, und alle im tiefsten Unterholz auf mehrere Meilen entfernten Raubtiere kommen herangejagt und schließlich verfolgt eine ganze Wolfsherde das Fahrzeug.

Jetzt kommt es darauf an, daß der Kutscher gut lenken kann. Die Pferde haben einen instinktiven Abscheu vor Wölfen und gehen durch, sobald auch das Leitpferd zu galoppieren anfängt, und die Außenpferde nehmen das Gebiß zwischen die Zähne. Währenddessen eröffnen die Jäger das Feuer, ohne genau zu zielen, was auch unnötig ist. Das Schwein quietscht weiter, die Pferde wiehern aus Angst, die Wölfe heulen im Laufen und dazwischen donnern die Schüsse. Es ist ein höllisches Konzert.

Solange der Kutscher nicht die Herrschaft über das dahinrasende Gefährt verliert und sie noch ungefähr vor

Hindernissen vorbeilenken kann, ist alles gut. Wenn jedoch die Troika umschlägt, ist alles vorbei: der stäubende Schnee legt sich, aber vorher haben sich die Verfolger auf das hilflose Knäuel von Menschen, Pferden und den lebenden Köder gestürzt und erst nach ein, zwei oder acht Tagen werden die Überreste des Wagens, die Gewehrläufe, die Gerippe der Pferde und die Gebeine der Jäger und des Kutschers schließlich aufgefunden.

Der Prinz erzählte mir bei dieser Gelegenheit von dem berühmten Wolfsjagderlebnis des Prinzen Repnin, der beinahe dabei sein Leben verloren hätte.

Dieser befand sich mit zwei Freunden auf einem seiner Güter, das an ein Steppengebiet angrenzte. Man beschloß eine Wolfsjagd und ließ einen langen Schlitten, der bequem für drei Personen Platz hatte, fertigmachen und von einem einheimischen und sehr erfahrenen Kutscher mit drei kräftigen Pferden bespannen. Jeder Jäger nahm zwei doppelläufige Gewehre und 150 Patronen mit. Prinz Repnin setzte sich mit dem Gesicht nach rückwärts, während die Freunde die beiden Seiten besetzten.

Dann fuhr man los in Richtung auf die Steppe, die außerordentlich weit und hoch mit Schnee bedeckt war. Es war Vollmond, und seine Strahlen wurden von der Schneefläche zurückgeworfen, so daß fast Tageshelle herrschte. Als das Schwein angeschleppt wurde, fing es an, aus Angst zu schreien. Bald darauf erschienen einige Wölfe, die jedoch anfangs wenig zahlreich waren und sich ängstlich in großer Entfernung hielten.

Allmählich wurden es jedoch mehr, und sie näherten sich den Jägern, die zunächst ihre Troika, trotz der schon ängstlich werdenden Bespannung, noch zügeln konnten. Als etwa zwanzig Wölfe in gute Schußweite gekommen waren, begann man mit dem Schießen. Beim ersten Schuß blieb ein Wolf liegen, und im Rudel, das plötzlich um die

Hälfte kleiner geworden war, entstand eine große Unruhe. Entgegen dem Sprichwort, wonach kein Wolf einen anderen frißt, waren sieben bis acht der ausgehungerten Raubtiere zurückgeblieben, um den Erschossenen zu verzehren.

Aber bald wurden es wieder mehr, von allen Seiten hörte man sie heulen, und ihre bösen Augen funkelten. Als sie wieder näher waren, begann ein rollendes Schützenfeuer. Aber obwohl fast jeder Schuß ein Treffer war, wurden es immer mehr und schließlich war es kein Rudel mehr, sondern eine große dichtgeschlossene Wolfsherde. Sie liefen so schnell, daß sie über den Schnee zu fliegen schienen und so leicht, daß man überhaupt kein Geräusch hörte. Ohne vor dem schnellen Feuern der Jäger zurückzuweichen, formierten sie sich jetzt hinter der Troika zu einem großen Halbmond, dessen beide vordere Hörner langsam anfingen, das Gespann seitlich zu überholen, dabei vermehrten sie sich in erschreckender Weise. Ihr Auftauchen in solcher Zahl war phantastisch, denn während man bei Tage höchstens in der Schneewüste zwei oder drei Tiere zu Gesicht bekam, waren es jetzt zwei- bis dreitausend!

Man hatte längst das quietschende Schwein in den Schlitten gezogen, weil sein Angstgeschrei anscheinend die Verfolger anspornte. Man hörte nicht auf zu feuern, hatte aber bereits mehr als die Hälfte der Munition verbraucht und war von dreitausend Wölfen fast eingeschlossen. Die Spitzen des Halbmondes schoben sich immer weiter nach vorn und drohten in Kürze den dahinrasenden Schlitten ganz einzuschließen. Wenn nur eins der Pferde stürzte, war das Ende da. Die Pferde waren außer sich vor Schrekken, schnaubten Dampf aus den Nüstern und stürmten in weiten Sprüngen vorwärts. In diesem Augenblick fragte der Prinz seinen Kutscher:

»Was hältst du von dieser Lage, Iwan?«

»Ich denke, sie ist nicht gut, mein Prinz.«

»Jagt dir etwas Besonderes Furcht ein?«

»Ja, die Bestien haben Blut geleckt, und je mehr wir weiter schießen, desto mehr werden es.«

»Was rätst du also?«

»Wenn Sie es erlauben, werde ich den Zaum meiner Pferde durchschneiden.«

»Bist du sicher, daß sie von selbst das Richtige tun werden?«

»Dafür verbürge ich mich.«

»Kannst du auch die Verantwortung für unsere Rettung übernehmen?«

Dazu sagte der Kutscher kein Wort, denn er wollte sich nicht festlegen. Er lenkte ungefähr in die Richtung zum Schlosse und machte die Zügel los. Mit einem Satz verdoppelten die dahinstürmenden edlen Pferde, angesporn durch ihre Todesangst, ihre Schnelligkeit und der Boden flog unter ihnen nur so dahin. Die Wölfe wichen etwas zur Seite und die Jäger legten die Flinten an die Backe, als der Kutscher rief:

»Nicht schießen, wenn Ihnen Ihr Leben lieb ist!«

Man gehorchte ihm und die Raubtiere verhielten etwas, weil sie durch die unerwartete Richtungsänderung verwirrt wurden. Als sie die Verfolgung wieder aufnahmen, war es zu spät, der Schlitten hatte fast eine Werst Vorsprung, und nach einer Viertelstunde kam das Schloß in Sicht.

Am nächsten Morgen besichtigten die Jäger zu Pferde das Schlachtfeld. Man zählte die Gebeine von mehr als zweihundert Wölfen. In der Tat ist eine solche Jagd ein echter Nervenkitzel.

Meine Leser brauchen jedoch nicht im voraus um mein Leben zu zittern. Der Prinz Trubetzkoi lud mich nicht zu einer Wolfsjagd in einer Troika ein, sondern zu einer gewöhnlichen Treibjagd zu Fuß.

Während mir also der Verlauf dieses berühmten Jagdabenteuers erzählt wurde, stiegen andere Kuppeln St. Petersburgs über den Horizont. Einige waren ganz vergoldet, andere nur goldgestirnt. Die Stadt hatte übrigens nicht weniger als 46 Kirchen und Kathedralen, etwa 100 kleine Kirchen und 45 Kapellen mit zusammen 606 Glocken! Immerhin wenig gegenüber dem alten Moskau, das damals 1600 Kirchen besaß.

Bald kam nun die Stadt Petersburg selbst in Sicht. Es war eigenartig, daß dort die meisten Gebäude gelb und die Dächer grün gestrichen waren. Nicht lange darauf liefen wir in die eigentliche Newa ein, einen großen Fluß, der etwa sechsmal so breit ist wie die Seine bei Paris, und wir legten am Englischen Kai an.

Wir wurden von nicht weniger als 25 bis 30 Personen erwartet. Plötzlich klatschte Home in die Hände, sprang vor Freude herum und umarmte mich. Er hatte sich von seiner Freigebigkeit gegenüber den Fischen wieder vollkommen erholt und seine Verlobte zwischen den Wartenden erkannt.

Darauf verabschiedeten wir uns von Prinz Trubetzkoi, der bei dieser Gelegenheit mich noch einmal an seine Einladung zur Wolfsjagd nach Gatschina erinnerte, und stiegen in vier Kutschen des Grafen Kuschelew, die uns in sein fürstliches Landhaus Besborodko bringen sollten, das etwas außerhalb Petersburgs auf dem nördlichen Newaufer gelegen ist, ungefähr einen Kilometer vom Arsenal entfernt.

Das erste, was einem bei der Ankunft auffällt, sind die Droschken mit ihren Kutschern in langen Röcken, die von einem goldverzierten Gürtel zusammengehalten werden. Ihre Mützen haben etwa eine Farbe wie Gänseleberpastete und eine kupferne Platte mit Nummer hängt auf ihrem Rücken.

Wer sich über sie beschweren will, braucht sie nur abzunehmen und an die Polizei zu übergeben. Natürlich gibt die Polizei – genau wie in Paris – nur selten den Kutschern bei Differenzen recht. Diese Kutscher heißen *iswotschiks* und stammen in den seltensten Fällen aus Petersburg, sondern meistens aus Finnland, Groß- oder Kleinrußland sowie aus Estland oder Livland. Sie haben die Droschken von einem Eigentümer gemietet, wofür sie ihm eine feste Abgabe zahlen.

Es gibt sie in zwei Formen, die eine ist eine Art Dogcart, in die zur Not zwei Personen sich hineinpressen können.

Der andere Typ hat in Frankreich nichts Vergleichbares. Man stelle sich einen verlängerten Sattel für zwei Reiter hintereinander vor, davor nimmt der Kutscher Platz, auch wie ein Reiter. Man besteigt dies Gefährt wie einen Reitsattel, der einzige Unterschied ist, daß man in diesem Falle keine Steigbügel sondern eine Art Bank zum Draufsetzen für die Füße hat. Dieser Wagentyp ist offenbar nationaltatarischen Ursprungs.

Wir passierten den Platz der Admiralität, den dort vorbeiführenden Boulevard, auf welchem früher der Kaiser Nikolaus und der Kaiser Alexander gelegentlich verkleidet – wie unser Heinrich IV. – unauffällig Damenbekanntschaften anzuknüpfen suchten, dann das Reiterdenkmal Peters des Großen von Falconet und erreichten nach wenigen Minuten das Marsfeld, welches von der Kaserne des Garderegiments Pawlowskij überragt wurde. In dieses Regiment wurden nur Leute mit Stülpnasen wie der damalige Zar aufgenommen. Darauf wendeten wir nach links, um an der Statue Suwarows vorbeizufahren, die alles andere als schön ist.

Während wir am Kai entlang fahren, werfen wir einen Blick auf den Sommerpark mit seinem berühmten Eisengitter, dessen Ruf bis nach England gedrungen sein muß, denn, nur um dieses Kunstwerk zu besichtigen, ist ein Engländer nach Petersburg gereist.

Als er am Englischen Kai von Bord gegangen war, nahm er eine Droschke und sagte zum Kutscher: »Zum Sommerpark!« Beim Ankommen rief er nur: *»Stoi!«*, was anhalten bedeutet. Darauf bewunderte er etwa zehn Minuten lang das Gitter, während er murmelte: »Very well! Very well!« stieg wieder ein, sagte *»Karascho!* Schnell zum Schiff zurück!«, entlohnte den Kutscher am Kai mit einer Pfundnote und ging sofort wieder an Bord, worauf das Schiff wieder nach London ablegte. Etwas anderes in Petersburg interessierte ihn nicht.

Die Newa bietet von der Holzbrücke aus einen prächtigen Anblick, und es gibt wenig Hauptstädte, die ein so grandioses Panorama besitzen. Aber von dem Pflaster der Stadt muß man sagen, daß das berüchtigte von Lyon dagegen das reinste Parkett ist. Es ist so schlecht, daß es in drei Jahren die beste und am stärksten gebaute französische oder englische Kutsche ruiniert. Im übrigen möchte ich hier gleich erklären, daß man die Entfernungen in Rußland zwar nach *Werst* rechnet. Dies ist jedoch genau dasselbe wie Kilometer, und man kann das eine für das andere Wort benutzen.

Endlich fuhren wir vor einer sehr großen Villa vor, die zwei gebogene Flügelanbauten hatte. Die Villa war nicht wie bei uns zwischen Hof und Garten gebaut, sondern lag zwischen zwei Gärten. Bei der Ankunft passierten wir große Fliederbüsche in voller Blüte, obwohl wir den 22. Juni schrieben. In Paris hatte der Frühling bereits seit zwei Monaten seinen Abschied genommen.

Auf den Stufen einer großen Freitreppe war die gesamte Dienerschaft des Grafen in großer Livree aufgestellt, während unten etwa 30 Muschiks in roten Bauernkitteln und mit langen Bärten ihre Herrschaft erwarteten. Während Graf und Gräfin aus ihrem Wagen stiegen, begann ein allgemeines Händeküssen.

Darauf gingen auch wir die Treppenstufen hinauf bis zu einem großen Saal in der ersten Etage, wo ein Altar errichtet war und ein russischer Priester sofort die *Messe nach glücklicher Heimkehr* zu zelebrieren begann. Hinterher gab es eine allgemeine Begrüßung, wieder mit zahlreichen Küssen, und dann wurde auf einen Befehl des Hausherrn ein jeder vom Hauspersonal in seine Wohnung geleitet.

Meine Behausung liegt zu ebener Erde, und Fenster und Türen führen in einen schönen Blumengarten. Zu meinen Räumen gehört ein großer Salon, in den man ein kleines Theater hineinbauen könnte, ein Vorzimmer mit einem kleinen Salon, ein Billardraum mit Billard, ein Schlafzimmer für Moynet sowie eins für mich.

Wenn der Leser bei unserer Reise erwartet, daß wir immer mit einem primitiven Biwak in einem Steppengebiet vorliebnehmen müßten, so wird er – jedenfalls hier – sehen, daß man uns das Leben in Rußland – *la vie douce* – sehr angenehm eingerichtet hat. Selbstverständlich mußten wir uns mit unserer Toilette beeilen, denn wir wurden gleich zum Essen erwartet. Unser erstes Mahl war ja bereits beim Schlingern des *Cockerill* an Deck gerutscht, aber unser Graf hat in bezug auf Essen etwas von dem berühmten Antoine, der bekanntlich stets acht Wildschweine an Bratspießen in verschiedenen Stadien des Garseins in seiner Küche bereithalten ließ, damit er jederzeit ein vollendet gebratenes Stück Fleisch sich abschneiden lassen konnte, wenn er einmal zwischen den regelmäßigen Mahlzeiten etwas essen wollte. Der Haushofmeister hatte jedenfalls hier für alle Fälle ein Begrüßungsessen vorbereitet.

Ich muß sagen, daß ich mich mit einer gewissen Unruhe daran machte, denn ich hatte häßliche Sachen über die russische Küche gehört. Aber wir werden später ausführlich über die russischen Kochkünste sprechen, und zwar sowohl in Hinsicht auf Geschmack als auch auf Bekömmlichkeit.

Das erste, was ich tat, nachdem ich wieder frei von gesellschaftlichem Zwang war, bestand darin, daß ich auf den Balkon trat, der auf die Newa hinausging. Die Aussicht von dort war gewaltig, fast majestätisch, mit einem weiten Blick über die Landschaft.

Unten am Steilufer führten zwei große Granittreppen zur Anlegestelle und zum Strom hinunter, ein Flaggenmast von beträchtlicher Höhe beherrschte die ganze Anlage. An ihm flatterte eine Fahne mit dem Wappen des Grafen. Diese Kaianlage war seinerzeit gebaut worden, damit Katharina II., die Große, dort ihren Fuß an Land setzen konnte, als sie für ein ihr zu Ehren vom Prinzen Besborodko gegebenes Fest ihr Erscheinen zugesagt hatte.

Der Fluß ist belebt mit Flußschiffen und ihren flatternden langen roten Wimpeln. Sie haben Balken und Bretter, Bauholz geladen oder Brennholz aus dem inneren Rußland und sind durch das Binnennetz der Kanäle, die Peter der Große beginnen ließ, hierher gelangt. Diese hölzernen Fahrzeuge fahren nie an ihren Abfahrtsort zurück, sondern werden zusammen mit ihrer Ladung verkauft, auseinandergeschlagen und als Brennholz verbrannt. Ihre Besatzungen kehren über Land zurück.

Auf dem anderen Ufer der Newa erhebt sich das schönste kirchliche Gebäude Petersburgs, nämlich das frühere Smolny-Kloster, das jetzt eine Erziehungsanstalt für junge adlige Mädchen geworden ist. In der Mitte ist es nach orientalischer Art gehalten und hat eine große bestirnte Kuppel inmitten von vier kleineren. Der Bau wurde unter Katharina II. von einem italienischen Baumeister errichtet.

Links von mir beschreibt die Newa eine Kurve und tritt in einer Entfernung von etwa 80 Werst aus dem großen Ladogasee aus. Eine Menge kleiner Segelbarken und Boote für den Verkehr von einem Ufer zum anderen mit ihrer bunten Bemalung in Grün, Gelb und Rot erinnern etwas an die *Caiques* von Konstantinopel.

Zur Linken des früheren Smolnyklosters erhebt sich das Taurische Palais, das Potemkin aus Granit erbauen ließ und das sich aus der Entfernung durch seine Masse in der Landschaft majestätisch ausmacht. Es ist bekannt, daß das Taurische Palais mit seinen ausgesucht schönen Möbeln, seinen Marmorstatuen, seinen Teichen und vergoldeten Fischen, seiner goldenen Eule, welche ihren Kopf drehen und mit den Augen rollen kann, dem Pfau, der ein Rad schlagen und einem Hahn, der krähen kann, ein Geschenk von Potemkin an Katharina II. war, und zwar zur Erinnerung an die vollendete Eroberung von Taurien.

Was jedoch das erstaunlichste dabei war, ist nicht die Großartigkeit des Geschenkes, denn Potemkin hatte Katharina an ausgesuchte Geschenke gewöhnt – zum Beispiel ließ er ihr jedes Jahr im Januar einen Korb mit frischen Kirschen überreichen, die über 10 000 Rubel kosteten – vielmehr die Gewissenhaftigkeit, mit der das Geheimnis dieser Überraschung gewahrt wurde.

Das Palastgrundstück bedeckte mit seinem Park vier Morgen Land mitten in der Stadt, und der Bau wurde fertiggestellt, ohne daß die Zarin das geringste davon erfuhr. Sie war der Meinung, daß sie zu einem Fest im Freien eingeladen war, denn sie kannte die ihr als Festort genannten sumpfigen Wiesen aus eigener Anschauung. Aber als sie dort erschien, fand sie ein festlich beleuchtetes großes Palais vor, das ganz mit blühenden Blumen geschmückt, ja, fast bedeckt war. Der Bau schien von Feenhänden hingezaubert zu sein.

Wir werden später noch von Potemkin hören. Von ihm hat übrigens der Prinz de Ligne gesagt: »In diesem Menschen ist etwas Gigantisches, etwas Romantisches und Barbarisches.« Zu unserem Glück habe ich seine Nichte persönlich kennengelernt – sie zählte 86 Jahre –, in deren Armen er gestorben ist, und sie hat mir über ihn einiges erzählt, das den Geschichtsschreibern bisher unbekannt geblieben ist. Aber jetzt wollen wir uns nicht zu sehr von dem vor meinen Blicken liegenden Panorama ablenken lassen.

Ganz hinten rechts liegt unabsehbar das von der Newa durchschnittene Häusermeer von St. Petersburg mit seinen fast durchweg grüngestrichenen Dächern. Dieses Grün ist eine Petersburger Krankheit, und der wahre Grund für seine fast ausschließliche Verwendung ist folgender:

Die Dächer waren mit Schwarzblech gedeckt und mußten selbstverständlich einen Schutzanstrich bekommen. Natürlich suchte man eine Farbe zu verwenden, die möglichst gut dem Schnee, dem Regen und dem langen Frost widerstehen konnte. Schwarz ist billig und hat eine lange Lebensdauer, deshalb trug die Hälfte aller Bauten in Nord- und Westrußland einen schwarzen Traueranstrich. Jedoch der Kaiser Nikolaus fand diese Farbe unheilverkündend und erließ ein allgemeines Verbot, Dächer mit schwarzer Deckfarbe zu versehen. Lediglich die Krone durfte ihre Schloßdächer weiter in Schwarz halten.

Es gab auch einige rote Dächer, die Dachziegel nachahmen. Aber Rot muß alle drei Jahre neu gestrichen werden, während Grün Arsenik enthält und eine Lebensdauer von sieben Jahren hat.

Voraussichtlich wäre ich nun noch länger auf meinem Balkon geblieben, wenn man mich nicht zu einem Spaziergang im Park geholt hätte. Bisher hatte ich von dieser Gartenanlage lediglich etwas von meinem Schlafzimmerfenster aus gesehen und hatte daher nur eine sehr unvollständige Vorstellung davon. Wenn man von der Freitreppe hinunterschreitet, so betritt man eine Lindenallee, die etwa zwanzig Schritte breit und nicht weniger als einen Kilometer lang ist. Dies ist die Pulsader der riesigen Anlage.

Der Park hat einen Umfang von nicht weniger als drei Wegstunden! Innerhalb seiner Ringmauer gibt es ein Flüßchen, einen Tempel im korinthischen Stil, der in seiner Mitte in einer Rotunde eine Kolossalstatue von Katharina II. als Göttin Ceres vor den Unbilden der Witterung schützt, ferner zwei Dörfer sowie hundertfünfzig bis zweihundert zerstreut liegende Häuser, die alle ihren eigenen Garten haben. Ich brauche doch nicht zu betonen, daß der Park diese zwei Dörfer und die hundertfünfzig bis zweihundert Einzelhäuser umschließt und nicht die Tempelrotunde, was man bei dem Satzungetüm, das mir unterlaufen ist, womöglich auch annehmen könnte.

Allein die Schloßbedienung vom Majordomus bis zur Tellerwäscherin beträgt 80 Köpfe! Nicht weniger als zweitausend Personen wohnen und leben innerhalb der Parkmauer!

Sämtliche Bewohner dieser kleinen abgeschlossenen Welt beten den Graf und die Gräfin an und wir trafen unterwegs nur heitere, ja strahlende Gesichter.

Wir wollen jedoch weiter vom Park unseres Grafen sprechen. Ungefähr 50 Morgen dieser Parkanlage sind nur für den Grafen und seine Familie reserviert. Allerdings ist auch dieser Teil des Parkes an Sonntagen für die Öffentlichkeit geöffnet, ebenso wie an Wochentagen der Hauptpark. Dreimal wöchentlich finden darin Promenadenkonzerte statt. Sonntags spielt die Musik, die von einigen Garnisonregimentern Petersburgs abwechselnd gestellt wird, 30 Schritte vor der Schloßfreitreppe, am Eingang zur großen Lindenallee.

Beim Sonntagskonzert sind dort immer etwa dreitausend Personen anwesend. Die Kinder sind fast alle im russischen Nationalkostüm, rotem oder gelbem Seidenkittel und einem kleinen Hut mit Pfauenfeder, gestreiften langen Hosen, die in Stiefeln mit roten Stulpen stecken. Sie sind reizend anzusehen und so artig, daß keins über die Einfassung der Wege tritt.

Auch keine der begleitenden Frauen pflückt eine Blume. Inmitten dieser bunten Volksmenge promenieren Ammen in altrussischer Tracht, also mit einer Haube aus Goldstoff und einem großgeblümten Kleid. Jede Familie, auch aus dem Kaufmannsstande – natürlich sprechen wir nur von reichen Leuten –, sucht ihre Amme so schön wie möglich herauszuputzen. Einige dieser Trachten kosten tausend bis zweitausend Franken.

Was uns lebhaften Franzosen besonders auffällt, ist, daß die Volksmenge fast stumm ist, ja, beinahe etwas Gespenstisches hat. Nicht einmal die Kinder lachen laut, allerdings ist es auch wahr, daß sie nicht weinen. Auf den Straßen ist es ähnlich ruhig.

Nicht einmal die Kutscher schreien oder rufen, um sich Platz zu machen, wie in Paris. Selten hört man mit klagender Stimme ein »Achtung!«. Wenn ein Russe plötzlich von einer seiner Hauptstraßen etwa auf unseren Boulevard des Capucines oder die Rue de la Paix versetzt wäre, würde er die Nerven verlieren, bevor er an der Madeleine oder der Vendômesäule angekommen ist. Ist diese allgemeine Schweigsamkeit eine Folge der so lange bestehenden Leibeigenschaft?

Man möchte den Leuten zurufen: »Sprecht doch, singt, lacht doch und seid fröhlich! Ihr seid jetzt endlich freie Leute.« Natürlich muß man sich daran gewöhnen. Aber wenn man einem gewöhnlichen Muschik – einem Mann aus dem Volke – sagt: »Also, ihr seid jetzt freie Leute«, so wird er antworten: »Exzellenz, man sagt so.«

Er selbst glaubt einfach nicht daran. Denn, um an eine Sache zu glauben, muß man sie kennen, und kein russischer Bauer weiß, was »Freiheit« ist. Als diese Leute beim Dekabristenaufstand in Petersburg 1825 von ihren Führern zu Rufen aufgefordert wurden: »Es lebe die Konstitution!«, mußte man ihrem Begriffsvermögen entsprechend ihnen vorreden, daß dies der Name der Gemahlin von Großfürst Konstantin sei!

Im übrigen liegt im Besborodkopark ein Freilichttheater. Man beabsichtigt, dort demnächst die »Aufforderung zum Tanz« sowie ein russisches Stück vom Grafen aufzuführen, sobald einer meiner Freunde, der Vicomte de Sancillon, von Paris angekommen ist.

Beim Abendessen hätten wir niemals geglaubt, daß es Mitternacht war. Jeder glaubte, es wäre später Nachmittag, etwa sechs Uhr. Trotzdem es hell war, waren jedoch wie gewohnt Lampen und Lichter angezündet.

Es gibt nichts, was den hellen Nächten von Petersburg im Sommer gleicht. In der Nacht nach meiner Ankunft dachte ich trotz der Ermüdung durch die letzten Reisetage nicht einen Augenblick an Schlafen, sondern saß zusammen mit Moynet auf dem Balkon der Villa. Wir waren beide von dem uns vollkommen neuen Schauspiel einer schönen nordischen Nacht hingerissen und bewunderten das ungewohnte Bild. Kein Licht war auf beiden Ufern, kein Stern am taghellen Himmel zu erblicken. Die majestätisch breite Newa zu unseren Füßen erschien uns wie ein silberner Strom, und lautlos fuhren große Schiffe mit ausgebreiteten Segeln abwärts und aufwärts, indem sie ein schmales Kielwasser hinter sich herzogen.

Da wir immer noch nichts von unserem Dandré mit unseren 57 Gepäckstücken gehört hatten, blieb mir nichts anderes übrig, als mich in meiner Reisekleidung, also Juchtenhut, einer weißen Samtweste, grauem Beinkleid und Rock in die Stadt fahren zu lassen. Wenn ich doch wenigstens einen Panama wie der Graf gehabt hätte! Ein solcher Strohhut im Werte von fünfhundert Franken würde mich sofort in den Augen der Petersburger als Standesperson ausgewiesen haben. Aber ich besitze keinen und werfe mich in eine Droschke, so wie ich bin.

Auf der Holzbrücke lasse ich anhalten, um einen Blick auf die Zitadelle zu werfen. Im Augenblick ist von hier das große Gerüst um den Glockenturm von »Peter und Paul«, der ausgebessert wird, am auffallendsten. Dieses Gerüst soll bereits seit einem Jahr dort stehen, und es wird wohl noch zwei bis drei Jahre dabei bleiben. Dadurch entstehen natürlich überflüssige Kosten. Es gibt jedoch im Russischen unseren Begriff der Kostenbegrenzung nicht. Wenn sie einmal bewilligt sind, bleibt es erst einmal dabei.

So gibt es in Zarskoje-Selo, der Sommerresidenz des Zarenhofes, eine chinesische Brücke, auf welcher in natürlicher Größe ein halbes Dutzend grotesker Figuren auf Postamenten seitlich aufgestellt ist. Als eines Tages die Kaiserin über die Brücke ging, äußerte sie »Man muß diese Figuren übermalen, sie fangen an abzubröckeln.« Man nahm diesen Befehl gehorsamst zur Kenntnis, und am nächsten Tage ließ man einen Anstreicher auf diese Statuen los. Von da an wurden in jedem Jahre am selben Datum, bei Lebzeiten der Zarin und auch später, diese Plastiken übermalt. Sie ist nun bereits

63 Jahre tot, und inzwischen sind die Figuren achtzigmal mit Ölfarbe überstrichen worden. Infolgedessen sind ihre Gesichter, ja sogar ihre menschliche Form kaum noch erkennbar. Man müßte zwei Zoll Ölfarbe abkratzen, bevor das Holz wieder sichtbar wird. So etwas nennt man in Rußland Kostenbewilligung. Ein anderes Beispiel:

Katharina II. mochte keine Talglichte und verbot ab sofort in Zukunft ihre Verwendung im Palast, sogar in der Pförtnerwohnung. Als sie zwei Jahre später zufällig die Jahresabrechnungen durchsah, fand sie folgende Eintragung: »Für Wachskerzen eintausendfünfhundert Rubel.« Das sind sechstausend Francs in unserem Gelde. Nun wollte sie wissen, wer die Frechheit besessen habe, ihr Verbot zu mißachten und mit welcher Begründung dies geschehen wäre.

Dabei kam folgendes zutage: Eines Tages hatte der Großfürst Paul bei der Rückkehr von der Jagd eine wunde Stelle durch Satteldruck am Gesäß festgestellt und eine Talgkerze zum Bestreichen verlangt. Man holte sofort eine solche herbei. Sie hatte den Wert von einigen Pfennigen. Daraus war der Ausgabenposten von eintausendfünfhundert Rubeln entstanden. Ein typisches Beispiel, wie im zaristischen Rußland überflüssige Kosten durch Jahre weitergeschleppt werden. Es ist daher auch durchaus möglich, daß das pompöse Gerüst um den Glockenturm noch nach zehn Jahren steht, es würde kein Erstaunen erregen.

Nachdem wir von der Holzbrücke nach Westen weiterfuhren, war die erste große Grünanlage, die wir erreichten, der öffentliche Sommerpark. Kurz davor passiert man eine ziemlich buckelige Brücke, die über die Fontanka, einen Nebenfluß der Newa, führt und noch aus der Zeit Peters des Großen stammt. Eines Tages kutschierte er selbst sein kleines Gefährt mit dem obersten

Polizeimeister darin, den er als Gast zum Abendessen in sein kleines Haus mitgenommen hatte. Die alte Holzbrücke über das Flüßchen stürzte jedoch unter dem Schlitten ein und Kaiser und Polizeichef fielen in das eiskalte Wasser. Peter rettete sich und war dann seinem Mitfahrer bei seiner Rettung behilflich. Als er ihn jedoch lebend und unverletzt vor sich sah, ergriff er den berühmten Spazierstock, mit dem er öfter seine Bestrafungen an Ort und Stelle exekutierte, und drosch damit kräftig auf seinen Begleiter ein, denn der Polizeichef war verantwortlich für diesen Zwischenfall.

Als er jedoch diesem spontanen Bedürfnis Genüge getan hatte, sagte er zu ihm: »Also jetzt wollen wir zu Fuß zum Essen gehen. Ich habe den Polizeichef strafen müssen, aber nicht meinen Tischgast.« Die Legende erwähnt nicht, ob sein Tischgast großen Appetit gehabt hat.

Der Sommerpark ist etwas ähnliches wie der Luxemburg-Garten in Paris. Er ist quadratisch angelegt und stößt mit einer Seite an die Fontanka. Alles wirkt so wie mit einer Schnur gezogen, und infolgedessen wäre ein Spaziergang darin ziemlich langweilig, wenn nicht Katharina auf den Einfall gekommen wäre, zum Ergötzen der Parkbesucher Statuen und Büsten dort aufstellen zu lassen, die sie nach der Teilung Polens aus den öffentlichen Anlagen Warschaus in die russische Hauptstadt schaffen ließ.

Niemals habe ich ein groteskeres Durcheinander gesehen als diese zusammengewürfelte Ansammlung von Göttern, Göttinnen, marmornen Nymphen im Stil der Pompadour und eine liebäugelnde Statue der Unkeuschheit – Luxuria –, ferner eine Aurora, die süßlich lächelt, einen Saturn, der seine Kinder auffrißt. Allein diese drei letzteren Gruppen wären es wert, zu ihrer Besichtigung eine Kurzreise nach Petersburg zu machen, ähnlich wie die des spleenigen Engländers, den ich vorhin bereits erwähnt habe und der sofort nach eingehendem Betrachten des berühmten kunstgeschmiedeten Eisengitters zum Sommerpark ohne weiteren Aufenthalt wieder abreiste.

Zwanzig Schritte vom früheren Wohnhause Peters I. steht das Grabmal des Fabeldichters Krylow. Das Postament ist mit vier Reliefs aus seinen Fabeln geschmückt. Um ihn herum stehen seine Tiergestalten: Affen, Hühner, Schildkröten, Eidechsen, Hasen, Hunde, Igel, Störche und Füchse. Er spricht mit ihnen, während er auf einer Art Felsblock inmitten dieser Vierfüßler, Vögel und Reptilien sitzt.

Jetzt wollen wir den Sommerpark durch dieselbe Pforte verlassen, durch die wir eingetreten sind, und stehen nun vor der berühmten, aber künstlerisch umstrittenen Bronzestatue Suwarows, die diesen als Achilles darstellt. Der Feldmarschall Suwarow ist in Frankreich fast ebenso volkstümlich wie in Rußland. In Frankreich hat es ein Jahr lang sogar die Mode der Suwarowstiefel gegeben. Suwarows Vater war als gemeiner Soldat ins Heer eingetreten, wurde zum Offizier befördert, womit der Adel verbunden war, und schließlich General. Sein Sohn erreichte dann den höchsten Rang in Rußland, den man erreichen kann, wenn man nicht Zar ist.

Während ich also die Suwarowstatue von allen Seiten betrachte, klopft mir jemand von hinten auf die Schulter. Als ich mich umgedreht habe, stoße ich einen Freudenschrei aus: es war mein Freund Blanchard, der Maler. Sicher kennen Sie ihn. Er ist der unerschrockene Reisende und unermüdliche Zeichner, der überall in der Welt seine Studienmappen mit Skizzen füllt. Wir hatten uns vor zwölf Jahren am anderen Ende Europas – in Madrid – getrennt. Seitdem hatte er Nordamerika, Mexiko und einen Teil von Südamerika bereist.

Im Augenblick kehrte er aus den Gegenden und Ländern gerade zurück, wohin ich unterwegs war, also vom Kaspischen Meer, von Tiflis und dem Kaukasus. Er hatte von meiner Ankunft gehört und suchte mich, um mich zu unserem gemeinsamen Freunde aus Spanien, dem Herzog von Ossuna, einzuladen, wo ich sofort erwartet würde.

Ich äußerte Bedenken, weil ich nicht besuchsmäßig angezogen war, hatte damit aber keinen Erfolg. Wir bestiegen eine Droschke und gaben dem Kutscher als Ziel das Haus Larsky am Englischen Kai an.

Zehn Minuten später führte uns der dortige Türsteher in das Vorzimmer, wo uns ein prächtiger Bär begrüßte, welcher ein Jagdopfer Alexanders II. war. Dieser Kaiser war ein begeisterter und tapferer Jäger dieses Großwildes. Eine Inschrift tat kund, daß der gigantische Vierfüßler durch kaiserliche Hand getötet war. Der Bär war stehend und an einen Baumstumpf, der in eine Gabelung auslief, gelehnt ausgestopft. Es war ein Exemplar der sibirischen Rasse, die durch ihre Kraft und – trotz ihrem offenbar schweren Gewicht – durch ihre Behendigkeit gefährlich war. Ossuna war leider gerade ausgefahren, er hatte bis zwei Uhr auf uns gewartet. Es blieb uns also nichts übrig, als unsere Visitenkarte an der Bärentatze zu befestigen und zu gehen.

9. Kapitel

Die Russen haben für die Bärenjagd eine wahre Leidenschaft, und sie schlagen jedem ausländischen Jäger, der nach Rußland kommt, eine solche Jagdexpedition vor. In den Armeeregimentern nennt man das »einen Mann auf die Probe stellen«. Im allgemeinen – jedenfalls wenn es sich um einen Franzosen handelt – wird eine solche Einladung gern angenommen.

So erlebte es auch unser Comte de Vogué vor zwei Jahren, der die Ehre Frankreichs aufrechthielt und in Rußland eine Erinnerung an seinen Mut zurückließ, von der noch eine Generation von Jägern sprechen wird.

Die Jagd fand bei einem Grafen Alexis Tolstoi – einem Namensvetter des berühmten Dichters – statt. Teilnehmer waren unser Comte Melchior de Vogué, Mitglied der Académie Française, ferner der Graf Bylandt, Geschäftsträger Hollands, sowie Graf Seuchtelen, Stallmeister des russischen Hofes.

Man hatte eine Bärenmutter von besonderer Größe aufgespürt, die mehrere Junge hatte. Es ist bekannt, daß – wie alle wilden Tiere – der Bär besonders gefährlich ist, wenn er nicht nur sein Leben, sondern auch seine Jungen zu verteidigen hat. Die Bestie war durch Treiber von ihrem Winterlager hochgescheucht worden und kam beim Grafen Bylandt durch, der sie durch einen Gewehrschuß leicht verwundete.

Der Bär setzte aber seinen Weg unbeirrt fort, indem er eine schmale Blutspur im Schnee hinter sich ließ und kam nun beim Comte de Vogué vorbei, der auf ihn zwei Schüsse auf etwa 40 Schritte abgab, die den Bären vorübergehend niederwarfen. Graf Seuchtelen befand sich etwa hundert Schritte davon, und zwar mit zwei geladenen Gewehren. Er hatte eins im Arm und sein Bedienter das andere.

Als er die drei Schüsse gehört hatte, nahm er an, daß die Schützen womöglich in Schwierigkeiten seien, und schickte seinen Gewehrträger in die Richtung, aus der die Schüsse kamen. Als de Vogué ihn mit einem geladenen doppelläufigen Gewehr ankommen sah, warf er seins weg, ergriff das ihm gereichte und machte sich – immer gefolgt von seinem Muschik an die Verfolgung der Bärin. Es war einfach, ihrer jetzt breiter gewordenen Blutspur zu folgen. Sie drang tiefer in den Wald ein, und der Graf mit seinem Begleiter folgte ihr.

Nach einiger Zeit hatte der Bär haltgemacht, um nach seinen drei Verwundungen etwas Atem zu schöpfen. Der Jäger ging bis auf etwa vierzig Schritt heran, zielte und schoß. Der Bär stieß ein Wutgebrüll aus und griff den Schützen an. Der darauf abgegebene zweite Schuß traf nun offenbar nicht, denn das erboste Tier drang nur noch schneller auf ihn ein.

Weil kein Schuß mehr im Lauf war, hatte der Graf nur einen krummen türkischen Dolch – Yatagan genannt – als Nahwaffe, sprang zur Seite und lief nach der Richtung weg, wo er Bylandt vermutete. Aber der aufs äußerste gereizte Bär verfolgte die beiden Flüchtigen nun weiter und holte auf.

Der Graf war jung und ein guter Läufer und viel schneller als der russische Bauer. Als er hinter sich einen Schrei vernahm und sich umdrehte, sah er nur den Bären. Der Muschik hatte sich in den Schnee geworfen, als er beinahe eingeholt war, und seinen Kopf in seine Arme genommen. Das Raubtier hatte sich in seiner Blutgier auf ihn gestürzt. Der Bauer schrie jetzt nicht mehr, denn warum sollte er um Hilfe rufen? Wie unwahrscheinlich war es, daß ein Edelmann, noch dazu ein ausländischer Franzose, in dieser Lage einem armen Muschik zu Hilfe kommen würde.

Aber der Muschik täuschte sich. Gerade weil de Vogüé ein Edelmann und ein Franzose war, konnte er nicht zusehen, wie ein armer Leibeigener vor seinen Augen sterben sollte.

»O nein, das nicht!« rief er mit lauter Stimme, wie um sich Mut zu machen, stürzte mit gezogenem Yatagan auf den Bären und stieß ihm den Dolch bis ans Heft zwischen beide Schultern. Das Raubtier wendete sich jetzt gegen den neuen Gegner und warf ihn mit einem einzigen Tatzenschlag zu Boden. Der Jäger hatte seinen Yatagan nicht fahrenlassen und stieß ihm damit abwehrend in die Nase und den Rachen. Es war sein Glück, daß der Bär darauf erpicht war, ihn zu beißen und ihn nicht zwischen seinen gewaltigen Tatzen zerdrückte. Der Graf seinerseits stieß blindlings mit seiner Waffe um sich. Er hat nachher erzählt, daß er lediglich die blutigen Augen, die blutende Nase und den blutigen Rachen des Bären unterscheiden konnte, aber er stieß wie eine Maschine immer wieder zu.

Er konnte sich nachher nicht mehr erinnern, wie lange dieser verzweifelte Kampf gedauert hatte, als er plötzlich Rufe hörte und die Stimme von Bylandt erkannte. Darauf rief er: »Hierher, Bylandt, zu Hilfe!« Der Gerufene war bis zum Gürtel im tiefen Schnee und beeilte sich bis auf zehn Schritt heranzukommen. Plötzlich hörte de Vogüé einen Schuß, und er hatte das Gefühl, daß etwas wie ein Berg auf ihn fiele, aber er stach weiter um sich.

Nach einigen Augenblicken fühlte er sich unter den Armen ergriffen und aus seiner Enge herausgezogen. Es waren Bylandt und Seuchtelen, die ihn von seiner Last befreiten. Der Muschik hatte sich nicht bewegt, bis das Raubtier tot war, obwohl er unverletzt war. Man zog auch ihn aus dem tiefen Schnee und stellte ihn wieder auf die Füße.

Als er den Grafen de Vogüé unverletzt und unbeschädigt vor sich sah und sich darüber klar wurde, daß er dem jungen Edelmann sein Leben verdankte und daß dieser sein Leben aufs Spiel gesetzt hatte, um ihn zu retten, warf er sich vor ihm auf die Knie, wollte ihm die Füße küssen und nannte ihn seinen Vater.

Abends wollte de Vogüé den Yatagan an Bylandt mit Dank zurückgeben, aber dieser weigerte sich, ihn wiederzunehmen. Vogüé übergab ihm darauf ein Zwanzigkopekenstück, denn nach einem alten russischen Aberglauben darf kein Freund einem anderen umsonst eine Stech- oder Schneidwaffe schenken. Bylandt ließ das Geldstück zur Erinnerung in den Gewehrkolben seines Gewehres einlegen, und der Vater von de Vogüé ließ von Biard ein Bild von dem Vorgang malen sowie ein Ölbild von de Bylandt, dem Retter seines Sohnes.

Meine Leser werden sich entsinnen, daß ich das Haus des Herzogs von Ossuna verlassen habe, nachdem ich meine Visitenkarte an der Tatze des Bären zurückgelassen, den Zar Alexander II. getötet hatte, der übrigens einer der draufgängerischsten Bärenjäger seines Reiches war, welches die Heimat der meisten Bären der Welt ist.

Es waren zwei Gründe, die mich nicht länger auf den befreundeten Diplomaten warten ließen: erstens der Anzug, den ich wegen der Zollformalitäten noch nicht wechseln konnte, und zweitens mein dringender Wunsch, meinen Landsmann Dufour aufzusuchen, welcher der erste französische Buchhändler in der russischen Hauptstadt war. Ich hoffte, bei ihm einige Bücher kaufen zu können, die ich brauchte, jedoch zu Hause gelassen hatte, weil ich Zensurschwierigkeiten befürchtete, denn ich wußte, daß sie unter Zar Nikolaus auf den Index der verbotenen Bücher gesetzt waren. Es war mir unbekannt, daß unter seinem Nachfolger Alexander eine viel großzügigere Einfuhrfreiheit herrschte.

Dufour war zu Hause und hatte bereits von meiner Ankunft gehört. Als ich ankam, hatte gerade eine reizende junge Frau seine Wohnung verlassen, wo sie nachfragen wollte, ob dort meine Petersburger Adresse bekannt sei. Es war eine langjährige Freundin von mir, denn ich kannte sie bereits seit ihrem siebenten Lebensjahre. Es war die Schwester von Cornélie Falcon, die zehn Jahre lang an der Pariser Oper als Sängerin gefeiert wurde, bis sie auf der Höhe ihrer Erfolgslaufbahn durch eine Krankheit ihre Stimme verlor. Cornélie hatte ihre kleine Schwester aufgezogen.

Es gab keinen vornehmen Franzosen, der bei einem Besuch in Petersburg nicht von Fräulein Jenny Falcon in ihrem Salon empfangen worden wäre. Seit fünfzehn Jahren ist sie in der Hauptstadt dafür bekannt, daß sie die schönsten Tanzfeste gibt, die besten Traber und die elegantesten Schlitten besitzt, die jemals über die Holz- oder die Eisenbrücke nach den Newainseln gefahren sind.

Einer meiner langjährigen Freunde empfängt zusammen mit ihr seit etwa zwölf Jahren die Gäste in ihren Räumen. Dieser alte Freund führt den Namen Pawlowitsch Naryschkin, ist also Träger eines der berühmtesten, wenn nicht des ältesten Familiennamens in Rußland. Die Naryschkins haben sich niemals zu Grafen oder Fürsten machen lassen. Sie behielten einfach den Namen Naryschkin. Allerdings führen sie den russischen Doppeladler in ihrem Wappen.

Sie hatte hinterlassen, daß ich sofort zu ihr kommen sollte und daß ich bei ihr meinen Freund Dimitri Naryschkin antreffen würde.

Unverzüglich eilte ich nun zum Platz Michael, wo bei meinem Eintritt in den Salon sich mir vier Freundesarme entgegenstreckten, außerdem zwei weitere im Speisezimmer, wo mich Mama Falcon durch Umarmung begrüßte. Man hatte mich bereits seit acht Tagen erwartet.

Das erkläre, wer kann: Um diese Zeit wußte ich noch nicht einmal sicher, daß ich Paris verlassen würde, und in Petersburg sprach man bereits von meiner Ankunft! Jenny und Naryschkin hatten meinetwegen ihre Reise nach Moskau vorläufig abgesagt. Wenn ich nicht viel länger als 14 Tage in Petersburg bliebe, wollten sie warten, um mit mir weiterzureisen, und ich sollte während meines dortigen Aufenthaltes in ihrer Moskauer Villa im Petrowskij-Park Wohnung nehmen. Dies war ein weiterer Beweis von der einzigartigen Gastfreundschaft in Rußland. Ich kenne in der ganzen Welt nichts, was höflicher und großzügiger ist.

Ich bat meine beiden Freunde, sich in ihren Reiseplänen nicht durch mich stören zu lassen, nahm jedoch die Einladung für Moskau, wo mir ein kleines Gartenhaus bereitgestellt werden sollte, gern an. Noch konnte ich nicht übersehen, wann ich Petersburg verlassen würde. Am nächsten Tage war die Geburtstagsfeier Jennys, und – für den Fall, daß ich dann mein großes Gepäck zur Verfügung haben würde – sagte ich meine Teilnahme an diesem Fest zu.

Darauf ließ ich mich zu einem Geldwechsler fahren. Ich hatte dreitausend Goldfranken bei mir und wollte sie in russisches Papiergeld eintauschen. Wie meine Leser vielleicht wissen, gibt es fast keine Goldmünzen in Rußland; obwohl dies das Land der Silber- und Goldbergwerke ist, befindet sich fast nur Papiergeld im Umlauf. Es gibt Scheine von 100 bis 1 Rubel im Werte. Ich wußte, daß jedes meiner französischen Goldstücke fünf Rubel wert war, und mein Erstaunen war groß, als mir der Wechsler für dreißig Franken Aufgeld herausgab. Französisches Hartgeld war im Kurse gestiegen und während mein Gegenüber mir dies erklärte, hatte ich Gelegenheit, ihn näher zu betrachten. Er hatte eine silberhelle Stimme, wie man sie bei seltenen feierlichen Gelegenheiten in der Sixtinischen Kapelle in Rom zu hören bekommt, und wenig Barthaare.

Ich begriff jetzt, daß ich einen Anhänger der Skopzen-

Sekte vor mir hatte. Meine Leser werden diese nicht kennen und vielleicht auch kein russisches Lexikon zur Hand haben, um unter dem Worte *scopetz* nachzuschlagen. Deshalb werde ich mich bildlich ausdrücken.

Wenn Ihnen ein schöner Angorakater mit langen Haaren in einem Sessel gegenüberliegt, der lieber frißt oder schläft als über die Dächer nach streunenden Katzen zu jagen, so gehört dieses Tier zur Sekte der Skoptsi.

Als der König Louis-Philippe noch ein Kind war, fragte er eines Tages seine Erzieherin Madame de Genlis: »Was ist eigentlich ein Stier?«

»Das ist der Vater der Kuh.«

»Was ist denn die Kuh?«

»Die Kuh ist die Mutter des Kalbes.«

»Was ist denn aber ein Ochse?« ... Die Autorin der berühmten *Veillées du chateau* – Abendunterhaltungen auf einem Schlosse – zögerte doch etwas und antwortete dann erleichtert: »Ein Ochse ist der Onkel der Kuh.« Eine wirklich sehr geschickte Umschreibung, und meine Leser werden jetzt verstanden haben, was ein Mitglied der Skopzensekte ist.

Ich muß jetzt noch erklären, wie es möglich ist, daß man aus freiem Willen in eine solche abartige Sekte eintreten kann. Das Wort *raskol* bedeutet im Russischen Ketzer, und die *scoptsi* sind also Ketzer, und ihr Ursprung geht auf Auslegungsstreitigkeiten religiöser Art zurück. Wissen Sie wieviel »Ketzer« es in Rußland gibt? Nach amtlicher Auskunft fünf Millionen, in Wirklichkeit jedoch elf. In ihrem Hang zum Übersinnlichen und Aberglauben – unterstützt durch die langen einsamen Winternächte – haben sich die nichtorthodoxen »Ketzer« in eine Unzahl von Sekten gespalten, die sich durch mehr oder weniger große Absurditäten unterscheiden und sich untereinander bekämpfen.

Die Schlimmsten oder vielmehr Schrecklichsten darunter sind die Skopzen. Sie taufen mit Blut, und zwar durch Entmannung, und weil der Operateur ein roher Barbar war, wurde sie mit einem einfachen, am Feuer glühend gemachten Eisendraht vorgenommen. Von drei »Eingeweihten« starb dabei einer. Wenn durch ein männliches Kind die Fortpflanzung des Familiennamens gesichert erschien, machte man sowohl Mann wie Frau unfruchtbar. In Moskau gibt es gegenüber dem Einschiffungsplatz für Flußreisen ein großes Holzhaus, dessen Fenster immer geschlossen gehalten werden.

Dort feiern sie ihren Geheimkult. Man kommt dorthin, um einen Christus anzubeten, der nach ihrem Glauben der älteste Sohn von Peter dem Großen ist, den sie als ihren Gott verehren. Nach einer legendären Überlieferung im einfachen Volke, wonach der älteste Sohn Peter III. durch einen Unglücksfall entmannt wurde, bestreiten sie die Legitimität der Geburt von Paul I. Sie glauben, daß Peter III. gar nicht ermordet wurde, er sei nur verschwunden, lebe noch und werde eines Tages wieder auf der Erde erscheinen.

Ihr gemeinsames Festessen besteht nur aus Früchten, Gemüse und Milchspeisen. Dann beginnt ein gemeinsamer, zunächst langsamer Rundtanz, der ähnlich wie bei den tanzenden Derwischen in Konstantinopel immer wilder wird, bis die Tänzer – nach Glücksgefühlen und Angstschreien – schließlich ohnmächtig zu Boden sinken. Während des Tanzes wird operiert. Dieser Tanz heißt *strady*, soviel wie »das Erleiden des Märtyrertodes«.

Diese abartige Sekte wird von den Gerichten verfolgt, ist aber sehr reich.

Aber mit der Justiz in Rußland ist es ähnlich wie mit Atlas der altgriechischen Sage: sie hält an, wenn man sie mit goldenen Äpfeln bewirft. Fast alle Geldwechsler in

Rußland sind reiche Skopzen. Sie kaufen Gold und Silber zu Überpreisen auf, und daher kommt die Seltenheit des Hartgeldes. Ihre Religion verbietet ihnen jeden Tafelluxus, ihr körperlicher Zustand die Liebe, deshalb leben sie fast ohne Ausgaben für persönliche Bedürfnisse und können große Vermögen zusammensparen.

10. Kapitel

Wenn man das Marsfeld von Petersburg entlangfährt, erblickt man das sogenannte Rote Palais, das heute allerdings gelb gestrichen ist. Es war die Residenz des Zaren Paul I., welche im Jahre 1801 den Todesschrei dieses Herrschers gehört hat. Diese alte kaiserliche Residenz ist inzwischen Hochschule des militärischen Geniewesens geworden.

Paul I. ließ das Palais erbauen, ebenso wie die benachbarte Kaserne des berühmten Paulowskij-Regiments. Beide Gebäude waren durch ein unterirdisches Gewölbe verbunden, das wegen einer Laune der Mätresse Pauls, Anna Lapuchina – aus der Familie der ersten Gemahlin Peters des Großen – rot ausgemalt war. Sie trug nämlich nur rote lange Handschuhe. Ihr Vater war Justizminister und hatte den Ehrgeiz, zum Grafen ernannt zu werden. Eines Tages erbat Anna von Paul I. diese Ernennung ihres Vaters. »Schön, ich weiß, Sie wollen Gräfin werden, aber nein, ich werde Sie zur Fürstin machen, meine Schöne.«

Am nächsten Tage, dem 18. Januar 1799, wurden die Lapuchins gefürstet.

Zar Paul zeigte manchmal eine merkwürdige Anhänglichkeit an gewisse Leute seiner Umgebung. Der spätere General Kapiow war davon ein Beispiel. Dieser war Page in der Umgebung Pauls in seinem Exil in Gatschina gewesen, als er von dort aus den Thron bestieg und Selbstherrscher aller Reußen wurde. Er stammte aus einer armen Familie, zeichnete sich jedoch durch Witz und Geist aus und hatte keine Angst vor den großen Augen Pauls, als dieser noch Großfürst war und auch später nicht, als er Zar geworden war.

Paul litt viel an Luftmangel und Atemnot. Wenn er allein in einem Zimmer war, marschierte er mit großen Schritten hin und her, ging dann ans Fenster, öffnete es, holte tief Luft, schloß das Fenster wieder und ging an einen Tisch, wo seine Tabaksdose im Stile Friedrichs des Großen stand. Ebenso wie Peter III. war Paul I. ein fanatischer Verehrer dieses Königs von Preußen. Wenn er eine Prise genommen hatte, schloß er die Dose, stellte sie auf den Tisch zurück, marschierte weiter auf und ab, hatte wieder einen asthmatischen Anfall, ging wieder ans Fenster, öffnete es, holte tief Atem, schloß es zum zehnten Male, nahm eine Prise aus seiner Schnupftabaksdose und so weiter.

Diese kaiserliche Lieblingsdose durfte ohne besonderes Geheiß des Zaren niemand berühren, sonst hätte es für ihn sehr böse Folgen gehabt.

Eines Tages wettete nun Kapiow mit einigen Kameraden, daß er die geheiligte Tabaksdose nicht nur berühren, sondern auch daraus eine Prise nehmen würde, was einem Majestätsverbrechen gleichkam. Ein Gewinn dieser Wette erschien so unmöglich, daß man zwei gegen eins setzte, wie bei Pferderennen, wenn man gegen einen sicheren Favoriten wettet. Kapiow mußte verlieren.

Aber er rechnete auf seinen Glücksstern. Schon öfter hatte er durch seine Possen den Kaiser zum Lachen gebracht, und der Zar lachte sehr selten. Jeder andere wäre nun so vorgegangen, daß er das Zimmer betrat, während Paul, auf seinem Marsche der Tür den Rücken drehte, und hätte die Dose so leise wie möglich geöffnet.

Kapiow dagegen richtete sich so ein, daß er durch die Tür trat, als der Zar vom Fenster auf den Tisch zuging. Dabei machte er absichtlich viel Geräusch beim Schließen der Tür, beim Gehen auf dem Parkett und machte ziemlichen Lärm beim Öffnen der Tabaksdose, steckte frech zwei Finger hinein, um eine reichliche Prise zu nehmen und atmete tiefer ein, als es sonst schicklich war und nieste dann laut.

Der Kaiser war starr vor Verblüffung über diese Kühnheit und fragte: »Was machts du denn da, du Schlingel?«

»Majestät haben doch gesehen, daß ich geschnupft habe.«

»Und warum nimmst du eine Prise?«

»Weil ich seit gestern abend als Leibwächter Eurer Majestät im Dienst bin und die ganze Nacht pflichtgemäß kein Auge geschlossen habe, hatte ich eben das Gefühl, daß ich einschlafen würde. Deshalb zog ich es vor, mich lieber für eine Unschicklichkeit als für eine Pflichtvergessenheit bestrafen zu lassen, denn ich habe geschnupft, um wieder richtig wach zu werden.«

Paul mußte lachen und sagte dann: »Du bist ein Schelm. Aber weil du schon den Tabak genommen hast, nimm gleich die ganze Dose mit!«

Die Tabaksdose war mit Diamanten besetzt und hatte einen Wert von zwanzigtausend Rubeln. Kapiow verkaufte sie und vertrank und verpraßte den Erlös mit seinen Kameraden. Es reichte für ein ganzes Jahr, und während dieser Zeit hatten die Leibpagen Seiner Majestät ein lustiges Leben.

Er machte noch andere verrückte Wetten und Eulenspiegeleien, die hier zu weit führen würden, und obwohl er manchmal deswegen bestraft, aber immer bald wieder begnadigt wurde, stieg er doch auf der militärischen Stufenleiter nach oben und wurde schließlich General.

Eines Tages war der General Kapiow wegen eines seiner Streiche wieder in Festungshaft, und während dieser Zeit erließ Paul I. einen Ukas – kaiserliche Verordnung – worin befohlen wurde, daß bei seiner Vorbeifahrt jedermann, der diese Ehre erlebe, seinen Wagen anhalten und Front machen müsse, wobei er niederknien solle, falls er ein Mann sei, und falls der Insasse eine Frau wäre, müsse sie einen ehrerbietigen Knicks machen.

Am Tage vor seiner Haftentlassung ließ Kapiow, der durch sein öfteres Einsitzen auf der Festung fast wie zu Hause war, fünf lebende Gänse, drei Truthähne sowie fünf Enten für sich kaufen. Dann am nächsten Tage ließ er sich durch eine geschlossene Kutsche abholen, sein Federvieh zuerst einsteigen und setzte sich dann zu ihnen. Er kannte genauso gut oder besser als seine eigenen die Gewohnheiten Pauls. Der Zar bewunderte alles, was mit Disziplin zusammenhing, und lebte pedantisch regelmäßig wie ein Deutscher. Der ex-Häftling richtete also seine Fahrt in die Freiheit so ein, daß sein Wagen den ausfahrenden Kaiser treffen mußte, und bei Ansicht der kaiserlichen Equipage hielt der Kutscher von Kapiow an und dieser stieg, umgeben von seinen Gänsen, Enten und Truthähnen umständlich aus und kniete am Straßenrand nieder.

»Was soll denn das da bedeuten?«, ließ der Zar nachfragen, während er halten ließ und seinen Augen ob des sonderbaren Anblicks kaum traute.

Der Bediente kam zurück und meldete: »Das ist der General Kapiow und seine Dienerschaft, die aus der Festungshaft nach Hause zurückkehren.«

»So, sie kommen eben aus der Festungshaft! Dann sollen sie auf schnellstem Wege dorthin zurückkehren!«, antwortete Paul.

Und so geschah es. Aber der Kaiser konnte Kapiow nicht lange entbehren, weil die ewigen Phantasien desselben ihn zerstreuten.

Wir kennen jetzt Paul I., den Erbauer des Roten Palastes ein wenig, und man wird verstehen, daß eine derartig unstete und unberechenbare Regierungsweise, wie sie seinem mehr als schrulligen Wesen entsprach, ausgerechnet nach der intelligenten und kunstvollen Regierungsführung durch Katharina die Große, mit der Zeit den russischen Spitzen der Gesellschaft und des Hofes untragbar erschien. Sie waren niemals sicher, beim Zubettgehen am Abend nicht am nächsten Morgen aus irgendeiner Laune des Zaren in Festungshaft aufzuwachen, oder wenn sie einen Wagen bestiegen, daß sie nicht mit ihm nach Sibirien verschickt würden.

Aus der Menge der Verbannten oder in Ungnade gefallenen Höflinge ragten schließlich nur noch zwei Persönlichkeiten heraus, die in ihren Stellungen bis dahin fest verwurzelt zu sein schienen.

Das eine war der Graf Kutaissow, ein früherer türkischer Barbier, der als langjähriger persönlicher Vertrauter des Zaren geadelt worden war. Der andere war der Baron Peter Pahlen. Er war von altem kurländischem Adel und erst von Paul I. zum Grafen ernannt worden. Vorher war er infolge freundschaftlicher Beziehungen zu Platon Subow, dem letzten Favoriten der verstorbenen Kaiserin Katharina, erst Generalmajor, dann Zivilgouverneur der Stadt Riga geworden.

Als der damalige Großfürst Paul – also noch vor seiner Thronbesteigung – auf einer Reise durch die alte Hauptstadt Livlands kam, wurde er dort von Pahlen mit allen

Ehren, die einem Thronerben zustanden, feierlich empfangen. Zur damaligen Zeit war Paul aus der Reichshauptstadt verbannt und wurde fast wie im Exil befindlich angesehen und behandelt. Deshalb war er wenig an offizielle Ehrungen gewöhnt und rechnete es dem Gouverneur von Riga hoch an, daß er gewagt hatte, etwas, was der Zarin mißfallen konnte, zu riskieren.

Als er Kaiser wurde, ließ er sofort Pahlen nach St. Petersburg kommen, zeichnete ihn mit den höchsten Orden aus und machte ihn zum Befehlshaber der Gardetruppen sowie zum Gouverneur der Hauptstadt.

Aber gerade aus seiner Stellung in der Nähe des Zaren hatte Pahlen im Laufe der Jahre so viele Leute durch unberechenbare Launen desselben am Hofe aufsteigen und wieder absteigen und verschwinden sehen. Schließlich mußte er sich fragen, warum gerade er noch nicht einer Überspanntheit oder Wunderlichkeit des unberechenbaren Herrschers zum Opfer gefallen sei. Als er gerade mit seinen Gedanken soweit gekommen war, traf seinen alten Gönner Subow aus heiterem Himmel die kaiserliche Ungnade. Dieser hatte das Amt als Generaladjutant beim Regierungswechsel behalten. Plötzlich mußte er erleben, daß seine Kanzleiräume versiegelt, seine beiden Sekretäre fristlos entlassen wurden, während sämtliche Offiziere seines Stabes vor die Wahl gestellt waren, entweder sich zu ihrem Truppenteil zu verfügen oder ihren Abschied zu nehmen. Das war aber noch nicht alles.

Am nächsten Tage wurde er von allen anderen Kommandos enthoben, am Tage darauf wurde er aufgefordert, seine fünfundzwanzig weiteren Nebenämter abzugeben und nach einer Woche erhielt er den Befehl, Rußland zu verlassen.

Subow ging zunächst nach Wien und Berlin und hatte dort bei seinem guten Aussehen und mit seinen zahlreichen Ordensauszeichnungen und weil er Prinz war, gesellschaftlich Erfolg. Aber er sehnte sich nach Petersburg zurück, korrespondierte mit Pahlen und flehte ihn an, ihm doch irgendwie die Rückkehr in die russische Welt zu ermöglichen.

Pahlen wußte zunächst keinen Weg dazu, bis ihm plötzlich eine erleuchtende Idee kam. Er schrieb ihm also folgendes: »Es gibt nur ein Mittel für Sie, hierher zurückzukommen, und das wäre, wenn Sie um die Hand der Tochter des früheren Barbiers Kutaissow anhalten würden. Man wird einer Verlobung zustimmen und Sie nach Petersburg zurückkommen lassen. Sie werden der Dame nach allen Regeln den Hof machen, die Hochzeit wird sich in die Länge ziehen, und während dieser Zeit wird sich, wer weiß was, etwas ereignen, das Ihnen dann erlauben wird, in Petersburg zu bleiben.«

Die meisten Leser werden – abgesehen von romantischen Opern und Dramen auf der Bühne – nicht wissen, wie es bei einer richtigen Verschwörung, die zu einem gewaltsamen Regierungssturz führt, in Wirklichkeit zugeht. Deshalb möchte ich über die folgenden Ereignisse einige Einzelheiten berichten.

Graf Pahlen war also das Haupt oder der Drahtzieher einer wirklichen Verschwörung gegen den Kaiser von Rußland und wollte Subow möglichst an seiner Seite haben, weshalb er ihm empfohlen hatte, schriftlich um die Hand der Tochter des Grafen Kutaissow anzuhalten.

Als Kutaissow das Bewerbungsschreiben erhielt, wollte er es zuerst nicht glauben und mußte es mehrmals lesen, bevor er den Inhalt erfaßt hatte: Prinz Subow, der letzte Geliebte Katharinas II., der schönste, eleganteste und sehr reiche russische Edelmann, wollte sein Schwiegersohn werden!

Er eilte ins Rote Palais, warf sich dem Zaren zu Füßen, und überreichte ihm fragend den Brief mit der Werbung.

Paul nahm das Schreiben in Empfang, las es genau durch und gab es ihm dann zurück, indem er sagte:

»Das ist die erste gute Idee, die aus dem Haupte dieses Narren entsprungen ist. Meinetwegen kann er zurückkommen.«

Nach zwei Wochen war Subow bereits in Petersburg und erhielt von Paul die Erlaubnis, seiner künftigen Verlobten den Hof zu machen.

Kaum war Subow zurück, als mit der Verschwörung begonnen wurde, es war, als ob man seine Ankunft erwartet hatte.

Zunächst war unter den Verschworenen nur die Rede davon, den Zaren zur Abdankung zu zwingen, und von nichts weiterem. Der abgesetzte Herrscher sollte unter sicherer Bedeckung in eine entfernte Provinz verbracht und in einer unzugänglichen Festung interniert werden, und sein Sohn, der Großfürst Alexander, würde den Thron besteigen. Allerdings hatte man sein Einverständnis, ohne ihn zu fragen, einfach angenommen.

Nur wenige wußten, daß man an Stelle des Degens den Dolch ziehen wollte und daß dieser dann nur blutbefleckt in die Scheide gestoßen werden würde. Diejenigen, welche den Zarewitsch kannten, waren der Ansicht, daß er sich für eine Regentschaft für seinen Vater nicht zur Verfügung stellen würde, und waren daher entschlossen, dafür zu sorgen, daß er durch Erbfolge auf den Thron kam. Die schreckliche Katastrophe, die schließlich zur Thronbesteigung Alexanders I. führte, entwickelte sich im einzelnen folgendermaßen:

Obwohl er der Haupträdelsführer war, hatte Pahlen peinlich genau vermieden, daß gegen ihn auch der kleinste Beweis vorgebracht werden konnte, er hatte es so eingerichtet, daß er je nach Sachlage entweder seine Mitverschworenen unterstützen oder aber dem Zaren zu Hilfe kommen konnte. Dieser innere Vorbehalt seinerseits hatte eine gewisse Lauheit in den Beschlüssen zur Folge, und womöglich hätte sich das ganze Vorhaben noch ein Jahr hingezogen, wenn er die Ereignisse nicht selbst durch eine riskante Kriegslist beschleunigt hätte. Aber bei seiner genauen Kenntnis des Charakters des Zaren wußte er, daß man damit Erfolg haben würde. Er schrieb also an den Herrscher einen anonymen Brief, indem er ihn davon unterrichtete, in welcher Gefahr das Kaisertum schwebe. Diesem Schreiben war eine Liste sämtlicher Verschwörer beigefügt.

Nach Empfang dieses anonymen Schreibens ließ Paul sofort die Wachen im Schloß verdoppeln und Pahlen herbeirufen. Dieser hatte es erwartet und begab sich sogleich zum Kaiser. Er fand ihn in seinem Schlafzimmer im ersten Stock. Es war dies ein großes quadratisches Zimmer, mit einer Tür gegenüber dem Kamin. Zwei Fenster gingen auf den Schloßhof, ihnen gegenüber stand ein großes Bett, an dessen Fußende eine Geheimtür zum Schlafzimmer der Kaiserin führte. Außerdem gab es noch eine nur dem Zaren bekannte Falltür im Fußboden des Zimmers, die sich öffnen ließ, wenn man mit der Hacke des Schuhs kräftig auf eine bestimmte Stelle trat. Sie gab dann eine Treppe zu einem Gang frei, durch den man unbemerkt aus dem Palais fliehen konnte.

Paul marschierte hier aufgeregt mit großen Schritten auf und ab, als sich die Tür öffnete und Graf Pahlen erschien. Der Kaiser blieb mit gekreuzten Armen vor ihm stehen und blickte ihn fest an und sagte nach einigen Augenblicken des Schweigens: »Graf, wissen Sie, was vorgeht?«

Pahlen antwortete: »Ich weiß, daß mein gütiger Fürst mich rufen ließ und daß ich mich beeilt habe, seine Befehle zu empfangen.«

»Aber wissen Sie, warum ich Sie kommen ließ?« rief Paul mit Ungeduld in der Stimme aus.

»Ich warte respektvoll darauf, daß Eure Majestät geruht, es mir mitzuteilen.«

»Also mein Herr, ich habe Sie rufen lassen, weil gegen mich eine Verschwörung angezettelt ist.«

»Jawohl, ich weiß es, Sire.«

»Wie, Sie wissen das?«

»Zweifellos. Ich bin sogar einer der Verschwörer.«

»Nun, ich habe soeben die Namensliste empfangen. Da ist sie!«

»Sire, ich habe ein Duplikat davon. Hier ist es.«

»Pahlen!« stieß der entsetzte Zar hervor, der nicht wußte, was er davon halten sollte.

»Sire«, fuhr der Graf fort, »Sie können die beiden Listen vergleichen. Wenn der Angeber gut unterrichtet war, müssen sie übereinstimmen.«

»Vergleichen Sie!« sagte Paul.

»Ja, es stimmt soweit«, erklärte Pahlen gleichmütig, »jedoch drei Personen sind vergessen!«

Aufgeregt fragte der Kaiser: »Und welche sind das?«

»Sire, die Klugheit verbietet es mir, sie mit Namen zu nennen. Aber nach dem Beweis, den ich soeben Eurer Majestät über die Genauigkeit meiner Nachforschungen gegeben habe, hoffe ich, daß Sie geruhen werden, mir Ihr volles Vertrauen zu schenken und sich über meinen Eifer, über Ihre persönliche Sicherheit zu wachen, beruhigen werden.«

»Keinen Vorwand mehr, wer sind sie?« unterbrach ihn der Zar mit allen Anzeichen des Schreckens, »ich will auf der Stelle wissen, wer es ist.«

Pahlen neigte ergeben sein Haupt und antwortete: »Sire, der Respekt eines Untertanen verbietet es mir, die erlauchten Namen zu nennen.«

»Ich verstehe jetzt«, begann Paul wieder, indem er seine Stimme dämpfte und nach der Geheimtür blickte, die zum Zimmer der Kaiserin führte, »Sie meinen die Kaiserin, nicht wahr? Und Sie meinen den Zarewitsch und den Großfürsten Konstantin?«

»Das Gesetz braucht nur über diejenigen zu urteilen, die ihm unterstehen...«

»Das Gesetz, mein Herr, wird über alle Welt urteilen und kein Verbrecher, mag er auch noch so hoch stehen, wird ohne Strafe bleiben! Pahlen, Sie werden sofort die beiden Großherzöge verhaften und morgen früh nach Schlüsselburg bringen lassen. Wegen der Kaiserin werde ich selbst das Nötige veranlassen. Um die übrigen Verschwörer kümmern Sie sich.«

»Sire«, antwortete Pahlen, »geben Sie mir den Verhaftungsbefehl schriftlich und ich werde ihn ausführen, so hoch die Betroffenen auch stehen!«

»Gut, Pahlen«, rief der Kaiser aus, »du bist die einzige treue Seele, die mir geblieben ist. Achte gut weiter auf meine Sicherheit, denn ich weiß, sie alle wollen meinen Tod und ich muß mich auf dich verlassen!«

Nach diesen Worten unterschrieb Paul die Verhaftungsorder der beiden Großfürsten und gab die Schriftstücke an Pahlen zurück.

Damit hatte der gewandte Verschwörer alles erreicht, was er wollte. Mit den unterschriebenen Verhaftungsbefehlen begab sich Pahlen in die Wohnung von Platon Subow, wo ihn die anderen Verschworenen erwarteten.

»Alles ist entdeckt!« sagte er zu ihnen, »hier ist der Verhaftungsbefehl für euch. Jetzt ist keine Zeit zu verlieren. Heute nacht bin ich noch Gouverneur von St. Petersburg, morgen bin ich vielleicht selbst im Gefängnis. Trefft jetzt eure Entscheidung!«

Nun gab es kein Zögern, denn jedes weitere Abwarten

konnte das Schafott bedeuten oder zum wenigsten Sibirien. Man verabredete sich also für etwas später in der Nacht beim Grafen Talitzin, dem Regimentskommandeur des Preobraschenkij-Regimentes. Aber weil sie zahlenmäßig noch zu schwach waren, beschlossen sie, sich noch durch die Befreiung aller Unzufriedenen zu verstärken, die am gleichen Tage ohne triftigen Grund verhaftet worden waren.

In dieser Hinsicht war es ein günstiger Tag, denn am Vormittag waren etwa dreißig Offiziere, die den besten Familien der Hauptstadt angehörten, degradiert und zu Gefängnis oder Verbannung verurteilt worden, und zwar für kleine Verfehlungen, für die kaum ein formeller Verweis am Platze war. Pahlen ordnete an, daß ein Dutzend Schlitten sich in der Nähe der verschiedenen Arrestlokale in Bereitschaft halten solle, wo diese Leute festgesetzt waren, die mitmachen sollten. Als er sah, daß seine Komplizen jetzt zum Äußersten entschlossen waren, begab sich Pahlen zum Zarewitsch.

Der Thronfolger hatte vor kurzem seinen Vater in einem Korridor des Palais getroffen und wollte, wie gewöhnlich, auf ihn zugehen. Aber Paul hatte ihm mit der Hand ein Zeichen gemacht, stehenzubleiben und ihm dann den ausdrücklichen Befehl gegeben, sich sofort in seine Gemächer zu begeben und dort zu bleiben, bis er weitere Befehle erhielte.

Als Pahlen ihn dort aufsuchte, fand er den Zarewitsch in größter Unruhe, denn er konnte sich nicht erklären, warum der Kaiser ihn so zornig angesehen hatte, als er ihn in seine Räume zurückschickte. Sobald er den Grafen eintreten sah, bestürmte er ihn mit der Frage, ob er für ihn irgendwelche Befehle überbringe.

»Leider, Hoheit«, antwortete der Graf, »bin ich der Überbringer eines schrecklichen Befehls.«

»Und das wäre?« fragte der geängstigte Alexander.

»Ich soll mich Eurer Hoheit versichern und Ihnen den Degen abfordern.«

Alexander rief aus: »Meinen Degen? Nein! Warum denn?«

»Weil Sie von dieser Stunde an Gefangener sind, Hoheit.«

»Ich ein Gefangener? Und welches Verbrechens beschuldigt man mich?«

»Eure Kaiserliche Hoheit wissen doch sicher, daß man sich manchmal hier eine Bestrafung zuzieht, ohne einen Grund dafür gegeben zu haben.«

Alexander senkte das Haupt und erwiderte: »Der Kaiser ist in zweifacher Weise Herr über mein Schicksal, sowohl als mein Souverän wie auch als mein Vater. Zeigen Sie mir den Befehl, und – was es auch immer sei – ich bin bereit, zu gehorchen.«

Der Graf übergab das kurze Schriftstück. Alexander küßte zunächst die Unterschrift seines Vaters und begann zu lesen, und als er zu der Stelle kam, die seinen Bruder Konstantin betraf, rief er aus:

»Auch mein Bruder! Und ich dachte, daß der kaiserliche Befehl nur mich beträfe!«

Als er jedoch zu der Stelle kam, welche von der Kaiserin handelte, sagte er erschüttert: »Meine untadelige und tugendhafte Mutter! Die wie eine Heilige zu uns herabgestiegen ist? Nein, Pahlen, das ist zu viel, zu viel!« Dabei bedeckte er mit beiden Händen sein Gesicht und ließ das Schreiben fallen. Jetzt glaubte Pahlen, daß der günstige Moment für sein Handeln gekommen sei. Er warf sich dem Zarewitsch zu Füßen und sprach schnell:

»Euer Gnaden, hören Sie mich bitte an: Es ist notwendig, großes Unglück zu verhüten, und es ist an der Zeit, den Verirrungen Ihres erlauchten Vaters eine Grenze zu setzen. Heute nimmt er Ihnen nur die Freiheit, morgen vielleicht . . .«

»Pahlen!«

»Euer Gnaden wollen sich an das damalige Schicksal des Zarensohnes Alexis erinnern . . .«

»Pahlen, Sie verleumden meinen Vater!«

»Nein, Euer Gnaden, ich klage ja nicht sein Herz an, sondern seinen Verstand. Die zahlreichen sich widersprechenden Entscheidungen, so viele unentschuldbare Anordnungen, die nicht abreißenden ungerechtfertigten Bestrafungen, dies alles beweist eine schreckliche Krankheit. Die nähere Umgebung des Kaisers ist davon überzeugt, und die ihm ferner stehen, wiederholen diese Ansicht, Euer Gnaden, daß Ihr unglücklicher Vater verrückt ist.«

»Mein Gott . . .«

»Euer Gnaden, man muß ihn vor sich selbst schützen. Nicht ich bin es, der Ihnen diesen Ratschlag gibt, daß der Zar abdanken muß, nein, ich bin lediglich das Sprachrohr des Adels, des Senates, des ganzen Reiches, Sire!« Alexander wich nach diesen Worten entsetzt einen Schritt zurück und rief:

»Pahlen, was sagen Sie mir da? Ich soll meinem noch lebenden Vater auf dem Throne nachfolgen, ihm die Krone vom Haupt und das Zepter aus den Händen reißen? . . . Niemals! . . . Niemals! . . .«

»Aber Euer Gnaden haben doch den Verhaftungsbefehl gesehen? Glauben Sie wirklich, daß es sich um eine gewöhnliche Einkerkerung dabei handelt? Nein, nein! Glauben Sie mir, Ihr Leben ist in Gefahr!«

Jetzt schrie Alexander: »Retten Sie meinen Bruder! Retten Sie die Kaiserin! Das ist alles, was ich verlange!«

Pahlen erwiderte mit Nachdruck: »Habe ich denn das in der Hand? Der Verhaftungsbefehl betrifft Ihre Mutter und Ihren Bruder genau wie Sie. Wenn Sie erst einmal in

Haft sind, wer sagt Ihnen denn, daß nicht gewisse Höflinge sich gedrängt sehen, oder einem noch unausgesprochenen Willenausspruch des Kaisers zuvorkommen zu müssen glauben? Denken Sie an England, Euer Gnaden, wo dieselbe Lage entstanden ist. Obwohl dort die begrenzte konstitutionelle Macht des Herrschers die Gefahr für den Staat weniger groß erscheinen läßt, und obwohl der Wahnsinn des Königs Georg gutartig und harmlos zu sein scheint, hält sich der Prinz von Wales schon bereit, dort die Macht zu übernehmen. Übrigens, gestatten mir Euer Gnaden noch ein letztes Wort: Vielleicht retten Sie auch das Leben Ihres Vaters und nicht nur das Ihrer Mutter und Ihres Bruders, wenn Sie das annehmen, was ich Ihnen vorschlage!«

»Was wollen Sie damit sagen?«

»Daß die Regierungsführung des Zaren Paul so bedrückend ist, daß der Adel und der Senat entschlossen sind, alle möglichen Mittel anzuwenden, um ihr ein Ende zu machen. Wenn Sie gegen eine Abdankung sind, Sire, werden Sie morgen womöglich eine Ermordung zu verzeihen haben!«

Darauf sagte Alexander: »Pahlen, könnte ich nicht sofort mit meinem Vater sprechen?«

»Das ist unmöglich, Euer Gnaden, es ist uns strengstens verboten worden, Eure Hoheit vorzulassen!«

»Und Sie wissen, daß das Leben meines Vaters bedroht ist?«

»Rußland setzt seine Hoffnung nur auf Sie, Euer Gnaden, und wenn wir vor die Wahl gestellt werden, uns durch ein Gewalturteil vernichten zu lassen oder ein Verbrechen zu begehen, das uns und dem Reiche die Rettung bringt, werden wir uns für das Verbrechen entscheiden.«

Pahlen machte eine Bewegung, als wolle er gehen. Alexander hielt ihn mit einer Handbewegung zurück:

»Pahlen, können Sie mir einen Schwur leisten, daß das Leben meines Vaters nicht gefährdet wird und daß Sie im schlimmsten Falle sich lieber töten lassen werden, um ihn zu verteidigen. Schwören Sie mir das, oder ich lasse Sie nicht eher weggehen!«

»Euer Gnaden, ich habe bereits alles gesagt, was ich Ihnen leider sagen mußte. Überlegen Sie bitte den Vorschlag, den ich Ihnen unterbreiten mußte. Ich werde über den Schwur nachdenken, den Sie von mir verlangen.«

Dann begab er sich zum Großfürsten Konstantin und darauf zur Kaiserin, um ihnen den kaiserlichen Befehl zu zeigen, aber ohne weitere Worte entfernte er sich hier mit einer tiefen Verbeugung.

Es war acht Uhr abends und stockdunkle Nacht, denn es war noch nicht Frühling. Pahlen eilte zum Grafen Talitzin, wo die Verschworenen tafelten. Bei seiner Ankunft wurde er mit einem Schwall von Fragen bestürmt. Er antwortete:

»Ich habe keine Zeit, Antworten zu geben, wenn alles weiter gut gehen soll. Ich gehe sofort weg, um Euch Verstärkungen zu bringen.«

Nach diesen Worten stieg er in seinen Schlitten, um zu den Arrestanstalten zu fahren. Da er Gouverneur von St. Petersburg war, öffneten sich vor ihm alle Tore, und die im strengen Arrest befindlichen Insassen dachten, daß sie nun nach Sibirien verschickt oder in eine noch schlimmere Kerkerhaft überführt werden würden. Die rauhe Art und Weise, wie ihnen der Graf den Befehl erteilte, bestärkte sie noch in ihren Befürchtungen. Sie gehorchten jedoch und bestiegen unter Bewachung von Gardesoldaten die draußen wartenden Schlitten ohne Widerrede. Sofort setzten sich die Schlitten in Galopp.

Entgegen ihren schlimmen Befürchtungen bogen jedoch nach zehn Minuten die Fahrzeuge in den Hof eines vornehmen Privathauses ein und gehorsam stiegen sie aus, worauf sich die Tür des Hauses hinter ihnen schloß, während die Soldaten draußen blieben. Pahlen ging ihnen voraus mit den Worten: »Folgen Sie mir!«

Die Gefangenen gehorchten, ohne zu begreifen. Als sie in ein Zimmer kamen, wo die Verschworenen sie erwarteten, riß Pahlen von einem Tisch einen Mantel herunter, der über ein Bündel von Degen gebreitet war und sagte: »Bewaffnen Sie sich wieder!«

Starr vor Staunen gehorchten sie und steckten ihre Offiziersdegen ein, die ihnen ein Profos am Morgen des gleichen Tages in schimpflicher Weise abgenommen hatte, und sie begannen zu ahnen, daß sie etwas Außergewöhnliches und Unerwartetes erleben würden.

Pahlen ließ darauf die Tür zum Speisesaal öffnen, und die Neuankömmlinge erblickten an der festlichen Tafel einige alte Freunde, die sie mit vollen Gläsern in der Hand und Rufen begrüßten: »Es lebe Zar Alexander!« Noch zehn Minuten vorher hatten sie sich aufgegeben und geglaubt, für immer von ihren Kameraden getrennt zu sein, deshalb stürzten sie jetzt mit Gefühlen größter Erleichterung und hungrig und durstig in den Bankettsaal.

Mit wenigen Worten setzte man sie ins Bild, und sie stießen bald Worte des Zornes und der Scham über die Entehrung aus, die man ihnen am Morgen des gleichen Tages ohne Grund angetan hatte. Der Vorschlag, im Notfall an einem Königsmord teilzunehmen, wurde verständlicherweise von ihnen mit Freudenschreien begrüßt, und kein einziger weigerte sich, die Rolle zu übernehmen, die ihm in der bevorstehenden schrecklichen Tragödie zugedacht war. Das Gelage wurde gemeinsam fortgesetzt und man trank darauf, daß unter dem neuen Zaren die unerträglichen Demütigungen und despotischen Quälereien des Adels, ja des ganzen Volkes endlich ein Ende hätten.

Es war gerade elf Uhr nachts, als die jetzt etwa 60 Offiziere zählenden Verschwörer sich in ihre Mäntel hüllten und schweigend durch dunkle Straßen zum Michaels-Palast – dem Roten Palais – gingen. Die Haupträdelsführer waren der General Benningsen, ferner Platon Subow, der letzte Geliebte der um 38 Jahre älteren Zarin Katharina II., Pahlen, der Gouverneur von St. Petersburg, Depreradowitsch, der Kommandeur des Infanterieregimentes Simionowsk, Arkamakow, ein Adjutant des Kaisers, Prinz Tatetsvil, Generalmajor der Artillerie, Talysin, General und Kommandeur des Garderegimentes Preobraschenskij, Gardanow, Adjutant der Gardereiterei und andere Vertreter der Aristokratie.

Die Verschwörer konnten durch eine Gartenpforte des Schlosses eintreten. In diesem Augenblick erhob sich krächzend ein großer Schwarm schwarzer Raben, aufgescheucht von den großen Bäumen. Erschreckt blieben die Verschwörer stehen, denn dies galt in Rußland als ein sehr schlechtes Vorzeichen. Jedoch Subow und Pahlen beruhigten sie und es ging weiter.

Im Schloßhof angekommen, teilten sie sich in zwei Gruppen. Die eine folgte Pahlen, der den Schlüssel zu einer Nebentür hatte, die er zu benutzen pflegte, wenn er ungesehen den Kaiser aufsuchen wollte.

Die andere unter Befehl von Subow und Benningsen wurde vom kaiserlichen Adjutanten Arkamakow zur vorderen großen Freitreppe geführt, wo sie ungehindert ankam. Pahlen hatte die Posten beim Palast durch eingeweihte Offiziere ablösen lassen. Aber man hatte eine Schildwache vergessen, und diese rief beim Näherkommen der Gruppe: »Halt! Wer da?« und fällte das Bajonett.

Der General Benningsen trat vor, öffnete seinen Mantel, um seine Ordensbrust zu zeigen, und herrschte den Posten an: »Ruhe! Siehst du nicht, wohin wir gehen?«

»Patrouille kann passieren!« antwortete der Posten in strammer Haltung, und machte ein Zeichen seines Einverständnisses. So konnten die Mörder weitergehen. Als sie den langen Saal vorm Vorzimmer des Zaren durchschritten, stand dort ein als Soldat verkleideter Offizier. Platon Subow fragte ihn: »Und der Kaiser?«

Der Mitverschworene antwortete: »Ist seit einer Stunde zurückgekehrt und hat sich zweifellos niedergelegt.« Worauf die Gruppe blank zog und schweigend weiterging, als Subow nickte.

In der Tat hatte Paul durch den unterirdischen Gang sich zu seiner Geliebten, der Prinzessin Gagarin, begeben, dort war er bleich und finster eingetreten, worauf sie ihn fragte, was er denn habe.

»Was ich habe?« antwortete er, »ich bin gezwungen, zuzuschlagen, und in wenigen Tagen wird man Köpfe rollen sehen, die mir bisher teuer waren!«

Durch diese drohenden Worte erschreckt, hatte die Prinzessin, die das tiefe Mißtrauen des Zaren gegenüber seiner Familie kannte, sich bei der ersten Gelegenheit kurz entfernt und an den Großfürsten Alexander einige Zeilen geschrieben, daß sein Leben in Gefahr sei, und diese ihm schnell überbringen lassen. Da der wachhabende Offizier vor der Tür nur Befehl hatte, den Zarewitsch nicht herauszulassen, ließ er den Boten bei ihm ruhig eintreten. Alexander wurde dadurch in größte Angst versetzt, denn er wußte, daß die Schreiberin in alle Geheimnisse seines Vaters eingeweiht war.

Wie der als Schildwache verkleidete Offizier richtig gemeldet hatte, war der Kaiser gegen elf Uhr nachts in seine Räume zurückgekehrt, hatte sich sofort zu Bett gelegt und war im Vertrauen auf wirksame Schutzmaßnahmen von Pahlen sofort eingeschlafen.

Als die Verschwörer an der Tür des Ankleidezimmers

vorm Schlafzimmer angekommen waren, klopfte Arkamakow an, worauf der Kammerdiener vom Dienst fragte: »Wer ist da?«

»Arkamakow, der Adjutant Seiner Majestät!«

»Was wollen Sie denn jetzt?«

»Ich soll eine Meldung machen.«

»Euer Exzellenz scherzen, es ist fast Mitternacht!«

»Sie irren sich, es ist fast sechs Uhr morgens. Öffnen Sie schnell, sonst erzürnt sich der Kaiser über mich.«

»Aber ich weiß wirklich nicht, ob ich das darf ...«

»Ich bin dienstlich hier und gebe Ihnen einen Befehl!«

Der Kammerdiener gehorchte nun.

Sofort stürzten sich die Verschworenen mit den Degen in der Hand ins Ankleidezimmer und der Diener flüchtete bei ihrem Anblick erschreckt in eine Ecke, während ein polnischer Husar, der als zusätzliche Maßnahme des Zaren die Eingangstür zum Schlafzimmer bewachte, eingriff und den Eindringlingen befahl, sich sofort wieder zu entfernen. Subow weigerte sich und wollte ihn mit der Hand beiseite stoßen, als ein Pistolenschuß fiel. Jedoch im gleichen Augenblick wurde der einzige Verteidiger des Mannes, der noch vor einer Stunde absolute Gewalt über 53 Millionen Menschen hatte, entwaffnet, zu Boden geschlagen und konnte sich nicht mehr bewegen.

Der Knall des Schusses hatte Paul geweckt. Er war plötzlich aufgesprungen und sofort an die Tapetentür zu den Räumen der Kaiserin geeilt, konnte sie jedoch nicht öffnen, weil er sie selbst vor drei Tagen in einem Moment des Mißtrauens hatte vermauern lassen.

Darauf fiel ihm die geheime Falltür ein, und er stürzte sich dorthin, um den Öffnungsmechanismus mit dem Fuße zu betätigen. Weil er jedoch barfüßig war, konnte er nicht genügend Druck ausüben, und die Feder ließ sich nicht bewegen.

In diesem Augenblick fiel die mit Gewalt aufgesprengte Tür vom Ankleidezimmer nach innen, und der Kaiser hatte nur noch so viel Zeit, sich hinter dem großen Ofenschirm vor dem Kamin zu verstecken.

Als erste stürzten Benningsen und Subow herein. Letzterer lief sofort zum Bett, schrie aber, als er es leer fand: »Alles ist verloren! Er ist entkommen!...«

»Nein!« sagte Benningsen, »dort ist er!«

Der Kaiser schrie: »Zu Hilfe Pahlen! Pahlen!«

»Sire«, sagte darauf Benningsen, indem er auf den Zaren zutrat und ihn mit dem Degen salutierte: »Es ist unnütz, daß Sie nach Pahlen rufen, Pahlen ist einer der Unseren. Übrigens ist Ihr Leben in keiner Gefahr, im Augenblick sind Sie im Namen des neuen Kaisers Alexander lediglich in Haft.«

»Wer sind Sie denn?« fragte der Kaiser, der bei dem schwachen, zitternden Licht der Nachtlampe gar nicht erkannte, wer vor ihm stand.

»Wer wir sind? Wir kommen im Auftrage des Senats, und hier ist die Abdankungsurkunde, die zu lesen und zu unterzeichnen ist. Wir kommen im Auftrag des Senats«, wiederholte darauf Subow, indem er die Urkunde übergab. »Lies und entscheide dann selbst über dein weiteres Schicksal!«

Mit der anderen Hand nahm er die Lampe vom Kamin, um beim Lesen zu leuchten. Als der Kaiser etwa ein Drittel überflogen hatte, blickte er auf und sagte: »Was habe ich Ihnen denn getan, und warum behandeln Sie mich so?«

Eine Stimme aus dem Hintergrund rief: »Sie tyrannisieren uns seit drei Jahren!« Darauf sagte der Zar nichts.

Aber beim weiteren Lesen mußte er in beleidigender Weise formulierte Beschwerden und Klagebegründungen zur Kenntnis nehmen, die seine Würde verletzten und Zorn ergriff ihn. Er vergaß, daß er allein und unbekleidet einem bewaffneten Haufen gegenüberstand, der die Hüte auf dem Kopf behalten und den bloßen Degen in der Hand hatte. Er vergaß, daß vor acht Jahren der Kopf des französischen Königs von der Guillotine gerollt war, daß seit Generationen der russische Adel im westlichen Ausland von freiheitlichen Gedanken, die von der Französischen Revolution ausgingen, infiziert worden war. Er bedachte nicht, daß er den Adel durch Beschränkung seiner Privilegien und demütigende Schikanen – wie das befohlene Niederknien beim Frontmachen auf der Straße – und die Wirtschaftskreise – Gutsbesitzer und Kaufleute – durch Sperrung der russischen Häfen für englische Schiffe als Repressalie gegen die britische Besetzung Maltas schwer geschädigt hatte, kurz, er glaubte recht gehandelt zu haben, und warf die Abdankungsurkunde zerknittert zu Boden und rief: »Das niemals! Lieber den Tod!«

Gleichzeitig machte er eine Bewegung, um seinen auf einem Sessel liegenden Degen zu ergreifen, und im gleichen Augenblick kommt der zweite Verschwörertrupp ins Zimmer. Es waren dies in der Hauptsache die soeben befreiten jungen adeligen Offiziere, die degradiert oder vom Dienste suspendiert waren, darunter der Prinz Tatetsvil, der geschworen hatte, sich für diese schimpfliche Beleidigung zu rächen.

Kaum sieht dieser, was vor sich geht, als er sich auf den Kaiser stürzt, mit ihm handgemein wird und mit ihm zusammen hinfällt, wobei er die Lampe und den Wandschirm umwirft.

Der Kaiser stößt einen Schreckensschrei aus, denn beim Fall hat er seinen Kopf schwer an einem Vorsprung des Kamins verletzt und blutet. Aus Angst, daß der Schrei des Zaren Leute herbeiruft, werfen sich Sartarinow und die Prinzen Vereinskoi sowie Seriatin in das Handgemenge. Paul gelingt es, einen Augenblick wieder auf die Füße zu

Alexandre Dumas (père). Lithographie von Achille Devéria

ALEX. DUMAS.

kommen, er fällt jedoch im Dunkeln wieder zu Boden. Schreie, Stöhnen, erst laut, dann gedämpft. Endlich gelingt es dem Zaren, die Hand loszuschütteln, die ihm den Mund zuhält ... Er rief aus: »Meine Herren, schonen Sie mich, lassen Sie mir Zeit, ein Sterbegebet ...«

Die weiteren Worte ersticken ... einer der Angreifer hat seine Offiziersschärpe losgemacht und das Ächzen wird zum Röcheln und bald hört auch dieses auf. Noch einige konvulsivische Zuckungen, und als Benningsen mit einer neuen Lampe hereintritt, beleuchtet diese einen toten Kaiser.

Auf das Majestätsverbrechen folgt Stille und während alle auf den unbeweglichen Leichnam sehen, erfolgt ein gespenstisches lautes Klopfen an der Stelle der Tapetentür zu den Räumen der Kaiserin.

Es war die Kaiserin, die den drohenden Lärm gehört hatte, und herbeieilen will. Sie weiß nicht, daß die Tür vermauert ist. Zuerst erschrecken die Verschworenen, dann erkennen sie ihre Stimme und atmen auf.

Die Leiche wird nun aufs Bett gelegt und Benningsen wirft eine Fußdecke auf ihr Gesicht. In diesem Moment tritt Pahlen herein, den Degen in der Hand, er erbleicht bei dem Anblick und muß sich an die Wand stützen. Getreu seiner Doppelrolle hatte er sich zurückgehalten, um auf alle Fälle sicherzugehen.

Benningsen, welcher als einer der letzten sich mit den Verschwörern verbunden und als einziger seine unerschütterliche Kaltblütigkeit bewahrt hatte, rief nun aus: »Los, meine Herren, es ist Zeit, dem neuen Kaiser zu huldigen!«

»Ja, ja«, riefen alle Anwesenden durcheinander, denn sie hatten jetzt Eile, das Zimmer ihres Verbrechens zu verlassen, »wir müssen dem neuen Zaren huldigen! Es lebe Alexander!«

Inzwischen hatte die Kaiserin versucht, auf einem Um-

Der Kreml in Moskau (zu Seite 218)

weg ins Schlafgemach ihres Gatten zu gelangen, wurde jedoch aufgehalten, und als sie unter den herausstürmenden Offizieren Benningsen erkannte, bat sie ihn, sie passieren zu lassen. Er antwortete jedoch: »Nein, Madame, sie werden sich unnötig für Ihre Zukunft kompromittieren, denn das Leben Ihres Gatten ist beendet!« Mit einem Schreckensschrei sinkt die Zarin in einen Sessel, bedeckt ihr Gesicht mit den Händen und wird von den herbeigeeilten Großfürstinnen gestützt.

Benningsen eilt jetzt in die Zimmer des Zarewitsch, die unter denen des Zaren liegen, so daß er fast alles gehört hat, er wollte auch zu Hilfe eilen, wurde jedoch von dem Posten vor seinem Zimmer wieder zurückgedrängt.

Als Benningsen mit seinem Gefolge und unter den Rufen: »Es lebe der Zar Alexander!« hereindringt, weiß er, was sich ereignet hat, und als er dabei Pahlen erblickt, rief er aus: »Pahlen, was für ein Tag für meine Thronbesteigung!«

»Sire«, antwortete dieser, »die nächsten Tage werden diesen vergessen lassen, denken Sie jetzt nur an eines: die Huldigung der Armee entgegenzunehmen! Sie müssen mir sofort folgen, jede weitere Verzögerung kann das größte Unglück bedeuten!«

Pahlen begleitete den neuen Zaren zu dem wartenden geschlossenen Wagen, der eigentlich seinen Vater ins Festungsgefängnis bringen sollte. Pahlen und Subow stiegen hinten auf, nachdem die Vorhänge hinter dem fassungslos weinenden Alexander zugezogen waren, eine Gardereitereskorte umringte die vierspännige Karosse und im Galopp wurde der neue Herrscher zum Platz der Admiralität gefahren, wo bereits die inzwischen alarmierten wichtigsten Regimenter der kaiserlichen Garde in Paradestellung angetreten sind.

»Der Kaiser! Der Kaiser!« schreien Pahlen und Subow.

»Der Kaiser! Der Kaiser!« brüllen die beiden Bataillone, die vor dem großen Platz die Bedeckung der Kutsche übernommen haben.

»Es lebe der Kaiser!«, antworten wie aus einem Munde alle Regimenter. Man stürzt sich an den Wagenschlag, reißt den Vorhang zurück, man zieht Alexander, der bleich und erschüttert ist, förmlich heraus, man reißt ihn mit sich fort, ja man nimmt ihn auf die Schultern. Man schwört ihm Treue mit einer Begeisterung, aus der ersichtlich ist, daß die Verschwörer den Volkswillen durchgesetzt haben, als sie das Majestätsverbrechen begingen. So groß sein Verlangen gewesen sein mag, seinen Vater zu rächen, er erkennt jetzt, daß er die Mörder nicht bestrafen darf.

Diese hatten sich in Ungewißheit über ihr weiteres Schicksal nach Hause begeben. Sie wurden nach und nach vom Hofe entfernt, die einen erhielten Auslandsmissionen, andere wurden in sibirische Regimenter versetzt. Übrig blieb lediglich zunächst Pahlen als Gouverneur von St. Petersburg. Aber sein Anblick bedeutete für den neuen Zaren eine böse Erinnerung und Gewissensbisse und bei einem geringen Anlaß sandte er einen Herrn seiner Umgebung zu Pahlen mit dem Befehl, sich auf seine Güter nach Livland zurückzuziehen.

Als der Bote seine Mitteilung gemacht hatte, lächelte Pahlen und antwortete: »Das habe ich erwartet, und meine Koffer sind bereits gepackt.«

So endete die Regierungszeit Pauls I., der von seiner Thronbesteigung an gegen den aus der Zeitmode heraus äußerlich liberalen höheren Adel eingestellt war. Die Hofkreise um Katharina die Große waren zwar mit französischen Ideen durchtränkt, jedoch an einer Modernisierung des ganzen Staates uninteressiert.

Nachdem wir uns nun in großen Zügen mit dem Milieu

und dem geschichtlichen Hintergrund Rußlands absichtlich zunächst etwas ausführlich bekannt gemacht haben, wollen wir uns künftig in dieser Hinsicht etwas kürzer fassen.

Kehren wir also zunächst zu unserem seit Tagen vermißten Haushofmeister und Reiseleiter Dandré zurück.

11. Kapitel

Dandré war mit unserem Kofferberg nicht nach Sibirien »verschwunden« und nichts war konfisziert. Am vierten Tage traf er wohlbehalten in der Villa unserer Gastgeber ein, die mehr von einem Monte Christo hatten als der Graf von Monte Christo selbst in meinem gleichnamigen Welterfolgsroman.

Zunächst stürzte ich mich auf meinen Bücherkoffer, denn die meisten Werke darin waren in Rußland verboten, und ich befürchtete, daß der Zoll auf diese seine Hand gelegt hätte. Aber zu meiner Verwunderung war keins meiner Gepäckstücke überhaupt geöffnet worden. Ich weiß nicht, ob die Zollbehörde von meiner Ankunft benachrichtigt worden war, aber man hatte angeordnet, daß mein Gepäck, das namentlich gezeichnet war, überhaupt nicht geöffnet werden sollte.

Die Verzögerung in der Abfertigung war vielmehr durch die 80 Kleider und 36 Hüte verursacht, welche die Gräfin Kuschelew aus Paris mitgebracht hatte. Aber alles war nun angekommen, mit Ausnahme des gräflichen Panamahutes. Dieser war – wie alle derartigen Strohhüte – doppelt gefüttert, und man hatte über dem Unterfutter mehrere Meter Spitzen aus England oder Alençon vermutet. Durch ungeschicktes sechsmaliges Untersuchen sollte er angeblich unbrauchbar geworden sein.

Der Graf nahm den Verlust mit Gleichmut hin und gab Auftrag, ihm sofort einen russischen Strohhut zu beschaffen, denn das Thermometer zeigte 30° Réaumur im Schatten.

Nunmehr hatte ich also die nötige Garderobe, um den Geburtstag meiner Landsmännin mitzufeiern. Doch zuvor möchte ich erwähnen, daß man hier alles anders macht wie in Paris:

Morgens gegen sieben Uhr hörte ich im Bett den Marschtritt einer Patrouille. Vor dem Schlafzimmer Moynets blieben die Leute stehen und ich hörte ein längeres Radebrechen in französischer und russischer Sprache. Anscheinend glaubte Moynet, daß ich noch schliefe und wollte die Leute nicht durch sein Zimmer lassen. Aber schließlich mußte er wohl nachgeben und die Tür freigeben. In der Tat marschierte man weiter, die Tür zu meinem Zimmer wurde geöffnet, und ich erblickte einen Trupp von zwölf Mann in rosa Kitteln, von denen jeder einen Bohnerbesen und Geräte zum Wachsen des Parkettfußbodens trug. Es war der Bohnertrupp für die schloßartige Villa des Grafen.

Diese Leute arbeiteten so ausgezeichnet, die einen stehend, die anderen auf allen vieren, daß in meinem großen Schlafzimmer innerhalb fünf Minuten das Parkett wie ein Spiegel leuchtete, während ich mit meinem Stuhl, auf den ich mich geflüchtet hatte, im Raume umherritt. In Frankreich hätte die Bohnerei über eine Stunde gedauert.

Der Einsatz von so vielen Leuten hat jedoch auch seine Nachteile. Der Muschik verbreitet einen Duft, der in Frankreich als *cuir de Russie* – Russischleder – bekannt ist. Ich weiß nicht, ob der Muschik seinen Geruch dem Leder mitteilt oder das Leder dem Muschik. Jedenfalls roch mein Zimmer nach dem Wachsen des Parketts so nach Russischleder oder nach Muschik, daß ich sofort die Fenster öffnen und Weinessig verbrennen mußte.

In zwei bis drei Stunden war durch dieses schnelle Arbeiten das gesamte Erdgeschoß von Besborodko – eine Fläche von zwei bis drei Morgen – gebohnert. Bei Beschäftigung von nur einem Mann würde dieser für diese gigantische Arbeit etwa eine Woche brauchen und nach ihrer Beendigung müßte er sofort von vorn beginnen.

Übrigens hat man keine Ahnung, wie viele Bediente ein vornehmes russisches Haus hat. Nicht einmal der Besitzer kennt ihre genaue Zahl. Ich habe bereits erwähnt, daß die Prachtvilla des Grafen ein etwa achtzig Köpfe starkes Gesinde hatte. Das waren jedoch nur die Leute für die Tagesarbeiten.

In einem Stadthaushalt heißen die Nachtwächter *dvorniky* – Türsteher oder Pförtner – auf dem Lande dagegen *karaulny* – Wächter. In der Stadt schlafen diese Pförtner nur in jeder zweiten Nacht. Sie haben mit dem Nachbarpförtner eine Regelung getroffen, wonach einer nachts zwei Häuser bewacht. Er muß bei jedem Wetter draußenbleiben, auch bei den Herbstregen, wo es in Strömen gießt, oder in Winternächten, wenn der Frost 25 bis 30° erreicht. In der einen Hand haben sie ein Brettchen und in der anderen einen Trommelstock. Sie schlagen diese in einem bestimmten, immer gleichen Rhythmus, um anzuzeigen, daß sie wach sind. Man wird also alle Stunden geweckt, hat aber die Beruhigung zu wissen, daß der Nachtwächter wacht. Diese Einrichtung ist also eine private Wachgesellschaft, keine staatliche Polizei.

Fast immer ist auf dem Lande der Nachtwächter ein ausgedienter Soldat. In Rußland werden Soldaten, die aus dem Stande der Leibeigenschaft stammen – acht Mann auf tausend Köpfe trifft das Los der Rekrutenaushebung –

nach 18 bis 25 Dienstjahren als »frei« entlassen. In Frankreich würden wir sagen: *rentré dans ses foyers* – sie kehren an den heimischen Herd zurück. Aber leider gibt es – wenigstens bis heute – für den armen russischen Veteran keine Heimstatt. Er hat kein Wohnrecht, kein Recht auf die sonst übliche Zuweisung von sechs Morgen Ackerland als Pächter, auch auf sonst nichts. Durch den Dienst am Vaterlande ist er ein rechtloser Paria geworden.

Der Dank des Vaterlandes besteht darin, daß man ihn aus dem Heer hinauswirft und die Besitzenden ihm ihre Türen verschließen. Allerdings gibt es auf dem Wege nach Zarskoje-Selo ein Invalidenheim für etwa dreitausend Personen, das auf französische Art errichtet wurde. Aber bei meinem Besuch wohnten darin 150 Angestellte und ganze 18 Invaliden!

In Rußland ist es so – noch mehr wie übrigens überall –, daß die philanthropischen und sozialen Einrichtungen, wenn sie überhaupt vorhanden sind, in erster Linie für den Lebensunterhalt einer möglichst großen Anzahl von bessergestellten Angestellten da sind. Diejenigen, für die sie bestimmt sind, kommen erst zuletzt, und nicht besetzte Plätze sparen Kosten. Die Hauptsache ist, daß man derartige wohltätige Einrichtungen überhaupt vorzeigen kann. So etwas nennt man eine »russische Fassade«.

Es ist fast komisch, daß im Zarenreiche jedermann, vom Kaiser bis zum einfachen Mann, heute davon spricht, daß derartige Mißbräuche endlich abgestellt werden müssen, und man hofft sehr, daß der neue Kaiser Alexander II. damit mehr Erfolg hat als seine Vorgänger. Dieser ist auch sicher bestrebt, diese Mißstände durch Reformen abzustellen. Aber diejenigen schreien am lautesten dagegen, die befürchten, daß sie als nächste drankommen.

Es ist so wie beim Artischockenessen: die ersten Blätter sind gespickt mit Stacheln, man kann erst ins Innere dringen, nachdem man seine Finger ordentlich gestochen hat. Ich erinnere daran, daß der Marquis de Custine nach seinem Rußlandbesuch 1839 geschrieben hat: Es ist richtig, daß der Zar den Russen Auslandsreisen verbietet oder sehr erschwert. Bei freiem Verkehr mit Westeuropa würde das politische System Rußlands sich höchstens zwanzig Jahre halten lassen.

Aber wir wollen noch etwas bei dem Geschick der Veteranen verweilen.

Wenn also ein alter Soldat entlassen wird, so kann er froh sein, wenn seine Familie ihn aufnimmt und ihm erlaubt mitzuarbeiten, wenn er seine vier Glieder behalten hat. Aber wenn er keine Verwandten hat, darf er nicht einmal als Lohnarbeiter sich betätigen. Wenn er keine Verdienstmedaille erworben hat, wird er Dieb oder Verbrecher, wenn er zwei oder drei hat, kann er Bettler werden.

Als Bettler kniet er an Hauptstraßen oder vor den zahlreichen Kirchen, küßt die Erde, die der Fuß der Passanten berührt hat, und fristet sein Leben von den vier bis fünf Kopeken, die ihm mitleidige Seelen zuwerfen. Wenn er einmal Pech hat, muß er fasten.

Wenn der alte Soldat aber fünf bis acht Verdienstmedaillen erdient hat, so kann er einen Posten als Türsteher oder Nachtwächter bekommen. Bei unserem Grafen hatten diese Leute zwischen sechs und acht Verdienstkreuze. Man trifft sie überall: am Tor zum Kai, an den verschiedenen Hauseingängen, den Toren zum Garten und als Parkwächter. Ich glaube auch, daß sie sich nachts ablösen. So viel weiß ich, daß wir jedesmal, wenn wir – bei Tag oder Nacht – ausgingen oder heimkamen, stets Türsteher im Vorzimmer, an der Haustür und auf der Freitreppe zum Garten passieren mußten. Wenn wir vorbeikamen, erhoben sich die armen Teufel, standen stramm und nahmen die rechte Hand an ihre Schirmmütze. Es war fast unmöglich, mehrere Schritte im Hause zu machen, ohne daß einer von ihnen die Hand an die Hosennaht legte und salutierte. Zuerst störte das einen, ebenso wie man ungern ein Leichenbegräbnis vom Fenster aus sieht, aber man gewöhnt sich auch daran.

In der Stadt muß man eine Menge Verbote beachten oder sofort eine Buße von einem Rubel bezahlen. Der Polizeimeister hat bis jetzt nicht für diese allerdings etwas pittoresken Blechsäulen an den Trottoirs gesorgt, die als Aborte auf den Boulevards von Paris stehen. Deshalb ist es in Petersburg verboten, längs der Häuserfront stehenzubleiben, es sei denn, daß man sein Strumpfband oder die Schnürsenkel richten muß.

Außerdem darf man auf der Straße nicht rauchen. Dies ist wenigstens vernünftig, weil die Mehrzahl der Häuser aus Holz gebaut ist und jeder weggeworfene Zigarrenstummel eine schreckliche Feuersbrunst verursachen kann. Man darf nur auf der Newa rauchen. Man hat uns versichert, daß wir sicherlich nicht Rußland verlassen könnten, ohne ein Großfeuer zu erleben, und in der Tat kam es so.

Übrigens interessiert es vielleicht, daß der Großfürst Konstantin unseren schottischen Spiritisten, Mister Home, inzwischen gebeten hatte, bei ihm eine Sitzung vorzuführen, etwa in der Art, wie er sie am französischen Hofe – in den Tuilerien oder in Biarritz – oder in England, Amerika, Holland oder Italien mit großem Erfolge gezeigt hatte. Aber zu seinem größten Bedauern konnte Home nicht zusagen, weil ihn seine spiritistischen Kräfte im Augenblick verlassen hätten. Er wollte jedoch mitteilen, wenn sie ihm wieder gehorchten.

Meinen ersten Ausflug unternahm ich in einer Droschke und in Begleitung von Moynet und einem befreundeten Dolmetscher, um die drei Hauptsehenswürdigkeiten Petersburgs zu besichtigen: die älteste Kirche der Stadt, die übrigens keinen künstlerischen Wert hatte, das kleine Holzhaus, das Peter der Große selbst mit erbaut hatte und vor allem die Festung, die Bastille der Hauptstadt.

Das »kleine Haus Peters« gleicht einem einfachen kleinen holländischen und weil es aus Holz erbaut wurde, hat man die Außenbretter rot angemalt, damit es aussah, als wenn es ein Massivbau aus holländischen Ziegelsteinen wäre. Der frischgebackene Zimmermann und Zar hatte vier Zimmer: Schlafzimmer, Eßzimmer, Wohnzimmer und Vorzimmer. Man hat dann daraus eine Art Museum gemacht.

Das Ganze ist von herrlichen blühenden Linden überragt, die von Zehntausenden Bienen umschwärmt wurden. Während Moynet zeichnete, blieb ich auf einer Gartenbank sitzen und überdachte mit Bedauern, was aus Rußland geworden wäre, wenn die Nachfolger Peters des Großen die fortschrittlichen Ideen dieses Genies weiterverfolgt hätten. Er war Gründer, Erbauer oder Erneuerer von Städten, Häfen, Festungen, Flotten, Gesetzen, von Heeren, Geschützfabriken, Fernstraßen, Kirchen und ein Erneuerer der Religion.

Nun zur Festung von St. Petersburg, die nicht mit Schlüsselburg verwechselt werden darf. Genau wie die Pariser Bastille war sie jetzt ein Staatsgefängnis für Märtyrer freiheitlicher Gedanken. Zweifellos war sie ursprünglich zur Verteidigung der Stadt gegen die Schweden erbaut, diente jedoch seit langem hauptsächlich dazu, Russen einzukerkern. Wenn man eine Geschichte über alles schreiben würde, was sie gesehen oder gehört hat, würde es ein trauriges Buch werden. Bisher hat sie keins ihrer Geheimnisse offenbart, jedoch eines Tages wird man über ihre feuchten, dunklen Verliese genau so voll Etsetzen sprechen wie über unser Château d'If bei Marseille.

Ich muß jetzt dem Leser in großen Zügen einiges über die verwirrenden Zusammenhänge der durch Palastrevolutionen und durch das Fehlen einer klaren gesetzlichen Thronfolgeregelung hervorgerufenen Kämpfe und Wechsel um die Zarenkrone berichten.

Während in der Türkei bei der dort bestehenden Vielweiberei und Odaliskenwirtschaft im riesigen Serail der Nachfolge im Sultanat stets eine Art Auslese des stärksten Anwärters vorausgehen mußte – ähnlich wie in China – hätte Peter der Große die natürliche Thronfolgeordnung nur endgültig klar zu fixieren brauchen, um in Vollendung seines Reformwerkes, das zahlreiche viel unwichtigere Probleme gesetzlich regelte, endlich klare dynastische Verhältnisse zu schaffen. Er arbeitete auch daran, starb jedoch zu früh und die souveräne Gewalt wurde in gebrochener Linie teils durch zufällige Ergebnisse von Verschwörungen der Garde, teils durch Intrigen von Adelskreisen, die für ihre Interessen irgendwelche Thronanwärter vorschoben, weitergegeben.

Hinzu kam das Problem der ausländischen Fachleute, der persönlichen Favoriten, insbesondere der Zarinnen oder weiblichen Vormünder minderjähriger Thronfolger. Ohne Ausländer war eine Modernisierung der Armee, Politik und Wirtschaft unmöglich. Gewisse Adelskreise bekämpften jedoch die Modernisierung des Staates.

Die Engländer waren als Käufer für Getreide, Hanf, Eisen und Pelze in den russischen Häfen tätig und zahlten in Gold und Silber. Aber zur Nachahmung des übersteigerten Luxuslebens am französischen Hofe mußten unglaubliche Massen von überteuerten französischen Waren nach Rußland eingeführt werden, und das englische Gold wanderte für französische Weine, Samt und Seidenstoffe, Juwelen, Modeartikel und Möbel in unvorstellbarer Menge nach Frankreich, in kleinerem Umfange auch nach Holland.

Demgegenüber beschränkten sich die Deutschen auf verhältnismäßig weniger ergiebige Gebiete, obwohl sie auch ihren Vorteil zogen, nämlich auf die höhere Verwaltung und militärische Dienste. Aber weil diese mehr nach außen in Erscheinung traten, waren die Deutschen oder deutschstämmigen Livländer oder Kurländer zeitweise in russischen reaktionären Kreisen recht unbeliebt, obwohl sie eigentlich vorläufig noch unentbehrlich waren.

Bei unserer Betrachtung Peters I. wurde kurz die uneheliche Geburt seiner Töchter Anna und Elisabeth erwähnt. Beide wurden bei seiner Heirat mit Katharina I. nachträglich legalisiert. Anna wurde mit einem Prinzen von Holstein-Gottorp verehelicht, und ihr Sohn Peter III. wurde frühzeitig mit einer deutschen Prinzessin von Anhalt-Zerbst, der späteren Katharina II., der Großen, verheiratet. Anna selbst starb früh.

Peters des Großen letzte Tochter Elisabeth kam zunächst nicht auf den Zarenthron, weil der Enkel Peters aus seiner Ehe mit Katharina als Peter II. für drei Jahre als Strohmann für die Familie Dolgorukij Zar wurde, bis er an den Pocken starb.

Als ihr Neffe Peter II. so plötzlich verschied, konnte eine Thronerhebung Elisabeths vom Obersten Geheimen Rat nicht erwogen werden, weil sie gerade im Wochenbette lag, denn sie war wieder einmal von einem illegitimen Kinde entbunden, das sie von ihrem derzeitigen Geliebten Schubin, einem besonders kräftigen Sergeanten in einem Garderegiment empfangen hatte. Peter I. hatte sich sehr bemüht, sie unter die Haube zu bringen, aber ein Projekt zerschlug sich nach dem anderen, ihr schließlicher Verlobter, Karl August von Holstein, starb an den Pocken.

Darauf entschloß Elisabeth sich, ihr Leben fortan frei zu gestalten und unvermählt zu bleiben. Es ist natürlich, daß sie von verschiedenen an der Thronfolge interessierten

Seiten in ihrem unmoralischen Leben bestärkt wurde, um sie dadurch – oder wenigstens ihre Nachkommenschaft – von der Thronfolge auszuschließen.

Die Zarenkrone ging also zunächst für zehn Jahre an die Abkömmlinge Peters I. aus seiner ersten Ehe mit der geborenen Lopuchina, nämlich an Anna, die verwitwete Herzogin von Kurland. Natürlich konnte diese nach der Sitte der höchsten Kreise der damaligen Zeit nicht ohne einen festen Favoriten zur Unterhaltung in ihrer einsamen Witwenschaft sein, und dazu hatte sie einen gewissen Biren – aus kurländischem Beamtenadel von Bühren – erwählt und ihn erst zu ihrem Sekretär, dann zum Oberkammerherrn gemacht, und brachte ihn gewissermaßen als Mitgift an den russischen Hof. Als Kaiserin ernannte sie ihn weiter zum Herzog von Kurland. Biren liebte als Kurländer die Russen nicht und diese ihn auch nicht, besonders weil er einen großen Teil der wichtigsten Ämter an Deutsche vergab, an Premierminister Ostermann, einen weißen Raben, denn er war unbestechlich, an den Hessen Feldmarschall Münnich, der als Chef des Militärkollegiums die Besoldung der russischen Offiziere den höheren Sätzen der deutschen Berater anglich, ferner an die beiden Brüder Löwenwolde aus Livland – der eine wurde Oberhofmarschall, der andere Chef des neu aufgestellten Garderegiments Ismailow – und andere.

Nach dem Prinzip Iwans des Schrecklichen: bei Verdächtigen und Unzufriedenen im Zweifelsfalle gegen den Angeklagten zu entscheiden, hielt die Geheimkanzlei mit Folterungen, Deportation von etwa zwanzigtausend Menschen und Hinrichtungen die Ruhe im Staate aufrecht. Um das Jahr 1740 erfand man zu den üblichen Scheußlichkeiten eine neue Hinrichtungsmethode: bei 25 bis 30° Kälte band man den Delinquenten im Freien an und begoß ihn so lange mit Wasser, bis er zur Eissäule gefroren war.

Bevor die Zarin Anna starb, verfügte sie, daß ihr Favorit Biren die Vormundschaft – Regentschaft – für den zwei Monate alten Iwan VI. übernehmen sollte, aber der Feldmarschall Münnich verschwor sich mit der Mutter des Säuglings, Anna Leopoldowna: Biren zu stürzen und sie bis zur Volljährigkeit ihres kleinen Sohnes zur Regentin zu machen. Münnich hatte sich in letzter Zeit mit Biren schlecht gestanden, hauptsächlich aus finanziellen Gründen.

Um zwei Uhr morgens, nach einem Freundschaftsessen bei Biren mit anderen Herren deutscher Abstammung, holte er die Prinzessin aus ihrem Palast ab. Sie ließ sich die Hände von den Offizieren ihrer Garde vom Dienst küssen, als sie diese fragte, ob sie ihr helfen wollten, den verhaßten Regenten zu stürzen. Das Drama lief einfacher ab, als angenommen wurde.

Als Münnich mit seinem Adjutanten Manstein in Begleitung von 120 Männern vom Preobraschenskij-Regiment vor dem Sommerpalast, in dem der ahnungslose Regent schlief, ankam, schickte er Manstein zu den Offizieren der Palastwache, setzte sie ins Bild, und sie waren sofort bereit, gegen den verhaßten Biren mitzumachen und ihn nicht zu verteidigen. Der Adjutant ging zurück, meldete dem draußen wartenden Münnich diese Lage. Er erhielt den Befehl, mit einem Leutnant und 20 Mann in das Palais einzudringen und Biren wie einen Hund zu töten, wenn er Widerstand leistete.

Die Schlafzimmertür war von innen verschlossen, und das Ehepaar erwachte erst in dem Augenblick, als die Tür aufgebrochen wurde. Biren rief um Hilfe, als er sein Bett von Bewaffneten umstellt sah. Gleichzeitig ließ er sich aus dem Bett gleiten, aber Manstein faßte ihn auf dem Fußboden zwischen Wand und Bett und die Soldaten stürzten sich auf ihn, knebelten ihn und banden ihm die Hände mit einer Offiziersschärpe. Dann rissen sie Decken aus dem Bett, rollten das Ehepaar unter Schlägen hinein und schleppten es hinter sich zum Gebäude der Wache. Dort warfen sie ihren Gefangenen Soldatenmäntel über und bevor sie nach Sibirien gebracht wurden, mußten sie die Verliese in Schlüsselburg kennenlernen. Als die Frau des Regenten hörte, daß der Putsch von Münnich geleitet wurde, schüttelte sie nur den Kopf und sagte: »Ich hätte eher geglaubt, daß Gott der Allmächtige verschieden sei, als daß Münnich mir so etwas antun könne.«

12. Kapitel

Nach meinem Besuch im Staatsgefängnis von Petersburg kehrte ich zum Hause des Grafen Kuschelew zurück und dort erwartete mich ein russischer Schriftsteller, der zusammen mit Turgenjew und Tolstoi bei der jungen russischen Generation sehr beliebt ist. Es war Gregorowitsch, der Autor von sechs Romanen, die alle großen Erfolg hatten. Am berühmtesten waren »Die Fischer«, die mit den bekanntesten Werken von Balzac, Madame Sand oder von Soulié verglichen wurden. Er sprach französisch wie ein Pariser und wollte sich mir als Kollege während der Wochen meines Petersburger Aufenthaltes zur Verfügung stellen.

Iwan Turgenjew war damals 40 Jahre alt und hatte seine Meisterwerke bereits erscheinen lassen, Tolstoi war zehn Jahre jünger und hatte erst vier Novellen veröffentlicht.

Wir vereinbarten mit dem Grafen, daß Gregorowitsch in meinen Räumen übernachten durfte, wenn es für ihn abends zu spät wurde, um nach der acht Werst entfernten Hauptstadt zurückzukehren. Man denke jedoch nicht, daß das Übernachten eines Gastes in Rußland dieselben Umstände macht, wie in Frankreich, wo man glaubt, für ihn ein komplettes Bett mit allem Drum und Dran zurechtmachen zu müssen. In Rußland sagt der Herr des Hauses, wenn es spät geworden ist, auch wenn er 80 Bedienstete im Hause hatte, wie Graf Kuschelew, einfach: »Übernachten Sie doch lieber hier.«

Der Tischgenosse verbeugt sich, und damit ist für den Gastgeber der Fall erledigt. Er hat ihm das Beste aus der Küche seines Hauses geboten, hat ihm aus seinem Keller Château d'Yquem, Bordeaux-Laffitte und Champagner servieren lassen, er hat – manchmal bis ein oder zwei Uhr morgens – eine Tischmusik spielen lassen, aber es ist nicht üblich, weiter für den Besuch zu sorgen, dieser muß sich selbst einen Schlafplatz suchen. Er geht durch die Zimmer und sucht sich eins mit einem Sofa, Kanapee oder einer ungepolsterten Bank. Er kommt gar nicht auf die Idee, nach einem richtigen Bett zu fragen. Notfalls legt er sich auf den Parkettfußboden, läßt sich von einem Diener einen Mantel, Pelz oder etwas anderes zum Zudecken geben und erhebt sich am nächsten Morgen ebenso erfrischt, als ob er die beste Spiralfedermatratze benutzt hätte.

Natürlich leidet durch dieses spartanische Verfahren die morgendliche und abendliche Säuberung etwas, aber dafür geht man eben zweimal in der Woche splitternackt ins russische Dampfbad.

Am ersten Abend also schlief Gregorowitsch auf einem Kanapee im Nebenzimmer, wir plauderten bei offener Tür noch vor dem Einschlafen und beschlossen, am nächsten Tage gemeinsam einen ersten Ausflug außerhalb Petersburg – nach den Schlössern von Peterhof und Ora-

Kasan (zu Seite 271)

nienbaum – zu machen. Wir setzten unser Programm folgendermaßen fest: Wir wollten um acht Uhr das kleine Dampfboot nehmen, den Zubringer zum größeren Dampfer nach Peterhof, das wir mit seiner Umgebung zuerst besichtigen wollten. Darauf Frühstück im Orte und Abendessen bei seinem Freunde Panajew, dem Redakteur des »Zeitgenossen«. Dort würden wir übernachten und dabei Nikrassow, einen vielversprechenden und beliebten jugendlichen Dichter des jungen Rußlands kennenlernen.

Am folgenden Tage stand der Besuch des historischen Schlosses von Oranienbaum, berühmt durch die Festnahme des Zaren Peter III. im Juli 1762, auf unserem Plan. Danach wollten wir mit der Bahn nach Petersburg zurückfahren, so daß wir beide Wege, zu Wasser wie zu Lande, kennenlernten.

Dieses Programm wurde Punkt für Punkt durchgeführt, und um 11 Uhr verließen wir den Landungssteg bei Peterhof. Dort standen Droschken, und weil ich ziemlich stark von Statur bin, zog ich es vor, allein eins dieser schmalen Gefährte zu nehmen. Schlanke Reisende können auch zu zweit darin eben Platz finden. Keine Dame mit einer Krinoline kann jedoch damit fahren.

Unsere Droschken fuhren uns zunächst zu dem renommierten Restaurant *Samson*. Wenn man nicht in Rußland gewesen ist, kann man sich darunter nichts vorstellen. Die Russen rühmen ihre nationale Küche, die Gerichte bietet, die andere Völker nicht kennen, und in der Tat gibt es diese nirgends in der Welt. Ein Beispiel ist die Sterletsuppe. Dieser Süßwasserfisch lebt nur in den Gewässern der Wolga und Oka. Den Russen geht er über alles.

Wir wollen aber – wahrheitsgetreu, obwohl wir uns bei den Untertanen Alexanders II. dadurch viele Feinde machen werden – einmal vom kulinarischen Standpunkte aus kritisch darüber sprechen.

Dorf an der Wolga (zu Seite 276)

Ich möchte sagen, daß das einzige, was an der Sterletsuppe so besonders erscheint, ihr hoher Preis ist. Sie kostet, je nach der Jahreszeit, zwischen 40 bis 60 Francs im Sommer und 300 bis 400 Francs im Winter!

Von jetzt an aber wollen wir immer in Rubeln rechnen. Es sei ein für alle Male festgestellt, daß ein Rubel soviel wert wie vier Francs nach unserem Gelde ist. Diese vier Francs, oder vielmehr ein Rubel, können in Geldstücke zu 50, 25 und 5 Kopeken geteilt werden. Hundert Kopeken sind ein Rubel.

Wir würden der so sehr gerühmten teuren Sterletsuppe eine gewöhnliche gute Bouillabaisse nach Marseiller Art vorziehen. Aber wir wollen nun untersuchen, wie ein so exorbitant hoher Preis zustande kommt:

Der Sterlet kann nur im Süßwasser der Oka und Wolga am Leben bleiben. Wenn er unterwegs stirbt und tot ankommt, ist er wertlos. Das ist im Sommer leicht zu vermeiden, wenn er vor direkter Sonnenbestrahlung geschützt wird und womöglich mit Zusatzwasser aus tönernen Kühlgefäßen unterwegs versehen wird. Aber im Winter! Wenn eine Kälte von 30° herrscht und der lebende Fisch siebenhundert bis achthundert Werst zurücklegen muß? Wir können auch achthundert Kilometer sagen, wollen uns jedoch lieber in Zukunft in Werst ausdrücken, was fast genau dasselbe bedeutet, denn ein Werst ist nur um zwei Meter länger als unser Kilometer.

Man muß dann zur Reise in den Kochtopf eine leicht bedienbare Kochmaschine auf Schlittenkufen setzen, die nicht nur eine Vereisung vermeidet, sondern auch eine ungefähr gleichmäßige Temperatur von möglichst 8 bis 10° aufrechterhält. Bevor man die ersten Eisenbahnen erbaute, hatten die großen Gutsbesitzer in Rußland besondere Transportwagen mit Heizvorrichtungen und Fischkästen, die auf Schlittengestelle gesetzt werden konnten.

Es gehörte zum guten Ton der vornehmen Gesellschaft, daß man den lebenden Fisch den Gästen eine Viertelstunde vor der Tafel präsentierte, bevor er in den Suppentopf gesteckt wurde.

Es wurde also genauso gehalten wie im alten Rom. Man wird sich erinnern, daß für gewisse Fische eine Sklavenpost mit Stafettenwechsel nach allen 3 Meilen von Ostia bis Rom eingerichtet wurde, um sie lebend auf den Tisch der üppigen Gastmähler zu schaffen, wobei der erste überfeinerte Genuß der Schlemmer darin bestand, zuzusehen, wie die bunten Fische im Todeskampfe zuckten und ihre vorher leuchtenden irisierenden Schuppen langsam ihren Glanz verloren.

Nun hat der Sterlet keine glänzenden Schuppen, aber die Hauptstadt Rußlands erhebt den Anspruch, das dritte alte Rom zu sein, und Tradition ist Tradition, auch wenn sie grausam ist und der Sterlet mit runzeliger Haut, ähnlich wie der Haifisch, an Stelle von Schuppen bedeckt ist. Persönlich glaube ich übrigens, daß der Sterlet nichts anderes ist als ein Stör im jungen Alter, lateinischer Name: *accipenser ruthenus.*

Scribe hat bekanntlich in seiner »Stummen von Portici« einen Edelfisch erwähnt, ohne ihn näher als »König der Meere« zu bezeichnen. Die fanatischen russischen Fischesser schwören darauf, daß er damit den Sterlet gemeint habe.

Nach meinem Geschmack ist das Sterletfleisch fade und zäh, als Soße kann man noch Geschmack daran finden, und ich möchte die Prophezeiung wagen, daß einst ein französischer Meisterkoch daraus etwas Ausgezeichnetes komponieren wird. Wenn man diese kurze kulinarische Erläuterung gelesen hat, der wir übrigens im Verlaufe der langen Reise noch verschiedene andere folgen lassen werden, darf man nun nicht annehmen, daß wir beim Wirt des Restaurants *Samson* auch eine Sterletsuppe bestellt haben. Nein, wir hüteten uns davor wie vor der Pest.

Wir bestellten vielmehr eine einfache »Tschi«-Suppe. Der Name kommt anscheinend aus dem Chinesischen. Auch sie ist auf Kohl gekocht, ist jedoch unvergleichlich weniger gut als die, welche der ärmste französische Bauer seinen Landarbeitern mittags aufs Feld hinausschickt. Man trägt sie mit Fleischstücken von Rind oder Schaf auf, deren Saft im Suppentopf ausgekocht wurde, so daß es ohne Saft und Kraft ist.

Übrigens ist der »Tschi«, das nationale russische Suppengericht, fast die einzige Nahrung der Bauern und Soldaten in Rußland, und ich habe nach langen Versuchen ein Rezept gefunden, das alle für dieses Gericht möglichen Verbesserungen erreicht. Zeit dafür hatte ich genug während meiner acht Rußlandmonate.

Wir bestellten also, außer Tschi, Beefsteaks, ein gebratenes junges Huhn und einen gut angemachten Salat. Der Koch hatte sein Werk nicht schlecht gemacht und kam auch während der Mahlzeit an unseren Tisch, um unser Urteil über seine Kunst zu hören. Nun muß ich allerdings bedauern, daß es in Rußland nichts richtig Gebratenes gibt, alles ist vielmehr gebacken und paniert. Brillat-Savarin, der wirklich ein begnadeter Kochkünstler war und allgemeingültige Lehrsätze fürs Kochen aufgestellt hat – genauso wie unser Rochefoucauld für die Moral –, hat erklärt: »Man kann es lernen, ein guter Koch zu werden, aber zum perfekten Rösten gehört mehr, und dazu muß man geboren sein!«

Aber anscheinend ist in Rußland noch kein dafür begabter Mensch geboren worden.

Wir kritisierten während des ganzen Essens und Gregorowitsch übersetzte unsere Bemerkungen dem Kellner. Es war dabei interessant, die fast orientalischen russischen

Redewendungen zu beobachten, die allem die Schärfe nahmen. Um abzuschwächen nannte er dabei den Bedienten mal seinen »kleinen Täuberich«, mal seinen »sehr Teuren« oder »sehr Angenehmen«. Als ein altes Bettelweib an den Tisch kam, redete er sie mit »Kleine Seele« an und einen armen Bettler titulierte er »Mein Onkel!«

Andererseits führt der furchtsame und weichliche Charakter der einfachen Leute dazu, daß sie eine familiäre, patriarchalische Ausdrucksweise bevorzugen. Das Volk nennt den Zaren »Vater« und die Zarin »Mutter«. Als Gregorowitsch unterwegs ein altes Weib nach dem Weg fragte, redete er sie mit »Tantchen« an. Wenn ein Höherstehender einen einfachen Menschen aus dem Volke nötig hat, so schmeichelt er ihm mit Worten, was jedoch nicht hindert, daß er ihn hinterher durchprügelt, um ihm Beine zu machen.

Immerhin waren wir nach dem Essen doch so gesättigt, daß wir es vorzogen, den Park von Peterhof zu Fuß zu erreichen.

Dieser Park ist halb nach englischem und halb nach französischem Geschmack angelegt, halb Windsor und halb Versailles. Es gibt dort dieselben schönen schattigen Laubengänge und Gehölze wie in Windsor und dieselben viereckigen Wasserspiele, dieselben Marmorstatuen, ja dieselben Karpfen wie in Versailles.

Man erzählte uns, daß diese alten Karpfen zur Zeit der Kaiserin Katharina ihre dicken Schnauzen aus dem Wasser steckten, wenn ein Invalide eine Glocke läutete. Natürlich erwarteten sie für diese Begrüßung einen Leckerbissen. Genau wie bei uns in Fontainebleau. Da haben wir wieder etwas in Petersburg zu bedauern, nämlich die Imitation. Die dortigen Häuser sind den Berlinern nachgebaut, die Parks Nachbildungen von Versailles, Fontainebleau und Rambouillet, sogar die Newa ist eine Art Themse. Allerdings ist Petersburg nicht Rußland. Schon Puschkin hat gesagt, daß es nur ein russisches Fenster nach Europa ist. Vielleicht ist es in diesem Zusammenhang angebracht, sich zu erinnern, was Puschkin über Petersburg geschrieben hat:

»Du prächtige Stadt, Stadt des Elends, Ausdruck eines steingewordenen Zwanges, einer pedantischen Ordnungsmäßigkeit, Stadt eines nebelverhangenen Himmels, eines kraftlosen Grüns, einer kalten Langeweile aus Granit, du tust mir leid, auch wenn ich manchmal durch deine Straßen ein leichtfüßiges Mädchen eilen sehe oder einen süßen blonden Haarschopf erblicke.« So hat es jedenfalls Xavier Marmier übersetzt.

Leider waren wir an einem Wochentage gekommen und sahen nicht das Spiel der berühmten Wasserspiele von Peterhof. Aber Gregorowitsch sprach mit einem Parkwächter, gab ihm ein Fünfzigkopekenstück und dafür konnten wir – also für ganze 40 Sous nach unserem Gelde – zehn Minuten lang ein prächtiges Schauspiel bewundern, das in Versailles nach glaubwürdigen Zeugen für ein jedesmaliges Anstellen Kosten in Höhe von 25 000 Franken verursacht.

Von der Statuensammlung möchte ich nur eine Nymphe aus Marmor erwähnen, die sich niedergehockt hat und aus einer Vase Wasser fließen läßt. Soweit so gut. Jedoch wenn man sie von der Rückseite betrachtet, denkt man, daß das zwischen ihren Schenkeln fließende Wasser von einer ganz anderen Verrichtung kommt, als dem Reinigen einer Vase. Aber leider konnten wir diesen echt barocken Scherz nicht bewundern, weil das schöne Mädchen gerade trocken stand.

Übrigens war es ein beliebter Scherz des Zaren Nikolaus gewesen, mit einer einen Sturmmarsch spielenden Regimentskapelle und bei springenden Kaskaden seine Pagen und Kadetten die Terrassen des großen Wasserfalls hinauf- und hinunterzujagen. Wir besichtigen dann einen Baum, dessen Blätter als Wasserspeier dienen. Für zehn Kopeken hatten wir hier einen Anblick, den uns die Nymphe verweigert hatte. Dann erstiegen wir die ziemlich steile, lange Freitreppe und befanden uns nun in gleicher Höhe wie das Schloß.

Dies ist ein riesiges Gebäude aus Backsteinen, deren Verputz teils gelb und teils weiß getüncht ist. Das Dach hat die übliche grüne Farbe, die Moynet so stört. Dann durchschritten wir ein Torgewölbe und waren im oberen Garten. Seine schönste Zierde ist ein riesiges Wasserbecken, seine größte Sehenswürdigkeit ein großer Neptun in der Uniform eines Tambourmajors. Sein Dreizack dient in witziger Weise als Tambourstock.

Dann nahmen wir wieder mehrere Droschken, die uns durch eine entzückende Baumallee fuhren, die durch den kühlen Nebel der Wasserkünste und den Schatten von dichtem Baumlaub angenehm erfrischend wirkte. Dann erreichten wir das erste der Inselchen, die »dort den Bois de Boulogne und Auteuil ersetzen«, wie Théophile Gautier in seinem Buche *Rußland* geschrieben hat. Es hat den Namen Zaritzin und gehört der Kaiserin-Mutter.

Diese ließ sich dort eine Villa im sizilianischen Stil bauen, und zwar eine genaue Kopie der früher von ihr in Sizilien bewohnten. Alles ist dort genau nachgebildet, sogar ein riesiger Efeustock ist vorhanden. Allerdings muß er im Winter durch eine Heizvorrichtung vorm Erfrieren bewahrt werden, wie die Sterlets, die im Winter zu den Petersburger Kochtöpfen reisen.

Wenn man den Vorhof der Villa betritt, glaubt man in das Atrium des in Pompeji ausgegrabenen *Hauses eines Dichters* zu treten. Das Innere ist in vollendetem altgriechischem Geschmack eingerichtet.

Nachdem wir dann noch auf der Insel der Prinzessin

Marie einige merkwürdige Bildhauerwerke betrachtet hatten, stiegen wir wieder in unsere Droschken und ließen uns zum Belvedere, der letzten Schöpfung des Kaisers Nikolaus, fahren.

Das Bauwerk liegt auf einem Hügel und übersieht das weite Panorama bis zum zehn Meilen entfernten Meer. Hier hat Kaiser Nikolaus I. noch vor wenigen Jahren als einfacher Soldat mit der Kaiserin und den Großfürstinnen in bäuerlicher Tracht öfter Tee getrunken – eine weitere Nachahmung des kleinen Trianon von Paris. Man hat von dort eine seltene Aussicht: auf das alte holländische Fischerdorf Peterhof, die ferne Küste Finnlands, die Kuppeln von St. Petersburg, gegenüber den neuen Peterhof und weiterhin einen Platz, der mit echten Ruinen aus Griechenland besät ist, die der griechische König dem Zaren geschenkt und zu Schiff übersandt hat.

Darauf ließen wir uns mit Droschken zur Terrasse von Montplaisir fahren. Schon wieder ein französischer Name! Von hier aus kann man den Mastenwald von Kronstadt sehen nebst seinen mit Kanonen gespickten Festungswerken. Der Ort lag so reizend, daß Moynet unbedingt davon eine Zeichnung anfertigen mußte. Als er damit fertig war, stiegen wir wieder in unsere Droschken, Gregorowitsch erklärte den Kutschern den Weg, und wir setzten uns in Trab, um einen der besten russischen Journalisten, Panajew, kennenzulernen.

Es ist überflüssig zu betonen, daß in Rußland der Journalismus erst in den Kinderschuhen steckt, bisher hat es zu viele Zensurschwierigkeiten gegeben. Wir wollen wenigstens einen kurzen Überblick über die täglichen, wöchentlichen und monatlichen Veröffentlichungen geben.

In erster Linie ist »Der Zeitgenosse*« zu nennen, dessen

* Das Blatt wurde 1866 durch einen Regierungsbeschluß verboten!

Direktoren und Herausgeber die Herren Panajew und Nekrassow sind. Nekrassow ist einer der ersten Dichter Rußlands. Die Auflage dieses Blattes hat etwa 400 000 Abonnenten bei monatlichem Erscheinen. Die Zeitschrift ist vergleichbar mit der französischen *Revue des Deux Mondes* und hat eine liberale Tendenz.

Ungefähr gleich in bezug auf die Leserzahl stehen damit »Die nationalen Legenden«, Herausgeber Krajewskij. Aber dieses Blatt ist politisch farblos. Die »Bibliothek für Lektüre« hatte einen außergewöhnlichen Erfolg, solange sie von Professor Senenkowskij, der in bewundernswürdiger Weise die geistigen Bedürfnisse seiner Leser erriet, geleitet wurde. Aber als die Zeitschrift infolge seiner liberalen Tendenz mehr weiße Stellen als bedruckte aufwies, stellte sie allmählich ihr Erscheinen ein.

»Der russische Postbote« wurde im Jahre 1858 von Katkow gegründet. Dieser war ein Schriftsteller und Philosoph, ein Apostel des Panslawismus und ein Gegner aller westlichen Reformen. Die Zeitschrift hat heute etwa neuntausend Abonnenten und den besten Druck und die beste Ausstattung von ganz Rußland.

»Die Unterhaltung« vertritt den rein russischen Slawismus, ist gegen die Einführung aller westlichen Sitten und wünscht, daß Rußland nichts vom Ausland übernimmt, sondern sich aus sich selbst heraus weiterentwickelt. Das Journal findet wenig Anklang, veröffentlicht jedoch hin und wieder bemerkenswerte Artikel, insbesondere über die brennende Frage einer endlichen Freilassung der Leibeigenen. Der Herausgeber ist Kuschelew.

Damit ist die Auswahl für die russischen Leser so gut wie erschöpft, man könnte höchstens noch die Zeitung der Großgrundbesitzer nennen, die deren Interessen durch Artikel über Bauernbefreiung vertritt.

Panajew und Nekrassow sind enge Freunde und literarische sowie politische Brüder, sie wohnen und leben zusammen, nämlich während des Winters in Petersburg und im Sommer mieten sie sich irgendwo auf dem Lande in der Nähe der Hauptstadt ein Sommerhäuschen. In diesem Jahre hatten sie sich ihr Nest zwischen Peterhof und Oranienbaum, etwas unterhalb der deutschen Kolonie, gebaut. Dort bogen unsere Droschken in die Anfahrt zu einem Gartenhäuschen unter schattigen Bäumen ein, wo sieben Tischgenossen sich noch mit einem bereits reizend gedeckten Tisch betätigten. Es waren dies Panajew mit Frau, Nekrassow und vier Freunde des Hauses, die sich auf das Geräusch unserer Wagen hin umdrehten und beim Erkennen von Gregorowitsch einen Freudenschrei ausstießen.

Panajew eilte mir mit ausgestreckten Armen entgegen, und vom ersten Augenblicke an empfanden wir große Sympathie füreinander. Als wir unsere Begrüßungsumarmung lösten, küßte ich seiner Frau die Hand und nach der reizenden russischen Sitte küßte sie mich darauf auf die Stirn. Sie ist übrigens auch eine Autorin und hat mehrere Romane und Novellen unter dem Pseudonym *Stanicki* veröffentlicht. Nekrassow erhob sich lediglich zu einer Verbeugung und streckte mir die Hand entgegen, wobei er Panajew bat, ihn zu entschuldigen, denn er habe keine gute Erziehung genossen und könne daher kein Französisch.

Ich möchte hier gleich bemerken, daß die Frauen in Rußland und auch im Kaukasus im allgemeinen mehr Weltbildung besitzen als ihre Männer. Diese haben in ihrer Jugend wohl etwas Französisch gelernt, es jedoch später als Militärs oder Beamte wieder vergessen. Die vornehmen Russinnen dagegen haben nichts zu tun und lesen daher zum Zeitvertreib viele französische Romane und Literatur und bleiben so mit dieser Sprache vertraut.

Vielfach sprechen sie auch deshalb sehr gut französisch, weil sie französische Gouvernanten gehabt haben.

Nikolaus Nekrassow ist der größte russische Dichter des 19. Jahrhunderts. Man muß über ihn die Seiten lesen, die ihm Dostojewskij im *Tagebuch eines Schriftstellers* gewidmet hat, wo er über den Tod von Nekrassow, Puschkin und Lermontow schreibt. Sein letztes Gedichtbuch durfte nach einer Verfügung der Zensurbehörde nicht wieder aufgelegt werden und war daher sehr im Preise gestiegen. Ich hatte am Vortage noch ein Exemplar zum Preise von 64 Franken kaufen können.

Da wir bereits mehrfach von Puschkin gesprochen haben, möchte ich in diesem Zusammenhang über ihn endlich etwas sagen. Puschkin wurde im Jahre 1837 in einem Duell getötet. Er ist in Rußland ebenso volkstümlich wie Schiller in Deutschland, jedoch bei uns fast unbekannt. Bis zu seinen Veröffentlichungen hatte Rußland – vielleicht abgesehen von Krilow – kein einziges nationales dichterisches Genie hervorgebracht.

Ein Volk kann sich erst zu den geistig entwickelten Nationen zählen, wenn es eine eigene Literatur hat. Mit gewissen Fabeln von Krilow und Dichtungen von Puschkin beginnt die Ära eines russischen Geisteslebens. Heute kann man sagen, daß Rußland eine Anzahl von Dichtern hat, nämlich Krilow, Puschkin, Lermontow, Nekrassow und die Gräfin Rostopschin, weiter die Romanschreiber Pissemskij, Turgenjew, Gregorowitsch, Tolstoj, Stanicki und eine ganze Reihe anderer. Seit der Thronbesteigung Alexanders datiert eine gewisse geistige Freiheit und wahrscheinlich auch seine moderne Geschichte. Aber bleiben wir bei Puschkin.

Puschkin wurde im Jahre 1799 im Gouvernement Pskow geboren. Sein Vater war ein Grundbesitzer und mütterlicherseits floß afrikanisches Blut in seinen Adern.

Er war ein Enkel des berühmten Hofmohren Peters I., Hannibal. Dieser war bei einer Sklavenjagd in Guinea erbeutet und auf einen Sklaventransporter verladen worden. Der Unglückliche sprang 25 Seemeilen von der afrikanischen Küste über Bord, hatte also eigentlich nur die Absicht, sich zu töten. Aber auch diese Hoffnung ging nicht in Erfüllung, denn der Segler braßte back, ließ ein Boot zu Wasser und fing ihn wieder ein. Dann wurde er schwer verprügelt, in Eisen gelegt, unten in den Kielraum geworfen und in Holland verkauft.

Peter I. sah ihn in Amsterdam, und man erzählte ihm seine Geschichte. Er wurde von dieser Freiheitsliebe eines Farbigen gerührt, kaufte ihn und nahm ihn mit nach Rußland. Dort wurde der intelligente Afrikaner ins Heer eingestellt und brachte es bis zum General und wurde Schöpfer der russischen Heeresartillerie.

Puschkin wurde im kaiserlichen Lyzeum in Zarskoje-Selo erzogen, beschäftigte sich dort mehr mit Poesie als mit seinen Schulaufgaben, war also ein sehr schlechter Schüler. Wenn man seine Verse liest, wird man finden, daß sie vielfach eine freiheitliche Tendenz haben. Seine *Ode an die Freiheit* warf er 1818 – noch als Schüler des Lyzeums – dem Kaiser Alexander bei dessen Vorbeigang vor die Füße. Dieser hob die Blätter von der Erde auf und las sie. Sie endeten mit den Worten:

»Ihr Zaren, wenn ihr eure zerbrechlichen Kronen retten wollt, so verzichtet auf eure Blutbefehle und erhebt statt dessen die Freiheit, die Gerechtigkeit und den Frieden auf die Stufen des Thrones als Wächter!«

Wir wollen diesen Vorfall als ein Beispiel für die Neigung dieses Zaren zur Nachsicht werten, denn Puschkin wurde wegen dieser Respektlosigkeit weder verhaftet noch abgeurteilt oder gerichtet. Er wurde lediglich zu seiner Familie zurückgeschickt. Bald darauf erhielt jedoch sein Vater den Befehl, seinen Sohn nach dem Kaukasus zu senden. Bei uns Franzosen ist es keine Bestrafung, wenn man mit einem Gewehr in der Hand sein Leben einsetzen darf, im Gegenteil.

Die dortige Einsamkeit, die unwirtlichen kaukasischen Gebirge, die Wildbäche und reißenden Ströme, die Schneegipfel und das funkelnde weite Meer, dies alles verdoppelte die Energie der Melancholie Puschkins, und sein dichterisches Genie kam dort zur vollen Entfaltung. Von dort unten, von den Schluchten des Terek und dem Strand des Kaspischen Meeres sprach er seine Verse in den Wind aus Asien und dieser trug sie nach Moskau und Petersburg davon.

Von dort veröffentlichte er seinen *Gefangener des Kaukasus*, eine Schöpfung, die den Gedichten Byrons zeitlich gleich und ebenbürtig ist, und die seiner Erzählung *Der Korsar und der Giaur* gleichkommt. Sein Genius beeindruckte seinen Kaiser, und dieser gestattete ihm, zu seinem Vater zurückzukehren. Dort in Pskow versuchte Ryleijew ihn in die Verschwörung des Kreises um die von westeuropäischen Ideen berührten jungen russischen Adeligen und Gardeoffiziere hineinzuziehen, die 1825 zu dem sogenannten Dekabristenaufstand führte. Aber diesmal weigerte Puschkin sich, mitzumachen, weil er klar erkannte, daß dieses Komplott scheitern mußte. Trotzdem wurde er am 5. September schwankend, ob er nicht doch mitmachen sollte, er lieh sich von einem Freunde dessen Paß, weil sein Ausweis bei seiner Internierung in Pskow eingezogen war. Aber er hatte kaum im Postwagen drei Werst zurückgelegt, als plötzlich ein aufgescheuchter Hase über die Landstraße lief.

Rußland ist das abergläubischste und das fanatisch religiöseste Land der Welt – beides eine Folge der langen winterlichen und geistigen Dunkelheit –, und wenn jemandem ein Hase den Weg kreuzt, so zeigt dies ein bevorstehendes Unglück an. Bei den alten Römern bedeutete das Stolpern über einen Stein übrigens dasselbe. Man kennt das melancholische Wort von Bailly, der über einen Kieselstein stolperte, als er zum Schafott geführt wurde: »Wenn ich ein Römer wäre, würde ich jetzt nach Hause zurückkehren.«

Aber obwohl Puschkin sehr abergläubisch war, trotzte er dem bösen Vorzeichen und als der Postillion sich nach ihm fragend umdrehte, befahl er ihm weiterzufahren. Jedoch nach vier weiteren Werst: dasselbe böse Vorzeichen! Ein zweiter Hase lief gleichfalls über den Weg, und als sich nun der Postillion wieder fragend umsah, dachte er kurz nach und entschied dann: »Nach einem französischen Sprichwort sind die kürzesten Torheiten die besten, drehen wir lieber um!«

Diesem »Wink des Schicksals« hatte Puschkin es zu verdanken, daß er – besonders nach seiner politischen Vorbelastung – nicht die Freiheit wie die 120 nach Sibirien Verbannten oder sein Leben wie die fünf Hauptschuldigen unter dem Galgen verlor. Wir hören darüber noch später. Die einzige Folge dieses dilettantischen Aufstandes war die Wiedereinführung der Geheimpolizei und die strengste Überwachung des geistigen Lebens in Rußland. Zu seinem Glück war bei den Verhafteten sein Brief gefunden worden, worin er seine Teilnahme ablehnte. Er war in Pskow, als das Sondergericht seine Gefährten verurteilte, und der Zar erlaubte daraufhin, daß er wieder nach Petersburg zurückkehren durfte. Als er die kaiserliche Order erhielt, glaubte er sich verloren, aber zu seinem größten Erstaunen wurde er zum Geschichtsschreiber Rußlands ernannt und begann nach einem huldreichen Empfang seine Geschichte Peters des Großen zu schreiben, aber es wurde bezeichnenderweise mehr eine Geschichte des Pugatschewschen

Aufstandes der Wolgakosaken, Fabrikarbeiter, Leibeigenen und mohammedanischen Fremdvölker daraus, der nach zwei Jahren 1774 im Blut erstickt wurde.

Die Russen hielten nicht besonders viel von diesem Werk, sie sagten, daß unter seinem neuen Titel und seiner Amtseigenschaft seine Inspiration gelitten habe. Aber dieser Gnadenbeweis des Zaren Nikolaus änderte nichts an der öffentlichen Wertschätzung des Dichters, der von Zeit zu Zeit in seine Werke unüberhörbare Huldigungen an seine Freunde in der sibirischen Verbannung einfließen ließ.

Puschkin hat zwei größere Werke in Prosa hinterlassen, das eine über die Verschwörung des Pugatschew, das andere ist ein Novellenband, von denen eine *Die Hauptmannstochter* auch in Frankreich bekannt ist. Drei andere sind noch ins Französische übersetzt worden, nämlich: *Der Schuß*, *Die Schneeschippe* und *Der Sargmacher*. Puschkin war gerade auf der Höhe seines Ruhmes angekommen, als ihn im Alter von 36 Jahren ein tragisches Ereignis hinwegnahm.

Die russische Aristokratie war auf Puschkin, der einen geistigen Adel gewonnen hatte, welcher den ererbten der erlauchtesten großen Herren überstrahlte, eifersüchtig, und man schrieb ihm viele verleumderische anonyme Briefe, um sein leidenschaftliches Herz zu verwunden. Man verdächtigte darin besonders einen jungen Menschen mit Namen Dantés, daß er ihn mit seiner Frau betrüge. Puschkin sagte ihm schließlich, daß ihm seine Besuche mißfielen. Als Dantés darauf um die Hand seiner jungen Schwägerin bat und sie heiratete, glaubte man, daß nun diese Briefe aufhören würden, nein, sie änderten nur ihre Taktik und behaupteten, daß diese Ehe nur ein Vorwand sei, um den beiden Liebenden – seiner Frau und seinem Schwager – als Deckmantel zu dienen.

Mehrere Monate ertrug Puschkin diese seelische Belastung und stellte schließlich seinen Schwager vor die Wahl, entweder Rußland zu verlassen oder sich mit ihm zu duellieren. Dantès fühlte sich unschuldig und versuchte alles, um ihn zu beruhigen, aber vergeblich. Vor die Wahl gestellt, öffentlich beleidigt zu werden oder sich zu schlagen, entschied er sich für das Duell, stellte jedoch zur Bedingung, daß es erst in vierzehn Tagen stattfinden sollte, um Puschkin inzwischen zur Besinnung zu bringen. Am fünfzehnten Tage fand in der Frühe des Morgens doch ein Pistolenduell statt, in dem Puschkin einen tödlichen Schuß in den Unterleib erhielt, und nach langen Qualen verschied er.

Während der offene Sarg des Verstorbenen im Sterbehause ausgestellt war, erwiesen ihm mehr als zehntausend Personen schluchzend die letzte Ehre.

Nach mehrtägigen Trauerfeierlichkeiten wurde er von Freunden unter Vorantritt von Turgenjew neben seiner Mutter ins Grab gesenkt. Sein Andenken verblieb der Nachwelt.

13. Kapitel

Am nächsten Morgen fuhren wir nach Oranienbaum. Das erste, was mir beim Betreten des Schloßhofes auffiel, war die Krone über dem Mittelbau. Dies war ja eine oben geschlossene fürstliche Krone und keine königliche. Ich befragte meinen Begleiter, aber dieser war in der Heraldik wenig bewandert und erklärte sie für eine Zarenkrone eines früheren alten Stils.

Der Verwalter, der uns herumführte, berichtigte, daß dies die Krone des Fürsten Alexander Menschikow sei, welcher der Erbauer dieses Schlosses gewesen sei. Als dieser mächtige Favorit gestürzt und seine Güter konfisziert wurden, ging dieser Besitz auf die Zarenfamilie über, die ihn ihren Nachkommen als Erbgut vermachte.

Über Menschikow haben wir bereits gesprochen. Er hatte unter Peter dem Großen und Katharina I. seine Stellung als allmächtiger Günstling so ausgenutzt, daß er in Rußland außer seinen Titeln Knjäs, Senator, Feldmarschall und Ritter des Ordens von St. Andreas einen derartigen Landbesitz erworben hatte, daß man von ihm sagte, er könne von Riga in Livland bis nach Derbent in Persien reisen und dabei nach jeder Tagereise vom Norden bis zum Süden des Reiches stets sein müdes Haupt in einem Herrenhause eines seiner Güter zur Ruhe legen. Ihm gehörten etwa eine halbe Million »Seelen« Leibeigener – etwa hundertfünfzigtausend Familien –, ferner drei Millionen Rubel in Bargeld, viel goldenes und silbernes Tafelgeschirr sowie kostbare Juwelen und Edelsteine. Alle diese Reichtümer waren ihm für seine Vermittlerdienste bei Bittgesuchen an den Zaren übereignet worden. Er hatte auch Vermögen im Ausland, so schenkte ihm der deutsche Kaiser Karl VI. das Herzogtum Kosel in Schlesien und daher stammte die geschlossene Krone über Oranienbaum.

Peter sah wahrscheinlich über den Umfang der Bereicherungen und Erpressungen seines Günstlings kurz vor seinem plötzlichen – fast mysteriösen – Tode klar und wollte ihn gerade nach Sibirien verbannen. Menschikow konnte jedoch nach Peters Hinscheiden in seiner Eigenschaft als Feldmarschall mit fünfhundert Mann das Senatspalais umzingeln und setzte so gegen die Absicht des Senats, Peter II. als Nachfolger zu bestimmen, die

Thronbesteigung der Zarinwitwe Katharina, seiner früheren Leibeigenen und alten Geliebten, durch. Aber bald fühlte diese sich durch seine Bevormundung beschwert und ließ ihn öfter ihre Ungeduld fühlen. Er wurde deswegen bedenklich und wollte für einen ihm genehmen Nachfolger sorgen. Die Krone wurde von ihm dem Großfürsten von Moskau – dem Zarewitsch und späteren Peter II. – zugesichert, wenn er später Menschikows Tochter heiraten würde. Dieser sagte zu und plötzlich erkrankte Katharina, die bis dahin unter dem Schutz der ihr blind ergebenen Garde über zwei Jahre vergnügt gelebt hatte und weit entfernt davon war, ihre Witwenjahre als Asketin und Herrscherin hinzubringen. Sie gab allein im Jahre 1726 über sechs Millionen Rubel – mehr als die Hälfte der Staatseinnahmen – für unsinnigen Luxus und endlose Trinkgelage mit ihren intimen Freunden aus und ließ die Zügel der Staatsgeschäfte schleifen.

Es gingen Gerüchte am Hofe herum, daß Menschikow die Kaiserin vergiftet hätte, aber das können auch böswillige Verleumdungen seiner Gegner gewesen sein. Jedenfalls wurde am Tage nach ihrem Tode der zwölfjährige Peter II. zum Zaren ausgerufen, und er zog in den Palast seines zukünftigen Schwiegervaters, der nun offiziell die Regentschaft übernahm.

Durch Palastintrigen kam jedoch dieser junge Enkel Peters des Großen unter den Einfluß der Fürstenfamilie Dolgorukij, die erreichte, daß er den Palast Menschikows verließ, indem er mit seinem Gespielen Iwan Dolgorukij während einer Reise mit seinem Vormund nachts aus dem Fenster entfloh und in einem nahen Orte mit einer großen Menge von Großgrundbesitzern und Offizieren zusammentraf. Es waren alles Unzufriedene und Gegner Menschikows. Man erreichte das Haus des Kanzlers Golowin, wo sich der Senat versammelt hatte, und mit ihm zusammen kehrte man nach der Hauptstadt zurück.

Menschikow wußte, daß er in Gefahr war, wollte jedoch sein großes Spiel zu Ende spielen und folgte dem jungen Zaren. Als er in Petersburg seinen Palast betrat, fand er, daß alle Wachen ausgewechselt und die Garnison alarmiert war. Trotzdem wollte er einen Ausweg suchen und nicht die Flucht ergreifen. Kurz darauf wurde er von einem Grenadierkommando verhaftet. Er verlangte, den Zaren sprechen zu können, aber als Antwort erhielt er einen schriftlichen Verbannungsbefehl, sich sofort auf seinen Besitz nach Renneburg bei der Wolgastadt Kasan zu begeben. Es hätte also schlimmer kommen können.

Dort hatte er ein festes Schloß, wo er das Leben eines Knjäs führen konnte und womöglich nach einiger Zeit wieder in die Politik zurückzukehren vermochte. Vorläufig traute man sich nicht, ihn zu sehr zu demütigen, das kam erst später, als er mit seiner Eskorte weit genug von der Hauptstadt weg war.

Zuerst wurde er von einem Offizier im Namen des Zaren aufgefordert, die ihm verliehenen hohen Orden von St. Andreas, Alexander Newskij, den Elefantenorden, den Weißen Adler- und den Schwarzen Adlerorden zurückzugeben. Er hatte sie in einem kleinen Koffer bei sich und übergab diesen. Dann mußte er aus seiner prunkvollen Reisekarosse steigen und mit Frau und Kindern gewöhnliche Bauernwagen besteigen. Sie durften auch nicht zusammen fahren.

In Renneburg erwartete ihn der Befehl, sich sofort nach Jakutsk in Ostsibirien zu begeben. Unterwegs erlag seine Gattin den Strapazen der Reise. In Tobolsk durfte er sich eine Woche erholen. Dort kaufte er von seinen letzten fünfhundert Rubeln Äxte und Werkzeuge, um eine Holzhütte zu errichten, Getreide und Gemüse anzubauen, ebenso Geräte für den Fischfang, Saatgut, Fleisch und Salzfische für seine Familie.

Dann mußte er als Bauer in Lammfellkleidung mit seinen drei Kindern einen offenen Leiterwagen besteigen, der manchmal von einem Pferd und manchmal von Hunden gezogen wurde. Die Reise dauerte im strengsten Winter – 35° Kälte – ganze fünf Monate. Unterwegs trafen sie in einer Rasthütte einen früheren Adjutanten Menschikows, der von Kamtschatka kam, wohin er vor drei Jahren von Peter dem Großen geschickt war, um dem in seinen Diensten dort stationierten dänischen Kapitän Bering Anweisungen und Depeschen für seine Expedition ins Eismeer und zur Entdeckung der Amurmündung zu überbringen. Dieser Kurier wußte nichts von Menschikows Sturz, erkannte ihn zuerst nicht und wollte es nicht verstehen, wieso dieser ihn mit seinem richtigen Namen anreden konnte.

Erst als die Soldaten der Eskorte es bestätigten, glaubte er es, so sehr hatte sich sein früherer Vorgesetzter in den drei Jahren verändert.

Als Menschikow mit seinen Kindern und den acht Leibeigenen, die ihn freiwillig von Renneburg begleitet hatten, endlich am Ort seiner Bestimmung angekommen war, baute er sich dort ein Blockhaus mit vier Räumen. Im ersten wohnte er mit seinem Sohn, im zweiten seine Töchter und im dritten ihre Leute. Das vierte Zimmer wurde als Vorratsraum verwendet.

Die frühere Verlobte des Zaren Peter II. übernahm die Leitung der gemeinsamen Küche für die ganze Kolonie, die zweite Tochter, die später den Herzog von Biren heiratete, beschäftigte sich mit Näharbeiten, dem Waschen und Bleichen der Wäsche, während der Sohn durch Jagd und Fischerei für Wildbret und Fische sorgte. Eines Tages traf bei ihnen ein Stier mit vier tragenden Kühen und eine Menge Geflügel aller Sorten ein, ein Geschenk eines unbekannt gebliebenen Freundes. Nun konnten sie eine richtige kleine Landwirtschaft betreiben. Menschikow selbst betätigte sich als Gemüsegärtner.

Der Sommer verstrich und sie waren den Umständen nach fast glücklich. Jedoch plötzlich erkrankte die älteste Tochter an den Blattern. Sie starb und wurde begraben, worauf die beiden anderen Kinder erkrankten. Bei ihnen jedoch hatte die Pflege durch ihren Vater besseren Erfolg und sie genasen wieder, aber jetzt erkrankte Menschikow selbst schwer und verschied.

Nach seinem Tode hörte die strenge Bewachung der Familie durch den verantwortlichen Offizier auf und die Beschränkungen ihrer Bewegungsfreiheit wurden gelockert. Sie konnten sogar von Zeit zu Zeit zum Kirchgang nach Jakutsk fahren.

Kurze Zeit später wurden die beiden überlebenden Mitglieder der Familie Menschikow freigelassen. Die Zarin Anna empfing die Geschwister nach ihrer Rückkehr in Petersburg gnädig, machte die Tochter Menschikows zu ihrer Ehrendame und verheiratete sie mit dem Sohn ihres Günstlings Biren. Man gab ihnen ein Fünfzigstel der konfiszierten Vermögenswerte ihres Vaters zurück, jedoch das Schloß Oranienbaum verblieb weiter als Staatsgut im Besitz der Krone. Als Zeichen seines früheren Besitzers verblieb die Fürstenkrone über dem Dache des Mittelteils des Hauses.

So kam es, daß ich von berufener Seite anläßlich unseres Besuches in Oranienbaum einen Bericht über Sturz und Ende Menschikows durch die Hinterleute Peters II. hörte, obwohl ich dort eigentlich nur Erinnerungen an die Verhaftung Peters III. erwartet hatte.

Oranienbaum ist nämlich noch Zeuge eines viel tragischeren Todes gewesen, nämlich der Gefangennahme Peters III. durch seine eigene Frau, Katharina II., später Katharina die Große genannt. Dieses Drama ist selbst in Rußland ziemlich unbekannt, und ich will es jetzt in Umrissen erzählen.

Elisabeth, die zweite Tochter Peters des Großen aus der sogenannten »kaiserlichen« Nachkommenschaft der nachträglich legitimierten Ehe mit Katharina I., war 1741–1762 nach einem Staatsstreich auf dem Zarenthrone. Die Nachkommenschaft Peters von seiner ersten Gattin – Lopuchina – bezeichnet man als »zaristische« Linie, weil Peter damals den Kaisertitel noch nicht angenommen hatte.

Elisabeth hatte sich nicht verheiratet, um in der Wahl ihrer Geliebten freier zu sein. Aber das hatte den Nachteil, daß die Frage eines legitimen Thronerben, die für jedes Herrscherhaus von so großer Wichtigkeit ist, ungelöst blieb. Sie wollte deshalb ihren Neffen, den Herzog von Holstein-Gottorp, als Nachfolger anerkennen und ihn so früh wie möglich verheiraten. Ihre Wahl fiel auf Sophie von Anhalt-Zerbst, die später zur griechisch-orthodoxen Kirche übertrat und von da an den Vornamen Katharina erhielt. Beide waren etwas über 16 Jahre alt, als man sie in die Brautkammer führte. Der junge Großfürst war körperlich infantil, wenig gebildet, ja pathologisch veranlagt. Er war in den Händen von Schmeichlern und käuflichen Kreaturen. Aber er hatte einen schweren körperlichen Fehler, der bei orientalischen Völkern durch die Beschneidung im jugendlichen Alter behoben wird und den die Ärzte *le frein* – die Bremse – nennen. Das gleiche körperliche Gebrechen hatte übrigens Ludwig XVI. und es hinderte ihn sieben Jahre lang, die Ehe mit der Königin Marie Antoinette zu vollziehen.

Man hätte den Fehler durch eine verhältnismäßig leichte Operation beheben können, aber damals kannte man noch keine Betäubung durch Chloroform und der Großfürst wollte sie aus Angst vor Schmerzen nicht zulassen. Außerdem gab es noch eine andere Verlegenheit. Nach einer alten, heute im modernen Rußland noch bestehenden Sitte wird den Großeltern nach der Brautnacht in einer Schatulle ein Beweis dafür überreicht, daß die junge Frau eine unberührte Jungfrau war. Katharina konnte diesen Beweis, daß die Ehe vollzogen war, der Zarin nicht überbringen lassen, wollte aber nicht in falschen Verdacht bei ihr kommen und ihr nicht offen die Impotenz ihres Gatten mitteilen.

Der Großfürst Peter wollte erklärlicherweise vermeiden, daß er dadurch bloßgestellt würde, und fragte, ob man nicht einen Ausweg finden könne. Eine alte Vertraute empfahl das einfache Mittel, einen Hahn zu schlachten und dadurch menschliches Blut zu ersetzen. Der junge Ehemann erklärte sich sofort einverstanden und die List gelang. Aber von diesem Augenblicke an hatte Katharina ihren Gemahl in der Hand, ließ ihn dies auch fühlen und darin lag letzten Endes der Anlaß zu ihrer späteren Entfremdung.

Neun Jahre nach der Heirat war die Ehe des Thronfolgers noch immer kinderlos. Die Zarin hatte zwar eine ganze Menge illegitimer Kinder, konnte sie jedoch natürlich nicht zu Thronerben machen. Sie beklagte sich also bei Katharina, welche ihr in geeigneter Form erklärte, daß dies nicht an ihr liege. Sodann ließ sie den Leibarzt des Großfürsten kommen und beauftragte ihn, bei seinem Klienten vorstellig zu werden. Dieser war jedoch bei seinen Soldatenspielen und Trinkgelagen mit seinen Tischgenossen vollauf zufrieden und schüttelte nur den Kopf.

Die Zarin wollte aber ihren verständlichen Wunsch auf einen Thronfolger endlich erfüllt sehen, und da es ihr nur auf einen Thronerben ankam und sie wirklich keine engherzige englische Puritanerin war und es sich außerdem um das Wohl und die Stabilität des Reiches handelte, beschloß sie zu handeln. Sie hatte gehört, daß ein Freund des Großfürsten, Saltykow, anscheinend in die Großfürstin verliebt sei. Es war ein junger, anziehender, kühner und unternehmender Mann von Vermögen. Dieser erschien ihr durchaus geeignet, um Katharina endlich zur Mutterschaft zu verhelfen und man ließ ihm vertraulich von höchster Stelle andeuten, daß seine höfischen Bemühungen um die junge Großfürstin gut und gern durch Huldigungen auf anderer Ebene fortgesetzt werden könnten. Gleichzeitig wurde der Großkanzler Graf Bestuschew beauftragt, Katharina mitzuteilen, daß sie unbedingt endlich Mutter werden müsse. Darauf fragte er sie gewissermaßen zufällig, was sie über den Kammerherrn ihres Gatten, den Grafen Saltykow, denke. Katharina verstand diese Andeutung wohl, aber sie antwortete diplomatisch:

»Ich habe noch keinen bestimmten Eindruck von ihm bekommen, aber bringen Sie ihn heute abend zu mir mit.«

Der Eindruck, den sie von ihm bekam, war so gut, daß sie nach neun Monaten von einem Sohn, dem späteren Zaren Paul I., entbunden wurde. Er galt aber offiziell als Sohn Peters III., und in der Tat ist dies nicht ausgeschlossen. Wie war dies möglich?

Als die Großfürstin sich schwanger fühlte, mußte etwas unternommen werden, um Auseinandersetzungen zwischen den Ehegatten zu vermeiden. Auch diese nun dringende Aufgabe übernahm Saltykow. Peter gab zwei- oder dreimal in der Woche ein Essen für seine Freunde, wobei viel getrunken wurde, und das fast jedesmal in ein Saufgelage ausartete. Eines Tages besprach man sich, dazu uneingeladen einige leichte Frauen mitzubringen und die Unterhaltung wurde sehr schlüpfrig, bevor man sie auszog. Diese Belustigung hatte ein bekannter Moskauer Fürst von seiner Auslandsreise mitgebracht, auf der er in Amsterdam ein Souper mitmachte – und darüber einen Bericht als besonders bemerkenswert nach Hause schrieb –, bei dem die gesamte weibliche Bedienung splitternackt war.

Natürlich mußte der Großfürst, seiner Gewohnheit gemäß, den Zuschauer spielen, und seine Zechgenossen zogen ihn mit seiner Keuschheit derartig auf, daß er auf ihr Drängen, in der Erregung und im Suff, sein Einverständnis erklärte, mit seinem Chirurgen über eine Operation noch einmal sprechen zu wollen. Darauf brachte man auf seinen Mut so viele Toaste aus, daß er schließlich bewußtlos unter den Tisch sank.

Saltykow war fast nüchtern geblieben und stand sofort auf, holte den im Vorzimmer bereits wartenden Leibarzt herein, und die Operation wurde sofort im Speisesaale vorgenommen, ohne daß der Großfürst überhaupt etwas davon merkte. Nach einigen Tagen war er vollkommen wiederhergestellt und versuchte es noch einmal bei der Großfürstin, wobei es sich herausstellte, daß es weder bei ihm noch von ihrer Seite Schwierigkeiten gab.

Trotzdem war Peter sehr unzufrieden, weil er der Ansicht war, daß sie ihm den Beweis ihrer Unschuld nicht gegeben hätte. Als er sich bei der Zarin, seiner Tante, darüber beklagen wollte, wies diese ihn mit den Worten ab, er hätte doch nach seiner Vermählung ihr seinerzeit nach altrussischer Sitte ein gewisses Bettuch als Beweismittel überreichen lassen. Er hatte sich also in seinem eigenen Netz gefangen. Von da an hielt er sich vollkommen von seiner Gattin fern und zog es vor, eine

Nichte des Großkanzlers – ein Fräulein Woronzow – als erklärte Mätresse zu nehmen.

Trotz diesem Zerwürfnis mit dem Gatten führte die Schwangerschaft der Großfürstin nach etwa der normalen Zeit zur Geburt eines Sohnes. Dieser bestieg später den Zarenthron als Paul I., und wir haben von der Art seines Todes berichtet, bevor wir uns mit seiner Geburt beschäftigten. Die Zarin Elisabeth war über das frohe Ereignis so erfreut, daß sie den Neugeborenen der Mutter sofort wegnehmen ließ, um eigenhändig seine Erziehung durch eine Tochter Peters des Großen zu sichern.

Natürlich wußte sie durch ihre zuverlässigen Spione, daß sich inzwischen das Verhältnis zwischen Saltykow und Katharina nicht nur intimer, sondern auch inniger gestaltet hatte als es eigentlich erwünscht war. Er war nicht nur zum späten Erwecker ihrer Sinnlichkeit geworden, sondern sie glaubte ihn wirklich zu lieben. Das ließ natürlich gewisse Komplikationen befürchten und Elisabeth handelte nun schnell:

Der Graf Saltykow wurde in seiner Eigenschaft als Freund des Großfürsten sinnigerweise mit dem ehrenvollen diplomatischen Auftrag bedacht, dem König von Schweden das freudige Ereignis des zaristischen Kaiserhauses, das die Erbfolge für eine weitere Generation sicherstellte, offiziell anzuzeigen, wie es damals zwischen allen Höfen Brauch war.

Stolzgeschwellt ob dieser Ehre reiste er ab und riß sich für eine, wie er glaubte, kurze Zeit aus den Armen seiner Geliebten. Aber während seiner Rückkehr wurde er von einem Kurier eingeholt, der ihm den kaiserlichen Befehl brachte, sich auf schnellstem Wege als dortiger russischer Geschäftsträger direkt nach Hamburg zu begeben, wo damals Rußland große Guthaben aus seinen

Exporterlösen unterhielt, und dort weitere dringende Befehle abzuwarten. Konsterniert gehorchte er und fand in Hamburg ein versiegeltes Dokument vor, in welchem ihm ein für allemal verboten wurde, jemals wieder die russische Hauptstadt zu betreten.

Die Großfürstin Katharina bat, weinte und flehte die Zarin an, diese jedoch kannte in diesem Punkte kein Erbarmen, sondern deutete ihr als in der Liebe jeder Art erfahrene Frau andere Möglichkeiten an und meinte, daß die Zeit auch diese Herzenswunde heilen würde.

Ehrgeizig wie Katharina war, benutzte sie die Zeit ihrer Isolierung dazu, sich weiterzubilden und las alle Werke Voltaires und die Bände der von Diderot und d'Alembert herausgegebenen großen französischen Enzyklopädie und ging weiter ihrem Gemahl aus dem Weg.

Jetzt wollen wir einiges über den Großfürsten Peter berichten. Peter III. war verwandt sowohl mit Peter dem Großen als auch mit Karl XII. von Schweden, dessen großem Gegner. Im übrigen war er Staatsoberhaupt und Herzog von Holstein. So kam es, daß er sowohl zum König von Schweden gewählt als auch von der Zarin Elisabeth zur Thronfolge nach Rußland berufen wurde. Seine Familie entschied sich für die Zarenkrone und sein Onkel wurde schwedischer König. Peter war für sein hohes Amt falsch erzogen worden.

Er hatte zwei Ideale, das erste war Friedrich der Große und das andere Peter der Große.

Er war jedoch etwas degeneriert und in manchem infantil, so in seiner Kleidung und seinen Beschäftigungen. Er schätzte das preußische Infanteriereglement über alles und hatte sich aus seinem Herzogtum eine größere Anzahl Infanteristen kommen lassen, die er in preußischer Infanterietaktik dressierte, weil man ihm gesagt hatte, daß die alten russischen Garderegimenter an der Taktik, die sie von Peter dem Großen übernommen hatten, aus Tradition festhielten und sonst aufsässig werden würden.

Andererseits wollte er Peter I. nachahmen und in der russischen Armee von unten herauf dienen, bis zum General wie sein Großvater. Er sollte es jedoch bis zu seiner Ermordung nach siebenmonatiger Regierungszeit nur bis zum Korporal bringen.

Sofort nach seinem Regierungsantritt rief er seine Truppen aus Pommern und Ostpreußen zurück und schloß mit Friedrich dem Großen nicht nur einen Sonderfrieden, der Rußlands Teilnahme am Siebenjährigen Krieg endgültig beendete, sondern auch einen Bündnisvertrag.

Im Manifest bei seiner Thronbesteigung versicherte er, im Geiste Peters des Großen regieren zu wollen und seine ersten Regierungsmaßnahmen waren ganz vernünftig. Er ließ viele bei den früheren gnadenlosen Machtkämpfen um den Thron Verbannte aus Sibirien zurückkehren, darunter Münnich, Biren und die erste Frau Peters des Großen Lapuchina. Er erließ ein Toleranzgesetz für die Altgläubigen – Raskolniki – insbesondere zur Besiedelung von Sibirien und forderte alle ins Ausland – insbesondere nach Polen – geflohenen Sektierer auf, zurückzukehren, man werde sie mit Land ausstatten und ihre Sicherheit vor Übergriffen der orthodoxen Kirche schützen. Die Verwaltung der Kirchengüter wurde in die Hände weltlicher Organe gelegt. Dies rief beim sogenannten »Heiligen Synod« die Befürchtung hervor, daß eine Säkularisation des Grundeigentums der Toten Hand beabsichtigt sei.

Er fühlte sich so sicher im Besitze der Macht, daß er Vorbereitungen traf, um die ungeliebte Katharina in ein Kloster zu verbannen und sich nach der Scheidung von ihr mit seiner Geliebten, Elisabeth Woronzow, trauen zu lassen. Er hatte sich also genug Feinde gemacht, und auch öffentliche Arbeiten, wie der von ihm befohlene großzügige Ausbau von Kronstadt gewannen ihm keine Freunde. In dieser gefährdeten Lage löste er auch noch die berüchtigte »Kanzlei für geheime Angelegenheiten« auf. Er glaubte sich den Adel durch ein Manifest verpflichtet zu haben, worin er zwei Monate nach seiner Krönung seine Dienstpflicht aufhob, sowie ihm das Recht gab, in der Armee und Verwaltung den Abschied zu erbitten und sogar frei ins Ausland zu reisen.

Der erste hochgestellte Verbannte, der nach seiner Amnestierung aus Sibirien zurückkehrte, war Biren, der in den neun Jahren seiner Macht eine im einzelnen unbekannte, aber mehrere Tausend betragende Anzahl von Opfern auf dem Gewissen hatte. Nach dem Tode der Zarin Anna war er für kurze Zeit Regent gewesen, wurde jedoch von Feldmarschall Münnich gestürzt.

Als zweiter kehrte Münnich zurück. Er war jetzt 82 Jahre alt und hatte als rüstiger Greis in einem Blockhaus in einer unzugänglichen Sumpfgegend gelebt, die fieberverseucht war. Aber als er mit einem Haupt- und Barthaar zurückkam, das seit seiner Verbannung von keiner Schere oder Rasiermesser berührt war, erwarteten ihn vor den Toren Petersburgs 33 seiner Nachkommen, die ihn begrüßten und bei ihrem Anblick hat dieser Mann, der ungebeugt so viele Katastrophen überlebt hatte, zum ersten Male geweint.

Der Zar hatte die skurrile Idee, daß er beide Todfeinde versöhnen könne. Er ließ die beiden zu sich rufen, die ihn beide körperlich überragten, ließ drei Gläser füllen und wollte, daß sie nicht nur mit ihm, sondern auch miteinander anstießen. Alle drei hatten bereits ihre Gläser in der Hand, als plötzlich jemand hereinkam und dem Zaren etwas ins Ohr flüsterte. Dieser nickte und trank in Gedanken aus und ging dann kurz darauf für einige Momente hinaus, um einen Befehl zu geben.

Infolgedessen waren die beiden Titanen plötzlich allein im Raume, blickten sich haßerfüllt an und lächelten verächtlich. Darauf setzten sie wie auf Verabredung ihre vollen Gläser auf den Tisch und verließen durch verschiedene Türen das Zimmer, um sich nie mehr wiederzusehen.

Diese zurückkehrenden Gespenster der Vergangenheit geisterten am Hofe Peters III. herum und vermehrten dort die einander feindlichen Strömungen. Man erlaubte den Gestürzten, aus den ungeheuren Lagermagazinen, wo man nach Landesbrauch alle konfiszierten Gegenstände aufbewahrte, ihr früheres Eigentum wieder herauszusuchen: Ihre Orden mit Diamanten, kaiserliche Tabaksdosen mit Edelsteinen, Ölbilder von Staatsoberhäuptern, kostbare Möbel und anderes.

Inzwischen stolperte Peter III. von einer Fehlentscheidung in eine andere. Er sandte dem Senat ein Gesetz nach dem anderen, alles Nachahmungen preußischer Vorbilder, die man noch heute als »Code Frédéric« bezeichnet, und er verletzte das Volk durch seine Bevorzugung ausländischer Sitten.

Der neue Kaiser wollte noch weitergehen und mit russischen Truppen von Holstein aus gegen Dänemark Krieg führen, um Schleswig wieder zu erobern und zweihundertjährige Beleidigungen seiner Vorfahren durch die dänischen Könige zu rächen.

Die russische Garde mußte den ihr von Peter I. als Uniform gegebenen weiten dunkelgrünen Kaftan ausund enge Uniformen nach preußischem und auch europäischem Vorbild anziehen, auch viel exerzieren und marschieren, weil die Disziplin nachgelassen hatte. Gerüchte kamen auf, daß die Garde aufgelöst oder auf die

Provinzregimenter verteilt werden sollte, was ihr schon Biren einmal angedroht hatte. Die holsteinische persönliche Garde Peters, die aus Berufssoldaten vieler europäischer Armeen, nicht nur Holsteinern, zusammengesetzt war und von früheren preußischen Sergeanten und Unteroffizieren befehligt wurde, wurde der Garde gegenüber bevorzugt. Peter ahmte die preußischen Sitten nach und liebte es, viel Bier zu trinken und viel Tabak zu rauchen, was seiner Meinung nach zu einem braven Offizier gehörte.

Nach fünf Monaten war seine Autorität zerrüttet, nur er merkte es nicht, daß sich gegen ihn etwas zusammenbraute und sogar übertriebene und falsche Skandalgerüchte gegen ihn ausgestreut wurden. Natürlich waren auch die ausländischen Gegner seiner preußenfreundlichen Politik am Hofe von St. Petersburg nicht untätig. Immerhin hatte er durch seinen Sonderfrieden die wohl bereits sichere Niederlage Preußens im Siebenjährigen Krieg verhindert.

Umsturz lag in der Luft. Seine Gattin Katharina hatte sich inzwischen – auch bei gelegentlichen Beleidigungen in der Öffentlichkeit durch ihn – klug zurückgehalten und suchte sich in der russischen Öffentlichkeit, sowohl beim Klerus als auch den Gardetruppen, allmählich beliebt zu machen. Ihr Auge war seit einiger Zeit auf einen Gardeoffizier unbekannter Herkunft gefallen, dessen vier Brüder gleichfalls in der Garde dienten. Er war Adjutant des Großmeisters der Artillerie, sah blendend aus, war hochgewachsen und von sehr großer Körperkraft. Er konnte einen silbernen Teller wie eine Papiertüte zusammenrollen, ein Glas zwischen zwei gespreizten Fingern zerbrechen oder eine galoppierende Droschke anhalten, indem er sich daranhing.

Er hieß Gregor Orlow und war ein Nachkomme des

jungen Strelitzen, den Peter I. bei der Massenabschlachtung der sechstausend aufrührerischen Strelitzen als einzigen begnadigt hatte.

Katharina hatte sich Gregor als Geliebten ausgesucht. Sie hatte damals bereits das erfahrene Auge eines Pferdehändlers nicht nur für Pferde, sondern auch für schöne Männer. Gregor war damals der heimliche Geliebte der Prinzessin Kurakin, der erklärten Mätresse seines Generals, die eine der schönsten Frauen am kaiserlichen Hofe war. Durch eine Unvorsichtigkeit kam alles heraus und Orlow sah sich bereits in Sibirien, als eine unsichtbare Hand ihn davor bewahrte. Es war die Großfürstin, die noch nicht Zarin war, aber doch seine Verschickung unauffällig verhindern konnte.

Ein Glück kommt selten allein. Eines Abends erschien bei ihm unerwartet eine Duenna wie auf der Bühne in einer spanischen Komödie, legte geheimnisvoll bedeutsam einen Finger auf ihren Mund und machte ihm stumm ein Zeichen, ihr zu folgen. Diese geheimnisvolle Botin, über die nachher während der Regierungszeit Katharinas so viel gemunkelt wurde, hieß Katharina Iwanowna und war durch ihre diskrete Erledigung ihrer vertraulichen Aufträge bemerkenswert. Wenn man derartige Dramen berichtet, muß man auch die Komparsen erwähnen, damit man eine historische Erzählung nicht für einen Roman hält.

Orlow war natürlich neugierig und folgte der Botin. Er wurde einer schönen Unbekannten zugeführt, und es knüpfte sich daran ein Liebesverhältnis mit Katharina. Auch als er zufällig bei einer offiziellen Veranstaltung erkannte, wer sie war, ließ er sich nichts anmerken und alles blieb beim alten und geheim.

Bald darauf starb Orlows früherer Vorgesetzter, der General, und Orlow wurde Schatzmeister der Artillerie, womit eine Beförderung zum Kapitänsrang verbunden war. Damit hatte er Zugang zu Mitteln, um für sich oder Katharina Freunde zu werben.

Eine andere Vertraute Katharinas war die Prinzessin Daschkow, eine jüngere Schwester Elisabeth Woronzows, der Favoritin des Großfürsten. Beides also Nichten des Großkanzlers. Sie hatte ausgezeichnete Verbindungen zur Garde und war Katharina eine zärtlich ergebene Freundin und bereit, ihr selbst die Familieninteressen zu opfern.

Orlow und die Daschkowa waren die beiden Hebel, die Katharina ansetzte, um aus ihrer bedrängten Lage herauszukommen.

Man beschloß, sich zuerst des Ismailow-Garderegiments zu versichern. Orlow hatte bereits zwei Kompanien durch Geldstiftungen auf seine Seite gebracht. Er trat darauf an den Oberst des Regimentes heran, den Grafen Kyrill Rasumowskij, den Geliebten der verstorbenen Zarin Elisabeth. Er war ein reicher Mann geworden und wegen seiner Freigebigkeit ein sehr beliebter Kommandeur, außerdem Hetman der kleinrussischen Kosaken, er stellte das nötige Geld für die Konspiration zur Verfügung Katharinas, welche die neue Zarin werden sollte.

Persönlich vom Zaren Peter gekränkt war Graf Nikita Panin, ein Diplomat aus der Umgebung der verstorbenen Kaiserin. Bei ihm war es schwieriger, seine Teilnahme zu gewinnen. Er war sterblich verliebt in die Prinzessin Daschkow, aber diese hatte ihn abgewiesen, nicht etwa aus Klugheit, denn eine Frau, die sich in eine Verschwörung verwickeln läßt, darf keine Vorurteile haben. Man hatte ihr jedoch eingeredet, daß er ihr natürlicher Vater sei, weil er zur Zeit ihrer Geburt der Geliebte ihrer Mutter gewesen war.

Aber man brauchte sein Einverständnis, wenn man

Katharina nicht nur zur Regentin, sondern auch zur Kaiserin machen wollte.

Also opferte sich schließlich die Prinzessin Daschkowa und das ganze Drama endete wie ein Lustspiel von Scribe.

Jetzt mußte eine Entscheidung getroffen werden. Katharina hatte die Wahl zwischen zwei Lösungen: zwischen einer Ermordung und einer gewaltsamen Absetzung. Ein Meuchelmord war an und für sich sicherer und einfacher. Aber Katharina war zu intelligent, um nicht davor zurückzuschrecken.

Ein Gardekapitän mit Namen Passek, der einer der Hauptverschworenen war, hatte sich ihr zu Füßen geworfen und ihre Einwilligung erbeten, Peter III. zu erdolchen, er wollte es bei hellem Tage durchführen. Jedoch Katharina hatte es ihm ausdrücklich verboten.

Zar Peter hatte inzwischen mit Dänemark gebrochen und wollte das von diesem genommene Schleswig wieder mit Holstein vereinigen und dazu die Macht des russischen Reiches in Bewegung setzen. Außerdem war er dabei, die Freiheit des Glaubens in Rußland herzustellen und hatte an den Synod eine Verordnung erlassen, welche die Gleichstellung der christlichen Glaubensbekenntnisse vorschrieb, alle Klosterbauten sollten der Toten Hand weggenommen werden und künftig dem Fiskus unterstehen und anderes, was die Geistlichkeit empörte.

Es wurden nun systematisch die blödsinnigsten Gerüchte über kaiserliche Absichten ausgestreut, so sollte er die Absicht haben, alle Hofdamen von ihren Männern scheiden zu lassen, um sie dann mit Männern seiner Wahl neu zu verheiraten.

Der Umsturz war für den Tag der Rückkehr Peters von Oranienbaum in sein Petersburger Palais vorge-

sehen. Alles wartete darauf, nur der Zar führte unbesorgt und trotz verschiedener Warnungen und Denunziationen sein normales Leben fort, ohne die einfachsten Vorkehrungen zu seinem Schutze zu treffen.

Da löste sich die drohende Lawine fast von selbst: der immer voreilige und ungeduldige Passek sprach im Beisein von einem Soldaten unvorsichtig über die Verschwörung. Der Soldat meldete dies seinem Vorgesetzten und Passek wurde verhaftet.

Die Kaiserin hatte Petersburg bereits verlassen, um keinen Verdacht zu erregen. Sie war deshalb nach Peterhof gegangen. Aber sie wohnte nicht im Schloß, sondern in einem Gartenpavillon, der durch einen kleinen Kanal mit dem Golf von Finnland Verbindung hatte. Ein seeklares Schiffsboot lag fast vor ihrem Fenster vertäut, um im Notfalle mit ihr sofort nach einem ausländischen Hafen in See zu gehen.

Jetzt stand die Sache auf des Messers Schneide, aber eine Vorsichtsmaßnahme des eingeweihten Italieners Odard rettete die Situation, als alles verloren zu sein schien. Dieser hochintelligente Mann hatte jeden der Verschwörer zur Sicherheit der anderen durch einen Spion beschatten lassen und infolgedessen wurde er unmittelbar nach der Festnahme Passeks davon benachrichtigt.

Die Verhaftung Passeks hatte um neun Uhr abends stattgefunden, eine halbe Stunde später wußte Odard Bescheid, eine Viertelstunde später durch ihn die Prinzessin Daschkow und nach einer weiteren Viertelstunde war Graf Panin bei dieser.

Die Prinzessin drängte auf ein sofortiges Losschlagen, man sollte die Garderegimenter von Petersburg sofort alarmieren und mit ihnen nach Peterhof marschieren. Panin jedoch war vorsichtiger und gab zu bedenken, daß ein zu frühes Losschlagen alles verderben könnte, und selbst wenn es gelänge, den Aufruhr gegen den Zaren in Petersburg zu entfachen, so würde dies lediglich den sicheren Beginn des Bürgerkrieges bedeuten, denn der Zar hätte hinter sich nicht nur den Kriegshafen Kronstadt mit der Flotte, sondern auch dreitausend ihm ergebene Soldaten seiner Holsteinischen Garde. Dabei seien die russischen Linientruppen gar nicht berücksichtigt, die sich zur Verfügung des Kaisers stellen würden. Außerdem brauchte man unbedingt zu einem Gelingen die Anwesenheit der Kaiserin.

Nachdem Panin seine Meinung noch einmal gesagt hatte, daß man bis zum nächsten Tage warten und dann je nach den weiteren Entwicklungen verfahren müsse, ging er zu Bett. Es war Mitternacht.

Die Prinzessin Daschkow – sie war erst 18 Jahre alt – verkleidete sich darauf als Mann und eilte durch die dunklen Straßen zum geheimen Sammelplatz der Verschworenen. Sie traf dort nur Orlow mit seinen vier Brüdern an, benachrichtigte sie von der Verhaftung Passeks und empfahl sofortiges Handeln. Alle waren begeistert dafür, schließlich waren sie ja von den Hinterleuten der Konspiration für die eigentliche Durchführung des Unternehmens vorgesehen. Man beschloß nun, einen der jüngeren Brüder, Alexis Orlow, der noch gemeiner Soldat war und dessen Gesicht eine Narbe entstellte, sofort durch die Nacht nach Peterhof reiten zu lassen, um der Kaiserin daselbst ein kurzes Briefchen zu überbringen. Dies enthielt lediglich die verhältnismäßig unverfänglichen Worte: »Kommen Sie! Es ist eilig!«

Die Zurückbleibenden sollten die Erhebung in die Wege leiten und im Notfalle alles zur Flucht der Kaiserin ins Ausland vorbereiten.

Wenn Gregor Orlow eine Nacht bei der Kaiserin zubrachte, war er stets zu seiner Sicherheit von seinem

Bruder Alexis begleitet worden, der auf diese Weise mit den Kaiserlichen Gärten genau bekannt war.

Während der Kaiser in Oranienbaum nächtigte, schlief die Kaiserin in einem Gartenpavillon von Peterhof und Alexis konnte bis zu ihrem Schlafzimmer vordringen, indem er dieselben Parolen gebrauchte wie sein Bruder, um zu ihr durchgelassen zu werden.

Katharina erwachte, sprang erschreckt auf, als sie Alexis an Stelle von Gregor Orlow erkannte und fragte: »Was gibt es denn?«

Alexis übergab ihr schweigend das Billett, das er überbringen sollte. Sie las die wenigen Worte durch und wollte eine Frage stellen, aber Alexis war bereits wortlos verschwunden. Darauf kleidete sie sich in aller Hast an und eilte in den Garten. Aber dort war niemand. In großer Unruhe und außer sich wartete sie und wagte einige Schritte im dämmerigen Park.

In diesem Augenblick kam ein Reiter in vollem Galopp auf das Haus zugejagt. Es war wieder Alexis Orlow. Er rief ihr zu: »Dort kommt Euer Wagen!«, wobei er sich im Sattel umdrehte und auf einen herantrabenden Reisewagen zeigte. Bereits seit zwei Tagen war dieser auf Anordnung der Prinzessin Daschkow in einem benachbarten Bauernhof untergestellt und wartete auf einen Befehl. Für den Fall, daß die Kaiserin ins Ausland fliehen mußte, waren übrigens auch Pferde zum Wechseln bis zur finnischen Grenze bereitgestellt.

Der Wagen war mit acht Pferden bespannt und wurde von zwei Kutschern gelenkt. Als er in der Morgendämmerung vor der Zarin hielt, die sich auf den Arm ihrer persönlichen Vertrauten für intime Aufträge Katharina Iwanowna stützte und sofort einstieg, fragte sie: »Wohin wollen Sie mich denn bringen?«

Alexis antwortete: »Nach Petersburg, wo alles für Eure

Proklamierung bereit ist!« Darauf hieb er mit seiner Peitsche auf die Pferde ein.

Während ich diese Zeilen schreibe, habe ich übrigens einen Brief vor mir auf dem Tisch liegen, den Katharina selbst an ihren Freund Poniatowskij geschrieben hat. Dieser lange und interessante Brief ist in den Memoiren von Stanislaus Poniatowskij abgedruckt und beschreibt ihre Flucht nach der Hauptstadt. Er ist sehr wenig bekannt und ich werde ihn mit einigen Einzelheiten ergänzen, welche sie wohl absichtlich weggelassen hat:

»Ich befand mich fast allein in Peterhof, lediglich mit den Frauen zu meiner persönlichen Bedienung, allem Anschein nach war ich vom Hof und der Gesellschaft vergessen worden. Ich verlebte sehr unruhige Tage, weil ich wußte, was für und gegen mich angezettelt wurde. Am 29. Juni, gegen sechs Uhr morgens, betrat Alexis Orlow mein Zimmer, weckte mich, überreichte mir ein Billett und flüsterte: »Schnell aufstehen, alles ist bereit«, worauf er verschwand.

In aller Hast kleidete ich mich an, ohne groß Toilette zu machen. Ich ging hinaus und stieg kurz darauf in eine Karosse, hinter mir ritt Alexis Orlow. Ein anderer, als Diener verkleideter Offizier stand am Kutschenschlag. Ein dritter kam uns einige Werst vor der Hauptstadt entgegen.

Bald darauf trafen wir einen anderen Wagen, in welchem der ältere Orlow mit dem Prinzen Bariatinskij, dem Kadetten, saß. Dieser trat mir seinen Wagenplatz ab, denn meine Pferde waren abgetrieben. Dann fuhren wir zu den Kasernen des Regiments Ismailowitsch. Die dortige Wache bestand nur aus zwölf Mann und einem Trommler, der sofort Alarm anschlug.

Darauf stürzen Soldaten auf mich, küssen mir die Füße, die Hände und mein Kleid. Sie nennen mich ihre

Retterin. Zwei von ihnen bringen einen Priester herbei, der ein Kreuz trägt und schwören mir vor ihm Treue. Nachdem dies geschehen war, bittet man mich, in eine Karosse zu steigen, der Priester marschierte mit erhobenem Kreuz uns voran. Wir fuhren zum Garderegiment Seminowskij; dies kam uns bereits mit »Vivat«-Rufen entgegengelaufen . . . Weiter zur Kirche von Kasan. Dort stieg ich aus und kurz darauf kam das Preobraschenskij-Regiment im Laufschritt an, gleichfalls »Vivat« rufend und um Entschuldigung bittend, weil es erst jetzt erschien, aber die Offiziere hätten versucht, es zurückzuhalten, »aber wir bringen euch vier von unseren Offizieren als Gefangene mit, um unsern Eifer für Eure Sache zu beweisen. Wir wollen dasselbe wie unsere Kameraden!«

Hinterher kam im Trab die Garde zu Pferde, diese Leute waren in einem unbeschreiblichen Begeisterungstaumel, sie schrien vor Freude über die »Befreiung« des Vaterlandes. Die Garde zu Pferde kam in militärischer Ordnung angeritten, mit dem Offizierkorps an der Spitze. Ich wußte, daß mein Onkel, der Prinz Georg, dem Peter III. diese Truppe verliehen hatte, dort außerordentlich verhaßt war, und schickte einige meiner Gardesoldaten zu Fuß nach seinem Hause, um sein Leben zu schützen. Aber sein Regiment hatte bereits einige Leute abgesandt, um ihn zu verhaften. Man plünderte sein Haus und mißhandelte ihn.

Nun begab ich mich zum neuen Winterpalast, wo die Synode und der Senat sich versammelt hatten. In aller Eile setzte man das Thronbesteigungsmanifest auf und schwor mir Treue.

Darauf machte ich zu Fuß auf dem Platz eine Besichtigung der Truppen. Es waren etwa vierzehntausend Mann, sowohl Garde als auch Feldtruppen, angetreten. Sobald man mich kommen sah, wurde ich von ihnen und auch von einer unübersehbaren Menschenmenge mit Freudenrufen begrüßt. Danach begab ich mich zum alten Winterpalais, um zu beraten, wie weiter vorgegangen werden sollte. Es wurde beschlossen, daß ich an der Spitze meiner Truppen nach Peterhof gehen sollte, wo Peter III. seinen Namenstag feiern wollte.

Vorher schickte ich den Admiral Talysin nach Kronstadt. Als nun der Kanzler Woronzow erschien und mir Vorwürfe machen wollte, weil ich ohne Erlaubnis Peterhof verlassen hatte, ließ ich als meine Antwort ihn in die nächste Kirche führen, um ihm den Treueeid auf mich abzunehmen. Ebenso erging es bald darauf dem Prinzen Trubetzkoi und dem Grafen Schuwalow, die von Peterhof abgesandt waren, um die Regimenter zum Gehorsam zu bringen und mich zu töten. Auch sie leisteten den Eid ohne jeden Widerstand.

Nachdem wir unsere Kuriere abgefertigt und alle Vorsichtsmaßregeln getroffen hatten, war es zehn Uhr abends geworden, ich zog Uniform an und ließ mich als Ehrenoberst meiner Garderegimenter feiern, darauf stieg ich zu Pferde und wir ließen nur wenige Leute in Petersburg zurück, um meinen Sohn zu bewachen.

Ich setzte mich an die Spitze der mit scharfer Munition versehenen Truppen und wir marschierten die ganze Nacht über nach Peterhof. Als wir beim kleinen Kloster angekommen waren, überbrachte mir der Vizekanzler Galitzin einen sehr schmeichelhaften Brief von Peter III. Übrigens vergaß ich zu erwähnen, daß mir bereits beim Verlassen der Hauptstadt drei Soldaten, die von Peterhof geschickt waren, um unter dem Volke ein Gegenmanifest zu verteilen, mir dies mit den Worten übergaben: »Nehmt dieses, womit uns Peter III. beauftragt hat, wir wollen uns lieber mit unseren Kameraden vereinigen.«

Nach dem erwähnten ersten Brief Peters III. überbrachte mir General Michael Ismailow einen zweiten, warf sich mir zu Füßen und fragte: »Halten Sie mich für einen Ehrenmann?«, was ich bejahte. Er fuhr fort: »Es ist ein Vergnügen, wenn man es mit Leuten von hohem Verstand zu tun hat. Der Kaiser ist bereit, abzudanken und ich werde Ihnen nachher seine freiwillige Abdankungsurkunde überbringen und meinem Vaterlande einen Bürgerkrieg ersparen.«

Ich erklärte mich damit einverstanden, diese entgegenzunehmen und er machte sich auf den Rückweg. Peter III. verzichtete auf sein Kaisertum in Oranienbaum, also in völliger Freiheit, umgeben von 1500 Mann seiner Holstein-Garde und kam nach Peterhof in Begleitung seiner Geliebten Elisabeth Woronzow, ferner von Gudowitsch und Michael Ismailow. Ich stellte für ihn eine Schutzwache von fünf Offizieren und einigen Mannschaften. Er ergab sich an seinem Namenstage – dem Tage des heiligen Peter – gegen Mittag.

Während man abkochte, verbreitete sich unter den Soldaten das Gerücht, daß Peter III. vom Prinzen Trubetzkoi hergebracht worden sei, um mit seiner Vermittlung zwischen uns einen Frieden zu erreichen. Sie ließen mir durch alle zu mir Eilenden, darunter den Hetman, die Orlows und mehrere andere sagen, daß sie mich seit drei Stunden nicht gesehen hätten und furchtbare Angst hätten, daß der alte Schurke Trubetzkoi mich betrügen wolle, indem er einen Scheinfrieden zwischen meinem Gatten und mir stiften und versuchen wolle, daß ich nicht für meine Sicherheit und die meiner Umgebung richtig sorgen würde, aber sie wollten meine Feinde in Stücke reißen. Das waren wörtlich ihre Ausdrücke. Darauf ging ich mit Trubetzkoi beiseite und sagte zu ihm: »Bitte setzen Sie sich lieber in Ihren Wagen, während ich mich zu Fuß den aufgeregten Truppen zeigen werde.« Ich hatte ihm alles mir über ihn Gesagte erzählt, und er fuhr schnell nach der Stadt mit allen Anzeichen großen Schreckens.

Ich wurde bei meinem Erscheinen mit begeisterten Zurufen von den Soldaten begrüßt. Darauf ließ ich unter dem Befehl von Alexis Orlow vier ausgesuchte Offiziere und eine Abteilung von ruhigen und vernünftigen Mannschaften den früheren Kaiser vorläufig nach einem abgelegenen aber angenehmen Orte Ropscha – 27 Werst von Peterhof – bringen, damit man in der Zwischenzeit für ihn in Schlüsselburg anständige und schickliche Räume einrichten und die für ihn nötigen Pferde zum Wechseln bereitstellen könne.

Aber Gott hatte es anders beschlossen. Peter hatte vor Furcht Durchfall bekommen, der drei Tage andauerte und am vierten aufhörte. An diesem Tage trank er außerordentlich viel Alkohol, denn er hatte alles, was er wollte, abgesehen von seiner Freiheit. Er hatte mich persönlich gebeten, ihm seine Mätresse, seinen Hund, seinen Neger und seine Violine zu übersenden. Um keine Verwirrung hervorzurufen und jeden Skandal zu vermeiden, erfüllte ich ihm lediglich seine drei letzten Wünsche. Aber sein Bauchgrimmen kam wieder und die Krankheit schien sein Gehirn in Mitleidenschaft zu ziehen. Zwei Tage blieb er in diesem Zustand, worauf eine allgemeine Körperschwäche folgte und trotz ärztlicher Hilfe gab er seinen Geist auf, nachdem er einen lutherischen Priester verlangt hatte.

Zuerst befürchtete ich, daß er von den Offizieren vergiftet sei, weil sie ihn sehr haßten, aber bei der Leichenöffnung fand man davon keinerlei Anzeichen. Sein Magen war durchaus gesund, aber seine Gedärme waren entzündet und ein Schlaganfall hatte seinen Tod herbeigeführt. Sein Herz war außerordentlich klein und machte einen welken Eindruck.«

Dies ist die Darstellung, die Katharina selbst für ihren Geliebten, Stanislaus Poniatowskij, und für das russische Kaiserreich niedergeschrieben hat.

Dies war die Version, die man zur üblichen Täuschung der russischen Öffentlichkeit für geeignet hielt. Bis zum Ende der Regierung Nikolaus I. – also über fünfzig Jahre lang – war es nicht erlaubt, etwas anderes zu glauben.

Jetzt wollen wir noch kurz erwähnen, wie das Ende Peters III. wirklich war. Der Anfang des brieflichen Berichtes stimmt im allgemeinen, und die Revolution in Petersburg verlief wie beschrieben und ohne daß jemand daran dachte, den Kaiser überhaupt davon zu benachrichtigen. Wie schon Katharina erwähnte, suchten sich alle ihr rechtzeitig anzuschließen.

Lediglich ein gewisser Bressam, der Perückenmacher Peters III., dachte an seinen Herrn. Er verkleidete einen zuverlässigen Diener als Bauern, setzte ihn auf einen Gemüsewagen und gab ihm einen kleinen Brief mit, den er nur dem Kaiser persönlich übergeben sollte.

Inzwischen hatten die Soldaten ihre neuen Uniformen nach preußischer Art ausgezogen und ihre alten russischen angezogen. Man verteilte reichlich Wodka.

Gegen Mittag kam in feierlicher Prozession die russische Geistlichkeit an, um Katharina zu huldigen. Man weiß, was es mit dem russischen Klerus auf sich hat – die Korruption macht ihre Männer – aber diese korrupte Gesellschaft hatte ein hochfahrendes Wesen, eine ehrwürdige Barttracht und prächtige Gewänder. Die Religion kam, um den Thronraub in ihrem Interesse zu segnen und wäre auch bereit gewesen, einem Kaisermord ihre salbungsvolle Weihe zu geben. Diese Rolle hatte sie schon früher mehr als einmal gespielt.

Die Prozession führte die Zarenkrone, den Reichsapfel und die heiligen alten Bücher mit sich und schritt in majestätischem Zuge durch die sich respektvoll öffnenden Reihen der Truppen. Nach einer Viertelstunde rief man die neue Kaiserin unter dem Namen Katharina II. aus.

Darauf stieg Katharina in der alten Gardeuniform zu Pferde und die Begeisterung wurde zur Raserei. Sie hatte sich im voraus für ihre Größe eine Uniform und Säbel bereitlegen lassen. Das einzige, was ihr fehlte, war eine Degenquaste. Als sie dies bemerkte, rief sie aus: »Wer kann mir mit einem Portepee aushelfen?«

Darauf versuchten fünf Offiziere gleichzeitig ihre Degenquaste vom Säbel loszumachen, um sie der Kaiserin zu überreichen. Ein junger Leutnant war schneller als die anderen und spornte sein Pferd, um sie ihr zu geben. Darauf salutierte er sie mit dem Säbel und wollte sich entfernen.

Aber er hatte nicht mit seinem Reittier gerechnet. Das Schwadronspferd wollte aus Gewohnheit oder aus Eigensinn nicht die Flanke des Reitpferdes der Kaiserin verlassen. Katharina bemerkte, daß der Reiter alles versuchte, um sich Gehorsam zu verschaffen. Sie warf einen prüfenden Blick auf ihn, stellte fest, daß er jung und schön war und sah aus seinen Augen begeisterte Ergebenheit, wenn nicht mehr. Sie sagte zu ihm: »Euer Pferd hat mehr Vernunft als Sie, es will das Glück seines Herren machen. Wie ist Ihr Name?«

»Potemkin, Majestät!«

»Gut, Potemkin, bleiben Sie in meiner Nähe, Sie werden heute mein Adjutant sein.« Dieser salutierte noch einmal und machte keinen Versuch mehr, sein Pferd wegzuspornen. Achtzehn Jahre später war er der allmächtige Minister und Geliebte Katharinas.

Nach der Truppenschau begab sich die Zarin zurück ins Palais und speiste an einem offenen großen Fenster, während die Truppen daran vorbei abrückten. Mehrere

Male erhob sie dabei ihr Glas, um den Soldaten zuzutrinken und diese antworteten jedesmal mit Zurufen. Nach dem Essen stieg sie wieder zu Pferde und setzte sich an die Spitze ihrer Armee.

Potemkin wurde nicht mehr an ihrer Seite gesehen, denn ein Wort von Orlow genügte, um ihm klarzumachen, daß mehr dazu gehörte, wenn ein Subalternoffizier sich einer Kaiserin nähern wollte, als die Überreichung eines Portepees. Aber wir werden ihn bald bei einer größeren Dienstleistung wiedersehen, nämlich bei der Erwürgung Peters III.

Jetzt wollen wir unsere Blicke nach dem Schloß von Oranienbaum richten.

Obwohl ihm die Verhaftung Passeks bereits gemeldet war, fühlte der Zar sich in vollkommener Sicherheit. »Das ist ein Verrückter!« meinte er nur.

Am Morgen seines Namenstages verließ er mit seiner Mätresse und seinem unzertrennlichen Begleiter, dem preußischen Gesandten, Oranienbaum. In Peterhof fand er allgemeine Bestürzung vor, denn man hatte inzwischen die Entweichung der Kaiserin festgestellt. Man hatte sie vergeblich überall gesucht, bis eine befragte Schildwache meldete, daß nach vier Uhr morgens zwei Damen den Park verlassen hätten. Aber alle Leute, die aus Petersburg dort ankamen, berichteten, daß in der Hauptstadt alles ruhig sei. Sie hatten natürlich die Stadt vor der Ankunft Katharinas verlassen.

Trotzdem war das Verschwinden der Kaiserin ein so wichtiges Ereignis, daß sofort ein Kammerherr zu Peter III., den man noch in Oranienbaum vermutete, abgeschickt wurde. Etwa drei Werst vor seinem Ziel traf er auf einen Adjutanten des Kaisers, mit Namen Gudowitsch, welcher ihm die Kurierpost dorthin bringen sollte. Der Kammerherr hielt ihn an und übergab ihm die Nachricht betreffs der Kaiserin, weil er froh war, daß der Zar sie aus einem anderen Munde als dem seinigen erfuhr. Der Adjutant riß sein Pferd herum und holte in vollem Jagen bald die kaiserliche Eskorte ein und zwang sie fast mit Gewalt zu halten.

Aber der Kaiser befahl den Postillions weiterzufahren, so daß Gudowitsch sein Pferd an den Wagenschlag herandrängte und dem Zaren leise sagte: »Sire, die Kaiserin ist heute nacht aus Peterhof geflohen, und man vermutet, daß sie in St. Petersburg ist!«

„Was für eine einfältige Torheit!«, sagte der Kaiser nur. Aber als der Adjutant ihm noch einige Worte zuflüsterte, die von niemandem verstanden wurden, erbleichte er und wünschte auszusteigen. Hierbei bemerkte man, daß seine Knie zitterten. Nach einem kurzen Gespräch mit Gudowitsch ließ er seine Begleitung unter einem Vorwand aussteigen, stieg allein wieder ein und befahl seinem Adjutanten neben dem Wagen herzugaloppieren, während sein Leibkutscher mit ihm nach Peterhof jagen sollte.

Dort angekommen, eilte er sofort in das Zimmer der Kaiserin und suchte überall nach ihr, als ob er ihr Verschwinden nicht glaubte. Während er mit seinem Spazierstock an den unmöglichsten Stellen herumstocherte, kamen seine Mätresse und ihre Hofdamen an. Der Kaiser schrie ihnen zu: »Ich habe es immer gesagt, sie ist zu allem fähig!«

Die Herumstehenden wagten kein Wort, denn sie begriffen die Situation zwar nicht ganz, fühlten jedoch, daß ein großes Unheil geschehen war.

In diesem Augenblick erschien auf der Schwelle ein Bauer, der das Zeichen des Kreuzes machte und sich zu Füßen des Zaren niederwerfen wollte. »Komm her und sage, wer Dich geschickt hat!«, schrie ihn der Kaiser an.

Dies war der verkleidete Diener, der Petersburg mit einem Gemüsewagen verlassen hatte, und zwar mit dem Befehl seines Herrn, ein Billet dem Zaren persönlich zu überbringen. Schweigend zog er einen Umschlag aus seiner Brusttasche und überreichte ihn dem Kaiser. Dieser las laut folgende Worte vor:

»Die Garderegimenter haben gemeutert, die Kaiserin hat den Befehl übernommen. Es ist jetzt neun Uhr. Sie betritt die Kirche von Kasan, das Volk scheint sich der Erhebung anzuschließen und die Eurer Majestät treuen Untertanen lassen sich nirgends sehen.«

Daraufhin schlug der Kanzler Woronzow, der Onkel der Favoritin sowie der Prinzessin Daschkow – er hatte also in jedem der feindlichen Lager eine Nichte – vor, daß er sich als Unterhändler nach der Hauptstadt begeben wolle. Der Kaiser stimmte zu, aber wie berichtet, halb gezwungen, halb erleichtert, leistete der Kanzler in Petersburg Katharina den Treueid.

Peter III. hatte in seiner Reichweite die dreitausend Mann seiner holsteinischen Leibgarde, das heißt etwa ebenso viele wie Peter I., als er in Moskau zuerst die Macht ergriff. Außerdem hatte er in Sichtweite die uneinnehmbare Festung Kronstadt. Zunächst alarmierte er seine Holsteiner und ihre Artillerie. Außerdem entsandte er auf allen Straßen nach der Hauptstadt Husarenpatrouillen zur Aufklärung sowie Meldereiter an die Linientruppen in der Umgebung mit Alarmbefehlen. Diese Maßnahmen waren durchaus vernünftig. Aber er gab auch eine Reihe von sinnlosen Anordnungen: man solle die Kaiserin töten, man solle sein Leibregiment aus Petersburg anrücken lassen usw.

Plötzlich hörte man draußen Freudenrufe und der Zar lief selbst zur Tür, um zu sehen, was es gäbe: Man führte den alten Feldmarschall Münnich herein, der, sei es aus

Dankbarkeit für seine Zurückberufung aus Sibirien, sei es aus Ehrgeiz, sich ihm jetzt zur Verfügung stellte.

Diese unerwartete Hilfe erleichterte den Kaiser so, daß er den alten Haudegen umarmte und sagte: »Münnich, retten Sie mich, ich kann mich nur noch auf Sie verlassen.«

Aber Münnich war ein Mann der harten Tatsachen und sagte:

»Sire, in wenigen Stunden wird die Kaiserin an der Spitze von zwanzigtausend Mann und zahlreicher Artillerie hier sein. Weder in Peterhof noch in Oranienbaum können Sie sich halten. Jeder Widerstand hier würde nur zu einer Niedermetzelung Eurer Majestät und Eurer Umgebung führen. Die Rettung und den Sieg bedeutet der Besitz von Kronstadt.«

»Erklären Sie mir das«, sagte der Zar.

»Kronstadt hat eine zahlreiche Garnison und eine starke Flotte. Die zusammengelaufenen Truppen der Kaiserin werden sich ebenso schnell wieder verlaufen, wie sie sich vereinigt haben. Im schlimmsten Falle werden Sie ihnen mit Ihren dreitausend Mann gut ausgebildeter Holsteiner, der Garnison und der Flotte gleich stark gegenüberstehen!«

Diese Worte gaben auch den Ängstlichsten wieder Mut. Ein General wurde nach Kronstadt entsandt, und dieser schickte seinen Adjutanten mit der Meldung zurück, die Garnison stehe treu zum Kaiser und sei entschlossen, für ihn zu sterben, wenn er sich in die Festung begeben wollte.

In diesem Augenblick kam die holsteinische Garde in tadelloser Ordnung anmarschiert und defilierte vor ihrem Chef.

Hierdurch wurde dieser schwankende Charakter von der Kopflosigkeit in das andere Extrem, nämlich in vollkommene Siegesgewißheit gestürzt. Obwohl Münnich auf einen sofortigen strategischen Rückzug drängte und zwei Jachten ans Ufer beordert hatte, wollte der Zar nicht an Bord gehen, bis plötzlich ein Adjutant heranjagte und meldete, daß die Kaiserin mit zwanzigtausend Mann nur noch einige Werst von Peterhof entfernt sei.

Darauf stürzte sich der Kaiser mit seinem Gefolge endlich auf die Fahrzeuge und man flüchtete mit allen Segeln und gleichzeitig rudernd in Richtung Kronstadt.

Indessen war bereits der Vizeadmiral Talysin in einer Ruderschaluppe nach Kronstadt unterwegs und hatte seiner Bootsbesatzung bei Todesstrafe verboten, dort irgend jemand zu verraten, woher sie kämen. Er konnte natürlich nur mit Erlaubnis des Festungskommandanten landen. Wegen seines Admiralsranges und weil man ihm gemeldet hatte, daß der Flaggoffizier ohne Begleitung gekommen sei, kam der Kommandant persönlich zum Anlegeplatz, um ihn zu empfangen und fragte gleichzeitig, was es für Neuigkeiten gäbe. Der Vizeadmiral antwortete, daß er von seinem Landhause komme und weil er gehört habe, daß es Unruhen in Petersburg gebe, wolle er sich auf seinen Platz auf der Flotte begeben.

Der Kommandant glaubte ihm dies und begab sich wieder zu seinen Amtsräumen. Talysin versicherte sich dieser Tatsache, versammelte einige ihm bekannte Soldaten um sich, sagte ihnen, daß der Kaiser abgesetzt und die Kaiserin zur Zarin geweiht sei. Alle die ihr Gefolgschaft leisten würden, könnten mit großen Belohnungen rechnen, wenn sie zusammen mit ihm den Kommandanten verhafteten. Wenn Kronstadt zur Thronfolgerin überginge, wären sie alle gemachte Leute.

Alle erklären ihr Einverständnis, mitzumachen, der Kommandant wird verhaftet, die Truppen der Garnison und der Flotte treten auf dem Exerzierplatz an, wo Talysin ihnen eine feierliche Ansprache hält und sie auf die Kaiserin vereidigt.

In diesem Augenblick kommen die beiden Jachten in Sicht. Das Erscheinen des Kaisers konnte diesen Erfolg wieder in Frage stellen, weshalb Talysin die Alarmglocke läuten läßt. Darauf besetzt die Garnison die Wälle und zweihundert Kanoniere stehen in kurzem mit brennenden Lunten hinter zweihundert schweren Geschützen.

Die Kaiserjacht will landen. »Wer da?« wird vom Festungswall gerufen. Von Bord des Fahrzeuges wird geantwortet: »Der Kaiser!«

»Es gibt keinen Kaiser mehr!« schrie Talysin zur Antwort, »und wenn sich die Jachten noch ein wenig dem Hafen nähern, lasse ich mit allen Geschützen das Feuer eröffnen!«

Darauf entstand ein furchtbarer Tumult an Bord, und der erschrockene Kapitän hörte bereits Kugeln pfeifen. Er ergriff ein Sprachrohr und rief:

»Wir legen sofort ab, lassen Sie uns nur Zeit, um den Anker zu lichten!« Unter Rufen aus der Festung: »Es lebe die Kaiserin Katharina!« wendete die Jacht und während der Kaiser weinte und keinen Entschluß fassen konnte, kreuzten beide Fahrzeuge außerhalb der Schußweite zwischen der Festung und dem Lande. Münnich war die ganze Nacht über an Deck, betrachtete die Sterne und murmelte kopfschüttelnd vor sich hin. Endlich gegen sechs Uhr morgens ließ ihn der Kaiser rufen und fragte ihn nach seinem Rat. Als Feldmarschall sei er in so vielen schlimmen Lagen gewesen und habe immer einen Ausweg gefunden.

»Wenn man endlich auf mich hören will, ist noch nichts verloren, Sire, denn wenn man die Durchfahrt bei der Festung riskiert und wir uns nach Reval durchschlagen, so können wir dort auf ein Kriegsschiff umsteigen und uns an die Spitze ihrer noch in Preußen stehenden Armee stellen. Mit diesen achtzigtausend Mann können wir nach Rußland zurückkehren, und ich garantiere, daß Eure Majestät nach sechs Wochen mächtiger ist als zuvor.«

Jemand aus dem Gefolge machte den Einwand, daß die Kräfte der Ruderer nicht ausreichen würden, um Reval zu erreichen.

»Also dann werden wir sie ablösen und selbst die Ruder in die Hand nehmen«, entgegnete der Feldmarschall.

Aber die Höflinge und die Favoritin beschwatzten Peter, daß die Lage gar nicht so ernst sei, um dieses Risiko zu laufen, und er könne sich bestimmt mit der Kaiserin wieder versöhnen. Er entschloß sich also zur Rückkehr nach Oranienbaum, besonders weil seine Mätresse ihm einredete, er könne schlimmstenfalls sicher zusammen mit ihr freies Geleit nach Holstein bekommen.

Der Feldmarschall Münnich wurde jetzt wütend, raufte sich seine weißen Haare und sagte: »Sire, wenn Sie nicht das Zeug haben, als Kaiser an der Spitze Ihrer Truppen zu sterben, dann nehmen Sie doch ein Kruzifix in die Hand und sehen Sie zu, ob die Rebellen Sie verschonen, ich persönlich würde kämpfen.«

In diesem Stadium der Auflösung des kaiserlichen Hofes erschien der General Ismailow mit einer Abdankungsurkunde, die von der Kaiserin inzwischen entworfen war. Er war von ihr beauftragt, dem Kaiser zu sagen, daß sie nicht mehr für sein Leben garantieren könne, wenn er nicht sofort unterzeichne.

Als der Zar zögern wollte, sagte er: »Sire, ich verhafte Sie im Namen der Kaiserin!«, worauf der Kaiser sagte: »Aber ich will doch unterzeichnen!«

»Es handelt sich nicht nur um ein Unterzeichnen, sondern das ganze Dokument muß eigenhändig abgeschrieben und unterzeichnet werden!«

Der Zar seufzte, ergriff aber eine Feder zum Abschreiben und unterzeichnete dann seine Abdankungserklärung.

Darauf nahm ihm Ismailow das große Ordensband ab und ließ ihn mit seiner Mätresse und seinem Adjutanten nach Peterhof schaffen. Dort stieg der Entthronte als erster aus, während die Soldaten Hochs auf Katharina ausbrachten. Kaum hatte hinter ihm Elisabeth Woronzow ihren Fuß auf die Erde gesetzt, als sie von Soldaten weggezogen wurde, die ihr das Ordensband des St.-Katharinen-Ordens abrissen und ihr Kleid zerfetzten.

Gudowitsch stieg als letzter aus und wurde mit Hohngelächter empfangen. Aber er drehte sich nach den Meuterern um und beschimpfte sie als Feiglinge, Verräter und Elende, worauf eine Welle von Soldaten ihn hinwegschwemmte.

Peter stieg allein die Freitreppe hinan, vor Wut weinend und von einem Dutzend Leuten gefolgt. »Zieh Dich aus!« rief einer von ihnen, als er im Zimmer angekommen war. Er zog seine Uniform aus, warf seinen Degen weg und mußte etwa zehn Minuten im Hemd dastehen, bis man ihm einen alten Morgenrock zuwarf. Dann ließ er sich in einen Sessel fallen und bedeckte seine Augen.

Inzwischen empfing Katharina im großen Prunksaal ihren neuen Hof. Die ganze Familie Woronzow erschien und kniete nieder, auch die Prinzessin Daschkow, welche dabei sagte: »Madame, hier kniet meine ganze Familie, die ich Ihnen geopfert habe.«

Darauf ließ sich die Zarin das Ordensband des Katharinenordens und den Schmuckkasten Elisabeth Woronzows bringen und übergab ihr beides. Sie nahm es mit einer tiefen Verbeugung entgegen. In diesem Moment trat auch der Feldmarschall Münnich ein. Er verneigte sich vor Katharina mit den Worten: »Meiner Treu! Ich habe lange darüber nachgedacht, wer von Ihnen, Sie oder Peter III., ein Mann mit dem Zeug zum Herrscher ist. Jetzt habe ich die Überzeugung gewonnen, daß Euer Majestät es ist, und deshalb komme ich, um Ihnen zu huldigen.«

»Aber Sie haben gegen mich kämpfen wollen!« antwortete die Kaiserin.

»Jawohl, Madame, das gebe ich freimütig zu, aber jetzt ist es meine Pflicht, nicht mehr gegen, sondern für Sie zu kämpfen.«

»Mit Rücksicht auf Ihre in langen Jahren geleisteten Dienste bin ich bereit, Ihren erfahrenen Rat auch in Zukunft einzuholen«, sagte Katharina schließlich und damit wurde ihm vergeben.

Am nächsten Tage ließ die neue Alleinherrscherin unter Befehl von Alexis Orlow durch vier ausgesuchte Offiziere und – wie sie sich in ihrem Brief an Poniatowskij ausdrückte – eine Abteilung von ruhigen und verständigen Mannschaften den entmachteten Kaiser nach Ropscha überführen. Unter diesen befanden sich ein gewisser Teplow, ferner der jüngste der Prinzen Bariatinskij und der Leutnant Potemkin, der Offizier, welcher Katharina das Portepee überreicht hatte.

Fünf Tage nach Ankunft in Ropscha begaben sich Teplow und Alexis Orlow zu Peter III. und ließen im Vorzimmer Potemkin und Bariatinskij zurück. Der Gefangene war gerade beim Mittagessen und sie sagten, sie wollten ihm dabei etwas Gesellschaft leisten. Wie es in Rußland Sitte ist, begann man mit einer Vorspeise aus gesalzenem Pökelfleisch und Branntwein. Orlow reichte Peter ein Glas mit Gift, das dieser ohne Mißtrauen auf einen Zug leerte. Aber nach einigen Minuten verspürte er gräßliche Leibschmerzen. Darauf ergriff Alexis dieselbe Flasche und füllte das Glas von neuem und wollte ihn zwingen, auch dieses zu leeren. Doch Peter sträubte sich und rief um Hilfe.

Darauf stürzte sich Alexis Orlow mit seiner großen Körperkraft auf ihn, warf ihn aufs Bett und hielt ihn dort mit seinem Knie fest, während er ihn erwürgte und

Teplow ihn pfählte, indem er einen eisernen zugespitzten Ladestock ihm zwischen die Schenkel durch das Bauchfell trieb.

Die Schreie des Gequälten erstickten, und Peter III. war das Opfer seiner »ausgewählten« Wächter und einer »Krankheit«, die eine Entzündung seiner Eingeweide zur Folge hatte, wie Katharina an Poniatowskij geschrieben hat. Auch der Brief, in dem die Mörder den Tod Peters III. der Zarin meldeten, ist noch erhalten. Jedenfalls erfolgte keine Bestrafung Alexis Orlows, sondern er wurde sogar zum Reichsgrafen ernannt.

Die Leiche wurde – um keinerlei Zweifel an seinem Tode aufkommen zu lassen – ins Newski-Kloster überführt und dort auf einem Paradebett aufgebahrt. Zwar konnte man sehen, daß sein Gesicht schwarz angelaufen und die Würgemale am Halse schlecht verdeckt waren, aber es kam darauf an, zu vermeiden, daß er womöglich als ein zweiter falscher Demetrius wieder auferstünde.

14. Kapitel

Soweit unser Besuch in Peterhof und Oranienbaum. Dort hatte man uns übrigens auch die Bleisoldaten und die Kanonen aus Holz gezeigt, mit denen Peter III. gespielt hatte, ebenso das kleine Fort, das er beim Anrücken Katharinas »desarmiert« hatte, um seine Verhandlungen mit ihr nicht zu stören.

Dabei hatte uns ein alter Soldat geführt, welcher den Feldzug 1814 in Frankreich mitgemacht hatte und in Paris mit den Siegern eingezogen war.

Weil wir nun einmal in der Umgebung von Peterhof waren, wollten wir bei unseren alten Freunden Arnault und seiner Frau einen Überraschungsbesuch machen und sie bitten, uns ein kleines Frühstück zu geben.

Wir blieben also in unseren Wagen und stiegen lediglich beim Besitz der Gräfin Kuschelew aus, einer Tante unseres Gastgebers in Petersburg, weil sich dort eine französische Kolonie befindet, die sich zum großen Teil aus den Pariser dramatischen Schauspielern zusammensetzt, die nach St. Petersburg verpflichtet wurden. Um dort hinzukommen, mußten wir ungefähr zwei Werst zu Fuß laufen.

Der eigentliche Grund, warum wir uns dieser ungewöhnlichen Gymnastik unterzogen, lag darin, daß sowohl Moynet als auch Gregorowitsch und meine Wenigkeit fast vor Hunger umkamen, so daß wir in der Erwartung eines guten französischen Frühstücks an die Tür der schönen und vortrefflichen Madame Naptal-Arnault klopften. Eigentlich hatte ich mit diesen alten Freunden am Sonnabend voriger Woche speisen sollen. Man hatte für mich ein glänzendes Essen und ein schönes Feuerwerk mit zwei Sonnen und drei römischen Lichtern vorbereitet, jedoch leider wurde ich durch eine andere Verpflichtung abgehalten zu erscheinen.

Endlich kamen wir an der so sehr ersehnten Haustür an und als alte Freunde traten wir ohne weiteres ein. Wir fanden Madame Arnault mit einer Grammatik in der Hand, wie sie gerade ihre beiden Töchter ein französisches Diktat schreiben ließ. Arnault selbst war auf die Jagd gegangen, es war gerade der Tag, an dem die Schonzeit zu Ende ging. Unsere Ankunft wurde mit Freudenschreien von der Mutter und den Töchtern begrüßt, jedoch folgte die bange Frage, ob wir etwa frühstücken wollten? Darauf erwiderte ich ganz brutal:

»Wir kommen nicht nur zum Essen, sondern sind auch noch fast verhungert.«

Jetzt wurde die Köchin gerufen und ein großer Kriegsrat abgehalten. Nun ist es wirklich nicht leicht, für drei halb verhungerte starke Esser ein Frühstück zu improvisieren, noch dazu auf dem flachen Lande, 13 Werst von Petersburg, von wo man alles beziehen mußte, sogar das Brot.

Schließlich stellte man fest, daß man in der Speisekammer einen Enterich hatte, den der Herr des Hauses verbotenerweise vor Eröffnung der Jagdzeit geschossen hatte, außerdem verfügte man über ein Dutzend Eier. Jedoch die Dame des Hauses entschied, daß ein Omelett und ein Geflügelbraten nicht genügen würden, um die Kinnbacken solch verwöhnter Gäste zu befriedigen, und sie schickte sofort zu allen französischen Nachbarn in der Villenkolonie, um im Namen Frankreichs einen Beitrag zu erbitten. Auf diese Weise kamen wir zu einem erstklassigen Essen.

Während wir speisten, hatte man sich um ein Transportmittel bemüht, das uns nach Ropscha fahren sollte. In Kuschelew ist das nicht einfach. Aber man hatte für uns schließlich einen Bauernwagen aufgetrieben, also ein ungefedertes Beförderungsmittel. Als er vorgefahren war, lieh uns Frau Arnault drei Decken für den Fall, daß es regnen würde und empfahl uns dann, unseren Bauch zu schnüren, und zwar mit den Schnallen an unseren Beinkleidern oder mit Reisegürteln.

Moynet und ich fragten erschreckt, warum wir unsern Bauch schnüren sollten, worauf wir belehrt wurden, daß man in Rußland besondere Gürtel benutzt, wenn man in einem Bauernwagen längere Strecken fährt. Beim Fahren werden die Eingeweide durch unregelmäßige Stöße so durcheinandergeschüttelt, daß selbst die daran gewöhnten Russen diese Fortbewegungsart kaum vertragen, ohne daß ihre Gedärme in Unordnung geraten.

Dieser alte Wagentyp ist eine Art Marterinstrument auf vier Rädern, das wohl noch aus der Zeit Iwan des Schrecklichen stammt und von drei kräftigen kurländischen Pferden gezogen wird, wobei das Mittelpferd trabt und die Seitenpferde im gestreckten Galopp vorwärtsstürmen. Der Kutscher ist natürlich Finnländer und versteht kein Wort Russisch, kurz und gut, wir wurden die etwa dreißig Werst von Kuschelew bis Ropscha in einem gewitterartigen Tempo durch Löcher des Landweges und über Steine vorwärts gerissen, daß wir bei unserer Ankunft wie gerädert, zerbrochen und vollkommen erledigt waren.

Es war ein wahres Glück, daß wir im Bahnhof von Peterhof den General Graf T. getroffen hatten. Dabei war er auf mich zugekommen und hatte sich mir als ein alter Bekannter zu erkennen gegeben. Tatsächlich fiel mir dann ein, daß ich vor 25 Jahren mit ihm, dem Herzog Fitz-James, dem Grafen d'Orsay und Horace Vernet bei der schönen Olympe Pélissier – der heutigen Madame Rossini – in Paris diniert hatte. Er stellte sich uns mit der berühmten russischen Gastfreundschaft zur Verfügung, und als er vernahm, daß wir das Schloß von Ropscha besuchen wollten, aber keine Erlaubniskarte hatten, schrieb er uns einige empfehlende Zeilen an den Schloßhauptmann. Als wir dort ankamen, sahen wir, daß dort ein ganzes Regiment von Handwerkern das Schloß mit französischen Tapeten neu tapezierte. In einem der beiden Zimmer des linken Seitenflügels hatte sich das scheußliche Drama der Ermordung Peters III. abgespielt, das wir eben erzählt haben.

Die Gewächshäuser dieses Landschlosses sind die größten in der Umgebung Petersburgs. Das Empfehlungsschreiben des Grafen hatte eine geradezu zauberhafte Wirkung. Ohne Rücksicht auf mein Fassungsvermögen mußte ich alles Frühobst, das dort gezogen wurde — Pfirsiche, Aprikosen, Weintrauben, Ananas und Kirschen — kosten. Allerdings ist ihr Geschmack etwas abweichend von dem der im natürlichen Klima gewachsenen Gartenfrüchte, jedoch durfte man darüber zu den braven Leuten keine Bemerkung machen. Beim Weggehen überreichte man mir einen prächtigen Blumenstrauß, der zweimal so groß war wie mein Kopf.

Als wir in die Villa Besborodko heimkehrten, erfuhren wir eine große Neuigkeit: Die Geister Homes hatten unsere Abwesenheit benutzt, waren zurückgekommen, und Home hatte wieder seine spiritistischen Kräfte und Fähigkeiten zur Verfügung. Ich hatte die Nacht über in Petersburg geschlafen und ging gegen acht Uhr auf den Fußspitzen in meine Zimmer, wie ein Sohn einer Familie, der außerhalb der elterlichen Wohnung geschlafen hat.

Kaum war ich in meinem Schlafzimmer, als Milleloti bleich und zitternd hereinstürzte und sich vollkommen außer sich in einen Sessel warf.

»Ach, mein lieber Monsieur Dumas, wissen Sie schon, was passiert ist?«

Ich antwortete: »Anscheinend ist Ihnen etwas Unangenehmes zugestoßen?«

»Hören Sie, Monsieur Dumas, meine vor neun Monaten verstorbene Tante hat sich in einen Tisch verwandelt, ist mir nachgelaufen und hat mich so unzart geküßt, daß mir davon noch verschiedene Zähne bluten.«

»Zum Teufel, sind Sie verrückt geworden, Maestro?«

»Nein, nein, aber Home hat seine Kraft über die Geister wiedergewonnen.« Darauf stieß ich einen Freudenschrei aus, ich hatte also Aussicht, eins der berühmten Wunder des bekannten Spiritisten zu erleben.

Milleloti und Home bewohnten im Parterre, jedoch in einem anderen Flügel des Hauses, zwei Schlafzimmer, die durch eine Holzwand mit zwei Flügeltüren getrennt waren. Ich hatte schon immer geargwöhnt, daß Home dies so arrangiert hatte, weil er gesagt hatte, daß meine Ausstrahlung seine Geister verjage.

In der letzten Nacht also hat es gegen 1 Uhr dreimal geklopft, während sowohl Milleloti als auch Home noch beim Licht einer Kerze im Bett lasen. Home hatte darauf als erster gefragt, ob Milleloti irgend etwas brauche, weil er geklopft habe.

Dieser stellte die Gegenfrage, ob Home denn nicht geklopft habe, er selbst sei es nicht gewesen. Home antwortete, daß er im Bett liege, und dies stünde am anderen Ende des Zimmers.

»Was soll es denn sonst sein?« fragte Milleloti, der Angst bekam. Home entgegnete: »Das sind Geister, anscheinend bekomme ich die Macht über sie wieder zurück.«

Kaum hatte er fertig gesprochen, als der Italiener erschreckt aus seinem Bette sprang, die Verbindungstür aufstieß und bleich wie der Tod neben Homes Bett erschien. Dieser lag anscheinend ganz ruhig im Bett und sagte, er solle keine Dummheiten machen. Wenn er Angst habe, solle er sich auf sein Bett setzen. Home tat das gleiche und sagte mit fester Stimme:

»Wenn Ihr meine vertrauten Geister seid, so klopft dreimal in gleichen Abständen.« Dies taten sie und anschließend noch ein einziges Mal, was dasselbe bedeuten sollte wie ein Fragezeichen.

Home verstand dies richtig und fuhr fort: »Kommt Ihr zu mir oder zu meinem Gefährten?«

Die Antwort lautete, sie wollten Milleloti besuchen. Dieser rief erschreckt aus: »Was zum Teufel wollen sie denn von mir?«

»Rufen Sie den Teufel nicht an, meine Geister sind gut römisch-katholisch und mögen diesen Ausruf nicht!«

»Aber ich habe sie ja gar nicht gerufen«, rief der Maestro, »ich bin kein Spiritist, sie sollen zum Teufel gehen und mich zufrieden lassen.«

Kaum hatte er diese unvorsichtigen Worte gesprochen, als nicht nur die Holzwand zwischen beiden Zimmern, sondern auch die Stühle, Tische und Sessel im Raume von einem Klopfen widerhallten, die Waschbecken hüpften auf den Waschtischen und die Wasserkrüge neben den Waschbecken. »Home«, schrie der verängstigte Maestro, »was soll denn das bedeuten?«

»Ich habe Sie doch gewarnt, diesen unheiligen Namen auszusprechen«, beruhigte ihn Home, »Sie sehen ja, daß sie dies in Empörung bringt.« Dann fuhr er fort, indem er ein kleines Gesangbuch mit einem Kreuz auf dem Deckel anfaßte. »Wenn Ihr im Namen des Herrn kommt, so beruhigt Euch und antwortet auf meine Fragen.«

Darauf hörten die Klopfgeister auf, und Home fragte, ob sie Milleloti sprechen wollten, was bejaht wurde. Home fragte den am ganzen Körper zitternden Italiener dann, ob er in letzter Zeit Verwandte oder enge Freunde verloren hätte, die ihm besonders nahe stünden.

»Jawohl, meine Tante.«

»Ich werde die Geister fragen, ob der Geist Ihrer Tante anwesend ist.« Als dies bejaht wurde, bebte der Maestro am ganzen Körper vor Furcht, und als er gefragt wurde, ob er seine Tante etwas fragen wollte, und zwar etwas, was er allein wissen könnte, überlegte er eine ganze Weile zitternd. Darauf wollte er wissen, wie lange sich ihre Seele vom Körper getrennt habe. Als die richtige Antwort kam – seit neun Monaten – wurde dem Italiener vor Angst fast übel. Aber unerbittlich fragte Home weiter: »In welchem Möbel soll der Geist Ihrer Tante sich materialisieren?«

»In diesem Tisch da mit einem Fuß und drei Klauen«, erwiderte schließlich der Maestro, nachdem er sich im ganzen Zimmer umgesehen hatte. Darauf schrie er: »Ich habe deutlich gesehen, daß das Tischchen sich bewegt hat.« Als bejahendes Zeichen hob der kleine Tisch eine seiner drei Klauen dreimal vom Boden, klopfte also dreimal.

»Wovor fürchten Sie sich denn? Wenn Ihre Tante Sie geliebt hat, so tut ihre Seele Ihnen bestimmt nichts Böses an«, meinte Home.

»Ich hoffe bestimmt, daß meine Tante mich gern gehabt hat«, erwiderte der Italiener.

»Haben Sie Ihren Neffen geliebt?« fuhr Home in der Unterhaltung fort. Wiederum klopfte das Tischchen mit einer Klaue dreimal.

»Dann geben Sie Ihrem Neffen doch ein Zeichen Ihrer Liebe und küssen Sie ihn!« sagte er dann.

Darauf ereignete sich etwas Erschreckendes, denn jetzt kam das Tischchen – wie wenn es in einer Fuge entlangglitte – geradenwegs auf Milleloti zu, der sofort, als er dies sah, erschreckt aufsprang und vorm Bett versteinert stehenblieb. Aber das Tischchen konnte ihn so nicht küssen. Deshalb begann es sich vom Boden zu lösen, schwebte frei vor dem Gesicht des Zitternden und berührte mit seinem Marmorrand, der kalt war wie eine Grabplatte, die Lippen des jungen Mannes. Das war zuviel für den Maestro, er fiel rücklings auf das Bett von Home und wurde ohnmächtig. Er kam erst in seinem Bett wieder zu sich, Angstschweiß auf der Stirn und mit vor Schreck gesträubten Haaren. Anscheinend hatten ihn nicht die Geister, sondern Home dorthin getragen. Glücklicherweise waren die Geister verschwunden.

Milleloti meinte zuerst geträumt zu haben, aber Home bestätigte ihm, daß sich alles wirklich so zugetragen hatte. Es war also wirklich wahr, daß seine Tante aus ihrem

Grab in Rom aufgestanden war und die lange Reise nach St. Petersburg zurückgelegt hatte, um ihn zu küssen!

Nach diesen Vorgängen ist es ja verständlich, daß er mir in einem solchen aufgelösten Zustand bei meinem Eintritt in mein Schlafzimmer bleich wie der Tod entgegenstürzte. Durften wir jetzt hoffen, daß wir auch etwas derartig Phantastisches erleben würden? Moynet und ich eilten zu Home. Aber er enttäuschte uns. Die Geister hatten nur Milleloti besucht, nicht ihn und er hatte auch seine Macht über die Geister noch nicht wiedererlangt! Es blieb uns also nichts anderes übrig, als in seinem Zimmer den einbeinigen kleinen Tisch mit den drei Metallfüßen zu bewundern sowie uns mit dem Versprechen zu begnügen, daß wir sofort benachrichtigt werden würden, sobald wieder Geister zur Verfügung stünden. Das war zwar nicht viel. Aber »von einem schlechten Zahler nimmt man ja auch Abschlagszahlungen an«.

Wir waren nun bald sechs Wochen im Hause des Grafen Kuschelew und hatten seine wahrhaft königliche Gastfreundschaft mehr als reichlich genossen. Ich hatte alles besichtigt und niedergeschrieben, was es in der Stadt Peters des Großen an Merkwürdigkeiten gab. Auch an alten und neuen Freundschaften hatte es mir in der dortigen Gesellschaft nicht gefehlt.

Aber bevor wir nach dem Süden aufbrachen, machten wir noch einen Ausflug nach Finnland, um wenigstens etwas von diesem merkwürdigen Lande zu sehen, das zwei Drittel der Größe Frankreichs hat und so außerordentlich dünn bevölkert ist. Torneo, wo unser englischer Reisebegleiter wohl inzwischen gewesen war, um die Mitternachtssonne endlich zu erleben, war uns zu weit, und wir entschlossen uns, wenigstens den riesigen Ladogasee nach einer Dampferfahrt an Schlüsselburg vorbei zu besuchen.

Die Finnen – auf lateinisch *»fenni«* – sind ein während

der Völkerwanderungen abgesprengter oder verirrter hunnischer Stamm Attilas. Sie sprechen übrigens eine verwandte Sprache wie die Ungarn. Ursprünglich kamen sie von den nördlichen Hochebenen Asiens, wohnten dann zur Zeit der Römer zwischen Weichsel und Wolga und wurden dann von den Goten nach Süden und Norden verdrängt.

Dieses merkwürdige Volk gefiel dem russischen Kaiser Alexander I., als er es erobert hatte. Finnland wurde 1809 von Schweden an ihn abgetreten, nachdem er es im Einvernehmen mit Napoleon im Vorjahre besetzt hatte.

Bei seinem ersten Besuch in Abo versprach der Zar in feierlicher Form, »die besondere Konstitution und die Sitten des finnischen Volkes, die seit langen Jahren den Charakter, die Sitten und die Zivilisation des Landes sowie den inneren und äußeren Frieden desselben sicherten, zu wahren, weil sie nicht ohne Gefahren geändert werden können«.

Wir wollen gerecht sein und bestätigen, daß dieses feierliche Versprechen des Kaisers Alexander bis heute gewissenhaft gehalten wurde.

Wir überlegten, wie wir unsere Finnlandexpedition durchführen sollten. In jeder Woche gehen zweimal Dampfer vom Sommerpark über Schlüsselburg nach Serdopol am Ladogasee. Der Graf Kuschelew – unser Graf von Monte Christo – wollte uns einen Sonderdampfer zur Verfügung stellen, wie er es bei unserer Abholung von Kronstadt gehalten hatte. Aber wir hatten festgestellt, daß man für diese Dampfermiete von ihm einen Preis von 1500 Rubel, also sechstausend Francs, forderte. Dies erklärten wir für Wahnsinn und bestanden darauf, das regelmäßige Postschiff zu benutzen. Teilnehmer waren Dandré, Moynet, Milleloti und ich.

Als wir die Villa Besborodko mit sieben Knoten Geschwindigkeit gegen elf Uhr passierten, grüßten uns alle Freunde des Hauses vom Balkon, indem die Damen mit ihren Taschentüchern und die Herren mit ihren Hüten winkten.

Nach einer weiteren Stunde begannen wir durch eine doppelte Hügelkette zu fahren, und das erste, was uns auffiel, waren die Ruinen eines Schlosses. Dieser Bau war von Katharina der Großen – ebenso wie ein anderes Schlößchen auf dem anderen Ufer – erbaut worden. Aber Paul I., der sich wegen des zügellosen und unmoralischen Lebens seiner Mutter schämte, hatte nach seiner Thronbesteigung diese Liebesnester zur Plünderung freigegeben. Die Sohnesrache war vollständig. Die Überreste sind heute noch zu sehen.

Neben dem Schloß auf dem rechten Ufer erhob sich eine Fabrik für Seidenstrümpfe, die Potemkin gegründet hatte und die nur für seinen eigenen Bedarf arbeitete. Er zog niemals einen seidenen Strumpf zweimal an. Die sonstige Produktion verschenkte er an seine Freundinnen und Freunde. Auch diese Fabrik wurde zur Plünderung freigegeben, aber sie hat vor den Schlössern einen legendären Vorzug: es sollen dort Geister spuken! Allein bei diesem Worte – Gespenster – fing unser Milleloti an zu frösteln, obwohl es ein warmer Sommermittag war.

Der Despotismus Potemkins während der vielen Jahre seiner Stellung als allmächtiger Günstling ging weit, aber er machte halt vor jeder sonst natürlichen Eifersucht. Er hatte vollkommen verstanden, daß der häufige Wechsel ihrer Bettgespielen bei der Zarin Katharina II. nichts mit erotischen Exzessen zu tun hatte, sondern eine bedauernswerte Krankheit ihrer natürlichen Sinnlichkeit war. Deshalb hatte er sich zum Arzt dieser amoralischen Veranlagung gemacht und bemühte sich, ihr rechtzeitig fleischliche Heilmittel zuzuführen. Im übrigen spielte sich dieser sonst seltsame Vorgang in aller Unschuld und Öffentlichkeit ab, welche der damaligen Freiheit der Sitten – insbesondere bei regierenden Herrscherhäusern dieser feudalen Zeit – alle Ehre machte.

Ich möchte hierzu einige interessante Einzelheiten aus einem englischen Botschafterbericht aus Petersburg von Sir James Howard Harris, dem späteren Lord Malmesbury, zitieren, den er in seinen vierbändigen Erinnerungen *»Diaries and Correspondence«* – im Jahre 1844 veröffentlichte:

»Ich bin nicht sicher, daß nicht in nächster Zeit ein neuer Favorit im kaiserlichen Gnadenhimmelbett erscheint. Ich glaube, es ist ein Strohmann des Prinzen Potemkin, den er selbst ausgesucht hat. Die einzige Schwierigkeit soll noch darin liegen, wie man sich in anständiger Weise den augenblicklichen Titularfavoriten vom Hals schafft, denn dieser hat sich stets so gefällig gezeigt, wenn es sich darum handelte, andere kaiserliche Launen zu befriedigen, daß man ihm auch nicht den leisesten Vorwurf in dieser Hinsicht machen kann. Er zeigt keinerlei Anzeichen von Eifersucht, Unbeständigkeit oder Unverschämtheit, und obwohl er sicher Bescheid weiß, daß er demnächst in kaiserliche Ungnade fällt, beobachtet er dieselbe ruhige Laune und verhält sich untadelig. Diese gute Haltung wird vielleicht seinen Sturz verzögern, jedoch nicht die öffentliche Bestallung eines Nachfolgers verhindern. Dieser Entschluß dürfte nach meinen Informationen unwiderruflich sein, und sogar der Prinz Potemkin wird daran interessiert sein, weil er die Wahl getroffen hat. Er erwartet davon bestimmt, daß dadurch sein Einfluß bei Hofe vollkommen wiederhergestellt wird, und während der ersten sechs Wochen des neuen Honigmondes ist er dann allmächtig.«

Sir James Harris fährt dann wörtlich weiter fort:

»Der alte Favorit hat allerdings bis jetzt seinen formellen Abschied noch nicht erhalten, vielleicht spricht seine außerordentliche Gefälligkeit – die man natürlich beim gemeinen Volk als strafbare Kuppelei bezeichnen würde – doch sehr für ihn. Er gibt nicht den geringsten Vorwand, sich seiner zu entledigen. Trotzdem glaube ich, daß seine Tage gezählt sind. Man hat nämlich bereits für ihn ein schönes Haus in Petersburg gekauft und hat ihm großzügige Geschenke – wie bei allen früheren in Ungnade gefallenen Favoriten – auf Staatskosten gemacht. Übrigens bedeuten diese wegen ihres hohen Wertes selbst für hiesige Verhältnisse eine große Ausgabe, die sich sogar auf die Finanzen des Reiches auswirkt.«

»Seitdem ich hier mein Amt als britischer Botschafter am Zarenhofe angetreten habe, hat Potemkin jährlich nicht weniger als eine Million Rubel aus der kaiserlichen Kasse erhalten, außer dem regulären Gnadengehalt für den Prinzen Orlow und ihn.«

Übrigens hat der oben genannte englische Diplomat, also der Abgesandte einer in Ziffern erfahrenen Handelsmacht, eine Aufstellung dieser Sonderausgaben des Kronschatzes beigefügt, so daß wir seine Zahlen als richtig annehmen können. Wir wollen Sir James mit Potemkin beginnen lassen:

»Potemkin hat nach meinen Feststellungen in den zwei Jahren seiner Position als offizieller Favorit der Zarin 37 000 Seelen leibeigener Bauern der Krone – natürlich mit den zugehörigen großen Ländereien – überschrieben bekommen. Ferner erhielt er sonstige Werte – ein Palais, Juwelen, massives Tischgeschirr aus Silber und Möbel – für ungefähr neun Millionen Rubel.

Außerdem hat man ihm alle hohen Orden Rußlands verliehen, und er wurde mit dem Fürstentitel des heiligen römischen Kaiserreiches unter Vordatierung dieses Adels um drei Generationen ausgezeichnet.«

Dieser Bericht von Sir James Harris stammte – wie erwähnt – aus dem Jahre 1782. Er hatte sich jedoch mit seiner Voraussage geirrt. Denn Potemkins Favoritenstellung befestigte sich im Gegenteil noch und dauerte bis zu seinem Tode im Jahre 1791! Also noch neun weitere Jahre.

Wenn also Potemkin in den ersten zwei Jahren seines »Amtes« bereits eine Morgengabe von 37 000 Seelen Leibeigner und neun Millionen Rubel an sonstigen Werten vereinnahmt hatte, mußte er bis zu seinem plötzlichen Todestage – ganz niedrig gerechnet – etwa 53 000 Bauern und 42 Millionen Francs erhalten haben. Ein stolzer Preis für seine Dienste. Betrachten wir nun dagegen die Vergütungen seiner anderen »Kollegen«:

Nach dem gleichen Gewährsmann hat zum Beispiel der Gardeleutnant Wasilitschkow in den 22 Monaten seiner Beschäftigung als Liebhaber der Kaiserin vierhunderttausend Francs in bar, zweihunderttausend Francs in Juwelen, ein möbliertes Palais für hunderttausend Rubel, edles Tischgeschirr für fünfzigtausend Rubel, ferner siebentausend Seelen in Rußland sowie eine lebenslängliche Pension von zwanzigtausend Rubeln, also achtzigtausend Francs jährlich erhalten. Außerdem das große Ordensband des Ordens von St. Alexander und den goldenen Schlüssel eines Kammerherrn.

Das ist doch ganz interessant, nicht wahr? Wir wollen deshalb in unserer Aufzählung noch etwas fortfahren:

Servien Sorin war nur ein Jahr als intimer Favorit tätig. Dafür wurde ihm Grundbesitz in Polen im Werte von einer halben Million Rubel geschenkt, in Livland ein Gut für hunderttausend Rubel, für zweihunderttausend Rubel Juwelen, in Bargeld eine halbe Million, weiter eine Komturei in Polen mit einem Jahreseinkommen von dreitausend Rubeln. Er wurde von einem Offiziersrang als einfacher Husarenmajor sogleich zum Generalmajor befördert. An hohen Orden erhielt er von Schweden das große Ordensband des Schwerterordens und von Polen das des Weißen Adlers.

Der Prinz Orlow selbst hat vom Jahre 1762 bis 1783 – einschließlich seiner Familie – also in etwa 20 Jahren, 45 000 Seelen und 17 Millionen Rubel in Geld, Diamanten, ein eingerichtetes Palais sowie Goldgeschirr geschenkt bekommen.

Leider hat Sir James versäumt, uns die Gesamtsumme auszurechnen, die Katharina für diesen Sektor ihrer amourösen Bedürfnisse während dieser 21 Jahre an Orlow verausgabt hat.

In dieser Hinsicht waren die 34 Jahre ihrer Regierungszeit sicher nicht gerade billig. Aber wir wollen noch einmal auf den Fürsten Potemkin zurückkommen. Wir haben erwähnt, daß sein hohes Amt nicht nach der Voraussage von Sir James Harris zur Berichtszeit zu Ende ging, sondern noch weitere neun Jahre dauerte.

Potemkin hat aber in dieser Zeit auch noch andere größere Leistungen aufzuweisen: im Jahre 1783 entsandte er eine Armee in die Krim und annektierte diese wichtige Halbinsel, vier Jahre später zog er selbst in den Krieg gegen die Türkei und eroberte Otschakof, Bender und Kellanova. Erst 1791 kehrte er nach Petersburg zurück. In dieser Zeit seiner Abwesenheit war er jedoch schon durch Platon Subow bei der Zarin abgelöst, denselben, der später bei der Erdrosselung Pauls I. eine so aktive Rolle spielen sollte. Das neue Verhältnis an sich hätte Potemkin nicht gestört, aber sein Einfluß auf die Kaiserin war gebrochen. Die Zarin wollte mit der Türkei Frieden schließen, während er für die Fortsetzung des Krieges war. Er reiste deshalb in aller Eile nach der Krim ab, um gegen einen Friedensschluß tätig zu werden, aber in Jassy erfuhr er von der Unterzeichnung eines Vorfriedensvertrages, setzte jedoch seinen Weg fort in der Hoffnung, durch den Einsatz seiner Persönlichkeit die endgültige Ratifizierung zu vereiteln.

Aber da ereignete sich etwas Unerklärliches: er aß in einem kleinen Dorfgasthof ein einfaches Mittagessen und fühlte sich hinterher schwerkrank. Er konnte noch seinen Reisewagen anhalten und sich neben einen Graben auf einen Mantel betten lassen. Nach einer Viertelstunde verschied er in den Armen seiner Nichte.

Nach dem Passieren der Schloßruinen waren wir noch ein Dutzend Werst von Schlüsselburg entfernt. Ich hatte auf meinen Antrag die Erlaubnis erhalten, mit meiner Begleitung das Innere dieser Festung zu besichtigen. Millelotti nahm nicht daran teil. Er hatte so viele Römer in der Engelsburg in Rom sterben gesehen, daß er fürchtete, wenn einmal die Tore von Schlüsselburg sich hinter ihm geschlossen hätten, würden sie sich nicht wieder für ihn öffnen.

Unsere Besichtigung war nur kurz, weil unser Dampfer wartete. Das einzig Bemerkenswerte war eine eiserne Pforte in einem Winkel, die zu den finsteren Gelassen für die Staatsgefangenen hinabführte. Ich machte Moynet ein Zeichen, unauffällig von ihr eine Skizze zu machen, während ich zusammen mit Dandré die Aufmerksamkeit des uns führenden Gouverneurs der Festung ablenkte. Es ist verständlich, daß ich an diesen keine Fragen wegen der Geheimnisse dieses Staatsgefängnisses stellte. Wahrscheinlich kannte ich sie besser als er selbst. Unser Besuch fiel also nur kurz aus, wir mußten den Anschlußdampfer nach dem Ladogasee, dem größten Binnensee im europäischen Rußland erreichen. Seine Länge beträgt 165 Werst und die Breite 150 Werst, weshalb die Newadampfer wegen mangelnder Seetüchtigkeit ihn nicht befahren dürfen.

Es stellte sich leider dann heraus, daß unser Ladogadampfer überhaupt nicht für Verpflegung der Passagiere eingerichtet war. Die meisten Mitfahrer waren arme Leute, welche eine Pilgerfahrt nach dem Kloster Konivetz machen wollten, und sich natürlich selbst auf die einfachste Weise verpflegten. Unser Reisemarschall Dandré war zum ersten Male in einer Lage, wo er uns, abgesehen von Tee und Zucker, nur sein feudales Reisegeschirr und sonst nichts bieten konnte. Er war bekanntlich im Kaukasus gewesen und erzählte uns an Stelle einer fälligen Platte mit Braten – genau wie Frau von Maintenon seinerzeit in ähnlichen Fällen – einige saftige kaukasische Witze.

Bevor wir unsere Schlafräume aufsuchten, staunten wir über die riesigen Wälder zu beiden Seiten, in denen, wie in dieser warmen Jahreszeit üblich, an drei oder vier Stellen riesige Rauchwirbel von Waldbränden aufstiegen. Ich wachte früh auf und beschloß kurz vorm Anlegen an der Klosterinsel im Ladogasee ein Bad zu nehmen und später dies auch im Kaspischen Meer zu tun. Bis dahin hatte ich im südspanischen Guadalquivir und in der Bai von Douarnenez in der Bretagne bereits gebadet und wollte mein europäisches Bade-Viereck etwas vergrößern.

Also zog ich mich unbemerkt aus und sprang über Bord. Ich schwamm auf einen gerade stattfindenden Fischzug der Mönche von Konivetz zu und sah mir im Adamskostüm die Tausende von kleinen sardinengroßen Fischen an, die sie mit einem riesigen Wadennetz gefangen hatten. Die Enden des Netzes wurden von zwei Pferden im Wasser zusammengezogen, so daß diese die ganze Arbeit leisteten.

Nach einer schlechten Nacht auf besonders harten Lagern im Kloster kamen wir am frühen Morgen in Serdopol an. Bei unserer Jagd nach etwas Eßbarem trafen wir eine Schar deutscher Studenten. Dandré sprach mit ihnen in deutscher Sprache, als ob er Schiller persönlich wäre.

Recht interessant waren die Marmorbrüche von Ruskiala, etwa 30 Werst von Serdopol. Wir fuhren dorthin mit einer Telege, einem der verschiedenen russischen Marterinstrumente, mit denen man in Rußland reist. Wir hätten dies Wagnis nicht unternommen, aber wir hatten noch wenig Erfahrungen, und man versicherte uns – wie stets in diesem Lande –, daß die dorthin führende Straße in ausgezeichnetem Zustande sei. Wenn der Reisende die ersten 50 Werst lebend überstanden hat, erkennt er übrigens, daß die russische Landpost eine bemerkenswerte Überlegenheit über alle anderen Posten hat, wenigstens, wenn man eine Peitsche zur Hand hat, aber nicht etwa für die Pferde, sondern für den Postillion. Sämtliche Poststationen sind übrigens in ihrer Einrichtung gleich, man findet dort lediglich das Allernotwendigste, nämlich zwei Bänke aus Tannenholz, das wie Eichenholz angestrichen ist, vier gleichartige Schemel, eine große Uhr sowie einen stets rauchenden Samovar. Dies alles kostet den Reisenden nichts, aber der im Schutze der Regierung reisende Passagier darf nichts weiteres erwarten, weder Lebensmittel – die er selbst mit sich führen muß – noch Matratzen an Stelle eines Bettes oder Schlafsäcke, von denen das gleiche gilt.

Der Marmorbruch entpuppte sich zunächst als ein konischer Hügel von gleißend schneeweißen Marmorbruchstücken und ein riesiges Lager gewaltiger Blöcke, die auf ihren Abtransport warteten. Man sagte mir, daß sie nur im Winter nach Petersburg gebracht werden können, nachdem sie mit Winden auf schwere Schlitten gehoben und dann in Segelfahrzeuge geladen wurden. Außer schneeweißem wird auch grüner und gelber Marmor gewonnen.

Bei dieser Gelegenheit lernten wir auch den Unterschied zwischen Russen und Finnen kennen: während erstere nach Tee süchtig sind, sind die Finnländer Fanatiker des Kaffees. Wir haben auf unserer Rückreise nach Petersburg dreimal Gelegenheit zum Kaffeetrinken gehabt, in Poststationen oder den minderwertigen Hotels, wo wir aßen, aber stets war der Kaffee ausgezeichnet zubereitet, und dazu gab es vorzügliche Sahne mit einem besonderen Geschmack, eine Folge der satten Wiesen, welche von den finnischen Kühen abgeweidet werden.

Als wir nun nach einer Abwesenheit von zehn Tagen nach Besborodko in die Villa zurückkehrten – ich hatte in Finnland meinen 55. Geburtstag gefeiert – konnten wir die letzte Nacht vor unserer Abreise nach Moskau in derselben Weise wie immer verbringen, nämlich unter Gesang und musizierend bis vier Uhr morgens.

Die Heirat von Douglas Home mit Alexandrine de Kroll hatte vor unserem Aufbruch nach Finnland in derselben St.-Katharinen-Kirche stattgefunden, in welcher ein Jahr früher unser Comte de Morny mit seiner Braut Sophie Trubezkoi getraut worden war.

15. Kapitel

Als wir am nächsten Tage um acht Uhr morgens Petersburg mit der Bahn verließen, hatten wir eine Fahrt von achthundert Werst – zweihundert Meilen – vor uns. Nun sind die russischen Eisenbahnen an sich ziemlich schlecht organisiert, jedoch sind sie in einem Punkte den unsrigen entschieden überlegen: sie sind nämlich mit Wasserklosetts versehen. Die Fahrt dauerte nicht weniger als 26 Stunden, und diese Langsamkeit ist deshalb besonders unangenehm, weil dabei auf dem ganzen Wege lediglich Steppe und unermeßliche Wälder abwechseln und sich keinerlei malerische Aussichten bieten. Aber immerhin war dies ein Fortschritt gegen die Zeit vor dreißig Jahren, wo eine Wagenfahrt zur alten Hauptstadt zwei bis drei Wochen dauerte, weil damals die heutige Poststraße noch nicht fertig war.

Während wir so vor uns hin dösten, ertönte plötzlich ein gellender Pfiff von der Lokomotive, und unsere Geschwindigkeit wurde so gesteigert, als ob unsere Maschine wild geworden wäre und durchginge. Dann erkannten wir, was draußen los war. Soweit man blicken konnte, sah man rechts und links vom Schienenstrang hohe Flammenwände. Wir fuhren durch das Zentrum eines riesigen Waldbrandes. Der Anblick war um so fesselnder, als die Nacht gerade anbrach. Aber sehr unangenehm war die Hitze, welche das Flammenmeer ausstrahlte, und ich schätzte die Temperatur der Luft auf etwa 60° Réaumur. Wir fuhren etwa acht Werst in vielleicht acht Minuten, bis wir unsere Prüfung auf Unbrennbarkeit beendet hatten.

Wir kamen am nächsten Morgen um zehn Uhr glücklich in Moskau an. Am Bahnhof erwartete uns eine Kalesche mit Didier Delange, dem Vertrauensmann vom Grafen Naryschkin, den uns seine Freundin, Jenny Falcon, der wir eine Depesche geschickt hatten, zum Abholen zur Verfügung gestellt hatte.

Ihr Fahrer war ein auf russische Art elegant gekleideter Kutscher mit einem kleinen Hut, der mit einer Pfauenfeder verziert und am Rande hochgekrempt war. Dazu trug er einen schwarzen Gehrock, von oben bis unten zugeknöpft, ein russisches Seidenhemd, ein bauchig geschnittenes Beinkleid, das in großen Stiefeln steckte, und einen orientalischen Ziergürtel.

Diesmal befanden wir uns ja im alten Rußland, das ganz etwas anderes ist als seine Petersburger Nachahmung. Moskau ist nach Konstantinopel die größte Stadt oder vielmehr das größte Dorf in Europa. Mit seinen Grünanlagen und Parks, seinen Raubvögeln, die über den Häusern schweben, seinen Gemüsegärten, den zahllosen Raben, die sich mit den Hühnern ums Futter streiten, ist es eher ein Riesendorf als eine Großstadt. Die Stadtumwallung wird auf eine Länge von zehn französischen Meilen geschätzt.

Alles, was man über die Gründung von Moskau erzählt, gehört ins Reich der Fabel, aber jedenfalls ist es im zwölften Jahrhundert gegründet worden, wahrscheinlich durch Oleg. Im Jahre 1147 sollte Juri Dolgorukij, ein Sohn von Wladimir Monomach, der damals noch in Kiew residierte, nach Wladimir reisen, und sein Weg führte ihn über den ziemlich unwichtigen Moskwafluß, der sich zwischen Hügeln durchwand. Auf einem derselben, welcher eine schöne Aussicht ins Land bot, ließ er dann den heutigen Kreml erbauen. Später hat er daneben eine Stadt entstehen lassen, welche den Namen Moskowa – später Moskau – erhielt.

Nicht lange danach wurde Moskau von den Mongolen vollständig in Asche gelegt; erst im Jahre 1238 erscheint wieder ein Fürst von Moskau in der Geschichte.

Für uns Franzosen ist Moskau eine legendäre Stadt. Sie hat eine der großen Katastrophen gesehen, die nur mit denen des Kambyses und Attila verglichen werden können. Moskau ist der äußerste Punkt im Norden – ebenso wie das ägyptische Theben im Süden – an welchem Frankreich seine Fahne aufgepflanzt hat.

Man kann sich daher nicht wundern, daß mein Herz klopfte, als ich durch diese alte russische Hauptstadt fuhr. Vielleicht war jedoch auch das bevorstehende Wiedersehen mit zwei alten Freunden daran schuld.

Jenny erwartete uns an dem Tore des Petrowskij-Parkes, Naryschkin auf seiner Freitreppe, wo er sich sein Gestüt zur täglichen Morgenparade vorführen ließ. Naryschkin besitzt das schönste Gestüt von ganz Rußland, und er sieht darin seine Lieblingsbeschäftigung. Es handelt sich um die einzige Zucht der berühmten Orlowhengste in Rußland.

Als unser Wagen in Sicht kam, wurden wir mit Freudenschreien begrüßt, durch die lange Verzögerung glaubte man schon beinahe nicht mehr an unser Kommen. Naryschkin unterbrach einen Augenblick seine Hengstparade, und Jenny schleppte uns dann zu unserer Unterkunft. Diese stellte sich als ein reizender Gartenpavillon heraus, der mit der eigentlichen Villa durch eine Fliederhecke sowie einen Blumengarten verbunden war.

Alles war neu möbliert und – welch unerhörter Luxus für Moskau – wir hatten jeder ein richtiges Bett! Unsere charmante Wirtin hatte die Innenausstattung mit allen Finessen, die eine Frau ersinnen konnte, eingerichtet. An allem sah man, daß man hoffte, uns möglichst lange als Gäste zu behalten. Leider waren unsere Tage hier bereits gezählt, denn ich wollte an der berühmten Messe von Nischnij-Nowgorod teilnehmen, zu der Europa und Asien ihre Vertreter entsenden.

Die Besichtigung der Räume und unsere entzückten dankbaren Ausrufe wurden durch die Glocke unterbrochen, die uns zum Frühstück rief.

Wir begaben uns gemeinsam in das Eßzimmer, wo bereits der Chefkoch auf mich wartete. In der Tat war dieser Koch besser als der in Petersburg, aber immerhin ein russischer Koch, das heißt ein menschliches Wesen, welches durch zahlreiche Vorurteile verklemmt war. Es ist wahr, daß er sich in seiner negativen Einstellung gegen die französische Küche vom Prinzen Naryschkin bestärkt fühlte, der in seiner Eigenschaft als alter Bojar die Küche Iwans des Schrecklichen oder, wenn man will, die schreckliche Küche des Zaren Iwan schätzte. Aber Naryschkin hatte sich auf seine Pflicht als Gastgeber besonnen und bestimmt, daß während meiner Anwesenheit sein Küchenchef sich nach meinem Geschmack richten solle. Deshalb erwartete er mich bei Tisch, um mich als seinen vorübergehenden Lehnsherren zu begrüßen. Wir kannten uns übrigens bereits seit Petersburg, und diese Tatsache ließ ihm seine Erniedrigung weniger schmerzhaft erscheinen.

Weil wir uns beide nicht verständigen konnten, erklärte unsere Wirtin sich bereit, bei unseren Unterhaltungen zu dolmetschen.

Während des Frühstücks machte ich meine ersten kulinarischen Beobachtungen und muß sagen, daß es für einen russischen Koch über dem Durchschnitt war, denn ich war sehr zufrieden mit einem aufgetragenen Stör, der in Brühe gekocht war, und kalt verzehrt wurde, und zwar ohne jede andere Würze als geriebenen Rettich. Wenn ich mir jemals einen eigenen Koch leisten kann, so würde dies das einzige Gericht sein, welches ich der nationalrussischen Küche entlehnen würde.

Nach dem Frühstück schlug man mir nach meinem Belieben einen Spaziergang vor. Ob er nun ausfährt oder nicht, immer steht für Naryschkin in einer Entfernung von 50 Schritten von der Freitreppe eine mit vier auserlesenen Pferden bespannte Kalesche bereit. Dieser Triumphwagen bietet einen wunderbaren Anblick.

Diesmal erklärte ich jedoch, daß ich bei Tage nicht durch die Stadt fahren wolle, weil ich zum ersten Male am Abend und beim hellen Mondenschein den Kreml erleben wollte. Man hatte mir die Wahl des Programmes überlassen, und Naryschkin senkte den Kopf, bestieg seinen aufsehenerregenden Wagen und fuhr damit in den Adelsklub. Wir sahen ihm nach, als er in vollem Glanze wie Apollo auf dem Sonnenwagen abfuhr. Als er jedoch hinter den Gebüschen verschwunden war, warfen wir uns, wie

Kinder in den Ferien, auf das soeben frisch gemähte Heu der Grasflächen.

Ich habe aus meinem Leben manche schönen Erinnerungen zurückbehalten, und die zwei Wochen im August 1858 im Petrowskijpark von Moskau gehören dazu. Die Stunden des Tages liefen wie Sekunden ab, und als der Abend da war, erhob sich der Mond in seinem süßen, klaren Licht. Dies war die von mir lange gewählte Stunde, um den Kreml zu erleben.

In dieser Stimmung erschien mir der Kreml mit seinen hohen Türmen, die sich wie die Pfeile der Minarette zu den Sternen erhoben, wie ein Feenpalast, welchen keine Feder schildern kann. Als ich zurückkehrte, fühlte ich höchste Verwunderung und ein bezwingendes Entzücken über den einmaligen Anblick.

Naryschkin hatte für den nächsten Tag zum Frühstück den Polizeimeister von Moskau eingeladen, um mir einige Empfehlungen für mein Besichtigungsprogramm geben zu lassen. Wir saßen kaum zehn Minuten bei Tisch, als ein aufs höchste bestürzter Polizeioffizier hereinstürzte und nur das eine Wort herausbrachte: »Pajare – Feuer!«

Der Polizeimeister sprang von seinem Sitze auf. Feuersbrünste sind in Moskau keine Seltenheit, aber stets eine schwere Gefahr. Die Innenstadt hat elftausend Häuser, aber von diesen sind lediglich 3500 aus Stein. Wie Petersburg alle paar Jahre seine schweren Überschwemmungen hat, so hat Moskau seine Brandkatastrophen. Der große Brand vom Jahre 1812 war der schrecklichste. Mit den Vororten hatte die Hauptstadt damals etwa zwanzigtausend Häuser und von diesen wurden dabei 13 800 Gebäude vernichtet, nur knapp sechstausend blieben stehen.

Sofort entschloß ich mich, mir dieses schreckliche Schauspiel nicht entgehen zu lassen, und ich fragte sogleich den Polizeimeister, wo die Brandstelle sei.

»Etwa zwei Werst von hier, in Kalujkria.«

»Darf ich Sie begleiten?«

»Jawohl, wenn Sie mir versprechen, mich auch nicht eine Minute aufzuhalten!«

Ich lief nach meinem Hut, Moynet folgte uns, und wir rannten zur Tür, wo die Troika des Polizeimeisters, mit drei kräftigen Pferden bespannt, darauf wartete, daß wir einstiegen, und dann ging es im gestreckten Galopp los. Der Unglücksbote war bereits aufgesessen, stieß seinem Pferde die Sporen in die Seiten und ritt wie der Blitz voran, so daß wir kaum folgen konnten.

Vor dieser Höllenfahrt über die zwei Werst bis zur Brandstelle hatte ich keinen Begriff davon, wie schnell ein Wagen mit drei Pferden galoppieren kann. Eine Zeitlang fühlte ich, wenn nicht Furcht, so doch einen gewissen Schauer, und der Atem blieb mir weg. Unsere Pferde galoppierten auf der beschotterten äußeren Straße, bedeckten uns jedoch trotzdem mit Staub und, als sie das Steinpflaster der Stadt erreicht hatten, mit einem Funkenregen von ihren Hufeisen. Um nicht hinausgeschleudert zu werden, klammerte ich mich an eine eiserne Stange hinter dem Rücksitz.

Bereits bei unserer Abfahrt vom Petrowskijpark hatten wir eine hohe Rauchsäule in der Form eines Sonnenschirmes erblickt, und je mehr wir uns dem Ort des finsteren Geschehens näherten, desto dichter wurden die Menschenmassen, welche das Schauspiel bei der herrschenden Windstille erleben wollten. Unser Vorreiter hieb mit seiner Knute rücksichtslos auf Passanten ein, die nicht rechtzeitig beiseite sprangen. Alle blickten auf uns, als wir wie ein Blitz zwischen zwei Wolken unter dem Geschrei unseres Kutschers zwischen zwei lebenden Hecken durchsausten.

Nach kaum fünf Minuten erreichten wir die Brandstelle, unsere Pferde zitterten, als sie angehalten wurden, und der Polizeimeister rief mir zu: »Steigen Sie schnell aus, ich garantiere nicht mehr für die Pferde!« Sofort, als wir hinausgesprungen waren, ließ der Kutscher seine sich bäumenden Pferde, die Rauch aus den Nüstern zu stoßen schienen, den Wagen auf der Stelle wenden und verschwand von der Szene.

Glücklicherweise brannte es in einer Straße, die zwanzig Meter breit war, aber die Gassen auf den anderen Seiten waren knapp fünfzehn Meter, und gerade durch diese mußte das Feuer angegriffen werden.

Als der Polizeimeister sich in eine derselben stürzen wollte, hielt ich ihn fest und sagte ihm, daß ich den Brand aus der Nähe sehen wollte.

»Wenn Sie durchaus mitwollen, so halten Sie sich an meinem Säbelgürtel fest, lassen aber nicht los.«

Einige Sekunden sah ich nur Feuerschein und glaubte Feuer einatmen zu müssen, stolperte keuchend über einen Balken und verlor dabei meinen Hut. Der Polizeimeister drehte sich zu mir und sagte: »Sie wollen doch nicht hinter Ihrem Hut her?«

»Nein, wirklich nicht, aber wenn ich ein Glas Wasser bekommen könnte, so würde ich wenigstens das eingeatmete Feuer löschen können!«

Der Polizeimeister schrie nach Wasser und eine Frau aus der Zuschauermenge verschwand in einem der nächsten Häuser und kam kurz darauf mit einem Krug Wasser wieder. Ich muß sagen, daß mir weder Kapwein noch Tokaier jemals so gut geschmeckt haben.

In diesem Augenblick hörten wir ein Donnergrollen, welches die Ankunft der Feuerwehr anzeigte. Weil in Moskau die Brandgefahr groß ist, wurde der Spritzendienst ziemlich gut organisiert. Die Stadt ist in 21 Bezirke eingeteilt und in jedem derselben gibt es einen Warndienst.

Als die eingesetzten Spritzen nach Verbrauch ihres mitgeführten Wassers immer wieder zum nächsten Brunnen zurückkehrten, der etwa dreihundert Schritt entfernt war, fragte ich meinen Begleiter: »Warum lassen Sie denn nicht lieber eine Kette bilden?«

»Was ist denn eine Kette?«

Darauf erklärte ich ihm, daß in Frankreich jedermann freiwillig eine Kette bildet, um aus dem nächsten Fluß, Brunnen oder Wasserbehälter gefüllte Eimer von Hand zu Hand zu den Spritzen zu reichen, so daß diese ohne Unterbrechen arbeiten konnten.

»Das ist eine gute Sache, eine ausgezeichnete Sache«, antwortete er mir, »aber leider haben wir kein Gesetz, welches die Bevölkerung zu dieser Dienstleistung verpflichtet.«

»Das gibt es bei uns auch nicht, aber alle beteiligen sich freiwillig. Ich habe beim Brand des italienischen Theaters in Paris gesehen, daß sogar Prinzen freiwillig in der Kette arbeiteten.«

»Mein lieber Herr Dumas«, sagte der Polizeimeister zu mir, »das bedeutet eine Handlung aus Brüderschaft, und das russische Volk ist bisher noch nicht so weit fortgeschritten.«

Während der ganzen Löschaktion ließen die Zuschauer – im Gegensatz zu Frankreich – keinerlei Schreckensschreie, Bravorufe, Beifall oder Anfeuerung der Feuerwehrleute hören. Nein, alles vollzog sich in einem düsteren Schweigen, aber es war kein Schweigen aus Bestürzung, sondern die Stille einer absoluten Gleichgültigkeit. Ich muß sagen, daß ich von dieser Indifferenz der Zuschauer mehr beeindruckt war als durch das Schadenfeuer. Wie viele Revolutionen muß ein solches Volk noch erleben, um wie wir den Begriff »Brüderlichkeit« als etwas Selbstverständliches anzusehen?

Ich verabschiedete mich von Moynet, der noch mit einer Skizze beschäftigt war, nahm eine Droschke und ließ mich in unser Heim fahren.

Dort fand ich die fahrbereiten Pferde vor dem Wagen von Naryschkin, den er Jenny und uns für eine Rundfahrt zur Verfügung gestellt hatte, während er selbst mit einem Zweispänner in den Klub gefahren war.

Am wichtigsten war es mir nun, den Kreml bei Tageslicht zu besichtigen, weil hier die schlimmste Seite unserer Geschichte geschrieben wurde, als mit dem Brand Moskaus der Untergang Napoleons seinen Anfang nahm.

Die rote Farbe wird in ganz Rußland geschätzt, rot bedeutet beinahe dasselbe wie »schön«. Wenn man dies nicht weiß, kann es einem passieren, daß man von einem »scharlachroten« Platz sprechen hört oder von einer »klatschrosenfarbigen« Freitreppe, und dabei kann man beim besten Willen nichts von ähnlicher Farbe entdecken. Der »Rote Platz« in Moskau hat also mit Rot nichts zu tun, ist jedoch ein schöner Platz.

Wenige Schritte von ihm beginnt eine Basarstraße, die man die »Goldene Zeile« nennt, weil sie fast ausschließlich von Goldschmieden und Edelsteinhändlern besetzt ist. Dort pflegen die Liebhaber von alten Gold- und Silbersachen Pokale, Becher, Kelche, Nachbildungen von Statuen, Armbänder, Gürtel, Ringe und Schmuckdolche zu erstehen, wobei die Goldschmiedearbeit nicht berechnet, sondern nur nach Gold- und Silbergewicht verkauft wird.

Dort findet man vor allem schöne Türkise, seltene Halbedelsteine, die von den Russen sehr geschätzt werden. Hauptsächlich sind es Perser und Chinesen, welche die Steine mit oder ohne Fassung verkaufen. Sie sind fast immer in Silber gefaßt. Der Wert von Türkisen schwankt je nach Farbe in einem unglaublichen Maße, die kostbarsten haben ein dunkles Himmelblau. Zwischen zwei Steinen derselben Größe kann ein kaum bemerkbarer Farbunterschied einen Preisunterschied von fünfhundert Francs bedeuten. Für die Russen ist der Türkis nicht nur ein Schmuckstein, sondern auch ein Glücksbringer, mit dem gewisse abergläubische Vorstellungen verbunden sind. Je dunkler seine Farbe ist, desto stärker soll seine Wirkung sein.

Russen haben ebenso wie ihre asiatischen Nachbarn eine Vorliebe für kostbare Steine. Man betrachte die Hand eines Russen, die fast stets mit Ringen beladen ist, und wird feststellen, daß es in der Mehrzahl Türkisringe sind. Wenig später habe ich auf der Messe von Nischnij Nowgorod gesehen, wie man Türkise, Rubine und Smaragde je nach Größe handelte, so wie man bei uns Haselnüsse nach Größenordnung verkauft. Für die Maßeinheit zahlte man 100 000, 150 000, ja 200 000 Francs.

Die russischen Goldschmiede sind im Fassen von Edelsteinen, besonders von Diamanten, außerordentlich leistungsfähig.

Wir haben dann bei Tage den Kreml besichtigt, vor allem die sogenannte Rüstkammer mit ihren Schätzen und alten Waffen. Dort findet man in tadelloser Ordnung eine Menge von Kostbarkeiten, welche durch ihr Material oder ihre geschichtliche Rolle bemerkenswert sind, beispielsweise den alten Thron Wladimir Monomachs oder die Tragbahre, auf welcher der verwundete schwedische König Karl XII. transportiert wurde. Eine Menge von Thronsesseln verschiedener Epochen erzählen von der Geschichte Rußlands. Der älteste – nämlich der des soeben erwähnten Wladimir Monomachs – wurde zum ersten Male im Jahre 1113 benutzt. Er ist aus Nußbaumholz, und dazu gehört ein Baldachin mit vier Pfeilern. Der Thron Peters des Großen wurde in Hamburg aus massivem Silber angefertigt.

Nach den Thronen kommt man zu den Zeptern, den Kronen, den Prachthelmen, den Harnischen und Schilden, dem goldenen und silbernen Tafelgeschirr. Die Platten haben Ausmaße, als ob es Schilde seien, welche nach einem Gigantenkampf auf dem Schlachtfeld gefunden wurden.

Diesen Luxus an Tafelgeschirr haben die Russen von ihren byzantinisch-griechischen Nachbarn aus Repräsentationsgründen übernommen. So wird vom englischen Gesandten, den der englische König Eduard VI. an den Hof Iwans IV. entsandte, berichtet, daß er an einer Festlichkeit teilnahm, wobei über hundert Tischgäste zu seinem Erstaunen von massiv goldenem Tischgeschirr speisten.

Von allen diesen Schätzen hat Napoleon beim Verlassen von Moskau nur die Fahnen, welche die Russen in hundert Jahren Türkenkriegen erbeutet hatten, mitgenommen, ferner eine Madonna, die angeblich mit Diamanten verziert war, und das Kreuz des Glockenturmes von Iwan Welicki, das aus purem Golde sein sollte, jedoch nur vergoldet war.

Während der ersten 15 Tage meiner Anwesenheit in Moskau hatte das berühmte Viergespann von Naryschkin schwere Arbeit zu leisten, weil ich alle Sehenswürdigkeiten besuchte, das niemals vollendete Schloß Katharinas II., Zarizina, Kolomenskoje, die Sperlingsberge, die Museen. Zum Abschluß wollte ich gern die Schlachtfelder von Borodina und Moskwa besichtigen. Naryschkin stellte uns seinen vorzüglichen Reisewagen zur Verfügung und ließ uns durch seinen Vertrauensmann, unseren Landsmann Delange, mit den nötigen Papieren begleiten. Nach unserer Rückkehr nach Moskau sollten wir dann gemeinsam nach dem historischen Kloster Troitza reisen sowie am 25. August auf dem nahen großen Landgut Naryschkins, Jelpatiewo, die Jagdsaison eröffnen.

Dies war unser Programm, als wir am 7. August abfuhren. Wir nahmen den Weg über die Vorstadt Dorogomilow, wo Napoleon vor seinem Einzug im Kreml vorübergehend in einem großen Gasthof abstieg. Dort erschienen unter Führung von General Gourgaud einige Mitglieder der Bürgerschaft von Moskau sowie einige Großkaufleute, um die Gnade des Siegers für die von russischen Truppen und ihrem Gouverneur verlassene Hauptstadt zu erbitten, die in Gefahr war, geplündert zu werden.

Der russische Historiker Buturlin schreibt in seinem Bericht über den Feldzug von 1812, daß der 14. September – an dem Kutusow nach einem Kriegsrat die Aufgabe Moskaus befohlen hatte – ein ewiger Trauertag für alle wahren Russen sein wird. Um drei Uhr früh trat die geschlagene Armee ihren Rückmarsch an und marschierte vom Tor der Vorstadt Dorogomilow durch die schweigende Hauptstadt in ihrer ganzen Länge, um sie durch das entgegengesetzte Tor von Kolomna wieder zu verlassen. Dabei bot die Stadt einen unheildrohenden Eindruck. Der Marsch der Armee glich mehr einem Leichenzug als einem militärischen Marsch. Offiziere und Mannschaften weinten vor Wut und Verzweiflung, während die französischen Truppen auf den Hügeln vor der anderen Stadtseite beim Anblick der Hauptstadt ihre Tschakos auf die Bajonettspitzen steckten und die Gewehre mit begeisterten Rufen: »Moskau, Moskau!« in der Luft schwenkten.

Wir haben die historischen Stätten dieser grandiosen Kämpfe der Reihe nach besichtigt und kamen abends in Mojaisk an. Bonaparte hat hier drei Tage sein Quartier gehabt und seine seit fünf Tagen unterbrochenen Regierungsgeschäfte wieder aufgenommen, aber durch die letzten im Zelt verbrachten kalten Nächte hatte er sich derartig erkältet, daß er kein Wort sprechen und sich nur durch schriftliche Notizen verständigen konnte. Sieben Sekretäre versuchten seine fast unleserliche Handschrift zu entziffern. Hier redigierte er den Bericht über die Schlacht, diktierte einen Brief an die Kaiserin und gab ein Rundschreiben an alle Erzbischöfe des Kaiserreiches heraus, für den Sieg ein feierliches *Te Deum* singen zu lassen.

Was ihn jedoch in Wirklichkeit verhalten läßt, ist seine Befürchtung vor einem möglichen Munitionsmangel. Seine Artillerie hatte nicht weniger als 91 000 Schuß abgegeben! Der Kaiser läßt den Vormarsch erst wieder aufnehmen, nachdem er eine Meldung von General de la Riboisière erhalten hatte, daß 800 Munitionswagen soeben unter ausreichender Bedeckung in Smolensk eingetroffen sind.

Am frühen Morgen passierten wir das Dorf Gorki, wo sich während der Schlacht von Borodino das russische Hauptquartier Kutusows befand. Zwischen Gorki und Borodino überquerten wir den Bach *Kolochia* – »der Kampf« –, den ersten von vier anderen, die über das Schlachtfeld strömen und merkwürdigerweise auch Namen tragen, die auf das damals hier vom Schicksal bestimmte Verhängnis hinzuweisen scheinen. Die anderen Flüßchen heißen: *Ognitz*, »das Feuer«; *Stenktz*, »der Schmerz«; *Voina*, »der Krieg« und schließlich *Setokva*, »das Klagegeschrei«. Ich glaube, daß mir als erstem diese scheinbare Beziehung aufgefallen ist.

Während einer unserer Abendgesellschaften im Petrowskijpark hatte ich einem Gast, welcher Offizier im Ismailow-Regiment war, beiläufig erzählt, daß ich beabsichtige, das Schlachtfeld an der Moskwa zu besuchen, und er hatte dies einem Freunde, dem Gardeobersten Wargenewskij, mitgeteilt, welcher drei Werst entfernt davon ein reizendes Landhaus besaß. Nicht lange darauf bekam ich von diesem einen Brief, in dem er mir für meine Besichtigungsfahrt Quartier und seine Pferde nebst Wagen anbot. Die Einladung wurde dankend angenommen.

Wir wurden ausgezeichnet aufgenommen, bewirtet und für die Nacht in einem Pavillon gut untergebracht. Am nächsten Morgen diente uns der Oberst als sachkundiger Führer und richtete es auf meinen Wunsch so ein, daß wir auf demselben Wege das Schlachtfeld betraten, wie es damals die französische Armee tat, so daß wir es aus der gleichen Richtung erblickten. Aber die militärischen Einzelheiten sollen hier fortgelassen werden, da sie in erster Linie militärische Fachleute interessieren.

Nachdem wir unsere Besichtigung der historischen Stätten beendet hatten, passierten wir ein großes Kartoffelfeld, das während der Nacht durch Frost beschädigt war! Man schrieb den 9. August! In Rußland friert es immer irgendwo, mal mehr, mal weniger, jedoch so gut wie immer, und als wir Moskau verließen, begannen dort schon die Blätter zu fallen, so wie bei uns zwei Monate später.

16. Kapitel

Nach drei Tagen kamen wir wieder in Moskau an. Wir fanden unseren Naryschkin ein wenig in Sorge vor. Er hatte die Nachricht bekommen, daß eins seiner zahlreichen Dörfer, Doromilow, einer Feuersbrunst zum Opfer gefallen war. Zweihundertfünfzig Häuser lagen in Schutt und Asche, das Feuer hatte sich sogar mit Hilfe einer Holzbrücke über einen kleinen Fluß weitergefressen und weiteres Unheil angerichtet.

Wenn man sich ein Bild von einem russischen Bojaren

machen will, braucht man nur Naryschkin zu studieren. Überall hat er Landgüter mit Leibeigenen, überall Häuser, in Moskau, in Jelpatiewo, in Kasan und sonstwo. Übrigens weiß er über diese materiellen Nichtigkeiten nicht genau Bescheid, nicht einmal über die Zahl seiner Leibeigenen, das alles liegt in der Hand seines Verwalters, der sich nach üblicher Größenordnung damit begnügt, ihn jährlich um 100 000 Franken zu bestehlen. Sein Haus wird mit größter Sorglosigkeit oder liederlicher Unordnung, aber im größten Stile geführt. Ein Beispiel:

Eines Tages äußerte Jenny bei Tisch den Wunsch, eine Ananas zu essen. Naryschkin ordnete an, eine zu beschaffen. Am Tage darauf sah ich zufällig, wie ein Muschik mit einem Arm voller schöner Treibhausananas im Bedientenflügel verschwand. Ich war wahrscheinlich der einzige, der dies beobachtete. Aber sieben oder acht Tage vergingen, ohne daß eine Ananas auf der Tafel erschien, und als ich dann hörte, daß Naryschkin sich über den ihm eben servierten Nachtisch beschwerte, sagte ich zu ihm:

»Und wo bleibt Deine Ananas?«

Er stutzte und sagte: »Tatsächlich, ich habe eine bestellen lassen.«

»Sie ist auch beschafft worden, wie ich selbst weiß, aber sie kam nicht auf die Tafel. Wahrscheinlich gibt es im Hause einen Liebhaber dafür.«

Ich schlug Jenny vor, daß wir selbst eine Suche anstellen sollten, denn eine Befragung des gesamten Personals vom Küchenchef bis zum Kutscher ergab, daß keiner die Ananas gesehen hatte.

Wir fanden sie schließlich in einem kleinen Keller, zu dem man eine Art Leiter hinabstieg und welcher zur Aufbewahrung von Wild und Fleisch diente. Es waren nicht weniger als vierzig! Das bedeutete bei einem Stückpreis von zwanzig Francs den Wert von zweihundert Rubeln!

Ein anderes Beispiel: Das Haus hatte einen eigenen Jäger, welcher für Wildbret sorgen sollte. Er lieferte alle acht Tage Körbe voller Wildenten, Waldschnepfen und Hasen in der Küche ab. Wenn ich nicht zusammen mit Jenny darüber wachte, daß dieses Wildbret oder wenigstens ein Teil davon, als Geschenke anderweitig verteilt wurde, würden jedesmal drei Viertel davon verderben.

Dann ereignete sich folgendes:

Als eines Tages der Jäger kam, wurde er von einem besonders schönen Windhund begleitet. Ich fragte Naryschkin, ob er noch mehr Windhunde dieser seltenen Rasse habe.

»Ich glaube wohl, denn ich habe vor drei oder vier Jahren zwei Stück in London für tausend Taler ankaufen lassen, und zwar ein Paar.«

»Kann man mir nicht ein Junges vom ersten Wurf reservieren?«

»Vielleicht gibt es schon große Tiere. Laß doch Simeon rufen.« So hieß der Jäger. Als er kam, fragte ihn Naryschkin: »Habe ich eigentlich in Jelpatiewo junge Windhunde?«

»Jawohl, Exzellenz, zweiundzwanzig Stück.«

»Wieso zweiundzwanzig Stück?«

»Euer Exzellenz haben nach dem Eintreffen des Zuchtpaares keine Anordnungen getroffen. Also sind alle inzwischen geborenen Jungtiere weiter gepflegt worden. Einige sind an Krankheiten gestorben, aber es sind noch zweiundzwanzig schöne Exemplare übriggeblieben.«

»Du siehst«, sagte Naryschkin zu mir, »du kannst einen oder sogar ein Paar haben, ohne daß ich es merke.«

Als es endgültig entschieden war, daß wir zur Eröffnung der Jagd nach Jelpatiewo fahren würden, stellte man Untersuchungen über den Zustand des dortigen Schlosses an. Naryschkin war in seinem Leben nur zweimal dort gewesen, aber allein. Als alter Bojare liebt er einerseits den raffiniertesten Luxus, kann jedoch andererseits vollkommen darauf verzichten. Er wußte nicht einmal, ob es dort Betten gäbe, weshalb Didier Delange als Quartiermeister mit der Post vorausgeschickt wurde.

Vier Tage später kam er mit einer Liste der absolut notwendigen Sachen zurück: Bettlaken, Matratzen, Küchengeschirr und anderes. Kostenpunkt siebentausend Franken. Obwohl wir nur drei Tage in Jelpatiewo bleiben wollten, wurden diese Anschaffungen gemacht. Man wird verstehen, daß nicht einmal ein russisches Vermögen, so groß es auch sein mag, einem derartigen Aufwand, der manchmal noch durch einen oder sogar zwei Verwalter erheblich vergrößert wird, gewachsen ist. Aber Naryschkin hatte auch große Einnahmen, zum Beispiel aus seinem einzigartigen Gestüt von Orlow-Trabern, die sich, da sie etwa die Hälfte aller russischen Rennen gewinnen, als gute Kapitalsanlage bezahlt machen. Seine über hundert Pferde bringen ihm Gewinne von etwa 300 000 Franken im Jahr ein. Bevor wir Moskau endgültig verließen, mußten wir uns noch eine vollständige Winterausrüstung für die schneereiche Jahreszeit in den Kalmücken-Steppen und dem Hochgebirge des Kaukasus zusammenstellen, welche 15 bis 20 Grad Kälte ertragen ließ.

Moynet und ich ließen sich jeder ein Reisekostüm anfertigen, welches wohl das bequemste ist, das ich kenne. Dazu kauften wir zwei sogenannte »Tulupen«, das sind lange schaffellgefütterte Röcke, wie sie von den reichen Muschiks getragen werden. Schließlich vervollständigten wir unsere moskowitische Winterausrüstung noch durch mit Pelz gefütterte Stiefel sowie eine Auswahl von warmen Pantoffeln aus Tarjok.

Es fehlte uns nun lediglich noch zweierlei: Erstens ein geeigneter Dolmetscher, mit welchem wir uns auch unterwegs gebildet unterhalten konnten, zweitens ein geeignetes Toilettenbesteck und ein Samowar für die Teebereitung. Das Reisenecessaire fanden wir mit Hilfe von Jenny, welche sich die Auswahl nicht nehmen ließ, im Basar.

Den Dolmetscher suchte uns der Rektor der Universität von Moskau persönlich aus seinen besten Studenten aus und verbürgte sich für ihn bei uns. Er trug den wohlklingenden Namen Kalino.

Bevor wir die Hauptstadt verließen, wollten wir uns einen persönlichen Eindruck von den Tragödien einfacher Leute, die zur Verschickung nach den Minen Sibiriens verurteilt waren, verschaffen, und weil wir erfuhren, daß in Kürze eine Sträflingskette dorthin in Marsch gesetzt würde, ließ ich den Polizeichef um eine Besuchserlaubnis für das Sammelgefängnis bitten. Sie wurde erteilt und außerdem ein Begleiter, der dolmetschen sollte, gestellt.

Wir hatten uns für 10 Uhr vormittags verabredet und fuhren mit einer Droschke hin. Mein Begleiter zeigte dort den Befehl vor, und ein Gefängniswärter ging uns mit einem großen Schlüsselbund voran. In einem langen feuchten Gang angekommen blieb er stehen und ließ mich fragen, ob ich jemand bestimmten sprechen wollte, was ich verneinte, weil ich hier niemand kannte, und nur den Wunsch äußerte, mit einem Verurteilten des nächsten Sträflingstransportes sprechen zu können.

Darauf öffnete der Wärter, der eine Laterne hielt, während mein Begleiter und ich brennende Kerzen in der Hand hatten, die erste beste Tür einer finsteren kleinen Zelle. Bei unserer hellen Beleuchtung erblickte ich auf einer Pritsche einen kleinen Mann mit langem Bart und rasiertem Kopf. Eine Kette, die mit der Mauer verbunden war und in einem Ring am Knöchel endigte, war um sein eines Bein geschmiedet. Er hob den Kopf und fragte:

»Also heute schon? Ich denke, morgen ist der letzte Tag hier?«

Der Wärter antwortete: »Es handelt sich nur um einen Besucher des Gefängnisses, der dir zwei Kopeken für ein Glas Wodka geben wird, wenn du ihm erzählst, warum du verschickt wirst.«

»Ich brauche kein Trinkgeld. Ich habe ein Geständnis abgelegt und werde höchstens dasselbe sagen.

Ich habe eine Frau und vier Kinder und hatte ihnen gerade mein letztes Stück Brot auf den Tisch gelegt, als der Ortsvorsteher hereinkam und sagte, daß unser Kaiser einen großen Krieg führen müsse und der Steuerbetrag für das erste Halbjahr fällig wäre. Dies waren für mich ein Rubel und fünfundsiebzig Kopeken. Ich erklärte, daß ich nicht zahlen könne, zeigte ihm meine Hütte ohne Möbel, meine nur dürftig bekleidete Frau und die Kinder und bat flehentlich um Aufschub.«

»Der Kaiser kann nicht warten«, antwortete er.

»Aber mein Gott, was soll ich machen, wir haben nicht einmal ordentlich zu essen?« Er sagte nun etwas, was mich unauffällig nach meiner Axt am Ofen schielen ließ: »Ich weiß, was wir machen, wir werden dir draußen Tropfen für Tropfen gefrierendes Wasser auf den Kopf gießen, bis du bezahlst!«

»Vergeblich stellte ich ihm vor, daß mein Tod ihm nichts nützen würde, vergeblich kniete meine Frau mit den Kindern vor ihm.«

Hier unterbrach ich den Bericht des Gefangenen und fragte meinen Begleiter, um die Glaubwürdigkeit dieser unwürdigen Geschichte nachzuprüfen:

»Man hat mir erzählt, daß jeder Landeigentümer verpflichtet ist, jedem Familienvater sechs Morgen Wiesenland zu verpachten, wobei der Ernteertrag geteilt werden muß?« Mein Begleiter berichtigte mich:

»An und für sich ja. Es gibt aber verschuldete Grundbesitzer, die selbst über ihr Land nicht verfügen können. Sie vermieten dann ihre Leibeigenen an andere als Landarbeiter und dies war hier der Fall.«

Dann ließ er den Verurteilten fortfahren:

»Der Vorsteher wollte auf nichts eingehen und faßte mich beim Kragen, um mich ins Dorfgefängnis zu führen. Aber ich machte noch einen letzten Versuch und flehte, ich wolle mich als Wanderarbeiter verkaufen. Von den fünf bis sechs Rubeln, die meine Haut wert sei, würde ich die Steuer bezahlen und der Rest käme meinem Herrn und meiner Familie zugute. Er stellte mir jetzt eine letzte Frist von acht Tagen, um meinen Rubel und fünfundsiebzig Kopeken zu bezahlen, andernfalls würde er meine Frau und die Kinder ins Loch stecken. Zum Glück für ihn ging er gleich darauf aus dem Zimmer, ich war in einer schrecklichen Versuchung, meine Axt zu ergreifen und ihm den Schädel zu spalten.«

»Darauf küßte ich Frau und Kinder, ging durchs Dorf, um sie der Mildtätigkeit der Nachbarn zu empfehlen, denn ich mußte vier Tage für eine Hin- und Rückreise nach der Distriktshauptstadt rechnen, und in der Zwischenzeit konnte meine unterernährte Familie verhungern. Außerdem erzählte ich, daß ich mich als Wanderarbeiter verkaufen müßte, und jedermann verfluchte den harten Ortsvorsteher, aber niemand bot an, mir den kleinen Betrag von einem Rubel und fünfundsiebzig Kopeken zu leihen. Ich verabschiedete mich von den Nachbarn, denn es war möglich, daß man mich nicht wieder ins Dorf zurückkehren ließ, wenn ich mich als Sklave verkauft hatte. Bitterlich weinend machte ich mich zu Fuß auf den weiten Weg.

Am zweiten Tag überholte mich auf einem Karren ein Mann aus unserem Dorfe mit Namen Onesim. Wir waren keine besonderen Freunde, so daß ich von ihm keine Notiz nahm, als er vorbeifuhr, aber er redete mich an und fragte mich scheinheilig, wohin ich ginge. Dabei wußte er es natürlich. Aber ich antwortete ihm, daß ich unterwegs wäre, um mich bei der Distriktregierung als Wanderarbeiter zu verkaufen. Dabei schien mir um seine Lippen ein hämisches Lächeln zu spielen und er sagte, daß auch er ausgerechnet zur Distriktregierung wolle, um ein Fäßchen Wodka für einen Rubel und fünfundsiebzig Kopeken zu kaufen.

Natürlich wußte er, daß ich genau diesen Betrag als Steuerforderung zahlen sollte und daß diese kleine Summe mich ins Unglück gebracht hatte. Als ich seufzte, fragte er mich, woran ich denke, und ich antwortete ihm, daß ich daran denken müßte, daß er mir das Geld für den Wodka leihen und nur für vier Sonntage auf seinen Wodka zu verzichten brauche, dann könnte ich den Rubel und fünfundsiebzig Kopeken zahlen und brauchte mich nicht als wandernder Tagelöhner zu verkaufen und meine Familie wäre gerettet. Er fragte nun, wer für mich für die Rückzahlung bürgen wollte und ich sagte, daß ich schwören würde bis zur Bezahlung nur Wasser zu trinken und trokkenes Brot zu essen. Er antwortete höhnisch, daß er es aber doch für sicherer hielte, seinen Wodka selbst zu trinken, aber er wolle mir einen Platz auf seinem Karren anbieten, damit ich frischer in der Stadt ankäme und mich teurer verkaufen könnte.«

»Werter Herr«, sagte der Gefangene zu mir, »Sie müssen wissen, daß es zwischen uns Sklaven keine Nächstenliebe gibt. Jeder denkt nur an sich.« Dann fuhr der Unglückliche fort:

»Ich wollte endlich allein sein und mich nicht weiter von ihm verhöhnen lassen, denn er forderte mich immer wieder auf, doch mitzufahren, wahrscheinlich wollte er weiterhin seinen Spott mit mir treiben. Einige Minuten sah ich rot und mußte mich vor Aufregung auf die Erde setzen, um mich zu beruhigen. Das benutzte er, um weiter in mich zu dringen, meine Kräfte zu schonen, er würde mir auch ein Glas Wodka spendieren, wenn er seinen Einkauf gemacht hätte. Schließlich wollte ich ein Ende machen und stieg auf. Als ich auf der Erde saß, hatte sich meine eine Hand um einen Stein gekrampft, und ich hatte ihn unwillkürlich in der Hand behalten, als ich mich neben ihn setzte.«

»Nun kamen wir in einen Wald und es wurde dunkel, niemand vor oder hinter uns zu sehen ... sicher bin ich schuldig, mein Herr, aber was wollen Sie, ich sah mich als Wolgaschlepper mit anderen ein Schiff am Strick ziehen, ich hörte die Stimmen meiner Frau und meiner Kinder nach Brot schreien ... und er sang, um meine Qual zu verhöhnen, ein lustiges Lied, worin er seinem Mädchen versprach, ihr aus der Stadt ein schönes Kleid und ein Halsband mitzubringen ... da krampfte sich meine Hand fest um den Stein, und ich schlug ihn mit aller Kraft auf seinen Hinterkopf, so daß er zwischen die Beine seiner Pferde fiel ... ich sprang ab, zog ihn in das Unterholz und fand bei ihm eine Geldbörse mit über 25 Rubeln ... davon nahm ich jedoch nur einen Rubel und fünfundsiebzig Kopeken und rannte, ohne mich umzublicken, ins Dorf zurück.«

»Bei Tagesanbruch erreichte ich es, weckte den Dorfschulzen und bezahlte gegen Quittung den Steuerbetrag. Dann ging ich zu meiner Hütte. Meine Familie empfing mich erfreut, weil ich ihr vorlog, daß mir von einem Freund doch noch der Rubel und fünfundsiebzig Kopeken geliehen worden sei und daß ich jetzt alles tun müsse, um ihn durch Arbeit zurückzuzahlen. Aber das Herz war mir schwer.«

»Es dauerte auch nicht lange. Ich wurde noch am gleichen Tage verhaftet. Onesim war nur betäubt worden, er war umgekehrt und hatte im Dorf alles erzählt. Fünf Jahre blieb ich im Gefängnis, ohne vor einen Richter zu kommen. Als es schließlich soweit war, erzählte ich alles.«

»Weil ich geständig war, wurde ich nicht zu zehntausend Stockschlägen verurteilt, wie ich es erwartet hatte, sondern man schenkte mir das Leben und verurteilte mich zur Verschickung in die sibirischen Minen.«

Dann fragte er meinen Begleiter: »Morgen werden wir doch verschickt, mein Herr?«

Als dies bejaht wurde, freute er sich und fuhr fort:

»Das ist schön. Ich bin für die Kupferminen bestimmt und man sagt, daß man bei dieser Arbeit bald stirbt.«

Erschüttert bot ich ihm zwei Rubel an, aber er schüttelte nur den Kopf und sagte: »Danke, man hätte mir dies Geld geben sollen, bevor mich der Vorsteher wegen des einen Rubels und fünfundsiebzig Kopeken unglücklich machte und bevor ich versuchte Onesin totzuschlagen.«

Er ließ sich ohne ein weiteres Wort wieder auf seine Pritsche fallen. Ich legte ihm zwei Rubel zu seinen Füßen, und wir verließen schweigend seine Zelle. –

Kopfschüttelnd folgte ich dem Kerkermeister zu einem anderen Verurteilten, der in einem ähnlichen Gelaß auf die gleiche Weise angekettet war.

Es war ein Mann im mittleren Alter von etwa 40 Jahren, der die Figur eines Herkules hatte, dessen Haare jedoch vor der Zeit wegen eines großen Schmerzes weiß geworden waren. Zuerst wollte er nicht sprechen, weil er glücklicherweise mit Richtern nichts mehr zu tun habe. Aber als unser Begleiter ihm sagte, daß ich Ausländer und Franzose sei, redete er mich zu meinem Erstaunen in fließendem Französisch an: »Das ist etwas anderes, falls es nicht zu lange dauert.«

Ich unterbrach ihn und fragte, wie er zu seinem vorzüglichen Französisch gekommen sei. Er antwortete:

»Ich bin Leibeigener eines Fabrikbesitzers. Drei von uns hatte er nach Frankreich geschickt, um uns in Paris ausbilden zu lassen. Als wir nach Paris reisten, waren wir gerade zehn Jahre alt. Einer von uns starb dort. Nach acht Jahren war unsere Ausbildung beendet, und wir kehrten zu zweit zurück. Mein Gefährte war Chemiker, ich Mechaniker. Während dieser acht Jahre haben wir in Paris wie normale andere junge Menschen gelebt und hatten vergessen, daß wir rechtlose arme Sklaven waren. Aber bald wurden wir daran erinnert. Mein Kamerad wurde durch den Intendanten unseres Besitzers beleidigt und antwortete ihm mit einer Ohrfeige. Dafür erhielt er hundert Knutenschläge und eine Stunde später legte er seinen Kopf unter einen schweren Dampfhammer der Fabrik, der ihm den Schädel zermalmte.«

»Ich war von weicherem Charakter und ließ mir auch nichts zu schulden kommen, weil ich Rücksicht auf meine arme Mutter nehmen mußte. Als sie starb, verheiratete ich mich mit einem jungen Mädchen, mit dem ich schon lange befreundet war. Nach zehn Monaten bekam sie eine kleine Tochter, und ich war glücklich und betete unser Kind an.«

»Aber unser Herr hatte eine Liebhaberei, nämlich seine Hündin, die er sich für teures Geld von England hatte schicken lassen. Sie warf zwei Hündchen, ein männliches und ein weibliches Jungtier. Unser Herr pflegte sie gut, denn er wollte die Zucht dieser Rasse in Rußland einführen. Aber es ereignete sich ein Unglück, als er nach Hause gefahren kam und seine Hündin ihm entgegensprang, um ihn zu begrüßen: Er sah dies zu spät, und ein Rad seines Wagens ging über das Rückgrat der Hündin hinweg und tötete das Tier. Zum Glück hatte er noch das Paar Jungtiere, das erst vier Tage alt war, und jetzt mußten diese teuren Hunde anders ernährt werden. Nun wußte mein Herr, daß meine Frau ihr Kind nährte und ließ es ihr wegnehmen und in ein Waisenhaus bringen. Meine Frau sollte die kleinen Hunde säugen ... vergeblich bat sie, ihr kleines Kind ihr zu lassen ... sie wollte die Hunde außer ihrem Baby an die Brust nehmen ... aber der Herr sagte, daß dann die Hunde weniger säugen könnten, und entriß ihr unser Kind.«

»Als ich wie gewöhnlich aus der Fabrik nach Hause kam und direkt zur Wiege unserer kleinen Katharina ging, sah ich, daß sie leer war! Ich fragte meine weinende Frau, wo denn unsere Kleine sei, und sie erzählte mir alles und zeigte mir die Junghunde, die sich an der Brust meiner verängstigten Frau vollgesogen hatten und schliefen.«

»Sofort holte ich unsere Tochter aus dem Waisenhaus zurück, gab sie ihrer Mutter wieder und ergriff die verfluchten Hündchen und zerschmetterte sie an der Wand ... Am nächsten Tage legte ich Feuer an das Schloß meines Herren ... leider sprang es auf das Dorf über und zweihundert Häuser gingen mit in Flammen auf ... dann wurde ich verhaftet und zu lebenslänglicher Arbeit in den sibirischen Minen verurteilt ... und wenn es Ihnen nichts ausmacht, einem Zuchthäusler die Hand zu geben, so tun sie es für meine traurige Geschichte. Das würde mich freuen ... ach, ich war so glücklich in Frankreich!«

Ich drückte diesem bedauernswerten Brandstifter von ganzem Herzen die Hand. Ich hätte sie seinem Herrn nicht gegeben, obwohl er ein Prinz ist. –

Liebe Leser, ich glaube diese zwei tragischen Schicksale werfen ein bezeichnendes Licht auf die Unhaltbarkeit der Sklaverei im feudalen Rußland des Jahres 1858, und wer ist nun in Wirklichkeit schuld an diesen unmenschlichen Zuständen: Die Grundbesitzer, ihre korrupten und selbstherrlichen Verwalter, die Dorfschulzen oder diejenigen Herren, welche es zulassen, daß solche armen Leute lebenslänglich zur Zwangsarbeit im fernen Sibirien verurteilt werden? –

Am 6. September abends machten wir dem Kreml – wieder bei strahlendem Mondschein, wie bei unserer Ankunft vor vier Wochen – unseren Abschiedsbesuch. Am nächsten Morgen mußten wir unserem reizenden kleinen Gartenpavillon Adieu sagen, und ich persönlich will sagen, daß ich ihn gern eines Tages wiedersehen möchte.

Wir fuhren nach Troitza in zwei Wagen: Naryschkin, Jenny und ich in der Reisekalesche des Hauses, Kalino und Moynet in einer sogenannten Telege. Auf diese Weise waren sie von uns unabhängig und frei wie Schüler auf einer Ferienreise. Wir wollten uns in Troitza wieder treffen.

Naryschkin wollte nicht um fünf Uhr morgens wie sie aufbrechen, sondern hatte darauf bestanden, zuerst ein gutes Frühstück einzunehmen. Didier Delange war am Vortage zurückgekehrt und hatte uns versichert, daß wir unbesorgt abreisen könnten und daß wir zwar nicht so komfortabel wie in Petersburg untergebracht sein würden, aber beinah ebensogut wie in Moskau. Delange selbst fuhr natürlich mit nach Jelpatiewo, denn er verläßt Naryschkin so wenig wie sein Schatten. Er fuhr mit dem Chefkoch Kutaisow und seinem Küchengeschirr in einem besonderen Gepäckwagen direkt nach dem Schloßgut, um uns dort mit einem Essen zu erwarten. Der Jägermeister Simeon hatte alles zur Eröffnung der Jagd vorzubereiten. Es war Mittag, als unser Viergespann sich in Galopp setzte und Moskau auf einer wirklich guten und mit Bäumen bepflanzten Landstraße verließ.

Bei der Ausfahrt aus Moskau erblickten wir noch den Aquädukt von Myticha, den Katharina die Große erbauen ließ, um den großen Wasserturm von Sukarew in Moskau mit frischem Wasser zu speisen.

Wir fuhren ein solches Tempo, daß wir Troitza bereits bei Sonnenuntergang erreichten. Es gibt kaum einen majestätischeren Anblick als dieses riesige Kloster, das so groß ist wie eine kleine Stadt, wenn die schrägen Strahlen der Abendsonne sich in den vergoldeten Turmspitzen und Kuppeln spiegeln. Bevor man das Kloster selbst erreicht, kommt man durch einen dazugehörigen riesigen Marktflecken, der nicht weniger als tausend Häuser und sechs Kirchen hat.

Umgeben von Anhöhen – eine Seltenheit im russischen Flachlande – steht das eigentliche Kloster auf einem alles überragenden Hügel. Es ist durch eine dicke und hohe Steinmauer mit acht Wehrtürmen befestigt. Dies hier ist unverfälschtes Mittelalter, ebenso wie Aiguesmortes oder Avignon in Frankreich.

Innerhalb der Umwallung befinden sich der große Glokkenturm, neun Kirchen, ein Zarenpalast, das Wohnhaus des Archimandriten und die Mönchszellen. Ich hatte Naryschkin von den primitiven Zuständen in den Pilgerunterkünften von Konivetz und Valaam in Finnland erzählt und Didier Delange hatte uns in Moskau noch ein ausgezeichnetes Souper einpacken lassen.

Daher handelte es sich für uns nur um die Unterbringung in Schlafzimmern und Betten. Die Zimmer sind schmutzig, die Betten hart. Aber bei ausgezeichnetem Tee und interessanter Plauderei kann man die Zeit bis zwei Uhr morgens verbringen, und wenn man um sechs Uhr aufsteht, so muß man nur vier martervolle Stunden überstehen.

Für viele Pilger und Pilgerinnen sind gerade hier die

Nächte süß und angenehm. Troitza ist nämlich nicht nur ein religiöser Wallfahrtsort. Es dient auch Leuten von dieser Welt als Gelegenheitsmacher für verliebte Pärchen. Kein orthodoxer Russe würde es wagen, seine Frau zurückzuhalten, wenn sie das Bedürfnis zu einer Pilgerfahrt nach Troitza äußert. Das wäre skandalös! Und wenn man nun einmal in Troitza ist, so braucht man lediglich »zufällig« jemand zu treffen, den man gern hat. Man braucht dann nur einige unauffällige Worte zu wechseln und nebenbei seine Zimmernummer zu erwähnen. Die Menschenfreundlichkeit des Architekten hat im Interesse des Gedeihens des Klosters dafür gesorgt, daß dieser Verkehr in jeder Weise erleichtert wurde.

Ich betrat das Kloster am nächsten Morgen, sobald die Tore geöffnet wurden. Naryschkin wunderte sich jedesmal darüber, daß ich in der russischen Geschichte besser bewandert war, als er selbst.

Ich habe früher darüber berichtet, daß die von Peter dem Großen verstoßene erste Frau, die Zarin Eudoxia Lapuchina, im Interesse ihres Sohnes eine Verschwörung anzettelte, in die sich ihr Liebhaber, der Bojar Glebow, verwickeln ließ, worauf er auf einem Schafott gepfählt wurde, und daß an dessen drei Ecken auf Hauklötzen die Köpfe seiner Helfershelfer fielen. Der vierte jedoch blieb leer. Er war für Abraham Lapuchin bestimmt, der sich rechtzeitig in Sicherheit bringen konnte, und es war Peter nicht gelungen, seiner habhaft zu werden. Er hatte sich nämlich nach Troitza geflüchtet und dort Mönchskleidung angelegt, bis er nach vier Jahren eines natürlichen Todes starb. Darauf machte der Abt dem Zaren eine entsprechende Mitteilung, wobei er mit der großen Verehrung Peters für das Kloster und mit Straflosigkeit rechnete.

Zuerst wollte der Zar den Leichnam ausgraben lassen, um ihn nachträglich zu enthaupten. Jedoch auf inständiges

Bitten des Abtes, von diesem gottlosen Frevel abzusehen, ließ er nur den Grabstein, unter welchem er ruhte, enthaupten. Naryschkin wollte dies nicht glauben, bis ich ihm die durchgesägte Grabplatte in der Kathedrale zeigte.

Hier befand sich auch das Grab Boris Godunows und vieler anderer Zaren und russischer Großen, zum Beispiel Iwans des Schrecklichen. Verschiedene Reliquienkästen sind ganz aus Emaille und Edelmetall. Darunter befindet sich auch ein massiv silberner Baldachin mit vier Silbersäulen, der 1737 von der Kaiserin Anna gestiftet wurde und nicht weniger als zehn Zentner wiegt. Die Schutzheiligen des Klosters erhielten gerade von den ausschweifendsten Kaiserinnen und den blutdürstigsten Herrschern die reichsten Sühnegeschenke.

Beim Tatareneinfall unter Jedeghi wurde das Kloster von diesen Mohammedanern vollständig verwüstet, die Mönche waren vorher geflüchtet.

Zur Zeit der Unruhen durch den falschen Demetrius, den man anklagte, Rußland unter polnische Herrschaft bringen zu wollen, dienten die geretteten Reichtümer des Klosters dazu, die Streiter für das alte Rußland zu löhnen, während seine Befestigungen die Freiheitskämpfer als Verteidiger aufnahmen. Die Polen unter ihrem großen Hetman Sapieha belagerten damals sieben Monate lang vergeblich das Kloster, weil sie wußten, daß es ebenso viele Kostbarkeiten und Wertsachen in seiner Schatzkammer barg wie ganz Polen.

Als im Jahre 1664 Katharina II. die Güter des Klosters zugunsten der Staatskasse gerichtlich enteignete, besaß es 14 Töchterklöster und 106 000 Leibeigene. Um sich einen Begriff von den dort angehäuften Reichtümern machen zu können – zehn große Säle voll –, muß man sie selbst gesehen haben. Das Auge ist geblendet vom Glitzern der Diamanten und anderen Edelsteinen und den zahllosen

Perlen, die hier ohne Nutzen für das bettelarme Volk gehortet wurden.

Ich hatte dann die Absicht, auch das Kloster Bethanien zu besuchen. Weil man jedoch sagte, daß der Weg dorthin schlecht sei, hatte unser Verwalter für ein Reisefahrzeug gesorgt, das zwar in Rußland sehr beliebt ist, jedoch für mich vollkommen neu war: nämlich einen Tarantas. Man stelle sich darunter eine Art von riesigem Lokomotivkessel vor, den man auf vier Räder gesetzt, mit einem Aussichtsfenster vorn sowie einem seitlichen Eingang versehen hat. Ein Trittbrett zum Einsteigen gibt es jedoch nicht, und man muß dazu eine mitgeführte Leiter anlegen. Der Tarantas hat keinerlei Federung und besitzt auch keine Sitzbänke, sondern lediglich eine dicke Strohlage, die ein in puncto Sauberkeit anspruchsvoller Reisender von Zeit zu Zeit erneuern kann, oder auch nicht.

Als sie dieses abscheuliche Gefährt sahen, erklärten Moynet und Kalino wie aus einem Munde, daß sie es vorzögen, die drei Werst bis zum Kloster zu Fuß zu gehen. Naryschkin sah uns vom Balkon der Herberge mit einem spöttischen Lächeln in seinem slawischen Gesicht nach und wünschte uns jede Art von Vergnügen, als wir zu zweit allein in die mit Matratzen ausgelegte Reisemaschine kletterten. Ich sagte dabei zu Jenny:

»Eigentlich verdiente er es, daß wir ihn auf Pariser Weise beim Worte nehmen . . .«

Für die drei Werst benötigte unser »Wagen« fast eine Stunde! Bei unserer Ankunft waren Moynet und Kalino bereits seit zwanzig Minuten angekommen.

Am nächsten Morgen fuhren wir nach Jelpatiewo weiter. Das einzige Erwähnenswerte auf dieser Reise waren schwimmende Wege aus miteinander verbundenen Baumstämmen, die über Sumpfstrecken führten und manchmal länger als ein Werst waren, wobei der Boden unter den Füßen unserer Pferde und unseren Wagenrädern zitterte. Außerdem passierten wir Strecken mit Treibsand, wo wir statt vier Pferden acht und, als wir einmal fast versunken waren, zwölf vorspannen mußten, um uns herauszuziehen.

Wir kamen deswegen mit drei Stunden Verspätung in Jelpatiewo an und unterwegs hatte ich mehrfach die Gelegenheit zur Feststellung, daß es für einen altadeligen Bojaren doch nichts besseres gibt als wenn er durch eine intelligente Französin gebildet und erzogen wird.

Bevor wir das Schloß erreichten, durchfuhren wir einen großen Park, durch dessen schöne Alleen wir eine Viertelstunde lang trabten. Am Eingang wurden wir vom Küchenchef Kutaisow, dem Förster Simeon und dem übrigen Hauspersonal nebst einem Dutzend Muschiks erwartet und begrüßt. Nach einem Abendessen, welches dem Koch alle Ehre machte, besichtigten wir unsere Räume und konnten feststellen, daß unser Verwalter sich selbst übertroffen hatte. Delange hatte 150 Werst entfernt von Moskau und in einem verlorenen Winkel am Wolgaufer, in einem Schlosse, das seit zwanzig Jahren unbewohnt geblieben war, alles Nötige, nicht nur in komfortablem Stile, sondern sogar luxuriös improvisiert, ja, herbeigezaubert. Mein Zimmer war genauso eingerichtet wie im Petrowskijpark, Zahnbürste mit Trinkglas und Silberlöffel aus Tula eingeschlossen.

Während wir noch in Moskau frühstückten, hatte Jenny durch Delange alles unbemerkt einpacken und verstauen lassen. Ich möchte hier gleich erwähnen, daß ich heute, am 16. Juli 1861, wo ich diese Zeilen niederschreibe, nämlich in Neapel im Palais Chiatamone – dem mir als Direktor der Ausgrabungen von Pompeji und Herkulaneum von Garibaldi zugewiesenen Amtssitz – und Eiswasser mit neapolitanischem Sambuco trinke, noch aus demselben Glase trinke, das man mir bei unserer Abfahrt aus Jelpatiewo wieder sorgfältig eingepackt und welches mit mir die Reise vom anderen Ende Europas unbeschädigt mitgemacht hat.

Am nächsten Morgen durchstreiften wir, Jenny und ich, den großen Park und wir ließen auf dem Rasen die zweiundzwanzig Windhunde los, von denen Naryschkin nicht einmal wußte, daß sie existierten.

Um elf Uhr erwartete uns ein sogenannter Jagdwagen. Nur in Rußland habe ich diesen sehr praktischen Wagentyp gesehen. Sie haben verschiedene Länge und sind mit niedrigen Sitzbänken mit Lehnen für vier, sechs und acht Personen eingerichtet. Solch ein Wagen ist geländegängig und kann infolge seiner niedrigen Bauart nicht umkippen.

Als wir gerade abfahren wollten, sahen wir noch einen kleinen Jäger herauskommen. Es war eine Überraschung von Jenny, die sich, ohne jemandem etwas zu sagen, eine Art Milizanzug hatte machen lassen, der unserem Jagdkostüm ähnlich war. Sie hatte ein Gewehr auf der Schulter und bestand darauf, an unseren Jagdfreuden teilzunehmen.

Das Jagdgebiet begann kaum einen Werst hinter dem Parkausgang und man kann nicht gerade sagen, daß das Wild scheu war, denn es wurde nur von Simeon etwas beunruhigt. Aber eins ist merkwürdig: Rußland scheint nicht dieselbe Fruchtbarkeit für Menschen, Tiere und Vögel zu haben, wie sonst jedes Land in der Welt, von Wüstengegenden abgesehen. Genauso ist es mit dem Wildbestand, er ist weit unter dem Durchschnitt.

Die einzige Ausnahme außer den zu Tausenden herumstreunenden Wölfen sind einige Raubvögel wie der Milan, der Falke oder die Sperber, die wahrscheinlich das ihre zur Verringerung der anderen Tierwelt beitragen. Es ist eine Tatsache, daß bei Einbruch des Winters der Wolf anderes Wild jagt als den Rehbock und den Hasen. Wenn er hungrig ist, greift der Wolf auch Jäger an. In besonders kalten Wintern kommen die Wölfe bis in die Dörfer, nicht nur um Haustiere anzugreifen, sondern auch Bauern.

Schließlich griff die Regierung zu besonderen Maßnahmen, sie veranstaltete Treibjagden und setzte eine Prämie von fünf Rubeln aus für jeden Wolfsschwanz. Hunderttausend Wolfsschwänze wurden abgeliefert und mit einer Prämie von fünfhunderttausend Rubeln bezahlt. Als ihre Zahl auf zwei und eine halbe Million anstieg, forschte man nach und entdeckte schließlich in Moskau eine Fabrik für Wolfsschwänze, und zwar verfertigte man aus einem Wolfsfell, das etwa einen Wert von zehn Franken hatte, 15 bis 20 Schwänze, die einen Gewinn von 3500 Prozent brachten, womit die Arbeitskosten sicher übermäßig bezahlt waren.

Diesmal waren jedoch für uns alle Voraussetzungen für eine gute Jagd vorhanden. Wir waren nur zwei Jäger, Naryschkin und ich, und hatten über hundert Treiber zur Verfügung. Ich muß allerdings gestehen, daß die Hasen, welche in meinen Streifen kamen, mich zuerst irritierten, sie waren nämlich zum Teil ganz weiß und zum Teil drei Viertel weiß, man konnte denken, daß man an einer Treibjagd auf Angorakatzen teilnahm.

Zur großen Genugtuung Naryschkins verfehlte ich, wohl wegen dieser störenden Färbung, die ersten drei oder vier Hasen. Die armen Tiere waren gerade dabei, ihr Winterfell zu bekommen. Die russischen Hasen haben überhaupt gewisse Unterschiede von unseren. Ihr Fell ist im Sommer mehr grau wie bei Kaninchen, als das rotgelbe unserer Rassen. Im Winter wird es sogar schneeweiß, so daß sie von den Raubtieren schwerer zu erkennen sind, also ein natürlicher Schutz für die wehrlosen Tiere. In vier Stunden erlegten wir etwas über zwanzig Hasen.

Das große Gut von Naryschkin in Jelpatiewo umfaßt etwa achtzigtausend Morgen Land, aber kaum ein Viertel wird landwirtschaftlich genutzt, überall fehlt es an Arbeitskräften, dabei ist es guter Boden und überall, wo gesät wird, ist die Ernte gut. Bei Kasan an der Wolga besitzt er ein noch größeres Gut – über hunderttausend Morgen – und davon liegen achtzigtausend Morgen brach und produzieren lediglich Heu, das für zwölf Bündel nur zwei Kopeken einbringt! Rußland könnte sechzig- oder achtzigmal soviel Menschen ernähren wie es jetzt hat. Aber solange es gesetzlich verboten ist, daß Ausländer Grundbesitz erwerben können, wird sich kaum etwas ändern. Was nun die endliche Abschaffung der »Leibeigenschaft« genannten Sklaverei anbetrifft, so würde sie zwar sofort die Zahl der verfügbaren Arbeitskräfte verdoppeln, zum mindesten die produktiven Arbeitsstunden, aber es dürften noch 50 Jahre darüber hinweggehen, bevor man ein merkbares Ergebnis erzielt.

Im Jahre 1852 hat Michelet in seinem kleinen Buche *Pologne et Russie* einige Erkenntnisse über das Zarenreich veröffentlicht: »Dem russischen Lebensstil entspricht der Kommunismus, eine sonderbare Lebensform, die eigentlich nur hier zu finden ist. Unter Aufsicht des Gutsbesitzers verteilt die Landgemeinde die Felder ... und daraus ergibt sich etwas Unvorhergesehenes: hier stärkt der Kommunismus die Familie ... dieser russische Kommunismus ist keinesfalls eine künstliche Einrichtung, sondern etwas Natürliches, das zur Rasse, dem Klima, den Menschen und der dortigen Natur paßt, und die russische Propaganda, die bisher bei ihren Eroberungen gesagt hat: ›Ich bringe das Christentum‹, wird uns morgen sagen: ›Ich bringe den Sozialismus‹.« –

Während der acht Tage, die wir in Jelpatiewo verbrachten, hielten wir drei Treibjagden ab, und an den beiden letzten nahmen auch Moynet und Kalino teil. Jedesmal durchstreiften wir andere unkultivierte Getreideböden, welche den Eindruck von Steppen machten und lediglich Heu hervorbrachten oder Heidekraut, das zu nichts verwendbar ist. Ich gab Naryschkin den Rat, wenigstens Weiden anlegen zu lassen. »Gut«, sagte er. Hoffen wir, daß er es nicht vergessen hat. –

Obwohl ich am liebsten den Zeiger der Uhr festgehalten hätte, lief die Zeit erbarmungslos weiter, Stunden wurden zu Tagen und Tage zu Wochen. Vor über einem Monat war ich in Moskau angekommen, ich wollte dort nur 14 Tage bleiben, aber es wurden 30 Tage daraus. Für Jelpatiewo waren drei bis vier Tage berechnet, und es waren bereits acht geworden.

Die Messe von Nischnij-Nowgorod hatte schon am 15. August begonnen und dauerte noch bis zum 25. September. Leider mußte ich nun unbedingt meine guten und teuren Freunde verlassen, von denen ich mich am liebsten gar nicht mehr getrennt hätte. Also wurde der Abend des 13. September festgesetzt, aber es wurde nach unserem Kalender doch der 1. Oktober daraus, und es war zwei Uhr morgens, als wir bei schönstem Sternengefunkel herzlichen Abschied nahmen.

Nachts machte sich bereits die Kälte bemerkbar, und es war Gefahr, daß die Schiffahrt auf der Wolga geschlossen wurde, bevor wir unsere Flußreise bis zur Mündung beendet hatten. Wenn wir das Schiff nicht bekamen, welches Kaliasin am Sonntagmittag passiert und die Strecke zwischen Twer und Nischnij befährt, hätte dies einen Zeitverlust von einer Woche bedeutet, und diese Woche konnte für die Durchführung unserer Flußfahrt bis zur Mündung verhängnisvoll werden.

Hinzu kam, daß wir an verschiedenen Orten längst erwartet wurden. In Moskau hatte ein junger Offizier, welcher für Lagergeräte des Heeres zuständig war, mir eine Anweisung auf Auslieferung eines Oberstenzeltes vom Heeresdepot in Kasan übergeben. In Moskau hatte ich ferner einen reichen Kaufmann aus Astrachan, Herrn Sapojnikow, kennengelernt, der seinen dortigen Verwalter brieflich angewiesen hatte, mir bei meiner Ankunft sein dortiges Haus – das schönste der ganzen Stadt – zur Verfügung zu stellen. Von Moskau aus hatte ferner die reizende Gräfin Rostopschin dem Fürsten Bariatinskij, dem damaligen Armeekommandanten im Kaukasus, brieflich Mitteilung gemacht, daß ich auf dem Wege nach dem Kaukasus sei. Wir werden später noch von ihnen hören.

Ferner hatten wir in Jelpatiewo zahlreiche Bekanntschaften gemacht. Darunter befand sich auch der Regimentschirurg der Garnison von Kaliasin, und er hatte uns das Versprechen abgenommen, ihn dort aufzusuchen, bevor wir uns einschifften. Zwei weitere Besucher hatten unseretwegen Empfehlungsbriefe geschrieben. Der eine hatte Herrn Grass in Nischnij-Nowgorod gebeten, uns dort trotz der Messeüberfüllung Quartier zu beschaffen. Ein anderer hatte einen ihm bekannten Kalmückenfürsten in der Steppe benachrichtigt, daß ich ihm demnächst einen Besuch abstatten wolle.

Zwei Tage vor unserer Abfahrt von den Naryschkins war Didier Delange plötzlich verschwunden, und am Abend unserer Abfahrt sah ich ihn zurückkommen, wobei er einen prächtigen neuen Pelzrock für Naryschkin über dem Arm hatte. Als ich nachher einstieg, fand ich das seltene Stück im Wagen auf meinem Platz. Ich wollte ihn zuerst ausschelten, aber er sagte zu mir: »Du glaubst doch wohl nicht, daß ich dich mit einer Tulupe, wie sie ein Muschik trägt, nach dem Kaukasus abreisen lasse? Wenn man dann hört, daß du längere Zeit mein Logiergast gewesen bist, würde ich mein Gesicht verlieren!«

Es blieb mir also nichts anderes übrig, als das Abschiedsgeschenk anzunehmen. Dieser Pelzrock hat mir nicht nur im Jahre 1858 in Rußland gute Dienste getan, sondern auch 1859 beim Freiheitskampf Garibaldis in Italien.

Delange sollte uns bis Kaliasin begleiten. Die Abschiedsstunde war traurig. Eine Reise in dieser Jahreszeit zu den Kalmücken, den Tataren und nach dem Kaukasus ist durchaus nicht ohne Gefahren. Wer weiß, ob wir uns jemals wiedersehen würden?

Es war eine wundervolle Nacht, als wir uns endlich trennten. Nicht einmal im Seegebiet von Sizilien habe ich eine schönere erlebt: Ein großer Komet, der immer heller leuchtete, je mehr er sich dem Nordpol näherte, strahlte mit seinem leuchtenden Federbusch, während er auf seiner schimmernden Silberstraße durch das Firmament zog, und der Himmel hatte eine Tiefe, die eine Vorstellung der Unendlichkeit zu geben schien.

Unser Kutscher begriff, daß wir überhaupt nicht abreisen würden, wenn er nichts veranlaßte. Er schlug also mit seiner Peitsche auf die beiden Wagenpferde ein, und durch ihren Galopp wurde der leichte Wagen durch einen Ruck hinweggerissen. Am Horizont sah man ein ungeheures Flächenfeuer, wahrscheinlich einen dieser sich oft wiederholenden Waldbrände, die riesige Strecken Wald vernichten.

Nach zwei Stunden erreichten wir das freie Dorf Troiskij und ließen die Pferde etwas verschnaufen. Ich fragte den Gastwirt, bei dem wir kurz einkehrten, ob das Dorf sich von der Krone oder dem Grundbesitzer freigekauft hätte, oder ob man es wegen einer besonderen Dienstleistung aus der Leibeigenschaft entlassen hätte. Auf keine meiner durch Kalino gestellten Fragen wußte er zu antworten. Er wußte nur, daß sie freie Menschen waren. Daß es wahr war, ersah man aus dem sauberen, ja reichen und glücklichen Eindruck, den es machte. Dagegen sind die leibeigenen Siedlungen unansehnlich und schlecht gehalten.

Zimmer, Kachelküche und Schlafräume, alles machte einen guten Eindruck. Es gab sogar einen Tanzsaal, der einen riesigen Leierkasten hatte und den er russische und später nach Walzenauswechslung sogar französische Melodien spielen ließ, während wir ein Glas Wodka tranken. Dies war das erste Haus, in das ich seit Borodino eintreten konnte, ohne vom muffigen Geruch zurückzuprallen.

Es war fünf Uhr morgens, als wir uns wieder auf den Weg machten. Um 7 Uhr erreichten wir Kaliasin, von wo das Schiff um Mittag abging.

Allem Anschein nach war Kaliasin keine freie Stadt, denn ich habe kaum jemals etwas Schmutzigeres gesehen, als die Herberge, in der wir unsere Pferde einstellen mußten. Wir mußten versuchen, uns in einer Art Hängeboden häuslich niederzulassen und waren dabei gezwungen, etwa ein Dutzend Raben zu verjagen. Aber nach kurzer Zeit entschlossen wir uns, doch eine andere Bleibe zu suchen. Das einzig Interessante in dem Gasthaus war eine Reihe von jungen Russinnen, welche Sauerkraut zubereiteten und dazu eine dieser traurigen russischen Melodien sangen.

Übrigens hatte ich Eile, die Wolga zu sehen. Jedes Land hat seinen nationalen großen Fluß: Nordamerika den Mississippi, Südamerika den Amazonas, Indien den Ganges, China den Gelben Fluß, Sibirien den Amur, Frankreich die Seine, Italien den Po, Österreich die Donau und Deutschland den Rhein. Die russische Wolga ist der bei weitem größte Fluß Europas. Sie entspringt im Gouvernement von Twer und ergießt sich in das Kaspische Meer nach einem Lauf von 750 Meilen. Die Wolga ist also ein majestätischer Strom. Der Anblick, den sie bot, war ein wenig enttäuschend, denn im Herbst führt sie verhältnismäßig wenig Wasser, während sie im Frühjahr eine Tiefe von über 20 Fuß hat und manchmal Überschwemmungen verursacht.

Als wir von dieser ersten Besichtigung zurückkamen, trafen wir unseren Regimentschirurgen, den unser Begleiter Delange von unserer Ankunft benachrichtigt hatte und der uns zum Frühstück einlud, was wir dankend annahmen. Wir hatten zwar einige Delikatessen vom Chefkoch unseres Naryschkin und aus dem Keller einige vorzügliche Flaschen mitbekommen. Vor dem Essen fragte uns der Chirurg, ob er einige seiner Regimentskameraden einladen dürfte. Selbstverständlich stimmten wir zu. Es dauerte kaum eine Stunde, so erschien alles, was in der Garnison Epauletten trug, vom Unterleutnant bis zum Oberstleutnant in dem riesigen Salon unseres Wirtes. Jedermann brachte etwas zu trinken oder zu essen mit, so daß es ein rundes Fest wurde.

Das war jedoch nicht alles, man ließ auch die Regimentsmusik kommen, und plötzlich ertönte unter unseren Fenstern laute Blasmusik. Man kann sagen, daß es ein richtiges Musikessen wurde. Wir waren gerade beim Kaffee, als es zwölf Uhr Mittag schlug und man uns Bescheid sagte, daß das Schiff in Sicht wäre und wir an Bord müßten.

Ein Schiff kann man nicht warten lassen, und alle beeilten sich, die letzten Gläser zu leeren, und dann marschierten wir zur Anlegestelle, untergehakt wie Freunde, die sich bereits seit zwanzig Jahren kannten. Die Musik war mit Getränken gut versorgt worden, wie man sich vorstellen kann. Und als sie uns alle zum Schiff gehen sah, hielt sie es für zweckmäßig, uns dahin zu folgen.

Dabei spielte sie fröhliche Weisen, und fast die ganze Bevölkerung der kleinen Stadt folgte ihr. Dann kamen wir am Schiff an, und die an Bord befindlichen Passagiere wunderten sich, was für Reisende hier einsteigen wollten und über die zahlreichen »Hurras« und die Blechmusik, welche man ihnen zu Ehren spielen ließ. Aber ihr Erstaunen verdoppelte sich, als sie beobachteten, daß alle Offiziere über den Landesteg an Bord gingen. Ihnen folgte, immer weiter spielend, das Musikkorps, und einer der am besten in Laune befindlichen Herren rief zum Kapitän hinauf:

»Lassen Sie den Schiffskellner sämtliche an Bord befindlichen Champagnerflaschen kalt stellen und heraufbringen.«

Der Kapitän hielt es nun für notwendig, sich einzumischen, und sagte: »Meine Herren, darf ich Sie darauf aufmerksam machen, daß wir in fünf Minuten ablegen müssen. Wenn Sie an Bord bleiben wollen, müssen Sie wenigstens bis Uglitsch mitfahren ...«

Ich griff diesen Hinweis auf und fragte: »Warum wollen Sie uns nicht bis Uglitsch begleiten?«

Die am meisten in Stimmung befindlichen Offiziere nahmen den Vorschlag an und riefen: »Jawohl, wir fahren einfach bis Uglitsch mit!«

Nun hatte der Oberstleutnant Bedenken und meinte, man müsse vorher den Oberst um Urlaub bitten. Als man ihm zustimmte und vorschlug, eine Deputation deshalb zu ihm zu schicken, stellte sich heraus, daß der Regimentschef gar nicht in der Stadt war, und man wollte ihn nun veranlassen, als sein Stellvertreter den Urlaub zu bewilligen.

»Meine Herren, das würde meine Befugnisse überschreiten!«

Einstimmig flehte das Offizierkorps jetzt: »Bitte, bitte, Herr Oberstleutnant, geben Sie die Erlaubnis.«

»Verstehen Sie doch, meine Herren, dies ist unmöglich ... aber ich könnte ebenso wie Sie ohne Urlaub desertieren und nachher dieselbe Strafe auf mich nehmen wie Sie, wenn wir zusammen Monsieur Dumas bis Uglitsch bringen.«

»Drei Hurras für unseren Oberstleutnant!«

Darauf fragte ich: »Und was ist mit der Regimentsmusik?«

»Soll natürlich mitfahren!« rief das Offizierkorps einstimmig.

»Donnerwetter«, schrie Delange, indem er seinen Hut in die Luft warf, »mein Bojar kann hinterher sagen, was er will, aber auch ich will bis Uglitsch desertieren.«

»Wieviel Flaschen Champagner sind an Bord, Küchenchef?«

»Einhundertundzwanzig, Herr Offizier.«

»Das sind zwar nicht viele, aber man muß sich behelfen, bringen sie alle für uns herauf!«

Darauf verbeugte sich der Kapitän und fragte höflich: »Unter diesen Umständen kann ich wohl ablegen lassen?«

»Gewiß, gewiß, lieber Mann!«

Darauf fuhren wir ab, während die Fanfaren ertönten und dazu das Knallen von Champagnerflaschen die Begleitmusik machte. Jeder dieser in ausgelassener Stimmung befindlichen lustigen Brüder riskierte eine Arreststrafe von 15 Tagen, nur um weitere fünf bis sechs Stunden mit mir zusammenbleiben zu können. Ich persönlich hatte die letzte Nacht kaum geschlafen und verließ baldmöglichst unauffällig das sich entwickelnde Gelage und legte mich zur Ruhe.

Als wir nach einer landschaftlich enttäuschenden Fahrt von 40 Werst in Uglitsch ankamen, einer Stadt, die im Jahre 1591 Schauplatz eines schrecklichen Dramas war, sahen wir noch vor Sonnenaufgang die dreifarbigen Schiffslaternen des Schiffes, welches von Kasan kommend unsere Offiziersbegleitung wieder nach Kaliasin zurückbringen sollte. Wir hatten uns für die Nacht so gut wie möglich auf unserem Schiff eingerichtet, die einen spielten nach dem Gelage Karten, während die anderen sich in ihre Mäntel hüllten und sofort sanft einschliefen. Einige hartnäckige Trinker köpften die letzten noch an Bord aufgetriebenen Weinflaschen und tranken sie schweigend aus. Gegen fünf Uhr morgens mußten wir uns trennen, jeder war etwas gerädert und verdrießlich sowie durchgefroren, wie es nach einer durchzechten Nacht zu erwarten war. Es wurde also ein melancholischer Abschied, auch von unserem Landsmann Delange, der seine Tränen nicht zurückhalten konnte. Als unsere beiden Schiffe beim Ablegen sich trennten, spielte die Regimentsmusik uns noch ein Abschiedsstück zur Erinnerung an das gemeinsam verlebte improvisierte Fest.

Während beide Schiffe sich mit entgegengesetzten Kursen entfernten, wurde die Musik immer leiser, bis das andere Schiff hinter einer Flußbiegung für immer unseren Blicken entschwand. –

Wir hatten keine Damen an Bord, und der Kapitän, welcher mich anscheinend für einen hohen Diplomaten hielt, gab mir die Genehmigung, in der Damenkajüte zu wohnen.

Es gibt kaum etwas Langweiligeres als die öden Ufer der oberen Wolga. Gegen Mittag waren wir in Mologa, einem Orte, wo der Strom nach Süden abbiegt. Dann passierten wir Romanow, wo die besten russischen Tulupen verfertigt werden, und zwar aus den Fellen von Romanow-Schafen. Es ist dies eine von Peter dem Großen importierte besondere Rasse, die er für so vorzüglich hielt, daß er dem Zuchtstamm seinen Familiennamen verlieh. Der Ortsvorsteher war übrigens ein Franzose und nannte sich Comte Luxembourg de Ligne.

Von Zeit zu Zeit kamen wir an einem isoliert liegenden Flecken vorbei, der einen traurigen Eindruck machte. Nichts unterbrach die ewige Monotonie des riesigen Stromes, kein Dampfschiff, keine Flußbarke kam in Sicht. Einsamkeit und absolute Stille herrschten hier. Wir kamen übrigens an dem See Kletschino vorbei, wo Peter der Große sein erstes Kriegsschiffgeschwader erbaute und der die Eigentümlichkeit hat, daß dort Heringe gefangen werden können.

Wir passierten dann Jaroslaw, wo sich eins der sieben staatlichen Gymnasien Rußlands befindet. Dort kamen zwei Damen – eine Prinzessin Dolgorukij mit ihrer Gesellschafterin – an Bord, die ausgezeichnet französisch sprachen. Jaroslaw ist dafür bekannt, daß es besonders schöne und leidenschaftliche Frauen hat. Innerhalb von zwei Jahren sollen fünf junge Leute dort aus Leidenschaft den Verstand verloren haben. Außerdem hat die Stadt das beste Hotel von Rußland, das einzige wahrscheinlich, wo man – außerhalb der beiden Hauptstädte – richtige Betten findet.

Die Prinzessin war etwas über 30 Jahre alt. Weil sich in Rußland die Damen weder mit Geschäften noch mit Politik beschäftigen, haben sie viel freie Zeit, um zu lesen und fremde Sprachen zu lernen.

Gleich in den ersten Tagen unserer Bekanntschaft hatte ich bemerkt, daß unser Dolmetscher und Reisebegleiter Kalino, einer der besten Schüler der Universität von Moskau, zwar eine erhebliche Allgemeinbildung besaß, jedoch in der Geschichte seines Landes fast vollkommen unwissend war. Dagegen kannte die Prinzessin, als Mitglied einer der ältesten Adelsfamilien Rußlands, die Geschichte des alten Rußlands in allen Einzelheiten, und wir sprachen viel über diese vergangenen Zeiten. Auch in der Poesie war sie sehr bewandert und konnte ganze Seiten von Lermontow auswendig vortragen. Wir bedauerten sehr, daß sie uns am Morgen des nächsten Tages verließ.

Unser Schiff setzte die Reise nach Nischnij-Nowgorod fort und nahm jetzt unterwegs an jedem Halteplatz einige Dutzend Passagiere auf, die wie wir zur Messe wollten.

17. Kapitel

Am nächsten Morgen sollten wir Nischnij-Nowgorod erreichen. Nach Einbruch der Dunkelheit gingen wir – wie gewöhnlich – in der Mitte des Flusses vor Anker. Wir lagen vor der Stadt Balakna, und am nächsten Morgen wurde unser Schiff förmlich von Leuten, die auch zur Messe wollten, überlaufen. Der Kapitän war in ziemlicher Unruhe, denn durch das zusätzliche Gewicht dieser Zuladung bekamen wir einen Fuß mehr Tiefgang, und schon auf der Strecke vor Balakna hatten wir bei dem niedrigen Herbstwasserstand mehrfach leichte Grundberührung. Wir legten ab.

Es war etwa zehn Uhr, als wir plötzlich ein merkwürdiges Dauergeräusch hörten, das etwa wie rollender Donner eines entfernten Gewitters oder noch genauer wie das dumpfe Knurren, welches manchmal einem Erdbeben vorherzugehen pflegt, klang. In Wirklichkeit war es das Gemurmel von zweihunderttausend menschlichen Stimmen, und dann, als wir eine Krümmung des Stromes passierten, verschwand mit einem Male die Wasserfläche unter einem dichten Wald von beflaggten Masten. Mit größter Schwierigkeit gelang es unserem Kapitän, sich hindurchzuwinden und am sibirischen Kai festzumachen.

Ich kenne nur einen Vergleich für dieses Gewimmel von Menschen an den Flußufern, und zwar das Geschiebe in der Rue de Rivoli, wenn die guten Pariser nach einem Feuerwerk vom überfüllten Place de la Concorde in ihre Wohnungen zurückströmen.

Am Flußufer standen etwa tausend Droschken und Telegen, die man mieten konnte.

Wir stiegen in eine Droschke, mit welcher wir jedoch nur mit Mühe im Schritt vorwärts kamen. Wir kamen an der Rennbahn vorbei, wo übrigens zu dieser Zeit zwei berühmte Schauspieler aus Moskau auftraten, und wir mußten uns dann in die lange Reihe der wartenden Wagen – wie vor einem Theater – einordnen, welche die Schiffbrücke passieren wollten. Diese wird übrigens in jedem Jahre neu errichtet und wegen des Eisganges im Frühjahr nach der Messe wieder abgebaut.

Nach einer Viertelstunde hatten wir sie endlich passiert, und wir waren nun auf dem Basar von Nischnij, und zwar an der Stelle, die an eine Insel stößt, welche die hier in die Wolga mündenden beiden Arme des Okaflusses bilden. Hier befanden wir uns zwischen einer Unzahl von kleinen Läden, welche auf Pfählen im flachen Wasser errichtet waren. Dort verkaufte man hauptsächlich russische Gebrauchsartikel für das Volk: Stiefel, Handschuhe, Kappen, Tulupen und ähnliches. Endlich kamen wir auf das eigentliche Festland und befanden uns am unteren Teil der Auffahrt zur Stadt. Diese Straße ist in einem ausgezeichneten Zustand und hat eine Länge von etwa einer Werst. Ihre Anlage hat nicht weniger als eine Million Rubel gekostet und wurde der Stadt vom Kaiser Nikolaus zum Geschenk gemacht.

Wie ich bereits erwähnt hatte, besaß ich Empfehlungsbriefe, und zwar an einen Herrn Grass sowie einen Herrn Brilkin, den Direktor des »Merkur-Boten«. In der Redaktion dieser Zeitung waren über dreihundert Personen beschäftigt, als wir dort eintrafen. Wir drängten uns durch das Gewühl bis zu seinem Arbeitsraum. Brilkin erkannte mich sofort, noch bevor ich meinen Mund öffnen konnte, um mich vorzustellen, und sagte:

»Sie kommen mit reichlicher Verspätung an, aber wir werden uns alle Mühe geben, um Ihnen noch einiges von der Messe zu zeigen. Ich werde Sie zu Grass führen, der für Sie ein Quartier bereithält. Dann werden Sie Ihre

Karte beim Gouverneur abgeben, welcher bereits Bescheid weiß, daß Sie die Messe besichtigen wollen, und der Ihnen eine Überraschung bereiten will.«

»Eine Überraschung für mich?«

»Jawohl, für Sie, und ich garantiere, daß Sie diese nicht erwarten.«

»Kann man erfahren, was es ist?«

»Nein.«

»Darf ich wenigstens den Namen Ihres Gouverneurs erfahren?«

»Er heißt Alexander Murajew.«

»Gehört er zu den Murajews, die hängen oder zu denen, die gehängt wurden?«

»Er ist einer von denen, die gehenkt werden sollten.«

»Aber soviel ich weiß, wurde er nach Sibirien verbannt?«

»Allerdings, aber Sie müssen wissen, daß der Kaiser eine allgemeine Amnestie erlassen hat. Und weil Alexander Murajew ein wenig zu voreilig nach Sibirien verschickt wurde, glaubte man in Petersburg, ihm eine Entschädigung schuldig zu sein, und hat ihn zum Gouverneur von Nischnij-Nowgorod ernannt.«

»Also ist er der Alexander Murajew, der in die Verschwörung von 1825 verwickelt war?«

»Jawohl, derselbe, über dessen Schicksal Sie einen Roman geschrieben haben. Sie können mit ihm darüber sprechen.«

Herr Brilkin gab Anordnungen, damit auch während seiner Abwesenheit die Arbeit weiterlief, und begleitete uns zu seinem Freunde. Er ließ uns jedoch durch eine andere Tür sein Haus verlassen, und ich muß gestehen, daß ich bei dem Anblick, der sich uns draußen bot, einen Ruf des Erstaunens ausstieß. Von hier aus ging der Blick vollständig ungehindert über die Vereinigungsstelle der

Flüsse Wolga und Oka, und man konnte dabei das Riesenfeld der aufgebauten Messestadt übersehen, das heißt ein Gebiet von ungefähr zwei Quadratmeilen, die mit hölzernen Baracken bedeckt waren, zwischen denen ein Völkergemisch von Russen, Tataren, Persern, Chinesen, Kalmücken und vielen anderen Nationalitäten sich bewegte.

Von der Terrasse des »Merkur-Boten« aus sah man, daß die Messestadt sich aus vier verschiedenen Bezirken zusammensetzte: einen zwischen den beiden Okamündungen auf der von ihnen gebildeten Insel, einen zwischen dem See Bagrontosowo und dem ersten Zubringerkanal zum See Motscheroskoje, einen auf dem Gebiet zwischen den beiden Kanälen, die zu letzterem führen, und viertens den Bezirk zwischen dem anderen Ufer dieses zweiten Kanals und dem Wald.

Das letztere Viertel wird lediglich von Frauen bewohnt, man nennt es daher den Bezirk der Freudenmädchen. Hier leben sieben- bis achttausend Frauen, die aus dem europäischen und sogar dem asiatischen Rußland für sechs Wochen zur Messe kommen, und dort ihrem menschenfreundlichen Gewerbe obliegen. Das größte Bordell hat viertausend Bewohnerinnen.

Brilkin zog mich am Arm und sagte zu mir: »Sie haben also noch acht Tage Zeit, um alles vor Messeschluß zu besichtigen, während ich . . .«

»Sie werden doch ihre Geschäfte lieber nicht im Stiche lassen, kommen Sie, wir gehen zu Herrn Grass.«

Grass war weniger beschäftigt als er und bot sich uns sofort als Cicerone und Begleiter bei unserer Messebesichtigung an. Bei der Verabschiedung ermahnte uns Brilkin noch einmal, ja nicht das Abgeben meiner Besuchskarte beim General Murajew zu vergessen.

Ich habe bereits berichtet, wie man auf dem Vorplatz

der Messe ankommt, also auf der von den Okamündungen gebildeten Insel, die mit der Unterstadt durch eine Schiffsbrücke von einer halben Werst Länge verbunden ist. Weil alle Jahre zur Zeit der Schneeschmelze die Wolga den Platz der Basarstadt überschwemmte, hat man sich entschlossen, dieses Terrain um sieben bis acht Meter zu erhöhen, was eine bemerkenswerte Arbeitsleistung erforderte. Man hat also einen Kanal von der Wolga zum Motscherskojesee ausgehoben, wodurch das nötige Erdmaterial zur Aufhöhung des Geländes gewonnen wurde. Darauf hat man auf Pfählen 2500 mit Wellblech gedeckte Läden gebaut, die für 400 000 Rubel, also für 1 600 000 Francs, vermietet werden. Man hat auch eine armenische Kirche sowie eine Moschee für Mohammedaner errichtet.

Zwei Querreihen der Läden sind für die Chinesen reserviert, welche sie mit merkwürdigen phantastischen Verzierungen, wie sie andere Völkerschaften überhaupt nicht kennen, ausgeschmückt haben. Es sind lange Wimpel, Banner und Standarten, die mit Schlangen, Drachen, grünen, roten, blauen und gelben Vögeln bemalt sind und auch von den unregelmäßigen Dächern einer Pagode herabhängen. Ihre an sich schreienden Farben werden jedoch durch das Geschick ihrer Pinsel zu einer erstaunlich harmonischen Wirkung gebracht. Hier wird hauptsächlich Tee aller Sorten verkauft, und bis zum Tage unserer Ankunft waren bereits Abschlüsse über zweiunddreißigtausend Kisten gemacht.

Man kann sich ein Bild von der Mannigfaltigkeit der gehandelten Waren machen, wenn wir erwähnen, daß dort beispielsweise für drei Millionen edle Steine sowie für vierhunderttausend Francs Haselnüsse verkauft waren. Von anderen Handelsartikeln sollen Matten für fünfzehntausend Francs, Kaviar für zwei Millionen und

Seide für acht Millionen Francs erwähnt werden. Von russischen Erzeugnissen werden im Durchschnitt für 90 Millionen Francs Verkäufe getätigt. Aus dem übrigen Europa Waren für 18 Millionen Francs. Schließlich schätzt man die sonstigen asiatischen Warenverkäufe – hauptsächlich Teppiche – aus China, Buchara, Kirgisien, Armenien und Persien auf 17 Millionen.

Man wird verstehen, daß es unmöglich ist, alle Auslagen zu besichtigen. Deshalb wollen wir uns auf einige Überschläge beschränken und hervorheben, daß alle Geschäfte mündlich, ohne schriftliche Verträge oder ein gestempeltes Papier, abgewickelt werden.

In früherer Zeit fand dieser Jahrmarkt in Kasan statt, jedoch im Jahre 1554 hat der Zar seinen Kaufleuten verboten, die damals noch nicht eroberte Stadt zu besuchen, um diesen riesigen Handel für Rußland zu sichern. Deshalb wurde die Stadt Makariew als Messestadt bestimmt, und erst im Jahre 1817 verlegte man die Messe von dort nach Nischnij-Nowgorod.

Frankreich ist in Nischnij durch Modewaren, einigem Schmuck und Tuchwebereien vertreten, aber ich muß sagen, daß sowohl diese Modewaren als auch der Schmuck nicht von der Art sind, daß sie den asiatischen Völkern einen hohen Begriff von unserem Geschmack geben.

Selbstverständlich ließen wir die Buden, welche Eisenwaren, Gußeisen, Tauwerk, Lederwaren, Filzstiefel und Pelzmützen feilboten, unbeachtet und besichtigten zuerst die chinesischen, tatarischen und persischen Läden. Dort waren von Kaufleuten, die ebenso fremdartig wirkten wie ihre Waren, indische Schals, chinesische Seidenstoffe, türkische Gewebe, Smyrnateppiche, kaukasische Seiden, Prunkgürtel mit Türkisen, damaszenierte Säbel, Dolche und Pistolen ausgestellt, ferner Pfeifen von jeder Art und Form zu Preisen zwischen zwanzig Kopeken und tausend Rubeln. Ferner konnte man dort Sättel, Zaumzeug und persische Paradedecken aus Erzerum, Nuscha und Teheran sehen, also aus Gegenden, wohin unsere Reise ging, die wir nur aus den Erzählungen aus 1001 Nacht kannten und die wir eigentlich ins Reich der Fabeln versetzen möchten.

Das ganze lärmende Gewühl machte den Eindruck von Verrückten und betäubte bald den neu angekommenen Besucher. Als einzige schienen die türkischen Händler durch ihre Unbeweglichkeit und ihr Schweigen ihren Verstand zu behalten.

Gegen fünf Uhr abends machte uns Grass darauf aufmerksam, daß wir gegen sechs Uhr zu Hause zum Essen erwartet wurden, und obwohl wir nur noch eine Werst davon entfernt waren, beanspruchte das Durchdrängen durch die dichte Menge über eine Stunde. Beim Passieren des Gouvernementsgebäudes hatte ich meinen Namen auf ein Blatt Papier geschrieben und es einem Bedienten für den General gegeben, weil ich beim Verlassen Frankreichs vergessen hatte, gedruckte Visitenkarten mitzunehmen.

Wir waren noch beim Essen, als eine Ordonnanz erschien und eine Einladung zum Tee für den gleichen Abend sowie eine für ein Mittagessen am nächsten Tage überbrachte. Gleichzeitig wurde uns bedeutet, daß in Nischnij abends zwischen zehn und elf Uhr Teezeit war. Also mußten wir unsere Abendkleidung – schwarzen Rock und Hose, weiße Weste und Krawatte sowie Lackstiefel –, die wir seit der Abreise von Petersburg nicht wieder benutzt hatten, aus den Koffern auspacken.

Ich war sehr gespannt, wie die Abendbeleuchtung dieses Riesenfeldes mit seinen dreihunderttausend Menschen von oben wirken würde, und ich muß feststellen, daß es ein magischer Anblick war, wie innerhalb von fünf

Minuten jedermann seine Leuchte, Fackel, Laterne oder Kerzen anzündete und auch die Schiffe ihre Lampen.

Pünktlich um zehn Uhr betraten wir das Palais des Gouverneurs. Der General Alexander Murajew war noch in Gesellschaft seiner Familie und von Mademoiselle de Gallinskij, seiner Nichte, den Prinzessinnen Scherkaskoj sowie von einigen anderen intimen Freunden, darunter auch Monsieur Karamzin, der Sohn des berühmten russischen Historikers und Romanciers Nikolaus Karamzin, welcher ein Buch über die russische Geschichte zwischen 1816 und 1826 geschrieben hat.

Kaum hatte ich unter den Anwesenden Platz genommen und war gespannt auf die mir bevorstehende Überraschung, die nur eine angenehme sein konnte, was aus der freundlichen Begrüßung durch den General klar hervorging, als sich die Tür erneut öffnete und man ansagte:

»Der Graf und die Gräfin Annenkow!«

Bei Nennung dieser Namen fuhr ich hoch, denn blitzartig kam mir eine vage Erinnerung an meinen 1840 veröffentlichten Roman »Der Fechtmeister«. Der General ergriff meine Hand zur Vorstellung und sagte zu den Neuankömmlingen: »Herr Alexandre Dumas!« und dann zu mir gewandt:

»Der Graf und die Gräfin Annenkow, der Held und die Heldin Ihres Romans ›Der Fechtmeister‹!«

Vor Überraschung stieß ich nun doch einen Schrei aus, und wir umarmten uns spontan.

In der Tat waren es Alexis und Pauline Annenkow, deren abenteuerliches Schicksal mir erzählt worden war und welches ich zu einem dreibändigen Roman verarbeitet hatte.

Im Jahre 1825 hatte Annenkow an der republikanischen Verschwörung teilgenommen, nach deren Scheitern Paul Pestel, Serge Murawiew, Bestuschew-Rumin, der Pole

Kakovsky und der Dichter Rylelew das Schafott besteigen mußten. Annenkow selbst war als minder schuldig angesehen und lediglich zu ewiger Verbannung nach Sibirien verurteilt worden. Er wurde von einer jungen Dame von Familie, Pauline Xavier, geliebt, und obwohl sie nicht mit ihm verheiratet war, erhielt sie die kaiserliche Erlaubnis, seine Verbannung nach den Minen von Petrowskij zu teilen, und legte unter tausend Gefahren und Beschwerden den langen Weg zu ihm zurück. Diese wahre Geschichte hatte ich einem Roman zugrunde gelegt, der natürlich in Rußland streng verboten wurde, allerdings wohl gerade deshalb um so mehr unterderhand Verbreitung fand.

Die Prinzessin Trubetzkoi, eine Freundin der Kaiserin, erzählte mir dazu folgendes: Eines Tages las sie in einem abgelegenen Zimmer mit ihr den verbotenen Roman, als sich plötzlich die Tür öffnete und ihr Gemahl, der Zar, hereintrat. Die Prinzessin trug gerade daraus vor und versuchte, das ominöse Buch unter den Divankissen zu verstecken, als der Kaiser Nikolaus sich der Kaiserin näherte und zu ihr sagte: »Sie lassen sich vorlesen, Madame?«

»Jawohl, Sire.«

»Soll ich Ihnen sagen, was Sie sich vorlesen lassen?«

Schweigen . . .

»Sie lassen sich den Roman von Dumas ›Der Fechtmeister‹ vorlesen.«

»Wie kommen Sie darauf, Sire?«

»Das ist doch nicht schwer zu erraten. Es ist das Buch, das ich zuletzt verboten habe.« –

Dieser Roman wurde in Rußland so beliebt, daß auf der Messe Taschentücher verkauft wurden, die mit Szenen daraus bedruckt waren, zum Beispiel mit dem Angriff der Wölfe auf die Telege.

Man wird verstehen, daß Held und Heldin meines

Romans mich mit Beschlag belegten und mir ihre Erlebnisse erzählten:

Annenkow wurde zuerst in der Festung gefangengehalten, dann ging es mit Eisen an Füßen und Händen im Leiterwagen nach Irkutsk, wo er als einziger Überlebender ankam. Die Leidensgefährten starben oder erkrankten unterwegs schwer. Als er in Asserschinskij, einer Silbermine, angekommen war, fand er, daß ein Teil der mit ihm Verbannten in ein geschlossenes Lager nach Tschita weitergeleitet wurde. Übrigens ist die Zahl der jährlich neu nach Sibirien Verbannten etwa zehntausend Personen. Im Jahre seiner Ankunft gab es bereits zweihunderttausend Zwangsansiedler in Sibirien.

Es gibt aber auch freiwillige Siedler. In Wahrheit ist das südliche Sibirien ein sehr schönes und wunderbar reiches Land, das gerade weil die Verbannten im allgemeinen die Blüte der Intelligenz sind und seit zwei Jahrhunderten zwangsweise dorthin verschickt wurden, weit fortschrittlicher entwickelt worden ist als das alte Rußland. Pauline Xavier, die spätere Gräfin Annenkow, traf im Minengebiet von Petrowskij mit ihrem Geliebten zusammen.

Die Gräfin zeigte mir ein Armband, welches sie sich um den Arm hatte schmieden lassen und welches aus den Eisenfesseln ihres Gatten gefertigt war. Sie waren von 1826 bis 1853 – also 27 Jahre – in Sibirien gewesen und hatten sich darauf eingestellt, dort ihr Leben zu beenden, als sie plötzlich die Nachricht von ihrer Begnadigung erreichte. Sie sagten zu mir, daß sie diese unerwartete Neuigkeit ohne besondere Freude hingenommen hatten. Sie hatten sich an das Leben in Sibirien gewöhnt und waren richtige Sibirier geworden.

Wir blieben im ganzen drei Tage in Nischnij und nahmen während dieser Zeit an zwei Abendgesellschaften und einem Mittagessen beim General Alexander Murajew teil. Als er übrigens mit anderen Verbannten aus Sibirien zurückkam, war er sehr erstaunt gewesen, daß er in Perm die Bestallung zum neuen Gouverneur von Nischnij-Nowgorod vorfand.

Graf Annenkow und seine Gattin wußten noch nicht, was sie in Rußland erwartete, weil ihre Güter eingezogen waren, und er hatte deshalb das Amt als Sekretär bei Murajew angenommen. Der neue Zar hatte jedoch vor kurzem ihm 1200 »Seelen« seiner früheren Leibeigenen zurückerstatten lassen.

Wir fuhren verhältnismäßig früh von Nischnij ab, denn unser würdiger Gastgeber, Monsieur Grass, mußte selbst wegen einer dringenden Angelegenheit nach Kasan und wollte uns begleiten. Also verabschiedeten wir uns herzlich von unseren neuen Freunden, dem Gouverneur sowie Graf und Gräfin Annenkow und schifften uns an Bord des *Lotsman* ein. Es gelang dem Kapitän auch, ohne zu große Beschädigungen durch das Gewühl der Tausende von Fahrzeugen das freie Fahrwasser zu erreichen.

Am ersten Abend ankerten wir bei Liskowo, einem Ort, der zum Leibgedinge eines georgischen Fürsten gehörte.

Von hier an lernten wir einen Völkerstamm kennen, der seine eigene Sprache spricht: es sind wohl Zigeuner, also weder Russen noch Tataren oder Kalmücken. Der schwere Beruf dieser Leute ist das Schleppen von Handelsschiffen die Wolga auf- und abwärts, also eine Arbeit, für welche bei uns Pferde verwendet werden. Die Zahl der Wolgaschlepper richtet sich nach der Tonnage der zu treidelnden Fahrzeuge, ich habe bis 40 Mann als Vorspann für ein Schiff gezählt. Ihr geringer Lohn beträgt für zwölf Stunden: zwölf Kopeken.

Ihre kleine Kolonie, die sich nicht mit anderen Stammesangehörigen vermischt, ließ sich während der Wirren im 16. Jahrhundert an der Wolga zwischen Nischnij und Kasan nieder, verhielt sich vollkommen friedlich und widmete sich ausschließlich dem Geschäft des Schiffstreidelns.

Dann passierten wir die frühere Messestadt Makariew und kamen bald darauf in Kasan an. Hier habe ich mir sehr hübsche Weißblechkoffer gekauft, die aussehen, als ob sie aus reinem Silber sind. Es war gerade die Zeit der Dämmerung, als wir die Minaretts dieser alten Tatarenstadt zu Gesicht bekamen, die nach der Eroberung zu Glockentürmen umgebaut wurden.

Kasan ist eine Stadt, deren tatarische Erinnerungen noch so frisch sind, daß man sich gar nicht daran gewöhnen kann, daß sie eine russische Stadt geworden ist. Sie wurde im Jahre 1257 vom Sohne Batu-Khans gegründet und Hauptstadt eines Khanats, welches sich von der Goldenen Horde unabhängig machen konnte. Im Jahre 1552 hat Iwan der Schreckliche die Stadt nach einer Belagerung und einem verlustreichen Sturmangriff erobert. 1774 wurde Kasan von Pugatschew, diesem Kosaken, welcher behauptete, Peter III. zu sein, durch Feuer zerstört. Er wurde später in einem eisernen Käfig als Gefangener nach Moskau gebracht und dort vor seiner Hinrichtung dem Volke gezeigt.

In Kasan kannte ich keinen Menschen, aber ich hatte einen Brief an den dortigen Generalintendanten mit einer Anweisung auf Entnahme eines Oberstenzeltes. Diesen ließ ich ihm überbringen. Sein Name war Jablonowskij. Bei unserem Besuch fanden wir größtes Entgegenkommen, und er lud uns für den Abend zum Tee ein, und als wir den Einwand machten, daß wir etwa fünf Werst von Kasan übernachten mußten, stellte er uns sofort seinen Wagen zur Verfügung. Außerdem versprach er, sofort ein besonders komfortables Zelt für mich auszusuchen. Auch als Begleiter für unsere Besichtigung der Stadt bot er sich an.

Naturgemäß begannen wir mit dem Kreml, dessen höchster Turm aus den Trümmern der von Iwan dem Schrecklichen zerstörten Moscheen erbaut wurde. Dann besichtigten wir die Ladenstraßen. Dort wird hauptsächlich Leder- und Pelzhandel betrieben. Soviel ich beurteilen kann, gibt es in der ganzen Welt keine Stadt, welche so vorzügliche Lederarbeiten wie Kasan herstellen kann, und ich habe mir von dort einige besonders schöne Stücke mitgebracht, nämlich eine Jagdtasche, die mir der General Lahn schenkte, eine Matratze mit Lederkissen, eine Patronentasche sowie Tragfutterale für Gewehre und Stiefel, welche ich in einem gewöhnlichen Laden kaufte und die an Qualität um hundert Meilen alles zurücklassen, was in diesen Artikeln in Frankreich und sogar in Rußland – dem Land der besten Lederverarbeitung – hergestellt wird.

An sibirischem Pelzwerk findet man in Kasan einfach alles. Vom Bärenfell angefangen bis zum Marder, grauen Eichhörnchen und Blaufuchs. Ein Pelzhändler erzählte uns, daß einer der erfolgreichsten Bärenjäger eine Frau sei. Sie hatte ihm innerhalb von fünf Jahren 53 Bärenfelle geliefert. Übrigens ist der Preis für ein schönes Bärenfell in Kasan nur 20 bis 22 Rubel, dasselbe kostet in Moskau fünfzig Rubel und in Paris vierhundert Francs.

Felle von Zobel, Blaufuchs und Silberfuchs kosten je nach Qualität, die besonders davon abhängen soll, ob sie in einem sehr kalten Winter erbeutet wurden.

Bei unserer Abfahrt von Nischnij hatte sich unser Gepäck um einige Gepäckstücke vermehrt. Weil man von meiner Vorliebe für guten Tee gehört hatte, übersandte

Pferde durchschwimmen die Wolga (zu Seite 281)

man mir von verschiedenen Seiten Geschenkpackungen, so daß ich schließlich fast 40 Pfund Tee mitnehmen mußte. In Kasan war es ähnlich, man zwang mir förmlich Musterstücke von Leder und Fellen auf. Man darf sich nicht darüber wundern, daß ich diese Geschenke immer wieder erwähne, aber ihre Erwähnung ist das einzige, was ich tun kann, um mich für die vielen Aufmerksamkeiten zu bedanken, welche dazu beitrugen, daß meine Rußlandreise zu einer der schönsten meiner vielen Reisen wurde.

Nun handelte es sich darum, ein Schiff für den Rest meiner Wolgafahrt bis nach Astrachan zu finden. Weil die regelmäßige Postschiffahrt bereits eingestellt war, konnten wir nur auf eine Zufallsgelegenheit hoffen. Monsieur Grass konnte auch nichts Positives feststellen, man sagte ihm, daß die einzige Möglichkeit darin bestünde, daß der Dampfer *Nachimow,* welcher in Astrachan beheimatet war und vor etwa fünf bis sechs Tagen flußaufwärts Kasan passiert hatte, in aller Kürze zurückkommen würde. Dies Schiff trug den Namen eines bei der Belagerung von Sewastopol getöteten russischen Generals.

Für alle Fälle erkundigten wir uns nach weiteren Reisemöglichkeiten, aber beim Zufrieren der Wolga blieb uns lediglich eine Landreise mit einer Telege oder einem Tarantas mit der Post übrig.

Jetzt zu unserer Abendgesellschaft bei Jablonowskij: Es hatte sich herumgesprochen, daß ich begeisterter Jäger sei, und infolgedessen hatte General Lahn zusammen mit seinem Bruder, der mich von Paris her kennen wollte, bereits Anstalten getroffen, um in einem sehr wildreichen Wald, etwa 30 Werst von Kasan, eine Treibjagd auf Hasen abzuhalten. Mit dem Vorbehalt, daß ich den *Nachimow* nicht verpaßte, nahm ich dankend an. Dar-

Kirgisendorf (zu Seite 281)

auf flüsterte Lahn mit dem Polizeimeister, und dieser versicherte darauf, daß er die Schiffspapiere des *Nachimow* nicht ausklarieren würde, bevor wir von der Treibjagd zurück seien. Man sieht, daß ein Polizeistaat nicht nur seine Unannehmlichkeiten, sondern auch seine Vorteile hat!

Um sechs Uhr früh brachen wir in drei Jagdwagen auf. General Lahn hatte mich in seinen Wagen genommen, und die übrigen zehn verteilten sich. Lahn war Adjutant des Kaisers Nikolaus gewesen, und wenn er von ihm sprach, bekam er feuchte Augen. Er hatte alle bedeutenden Generale Rußlands gekannt, und zwar vom alten Jermolow, dem Helden des Kaukasus, bis zu Menschikow, dem Verteidiger des Kriegshafens von Sewastopol im Krimkriege.

Menschikow war eine der geistreichsten Persönlichkeiten von ganz Rußland, was nicht wenig sagen will. Eines Tages fragte eine der jungen Großfürstinnen bei der kaiserlichen Mittagstafel ihren Vater, den Zaren, was eigentlich ein Eunuch wäre. Der Kaiser wurde verlegen und sagte zu ihr, sie solle Menschikow die Frage stellen, der sie sicher beantworten könne. Sie wiederholte also ihm gegenüber noch einmal ihre Frage. Dieser dachte einige Zeit nach und antwortete dann:

»Prinzessin, ein Eunuch ist eine Art Kammerherr des Großherrn, welcher zwar noch den Schlüssel, jedoch nicht die Knöpfe eines solchen hat.« –

Eine andere Geschichte von Menschikow:

Der General Alexander Tatischew hatte 1813 Kassel, die Hauptstadt des neuen Königreiches Westfalen genommen, das bekanntlich nur eine Lebensdauer von vier oder fünf Jahren hatte. Weil dies die größte Heldentat ihres Mannes war, erwähnte seine Frau mindestens einmal am Tage dies Ereignis. Eines Tages wollte sie wieder davon sprechen, konnte sich jedoch im Augenblick nicht an den Namen der Stadt erinnern. In diesem Moment betrat Menschikow den Raum und Madame Tatischew sprach ihn an:

»Prinz, wie hieß doch die große Stadt, die Alexander erobert hat?« Ohne zu zögern antwortete er: »Babylon, Prinzessin, Babylon.« –

Unsere Treibjagd ergab 45 Hasen, von welchen ich zwölf erlegte. Bei unserer Rückkehr fand ich eine Freudennachricht vor: Der *Nachimow* war angekommen und wollte am übernächsten Tage nach Astrachan weiterfahren, wo der Kapitän uns nach zehn Tagen an Land setzen wollte. Der Dampfer hatte Holz- und keine Kohlenfeuerung, weshalb er alle zwei Tage fünf bis sechs Stunden anlegen mußte, um seinen Brennstoffvorrat aufzufüllen. Wir schlossen für einen Fahrpreis von zweihundert Francs mit ihm ab und nahmen am nächsten Tage – mit weiteren zusätzlichen sechs Gepäckstücken beladen – Abschied von unseren Freunden und legten uns in unseren Kabinen schlafen, weil das Schiff während der Nacht abfuhr.

Als wir am nächsten Morgen an Deck erschienen, stand die Sonne, die sonst immer von vorn geschienen hatte, zu unserer Linken, wir fuhren also jetzt nach Süden.

Beim Passieren der Stelle, wo sich der wasserreiche Nebenfluß Kama, der im Ural entspringt, in die Wolga ergießt, bekommt dieser Strom eine ganz andere Farbe. Die Kama führt viel regelmäßiger Wasser als die Wolga, weil sie ein Gebirgsfluß ist. Sie ist ungemein fischreich, und man fängt dort alle in Rußland vorkommenden Fische, Wels, Stör, Forellen und den Beluga, der manchmal bis zu 1400 Pfund schwer wird. Nach dem Zusammenfluß wird das Strombett bedeutend breiter und beginnt Inseln zu bilden, das linke Flußufer bleibt flach, während das rechte steil wird und bis zu vierhundert Fuß Höhe bekommt.

Simbirsk ist die erste bedeutendere Stadt, die wir passierten, aber immer wieder befremdet einen die Menschenleere des Landes, das sicher zehnmal mehr Einwohner ernähren könnte. Es ist unverständlich, daß eine so bedeutende Verkehrsader wie die Wolga, die eine Verbindung zwischen der Ostsee und dem Kaspischen Meere darstellt, an ihren Ufern nicht mehr besiedelt ist. Immer wenn unser Dampfer festmachte, um Brennholz zu kaufen, gingen wir an Land. Immer waren die Holzhütten von Landleuten bewohnt, die rote Hemden und Tulupen trugen. Hier kostete der sonst so teure Sterlet nur vier Kopeken das Pfund.

Drei Tage nach unserer Abfahrt von Kasan erreichten wir Saratow, wo der Kapitän ein bis zwei Tage bleiben wollte, um Ladung zu übernehmen. Das war für uns nicht angenehm, denn wir hatten keine Empfehlungsbriefe für diese Stadt und kannten natürlich niemanden.

Deshalb verhandelte ich jetzt mit dem Kapitän wegen Ermöglichung eines Besuches der Salzseen. Denn der General Lahn hatte mir auf einer russischen Karte nicht nur den Unterlauf der Wolga erklärt, sondern auch gezeigt, wie wir zu den berühmten Salzseen in der Kirgisensteppe gelangen könnten.

Bei Kamischin sollten wir das Schiff verlassen, eine Telege mieten und einen dreitägigen Ausflug zu den Kirgisen machen. Am dritten Tage könnten wir den *Nachimow* bei Zaryzin wieder erreichen, also da, wo Wolga und Don sich am meisten einander nähern. General Lahn hoffte, daß ich beim Eltonsee seinen Freund, den Hetman der Kosaken, General Beklemischew, antreffen würde, der mir dann dort als Führer dienen könne. Darauf erbat ich für alle Fälle einen Einführungsbrief.

»Das ist gar nicht nötig, Sie brauchen nur Ihren Namen zu nennen. Seine Frau kennt Ihre Bücher auswendig.«

Es hatte stark gereift, als wir in Saratow anlegten, und wir entsandten Kalino, um Auskünfte und Erkundigungen einzuziehen. Aber so gut und nützlich sonst Kalino war, beim Einholen von Informationen war er denkbar ungeschickt. Allerdings wäre er sehr geeignet gewesen, um Statistiken auszuarbeiten.

Wir gingen bereits fast eine Stunde auf den schlecht gepflasterten und schmutzigen Straßen des Städtchens, das etwa dreißigtausend Einwohner hatte, spazieren, als ich plötzlich ein Ladenschild mit folgender Inschrift entdeckte:

ADELAIDE SERVIEUX

»Ah«, sagte ich zu Moynet, »wir sind gerettet, hier wohnen Franzosen, oder wenigstens eine Französin!«

Sofort betrat ich den Kaufladen, welcher ein Wäschegeschäft war, begrüßte eine junge Frau als Landsmännin und fragte sie, wie man wohl zwei langweilige Liegetage in dieser Stadt am besten verbringen könne. Sie antwortete lächelnd: »Wenn man ein reisender Kaufmann ist, so bietet man seine Warenmuster an, aber wenn man Alexandre Dumas ist, besucht man Landsleute, diniert mit ihnen und führt geistreiche Gespräche. Gestatten Sie, daß ich Ihnen meinen Mann und einige gute Freunde vorstelle.«

In der Tat lernten wir bei ihr den Prinzen Labanow kennen, dessen Tante und Kusinen Labanow ich von Florenz her kannte, ferner den Polizeimeister Posniak, Madame Zenaide – eine Dichterin – und bekamen gute französische Küche zu essen, wir stifteten guten Tee und alle zusammen trugen zur geistreichen Unterhaltung bei.

Kurz und gut, es wurden zwei reizende Tage, und es

war schön, zu sehen, wie eine kleine Wäschehändlerin aus Paris dank ihrem reizenden Witz die halb russische und halb tatarische Gesellschaft in diesem entlegenen Winkel Rußlands völlig zivilisiert hatte. Der Polizeimeister überreichte mir eine kleine kaukasische Pistole mit damasziertem Lauf und einem Kolben aus Elfenbein, der mit Gold eingelegt war, zur Erinnerung an die gemeinsam verlebten Tage, weil er wüßte, daß ich ein Liebhaber von schönen Waffen sei.

Als wir am nächsten Tage um sieben Uhr abends ablegten, begleiteten uns unsere neuen Freunde aus Saratow zum Schiff und warteten dort bis zur Abfahrt. Sie hatten Pechfackeln mitgebracht, und wir sahen ihren Schein noch fast eine halbe Stunde lang am Ufer leuchten.

Um neun Uhr morgens sollten wir Kamischin am linken Wolgaufer erreichen, und eine Stunde vorher waren wir mit unserem kleinen Reisegepäck an Deck. Nach der Landung begaben wir uns zur Poststation, um dort unseren *Padarojne* – eine Anordnung der Obrigkeit, dem Vorzeiger sofort Pferde zu stellen – vorzuzeigen. Ohne diesen Schein kann man ebensowenig Postpferde bekommen wie in Frankreich ohne gültigen Paß.

Natürlich gibt es verschiedene Dringlichkeitsstufen für dieses Papier. Der meinige war vom Gouverneur von Moskau unterschrieben worden und rangierte auf gleicher Stufe wie der für einen Fürsten ausgestellte. Daher hatten wir auch keine Schwierigkeiten, sofort fünf Pferde zu bekommen. Der Tarif für Pferde ist billig – etwas über zwei Kopeken pro Pferd und Werst – weshalb die Postmeister nicht viel verdienen und alles mögliche versuchen, um die Reisenden zu überteuern. Wenn man einmal darauf hineinfällt, so wird jeder Postillon auf der nächsten Umspannstation von der Möglichkeit, Extrakosten herauszuholen, berichten.

Nach Vorschrift muß jeder Postmeister – auch im kleinsten Dorf – stets wenigstens die Bespannung von drei Troikas, also neun Pferde, im Stall haben. Aber kein Vorgesetzter kontrolliert die Stallbücher und unterzeichnet sie mit der Feder, aber wenn man fünf oder sechs Schläge mit der Nagaika auf den Rücken des Postmeisters knallt, so findet sich stets plötzlich wenigstens die Bespannung für ein Dreigespann im Stall.

18. Kapitel

Wir hatten etwa 260 Werst zu fahren, und bei so ebenen Wegen, wie die Straßen durch die Steppe sind, könnte man diese Strecke in etwas über einem Tag zurücklegen, wenn man nicht jedesmal beim Pferdewechsel etwa zwei Stunden verlieren würde. Wie ich bereits erklärt habe, regelt sich alles in Rußland nach dem Rang – dem Tschin – der betreffenden Persönlichkeit, der etwa den militärischen Dienstgraden entspricht. Je höher der Dienstgrad, desto schneller wird man abgefertigt. Auf meinem *Padarojne* stand: »Monsieur Alexandre Dumas, littérateur«. Wahrscheinlich gab es keine passende russische Übersetzung für »Schriftsteller«, weshalb mein Name und Beruf in Französisch geschrieben waren, so daß Kalino sich die Freiheit nahm, mir den Rang eines »Generals« bei der Übersetzung für die Postmeister zu verleihen.

Es gibt nichts Traurigeres als die ewigen unbewohnten flachen Ebenen dieser Steppengebiete, die lediglich mit grauem Heidekraut bedeckt sind, und wo es ein Ereignis ist, wenn man fern am Horizont das Schattenbild eines Reiters erblickt, während man höchstens alle 40 Werst einen einsamen Vogel zu Gesicht bekommt.

Zwischen der ersten und zweiten Umspannstation sahen wir die ersten Kirgisenzelte. Sie sind ebenso wie die der Kalmücken aus Filzdecken in Pyramidenform errichtet, mit einer Öffnung in der Mitte, um den Rauch abziehen zu lassen.

Die Kirgisen sind hier keineswegs Ureinwohner, sie sind vielmehr aus Turkestan eingewanderte Nomaden und stammen ursprünglich aus den Randgebieten von China. Das Steppengebiet zwischen Ural und unterer Wolga war vorher von Kalmücken bewohnt. Aber eines Tages verließen sie – fünfhunderttausend Köpfe stark – dieses Gebiet, nachdem sie ihre Pferde gesattelt und ihre abgebrochenen Zelte auf Kamele verladen hatten, um zurück nach Osten zu wandern.

Wahrscheinlich war der Grund hierfür die schlechte Behandlung, die sie von russischer Seite erdulden mußten, indem nicht nur der Einfluß ihrer Oberen systematisch zurückgedrängt wurde, sondern auch die individuellen Freiheiten mehr und mehr unterdrückt wurden. Dabei hatte ihr letzter Anführer, Ubatscha, persönlich die Russen mit dreißigtausend Berittenen bei ihren Kriegszügen gegen die Türken und Nogaitataren unterstützt, insbesondere bei dem berühmten Feldzug, welcher mit der Eroberung von Otschakow endete. Aber der Dank bestand in weiteren Bedrückungen.

Darauf rief Ubatscha die ganze Horde zu einer Versammlung zusammen, und dabei wurde die Rückwanderung beschlossen. Katharina II. verlor dadurch im Jahre 1771 auf einmal eine halbe Million Untertanen.

Das von ihnen verlassene große Weidegebiet blieb über 30 Jahre herrenlos. Dann siedelten sich mit Genehmigung der russischen Regierung dort an der Uralseite einige Kirgisenstämme an, welche langsam ihr Nomadengebiet bis zur Wolga ausdehnten. Aber im Gegensatz zu den früheren Steppenbewohnern, welche eine bescheidene und fast sanfte Rasse waren, wie es auch ihrer buddhistischen Religion entspricht, sind die Neuankömmlinge Mohammedaner und als Räuber und Plünderer bekannt. Mit ihren spitzen Mützen, mit Pfeil und Bogen, ihren Lanzen, weiten Hosen, Steigbügeln aus Stricken und kleinen langhaarigen Steppenpferden wurden sie der Schrecken der französischen Bauern, als sie 1814 im Gefolge der russischen Armee nach Frankreich kamen.

Inzwischen haben sie größtenteils Pfeil und Bogen mit Gewehren vertauscht, aber ein Teil hält noch aus nationaler Tradition oder weil Gewehre für sie zu teuer sind, an der alten Bewaffnung fest. Übrigens benötigt man vier Kamele oder acht Pferde, um ein Familienzelt von zwölf Fuß Durchmesser mit seinen Bewohnern zu neuen Weideplätzen zu transportieren.

Die kirgisischen Steppenpferde sind eine kleine Rasse, schnell und unermüdlich. Sie ernähren sich vom mageren Steppengras, und sie sind keine andere Pflege gewöhnt, als daß der Reiter ihnen das Gebiß abnimmt, damit sie besser fressen können. Von Futtergerste oder Hafer ist selbstverständlich keine Rede.

Wir waren entschlossen, die Nacht durchzufahren bis wir die Salzseen erreichten, denn in diesem Steppengebiet gibt es nichts Bemerkenswertes zu sehen. Wir wußten, daß wir unterwegs keine Verpflegung kaufen konnten und hatten uns mit Brot, harten Eiern und Wein versehen. Von Anbruch der Dunkelheit an machte man uns einige Schwierigkeiten beim Pferdewechsel, weil man vorschützte, wir könnten in der Dunkelheit von Kirgisen angehalten werden.

Als Antwort darauf zeigten wir unsere Gewehre vor, im übrigen waren wir überzeugt, daß uns in der Nähe von einem so bedeutenden Kosakenposten, wie er am Eltonsee stationiert war, kaum eine Gefahr drohe. Hiermit behielten wir recht, wir wurden nicht belästigt, aber gegen zwei Uhr morgens unterbrachen wir unsere Fahrt bei einer Umspannstation. Nicht etwa aus Furcht vor Kirgisen, sondern weil wir vor Kälte erstarrt waren. Der Frost hatte uns bei Kasan und der Schnee bei Saratow erreicht, und in der Steppe, wo der Wind ungehindert wehte, hatten wir sechs bis sieben Grad unter Null.

Wir verschliefen zwei Stunden in unseren warmen Pelzröcken, und zwar hatte ich als Ältester zwei Bretter als Unterlage, während die übrigen auf der nackten Erde ruhten. Bei Tagesanbruch tranken wir unsern üblichen Tee, wozu meine Begleiter ein Glas Wodka nahmen, einen scheußlichen Getreidebranntwein, an den ich mich niemals gewöhnen konnte. Dann fuhren wir weiter.

Außer einigen verstreuten Filzzelten und einigen Reitern mit langen Lanzen passierten wir unterwegs nur eine richtige unendliche Steppe ohne jede Bodenerhebung, einen Ozean von Heidekraut, ohne irgend ein Wild. Mein geschultes Jägerauge konnte nur einige Lerchen und kleine graue Schnabelvögel sowie in der Nähe eines Sees einige Wildgänse und Möwen entdecken.

Endlich, gegen drei Uhr mittags, erblickten wir am Horizont wie einen Silberspiegel den Eltonsee. Nach einer Stunde hielten wir an seinem Nordufer vor dem Gebäude der Salinenverwaltung. Ringsherum lagen einige Holzhäuser und die Kaserne des Kosakenpostens mit den Ställen.

Überall war großer Betrieb, und als wir nach der Ursache fragten, wurde uns zu unserer Freude mitgeteilt, daß der Hetman der Kosaken von Astrachan und Freund des Generals Lahn, der General Beklemitschew, auf seiner Besichtigungsreise am Vorabend am See eingetroffen war.

Hier möchte ich einige Bemerkungen über die berühmten Salzseen machen, welche zu den Reichtümern des südlichen Rußlands zählen:

Die im Augenblick von uns besuchten Seen sind deshalb bemerkenswert, weil sie drei- bis vierhundert Werst vom Kaspischen Meer liegen, also nicht infolge Zurücktretens des Meeresspiegels entstanden sein können. Es gibt im ganzen 135 solcher Salzseen, von denen 97 gar nicht oder kaum ausgebeutet werden. Aber woher kommt nun das Salz im Eltonsee und den benachbarten Binnenseen? Ich glaube, daß es aus gewissen Salzablagerungen in der Erdrinde stammt.

Für die Übernachtung schlugen wir unser neues Zelt am Seeufer auf und setzten darauf die kleine Trikolore, welche uns unsere freundlichen Damen in Saratow genäht hatten. Während ich mich – wie üblich – persönlich als Koch betätigte, hörte man, wie mehrere Pferde ankamen, und kurz darauf erschien ein russischer Offizier in Kosakenuniform im Zelt. Er fragte mich, ob ich zufällig Alexandre Dumas sei, der seit einem Monat in Astrachan erwartet würde.

Ich verbeugte mich, ließ die sechs Koteletts im Stich und antwortete: »Zweifellos habe ich die Ehre, den General Beklemitschew vor mir zu sehen?«

»Jawohl, aber woher kennen Sie meinen Namen? Woher wissen Sie, daß ich hier bin, und warum besuchen Sie mich nicht, um sich zum Essen einladen zu lassen?«

Er fragte dann, wie es komme, daß ich in dieser verlassenen Gegend sei, und ich erklärte ihm die Veranlassung sowie, daß mir General Lahn den Ausflug empfohlen hätte. Darauf machte er den Vorschlag, nur das eine Seeufer zu Pferde zu besichtigen und am nächsten Tage unseren Wagen nach dem südlichen Ende mit unserem Gepäck vorauszuschicken, wo er uns erwarten wollte. Als er jedoch hörte, daß unser Gepäck nur aus dem Zelt und einem Schlafsack bestünde und daß unsere Telege im Augenblick schon auf dem Rückwege zur letzten Station sei, stellte er uns für den Rückweg nach Zaryzin seinen Tarantas zur Verfügung. Unser geringes Gepäck sollten wir auf einem Packpferde mitführen, bis wir den Tarantas erreichten.

Moynet und ich sahen uns lachend an, wir waren schon daran gewöhnt, daß man in Rußland derartige Probleme in großzügiger Weise regelt. Es kam dann die Rede darauf, daß Moynet sich mitten im Juli einen Husten zugezogen habe, aber der General antwortete: »Sie werden südlich vom Kaukasus ein warmes Klima vorfinden.«

Bei unseren Kotelettessen stellten wir die absolute Überlegenheit der Hammel vom Eltonsee gegenüber dem Hammelfleisch, das wir sonst in Rußland gegessen hatten, fest. Als wir jedoch am nächsten Tage die unermeßlichen Schafherden, welche manchmal zwei Werst bedeckten, auf den salzigen Weiden sahen, verstanden wir, warum die dortigen Schafe dieselben Geschmacksqualitäten wie unsere am Strande der Normandie weidenden Rassen haben. Es waren übrigens Fettschwanzschafe, deren Schwanz im Durchschnitt 14 Pfund wiegt und als besondere Delikatesse serviert wird.

Für die Nacht machten wir auf der vom Wind abgewandten Seite unseres Zeltes ein Heidekrautfeuer, und ich schrieb bis spät in die Nacht hinein auf einem Rundtisch, welcher am Mittelpfahl des Zeltes angebracht war. Bei soviel Komfort war es schwer, sich vorzustellen, daß wir uns zwischen dem Ural und der Wolgamündung, zwischen Tataren im Westen und Kalmücken im Osten befanden, also im Gebiet der mongolischen Völker, welche mit Dschingis Khan und Timur dem Hinkenden im Mittelalter nach Europa kamen. Die Linie der Kosakenposten, in deren Mitte wir zelteten, hat hier die Aufgabe, die Salzgewinnung vor Übergriffen der Kirgisen zu schützen. Sie reicht hinunter bis zum Kaspischen Meer.

Gerade als ich mich niederlegen wollte, erschien ein Kosak mit einem Gruß von General Beklemitschew, um mir einen weißen Papak als Geschenk zu überbringen. Ein Papak ist eine runde Kopfbedeckung aus Astrachan-Schaffellen und hat entsprechend den hygienischen Vorschriften der Orientalen die Aufgabe, einem den Kopf warm zu halten. Durch die Zugluft im Zelt wurde die zweite Vorschrift erfüllt, nämlich die Füße stets kalt zu halten. Man sieht, daß über Hygiene hier im Orient andere Ansichten herrschen als im Abendland.

Wir brauchten drei Stunden, um das eine Seeufer abzureiten, dessen Monotonie durch keinen noch so kleinen Hügel unterbrochen wird. Merkwürdig, daß überall in Seenähe das Heidekraut rote Färbung annimmt. Es sieht aus, als ob es blüht, was aber natürlich nicht der Fall ist, vielmehr verändert die Pflanze selbst ihre Farbe.

Alle zehn bis zwölf Werst passierten wir kleine Kosakenposten von drei Mann mit einem Stall für drei Pferde. Diese schwache Besetzung genügt hier, weil die Kirgisen niemals offen mit bewaffneter Hand angreifen, wie es die Tscherkessen, Tschetschen und Lesgier im Kaukasusgebiet tun.

Der Ritt zu den Seen war sonst sehr enttäuschend, allerdings muß man erwähnen, daß wir gerade zur schlechtesten Jahreszeit dort waren, als das Land durch die Winterstürme ausgetrocknet war, wir erlebten nicht einmal einen Sandsturm. Im Frühling, wenn der Wermut grünt, die Kamillen gelb sind und das Heidekraut rosa blüht, verwandelt sich die Steppe in eine riesige Wiese, eine richtige Prärie.

In dem kleinen Flecken Stafka sollten wir den uns überlassenen Tarantas vorfinden und übernachten. Der Ort hatte vierzig Häuser, von welchen einige Armeniern gehörten, die möblierte Zimmer vermieteten. Darunter versteht man folgende Möblierung – jedenfalls in dem von mir gemieteten Zimmer –: einen Stuhl mit Strohsitz, ein Kanapee aus Holz, einen Tisch mit einer Wachstuchdecke und zwei Bilder, von denen das eine den Zaren Alexander II. darstellte und das andere Napoleon I. mit goldenen Epauletten!

Gegen elf Uhr vormittags verabschiedeten wir uns mit herzlichem Dank von unserem General, der übrigens Kalino noch einen Kosakensäbel und ein Kosakengewehr geschenkt hatte, und nach zwei Stunden überquerten wir einen Seitenarm der Wolga auf einer Fähre.

Gegen fünf Uhr nachmittags sahen wir Zarizyn vor uns, und in der Dämmerung erkannten wir vor der Stadt unseren *Nachimow* vor Anker liegend! Sein Anblick war für uns eine große Erleichterung, denn wir hatten die vereinbarte Zeit um etwa 30 Stunden überschritten, und wenn er weitergefahren wäre, hätten wir uns nicht beschweren können. Seine Anwesenheit erklärte sich dadurch, daß unser Kapitän noch ein Stück flußaufwärts zurückgefahren war, um ein Flußschiff mit einer Ladung von 20 Kanonen mit nach Astrachan zu schleppen, außerdem wollte er noch ein Getreideschiff mitnehmen, das noch nicht voll beladen war, und schließlich Brennholz für den ganzen Rest der Reise übernehmen. Dazu benötigte er jetzt noch etwa 18 Stunden.

Hier waren wir in der Gegend, die der berühmte Bandit Stenka Rasin 1669 unsicher gemacht hatte, ein legendärer Brigant wie Robin Hood oder Fra Diavolo, und der ein berühmter Eroberer geworden wäre, wenn er prinzlichen Geblütes und kein gewöhnlicher Kosak gewesen wäre.

Am Abend nach unserer Weiterfahrt erblickten wir die ersten belaubten Weidenbüsche wieder. Ungefähr sechs Wochen lang hatten wir – seit Moskau – keine Blätter gesehen, und hier lagen wiederkäuende Kühe wie auf einem Ölbild von Paul Potter am Ufer unter belaubten Weiden.

Am Sonntag, dem 24. Oktober, sichteten wir unseren ersten Adler, und das Abendrot wurde so prächtig, wie ich es seit meinen afrikanischen Reisen nicht wieder gesehen habe. Am nächsten Tage erblickten wir die ersten Kalmückenzelte am Fluß, deren Bewohner etwa 30 Kamele im Fluß tränkten. Dabei war der Himmel fast verdunkelt durch Riesenschwärme von Wildgänsen, Wildenten und Kranichen, welche zum warmen Süden zogen.

Dann erblickten wir eine chinesische Pagode und ein Schlößchen von wunderlicher Bauart, und darum standen eine Anzahl kalmückischer Zelte. Der Kapitän erklärte uns, daß es das Schloß des Kalmückenfürsten Tumen und eine Pagode wären, welche dem Kult des Dalai-Lama geweiht sei. Wir hatten jetzt nur noch 30 Werst bis Astrachan zurückzulegen, und gegen zehn Uhr abends war es soweit, daß wir die Lichter des Hafens von Astrachan mit seinen zahlreichen Schiffen in Sicht bekamen.

Weil es zu spät war, um von Bord zu gehen, blieben wir die letzte Nacht über auf unserem Dampfer und rechneten mit dem Kapitän ab, mit dessen Unterstützung wir sehr zufrieden gewesen waren.

Um zehn Uhr wollten wir bei Herrn Sapojnikow Besuch machen und unsern Empfehlungsbrief abgeben, also stiegen wir rechtzeitig in ein Boot, das auch unser Gepäck mitnahm. Dann mieteten wir eine Droschke und eine

Telege für unser Gepäck und wurden direkt in den Hof des schönsten Hauses in der Stadt gefahren. Dort erwartete uns der Verwalter bereits seit einem Monat und stellte uns sofort das ganze Haus zur Verfügung, im Speisesaal war ein Frühstück angerichtet.

Obwohl es in Astrachan schöne Weintrauben, so groß wie Mirabellen, gibt, sind sie zwar gut zum essen, ergeben jedoch nur einen recht mittelmäßigen Wein. Daher fanden wir auf dem Tisch die drei am höchsten geschätzten Weinsorten vor: einen russischen Bordeaux, Kislarwein und Wein aus Kaketien. Den letzteren finde ich nicht nach meinem Geschmack, weil er einen Beigeschmack von Bocksschläuchen bekommen hat, der aber den Astrachanern besonders mundet.

Während wir noch beim Essen saßen, wurde der Besuch des Polizeimeisters gemeldet, und ich erhob mich, um ihn zu begrüßen. Er hatte unsere Ankunft bereits dem Zivilgouverneur Monsieur Strouvé und dem Militärgouverneur Admiral Machin mitgeteilt. Ersterer ließ uns zum Abendessen einladen, und letzterer erwartete uns gleichfalls baldmöglichst. Dann ging ich auf die Suche im Hause nach einem Bett und fragte den Verwalter, wo man schlafen könne.

»Überall!« war die Antwort. Obwohl es eine Menge Vorzimmer, Salons, Kabinetts und Arbeitszimmer gab, mußte man sich ohne Schlafzimmer behelfen! Als wir die Freitreppe hinabgingen, fand ich für mich eine sehr elegante Kalesche mit zwei schönen Pferden vor und fuhr darin mit dem Polizeimeister zu Monsieur Strouvé, einem Mann von etwa 35 Jahren, der aus Frankreich stammte. Ich ließ meinen Wunsch erkennen, dem Prinzen Tumen, dessen Schloß wir passiert hatten, einen Besuch abzustatten. Sofort erklärte er sich bereit, einen Kalmückenreiter zu ihm zu schicken, welcher unsere Ankunft an-

Tatarisches Haus (zu Seite 289)

zeigen sollte, und er meinte, daß der Prinz sicher diese Gelegenheit benutzen würde, um uns ein Fest zu geben.

Der große Wohlstand Astrachans stammt noch aus der mythischen Zeit, als es zum berühmten Reiche Kiptschaks gehörte, das beinahe ebenso vollkommen in den Tiefen der Vergangenheit verloren ist wie das berühmte Kaiserreich von Kathai – das alte China Marco Polos – eines Zeitgenossen Batu Khans.

Die Tataren hatten Astrachan den »Stern in der Wüste« genannt, und es war eine der reichsten Städte ihrer »Goldenen Horde«. Iwan der Schreckliche eroberte das Khanat im Jahre 1554 und nahm den Titel »König von Kasan und Astrachan« an. Heute hat das Gouvernement Astrachan, das ein Drittel größer ist als das heutige Frankreich, mit der jetzigen Provinzhauptstadt zusammen nur 285 000 Einwohner, davon 200 000 Nomaden, also etwas weniger als vier Einwohner pro Quadratmeile. Der Hintergrund ist russisch, aber die Ausschmückung armenisch, persisch, tatarisch und kalmückisch.

Die Tataren – 5000 Köpfe – beschäftigen sich nur mit Viehzucht, sie stellen die Astrachan-Schaffelle in allen Farben her, jedoch hauptsächlich in Weiß, Grau und Schwarz. Außerdem sind sie die Züchter von Fettschwanzschafen. Früher wohnte in Astrachan auch eine gewisse Anzahl Inder, aber sie sind verschwunden und hinterließen von ihrer Vermischung mit Kalmückenfrauen eine sehr aktive, arbeitsame und schöne Rasse ohne die Schlitzaugen ihrer Mütter und die braune Haut ihrer Väter. Diese Mestizen sind die Packträger, Kärrner, Hausierer und Matrosen, welche man überall im Hafen arbeiten sieht. Sie tragen als Kopfbedeckung eine Art weißer Pierrotkappe, die man zuerst für die der spanischen Maultiertreiber hält.

Die Armenier haben in Astrachan ihren ursprünglichen

Kosak aus Kislar am Terekfluß (zu Seite 313)

Typ bewahrt. Ihre Frauen gehen fast nur des Abends aus dem Hause und sind dabei in lange weiße Schleier gehüllt, die ihnen von weitem das Aussehen von Gespenstern geben. Sie zeigen aus der Nähe die eleganten Linien griechischer Statuen. Die Ähnlichkeit mit den Meisterwerken der Antike wird noch dadurch verdoppelt, daß sie ihre lieblichen Gesichter nicht verhüllen, welche das griechische und asiatische Schönheitsideal vereinigen.

Pflasterung ist in Astrachan vollkommen unbekannt, und die sommerliche Hitze verwandelt die Straßen in eine Sahara aus Staub, der Regen den Straßenschmutz in Schlammseen. Sie sind von 10 Uhr morgens bis vier Uhr nachmittags in der heißen Jahreszeit wie ausgestorben. Dann öffnen die Kaufläden, die Straßen füllen sich, und an den Fenstern erscheinen die Köpfe der Neugierigen, welche das Leben auf der Straße und das Vorbeischreiten von Vertretern aller asiatischen und europäischen Rassen beobachten.

Man hatte uns sehr vor den Moskitos Astrachans gewarnt, aber in dieser Jahreszeit waren diese abscheulichen Insekten, die besonders im August und September die Luft verdunkeln, verschwunden. Das Trinkwasser in Astrachan ist selten und schlecht. Die Wolga führt Brackwasser wegen ihrer Verbindung mit dem Kaspischen Meer, und wahrscheinlich auch weil sie über Salzbänke zwischen Saratow und Lebiszinkaja fließt. Die Regierung hatte die Absicht, einen artesischen Brunnen zu bohren, aber bei einer Tiefe von 130 Metern hat die Bohrung an Stelle von Wasser eine Gasquelle mit Kohlenwasserstoff ergeben. Man nutzt sie nun aus, indem man während der Dunkelheit das ausströmende Gas anzündet, wodurch ein Flammenfanal von hoher Leuchtkraft entsteht.

Monsieur Strouvé hatte einen französischen Koch, der ein ausgezeichnetes Essen komponiert hatte, und außerdem waren ein Dutzend Tischgäste eingeladen, deren Unterhaltung absolut vergessen ließ, daß wir hier tausend Meilen von Frankreich entfernt waren. Es ist unglaublich, in wie hohem Maße unsere Zivilisation, unsere Literatur, Kunst und unsere Mode auf die restliche Welt Einfluß haben. Sogar hier ist man kaum sechs Wochen hinter Frankreich zurück, sowohl was die Kleidermode als auch Romane, Theater und Musik anbetrifft. Man sprach mit einer Sachkenntnis über Dichtungen, Romane, Opern, Meyerbeer, Victor Hugo, Balzac, Alfred de Musset, wie wenn wir uns in einem Pariser Salon befunden hätten.

Und dabei brauchte man nur ein Fenster zu öffnen, um mit dem einen Arm beinahe das Kaspische Meer, also ein den alten Römern noch unbekanntes Gebiet, zu berühren und mit dem anderen Turkestan, ein noch heute unbekanntes Land! Lucullus wollte nach seinem Siege über Mithridates das unbekannte Meer entdecken, von welchem Herodot geschrieben hat, daß in seinem Osten die unermeßlichen Steppen der Massageten liegen. Herodot hat ein halbes Jahrtausend vor unserer Zeitrechnung bereits erkannt, daß dieses Meer, zu dessen Durchquerung mit einem antiken Ruderschiff man 14 Tage brauchen sollte, von allen anderen Meeresteilen durch den Kaukasus abgeschnitten ist. Lucullus erreichte es nicht.

Zwanzig Meilen vorher meuterten seine Soldaten, weil sie im Steppengebiet zwischen Kur und Araxes derartig viele Schlangen antrafen, daß sie sich weigerten weiterzumarschieren. Noch heute sind dort die Schlangen so zahlreich, daß man Kamelen, welche diese Gegend – Moghanna – durchschreiten müssen, Stiefel anzieht und Maulkörbe anlegt, damit wenigstens ihre Füße und Mäuler vor ihnen gesichert sind. –

19. Kapitel

Wenn man die Geschichte der Anstrengungen Peters des Großen betrachtet, welche er machte, um das Schwarze und das Kaspische Meer nicht nur maritim zu beherrschen, sondern auch die Ufer dieser Meere in seinen Besitz zu bringen, so wird man überzeugt, daß er auch die Absicht gehabt hat, Astrachan seine alte Bedeutung wiederzugeben.

Er begab sich persönlich nach Astrachan, studierte, welche Mündungen der Wolga schiffbar und am wenigsten in Gefahr waren zu versanden. Er ließ durch Holländer die an seine Grenzen anschließenden Küsten der Kaspisee vermessen. Er legte den Bauplatz und Pläne für eine Quarantäneanstalt fest, die übrigens vor etwa 20 Jahren im Archiv der Stadt aufgefunden wurden, als endlich eine solche Anstalt gebaut werden sollte.

Peter I. hatte die außergewöhnlich günstige Lage Astrachans erkannt, die es dieser Stadt drei Jahrhunderte lang – vom XII. Jahrhundert an – ermöglichte, im Handel zwischen Europa und Asien eine so erfolgreiche Rolle zu spielen. Die Stadt hatte die damals besonders wichtigen Wasserverbindungen mit Turkestan, Persien, Georgien und Armenien und war nach Überschreitung einer nur 15 Meilen breiten Landzunge über den Don mit allen Anrainern des Schwarzen Meeres, dem Bosporus und der Donau verbunden, ebenso wie durch den größten schiffbaren Strom Europas – die Wolga – und einen Kanal sogar mit der Ostsee.

Tatsächlich hatten die Gewürze, die Wohlgerüche, durchsichtigen Seidenstoffe und Kaschmirschals, bevor Vasco da Gama im Jahre 1497 die Umsegelungsmöglichkeit des Kaps der Guten Hoffnung in Südafrika wiederentdeckte, keine andere Verkehrsstraße nach Europa als über die Euphratlinie, die in Ispashan endete. Von dort teilten sich die Handelswege: der eine endete in Erzerum am Schwarzen Meer, der andere erreichte Astrachan über Asterabad und Teheran. Von dort zogen die Karawanen vom Kuban und der Wolga bis zur Donau und weiter nach Nordwest und begründeten den Reichtum der flandrischen Städte Brügge, Antwerpen, Gent, Lüttich sowie von Arras und Nancy.

Als die Türken unter Sultan Mohammed II. sich Konstantinopels bemächtigten und für europäische Schiffe die Durchfahrt durch die Dardanellen sperrten, veränderten sich vollkommen die Handelswege, die über Astrachan führten, und an seine Stelle trat Smyrna.

Ich war sehr enttäuscht, in Astrachan keine indischen Gewebe oder die berühmten Waffen aus Korassan zu finden. Es gibt heute dort kaum sechs persische Läden, welche man besichtigen kann. Das einzige, was ich entdeckte, war ein wundervoller Dolch mit damaszenierter Klinge und einem Griff aus grünem Elfenbein. Ich kaufte ihn für achtzig Rubel. Der persische Verkäufer erzählte mir hinterher, daß er ihn vor drei Jahren an seinen Nagel gehängt hatte und daß in der Zwischenzeit kein einziger Interessent ihn sich hatte vorzeigen lassen.

Am Tage nach unserer Ankunft erschien der Polizeimeister, um uns zur Besichtigung der Wohnungen einiger armenischer und tatarischer Familien abzuholen. Vorher hatte er ihre Erlaubnis eingeholt. Zuerst begaben wir uns zu einer armenischen Familie, die außer den Eltern noch aus einem Sohn und drei Töchtern bestand. Der Sohn war damit beschäftigt, am Herd Schaschlik zu bereiten, denn man hatte sich unsern Besuch etwas kosten lassen, die Töchter hatten zusammen mit der Mutter einen Tisch mit Konfekt und Weintrauben verschiedener Art beladen. Man sagte mir, daß es in Astrachan zweiundvierzig verschiedene Sorten von Weintrauben gäbe, und was das Konfekt anbetrifft, so bezweifle ich, daß es in der Welt ein Volk gibt, welches besseres herstellt. Ich kostete von Rosenkonfekt, kandiertem Kürbis, kandierten schwarzen Radieschen, Nußkonfitüren und Spargelkonfekt. Ich habe mir die Rezepte geben lassen.

Danach besuchten wir eine tatarische Familie, bei der es nicht so komfortabel war. Jeder Tatar hat seinen Harem, den er auch in den zweitrangigen Familien eifersüchtig hütet. Der unsrige hatte vier Frauen, wie sie Mohammed seinen Anhängern erlaubt. Die vierte Frau war übrigens eine Negerin mit zwei kleinen Negerlein. Auch die anderen drei Frauen hatten ihren Beitrag an Kindern geleistet, im ganzen waren es wohl zehn. Alles lief, krabbelte und bewegte sich auf allen vieren durcheinander wie Eidechsen oder Frösche, aber alle hatten Angst vor uns und versuchten sich von uns fernzuhalten, während die vier Frauen in einer Reihe in ihrer Festkleidung angetreten waren und ihr gemeinsamer Herr vor ihnen stand, wie ein Unteroffizier vor seinem Zuge. Das Ganze lebte in einem kleinen Zimmer von zwölf Quadratfuß, das als einziges Möbel einen großen Divan sowie große Holztruhen mit Perlmuttereinlagen hatte, wie sie in »Tausendundeiner Nacht« beschrieben werden, wo sie zum Transport von Waren und besonders zum Verstecken von Liebhabern dienten. Nach einigen Minuten hatten wir genug von dem Glück der Vielweiberei und verabschiedeten uns, um draußen eine reinere Luft zu atmen.

Als wir zu Monsieur Strouvé, bei dem wir unser Hauptquartier aufgeschlagen hatten, zurückkehrten, fanden wir dort einen Boten vom Prinzen Tumen vor, der uns eine Einladung zu einem Festprogramm überbrachte; er bat uns, auch einige Freunde mitzubringen. Da wir hier keine

Bekannten hatten, wollte Monsieur Strouvé einige geeignete Leute einladen.

Unser nächster Tag war bereits vollkommen besetzt. Ich sollte nach den beiden Gouverneuren den dritten Nagel in ein neues Wehr für eine der Wolgamündungen einschlagen, vorher sollten wir auf Inseln im Stromdelta auf die Jagd gehen und dann einem Fischzug in der Wolga beiwohnen. Der Admiral Machin wollte uns ein Fahrzeug dafür zur Verfügung stellen, das uns am Tage darauf zum Fest beim Prinzen bringen sollte.

Der Jagdausflug sollte Fasanen gelten, wir erbeuteten jedoch nur drei Milane sowie sechs Sperber, welche anscheinend auch Jagd auf die Fasanen machten.

Dann fand die Zeremonie der Flußwehreinweihung statt. Natürlich war auch hier wieder ein Altar errichtet, und man konnte wieder einmal die übermäßige Pracht der Messgewänder des russischen Klerus bestaunen. Dabei war höchstens ein Sechstel der Zuschauer Russen, die Mehrzahl bestand aus tatarischen Mohammedanern und Kalmücken, also Anhängern des Dalai-Lama.

Darauf war es Zeit zum Fischzug. Hier werden zu verschiedenen Jahreszeiten – außerhalb der Schonzeiten – die Fische gefangen, die in ganz Rußland als Salzfisch gegessen werden, außerdem auch der Beluga und der Stör, dessen Eier, den Kaviar, alle Orientalen, Tataren, Perser, Georgier und Armenier – ebenso wie die Russen – gern essen.

Wenn man ein solches Ungetüm wie einen Beluga von 800 Pfund im Netz hat, sind acht bis zehn Mann nötig, um es aus dem Wasser zu holen und zum Schlachthaus zu bringen, wo der Kaviar gewonnen wird. Es ist übrigens ein scheußlicher Anblick, wenn man zusehen muß, wie den armen Tieren die Bauchhöhle geöffnet wird und das Herz noch eine halbe Stunde lang hinterher schlägt.

Am nächsten Tage fuhren wir – gemeinsam mit vier eingeladenen Damen – zum Prinzen Tumen ab. Wegen der starken Strömung kamen wir ziemlich langsam vorwärts, und als wir anlegten, war das ganze Ufer eine Viertelmeile lang mit Kalmücken, Männern und Frauen, besetzt, und die Anlegestelle war überreich mit Fahnen geschmückt, vier Mörser des Prinzen schossen Salut, der von zwei kleinen Kanonen von unserem Fahrzeug aus erwidert wurde.

Oben am Landeplatz stand der Prinz im Nationalkostüm – einem weißen Rock, der sehr stramm mit kleinen Knöpfen zugeknöpft war, weiten roten Hosen, einer Art polnischem Tschako auf dem Kopfe und Stiefeln aus Saffianleder. Tschako und Stiefel waren gelb.

Man hatte mich vorher über die übliche Etikette unterrichtet: weil das Fest mir zu Ehren gegeben wurde, mußte ich bei der Begrüßung direkt auf den Prinzen zugehen und beim Umarmen meine Nase gegen die seine reiben, was soviel bedeutete wie »Ich wünsche Ihnen viel Glück und Wohlergehen!«

Als der Prinz mich kommen sah, kam er mir entgegen, und wir rieben unsere Nasen so vollendet aneinander, als ob ich von Geburt an Kalmücke gewesen wäre.

Wir hatten kaum zweihundert Schritte bis zum Palast zu gehen, wo ein Dutzend kalmückische Offiziere im Nationalkostüm, mit Dolchen, Patronentaschen und versilberten Säbeln an jeder Seite der geöffneten Torflügel Aufstellung genommen hatten. Dort erwartete uns ein Haushofmeister, der dem Prinzen und mir vorausschritt, bis wir zu einer geschlossenen Tür kamen, an welcher er anklopfte, worauf geöffnet wurde und wir uns gegenüber der Prinzessin und ihren Ehrendamen befanden. Sie selbst saß auf einer Art Thron, während ihre Damen – sechs auf jeder Seite – sich auf ihre Hacken niedergehockt hatten. Sie verhielten sich bewegungslos wie Statuen in einer Pagode.

Das Kleid der Prinzessin war aus persischem Stoff mit Goldfäden, darüber eine Tunika aus Seide, die vorn vollkommen offen war, so daß man ein Leibchen sehen konnte, das ganz mit Perlen und Diamanten bestickt war. Ihr Hals war mit einem Batistkragen bedeckt, der vorn mit zwei großen Perlen geschlossen war. Die Prinzessin war höchstens zwanzig Jahre alt und hatte entzückende chinesische Schlitzaugen, und ihr Mund zeigte hinter purpurroten Lippen schneeweiße Zähne. Ich muß gestehen, daß ich sie vielleicht darum so schön fand, weil sie sich unserem Schönheitsideal näherte, während sie vielleicht nicht gerade nach kalmückischem Geschmack war. Jedoch konnte man sehen, daß der Prinz sie sehr liebte.

Während ich mich ihr näherte, um sie zu begrüßen, reichte sie mir unerwarteterweise plötzlich ihre Hand zum Kuß. Obwohl ich nicht wußte, ob die Etikette dies erforderte, beugte ich ein Knie, um dann ihre kleine bräunliche Hand respektvoll zu küssen. Viel lieber hätte ich allerdings meine Nase an der ihrigen gerieben.

Darauf schlug uns der Prinz vor, in der Pagode einem Gottesdienst beizuwohnen, welcher für uns beim Dalai-Lama glückliche Weiterreise erbitten solle. Gleichzeitig fügte er hinzu, daß diese Zeremonie nicht lange dauere und daß wir dann sofort frühstücken würden.

Nach diesen Worten erhob sich die Prinzessin und schritt zur Tür, während sich ihre zwölf Ehrendamen, die sämtlich die gleiche Haube trugen, aufrichteten und ihr im gleichen Schritt folgten.

Am Tor des Palais standen zwei sehr elegante Kaleschen und etwa zwanzig Pferde mit kalmückischen Sätteln bereit, obwohl der zurückzulegende Weg bis zur Pagode nur dreihundert bis vierhundert Schritte weit war. Ich wurde vom Prinzen gefragt, ob ich lieber mit ihm reiten oder mit der Prinzessin im Wagen fahren wollte, wobei ich natürlich das Fahren vorzog.

Der Prinz stieg mit seiner Leibgarde zu Pferde, und die Prinzessin sagte zu ihrem Gefolge, das noch immer stocksteif dastand, ein Wort, daß sie entlassen seien, worauf diese einen Freudenschrei ausstießen und ihre Brokatröcke hochhoben, indem sie den hinteren Saum nach vorn zogen, darauf einen Zügel ergriffen und rittlings ohne Hilfe von Steigbügeln aufsaßen, wobei sie ohne Rücksicht darauf, daß sie nur Schnürstiefel trugen und ihre Schenkel bis zum Knie nackt zeigten, sich unter wildem Geschrei in Galopp setzten.

Die Türen der Pagode standen weit offen, aber im Tempel herrschte Stille. Jedoch als der Prinz abgestiegen war und die Schwelle überschritt, machten etwa zwanzig Musiker – ohne jedes Musikverständnis – einen Höllenlärm mit merkwürdigen Instrumenten: riesigen Hohlmuscheln, Hörnern von zwölf Fuß Länge, Trompeten, Tamtams, Trommeln und Becken, so daß man nach einer Viertelstunde taub war. Dann stand der Oberpriester in gelbem Gewande von seinem Perserteppich auf, auf dem er gekniet hatte, und zeigte uns seine Pagode.

Mehr jedoch als alle Figuren aus Porzellan, Kupfer, Silber oder Gold und die vielen Banner mit Schlangen, Drachen und Phantasiegebilden erstaunte mich ein großer Zylinder von zwei Fuß Länge und vier im Durchmesser, mit Sternbildern verziert. Es war . . . eine Gebetsmühle, welche für den Prinzen ununterbrochen Gebete leiert. Beim Drehen mit einer Kurbel erreicht das Gebet den Dalai-Lama, ohne daß der Prinz sich zu bemühen braucht!

Als wir zum Schloß zurückkehrten, fragte ich den Prinzen, welchen Familien die Ehrendamen angehörten. Die Antwort war: »Keiner!«

Dann erklärte er mir, daß es Waisen seien und keine Töchter reicher Familien, die diesen Dienst nicht nötig hätten, während diese als Gesellschafterinnen eine gehobene Stellung und wirtschaftlich gesicherte Zukunft hätten.

Darauf wurde das überreiche Frühstück zu meinen Ehren aufgetragen, für welches ein Pferd, zwei Kühe und zwanzig Schafe geschlachtet worden waren. Während wir aßen, speisten dreihundert Kalmücken nebenan genauso üppig wie wir. Als besondere Leckerbissen wurden ein junges Kamel und ein halbjähriges Füllen aufgetragen, außerdem Platten mit Wild, Hühnern, Lammfleisch und jungen Trappen, kurz, es war eine barbarisch wilde Pracht.

Beim Nachtisch bat der Prinz mich, ans Fenster zu treten und einen Trinkspruch auf mein Wohl entgegenzunehmen, wobei jeder Kalmücke sich mit seiner hölzernen Trinkschale in der Hand erhob und man mir drei donnernde Hurras darbrachte. Der Prinz hielt mein kleines Glas einer solchen Ovation für unwürdig und ließ mir ein nach alter Sitte in Silber gefaßtes Horn reichen, das eine ganze Flasche Champagner faßte.

Ich dachte daran, daß ich kein schlechter Trinker war, und leerte es auf einen Zug auf das Wohl der 13 000 Kalmücken des Prinzen.

Nach dem Mahle wurden allerlei Liköre gereicht, und als man meldete, daß die Rennen beginnen könnten, erhob man sich. Ich reichte der Prinzessin meinen Arm und führte sie zu einer inzwischen errichteten Bühne, wo die Damen mit ihr Platz nahmen. Im Halbkreis darum standen Stühle für die männlichen Gäste.

Das erste Rennen ging über zehn Werst, und es nahmen hundert Reiter und Reiterinnen daran teil, denn in Kalmückien sind im Sport die Frauen – im Gegensatz zu Frankreich – gleichberechtigt. Nach dem Start verschwanden die Reiter bald hinter einem kleinen Hügel und kamen erst nach einer halben Stunde wieder in Sicht, zuerst der Spitzenreiter, dann sechs und darauf der Rest, welcher über eine Viertelmeile auseinandergezogen war. Sieger war ein dreizehnjähriger Junge, der von Anfang an geführt hatte.

Nun folgte das Schauspiel des Zeltauf- und -abbauens. Dazu wurden vier Kamele, mit einem Zelt und den nötigen Gerätschaften auf dem Rücken, vom Vater, der Mutter und zwei Söhnen herangeführt. Die Tiere knieten zwanzig Schritt vor unseren Augen nieder, und man begann mit erstaunlicher Geschwindigkeit das Zelt aufzubauen. Dies dauerte kaum zehn Minuten. Dann wurden wir orientalisch gegrüßt, und ich wurde gebeten, ein Zelt zu betreten. Als ich eintrat, legte mir das Oberhaupt der Familie einen Pelzrock aus wundervollem schwarzen Schaffell als Geschenk des Fürsten um die Schultern.

Dann mußte ich leider eine Tasse kalmückischen Tee trinken, der mit Milch, Butter und Salz auf dem Feuer gekocht war. Zuerst fürchtete ich vergiftet zu sein, so unwahrscheinlich war der Geschmack. Dabei hatte ich mich darauf verlassen, daß die Kalmücken von ihren Vorfahren her ja dicht an der chinesischen Grenze gewohnt hatten und infolgedessen Feinschmecker des edlen chinesischen Tees sein würden. Darauf wurde gegorene Stutenmilch gereicht, aber diesmal war ich auf der Hut, nippte nur und machte meinem Wirt ein Zeichen des Wohlgeschmacks, setzte dann jedoch unauffällig meine Tasse auf den Boden.

Um ein selbständiger Nomade zu sein, muß ein Kalmücke erst Besitzer von vier Kamelen sein. Er benötigt diese zum Zelttragen und als Packtier für seine Familie und die übrigen Geräte der Einrichtung. Wie alle Nomaden leben die Kalmücken im allgemeinen sehr einfach:

Ihre Hauptnahrung ist Milch, sie kennen kaum Brot, Tee ist ihr Haupt- und gegorene Stutenmilch ihr Festgetränk.

Der Zeltabbau vollzog sich in noch kürzerer Zeit als der Aufbau. Ohne Kompaß, ohne astronomische Kenntnisse finden sie sich in den unermeßlichen Ebenen der Steppe zurecht und können – wie alle Bewohner des Flachlandes – auf unwahrscheinliche Entfernung erkennen, ob ein über dem Horizont eben sichtbarer Reiter auf einem Kamel oder einem Pferde sitzt.

Nach dem Aufladen verschwand die Familie mit ihren vier Kamelen nach einem Abschiedsgruß verhältnismäßig schnell hinter einer kleinen Bodenwelle.

Darauf wurde eine Jagd mit Falken vorgeführt, die ich in einem späteren Kapitel näher beschreiben werde, wobei zwei Wildschwäne erbeutet wurden, die auf einem kleinen Nebenarm der Wolga gesichtet waren. Ebenso wurde ein großer grauer Reiher ihre Beute.

Dann kehrten wir zum Schloß zurück, wo uns ein Abendessen erwartete. Die zahlreichen Weine animierten unseren Kalino, einen moskowitischen Tanz vorzuführen. Madame Pietrizenkow war seine Partnerin und Madame Vrubel setzte sich ans Piano. Man muß gestehen, daß Kalino den russischen Tanz mit Vollendung tanzte und daß er von der Prinzessin sehr gelobt wurde.

Darauf tanzten wir eine französische Quadrille, welche die Prinzessin zur Bewunderung hinriß, so daß sie keinen Tanzschritt sich entgehen ließ. Der Prinz war in so guter Stimmung, daß er seinem Volk eine Verfassung genehmigt hätte, wenn man ihn darum gebeten haben würde. Er gab auf Vorschlag von Strouvé die Erlaubnis zum allgemeinen Kontretanz. Die Paare stellten sich auf und die Musik gab das Zeichen.

Es entstand trotz besten Willens bald ein allgemeines Durcheinander, es gab keine regulären Figuren mehr, rechts und links wurde verwechselt, man trat sich im Eifer auf die Füße, alles lachte vor Vergnügen und der Prinz hielt sich vor Lachen die Seiten. Ich selbst war auf einen Fauteuil geklettert, um die Szene besser zu übersehen. Die Prinzessin, welche mit Strouvé tanzte, ließ plötzlich seine Hand los und stürzte sich ihrem Gatten in die Arme, dabei sagte sie die folgenden Worte in kalmückisch zu ihm, die ich mir übersetzen ließ:

»Teurer Herzensfreund, noch niemals habe ich mich so amüsiert!«

Dann trat eine Ruhepause ein, und die Prinzessin kam mit Strouvé auf mich zu mit einem richtigen Album in der Hand und bat mich, ihr zum ewigen Andenken an unseren Besuch in Tumenskoje – so hieß der Besitz des Prinzen – ihr einige Verse hineinzuschreiben. Ich verlangte eine Schreibfeder, und zu meinem Erstaunen wurde mir auch eine mit einem Tintenfaß gebracht. Ich mußte also aus dem Stegreif ein Madrigal an die Prinzessin dichten, und es gelang mir, einen Sechszeiler zu verfassen, den ich auf die erste Seite ihres Albums in Französisch niederschrieb. Strouvé übersetzte das kurze Gedicht ins Russische, und der Prinz übertrug es ins Kalmückische. Ich glaube, daß meine Verse bei der Übersetzung gewannen, denn sie reichte mir dankend ihre Hand zum Kuß.

Dann bat ich, mich zurückziehen zu dürfen, und der Prinz begleitete mich persönlich in sein eigenes Schlafzimmer. Erstaunt sah ich mich um: Ich erblickte ein riesiges Bett mit einer Eiderdaunendecke in einem richtigen Alkoven, ein prachtvolles silbernes Toilettenbesteck, vier große Flakons. Wasserkannen und Waschbecken aus echtem chinesischem Porzellan mit goldenen und himmelblauen Mustern standen im Winkel des Raumes, ich war in jeder Hinsicht beruhigt und verabschiedete mich dankend von meinem Wirt.

Und jetzt kam die größte Überraschung: Nach staubigen Reisetagen und einem bewegten Abend hatte ich das Bedürfnis, soviel kaltes Wasser über meinen Körper zu gießen wie möglich. Also zog ich mich vollkommen aus, aber dann zeigte sich zu meiner großen Enttäuschung, daß das kostbare chinesische Porzellan lediglich Dekoration war: es befand sich kein einziger Tropfen Wasser darin!

Der Prinz hatte sicher davon gehört, daß man im Schlafzimmer ein Waschgeschirr haben mußte, ebenso wie Pianos in die Salons gehörten und Poesiealben auf die Pianos.

Ich untersuchte nun die Flakons und hoffte darin wenigstens Kölnisch Wasser oder Eau de Portugal vorzufinden: aber sie enthielten nur Kirschwasser, Anisette, Kümmel und Genever!

Nun hob ich die Eiderdaunendecke hoch und mußte feststellen, daß darunter ein Federbett ohne Bezug und Laken war, das deutliche Zeichen davon trug, daß es nicht seine Jungfräulichkeit – so wie das Piano und das Poesiealbum – bewahrt hatte. Das war zuviel. Ich zog mich wieder an, warf mich auf ein Kanapee aus Leder und schlief ein.

Gegen acht Uhr waren alle auf den Beinen. Eine Viertelstunde später sollten die Vorführungen weitergehen, und wir wurden gebeten, an die Fenster zu treten. Ich hatte keine Ahnung, was uns jetzt bevorstand. Es klang wie ein fernes Gewitter von Osten, aber der Boden schien unter unseren Füßen zu zittern. Zwar traute ich dem Prinzen jetzt vieles zu, aber er konnte doch nicht extra für uns ein Erdbeben bestellt haben?

Plötzlich erblickte ich in einer riesigen auf uns zukommenden Staubwolke eine ungeheure Bewegung von Vierfüßlern und erkannte, daß von dort wilde Pferde herangaloppierten! So weit man blicken konnte, stürmten sie mit Gewieher in Richtung auf die Wolga. Hinter ihnen fünfzig Reiter, die sie antrieben. Es waren über zehntausend Pferde, welche sich nach kurzem Zögern in die Wolga stürzten. Der Prinz entschuldigte sich: wenn er früher von meinem Besuch erfahren hätte, so hätte er dreißigtausend vorbeitreiben lassen!

Niemals habe ich ein so wildes und schönes Schauspiel gesehen wie diese riesige Herde, welche den riesigen Strom überwand. Darauf wurden wir gebeten, vier Boote zu besteigen, um ans andere Ufer gerudert zu werden, während ein Dutzend Kalmücken ein zweites Boot mit Kamelfilets, gerösteten Hammeln und Hühnerschenkeln sowie zahlreichen Flaschen mit silbernen Hälsen belud.

Am anderen Ufer angekommen, sprang der Fürst auf ein Pferd und zeigte erstaunliche Figuren des Kunstreitens und führte uns dann seine Geschicklichkeit im Lassowerfen und Einfangen eines Wildpferdes vor. Darauf zeigte ein Junge von etwa zehn Jahren das Zureiten eines ungezähmten Pferdes, das mehrere Männer vorher mit anderen Tieren vorgeführt hatten. Sie boten dabei mit ihren nackten Oberkörpern den Anblick von antiken Zentauren.

Darauf frühstückten wir, während die Vorbereitungen zum Kamelrennen getroffen wurden. Ein Pfahl mit einem langen Banner war das Ziel des Rennens über eine ganze Meile längs des Stromes, und ein Gewehrschuß gab das Zeichen, dem ein anderer vom Startplatz antwortete. Nach fünf Minuten sahen wir bereits die Kamele im Galopp heranstürmen, wobei sie sicher um ein Drittel schneller liefen als Pferde. Sie brauchten höchstens sieben Minuten, um diese vier Werst zurückzulegen. Dem Sieger folgte der zweite im Abstand von zehn Schritt. Der Reiter erhielt zu seiner großen Freude als Preis ein Kosakengewehr.

Dann wurden Reiterkünste verschiedener Art vorgeführt. Darauf sollte ein Ringkampf folgen. Der Preis – ein breiter, mit Silber verzierter Gürtel – stach mir in die Augen, und ich sagte dem Prinzen, daß ich mich am Ringen beteiligen wolle. Erst wollte er ihn mir schenken, aber ich bestand auf einem Kampf. Also wurde ein Kreis im Sand gezogen und wir beide entblößten uns bis zum Gürtel, wobei man sah, daß seine Haut etwa die Farbe von Milchkaffee hatte, im übrigen war er überhaupt besser entwickelt als seine weniger gut genährten Leute.

Bevor unser Ringkampf begann, rieben wir unsere Nasen aneinander zum Zeichen, daß wir die besten Freunde waren. Dann ging es los. Der Prinz hatte mehr Übung, aber ich mehr Gewicht, und nach etwa fünf Minuten ließ er sich von mir auf die Schultern legen und erklärte mich als Sieger. Wiederum rieben wir unsere Nasen aneinander, und ich konnte den Patronengürtel aus der Hand der Prinzessin entgegennehmen, die anscheinend über die Weiße meiner Haut erstaunt war.

Der Prinz wusch sich im Strom, obwohl Ende Oktober das Wolgawasser recht kalt ist, und ich folgte seinem Beispiel und stieg mit großem Wohlbefinden wieder in meine Kleidung.

Gegen fünf Uhr nachmittags ließen wir uns wieder über den Strom zurückrudern und erreichten das Schloß bei Dunkelwerden. Unser Dampfschiff qualmte bereits und zeigte uns an, daß es zur Rückfahrt bereit war. Aber vorher mußten wir noch eine Abschiedsmahlzeit, die für Titanen der Gigantomachia im Altertum angerichtet zu sein schien, über uns ergehen lassen. Noch einmal mußte ich das in Silber gefaßte Horn mit einer Flasche Champagner leeren. Diese zwei Tage waren uns so schnell vergangen, als ob die Stunden Minuten wären, und nun kam der traurige Abschied.

Die Prinzessin weinte einfach und naiv, indem sie immer wieder ihre Worte von gestern wiederholte: »Lieber Freund, ich habe mich so amüsiert.«

Der Prinz verlangte, daß ich einen Schwur leisten sollte, wiederzukommen, was leider kaum wahrscheinlich war. Deshalb leistete ich den Schwur beim Dalai Lama, was mich zu nichts verpflichtete, aber eine schöne Geste war.

Gegen neun Uhr abends gingen wir an Bord. Die Prinzessin begleitete uns und betrat dabei zum ersten Male in ihrem Leben ein Dampfschiff. Sie war übrigens noch niemals in Astrachan gewesen!

Die Mörser des Prinzen schossen Abschiedssalut, und unsere kleinen Kanonen antworteten, man brannte bengalische Feuer ab, die zwischen Rot, Blau und Grün wechselten, und während wir den Strom hinabfuhren, sahen wir noch eine Zeitlang die Illumination des Schlosses. Nach zwei Stunden waren wir in Astrachan.

Jetzt handelte es sich um unsere Weiterreise. Der uns vom Admiral versprochene Dampfer war, während wir beim Prinzen weilten, zwar angekommen, aber am nächsten Morgen wieder abgefahren, weil er seine letzte Fahrt nach Baku vor Navigationsschluß machen sollte.

Dagegen empfahl mir der Marinebefehlshaber dringend, zu Lande weiterzureisen, weil diese Fahrt besonders interessant sei. Er habe nur vier Schiffe zur Verfügung, von denen zwei gestrandet seien, eins Maschinenschaden und das vierte einen beschädigten Radkasten habe. Dieser schlechte Materialzustand der Marine ist in erster Linie eine Folge davon, daß der Rang – Tschin – der Ingenieure und ihre Bezahlung zu gering ist.

Wir standen vor einem Dilemma wegen unserer Weiterreise. Der Admiral Machin empfahl uns die Landreise, von anderer Seite warnte man uns, den Weg über Kislar zu wählen, weil die Kabardiner und Tschetschenen die Reisenden ausplünderten und ermordeten. Man erzählte uns die unglaublichsten Geschichten und nannte uns die Namen von Opfern. Unser Retter in dieser Not war der General Beklemitschew, der uns zusicherte, daß wir militärische Bedeckung bekämen, wenn der Weg nicht sicher wäre.

In seiner Eigenschaft als Hetman gab er uns Empfehlungsbriefe an alle Chefs der Kosakenlinie. Der Admiral Machin war über diese Lösung so erfreut, daß er auf meinen *Paderodjne* einen Zusatz in seiner Eigenschaft als Militärgouverneur schrieb, daß mir dieselben Eskorten gestellt werden sollten wie einem russischen General.

Damit war unsere Entscheidung gefallen, wir brauchten nur noch einen Tarantas, und diesen beschaffte uns der Polizeimeister, und zwar einen noch ganz brauchbaren Wagen. Am 2. November verabschiedeten wir uns bei Monsieur Strouvé, bei welchem wir zufällig den Prinzen Tumen antrafen. Wir sprachen über unseren Reiseweg, und Strouvé sagte, daß wir hoffentlich unterwegs in der öden Steppe nicht verhungern würden, wo es kein einziges Dorf, sondern nur alle dreißig Werst Kosakenposten gebe, worauf der Prinz lächelnd beim Abschied sagte, daß er für unsere Verpflegung schon Sorge tragen werde.

Strouvé und der Verwalter des Hauses Sapojnikow versprachen, Reiseproviant für drei Tage zu besorgen, soweit unser Wagen Platz hatte, allerdings mußten wir bis Kislar mit mindestens sechs Reisetagen rechnen. Da wir bis zu unserer Abfahrt nichts vom Prinzen hörten, glaubte ich, daß er gescherzt hätte.

Am Nachmittag verabschiedeten wir uns mit Dank vom Verwalter und fuhren mit dem beladenen Tarantas zum Abschiedsessen zu Strouvé. Darauf wurde der Tarantas auf einen Prahm geladen, und das übrige Gepäck sollte uns auf einer Telege folgen. Dann begannen die Ruderer ihr Werk, und bei schönstem Wetter und Vollmond sahen wir zum letzten Male den »Stern in der Wüste«, wie Astrachan von den Tataren genannt wird, mit der ganzen Poesie, wie sie nur eine orientalische Stadt bei Nacht hat.

Dank der Fürsprache eines Adjutanten bekamen wir eine Telege gestellt, die wir nicht bei jeder Poststation ab- und aufladen mußten und die wir bis Kislar nicht zu wechseln brauchten.

Die Telege wurde beladen, der Postmeister berechnete, daß der Tarantas drei Zugpferde benötigte und die Telege zwei, worauf wir vorausfuhren und der Postillion der Telege unter dem Winken der zurückbleibenden Freunde und Helfer hinter uns hertrabte.

In der ersten Nacht legten wir achtzig Werst zurück. Bald nach unserer Weiterfahrt am nächsten Morgen sahen wir zu unserer Linken einen der so zahlreichen Salzseen, der mit vielen wilden Gänsen bevölkert war. Jetzt glaubte ich, daß man uns wegen Fehlens von Wild in der Steppe übermäßig besorgt gemacht habe, ließ die Tarantas halten und stieg aus, um mich auf Schußweite anzupirschen. Aber nach hundert Schritt stieß eine alte Gans, welche als Schildwache dastand, einen Warnschrei aus, und ihre ganze Schar flog außer Schußweite davon. Ich schoß hinterher, aber ohne zu treffen. Also hatten unsere Freunde mit ihren Warnungen doch recht gehabt!

Während ich zu unserem Wagen ging, sah ich hinter unserem Weg am Horizont die gelbe Kopfbedeckung eines Kalmücken über den weiten Horizont hervorkommen. Er ritt ein Eilkamel, das sicher vier Meilen in der Stunde hinter sich brachte. Nach dem Einsteigen verfolgte ich sein Näherkommen, denn er schien auf uns zuzuhalten.

Obwohl wir schnell fuhren, kam er rasch näher, und

in einer Entfernung von zweihundert Schritten erkannte ich, daß er auf seiner Faust einen Jagdfalken trug. Tatsächlich war es einer der Falkoniere des Prinzen, noch dazu einer, der etwas Russisch sprach, der uns nachgeschickt wurde, um uns in der Steppe als Jäger zu dienen. Es dauerte nicht lange, und wir konnten ihn eine Probe seiner Kunst ablegen lassen.

Wieder kam ein See mit vielen Wildgänsen in Sicht, und unser Kalmücke ritt direkt darauf zu. Diesmal blieben die Vögel im Wasser, denn der Anblick eines Kalmücken, der sein Tier trinken lassen will, ist ihnen wohl vertraut, im Gegensatz zu einem aussteigenden Reisenden, der sich vorsichtig an sie heranpirscht.

Auf eine Entfernung von fünfzig Schritt nahm der Kalmücke seinem Falken die Kappe ab und warf ihn in die Luft, worauf die erschreckten Gänse sofort mit Schreckensschreien die Flucht ergriffen. Der Falke hielt sich kurze Zeit über ihnen und stieß dann auf den Rücken einer Gans hinab und bearbeitete sie mit seinem Schnabel, bis sie in die Steppe fiel. Die anderen Gänse versuchten, ihr zu Hilfe zu kommen, aber der Reiter setzte sich auch in Bewegung, indem er eine kleine Trommel schlug, die er am Sattel hatte, um die Gänse zu verscheuchen.

Wir hatten also eine Probe seiner Kunst bekommen und brauchten für den restlichen Weg – solange er bei uns blieb – nicht mehr zu fürchten, daß wir Hunger leiden würden.

Dann galoppierte er uns voraus und meldete bei den Posten unsere Ankunft. Unterwegs erlegte sein Falke noch eine schöne Trappe.

Von der Station Kuminskaja an erhielten wir wegen Unsicherheit der Straße auf Grund unseres *Paderodjne* einen Unteroffizier und zehn Kosaken als Eskorte. In der Tat waren hier vor einigen Tagen drei Reisende überfallen worden, von denen zwei getötet und einer verwundet in Gefangenschaft mitgeschleppt wurde. Deshalb durfte hier auch nicht bei Nacht gefahren werden.

Das Unangenehmste für uns war das schlechte Brackwasser, Trinkwasser gab es überhaupt nicht. Ich behalf mich mit etwas Wein, während unsere Kutscher und die Begleitmannschaft das salzige Wasser ungerührt genossen.

Von jetzt an fuhren wir an den Posten der Linienkosaken entlang, nachts wurden unsere Fahrzeuge bewacht. Jetzt begann unsere Reise abenteuerlich zu werden, einmal etwas Neues!

Dann kamen wir an den Kreuzweg, von denen einer nach Wladikawkas führte und von der Post benutzt wurde, weil er ziemlich ungefährlich war, während der andere, längere und gefährlichere Weg am Kaukasus entlang führte und das Gebiet des damals noch nicht gefangengenommenen Schamyls streifte und über Derbent, die Stadt Alexanders des Großen, Baku, die Stadt der Parsen, erreichte. Je näher wir Kislar kamen, desto zerklüfteter wurde das Gelände, und in diesen kleinen Schluchten konnten sich auf Raubzügen befindliche Kabardiner, Tschetschenen oder auch Tataren tagsüber verstecken und nachts Reisende überfallen.

Nach Überschreiten der vollkommen ausgetrockneten Kuma trennte sich unser Falkenier befehlsgemäß von uns. Ich gab ihm ein Dankschreiben an den Prinzen mit und überreichte ihm zwanzig Rubel für seine Jagdhilfe. Dann verschwand dieser ausgezeichnete Vertreter seiner Rasse auf dem Rücken seines Reitkamels langsam hinter dem nördlichen Horizont.

Während wir auf Kislar zu weiterfuhren, verließen wir das alte Rußland Ruriks und Iwans des Schrecklichen, um uns dem Rußland Peters des Großen, Katharina II. und des Kaisers Nikolaus wieder zu nähern.

KAUKASISCHE FAHRT

20. Kapitel

Wir erreichten am 7. November 1858 Kislar am Terekfluß, der sich etwas weiter östlich in den nordwestlichen Teil des Kaspischen Meeres ergießt. Es war die erste Stadt, die wir nach Astrachan betraten. Sechshundert Werst hatten wir durch vollkommen menschenleeres Steppengebiet zurückgelegt, ohne etwas anderes als Poststationen zum Pferdewechsel und Kosakenposten zu erblicken. Ganz selten trafen wir auf kleine Karawanen von nomadisierenden Kalmücken und nogaiischen Tataren, die ihre Zelte und sonstiges Eigentum auf Wagen oder Kamelen mit sich führten.

Erst als wir Kislar bis auf etwa acht Werst näher gekommen waren, belebte sich die Gegend, aber alle Reiter und Fußgänger waren bewaffnet. Sogar jeder Hirte, der uns begegnete, hatte einen Kandschar an der Seite, eine Pistole im Gürtel und ein Gewehr auf der Schulter oder umgehängt. Selbst ihre Kleidung hatte etwas Kriegerisches, man trug hier eine weiße oder graue Tscherkeßka mit der doppelten Patronenreihe auf der Brust.

Die vor uns liegende Stadt war erst vor 27 Jahren von Kasi-Mullah, dem damaligen Herrn des kaukasischen Nationalhelden Schamyl, erobert und geplündert worden. Dabei waren die Köpfe von über sechstausend Einwohnern abgeschnitten worden. Jedermann denkt heute noch an dieses furchtbare Ereignis, das sich im täglichen Kleinkrieg in verkleinertem Maßstabe wiederholt und bei dem fast jede Familie damals einen Verwandten, einen Freund, Haus oder Vermögen verlor.

Je näher wir der Stadt kamen, desto unglaublicher wurde der sogenannte Weg. In Europa würde man ihn als ganz unbefahrbar bezeichnet haben. Nach fünf Tagen sandiger Wüste, die unsere Augen durch Staub blendete, versanken jetzt unsere Pferde bis über die Knie, die Räder unseres Tarantas bis an die Naben im Schlamm. Aber ein Tarantas kommt überall durch.

Unser Postillion fragte, wohin er uns fahren solle.

»Zum besten Gasthof der Stadt.«

Darauf schüttelte er den Kopf und sagte, daß es keinen gebe.

»Wo kehrt man denn dann ein?«

Man müsse sich an den Polizeimeister wenden, und dieser könne zur Aufnahme von Reisenden ein Haus bezeichnen. Darauf riefen wir einen Kosaken aus unserer Bedeckung heran, gaben ihm den Befehl, uns unterwegs Pferde zu stellen sowie die amtliche Ermächtigung, eine Eskorte zu verlangen. Er sollte diese dem Polizeimeister vorlegen und uns mit seiner Antwort am Stadttor erwarten. Er galoppierte davon.

Unser Weg war auf beiden Seiten mit Hecken bepflanzt, die anscheinend sehr gepflegte Weingärten umschlossen. Wir befragten unseren Postillion, dieser bestätigte uns dies und sagte, daß hier der vortreffliche Kislarwein gekeltert wird. Außerdem brennen dort die Armenier einen vortrefflichen *eau-de vie* – also Branntwein, ähnlich wie Kognak –, der im ganzen Kaukasusgebiet, sogar von den Muselmanen, gern getrunken wird.

Im allgemeinen hat jeder Volksstamm seinen ausschließlichen Handel oder seine alleinige Herstellung der Landeserzeugnisse: der Perser verkauft Seidenwaren, der Lesgier wollene Tuche, der Tatar handelt mit Waffen, nur der Armenier hat sich nicht spezialisiert und handelt praktisch mit allem.

Armenier haben als Kaufleute keinen besonderen Ruf. Man sagt: wenn der Tatar mit dem Kopfe nickt, so ist das Geschäft gemacht, und man kann sich darauf verlassen, wenn der Perser etwas mit Handschlag bekräftigt, so steht er zu den Bedingungen, wenn der Gebirgler des Kaukasus sein Wort gibt, so kann man darauf zählen, aber wenn man mit einem Armenier zu tun hat, so muß man einen schriftlichen Vertrag machen und von zwei Zeugen seine Unterschrift beglaubigen lassen. Armenier handeln mit allen erdenklichen Waren, selbst wenn sie einem unverkäuflich erscheinen. Im Gebiet von Kislar betätigen sie sich hauptsächlich im Wein- und Branntweinhandel, auch als Weinbauern.

Seit fünf Tagen hatten wir überhaupt keinen Baum gesehen, und jetzt freuten wir uns über die halb entlaubten Bäume einer kleinen Oase. In Rußland hatten wir den Winter zurückgelassen, hier war Herbst, und man versicherte uns, daß wir in Baku den Sommer vorfinden würden. Also trafen wir hier die Jahreszeiten auf unserer Reise in verkehrter Reihenfolge an.

Am Stadttor erwartete uns unser Kosak und meldete, daß der Polizeimeister uns etwa hundert Schritt vom Posthaus ein Quartier angewiesen habe.

Wir waren nun wirklich im Orient, allerdings einem noch ziemlich nördlichen, aber der Orient hier unterscheidet sich vom südlichen eigentlich nur durch Sprache und Volkstrachten. Sitten und Gebräuche sind fast die gleichen.

Unser Wagen hielt vor dem bezeichneten Hause an. Ich sah mich mit einiger Besorgnis um. Die Poststationen auf unserer Reise waren zwar spärlich möbliert gewesen, hatten jedoch wenigstens eine hölzerne Bank, einen Tisch und zwei Stühle. Dieses Zimmer war jedoch vollkommen unmöbliert. Nur an der Wand hing eine offenbar spanische Gitarre. Ein Spanier in Kislar? Wir befragten den etwa fünfzehnjährigen Knaben, der uns mit seiner patronenbespickten Tscherkeßka und einem Kandschar im Gürtel empfangen hatte, und erhielten die vielsagende Antwort:

»Die Gitarre ist da, weil man sie dort hingehängt hat.« Sehr klar war das nicht. Darauf fragten wir ihn, wo wir sitzen, speisen und schlafen sollten. Er zeigte nur auf den Fußboden und entfernte sich kopfschüttelnd. War dies die gerühmte orientalische Gastfreundschaft?

In diesem Moment sahen wir das Gesicht unseres Begleitkosaken, der gebückt vor der viel zu niedrigen Tür stand. Unser russischer Student und Dolmetscher Kalino fragte ihn mit der den Russen eigentümlichen Sanftmut gegenüber Untergebenen: »Was willst du, Bruder?«

»Ich wollte dem General melden, daß ihm der Polizeimeister Möbel schicken wird!« sagte der Kosak, machte linksum kehrt und verschwand.

Natürlich sahen wir diese Mitteilung als etwas Selbstverständliches an, sonst hätten wir das Gesicht verloren.

Mit dem »General« war ich gemeint. In Rußland wird jeder in einen *Tschin* klassifiziert. Das Wort dürfte chinesischen Ursprungs und von den Tataren ins Land gebracht sein, es bedeutet etwa dasselbe wie »Rang«. Je nach der Einstufung wird man als vornehmer Herr oder als gewöhnlicher Kerl behandelt. Vor unserer Abreise von Moskau hatte man mir gesagt: »Sie reisen jetzt ins asiatische Rußland. Am besten heften Sie sich irgendeine Auszeichnung ins Knopfloch oder an die Brust. Sonst werden Sie schlecht bedient, finden kein Brot in den Gasthäusern, keine Pferde auf den Poststationen, keine Begleitkosaken in den Stanitzen!«

Über diesen wohlgemeinten Rat hatte ich zuerst gelacht und ihn für einen Scherz gehalten, sollte jedoch bald einsehen, wie notwendig seine Befolgung war. Also steckte ich meinen spanischen Ordenstern an meinen russischen Militärüberrock und staunte sofort über die Wirkung desselben. In Rußland tragen – mit einigen Ausnahmen – nur Generale einen Stern, folglich mußte ich einer sein, und von da an kam man allen unseren Wünschen zuvor. Außerdem waren meine beiden Geleitscheine vom Fürsten Bariatinskij unterzeichnet und ermächtigten mich, von allen Militärposten eine Eskorte anzufordern. Ich mußte also ein hoher Offizier sein.

Freilich hielt man mich meistens für einen französischen General, aber die Franzosen sind in Rußland – schon von den Frauen mit ihren Luxusbedürfnissen her – recht beliebt, so daß alles sehr gut ging. Auf jeder Poststation wurde ich vom Wachkommandanten, gewöhnlich einem alten Unteroffizier, militärisch salutiert und meistens mit den Worten angeredet: »General, es ist alles in Ordnung!«

Auf jeder Station, wo ich meine bewaffnete Eskorte abholte, stand ich auf meinem Tarantas auf oder erhob mich in den Steigbügeln und sagte in russischer Sprache: »Guten Tag, Kinder!« Einstimmig erklang die Antwort: »Guten Tag, Exzellenz!«

Die Kosaken empfingen von mir nach einem schnellen Ritt von fünfundzwanzig Werst, ohne darum gebeten zu haben, den Betrag von etwa zwei Rubeln für das von ihnen verschossene Pulver oder als Trinkgeld für Wodka und waren mit ihrem »General« sehr zufrieden.

Gleichzeitig mit den Möbeln auf einem Karren kam der Befehl des Polizeimeisters, uns so viele Zimmer zur Verfügung zu stellen, wie wir haben wollten. Jetzt änderte sich das Benehmen unseres jungen Wirtes.

Die geschickten Möbel bestanden aus drei Bänken zum Schlafen, drei Teppichen als Matratzenersatz sowie einem Tisch und drei Stühlen.

Jetzt konnten wir uns einrichten, bauten unsere Reiseküche auf und packten Pfanne, Teller, Gabeln, Löffel und Messer aus. Unser Teekasten enthielt Gläser und ein Tischtuch, an dem sich jeder Mund und Finger abwischte. Wir besaßen sogar drei Tischtücher zum Wechseln.

Wir hatten unsern jungen Tataren ausgeschickt, um Eier und möglichst ein Huhn einzukaufen. Eier brachte er, aber kein Huhn. Statt dessen jedoch gutes Hammelfleisch, das man im Kaukasus überall bekommt. Jetzt war für mich der gegebene Augenblick gekommen, meine Kochkünste mit einem »Schaschlik« zu versuchen.

In Astrachan hatte uns eine armenische Familie trotz ihrer Dürftigkeit mit Kislarwein und Schaschlik bewirtet. Weil ich zu meiner Belehrung reise und später ein Kochbuch herausgeben möchte, ließ ich mir das Rezept für einen Schaschlik dort geben.

Also: man nimmt ein Stück Hammelfleisch, womöglich vom Lendenstück, schneidet es in Stücke von Nußgröße, läßt es eine Viertelstunde in Weinessig, Zwiebeln, Salz und Pfeffer liegen, steckt dann die Stücke auf einen kleinen Bratspieß aus Holz oder Eisen und dreht denselben langsam über Kohlenglut, bis das Fleisch mürbe ist. Dies ist das beste Gericht, das ich auf meiner ganzen Reise gegessen habe.

Noch schmackhafter wird der Schaschlik, wenn die Fleischstückchen eine ganze Nacht in der Beize liegenbleiben und beim Abnehmen vom Bratspieß mit Gewürz bestreut werden. Aber das kann man auch unterlassen, wenn man keins hat. An Stelle eines Bratspießes kann man sehr gut den Ladestock einer Jagdbüchse benutzen.

Während ich mit der Zubereitung beschäftigt war, schickte uns der Kommandant der Stadt, der inzwischen von unserer Ankunft gehört hatte, frische Butter, zwei Hühner und zwei Flaschen Wein. Ich ließ danken und meinen Besuch für den Abend anmelden. Hühner und Butter sparten wir zum Frühstück auf, aber einer Flasche brachen wir den Hals. Nach dem Essen machte ich mich mit Kalino auf den Weg zum Stadtkommandanten. Moynet kam nicht mit, weil er den achtjährigen Bruder unseres

Wirtes zeichnen wollte, den seine Verwandten an einen normal großen Kandschar für einen Erwachsenen geschnallt hatten, was sehr putzig aussah.

Die Hauptstraße war ein Morast, in dem man bis über die Knöchel im Kot waten mußte. Kaum war ich jedoch zehn Schritte gegangen, als ich mich am Rockschoß festgehalten fühlte. Als ich mich umdrehte, sah ich unseren inzwischen sehr zuvorkommend gewordenen jungen Wirt, der Kalino in einem Gemisch von schlechtem Russisch und Tatarisch warnte, nicht unbewaffnet auszugehen. Weil es vier Uhr nachmittags und heller Tag war, hatte ich es für überflüssig gehalten, Waffen mitzunehmen. Aber er machte es so dringend, daß wir umkehrten. Ich steckte also einen 15 Zoll langen Dolch, Khorassaner Arbeit, den ich in Astrachan gekauft hatte und von da an unterwegs trug, in den Gürtel. Kalino schnallte den großen Säbel, den sein Vater auf dem Schlachtfeld von Montmirail in Frankreich erbeutet hatte, um, und obwohl unser Wirt verlangte, daß jeder von uns noch eine Doppelflinte mitnehmen sollte, verzichteten wir darauf. Wir waren also noch nicht über die dortigen Gefahren im Bilde, warnten jedoch Moynet, nicht unbewaffnet auszugehen, und verließen unser Haus wieder.

Der Kommandant wohnte am anderen Ende der Stadt, und wir mußten durch ganz Kislar wandern. Es war Markttag, und wir bahnten uns durch Pferde, Kamele und Wagen unseren Weg. Bis wir die Esplanade – den großen Vorplatz unterhalb der Festung, auf dem man 25 000 Mann hätte exerzieren lassen können – erreichten, ging alles ganz gut. Aber auf dem Marktplatz wurde es schwierig. Ich hatte dort noch nicht die ersten 50 Schritte gemacht, als ich einsah, wie gering man in dieser bis an die Zähne bewaffneten Menge einen unbewaffneten Mann achtet. Im Orient bewaffnet man sich nicht nur zu Verteidigungszwecken, sondern vor allem um abzuschrecken. Puschkin hat von diesem Lande gesagt, daß dort »der Totschlag nur eine Gebärde ist«.

Nach Passieren des Marktplatzes kamen wir in die Innenstadt, wo die Straßen zwar einen sehr malerischen Anblick bieten, jedoch die Kotlachen mit darin plätschernden Gänsen und Enten keinen hygienischen Eindruck machen, zumal die daneben angebundenen Kamele dort ihr Wasser lassen und dasselbe als Reisevorrat wieder aus den verschmutzten Tümpeln schlürfen.

Wir ließen uns beim Kommandanten melden, und er kam uns zur Begrüßung entgegen, sagte jedoch, daß er kein Französisch spreche, wohl aber seine Gattin, die wir im dritten Zimmer finden würden.

Frau Polnobokow sprach in der Tat recht gut französisch. Ich entschuldigte mich lächelnd wegen meines kriegerischen Aufzugs und scherzte über die Warnungen unseres Wirtes. Aber zu meiner Verwunderung blieb sie durchaus ernst und sagte, unser Wirt habe vollkommen Recht. Dann bat sie ihren Gemahl, uns dies zu bestätigen, und als dieser auch ihre Ansicht teilte, kam mir das Ganze doch bedenklich vor, und ich bat um nähere Auskunft.

Tatsächlich kamen fast täglich unglaubliche Gewalttaten vor. Erst am Vorabend war in Kislar auf der Straße ein Mord begangen worden. Allerdings hatte man den Falschen umgebracht. Vier Tataren lauerten einem reichen Armenier auf und hatten sich unter einer Brücke versteckt, die dieser in der Dunkelheit passieren mußte. Ein armer Teufel kam des Wegs, wurde für den erwarteten Armenier gehalten, und als er über die kleine Brücke ging, erdolchten sie ihn. Erst als sie seine Taschen untersuchten, wurde das Versehen bemerkt. Er hatte lediglich einige Kopeken bei sich. Die Leiche wurde über das Geländer in den Bewässerungskanal für die Gärten geworfen. Übrigens nennt man nördlich des Kaukasus alle Banditen – und deren gibt es mehr als genug – Tataren, dagegen südlich des Gebirges Lesgier, ohne Rücksicht auf die wirkliche Stammeszugehörigkeit.

Vor einigen Monaten waren drei Armenier, die vom Jahrmarkt in Derbent kamen, zusammen mit einem ihrer Freunde, namens Bonjar, gefangengenommen worden. Sie waren als reiche Leute bekannt und wurden deshalb von den Banditen nicht umgebracht, sondern zur Erpressung eines hohen Lösegeldes ins Gebirge verschleppt, nachdem man ihnen ihre Kleider genommen hatte. Man band sie an die Schwänze von Pferden, und zunächst mußten sie in ziemlich schnellem Tempo 15 Werst hinterherlaufen und dann in stark erhitztem Zustand durch die eiskalten Gletscherwasser schwimmen, so gut sie konnten. Später starben dann zwei der Brüder an Lungenentzündung und der dritte an akuter Lungenschwindsucht, nachdem ihre Verwandten zehntausend Rubel bezahlt hatten.

Der vierte Gefangene war nicht so wohlhabend wie seine Freunde und hatte sich den Tataren gegenüber verpflichtet, ihnen als Spion zu dienen und mitzuteilen, wenn wieder ein begüterter Armenier über Land reisen wolle. Als er glücklich lebend Kislar erreicht hatte, brach er natürlich seine erpreßte Zusage und wagte von da an nicht mehr, sein Haus zu verlassen, und fürchtete sich sogar davor, in demselben plötzlich umgebracht zu werden.

Vor einem Jahr war sogar Oberst Menden überfallen und ermordet worden, obwohl er zu seiner Sicherheit drei Kosaken mit hatte und die vielbegangene Landstraße von Kasafiurte nach Kislar benutzte. Allerdings hatten sie sich bei dem Überfall wie die Löwen gewehrt und fünf oder sechs der angreifenden Tataren getötet.

Die weibliche Bevölkerung hat in dieser Hinsicht weniger zu befürchten als die Männer. Die Tataren müssen ihre Gefangenen zweimal hinter sich durch den Terek schleppen, um das Gebirge wiederzuerreichen, und die Frauen vertragen im allgemeinen nicht dieses eiskalte Bad. Beim letzten Male ertrank eine Frau beim Überqueren des Flusses, und zwei starben hinterher an Lungenentzündung, bevor das Lösegeld eintraf. Als die Familie von ihrem Tode hörte, weigerte sie sich, überhaupt etwas zu zahlen, auch nicht für die Leichen, so daß für die Banditen das ganze Unternehmen keinen Gewinn, nur Risiko brachte. In letzter Zeit hat man daher Entführungen von Frauen zur Lösegelderpressung im Nordkaukasus allmählich aufgegeben, während sie südlich des Gebirges immer noch vorkommen, weil dort nicht so viel Menschenverluste entstehen, denn das Klima ist dort milder.

Natürlich gibt es auch noch eine andere Art des Frauenraubes. Ich hörte in Kislar folgende Geschichte. Vorweg möchte ich sagen, daß ich die vollen Namen der Beteiligten in meinem Reisetagebuch habe, aber aus verständlicher Diskretion nenne ich sie mit Abkürzungen, bin jedoch bereit, sie mitzuteilen, wenn die Wahrheit der Geschichte bezweifelt wird:

Ein Tatarenfürst liebte eine vornehme Russin in Kislar, und sie war seinen Aufmerksamkeiten gegenüber durchaus nicht gleichgültig geblieben, denn er war ein schöner und feuriger Mann. Eine Entführung mit ihrem Einverständnis wurde verabredet.

Als ihr Mann auf einer Dienstreise unterwegs war, verlangte sie vom Stadtkommandanten zu einer ungewöhnlichen Zeit Pferde und einen Wagen, was dieser rundweg abschlug, weil ihm die Zeit zu spät oder zu gefährlich erschien. Aber Madame M. drängte, weil angeblich eins ihrer Kinder krank war, und dieser Begründung wollte sich Polnobokow nicht widersetzen. Also erhielt sie das verlangte Reisegefährt und fuhr über Land.

Unterwegs wurde sie vom Tatarenfürsten angehalten und entführt, wie es verabredet war. Sein Aul – eine kleine Bergfeste – lag wie ein Adlernest hoch oben auf einem Felsenberg, einige Werst von Petigorsk entfernt. Dort hielt er sie drei Monate lang fest, ohne daß ihr Gatte in Erfahrung bringen konnte, was aus ihr geworden war. Dann war der Beg des wirklich zärtlichen Verhältnisses überdrüssig und ließ den Gatten durch Mittelsmänner wissen, daß er den Aufenthalt der Vermißten kenne und den Loskauf vermitteln könne. Der Ehemann erklärte sich einverstanden.

Nach einem weiteren Monat schrieb ihm der Beg, daß er für dreitausend Rubel das Geschäftliche geordnet habe. Sofort übersandte M. die dreitausend Rubel, und die Freude war groß, als er die Bedauernswerte zurückerhielt. Besonders erfreut war er über den recht billigen Preis.

Dieser war noch günstiger als er wissen konnte, denn nach sechs Monaten genas die Vielgeprüfte eines weiteren Kindes, für das er keinerlei Bemühungen gehabt hatte.

Wir blieben noch eine Stunde zum Plaudern bei Frau Polnobokow, die – nebenbei gesagt – einen der schönsten Perserteppiche in ihrem Zimmer liegen hatte, den ich je sah. Sie lud uns dann für den Abend zum Tee ein, und ihr Gatte sagte, als er dies hörte, daß er uns zu unserer Sicherheit dann zwei Kosaken schicken würde. Dies wollten wir ablehnen, jedoch ihr Gatte erklärte, daß er dann aus Furcht vor einem Zwischenfall die Einladung seiner Frau zurückziehen müsse, denn er habe keine Lust, zu erleben, daß uns in seiner Stadt ein Unglück zustöße.

Unter diesen Umständen mußten wir die militärische Begleitung annehmen. Beim Weggehen fanden wir draußen die wartende Droschke des Kommandanten. Eine derartige Aufmerksamkeit findet man nur im weiten Rußland, und meine einzige Möglichkeit, mich für die vielen erwiesenen Artigkeiten zu bedanken, ist die, daß ich sie in meinem Reisebuch erwähne.

Die Droschke brachte uns nach Hause, und dort wollte ich andere Stiefel anziehen, um dem Polizeimeister der Stadt einen Besuch zu machen. Wir trafen ihn jedoch in unserem Quartier an, wo er seinerseits mir seine Aufwartung machen wollte. Dadurch war ich ganz beschämt, bat um Entschuldigung, daß er mir zuvorgekommen war und zeigte ihm meine bis an die Waden mit Straßenkot beschmutzten Langschäfter. In Kasan hatte ich Fischerstiefel gekauft, die bis hoch über die Schenkel reichten. Die Siebenmeilenstiefel des Däumlings im Märchen sind sicher in Rußland gearbeitet worden.

Der Polizeimeister beschämte uns durch sein Entgegenkommen. Wir konnten ihm nur noch danken. Vier oder fünf Flaschen Wein standen plötzlich am Fenster, die er uns übersandt hatte.

Er versprach uns ein Wiedersehen mit ihm beim Kommandanten.

Dann machte ich Moynet auf die Straße aufmerksam, die ich oben beschrieben habe, worauf er unseren Dolmetscher Kalino unter den einen Arm nahm, sein Zeichenalbum unter den anderen und das Haus verließ, nachdem er auf mein Drängen einen Dolch in seinen Gürtel gesteckt hatte.

Kislar ist übrigens für Maler eine Fundgrube von Motiven. Hier sahen wir zum ersten Male die außerordentlich mannigfaltigen Volkstrachten, die wir später noch oft anstaunten: Armenier, Tataren, Kalmücken, Nogaier und Juden drängten sich hier in ihren alten unveränderten Nationaltrachten. Die eigentliche Bevölkerung der Stadt besteht aus etwa zehntausend Menschen, steigt jedoch an Markttagen – und wir kamen an einem Markttage an – auf das Doppelte. Die Tataren, deren Hauptgeschäft der

Menschenraub von Männern, Frauen und Kindern ist, welche sie an ihre Familien wieder zurückverkaufen, setzen hier die Erpressungsgelder in Waren um. Aber es gibt auch noch normalen Markthandel hier. Die Hauptartikel sind der berühmte Wein, den die Armenier anbauen, der Branntwein, den sie brennen, die Seidenstoffe, welche von den Bauernfrauen gewebt werden, Reis, Krapp zum Färben, Sesamkraut und Safran.

Moynet kam nach einer Stunde zurück. Er war bis über die Ohren mit Straßenkot beschmutzt, war jedoch über Kislar entzückt und hatte eine sehr hübsche Straßenszene aufs Papier gebannt.

Punkt halb acht war die Droschke des Kommandanten vor unserer Tür. Zwei Laternenträger gingen voran, und man sah, daß sie in ihren Gürteln Pistolenkolben sowie Kandschare stecken hatten. Außerdem ritten zwei Kosaken neben dem Wagen, eine Schaska an der Seite und ein Gewehr quer vor sich auf dem Sattel und bereit, sofort nach jeder Seite anzugaloppieren. Als wir eingestiegen waren, setzte sich die Droschke mit den Laternenreitern und den schwerbewaffneten Kosaken in Galopp, ohne Rücksicht auf den aufspritzenden Kot und das Schmutzwasser auf den Wegen.

Unterwegs glaubte ich einige Schüsse zu hören.

Wir waren von den erwarteten Gästen die ersten. Frau Polnobokow hatte uns am Vormittag empfangen, ohne zu wissen, wer wir waren, sie hatte mich für einen französischen General gehalten, wie viele andere, wegen meines Geleitscheines. Ich war der Meinung gewesen, daß ihre Gastfreundlichkeit nicht größer sein konnte. Aber dies war ein Irrtum.

Inzwischen hatte sie erfahren, daß ich der Mann war, dem sie ihre beste Unterhaltung zu verdanken hatte, und nun wußte sie nicht, wie sie mir für die geistigen Genüsse der Lektüre meiner Bücher danken sollte, wie sie sich wörtlich ausdrückte. Kurz darauf kamen etwa sechs Personen an, die gut französisch sprachen, besonders die Damen. Der Kommandant war merkwürdigerweise nicht anwesend.

Auf eine diesbezügliche Frage sagte die Frau des Hauses: »Haben Sie auf dem Wege zu uns keine Schüsse gehört?«

»Jawohl, ich glaube drei Schüsse.«

»Ganz recht. Sie fielen in der Richtung des Terek, und das hat immer eine gefährliche Bedeutung. Mein Mann ist beim Polizeimeister, und ich glaube, man hat Kosaken hingeschickt.«

»Dann werden wir bald etwas Näheres hören?«

»Sicherlich, sehr bald.«

Die übrigen Gäste nahmen von dem Alarm keine Notiz, man lachte und plauderte ungezwungen wie in einem Salon in Paris.

Bald kamen auch der Kommandant und der Polizeimeister und nahmen am Gespräch teil, ohne daß sie im mindesten Anzeichen von Beunruhigung gaben.

Man reichte zum Tee verschiedene armenische Süßigkeiten, davon eine immer fremdartiger als die andere. Man hatte sie mit verschiedenen Beeren oder anderen Ingredienzien gefüllt. Auch das Zuckerwerk hatte einen orientalischen Charakter, es zeichnete sich mehr durch Duft als Geschmack aus.

Ein Diener, der mit einer Tscherkessa bekleidet war, erschien und flüsterte dem Kommandanten etwas zu. Dieser winkte dem Polizeimeister, und beide verließen uns. Ich fragte die Wirtin: »Ist die Antwort von der Alarmeinheit gekommen?«

»Wahrscheinlich«, erwiderte sie gleichmütig, »nehmen Sie noch eine Tasse Tee?«

»Sehr gern«, dann tat ich Zucker in meine Tasse, schüttete Rahm hinein und begann langsam zu schlürfen, denn ich wollte nicht neugierig erscheinen. Jedoch schielte ich beständig zur Tür. Nach einer Weile kam der Kommandant allein zurück. Weil er nicht französisch sprach, mußte ich warten, bis Frau Polnobokow meine Ungeduld bemerkte und, obwohl sie diese anscheinend für etwas übertrieben hielt, weil derartige Vorfälle alle paar Tage vorkamen, sagte sie: »Man hat zweihundert Schritte von Ihrer Wohnung die Leiche eines Mannes gefunden. Er hat zwei Kugeln bekommen, aber man weiß nicht, wer er ist, denn man hat ihn nackt ausgezogen liegenlassen. Vermutlich ist es ein Kaufmann, der seine Waren auf dem Markt verkauft hat und sich etwas verspätet hat. Heute abend lassen Sie lieber Ihre Fensterläden geschlossen, wenn Sie Licht behalten. Man könnte durchs Fenster auf Sie schießen.«

»Was hätte denn ein Straßenräuber davon? Die Haustür ist doch verschlossen«, entgegnete ich.

»Vielleicht tut er es aus Zeitvertreib. Die Tataren sind sonderbare Leute.«

»Hören Sie das? Jetzt werden Sie es glauben, daß es hier nicht ungefährlich ist«, sagte Moynet zu Kalino, während er gerade eine Zeichnung von Madame Polnobokow in das Gästealbum der Dame des Hauses machte.

»Ich verstehe jetzt«, antwortete dieser mit gewohntem Ernst.

Darauf schrieb ich einige passende Verse in das Album und vergaß den Toten, der zweihundert Schritt von unserer Wohnung nackt aufgefunden war. Nach 15 Tagen im Kaukasusgebiet verstand ich diese Gleichgültigkeit gegenüber Morden und Leichen, die mich zu Anfang so erstaunt hatte, durchaus.

Gegen elf Uhr nachts verabschiedeten sich die Gäste. Die Abendgesellschaft hatte erheblich länger gedauert, als es sonst üblich war. Seit einem Jahre war so etwas nicht mehr vorgekommen.

Das Vorzimmer und die Garderobe sahen aus wie eine Wachtstube. Jeder der Eingeladenen war mit einem oder zwei bis an die Zähne bewaffneten Dienern gekommen. Die Droschke des Kommandanten erwartete uns wieder mit den beiden Laternenreitern und den beiden Kosaken. Ich bezahlte nachher für diese Leibwache drei Rubel, nämlich einen für den Kutscher, einen für die beiden Vorreiter und einen für die zwei Kosaken. Aber diese Ausgabe reute mich nach Lage der Sache nicht, denn das Erregende dabei erschien mir das Geld wert zu sein.

Meine Fensterläden brauchte ich nicht zu schließen, denn unser junger Wirt hatte schon von sich aus dafür gesorgt, wie er überhaupt jetzt von größter Zuvorkommenheit war. Dann legte ich mich auf meine harte Schlafbank, hüllte mich in meinen Pelz und nahm meinen Mantelsack als Kopfkissen. Dies war übrigens mein gewöhnliches Nachtlager, seit ich auf dem Landgut Dimitri Naryschkins, in Jelpatiwo, die angenehmsten zehn Tage meines Lebens verbracht hatte.

Wer sich abends auf ein Brett zum Schlafen gelegt hat, mit einem Schafspelz als Matratze und Zudecke, der steht morgens nicht ungern auf. Darauf tauchte ich Kopf und Hände in das Kupfergefäß, das ich mir für die weitere Reise in Kasan gekauft hatte, denn Waschbecken gehören zu den seltensten Möbeln in Rußland, und weckte meine Gefährten.

Die Nacht war ohne Alarm vergangen. Jetzt handelte es sich darum, in möglichster Eile zu frühstücken und dann weiterzureisen, denn bis zu unserem nächsten Nachtquartier mußten wir einen weiten und gefährlichen Weg zurücklegen. Besonders die Stelle, wo ein Wald vom Hochgebirge bis zur Landstraße reicht, war gefahrvoll.

Erst vor einer Woche war dort ein russischer Offizier überfallen worden. Er hatte auf der letzten Station keine dienstbereiten Kosaken vorgefunden und reiste ohne militärische Bedeckung weiter, um vor Dunkelheit in Sch. anzukommen. Er fuhr in einer *Kibitka*, also einer Telege mit einem Lederdach, einer Art Kabriolet.

Mitten in dem erwähnten Walde sprengte ein Tscherkesse aus dem Unterholz auf ihn zu. Der Offizier spannte den Hahn seiner Pistole und drückte ab, als der Angreifer auf etwa vier Schritt herangekommen war, aber der Schuß ging nicht los. Der Räuber hatte gleichfalls eine Pistole in der Faust und schoß auf das eine Pferd, das sofort stürzte und den Wagen zum Stillstand brachte. Zehn Tscherkessen zu Fuß kamen nun aus dem Dickicht hervor und griffen den Offizier an, der mit seinem Säbel zwei von ihnen verwundete, jedoch schnell überwältigt wurde. Nachdem er ausgeplündert war, band man ihn – wie üblich – mit dem Halse am Schweif eines Pferdes fest, um ihn dann nachschleppen zu lassen.

Die Gebirgler haben eine ungemeine Gewandtheit bei solchen Überfällen. Wenn der Gefangene erst an dem Pferdeschweif mit einem Lederriemen sicher befestigt ist, galoppiert der Reiter an, ehe der Gefangene um Hilfe rufen kann.

Der Offizier hatte das Glück, daß gerade zur Zeit des Überfalls eine Kosakeneskorte, von der nächsten Relaisstation zurückkommend, die Stelle passierte und von weitem den Kampf sah. Sofort setzten sie sich in Galopp, erreichten den auf der Landstraße stehenden Wagen, und als sie von dem Vorfall vom zurückgebliebenen Kutscher unterrichtet waren, setzten sie in schärfster Gangart den Angreifern nach.

Die nicht berittenen Banditen warfen sich seitwärts zu Boden und ließen die Kosaken vorüberbrausen, während der Reiter mit dem Gefangenen seinem Pferde die Sporen in die Weichen stieß und den Offizier vorwärtspeitschte. Aber dieser hielt den Lederriemen steif, so daß das Pferd behindert wurde. Als das Geräusch der Verfolger näher kam, zog der Räuber seinen Kandschar, und der Offizier glaubte, daß es um ihn geschehen sei. Aber der Tscherkesse begnügte sich damit, mit einem Hiebe seinen Schleppriemen durchzuhauen, worauf der halb erdrosselte Offizier ins Gras kugelte, während der Räuber sich mit seinem Reittier in den Terek stürzte, um ihn zu durchschwimmen.

Die ankommenden Kosaken feuerten auf ihn, jedoch ohne zu treffen. Am anderen Ufer stieß der Tscherkesse einen Triumphschrei aus, schwang seine Flinte über dem Kopfe und schoß auf seine Verfolger, wobei er einem den Armknochen zerschmetterte. Zwei Kosaken leisteten dem Offizier dann erste Hilfe, denn er war gezwungen worden, nackt hinter dem Pferde durchs dichte Unterholz zu rennen, so daß sein ganzer Körper zerkratzt und blutig war. Ein Kosak übergab ihm dann sein Reitpferd und seinen Mantel, worauf er halbtot schließlich in Schukowaja ankam.

Frau Polnobokow hatte uns erklärt, wo der Überfall stattgefunden hatte, und wir hatten zugesagt, dort nach Möglichkeit bei Tage zu passieren.

Aber ohne Frühstück konnte ich nicht abreisen. Gerade als ich das eine unserer Hühner rupfen ließ, um es in unserer Bratpfanne zu braten – ich bin ein guter Koch –, kam der Polizeimeister persönlich zu uns, um zu sagen, es sei alles für ein Frühstück bereit, wir brauchten nur quer über die Straße zu gehen.

Erst wollte ich für die Einladung danken, aber er gestand mir, daß er im Namen seiner Frau komme, die gestern nicht bei ihrer Schwester, der Kommandantin, hätte erscheinen können, weil keine Begleitkosaken zur Stelle gewesen seien, nachdem die Schüsse in der Nähe gefallen waren. Also mußten wir dankend annehmen.

Wir gingen also zu Tische, und das Gespräch kam natürlich auf die Tataren. Alles, was wir am Vortage darüber gehört hatten, wurde uns hier noch einmal bestätigt, und die Damen beurlaubten uns sofort nach dem Essen, damit wir ja bei Tageslicht durch den von allen gefürchteten Wald kommen konnten. Allmählich wurden auch wir besorgt.

Beim Einsteigen sah uns die Polizeimeisterin mit etwas Beunruhigung an: Unsere Bedeckung durch nur sechs Kosaken schien sie bedenklich zu machen.

»Macht Ihnen noch irgend etwas Sorgen?« fragte ich sie.

»Allerdings«, antwortete sie, »haben Sie außer Ihren Kandschars keine Schußwaffen?«

Darauf hob ich die Decke hoch, die über den gepolsterten Vordersitz gelegt war, und zeigte ihr die drei Doppelflinten, zwei Büchsen und einen Revolver, die darunterlagen. Darauf nickte sie und sagte:

»Das ist gut. Jedoch solange Sie durch die Stadt fahren, halten Sie besser Ihre Gewehre in der Hand, damit man sieht, daß Sie gut bewaffnet sind. Unter den hier um uns stehenden Gaffern befinden sich womöglich zwei oder drei Spione der Tataren.«

Natürlich befolgten wir diesen Rat und verließen das gastliche Kislar winkend unter tiefem Schweigen von etwa hundert Zuschauern, die sich angesammelt hatten. Sobald wir die Stadt verlassen hatten, deckten wir unsere Waffen wieder zu.

Der breite Fluß, an dessen Ufern wir bald darauf anhalten mußten, war der Terek, den Lermontow besungen hat.

Wir warteten auf die Fähre, die zurückkam, um uns zu holen. Vorher hatte sie eine Karawane, bestehend aus Pferden, Büffeln und Kamelen, übergesetzt. An dieser Stelle ist der Terek doppelt so breit wie die Seine bei Paris. Übrigens ist man in Rußland großzügiger als in anderen Ländern, denn man wird ohne Fährlohn übergesetzt.

Da das Flußufer hier sehr steil ist, stiegen wir beim Einschiffen aus, und zuerst fuhr unser Tarantas mit dem Führer unserer Eskorte auf die Fähre. Die übrigen Kosaken bewachten die zunächst zurückbleibende Telege. Nicht etwa wegen etwaiger Räuber, aber es war immerhin möglich, daß während unserer Überfahrt der zurückbleibende Mietkutscher mit seiner Telege und unserem Gepäck davonjagte. Ein Beweis, wie groß dort das Vertrauen in die Ehrlichkeit der Landesbewohner ist.

Unterwegs loteten wir mit einer Stange den Fluß aus: er war sieben bis acht Fuß tief. Trotz dieser Tiefe schleppen die Tscherkessen ihre an die Roßschweife gebundenen armen Teufel von Gefangenen durch den kalten Strom, und diese müssen dabei zusehen, wie sie ihren Kopf über Wasser halten.

Um unserem Geleitführer zu beweisen, daß unsere Schußwaffen besser waren als die asiatischen Gewehre, schoß ich während unserer Wartezeit auf zwei Möwen, die auf etwa sechshundert Schritt von uns saßen, und die Kugel meines Karabiners schlug zwischen beiden Vögeln ein, wie ich es vorausgesagt hatte. In diesem Augenblick schoß Moynet einen vorbeifliegenden Regenpfeifer, was unseren Kosaken nicht weniger beeindruckte als die Schußweite und Genauigkeit meines Gewehrs. Ebenso wie die Araber können die Kaukasier nur mit aufgelegtem Gewehr gut treffen. Die Bergbewohner haben daher im allgemeinen eine an der Schußwaffe befestigte Gabel zum Auflegen, infolgedessen ist nur die erste Kugel gefährlich, die anderen treffen selten.

Inzwischen kam unsere Telege auch über den Terek herüber. Wir fuhren nun weiter durch sumpfiges Gelände, bis wir den eine Krümmung machenden Fluß wieder durchfahren mußten. An dieser Stelle konnten wir eine Furt benutzen und holten dort die Karawane von Pferden, Büffeln und Kamelen wieder ein, die vor uns die Fähre benutzt hatte.

Das Durchwaten eines Stromes ergibt immer ein interessantes Bild. Insbesondere unsere beiden Wagen mit den Kosaken und der Karawane sahen sehr malerisch aus. Pferde und Büffel gingen willig ins Wasser, jedoch die Kamele haben eine fast unüberwindliche Scheu vor Wasser und machten tausend Schwierigkeiten. Dabei stießen sie Schreie aus, die mehr dem Gebrüll eines Raubtieres glichen als dem eines harmlosen Kamels, das von Dichtern »Wüstenschiff« genannt wird, wahrscheinlich weil sein Trab wie das Stampfen eines Schiffes den Reiter seekrank machen kann. Die Pferde benutzten die Furt, um zu trinken, die Büffel schwammen durch, indem sie lediglich den Kopf über Wasser hielten, während die Kamele von Reitern geführt wurden und wegen ihrer langen Beine kaum den Bauch naß bekamen.

Wir fuhren nun voraus, und nichts ereignete sich, bis wir die nächste Station zum Pferdewechsel erreichten. Dort konnten wir nur vier Begleitkosaken bekommen, es waren nur sechs da, und zwei mußten als Wache zurückbleiben.

Wir waren immer noch nicht an der gefährlichen Stelle. Aber von hieran lagen die Kosakenposten lediglich fünf Werst voneinander entfernt. Auf jedem Wachtturm – einer Art Schilderhaus auf einem hohen Holzgerüst – steht bei Tag und Nacht ein Kosak auf Posten. Bei Gefahr zünden sie ein oben bereitstehendes geteertes Strohbündel an, dessen Rauch man im allgemeinen 20 Werst weit sehen kann. Bei Alarm wird es angezündet, und alle Wachtposten in Sichtweite eilen herbei.

Wir fuhren mit unseren vier Kosaken weiter und schossen unterwegs verschiedene Brachvögel, aber weil wir dabei nicht ausstiegen, schossen wir meistens fehl, da wir zu sehr durchgerüttelt wurden. Wenn ein Vogel getroffen wurde, so ritt ein Kosak hin und nahm ihn mit der Lanzenspitze auf, ohne abzusteigen.

Jedoch bald mußten wir diesen Zeitvertreib aufgeben. Bereits seit dem Morgen war das Wetter nebelig, und es wurde immer schlimmer, so daß wir schließlich kaum fünf Schritte weit sehen konnten. Das war natürlich ideal für einen Überfall, und unsere Kosaken bildeten jetzt einen engen Kreis um unsere Wagen. Außerdem empfahlen sie uns, unsere Gewehre jetzt mit Kugeln zu laden, was wir uns nicht zweimal sagen ließen. Nach fünf Minuten hatten wir neu geladen und waren nun in der Lage, es mit 20 Angreifern aufzunehmen, denn wir konnten zehnmal schießen, ohne zu laden. Übrigens hatten auf jeder Station die Kosaken und Lohnkutscher Befehl bekommen, auf meine Anweisungen zu achten.

Beim Erscheinen von Angreifern hatten sie beide Fuhrwerke anzuhalten, sie dicht nebeneinander aufzustellen, die Pferde auszuspannen und in den Zwischenraum zwischen beiden Wagen in Deckung bringen. Aus dieser Dekkung heraus konnten wir feuern, während die Kosaken um unsere Wagenburg herum eingreifen sollten.

Bei jedem Wechsel unserer Bedeckung nahm ich Veranlassung, durch einige Schüsse den neuen Kosaken einen Begriff von der Treffgenauigkeit sowie Reichweite unserer Feuerwaffen zu geben. Auf diese Weise sollten sie zu unserer Kampfkraft ein Vertrauen gewinnen, das wir leider nicht immer zu der ihrigen hatten, besonders wenn es sich um sogenannte Gawrilowitsche handelte. So werden nämlich die Donkosaken bezeichnet, die man nicht mit den eigentlichen Linienkosaken verwechseln darf.

Der Linienkosak ist an Ort und Stelle seiner Befriedungstätigkeit geboren und aufgewachsen, also angesichts der zu bekämpfenden Feinde, ist also mit den örtlichen Gefahren vertraut, er lebt nur drei Monate im Jahre in seiner Stanitza – wie man ein Kosakendorf nennt –, seine Dienstzeit dauert bis zu seinem fünfzigsten Lebensjahr. Der Linienkosak ist ein fabelhafter Soldat, er ist ein Künstler des Kleinkrieges und findet an Gefahren ein persönliches Vergnügen. Dieses Linienkosakenkorps wurde von Katharina II. aufgestellt und hat sich mit den Tschetschenen oder Lesgierstämmen vermischt, indem sie deren Töchter raubten, wie seinerzeit die Römer die Sabinerinnen. Aus dieser Kreuzung ist eine Rasse entstanden, die sich durch ein feuriges, kriegerisches Wesen auszeichnet, immer lustig, geschickt, immer lachend, die gerne singt, vor allem aber sich gerne schlägt, so daß man von ihnen wahre Bravourstückchen erzählt. Wir werden noch von ihnen hören.

Im Gegensatz dazu werden die Donkosaken im befriedeten Flachland rekrutiert und dann von ihren ruhig und majestätisch dahinfließenden Strömen an die tobenden Gewässer der Gebirgsströme Terek oder Kuma versetzt. Sie werden ihrer seit Generationen Ackerbau treibenden Familie entrissen und mit einer Lanze als Waffe ausgerüstet, die ihnen mehr Verlegenheit als Hilfe bedeutet, sind ungeschickt beim Umgang mit dem Gewehr oder dem Reitpferd. Der Donkosake macht zwar als Feldsoldat eine ziemlich gute Figur, ist jedoch sehr wenig brauchbar bei Überfällen und im Kleinkrieg in den Schluchten, im Busch und bewaldeten Gebirge.

Deshalb spotten die Linienkosaken und die tatarische Miliz – eine außerordentlich brauchbare Truppe für Scharmützel – andauernd über die Gawrilowitsche; ein Spottname, welcher die Donkosaken erbittert.

Welches ist nun der Ursprung dieses herabsetzenden Spitznamens? Eines Tages wurde eine Eskorte aus Donkosaken durch Tschetschenen angegriffen, und sie ergriff in Verwirrung die Flucht. Ein junger Kosak, der besser beritten war als die anderen, erreichte den Stationshof, nachdem er Lanze, Pistolen und Schaska sowie seinen Papak weggeworfen hatte, außer sich vor Schrecken, und schrie mit letzter Kraft: *sostupies sa nas, Gawrilowitsch!* – »rette uns, heiliger Gabriel!« – worauf er ohnmächtig vom Pferde fiel. Seit diesem Vorfall werden die Donkosaken mit dem Spottnamen *Gawrilowitsche* bezeichnet.

Die Bergbewohner kaufen ihre von den Russen gefangenen Stammesgenossen stets los, und zwar geben sie vier Donkosaken oder vier Tataren der Miliz für einen Tscherkessen. Dagegen werden die Linienkosaken Mann gegen Mann ausgetauscht. Man kauft aber auch keinen mit einem Lanzenstich verwundeten Gebirgler los. Denn dies ist ein Beweis für schwere Ungeschicklichkeit, weil dieser nur von einem Donkosaken herrühren kann, also von einem verachteten Feinde. Auch tauscht man keine Leute aus, die auf der Flucht im Rücken verwundet wurden.

Im Augenblick hatten wir – wie gesagt – Donkosaken als Begleitschutz, und dies war bei dem Nebelwetter keineswegs beruhigend. Daher legten wir die zwölf Werst, die uns noch von der nächsten Wechselstation trennten, im Nebel und in erhöhter Gefechtsbereitschaft mit schußbereiten Gewehren auf den Knien zurück. Auf dieser Strecke passierten wir die beiden befestigten Wehrdörfer Kargatenkaja und Scherbakoskaja.

Der Kaukasus

Diese sind beide ständig in Gefahr, von Tschetschenen angegriffen zu werden, und haben daher mehrere Verteidigungslinien. Zunächst umgibt sie ein breiter Graben, dann folgt eine dichte Dornenhecke, die mindestens ebenso schwer zu überwinden ist wie eine Festungsmauer. Außerdem sind innerhalb dieser Hindernisse verschiedene Häuser, die sich zur Verteidigung als Zitadelle – oder Festung – eignen, wenn der Feind eingedrungen ist, noch mit einem Pfahlwerk von sechs Fuß Höhe umgeben und haben teilweise noch eine kleine Mauer, die mit Schießscharten versehen ist. An jedem Dorfeingang steht einer dieser typischen hohen Wachtürme mit Übersicht über die ganze Umgebung, und der Wächter wird Tag und Nacht alle zwei Stunden abgelöst.

Sämtliche Schußwaffen sind stets geladen, und jeder Dorfbewohner im Alter von zwölf bis sechzig Jahren ist Soldat, die Hälfte aller Pferde ist stets gesattelt. Jede von diesen Ansiedlungen hat ihre blutige, mörderische und schreckliche Geschichte, welche nur mit den Indianererzählungen Coopers zu vergleichen ist.

Dann erreichten wir die Station Sukoiposch. Hier erwartete uns ein unvergeßlicher Anblick. Die Sonne, die seit einiger Zeit versucht hatte, den Nebel zu besiegen, durchbrach mit ihren Strahlen die Dunstwolken in der Höhe, und sie wurden mehr und mehr durchsichtig, bis man endlich feste Umrisse zu erkennen glaubte. Aber waren dies Berge oder ferne, dunkle Wolkengebilde? Unsere Zweifel dauerten noch einige Zeit an, endlich klarte es jedoch ganz auf, ein leichter Wind wehte die letzten Nebelfetzen beiseite, und wir staunten über den majestätischen Anblick der gesamten Gebirgskette des Kaukasus.

Die Sonne schien jetzt so warm und leuchtend, als ob sie stolz sei, den Nebel besiegt zu haben. Wir befanden uns nicht mehr im Herbst wie in Kislar, sondern in einem

Paßstraße im Kaukasus (zu Seite 348)

strahlenden, warmen Sommer. Und über diesem unbeschreiblichen Massiv des Gebirges segelten große Adler, bewegungslos schwebend in weiten Kreisen.

Schweigend staunten wir das einzigartige Panorama an. Der Kasbek, an den nach der Sage Prometheus, der Bringer des Lichts und des Feuers für die Menschheit, geschmiedet wurde, erhob sich mit seinem schneebedeckten Gipfel über das Ganze.

Dies also war der Kaukasus, unähnlich den Alpen oder den Pyrenäen und überhaupt allem anderen, was wir gesehen hatten oder in unserer Phantasie erträumten. Der Himalaja und der Schimborasso sind höher, aber nur Gebirge ohne Mythen. Der Kaukasus ist das Theater, auf dem der erste dramatische Dichter des Altertums sein erstes Drama spielen ließ, dessen Held ein Titan und dessen Schauspieler die Götter Griechenlands sind.

Wie sehr bedauerte ich, daß ich nicht meinen Äschylos zur Hand hatte! Ich hätte mich dann niedergelegt und seinen »Prometheus« vom ersten bis zum letzten Verse hier gelesen!

21. Kapitel

Auf dem Gipfel des Schatt-Elbrus, einem Viertausender des Kaukasus, an der Grenze nach Daghestan, soll der Riesenvogel Anka gehorstet haben, gegen den der Adler oder der Kondor ein Kolibri gewesen sein soll.

Der Riesenwall des Gebirges, diese majestätische Festung, diese Granitmauer mit ihren ewig beschneiten Zinnen ruht mit ihrer nördlichen Basis auf einer Sandfläche, die ehemals von einem unermeßlichen Meere bedeckt war, aus welchem sich als Inseln außer dem Kaukasus auch das südanatolische Taurusgebirge, der Demawend im iranischen Elburs und das Jailagebirge im Süden der Krim erhoben. Dieses Meer, von dem das Kaspische Meer nur ein Überrest ist, war nach Norden wahrscheinlich mit der Ostsee und dem Weißen Meere verbunden.

Welcher Epoche der Geschichte der Erde die große Wasserflut zuzurechnen ist, die das Schwarze Meer, den Aralsee, die Seen von Sewan, Van und andere absonderte, und die Meerengen der Dardanellen, von Messina und Gibraltar durchbrach, ist nicht genau zu bestimmen. Tatsache ist, daß der Kaspisee mit anderen Meeren unterirdische Verbindungen hat und daß die Wassermengen vom Ural, der Wolga, vom Kur und Terek, die er aufnimmt, auf diese Weise abfließen, daß sein Wasserspiegel Schwankungen unterworfen ist, daß bei niedrigem Wasserstande alte Bauwerke zum Vorschein kommen, die nachher wieder überspült werden, daß schließlich alljährlich zu Wintersanfang an die Oberfläche des persischen Golfes Kräuter, Gräser und Laubwerk aufsteigen, und zwar von Pflanzen, die nur an Ufern und in der Tiefe des kaspischen Riesensees vorkommen.

Der Kaukasus selbst besteht aus zwei parallelen Bergzügen, von denen der höhere im Süden und der niedrigere im Norden liegt. Die höhere Kette im Süden bezeichnet man auch als die »Weißen Berge«, während die andere im Norden die »Schwarzen Berge« genannt wird.

Nur zwei Paßstraßen führen über die gewaltige Granitmauer, nämlich die *Pylae Caucasiae* und die *Porta Caspia* der alten Römer. Erstere wird heute Darialpaß und die letztere Derbentpaß genannt. Der Derbentpaß heißt im Volksmunde auch das »Tor Alexanders«. Nach der kaukasischen Überlieferung hat Alexander der Große in seinen siegreichen Schlachten gegen den persischen Großkönig am Granicus, bei Issus und Arbela auch gegen kaukasische und armenische Truppen gekämpft, die zu den Truppen des Königs Darius gehörten. Er soll auf seinen Kriegszügen einen Umweg gemacht haben, um die beiden Kaukasuspässe zu sperren, nämlich den jetzigen Derbentpaß mit den eisernen Toren und den Darialpaß mit seiner berühmten, sagenhaften großen Mauer.

Der alte Geschichtsschreiber Strabo spricht viel von den Goldwäschereien des Landes Kolchis. Die vom Regen in die Bäche hinabgespülten Goldkörner reicherten den Schwemmsand an, und dieser Goldsand wurde über Widderfelle geleitet und blieb an ihrer Wolle als glänzender Staub hängen. Daher stammt die Sage oder Geschichte vom Goldenen Vließ. In Ossetien befindet sich noch jetzt eine uralte georgische Inschrift, welche besagt, daß in jener Gegend die Edelmetalle so häufig waren wie heute der Staub.

Alle diese Reichtümer können in Zweifel gezogen werden, aber es ist eine geschichtlich erwiesene Tatsache, daß das alte Kolchis einst durch den griechischen Seefahrer Jason Europa den Fasan, durch den römischen Feldherrn Lucullus den Pfirsich und die Kirsche geliefert hat.

Ein nicht minder kostbares Landesprodukt ist das Naphtha, das sich in großen Mengen am Westufer des Kaspisees findet. Wir werden in Baku Gelegenheit haben, hierüber und über die dadurch entstehenden merkwürdigen Erscheinungen ausführlicher zu sprechen.

Im Norden bilden die Flüsse Kuban und Terek, im Süden der Kur und der Aras die Grenzen des kaukasischen Isthmus.

Seit Boris Godunow haben die Russen ihr Interessengebiet – zunächst durch Vasallenverträge mit »Verbündeten« – nach dem Kaukasus vorgeschoben. Der Darialpaß wurde eine Hauptverkehrsstraße, auf welcher die Armenier ihre Seidenwaren nach Rußland einführten. Peter der Große läßt Handelsverbindungen mit Derbent anknüpfen, bald steht Rußland vor den Toren Derbents (1722) und dringt nicht lange darauf bis nach Baku vor.

Nach einigen Rückschlägen durch Nadir Schah von Persien kann Katharina II. in Kislar ein Zivilgouvernement errichten lassen und entsendet 517 Kosakenfamilien von der Wolga sowie hundert vom Don an den Terek, bildet aus ihnen das Mosdoker Kosakenregiment. Bald benehmen sich die Russen als Herren gegenüber den kaukasischen Volksstämmen. Zwischen Mosdok und Asow wird eine russische Militärgrenze gezogen, die Kosaken-Stanitzen werden gegründet und 1785 errichtet Katharina II. die kaukasische Statthalterschaft, bestehend aus den Bezirken Kislar, Mosdok und anderen.

Im Jahre 1801 erläßt der Kaiser Paul I. einen Ukas, der Georgien endgültig mit Rußland vereinigt, und sein Nachfolger ernennt den General Knorring zum ersten Gouverneur.

Um die gleiche Zeit, in der Paul I., der Sohn Katharinas II., im Roten Palast in Petersburg ermordet wurde, erblickt zu Gimry, inmitten der Gebirge von Daghestan, ein Knabe das Licht der Welt und erhält den Namen Schamyl Effendi. Als Iman Schamyl wurde er der letzte Freiheitskämpfer Kaukasiens.

Seitdem unser Blick in die Geschichte der Kaukasusvölker dringt, sind die Täler dieser riesigen Bergkette Zufluchtsorte für die Geächteten aller Völker. Bei jeder neu heranbrandenden Barbarenwelle, von Alanen, Goten, Avaren, Hunnen, Persern, Mongolen und Türken flüchten Menschen in die Vorberge und Hochtäler des Kaukasus. Neue Volkssplitter kommen zu den alten Nationalitäten hinzu. Einige – zum Beispiel die Udius – sprechen eine

Sprache, die nicht nur niemand versteht, sondern die auch keine Verwandtschaft mit einer bekannten Sprache hat.

Ich habe versucht, ein Bild der Zusammensetzung dieser Stämme zu bekommen. Das Ergebnis war: 1 059 665 Menschen aus elf Rassen oder aus 122 Familienstämmen. Die volksreichsten sind die Lesgier (400 000), die Tscherkessen (30 000) sowie die Tschetschenen (120 000).

Ein politisches Band würde Menschen von so verschiedener Abstammung sehr schwer vereinigt haben, es bedurfte dazu eines religiösen Bandes. Kasi-Mullah gründete den Muridismus, der im Mohammedanismus etwa dasselbe ist wie der Protestantismus im Christentum. Ein Muride gehorcht dem Iman ohne Widerrede, auch wenn dieser von ihm einen Mord oder Selbstmord verlangt.

Kasi-Mullah brauchte 20 Jahre, um seine Lehre durchzusetzen und war schon lange im Gebirge ein gebietender Herr, als man im Flachlande noch kaum seinen Namen gehört hatte. Da kam er eines Tages – am 1. November 1831 – mit einer großen Anhängerschar aus den Bergen, überfiel die Stadt Kislar, verwüstete sie und schlug dabei sechstausend Köpfe ab.

Ermutigt durch diesen gelungenen Handstreich, versuchte er dann Derbent zu nehmen, wurde jedoch zurückgeschlagen und zog sich wieder ins Gebirge zurück.

Auf diesen Kriegszügen hatte er den jungen Schamyl Effendi an seiner Seite. Dieser konnte lesen und schreiben, trug große Frömmigkeit zur Schau – stets eine politische Waffe – und war zuerst Nuker, das heißt Knappe, des neuen Propheten, der ihn bald zum Muriden machte. Dieser Schamyl sollte in Gimry geboren sein. Einige behaupteten, ihn auf dem Platze des Dorfes tanzen gesehen zu haben, andere sagten, er sei ein den Türken entlaufener Sklave, der sich ins Gebirge geflüchtet habe. Fünf Jahre war er verschwunden gewesen, und niemand wußte, wo er in dieser Zeit gelebt hatte. Er hatte infolge der Gunst, in welcher er bei Kasi Mullah stand, bereits persönliche Neider und Feinde.

Kasi Mullah verdankte seine politischen Erfolge hauptsächlich den Kämpfen zwischen Russen und Persern sowie Russen und Türken, die 1829 zuletzt durch den Frieden von Adrianopel beendet wurden. Damit erhielten die Russen auch gegen ihn freie Hand. Der russische General Rosen erhielt den Befehl, gegen Daghestan, Avarien und Tschetschenien vorzugehen. Er drang auch wirklich über das Gebirge bis zum Dorfe Gimry vor, das hartnäckig verteidigt, jedoch unter großen Opfern schließlich erstürmt wurde. Hierbei fiel Kasi-Mullah, sein Stellvertreter, Gamsad Beg, entkam, während Schamyl verwundet auf dem Kampffelde liegenblieb und sich totstellte, bis die Russen bei Anbruch der Nacht abzogen.

Dann suchte er den Leichnam seines Herrn, den er hatte fallen sehen, und richtete ihn in die Stellung eines betend Sterbenden auf, um damit zu beweisen, daß er die letzten Befehle Kasi Mullahs, des Märtyrers für die Freiheit, erhalten habe. Er nannte sich seinen geliebtesten Schüler und von ihm bestimmten Nachfolger, als er seine Waffengefährten wieder erreicht hatte. Als die Bergbewohner den Leichnam ihres Iman in der von Schamyl angegebenen Stellung fanden und begruben, zweifelte niemand mehr daran, daß Schamyl den letzten Willen des Iman erhalten hatte.

Aber seine Stunde war noch nicht gekommen. Gamsat Beg beschied alle Mullahs aus Daghestan zur Versammlung in eine Moschee, um ihnen eine wichtige Mitteilung zu machen. Gamsat Beg erschien mit seinem schwerbewaffneten Gefolge seiner treuesten und tapfersten Muriden. Dort hielt er eine Rede, in welcher er etwa folgendes sagte: »Ihr weisen Mullahs, nachdem unser Iman im

Kampfe gefallen ist und für euch betet, müssen wir noch tapferer sein. Er wird denen, die kämpfend fallen, die Pforten des Paradieses öffnen. Unser Glaube befiehlt uns, gegen die Russen Krieg zu führen, um unser Land und unsere Genossen von ihrem Joch zu befreien. Wer einen Russen, einen Feind unserer heiligen Religion, tötet, wird der ewigen Seligkeit teilhaftig. Wer fällt, wird von den Armen des Todes in die Arme der ewig jungfräulichen Huris ins Paradies getragen. Aber wir können nicht ohne Iman bleiben. Schamyl Effendi, der die letzten Worte unseres tapferen toten Anführers vernommen hat, wird euch bestätigen, daß er mich zu seinem Nachfolger ernannt hat. Ich erkläre hiermit den Russen den Heiligen Krieg, denn von jetzt an bin ich euer Anführer und Iman.«

Viele der Anwesenden waren mit der Erhebung Gamsat Begs zur höchsten Gewalt nicht zufrieden und murrten. Aber Gamsat Beg fuhr fort: »Moslem, ich merke, daß euer Glaube schwach wird, meine Pflicht als Iman gebietet mir, euch auf den rechten Weg zurückzuführen. Notfalls werde ich mir mit dem Dolche Gehorsam verschaffen.« Darauf zog er seinen Kandschar und verließ die Moschee, als kein weiterer Widerspruch laut wurde. Seine geistliche Gewalt war damit begründet, die weltliche war noch in den Händen der Khane von Avarien.

Dies waren drei junge Männer, die als Waisen zugleich mit Gamsat Beg erzogen waren. Gamsat vertrieb die Russen durch rücksichtslosen Kleinkrieg aus Avarien und schlug sein Lager in der Nähe des Aufenthaltsortes der drei Brüder auf. Dann ließ er sie zu einem Besuch einladen. Sie kamen ohne Mißtrauen, denn sie glaubten, der Einladung eines Freundes zu folgen.

Kaum waren sie jedoch im Lager, als sie von Gamsats Nukern mit Säbeln und Kandschar angegriffen wurden. Obgleich der Jüngste noch im Knabenalter war, verteidigten sie sich mit ihrem Gefolge erbittert gegen den meuchlerischen Angriff. Von den Leuten Gamsats fielen 40 Mann, darunter sein Bruder. Die beiden ältesten Khane wurden getötet, der jüngste lebendig gefangen. Gamsat Beg wollte den gefangenen wehrlosen Knaben nicht umbringen lassen. Gamsat wurde jedoch 1834 selbst ermordet.

Man hatte gegen ihn zu murren angefangen, und er wurde von verschiedenen Seiten vor einer Verschwörung gewarnt, aber er wollte nicht daran glauben und fragte einen seiner Muriden: »Kannst du den Engel, der auf Befehl Allahs deine Seele holen will, in seinem Fluge aufhalten?«

»Nein, das kann ich nicht!«

»Dann geh nach Hause und lege dich zu Bett«, sagte Gamsat Beg, »wir können unserem Geschick nicht entgehen. Wenn Allah beschlossen hat, daß ich morgen sterbe, so kann es kein Mensch verhindern.«

Tatsächlich wurde er in der Moschee getötet und sein entkleideter Leichnam blieb vier Tage vor der Moschee liegen. Ein Beweis dafür, daß dieser Tag zu seinem Todestage bestimmt war.

Acht Tage nach dem Tode Gamsats wurde Schamyl einstimmig zum neuen Iman ausgerufen. Angeblich war er nicht an der Verschwörung beteiligt gewesen. Er verzichtete nun auf den Titel Effendi und nannte sich von jetzt an einfach Schamyl.

Nach außen hatte 1834 Hadschi Murad, den wir auf unserer Reise kennenlernen werden, zusammen mit seinem Vater die Verschwörung gegen Gamsat Beg geleitet. Er wurde nun Statthalter von Avarien, das von einem türkisch-mongolischen Steppenvolk bewohnt wird. Aber noch war der jüngste der drei Khane am Leben, der bei der Niedermetzelung seiner beiden Brüder gefangen war. Er stand unter der Aufsicht Iman Alis, eines Oheims

Gamsat Begs. Ali übergab dem neuen Propheten den Schatz der Khane, weigerte sich jedoch, den jungen Gefangenen, der rechtmäßige Ansprüche auf das Khanat von Avarien hatte, herauszugeben, weil er seinem sterbenden Sohne vor seinem Tode dies versprochen hätte.

Schamyl sah darin kein Hindernis und ließ von seinen Muriden das Haus mit dem Gefangenen umzingeln und den letzten möglichen Anwärter auf die Übernahme des Khanats töten. Nunmehr vereinigte Schamyl unbestritten sowohl die geistliche wie die weltliche Macht in seinen Händen, und er wurde bis heute – 1858 – der erbitterte Feind der Russen als ungekrönter König der Gebirgsstämme des Kaukasus.

22. Kapitel

Moynet hatte eine Zeichnung des Gebirges begonnen, und als sie beendet war, wurden die Pferde eingespannt, und wir setzten auf einer schmalen und kotigen Landstraße unsere Reise fort. Wir waren so sehr im Anschauen des majestätischen Hochgebirges versunken, daß wir kaum bemerkt hätten, wenn man uns wegen der Tschetschenen und Tscherkessen keine Eskorte gegeben hätte.

Wir passierten unabsehbare Moräste, die mit allen möglichen Sumpfvögeln bevölkert waren. Wir sahen Pelikane, Trappen, Reiher, Seeraben und Wildenten. Alle Reisenden, denen wir in diesem noch nicht befriedeten Lande begegneten, waren schwer bewaffnet. Ein reicher Tatar, der mit seinem wohl 15jährigen Sohne und vier Gefolgsleuten auf dem Rückwege von seinen Herden war, sah aus wie ein reisender Fürst des Mittelalters.

Es gab wenige Fußgänger. Alle trugen Kandschar und Pistole im Gürtel und ein geladenes Gewehr auf der Schulter. Was für ein Unterschied zwischen diesen rauhen Kriegern und den demütigen russischen Bauern, die wir auf unserem Wege von Twer bis Astrachan gesehen hatten!

Auf einer der Umspannstationen hatte Kalino gegen einen sich verspätenden Mietkutscher die Peitsche erhoben, aber der Tatar legte die Hand an seinen Kandschar und sagte: »Nimm dich in acht, du bist nicht mehr in Rußland.« Ein russischer Bauer würde einen Peitschenhieb ganz ruhig hingenommen haben. Hier herrschte jedoch der offen gezeigte Stolz des freien Mannes.

Auf der letzten Station vor der gefährlichen Stelle waren nur fünf Kosaken verfügbar. Der Postenkommandant riet uns, die Rückkehr seiner Leute abzuwarten, am nächsten Morgen könnten wir mit einer Bedeckung von 15 bis 20 Mann weiterreisen. Darauf fragte ich ihn: »Werden sich Ihre fünf Mann tüchtig wehren, wenn wir angegriffen werden?«

»Ich bürge für sie, es sind Leute, die in jeder Woche mit den Tschetschenen plänkeln. Keiner wird fliehen.«

»Dann wären wir also acht Bewaffnete, das ist genug. Wir wollen fort.« Ich gab noch einmal unseren Verteidigungsplan bekannt, und wir fuhren dann in scharfem Trabe ab.

Die Sonne senkte sich schnell. Das Gebirge war wundervoll beleuchtet. Der Fuß des Kaukasus war dunkelblau getönt, die Gipfel leuchteten rosa, die Zwischenräume zeigten alle Abstufungen von Veilchenblau bis zur Fliederfarbe. Der Himmel leuchtete darüber wie geschmolzenes Gold.

Etwa vier Werst vor uns erblickten wir die dunkle Linie des Waldes, den wir passieren mußten. Auf seiner anderen Seite ist eine Wegkreuzung: der eine Landweg führt nach Mosdok und durchschneidet den Kaukasus in der Mitte, man erreicht auf ihm über den Darialpaß auf der nicht ungefährlichen Poststraße Tiflis.

Der andere Weg berührt Daghestan und nähert sich der Residenz Schamyls bis auf 20 Werst, dabei überall das Gebiet feindlicher Volksstämme passierend. Hier ist die Postenkette auf einer Strecke von über 80 Werst unterbrochen. Diese Strecke wollte ich fahren und dann von Tiflis den Darialpaß benutzen, um die Schluchten des Terek zu sehen und über Derbent und Baku die Hauptstadt von Georgien erreichen. Diese Straße wird wegen ihrer Geländeschwierigkeiten und Gefahren wenig befahren. Es gibt hier übrigens viele unheimliche Namen, wie »Blutwald«, »Räuberfelsen«, »Mordschlucht« usw.

Zwar ermächtigte uns der vom Fürsten Bariatinskij ausgestellte Geleitbrief, so viel Kosaken als Begleitung anzufordern, wie es die Umstände erforderten, aber diese Ermächtigung war oft illusorisch. Wenn zum Beispiel nur fünf Kosaken verfügbar waren, woher sollten die übrigen genommen werden?

Wir kamen inzwischen in die Nähe des Waldes, alle machten ihre Waffen schußfertig und beobachteten scharf in der beginnenden Dunkelheit die Umgebung. Aber die Tataren waren anderswo, und wir konnten den berüchtigten Wald unangefochten passieren und erreichten glücklich Schukawaja. Einen Kosaken hatten wir kurz vorher vorausgeschickt, um vom Stationskommandanten Nachtquartier zu erbitten.

Außerhalb des Dorfes trafen wir auf Vorposten, und obwohl hier ein ganzes Bataillon von tausend Mann lag, hatte man doch die gleichen Bereitschaftsvorkehrungen getroffen wie auf den gewöhnlichen kleinen Kosaken-Stanitzen. Man wies uns zwei Zimmer an, die bereits von zwei jungen russischen Offizieren bewohnt waren. Der eine kam vom Urlaub aus Moskau, wo er seine Eltern besucht hatte, und wollte zu seinem Regiment nach Derbent zurück. Der andere war ein Oberleutnant vom Dragonerregiment Nischnij-Nowgorod, der frische Remonte-Pferde holte und auf seine Soldaten wartete, die in der Umgebung Hafer einkauften.

Der eine Offizier mußte, weil er keine Begleiteskorte verlangen konnte, auf eine »Gelegenheit« warten. Also auf eine Vereinigung mehrerer Einzelreisender, welche vom Kommandanten eine zum Schutz hinreichende Begleitung gestellt erhalten. Diese besteht gewöhnlich aus etwa fünfzig Mann Infanterie sowie 20 bis 25 Reitern. Unter den Reisenden befindet sich immer eine gewisse Anzahl von Fußgängern, weshalb die Tagesmärsche nur fünf bis sechs Meilen lang waren. Um von Schukowaja nach Baku zu gelangen, mußte er also etwa 14 Tage rechnen, und er wartete bereits mit großer Ungeduld auf eine »Gelegenheit!« Unsere Ankunft war ihm also mehr als willkommen, denn er konnte sich uns anschließen und mit seiner Kibitka zwischen unseren beiden Wagen fahren.

Der andere Offizier war gleichfalls sehr erfreut. Er hatte bereits dem Kislarwein tüchtig zugesprochen, der angeblich die menschenfreundlichen Gefühle in hohem Grade entwickeln soll. Man solle daher der ganzen Welt Kislarwein zu trinken geben, alle Menschen würden dann nach seiner Meinung Brüder sein!

Das Kaukasusgebiet hat auf die dortigen russischen Offiziere dieselbe Wirkung wie der Atlas auf unsere französischen Offiziere in Nordafrika. Die Abgeschiedenheit bedeutet Müßiggang und Langeweile, und um diese zu vertreiben, greifen sie zur Flasche. Was soll auch so ein bedauernswerter Offizier ohne Gesellschaft, ohne Frau, ohne Bücher und sonstige Unterhaltung auf so einem entlegenen Militärposten anfangen? Er fängt eben an zu trinken.

Diejenigen, welche Phantasie besitzen, haben gewisse Variationen für die Tätigkeit des Eingießens von Wein oder Wodka ins Glas sowie vom Glase in die Kehle entwickelt.

Von zwei derartigen Typen, die wir unterwegs kennenlernten, möchte ich hier einiges erzählen: Es waren ein Hauptmann und ein Stabsarzt. Jeder Offizier hat einen Soldaten als Burschen zur persönlichen Bedienung. Der Hauptmann warf sich also stets nach Beendigung des Morgendienstes auf sein Bett und rief seinen Burschen: »Brisgalow, du weißt, daß wir verreisen!«

Sein Bursche wußte seine Rolle gut zu spielen und pflegte zu antworten: »Jawohl, Herr Hauptmann, ich weiß es.«

»Du weißt auch, lieber Freund, daß man nicht mit nüchternem Magen abreist, wir wollen also einen Imbiß nehmen und dazu ein Schlückchen trinken. Dann kannst du die Pferde einspannen.«

»Sehr wohl, Herr Hauptmann.«

Der Bursche brachte darauf ein Stück Brot, Käse und eine Flasche Wodka. Der Hauptmann war zu menschenfreundlich, um diese guten Sachen allein zu genießen und goß jedesmal, wenn er zwei Glas Wodka getrunken hatte, seinem Burschen eins ein. Dann sagte er: »Ich glaube, jetzt ist es Zeit, die Pferde zu holen, denn wir dürfen nicht vergessen, daß wir einen weiten Weg zu machen haben.«

»Der weiteste Weg ist mir immer angenehm, wenn ich bei Ihnen bin«, antwortete der Bursche Brisgalow.

»Natürlich, wir reisen zusammen, die Menschen sind ja Brüder. Laß mir den Wodka und die Gläser, damit ich mich nicht zu sehr langweile, während du die Pferde holst. Geh, Brisgalow . . . geh, mein Freund.«

Der Bursche ging, ließ seinem Herrn Zeit, ein paar weitere Gläser Wodka zu trinken und erschien dann wieder, mit einem Glöckchen vom Geschirr einer Troika klingelnd und meldete: »Da sind die Pferde, Herr Hauptmann.«

»Gut, laß einspannen und treibe den Kutscher an.«

»Trinken Sie doch noch ein Gläschen, Herr Hauptmann, während des Anspannens, damit Sie sich nicht langweilen.«

»Du hast recht Brisgalow. Aber allein schmeckt es mir nicht, das ist etwas für Trunkenbolde. Nimm auch ein Glas, mein Junge, und trink, die andern sollen allein einspannen.«

Als diese beiden Gläser leer waren, sagte der Bursche: »Wir sind fertig, Herr Hauptmann.«

Darauf legte dieser sich, angezogen wie er war, nieder, Brisgalow setzte sich ans Fußende des Feldbettes und imitierte das Klingeln einer fahrenden Troika mit der Schelle, bis sein Hauptmann fest eingeschlafen war. Nach einer halben Stunde wurde er geweckt mit der Meldung:

»Herr Hauptmann, wir sind auf der Station!«

»Was sagst du?« fragte der erwachende Hauptmann.

»Wir sind auf der Station!«

»Dann müssen wir einen genehmigen.«

»Sehr wohl, Herr Hauptmann.«

Die beiden eingebildeten Reisegefährten stießen freundlich an, und jeder leerte sein Schnapsglas: »Jetzt fort!« sagte der Hauptmann, »ich habe Eile.«

»Fort!« antwortete Brisgalow. Auf der zweiten Station wurde wieder ein Gläschen geleert, auf der vierten war die Wodkaflasche leer, und der Bursche holte eine andere. Auf der letzten Station lagen beide in seliger Bewußtlosigkeit eingeschlummert. Morgen sollte eine neue Fahrt folgen. –

Der Stabsarzt hatte ein anderes Ritual entwickelt: Er bewohnte ein orientalisch gebautes Haus mit Nischen in den Wänden. Morgens um sieben Uhr ging er fort, um seine Visite im Hospital zu machen, dann eilte er nach Hause.

In seiner Abwesenheit hatte sein Bursche in jede Nische ein Glas Punsch gestellt, und er konnte nun seine häusliche Visite beginnen.

»Hm!« sagte er und blieb vor der ersten Nische stehen, als ob er sich mit jemand unterhielt, »es ist verdammt kalt heute morgen.«

Dann antwortete er sich selbst mit verstellter Stimme: »Ein schneidender Nordostwind.«

»Es ist ungesund, bei einem solchen Wetter mit nüchternem Magen auszugehen!«

»Sie haben recht, Sie sollten etwas zu sich nehmen.«

»Ich möchte gern ein Glas Punsch trinken.«

»Ich auch, Kaschenko, mein Freund, bringe uns Punsch!«

»Hier bringe ich Punsch, Herr Doktor!« worauf dieser in jede Hand ein Glas nahm, sich Glück wünschte und beide Gläser leerte.

Bei der zweiten und dritten Nische waren die Formalitäten gleich, und bei der letzten Nische hatte er 20 Gläser Punsch getrunken. Zum Glück war diese Nische dicht neben seinem Bett, und der Doktor konnte sich mit großer innerer Befriedigung niederlegen, denn er hatte alle seine Patienten besucht. –

Die Lieblingstiere der Kosaken sind Hahn und Bock. Jede Schwadron hat ihren Bock und jede Station ihren Hahn. Der Bock vertreibt durch seinen Geruch die Skorpione, Tausendfüßler und anderes Ungeziefer aus dem Stalle. Der Bock spielt den großen Herrn in der Schwadron. Wenn sich ein Pferd erkühnt, vor ihm zu

Bewohner der Kabardei im Kaukasus (zu Seite 375)

saufen, so geht er ihm mit den Hörnern kräftig zu Leibe, und das Pferd läßt sich das gefallen.

Der Hahn kräht die Stunden, denn die Donkosaken und selbst die Linienkosaken haben selten eine Uhr. –

Bei der Ankunft in Schukowaja meldete ich mich gleich beim Kommandanten des Ortes. Schukowaja ist ein ebenso kotiges Drecknest wie Kislar. Dann eilte ich in unsere Unterkunft zurück, um für den Tisch zu sorgen.

Die Arbeit war jedoch bereits getan. Der nach Derbent zurückkehrende Offizier hatte einen armenischen Diener, der in der Zubereitung von Schaschlik sehr bewandert war: er bereitete für uns nicht nur Hammel-, sondern auch Rebhühner- und Brachvogelschaschlik. Der Wein war kein Problem, wir hatten ja neun Flaschen im Gepäck, und die weinselige Stimmung des Offiziers bewies, daß man am Orte auch Traubensaft kaufen konnte.

Als wir fertig gespeist hatten, erschien der Oberst, um meinen Besuch zu erwidern und wegen unserer Weiterreise zu sprechen. Er versicherte uns, daß wir Mietkutscher für etwa 20 Rubel bekommen würden, aber nachdem wir zu diesem Preise abgeschlossen hatten – für 30 Wegstunden ziemlich billig –, erschienen sie am nächsten Morgen ohne Pferde und verlangten 25 Rubel, weil es nachts gefroren habe. Nichts empört mich mehr als ein plumper Betrug. Ohne zu wissen, wie wir weiterkommen konnten, setzte ich die beiden Kerle vor die Tür. Als sie weg waren, fragte Moynet: »Was ist jetzt zu tun?«

»Wir wollen zunächst etwas sehr Hübsches sehen, was wir verpaßt hätten, wenn wir es nicht mit diesen beiden Schuften zu tun gehabt hätten. Im Kaukasus liegt ein nettes Kosakendorf, das durch die Standhaftigkeit der Männer, die Gefälligkeit der Eltern sowie die Schönheit der Frauen und Mädchen berühmt ist, so daß jeder junge Offizier wenigstens einmal in seinem Leben seinen

Volkstypen aus dem Kaukasus (zu Seite 423)

Oberst bittet, ihm dorthin 60 Stunden Urlaub zu geben.«

»Ist das nicht das Dorf, von dem Dandré erzählte?«

»Jawohl, es ist nur 35 Werst von hier entfernt. Der Name ist Tscherwelonaja.«

»Aber wie wollen wir dahin kommen, wenn wir keine Pferde haben?«

»Reitpferde haben wir so viel wir wollen. Kalino, drücken Sie doch dem Dragoneroffizier unseren Wunsch aus, nach Tscherwelonaja zu reiten, und Sie werden sehen, daß er uns mehr Remontepferde zur Verfügung stellen wird, als wir brauchen.« Kalino kam mit dem Bescheid zurück, daß der Offizier an seine Einwilligung die Bedingung knüpfe, mit uns reiten zu können.

Wir stiegen in die Sättel. Ich muß sagen, daß ich sehr unbequem auf meinem saß, denn ein Kosakensattel ist acht Zoll höher als der Pferderücken. In anderthalb Stunden erreichten wir mit 12 Kosaken eine kleine befestigte Station, an der wir haltmachten, um die Pferde ausruhen zu lassen und unsere Begleitung zu wechseln.

Wir hatten etwa 20 Werst am Terekufer entlang zu reiten. Unsere jetzt aus zwölf Mann bestehende Begleitmannschaft hatte sich in Vorhut, Zentrum und Nachhut geteilt. Zwei Mann ritten voraus, zwei hinter dem Zug und je vier Mann rechts und links. Mein Pferd hielt sich mit Hartnäckigkeit immer links und scheuchte etwa 15 Schritte vom Wege ein Volk Rebhühner auf, das etwa hundert Schritte entfernt wieder ins Gebüsch einfiel. Unwillkürlich hatte ich meine Doppelflinte von der Schulter genommen, die ich wieder absetzte, weil mir bewußt wurde, daß ich Kugeln geladen hatte.

Die Versuchung war zu stark. Ich zog die Kugelpatronen heraus, schob zwei Schrotpatronen in die Läufe und stieg ab. Moynet stieg ebenfalls vom Pferde, und ich sagte, wir wollten fünfzig Schritt voneinander in das drei Fuß hohe Dickicht eindringen, so daß wir die Rebhühner in die Mitte nahmen.

»Hören Sie«, sagte Kalino, »der Führer unserer Eskorte sagt, es sei unbesonnen, hier ins Gebüsch zu gehen.«

»Aber die Rebhühner sind ja kaum fünfzig Schritte entfernt, sie sind nicht scheu und werden uns schon nahe genug kommen lassen. Übrigens können ja fünf oder sechs Kosaken uns folgen.«

Wir gingen nun vorsichtig auf die Rebhühner zu, als sie zwanzig Schritte vor mir aufflogen. Ich feuerte beide Läufe ab, und ein Rebhuhn fiel herunter.

»Haben Sie gesehen, wo es gefallen ist, ich habe nur gesehen, daß es herunterkam?« fragte ich Moynet, und dieser antwortete: »Warten Sie hier, ich will es holen.«

In diesem Augenblicke fiel hundert Schritte vor uns ein Schuß, ich sah den Rauch, und die Kugel pfiff, die Spitzen der niedrigen Büsche streifend, drei Schritte vor mir vorbei.

Wir sollten also im Ernst mit den Tschetschenen nähere Bekanntschaft machen. Unsere Begleitkosaken ritten, um uns zu decken, einige Schritte vor unseren Stand, während ich zurückeilte und dabei meine Flinte mit Kugeln wieder lud. Ein Kosak hielt mein Pferd am Zügel. Ich stieg wieder auf und hob mich in den Steigbügeln, um die Lage zu übersehen:

Die Kugel, die ich hatte pfeifen hören, hatte einem Kosakenpferd ein Vorderbein zerschmettert, und es war gestürzt. Ich wunderte mich über die Verzögerung des Angriffs, der sonst sofort auf den ersten Schuß folgt. Gleich darauf aber sahen wir sieben bis acht Tschetschenen zu Pferde am Terek entlang fliehen.

»Hurra!« riefen unsere Kosaken und jagten ihnen nach. Aber während diese Leute flohen, stürzte ein einziger aus dem Gebüsch hervor, von wo er geschossen hatte, schwenkte sein Gewehr über dem Kopfe und rief: »Abreck! Abreck!« Worauf die Kosaken anhielten und *Abreck* wiederholten.

»Was bedeutet denn »Abreck?« fragte ich den neben mir haltenden Kalino.

»Es bedeutet einen Mann, der geschworen hat, vor keiner Gefahr zu fliehen. Vermutlich will er einen unserer Kosaken zum Zweikampf fordern. Hören Sie, er bietet einen Zweikampf an.«

»Sagen Sie den Leuten, daß derjenige, welcher das Duell annimmt, von mir zwanzig Rubel bekommt.«

Er teilte dies den Kosaken mit, und ein Schweigen folgte, als ob sie den Tapfersten auswählen wollten. Inzwischen galoppierte der Tschetschene zweihundert Schritte von uns entfernt hin und her, dabei ununterbrochen »Abreck!« »Abreck!« rufend.

»Geben Sie mir meine Büchse, ich will den Kerl vom Pferde schießen!« sagte ich zu Kalino.

»Tun Sie es nicht! Sie würden sich eines merkwürdigen Schauspiels berauben. Unsere Kosaken beraten sich, wen sie ihm entgegenschicken sollen. Sie haben den Herausforderer erkannt, es ist ein sehr bekannter Abreck.«

In der Tat hatte inzwischen der Kosak, dessen Pferd unter seinem Leibe erschossen war, sein Anrecht auf einen Vergeltungskampf geltend gemacht. Denn die Kosaken müssen ihre Waffen und Pferde selbst kaufen, und für ein im Dienste getötetes Pferd zahlt ihm sein Oberst nur 22 Rubel aus, so daß er dabei acht bis zehn Rubel verliert, denn ein brauchbares Pferd kostet selten weniger als dreißig Rubel.

Weil ich dem Kämpfer zwanzig Rubel versprochen hatte, gewann er dabei zehn Rubel. Daher unterstützte ich sein Verlangen, den Zweikampf annehmen zu können.

Inzwischen war der Herausforderer immer näher herangekommen, und die Augen unserer Kosaken sprühten vor Erregung. Sie betrachteten sich alle als herausgefordert, aber niemand würde auf diesen Feind geschossen haben, denn nach der formgerechten Herausforderung wäre dies eine Schande gewesen. Der Eskortenführer gab seine Einwilligung zum Zweikampf. »Ich habe aber kein Pferd«, sagte der Kosak, »wer leiht mir eins?«

Keiner der Kameraden antwortete, denn niemand wollte sein Pferd der Gefahr aussetzen, zwischen den Beinen eines anderen getötet zu werden. Daher stieg ich ab und gab ihm meins, das ein vortreffliches Remontepferd war. Sofort schwang er sich in den Sattel. Ein anderer Mann kam auf mich zu und sagte etwas zu mir: »Was meint er?« fragte ich Kalino.

»Er fragt, ob er die Stelle seines Kameraden einnehmen darf, falls diesem ein Unglück zustößt.«

»Das scheint mir voreilig zu sein, aber auf jeden Fall können Sie ihm sagen, daß ich einverstanden sein würde.«

Der Kosak ritt wieder auf seinen Platz zurück und untersuchte seine Waffen genau, als ob bereits die Reihe an ihm wäre.

Inzwischen begann der Kampf: Unser Kosak stieß einen trotzigen Kriegsruf aus, sprengte auf seinen Gegner zu und schoß. Der Tschetschene ließ sein Pferd sich bäumen, worauf die Kosakenkugel diesem in die Schulter schlug. Seine Kugel riß dem Kosaken den Papak vom Kopfe.

Beide warfen nun ihre Gewehre über die Schulter, der Kosak zog seine Schaska, der Tscherkesse seinen Kandschar und tummelte sein verwundetes Pferd mit wunderbarer Gewandtheit und überschüttete seinen Gegner anscheinend mit Schimpfworten und Schmähungen.

Die beiden Gegner trafen aufeinander. Im ersten Augenblick glaubte ich, daß unser Kosak den Abreck mit seiner Klinge durchbohrt habe, denn ich sah diese hinter dem

Rücken des Herausforderers glänzen. Aber er hatte nur die weiße Tscherkeßka durchbohrt, weil sein Träger sich zur Seite gewendet hatte. Von jetzt an sahen wir nur einen wilden Nahkampf, ohne Einzelheiten zu erkennen. Dies dauerte kaum eine Minute, dann sank der eine Kämpfer vom Pferde, oder vielmehr nur sein Rumpf. Sein Kopf wurde vom Herausforderer mit der Hand unter Siegesgeschrei hochgehoben. Dann ließ er das Blut abtropfen und befestigte das Haupt am Sattelknopfe. Das reiterlose Pferd trabte wieder zu uns.

Der enthauptete Leichnam lag regungslos am Boden.

Dem Triumphgeschrei folgte eine zweite Herausforderung. Ich sah mich nach seinem Kameraden um, der gewünscht hatte, als nächster zu kämpfen. Dieser rauchte ruhig seine Pfeife und nickte mir zu.

Dann rief er dem Tschetschenen einige Drohworte zu, und dieser hielt sein Pferd an, um zu sehen, wer sein nächster Gegner sein wollte.

»Ich lege noch zehn Rubel drauf«, ließ ich dem Kosaken sagen. Darauf blinzelte er mir pfiffig zu, tat einen langen Zug aus seiner kurzen Pfeife, die er fallen ließ, ohne den Rauch auszuatmen, und galoppierte auf den Abreck zu, bevor dieser sein Gewehr wieder geladen hatte.

Vierzig Schritt vor seinem Gegner hielt er sein Pferd an, legte sein Gewehr an die Backe und feuerte. Aber nur ein leichter Rauch stieg vor seinem Gesicht auf, so daß wir glaubten, daß sich nur das Pulver auf der Pfanne entzündet habe, weil der Schuß selbst nicht losging.

Nun sprengte der Abreck mit seinem Pistol in der Hand auf ihn zu und feuerte auf zehn Schritt. Jedoch im gleichen Augenblick machte der Kosak eine jähe Wendung, zielte noch einmal zu unserer größten Verblüffung – denn wir hatten nicht gesehen, daß er neues Pulver auf die Pfanne geschüttet hatte – und schoß!

Eine heftige zuckende Bewegung des Tschetschenen bewies, daß er getroffen war. Er ließ den Zügel los und umklammerte mit beiden Armen den Hals seines Pferdes. Dieses war durch die Halswunde gereizt und lief durch die Büsche nach dem Flusse zu. Unser Kosak verfolgte es. Wir wollten gerade folgen, als wir den Abreck vom Pferde fallen sahen. Sein Pferd blieb neben ihm stehen.

Der Sieger schien zu fürchten, daß dies eine Falle sei und der Reiter sich nur totstellte. Er umritt ihn daher zuerst in einem großen Kreise und suchte sein Gesicht zu sehen, er war jedoch zufällig oder absichtlich aufs Gesicht gefallen. Mit seiner Pistole in der Hand ritt er dann auf den Reglosen zu, zehn Schritt vor ihm hielt er an und schoß: Die Kugel traf jedoch nur einen Toten.

Darauf sprang er vom Pferde, zog blank und . . . eine Sekunde später hielt er den bluttriefenden Kopf empor!

Die ganze Eskorte schrie ein »Hurra!«, denn der Kosak hatte die Ehre des Korps gerettet, seinen Kameraden gerächt und dreißig Rubel verdient. In wenigen Augenblicken war die Leiche entkleidet und nackt wie eine bloße Hand. Der Kosak band die ausgezogene Kleidung auf den Rücken des verwundeten Pferdes, nahm es beim Zügel, bestieg das seinige und kehrte zu uns zurück.

Von allen Seiten wurde er gefragt, wie er nach dem ersten Versager mit dem Zündhütchen noch habe schießen können. »Ich hatte gar keinen Versager!« sagte er.

»Aber wir haben doch den Rauch gesehen?« erwiderten seine Kameraden.

»Ihr habt nur Tabaksrauch gesehen, den ich im Munde behalten hatte, aber keinen Pulverrauch!«

»Da sind die dreißig Rubel, obwohl du mit deiner Kriegslist ein bißchen falschgespielt hast«, sagte ich zu ihm.

Wie es üblich ist, ließ man den entkleideten Leichnam

Raubtieren und Vögeln zur Beute, aber man hob sorgfältig den Körper unseres gefallenen Kosaken auf und legte ihn quer über das erbeutete Pferd des Tschetschenen, an dessen Sattelknopf bereits sein Kopf befestigt war.

Das Kosakenpferd, dem ein Bein von der Kugel zerschmettert war, hatte sich auf drei Beinen wieder erhoben und war zu uns gestolpert, es war nicht mehr zu retten, man führte es an einen Graben, und ein Kosak öffnete ihm mit seinem Kandschar die Halsschlagader. Das Blut spritzte sofort wie aus einem Springbrunnen heraus. Das arme Tier fühlte sich tödlich getroffen, bäumte sich auf den Hinterbeinen, drehte sich um sich selbst, ein Blutstrom sprudelte dabei einen roten Kreis um dasselbe, dann fiel es auf sein heiles Bein nieder und sank langsam auf die Seite. Dann hob es noch einmal den Kopf und sah uns sterbend mit einem fast menschlichen Blick an, so daß ich die Augen abwenden mußte.

Dann ritt ich zu unserem Führer der Eskorte und ließ ihm einige Worte darüber sagen, daß es grausam wäre, den Leichnam des tapferen Abrecks einfach den Adlern und Schakalen zum Fraß liegenzulassen und drang darauf, daß man ihn beerdige.

Aber der Unteroffizier antwortete, daß sein Begräbnis seinen Genossen zustünde, sie würden ihn – wie üblich – schon nach Einbruch der Dunkelheit holen. Dabei zeigte er auf eine kleine Anhöhe am anderen Ufer des Tereks, wo mehrere Tschetschenen versammelt waren und drohende Schreie ausstießen. Es sei eine große Schmach für sie, daß sie ihren Kameraden im Stich gelassen hätten, eine noch größere würde es sein, wenn sie ohne seine Leiche ins Dorf zurückkehrten. Das dürften sie gar nicht wagen.

Tatsächlich herrscht unter den Kaukasiern noch folgende Sitte: Wenn sie auf einem Beutezuge einen oder mehrere Leute verloren haben, so bringen sie die Toten bis an die

Dorfgrenze, feuern einige blinde Schüsse ab und zeigen dadurch den Weibern ihre Rückkehr an. Sobald diese sichtbar werden, entfernen sie sich, um nicht eher zurückzukommen, bis sie so viele feindliche Köpfe erbeutet haben, wie sie Gefährten verloren hatten.

Auch unter den christlichen Bergvölkern, die im Dienste Rußlands stehen, herrschen dieselben Gebräuche. Es sind dies die Pschawi, Tuschinen und Chewsuren – zusammen nur 19 Familienstämme stark –, und sie lassen in keinem Falle den Leichnam eines Häuptlings in den Händen des Gegners.

Eins hatte ich bei dem Angriff des Abreck nicht verstanden, und das war, wie die Tschetschenen es wagen konnten, uns trotz unserer Überlegenheit anzugreifen. Wenn der Abreck nicht bei ihnen gewesen wäre, hätten sie uns sicher ungeschoren passieren lassen. Aber dieser hatte geschworen, keine Gefahr zu vermeiden, und suchte daher den Zweikampf, während seine Gefährten davonritten.

Ich konnte mich nicht entschließen, weiterzureiten, ohne die kopflose Leiche des Abreck untersucht zu haben. Er lag mit der Brust auf der Erde. Die Kugel war unter dem linken Schulterblatt eingedrungen und unter der rechten Brustwarze wieder herausgekommen. Man hätte glauben können, daß der Tapfere auf der Flucht erschossen worden war. Dies tat mir leid, ich hätte gewünscht, daß er keiner Verleumdung ausgesetzt würde. Die Pistolenkugel hatte ihm den Arm zerschmettert.

Unser siegreicher Kosak musterte nun seine Beute: eine recht hübsche Flinte, eine Schaska mit kupfernem Griff – sicherlich von einem Kosaken erbeutet –, eine minderwertige Pistole und einen ziemlich guten Dolch. Geld hatte er nicht bei sich, wahrscheinlich legen die Abrecks auch das Gelübde der Armut ab. Als Ehrenzeichen trug er übrigens eine silberne Medaille von der Größe eines Sechsfrankentalers, die er von Schamyl erhalten hatte. Sie war mit schwarzem Schmelz ausgelegt und trug die Inschrift: »Schamyl Effendi«. Diese beiden Wörter waren durch einen mit einer Streitaxt gekreuzten Säbel getrennt.

Ich kaufte dem Kosaken diese verschiedenen Beutestücke als Souvenir für weitere dreißig Rubel ab, habe jedoch nur den Kandschar und die Medaille glücklich nach Paris gebracht, Flinte und Pistol gingen im Schlamm von Mingrelien verloren.

Früher habe ich bereits erwähnt, daß die Linienkosaken ausgezeichnete Kämpfer sind, sie bilden zusammen mit den Tataren, die sich unterworfen haben, die Polizei auf den Straßen des Kaukasus und sind in neun Brigaden oder 18 Regimenter eingeteilt. Zur Zeit meiner Kaukasusreise wurden zwei neue Regimenter aufgestellt. Am Kuban und der Westflanke der Militärgrenze sind sechs Brigaden, am Terek und der Ostflanke drei Brigaden in Stanitzen verteilt.

Wenn ein neues Regiment aufgestellt werden soll, so legt man zuerst sechs Stanitzen an, jede erhält eine Besatzung von 143 Mann und drei Offizieren. Die Kosaken werden vom Terek oder vom Kuban dorthin versetzt. Jede neue Ansiedlung wird für hundertfünfzig Familien dieser Linienkosaken berechnet, außerdem siedelt man dort noch hundert Kosakenfamilien vom Don sowie hundert bis hundertfünfzig Familien aus Kleinrußland an.

Jeder Kosak muß 22 Jahre dienen, kann sich jedoch nach der Hälfte seiner Dienstzeit durch einen seiner Brüder ersetzen lassen. Er wird mit 20 Jahren dienstpflichtig und mit 42 Jahren entlassen, tritt jedoch dann bis zum 55. Jahre zur Nationalgarde über. Dann hat er das Recht auf das Amt eines Kirchenvorstehers oder eines Dorfrichters.

Jede Stanitza wählt einen Hauptmann sowie zwei Richter. Jeder Kosak wird Grundbesitzer: Der Anführer erhält 1000 Morgen, jeder Offizier 200 und der gemeine Kosak 60 Morgen Land zugewiesen. Die Stanitzen sind also zugleich Ackerbau- und Militärkolonien. Jeder Kosak erhält im Jahr in Geld 45 Silberrubel, davon muß er seine Ausrüstung bezahlen. Für ein getötetes oder verwundetes Pferd erhält er von der Regierung eine Entschädigung von 22 Rubeln.

Wird die Stanitza angegriffen, so wird von den Posten ein Kanonenschuß abgegeben und die Sturmglocke geläutet; die 143 Mann sitzen auf, und die Nationalgardisten stellen sich hinter den Palisaden und Dornenhecken mit ihren Gewehren auf, eine jede Frau muß Eimer mit Wasser für Löscharbeiten bereitstellen.

Nach den Andeutungen, die wir über Tscherwelonaja und die Urlaubsfahrten junger Offiziere nach dieser Stanitza gemacht haben, könnte man glauben, die dortigen Kosakinnen wären zarte, schmachtende Schäferinnen. Dem ist aber nicht so, es sind vielmehr wahre Amazonen:

Eines Tages war die männliche Besatzung auf Streife unterwegs, und die Tschetschenen machten einen Angriff auf den von Männern verlassenen Aul. Die gesamte weibliche Bewohnerschaft verteidigte sich fünf Tage. Waffen, Munition und Lebensmittel waren im Überfluß vorhanden. Dreißig der Angreifer fielen, zwei Kosakinnen wurden getötet und drei verwundet. Die Belagerer mußten unverrichteterdinge ins Gebirge zurück.

Tscherwelonaja ist die älteste Stanitza in der Linie der Grebenskoi-Kosaken.

Als wir die Stanitza erreicht hatten, schien sie ganz verlassen zu sein. Die ganze Bevölkerung hatte sich an das andere Ende des Dorfes begeben. Wie man uns beim Einreiten sagte, fand nämlich gerade eine Hinrichtung statt:

Ein Kosak aus Tscherwelonaja war vor zwei Jahren von den Tschetschenen gefangengenommen worden. Auf die Bitte eines schönen Mädchens hatte man ihm das Leben geschenkt, und er war auf Bürgschaft ihres Bruders freigelassen worden und knüpfte ein Liebesverhältnis mit seiner Befreierin an, obwohl er Frau und zwei Kinder hatte. Eines Tages erfuhr der Kosak zu seinem Bedauern, daß zwischen den Gebirgsvölkern und den Russen ein Gefangenenaustausch stattfinden sollte. Er wurde ausgewechselt und kehrte zurück, konnte sich jedoch an das alte Leben im Flachland nicht wieder gewöhnen, desertierte wieder ins Gebirge, trat zum Islam über, heiratete seine Tschetschenin und wurde bald berühmt durch Kühnheit und Fanatismus.

Er versprach seinen neuen Gefährten, ihnen Tscherwelonaja auszuliefern, die jungfräuliche Stanitza, die niemals erobert war. Abends bahnte er sich einen Weg durch die Hecken, weil er versprochen hatte, ein Tor nach Einbruch der Dunkelheit den Angreifern zu öffnen. Als er in der Umwallung war, trieb ihn die Neugierde zu seinem Hause. Er sprang über eine Mauer und befand sich im Hofe. Die Reue trieb ihn ins Haus. Seine Frau sank ihm in die Arme. Er drückte sie zärtlich an sich und verlangte seine Kinder zu sehen. Dann ließ er durch seine Frau den Hauptmann der Hundertschaft holen, der mit ihm befreundet war.

Dieser war sehr erstaunt, besonders als der Kosak ihm mitteilte, daß in der Nacht die Stanitza überfallen werden sollte. Dann stellte er sich als Gefangener. Das Kriegsgericht verurteilte ihn seiner Bitte gemäß zum Tode. Wir kamen gerade am Hinrichtungstage an, und als wir ins Bild gesetzt waren, ritten wir in scharfem Trabe durch das Kosakendorf zum Richtplatz neben dem Kirchhofe.

Der Delinquent, ein Mann von etwa 35 Jahren, kniete an einem offenen Grabe, seine Brust war bis zum Gürtel entblößt, die Hände frei. Als wir ankamen, war gerade die ihm von einem Priester abgenommene Beichte zu Ende, und er erhielt die Absolution. Vier Schritte vor ihm standen neun Mann mit schußfertigen Gewehren.

Dann trat der Stanitzenvorsteher vor ihn und hielt folgende Ansprache: »Gregor Gregorewitsch, du hast als Renegat und Räuber gelebt, stirb jetzt als mutiger Mann, Gott wird dir deine Glaubensverleugnung und deine Brüder werden dir deinen Verrat verzeihen.«

Der Kosak antwortete: »Brüder, Gott hat mir verziehen, jetzt bitte ich euch um Verzeihung«, und kniete wieder nieder, um die Verzeihung der Menschen zu erlangen.

Die jetzt folgende Szene machte in ihrer Einfachheit einen erschütternden Eindruck auf mich. Jeder der Anwesenden, der durch den Verurteilten einen Verlust erlitten hatte, trat an ihn heran. Zuerst ein Greis, dessen einzigen Sohn er getötet hatte, dann eine Witwe, deren Kinder er zu Waisen gemacht, ein Kosak, dessen Bruder er getötet und dessen Haus er angezündet hatte. Alle sagten, daß sie ihm verziehen, und sie reichten ihm die Hand. Zuletzt kam seine eigene Frau mit ihren Kindern. Dann trat der Dorfrichter vor und sagte: »Gregor Gregorewitsch, es ist Zeit.«

Ich gestehe, daß ich nichts weiter von dieser Schreckensszene sah. Ich wandte mein Pferd und ritt in das Dorf zurück. Einige Minuten später hörte ich die Schüsse . . . Gregor Gregorewitsch hatte aufgehört zu leben. –

Später fragte ich nach dem Hause der schönen Eudoxia Dogadiska. Man sah mich erstaunt an, wie einen Menschen, der soeben aus China kommt. Sie war schon vier bis fünf Jahre tot.

Aber man sagte mir, daß sie eine Schwester hinterlassen habe, die ihre Stelle vorteilhaft ersetze. »Und der ehrenwerte Herr Vater?« fragte ich.

»Er lebt noch, und der Segen des Herrn ist mit ihm.«

Also nahmen wir die Gastfreundschaft des ehrenwerten

Iwan Iwanowitsch Dogadiski, des Erzeugers der berühmten Schönheiten Eudoxia und Gruschka, in Anspruch. Sie wurde uns unter Bedingungen gewährt, welche an die von Antenor im Hause des griechischen Philosophen Antiphon genossene Gastfreundschaft erinnerten.

Als wir zurückritten, stellten wir fest, daß der Führer unserer Eskorte recht gehabt hatte: Der Leichnam des getöteten Abrecks war in der Nacht fortgeschleppt worden. Unterwegs hatten wir diesmal keine Erlebnisse.

Am nächsten Morgen nach unserer Rückkehr von Tscherwelonaja ließ ich unsere Lohnkutscher rufen. Sie sagten, der Frost sei stärker geworden und verlangten jetzt 30 Rubel.

Darauf nahm ich meinen Papak, schnallte meinen Dolch um und begab mich zum Obersten Schatikow. Er hatte mich seit gestern früh erwartet. Weil er sehr wenig französisch sprach, war seine Frau so freundlich, zu dolmetschen. Der Oberst vermutete, daß ich ein Anliegen hatte und stellte sich mir sehr artig zur Verfügung. Ich erklärte, daß ich zur Weiterreise sechs Pferde benötige. Von Kasafiurte würde der Fürst Mirski, an welchen ich empfohlen sei, für mein Fortkommen sorgen, und dort könne ich sicher Postpferde bekommen.

Der Oberst bot mir seine Pferde an, behauptete jedoch, daß sie erst nach dem Frühstück reisefertig sein könnten. Natürlich nahm ich die gutgemeinte Einladung an, unter der Bedingung, daß sie mir von dem Knaben, von dem ich gehört hatte, daß er »Dumas kannte und den Monte Christo gelesen hatte«, wiederholt wurde. Der Kleine wartete schon im Nebenzimmer, er sprach jedoch nicht Französisch, sondern hatte den Monte Christo in russischer Übersetzung gelesen.

Während des Frühstücks hatte der Oberst die sechs Pferde vor unsere beiden Fuhrwerke spannen und eine aus fünf donischen sowie zehn Linienkosaken bestehende Eskorte bereitstellen lassen.

Wir fanden dann den Tarantas, die Telege und unsere Begleitmannschaft vor dem Hause. Wir nahmen mit aufrichtigen Danksagungen Abschied von der Familie des Obersten. Er fragte noch, ob wir auch gut bewaffnet wären und hielt eine kleine Rede an unsere Begleitkosaken. Darauf fuhren wir ab, die fünf donischen Kosaken voraus, die zehn Linienkosaken zu beiden Seiten unserer Wagen.

Die beiden Mietkutscher waren verblüfft, sie wollten uns jetzt für 18, ja 16 Rubel fahren, aber wir lehnten natürlich ab. Nun fürchteten sie, daß der nach Derbent reisende Offizier ihnen ebenfalls entgehen würde, und deshalb blieben sie bei ihm bei ihrer alten Forderung von zwölf Rubeln. Daher fuhr der Offizier mit seiner Kibitka zwischen unseren Wagen mit.

Unsere Reisegesellschaft war also nicht nur durch einen Offizier, sondern auch durch seinen armenischen Koch verstärkt, der ein vorzügliches Schaschlik bereiten konnte, was auf keinen Fall zu verachten war.

Fünfhundert Schritte von Schukowaja trafen wir wieder auf den von uns bereits wohlbekannten Terek, der uns zum letzten Male den Weg versperrte und die Südgrenze der völlig unterworfenen russischen Kaukasusstaaten bezeichnete. Hier hatte Graf Woronzow eine Brücke erbauen lassen, die durch einen Schlagbaum sowie eine Wachabteilung bei Tage und durch eine Schildwache bei Nacht gesichert ist. Auf der anderen Seite ist die Militärgrenze überschritten, und wir konnten von jedem Einwohner eine feindselige Handlung erwarten.

Die »Linie« wird von den beiden größten Flüssen auf der Nordseite des Kaukasus gebildet. Der Terek fließt in das Kaspische Meer, der Kuban in das Schwarze Meer.

Beide entspringen fast nebeneinander, nehmen jedoch kurz darauf ihre verschiedenen Richtungen an. Man denke sich eine ungeheure Flußlinie, am Fuße einer hohen Bergkette, die östlich bei Kislar, westlich bei Taman endet. In ihrer Mitte befindet sich der Darialpaß.

An dieser langen Linie sind von den Russen alle vier Meilen örtliche Festungen errichtet. In dem Maße, wie die Eroberung fortschreitet, werden kleine Forts nach Süden vorgeschoben und von diesen wiederum Kosakenposten mit Schildwachen, um diese nicht ganz feste Grenze der russischen Macht zu bezeichnen. Jeden Augenblick hat man mit einem blutigen Streifzug der Gebirgsstämme zu rechnen.

Von Schumaka, wo die Lesgier 1712 dreihundert Kaufleute raubten, bis Kislar, wo Kasi-Mullah 1831 fast siebentausend Köpfe abschlug, sind alle paar Meter dieser unermeßlichen Linie mit Blut befleckt worden. An den Stellen, wo Tataren gefallen sind, stehen längliche platte Steine aufgerichtet mit Turbanen und arabischen Inschriften. Wo Christen gefallen sind, sieht man Kreuze. Aber diese Grabsteine sind so häufig, daß man von Kislar bis Derbent auf einem riesigen Friedhof zu fahren glaubt. Wo aber diese überhaupt fehlen, ist die Lebensgefahr so groß, daß man nicht gewagt hat, den Toten ein Grab zu graben und einen Gedenkstein zu setzen. Die Leichen sind von Schakalen, Adlern und Geiern gefressen worden, nur die menschlichen Gebeine bleichen zwischen Skeletten von Pferden und Kamelen.

Doch kehren wir wieder zu unserer Grenzbrücke zurück. Als wir sie überschritten hatten, befanden wir uns im unbebauten Niemandsland, wo niemand Ackerbau treiben will. Hier schossen wir fünf Rebhühner und ein halbes Dutzend Brachvögel, dann schoben wir wieder Kugeln in unsere Gewehrläufe, denn uns kam ein Trupp von etwa einem Dutzend bewaffneter Männer entgegengeritten. Es war ein Tatarenfürst mit Gefolge. Jeder der beiden Nuker, die ihn begleiteten, trug einen Falken auf der Faust. Bald darauf holten wir einen Geleitzug, aus Lastwagen und Infanterie bestehend, ein. Es waren Pioniere, die bei Schura eine kleine Festung bauen sollten. Man zieht auf diese Weise den Kreis um Schamyl immer enger.

Bei Kasafiurte kamen wir übrigens seinen Vorposten auf eine halbe Stunde, seiner neuen Residenz auf fünf Stunden nahe.

Seit unserer Abreise von Kislar hatte sich die Landschaft vollständig verändert. Die Landstraße war nicht mehr eben und schnurgerade wie zwischen Astrachan und Kislar. Öfters ging es so steil bergauf und bergab, daß ein europäischer Kutscher umgekehrt wäre. Gegen zwei Uhr erblickten wir Kasafiurte. Unser Fahrer trieb die Pferde noch mehr an, wir durchfuhren die Furt des Schwarzwasserflusses und trafen einen unserer vorausgeschickten Kosaken am Stadttor an. Mit ihm erwarteten uns zwei Offiziere vom kabardischen Regiment, welche sich erboten hatten, ihr Quartier mit uns zu teilen.

Sie bedauerten, daß der Fürst Mirskij nicht im Orte war, waren jedoch sicher, daß der Oberstleutnant seine Stelle gut vertreten würde. Im Quartier bürstete ich mir den Kopf, während der eine Offiziersbursche meine Kleider und vor allem die Stiefel reinigte. Dann ging ich mit Kalino zum Oberstleutnant, der jedoch nicht zu Hause war, so daß ich nur meine Karte hinterließ.

Gegenüber seinem Hause sah ich einen sehr schönen Garten mit Schwänen, Reihern, Störchen und anderen Vögeln. Weil die Tür offenstand, ging ich hinein. Der Sohn des Generals Grabbe, ein Hauptmann, kam mir entgegen und stellte sich uns nach einer Begrüßung zur Verfügung, um uns in der Stadt zu begleiten.

Dann machte er uns darauf aufmerksam, daß unsere Wirtin eine sehr schöne Zirkassierin aus Wladikawkas sei, wir müßten sie unbedingt bitten, uns den lesgischen Nationaltanz vorzuführen. Er begleitete uns in unser Quartier, wo kurz darauf der Oberstleutnant eintraf. Er war von Geburt Franzose, sein Name war Coignard. Dies war eine gute Vorbedeutung, denn zwei meiner Freunde hießen so.

Er versprach uns, für Pferde und Begleitschutz zu sorgen. Das unter dem Befehl vom Fürsten Mirskij stehende kabardische Regiment ist der am meisten nach Süden vorgeschobene russische Garnison-Stützpunkt.

Während seines Besuches kam jemand herein und sagte ihm etwas ins Ohr. »Wollen Sie erlauben, daß ich hier eine Person empfange, die mich sprechen will? Sie werden Zeuge eines Auftritts sein, der für Sie interessant sein dürfte.«

Selbstverständlich war ich einverstanden und sah bald darauf eine vermummte Tatarin vom Pferde steigen und ins Zimmer treten. Sie trat auf den Oberstleutnant zu, öffnete einen Beutel und nahm zwei abgeschnittene Ohren heraus, die sie vor ihm auf den Tisch legte. Coignard drehte sie mit seinem Stock um, nickte und sagte: »Ja, es sind zwei rechte Ohren. Ich schreibe eine Anweisung auf zwanzig Rubel aus. Geh damit zum Zahlmeister!«

Auf jeden Tatarenkopf war nämlich eine Prämie von zehn Rubel ausgesetzt. Fürst Mirskij war der Anblick abgeschnittener Köpfe zuwider, und er hatte verfügt, daß in Zukunft die Einlieferung eines rechten Ohres als Beweis genügen sollte.

Während wir mit dem Oberstleutnant plauderten, hatte Kalino, der vor uns den doppelten Vorzug der Sprachkenntnis und der Jugend hatte, unsere Wirtin entdeckt und führte sie ins Empfangszimmer.

In der Tat war sie sehr hübsch und trug die Landestracht der Zirkassierinnen. Kalino hatte sie zum Essen mit uns eingeladen, weil er nicht wußte, daß wir bereits beim Oberstleutnant zugesagt hatten. Also entschuldigten wir uns bei der schönen Leila – so hieß sie – und versprachen, gleich nach dem Essen wiederzukommen, wenn sie uns etwas vortanzen wollte. Sie sagte zu.

Der Sohn des Generals Grabbe zeigte uns inzwischen in seiner Wohnung bei dem hübschen Garten einige Kartons, Porträts und Zeichnungen, die er nach der Natur gezeichnet hatte. Darunter befanden sich vier Brustbilder von besonders ausdrucksvollen Köpfen, alle in gleicher Uniform.

»Schöne Gesichter mit prächtigen Bärten«, sagte ich, »wer sind diese Leute?«

»Die besten Leute von der Welt, sie haben nur eine Manie. Sie haben gelobt, jede Nacht mindestens einen Tschetschenenkopf abzuschneiden. Sie halten ihr Gelübde so gewissenhaft wie ein Abreck aus dem Gebirge.«

»Aha! Das ist interessant. Zehn Rubel pro Kopf und Nacht machen im Jahr immerhin 3650 Rubel.«

»Oh, es geschieht nicht des Geldes wegen. Sie haben eine gemeinsame Kasse und kaufen davon Gefangene los, wenigstens steuern sie stets als erste dazu bei«, erklärte er.

»Und sie haben ein ganzes Regiment solcher Kerle?«

»O nein, dazu müßte man sie aus der ganzen russischen Armee zusammensuchen. Wir haben nur eine Kompanie von ihnen, die vom Fürsten Bariatinskij errichtet wurde, während er der Oberst des karbadischen Regimentes war. Er hat auch den Schützen ihre besonderen Büchsen gegeben. Es sind vortreffliche Doppelbüchsen aus Tula, von gewöhnlichem Kaliber, jedoch mit einem 60 Zentimeter langen, durch Federdruck aufrichtbaren Bajonett. Die Sie interessierenden Porträts stellen drei dieser Eliteschützen dar, ihre Namen sind Bojeniok, Ignaziew und Michailuk. Ich glaube, daß wir sie heute abend sehen werden, wenn der Oberstleutnant im Offiziersklub ein kleines Fest veranstalten wird.«

»Dann können diese Leute aber an diesem Abend keinen Streifzug unternehmen?« fragte ich. Als mir gesagt wurde, daß sie dann nur etwas später fortgingen, kam mir der Gedanke, sie auf ihrem Streifzug zu begleiten. Auch Moynet schien dieselbe Idee zu haben, denn wir sahen uns an und lachten.

Aber keiner ließ ein Wort über unsere Absicht fallen. Als wir gefragt wurden, wann wir morgen abreisen wollten, sagte ich, daß wir keine große Eile hätten, denn wir hätten bis Tschiriurth nur 30 Werst zurückzulegen.

»Gut«, sagte Hauptmann Grabbe, »Sie werden heute verschiedene dieser Schützen sehen, Sie bezeichnen diejenigen, die Sie porträtieren wollen, und ich schicke sie Ihnen morgen früh. Es sind die besten Modelle, sie sitzen eine Stunde, ohne mit den Augen zu blinzeln.«

Gegen acht Uhr sollten wir die Offiziere des kabardischen Regiments im Offizierskasino treffen. Zwei Stunden vorher standen wir vom Mittagstische auf und entschuldigten uns, da wir eine Stunde bei unserer Wirtin zubringen müßten, weil sie uns die Vorführung eines tscherkessischen und lesgischen Nationaltanzes versprochen hatte.

Wir fanden die drei Tischgenossen beim Dessert. Die schöne Leila war in großem Putz: Auf dem Kopfe trug sie ein kleines goldgesticktes Käppchen mit einem daran gehefteten langen, bis auf die Hüfte herabfallenden Gazeschleier, dazu ein mit goldenen Schnüren besetztes schwarzes Atlaskleid. Darüber trug sie eine engschließende Jacke von weißer und blaßroter Seide mit offenen, langen Ärmeln. Ferner um den Leib einen silbernen Gürtel mit einem kleinen gekrümmten Dolch mit goldeingelegtem Elfenbeingriff sowie spitze rote Samtpantoffeln.

Man behauptet, die Zirkassier seien das schönste Volk auf der Welt. Nach meiner Meinung übrigens kann der männliche Georgier dem Zirkassier den Schönheitspreis streitig machen. Nie werde ich den Eindruck vergessen, den der erste Georgier mitten in den Steppen der Nogaitataren auf mich machte: Seit vier Wochen hatten wir lediglich Kalmücken und Mongolen gesehen. Da erblickten wir eines Abends auf einer Umspannstation einen Mann von etwa dreißig Jahren. Er lehnte in stolzer Haltung an der Tür. Er trug eine persische Mütze, sein weißes Gesicht war von schönen dunkelbraunen Kopf- und Barthaaren umwallt, seine Nase glich der einer griechischen Statue des Altertums. Dieses Ideal klassischer Männerschönheit trug eine ziemlich zerrissene Tschuka, und unter weiten Hosen aus lesgischem Tuch sahen nackte Füße hervor. Der Anblick dieses Apolls machte auf Moynet und mich einen solchen Eindruck, daß wir fragen ließen, welchem Volksstamme er angehöre, er antwortete, er sei ein Georgier. War dies ein Nachkomme des altgriechischen Helden Jason?

Der Tscherkesse hat hinsichtlich seiner Figur mit dem Georgier Ähnlichkeit. Mit dem Falken auf der Hand, der Burka auf der Schulter, dem Baschlik auf dem Kopfe, dem Kandschar im Gürtel, der Schaska an der Seite und einem verzierten Gewehr auf dem Rücken ist er ein Bild aus dem fünfzehnten Jahrhundert, das man in der Mitte des neunzehnten erblickt.

Der Georgier stellt mit seiner Nationaltracht aus Seide und Samt die Kultur des siebzehnten Jahrhunderts dar. Er könnte ein Venetianer, ein Sizilianer oder Grieche dieser Zeit sein.

Den Zirkassierinnen schadet vielleicht der weite Ruf

ihrer Schönheit, allerdings sollen die Gebirgszirkassierinnen noch schöner sein. Einige Reisende haben sie zum Studienobjekt gemacht. So der Holländer Jan Struys, also ein Angehöriger eines Volkes, das nicht leicht begeistert wird. Er schrieb im Jahre 1661 in Amsterdam:

»Die Kaukasierinnen sind alle schön und haben etwas besonders Liebenswürdiges, eine sehr weiße Hautfarbe, mit einer matten Röte. Ihre Stirn ist hoch und glatt, und ohne Nachhilfe haben sie schmale Augenbrauen, so als ob sie gebogene Seidenfäden wären. Ihre Augen sind groß, sanft und feurig, ihre Nase ist schön geformt, die Lippen rot und ihr kleiner Mund und Kinn werden von einem vollendeten Oval umrahmt. Hals und Brust haben die Weiße und Fülle, welche die Kennzeichen von vollendeter Schönheit sind. Der Busen ist voll, schön geformt und außerordentlich fest, ich kann ohne Übertreibung sagen, daß ich nie etwas Reizenderes gesehen habe als die Büste einer Zirkassierin. Ihr Wuchs ist groß, schlank und vollendet.«

»Bei allen Reizen sind sie keineswegs spröde, sie fürchten sich auch nicht, wenn sie von einem Manne aus fremdem Lande angesprochen werden und sind weit entfernt davon, ihn abzuweisen, sondern lassen ihn gern so viele Rosen und Lilien pflücken, wie man zu einem gehörigen Blumenstrauße braucht. Aber wenn die Frauen leicht zugänglich sind, so sind die Männer gutmütig und sehen ruhig zu, wenn man ihre Frauen liebkost. Sie werden nicht eifersüchtig, sondern sie sagen, mit Frauen ist es wie mit Blumen, deren Schönheit nutzlos wäre, wenn man nicht Augen hätte, sie anzusehen und Hände, um sie zu berühren.«

Dies war die Ansicht eines Zeitgenossen Ludwig XIV. über die Zirkassierinnen, und ich will so galant sein, mich ihm anzuschließen.

Der Ruf ihrer Schönheit ist übrigens so groß, daß auf dem Sklavenmarkt zu Trapezunt oder Konstantinopel eine junge Zirkassierin immer den doppelten Liebhaberpreis erzielt wie eine Sklavin von gleicher Schönheit, aber anderer Herkunft.

Doch nun wollte uns unsere Wirtin etwas vortanzen. Leider hatten wir vergessen, Musik zu bestellen, so daß sie selbst beim Tanzen eine Art Akkordeon spielen mußte, wodurch die anmutige Bewegung ihrer Arme uns verlorenging. Aber was wir sahen, war so reizend, daß wir versprachen, nach dem Klubabend irgendeinen Musiker mitzubringen, um sie in voller Grazie zu bewundern.

Um acht Uhr holte uns Hauptmann Grabbe ab. Wir wurden schon vom vollständigen Offizierskorps erwartet. Man hatte uns vorher gesagt, daß ein großer Krämerladen abends als Kasino diente. Auf einem langen Ladentische standen Schüsseln mit verschiedenen Sorten Käse, kaltem Fleisch, frischem Obst und eingemachten Früchten. Aber am eindrucksvollsten war eine lange doppelte Reihe von Champagnerflaschen, die ein Abbild der eisernen russischen Disziplin war: Nicht eine einzige stand eine Kleinigkeit vor, alle waren genau auf Tuchfühlung mit ihrer Nachbarin. Es mochten wohl an die achtzig sein, also etwa drei für jeden Gast, ohne Verstärkungen aus dem Keller. Nirgends wird so viel getrunken wie in Rußland, ausgenommen vielleicht in Georgien. Ein Wetttrinken zwischen russischen und georgischen Zechern müßte sehr interessant sein. Ich wette, daß ein jeder von ihnen ein Dutzend Flaschen austrinken könnte, aber ich könnte nicht voraussagen, wer Sieger sein würde.

Mit einem Male ertönte in einem Nebenzimmer eine tatarische Trommel zur Begleitung einer lesgischen Flöte. Es waren unsere »Kopfabschneider«, die Jäger vom kabardischen Regiment, die uns etwas vortanzen wollten.

Kaum waren wir zum Zuschauen in die offene Tür getreten, als ich die drei Originale der Porträts erkannte: Bajeniok, Ignaziew und Michailuk. Sie waren sehr erstaunt, daß ich sie bei ihrem Namen anredete. Meine vorherige Kenntnis ihrer Namen schmeichelte ihnen, und nach zehn Minuten waren wir die dicksten Freunde.

Die kabardischen Jäger führten lesgische und tscherkessische Nationaltänze vor. Unser Kalino, einer der schönsten und unermüdlichsten Tänzer, den ich kenne, antwortete mit der russischen Trepaka. Um zehn Uhr ging die Gesellschaft auseinander, und wir nahmen dankend Abschied vom Oberstleutnant, der unsere Weiterreise auf elf Uhr vormittags festsetzte, weil er Zeit haben wollte, um einem Tatarenfürsten unsere Durchreise anzuzeigen, damit wir bei ihm speisen konnten.

Als wir uns von den jungen Offizieren verabschiedeten, bemerkten wir unter ihnen vier Soldatenuniformen, deren Träger mit ihren Vorgesetzten auf kameradschaftlichem Fuße standen. Es waren junge Offiziere, die wegen politischer Verurteilungen degradiert und nach der Kaukasusfront versetzt waren. Dadurch hatten sie in den Augen ihrer Kameraden nichts verloren, und die Regierung duldete diese Toleranz, so daß sie hier ihre in Petersburg oder Moskau verlorene soziale Stellung wieder erhielten.

Dann begaben wir uns in unser Quartier, wo wir von unserer schönen Wirtin bereits erwartet wurden. Sie tanzte ebenso gern, wie wir ihr zusahen.

23. Kapitel

Wir hatten die drei Kabardiner mitgenommen, von denen Ignaziew auch Musiker war. Er war zwar kurz und dick, aber herkulisch gebaut und sah mit seinem zottigen Papak und seinem langen rötlichen Bart grotesk und furchtbar aus. Er spielte linkshändig Geige. Mit der linken Faust drückte er den Bogen so fest auf die Saiten, als ob er Eisenholz zersägen wollte. Ignaziew zog seine Geige unter seiner Tscherkeßka hervor, und Leila fing an, die »Lesginka« zu tanzen und Bajeniok mit ihr.

Die russischen Nationaltänze haben einen melancholischen Charakter, sie gleichen in manchem den Tänzen, mit denen die alten Griechen ihre Toten zu Grabe trugen. Die orientalischen Tänze sind nicht viel heiterer, ausgenommen Charaktertänze wie die der Bajaderen. Die Füße bleiben immer auf dem Boden, die Arme haben viel mehr zu tun und machen unentwegt die Gebärden des Heranziehens und Zurückstoßens. Die immer gleichbleibende Melodie verlängert sich bis ins unendliche, und die Tänzer können diese Bewegungen die ganze Nacht fortsetzen, ohne zu ermüden.

Unser Privatball dauerte bis Mitternacht. Leila tanzte abwechselnd mit Bajeniok, Michailuk sowie Kalino, der manchmal einen russischen Solotanz einlegte. Ignaziew, der die Begleitung machte, schien unermüdlich zu sein.

Gegen Mitternacht hörte man Geräusche im Hofe. Es waren die Kameraden unserer drei Jäger, die aber jetzt nicht mehr ihre gute Uniform trugen, sondern zerlumpte, an Dornen und Gestrüpp zerrissene, an manchen Stellen von Kugeln oder Dolchstichen durchlöcherte und mit Blut befleckte Tscherkeßkas.

Unsere beiden Tänzer und der Geiger zogen sich schnell

um und ergriffen die für sie mitgebrachten Doppelflinten. Ich sagte nun auf russisch *Yedem!* – Vorwärts. Darauf sah man uns erstaunt an, und ich sagte zu Kalino, er solle ihnen übersetzen, daß wir sie auf ihrem nächtlichen Streifzug begleiten wollten.

Jetzt wurde der Oberjäger Bajeniok ernsthaft und fragte, ob es wirklich wahr sei, daß der französische General und sein Adjutant – es war den Leuten nicht auszureden, daß wir keine waren – mitgehen wollten. Als dies bestätigt wurde, gab er uns noch einige taktische Kampfesregeln und sagte, wir könnten tun, was wir wollten, wir gehörten ja nicht zur Kompanie.

Dann einigten wir uns, daß ein jeder sich einer anderen Gruppe anschließen sollte. Kalino wollte sich womöglich ein Georgskreuz verdienen. Also bewaffneten wir uns auch, und im Freien war es zunächst so dunkel, daß wir überhaupt nichts sehen konnten. Jedoch bald hatten sich unsere Augen an die Dunkelheit gewöhnt, und wir stellten fest, daß kein Mensch draußen war, nur die Hunde vor den Haustüren richteten sich auf, ohne zu bellen, sie schienen zu wissen, wer wir waren.

Bald verließen wir die Stadt und gingen am rechten Ufer des Flusses Jaraksu weiter, dessen Rauschen unsere Schritte übertönte. Vor uns sahen wir das Hochgebirge wie eine schwarze Masse emporragen. Es war eine herrliche Nacht und der Himmel mit leuchtenden Sternen besät.

Nach einer guten Viertelstunde gab der vorläufig noch führende Oberjäger ein Zeichen zum Halten, legte ein Ohr auf die Erde und lauschte eine Weile, richtete sich dann wieder auf und sagte: »Es sind Tataren aus dem Flachlande.«

Verblüfft fragte ich Kalino, wie er das wissen könnte. Die Antwort war: »Ihre Pferde haben Paßgang, die Gebirgspferde können auf dem felsigen Grund nur im gewöhnlichen Schritt gehen.«

Nach fünf Minuten sahen wir tatsächlich acht Tataren vorbeireiten, während wir uns hinter der Böschung des Ufers versteckt hatten, bis sie vorüber waren.

Nach einer weiteren Dreiviertelstunde hatten wir das letzte Außenfort passiert, wo wir von Posten angerufen wurden, und hatten mehrere fast trockene Flußbette durchwatet. Dann kamen wir an einen offenbar tieferen Fluß. Während ich noch überlegte, wie wir hindurchkommen sollten, lud mich Bajeniok ein, auf seine Schultern zu steigen. Ich ließ mich nicht zweimal bitten, dasselbe taten meine beiden Begleiter.

Den Jägern ging das Wasser doch nur bis an die Knie, drüben setzten sie uns ab. Dann führte man uns stromab, am linken Ufer des Axai. Nach einiger Zeit blieb einer unserer Gruppe stehen, nachdem er mit Bajeniok Zeichen gewechselt hatte. Nacheinander blieben wir dann mit etwa hundert Schritten Abstand auf dem Anstand stehen. Bajeniok, mit dem ich ging, war natürlich der letzte. Wir konnten uns nur durch Zeichen verständigen und krochen beide hinter einen geeigneten Busch. Man hörte nur das klägliche Geheul der herumstreifenden Schakale sowie das Rauschen des Wassers. So vergingen etwa zwei Stunden.

Mein Jägerauge hatte sich jetzt so an die Dunkelheit gewöhnt, daß ich das jenseitige Ufer deutlich erkennen konnte. Plötzlich glaubte ich von rechts ein schwaches Geräusch zu hören. Mein Begleiter schien es nicht zu beachten, obwohl es immer lauter wurde. Ich streckte zu ihm den Arm aus, er sagte jedoch *Nitschewo*, es ist nichts, aber ich blickte weiter nach dieser Richtung. Bald sah ich einen starken Hirsch mit seinem Tier sowie zwei Hirschkälbern am anderen Ufer erscheinen, aber ich durfte nicht schießen. Plötzlich hob das Wild die Köpfe und flüchtete ins Gebirge zurück. Offenbar ging drüben etwas Ungewöhnliches vor sich.

Bajeniok machte mir ein Zeichen, ruhig liegenzubleiben und kroch wie eine Schlange dicht ans Wasser hinab. Endlich verschwand er hinter der Böschung.

Ich glaubte den Galopp eines Pferdes zu hören und sah in der Dunkelheit eine Gruppe, die aber aus mehr als einem Reiter bestand. Mein Herz pochte und sagte mir mehr als meine Augen, daß jetzt ein Feind vor uns war.

Ein Reiter war schräg vor mir an den Fluß gekommen und hatte eine an den Schwanz seines Pferdes gebundene männliche oder weibliche Person hinter sich. In dem Augenblick, wo er sein Pferd ins Wasser trieb, hörte ich laute Klagetöne einer weiblichen Gefangenen.

Der Reiter war etwa 200 Schritte unterhalb meines Verstecks im Wasser. Was sollte ich tun? In diesem Augenblick fiel am Ufer ein Schuß, das Pferd stampfte aufgeregt im Wasser, und die ganze Gruppe verschwand mitten im Strom. Dann hörte ich wieder einen weiblichen Schrei. Nun sprang ich auf und eilte auf die Stelle zu, wo der Schuß gefallen war. Da blitzte es im Wirbel des zappelnden Pferdes auf, und wieder hörte man einen Schuß. Man vernahm Schreien und Fluchen. Plötzlich war alles still, und keine Bewegung war mehr zu sehen. Unsere Gefährten waren gleichfalls herbeigeeilt und warteten.

Nach einer Weile sahen wir in der Dunkelheit etwas im Flusse auf uns zukommen, was in jeder Sekunde deutlicher wurde: die bewegende Kraft war Bajeniok, der seinen Kandschar zwischen den Zähnen hielt. Auf der Schulter trug er eine anscheinend bewußtlose weibliche Gestalt, die jedoch ein Kind krampfhaft festhielt, und mit der linken Hand zog er an einem langen Haarzopf einen halb im Wasser schleppenden Tschetschenenkopf, den er kurz darauf auf die Böschung warf.

Dann legte er das Weib vorsichtig mit dem Kinde nieder und fragte mit größter Ruhe: »Wer von euch hat einen Schluck Wodka?« Er wollte diese Stärkung nicht für sich, sondern für die Bewußtlose.

Nach zwei weiteren Stunden kamen wir mit Mutter und Kind frohlockend nach Kasafiurte zurück.

Folgendes hatte sich ereignet: Sobald er den Tschetschenen erkannte, war Bajeniok zu der Stelle gekrochen, wo seiner Berechnung nach der Tschetschene durchs Wasser reiten wollte. Er hatte sehr gut erkannt, daß er am Schwanz seines Pferdes ein festgebundenes Weib mitschleppte. Er durfte deshalb nicht zuerst auf den Menschenräuber schießen, denn das sich selbst überlassene Pferd wäre durchgegangen und hätte die Gefangene zu Tode geschleift. Deshalb schoß er das Pferd in die Brust, und während dieses mit dem Tode rang, drückte der Tschetschene ab. Seine Kugel riß dem Oberjäger den Papak vom Kopfe, aber ohne ihn zu verwunden. Mit dem zweiten Lauf erschoß er den Räuber und stürzte sich ins Wasser, damit die Gefangene nicht ertrank.

Er erreichte die Mitte des Flusses und durchschnitt mit seinem Kandschar den Halfter, um die Gefangene aus dem Wasser zu heben. Erst jetzt bemerkte er, daß sie ein Kind mit den Armen umklammerte. In diesem Augenblick spürte er einen heftigen Schmerz in der Wade: Der schwer getroffene Tschetschene hatte ihn mit letzter Kraft in die Wade gebissen. Um sich von ihm frei zu machen, schnitt er ihm den Kopf ab, nahm den Kandschar zwischen die Zähne, hob die Frau und das Kind aus dem brusttiefen Wasser wieder auf die Schulter, und den abgeschnittenen Kopf in der linken Hand watete er zu uns zurück.

Aber ich lege mir noch oft die Frage vor, ob man das Recht hat, Menschen wie einem Hirsch oder Wildschwein aufzulauern und sie zu töten.

Am anderen Tage gegen elf Uhr kam Oberstleutnant Coignard, um uns abzuholen. Wir nahmen dankbar Abschied von unserer schönen Wirtin. Wir nahmen nicht nur die Erinnerung an ihre Gastfreundschaft mit, sondern auch ihr Bild, welches Moynet am vorigen Abend gezeichnet hatte, während Bajeniok die Lesginka tanzte und Ignaziew Violine spielte.

Um in den Aul des Tatarenfürsten einzukehren, mußten wir, wenn wir nicht einen weiten Umweg machen wollten, das Gebiet von Schamyl berühren. Coignard verschwieg uns nicht, daß wir uns auf einen Angriff gefaßt machen müßten, aber er hatte fünfzig Kosaken zur Bedeckung bereitgestellt sowie das ganze jüngere Offizierkorps, das uns am Vortage abends das Fest gegeben hatte, zu diesem kriegerischen Ausfluge eingeladen.

Wir kamen nun in die Ebene Kumisch, ein äußerst fruchtbares Niemandsland, wo das nie gemähte Gras den Pferden bis an die Brust reichte. Rechts wird die Ebene von den Bergen begrenzt, die Schamyl beherrscht, links ist das Land so flach, daß ich zuerst glaubte, am Horizont sei der Kaspisee zu sehen. Hier wimmelte es von Wildbret, wir sahen von weitem viele Rehe und prächtige Hirsche äsen, während unsere Kosaken und unser Tarantas zahlreiche Rebhuhnvölker und Hasen hochjagten.

Zwei Stunden vor Kasafiurte sahen wir auf einmal etwa sechzig Reiter auf uns zukommen, und ich glaubte, jetzt würde es zu dem als möglich in Aussicht gestellten Scharmützel kommen, jedoch ich irrte mich. Der Oberstleutnant blickte durch sein Glas und erklärte: »Es ist Ali Sultan.«

Der Tatarenfürst hatte vermutet, daß wir den abkürzenden Weg nehmen würden, und war uns mit seinem Gefolge entgegengeritten.

Nie habe ich etwas so Malerisches gesehen wie diese bewaffnete Schar.

An der Spitze galoppierte der Sultan oder Fürst mit seinem vierzehnjährigen Sohne. Beide waren in prächtiger Nationaltracht und trugen kostbare Waffen. Neben ihnen ritt ein vornehmer Tatar, mit Namen Kuban. Dieser hatte einst als zwölfjähriger Knabe in einer von den Tschetschenen angegriffenen kleinen Festung den Platz des gefallenen Hauptmanns eingenommen und den Feind zurückgeschlagen. Der russische Kaiser hatte ihn darauf kommen lassen und ihm persönlich den St.-Georgs-Orden verliehen. Einem Zwölfjährigen!

Hinter ihm ritten vier Falkner und sechs Pagen im schönsten Kriegsschmuck, ebenso etwa sechzig tatarische Reiter, welche die Flinten schwenkten, ihre Pferde sich bäumen ließen und »Hurra« riefen.

Ich gestehe, daß bei diesem Anblick meine Freude sich bis zum Stolz steigerte. Die geistige Arbeit ist also nicht eine vergebliche Mühsal und Name sowie Ruf mehr als ein närrischer, schnell verfliegender Wahn. Was hätte man für einen König mehr aufbieten können als hier für mich?

Nun ging es wohl zwei Stunden im Galopp weiter, der Wagen rollte auf dem Grase wie auf einem Moosteppich. Dann tat sich vor uns eine Schlucht auf, in deren Tiefe der Aktasch brauste. Vor uns sahen wir auf einem Berge den Aul des Fürsten, rechts sah man in weiter Ferne die Mauern eines Dorfes. Erst eine Woche vorher hatten die Tschetschenen hier einen Angriff versucht, waren jedoch zurückgeschlagen worden.

Auf unserer Seite lag die Festung, welche der jetzige Oberst Kuban als Knabe verteidigt hatte. Es war die von Peter dem Großen auf seiner Kaukasusreise angelegte Zitadelle vom Heiligen Kreuz.

Vor dem Aul erwartete uns der Kommandant der Zitadelle. Es war das erste kaukasische Tatarendorf, welches wir berührten. Die Bewohner dieser Vorberge sind ein sehr schöner Menschenschlag. Zwar gehören sie zum mongolischen Stamme, haben sich jedoch mit eingeborenen Frauen vermischt, und aus dieser Kreuzung ist eine Rasse hervorgegangen, deren Frauen besonders durch ihre strahlenden schwarzen Augen auffallen.

Wir betraten den Aul des Fürsten Ali Sultan, ein stark befestigtes Haus. Der Fürst erwartete uns an der Tür. Er nahm uns die Waffen ab, um anzudeuten, daß er von jetzt an für unsere Sicherheit bürge. Der Empfangssaal war lang und schmal. Links waren in Nischen sechs Betten mit Matratzen, Federbetten und Decken aufgerollt.

Lauter Sachen, die wir seit langer Zeit entbehren mußten. An den Wänden hingen Waffen, gegenüber der Tür waren zwei große Spiegel angebracht, daneben Gestelle mit Porzellan. Zwischen beiden Spiegeln hingen golddurchwirkte Vorhänge.

Der Aul hatte den europäischen Namen Andrei. Der Fürst führte uns vor Tisch herum. Außer dem Palast haben alle Häuser nur ein Erdgeschoß, das von einer Terrasse gekrönt wird. Diese dient den Frauen zum Aufenthalt und Spazierengehen, auch wird dort Mais gereinigt oder Heu getrocknet.

Der Aul Andrei ist durch seine Schwertfeger berühmt. Die von ihnen geschmiedeten Klingen haben ein besonders eigentümliches Zeichen. Aber sie verfertigen nur die Klingen, Griff und Scheide muß man bei anderen Handwerkern bestellen. Die Folge dieser weitgetriebenen Arbeitsteilung ist, daß ein Reisender nichts Fertiges kaufen kann, er muß warten, bis seine Bestellung ausgeführt ist. Außerdem muß er im voraus bezahlen. Wir besuchten ein halbes Dutzend Schwertfeger, aber keiner hatte – mit einer Ausnahme, wo ein silberbeschlagener, blau emaillierter Dolch, jedoch mit einem ziemlich geschmacklosen Griff vorrätig war – fertige Waffen zu verkaufen.

Dann begaben wir uns zu Tisch, der nur für vier Personen gedeckt war, nämlich für den Oberstleutnant und uns drei. Der Fürst, sein Sohn und das Gefolge standen nach der Sitte um unseren Tisch, während seine Pagen uns bedienten.

Es wäre schwer zu sagen, was wir aßen, die tatarische Küche gibt in dieser Hinsicht Rätsel auf. Ich glaube, daß die Suppe aus einem Huhn und Hühnereiern bestand, dann kamen Koteletten mit Honig, Haselhühner mit gesottenen Früchten. Ein Fischgericht hätte ich als solches gar nicht erkannt, wenn mir nicht eine Gräte im Halse steckengeblieben wäre. Zum Schluß gab es Äpfel, Birnen, Trauben, saure Milch und Käse.

Als wir vom Tisch aufstanden, war es zwei Uhr, und wir wollten dankend Abschied nehmen, jedoch der Fürst antwortete, er werde uns ein Stück das Geleit geben. Wirklich waren die Pferde noch gesattelt, und die ganze Karawane setzte sich wieder in Galopp. Nach sechs Werst wurde haltgemacht, dort erwartete uns eine neue Eskorte von 50 Mann, die uns von Kasafiurte am gestrigen Abend entgegengeritten war. Der Abschied war sehr herzlich, der junge Prinz überreichte mir zum Andenken den Dolch, den wir besichtigt hatten und welchen der Fürst für mich bestimmt hatte. Darauf schied ich von Coignard mit warmem Händedruck, und wir versprachen, uns in Paris oder Petersburg mit seinem Offizierskorps zusammen wiederzusehen, aber dies Versprechen wird wohl kaum erfüllt werden.

Dann ritt Ali Sultan in seinen Aul zurück und der Oberstleutnant mit seinen Leutnants in seine Garnison. Gegen Abend erreichten wir Tschiriurth. Unterwegs sahen wir nicht weit von uns einen Posten der Tschetschenen. Er hob fünfmal beide Arme hoch, wohl um seinen Leuten zu telegrafieren, daß wir 50 Reiter bei uns hatten.

Wir ließen ihn auf seinem Hügel signalisieren und fuhren bald darauf in Tschiriurth ein. Dort erkundigten wir uns nach der Wohnung des Fürsten Dondukow-Korsakow, dessen Namen wir seit unserer Abreise von Schukowa sehr oft lobend nennen gehört hatten. Man wies uns in die obere Stadt.

Inmitten der Kasernen des Dragonerregimentes Nisch-nij-Nowgorod sahen wir ein glänzend erleuchtetes Gebäude und vermuteten richtig, daß der Fürst dort wohne. Dienerschaft kam uns entgegen, als ob wir bereits erwartet würden, und wir stiegen aus, als ob wir geladene Gäste wären.

Im ersten Zimmer kam uns ein Stabsoffizier entgegen, und weil ich den Fürsten Korsakow nicht kannte, begrüßte ich ihn als solchen, er unterbrach mich jedoch und stellte sich als Graf Nostiz vor. Er war der neu ernannte Oberst des Dragonerregiments, nachdem der Fürst Korsakow zum General befördert worden war. Dieser erschien auch bald darauf und nahm uns sehr gastfreundlich auf. Er trug den Arm in einer Schlinge, weil er vor kurzem in einem Gefecht mit Tschetschenen verwundet worden war. Man hatte ihn bereits durch Eilboten von Kasafiurte von unserem bevorstehenden Besuch in Kenntnis gesetzt.

Im großen Salon hing ein Ölbild an der Wand, welches einen zirkassischen Häuptling darstellte, der mit seinen Leuten – achthundert Mann – einen Berg verteidigte. Man erzählte mir, daß es Hadschi-Murad wäre, der jahrelang eine zwielichtige Rolle als russischer Milizoffizier und heimlicher Anhänger Schamyls gespielt habe.

Während wir das Bild besichtigten, füllten sich allmählich die Zimmer des Grafen mit Offizieren. Der Fürst Korsakow pflegte jeden Abend ein Souper zu geben, zu dem sämtliche Offiziere seines Regiments stets eingeladen waren. Graf Nostiz hatte diese Sitte beibehalten. Als zu Tisch gerufen wurde, begaben wir uns in den Speisesaal, wo für 30 Personen gedeckt war. Die Regimentsmusik spielte, und als die Spielleute ebenfalls gegessen hatten, begann der Tanz, welcher uns zu Ehren veranstaltet wurde.

Man hatte die besten Tänzer des Regiments eingeladen und zeigte uns nacheinander alle georgischen, lesgischen, kabardischen, tscherkessischen und russischen Nationaltänze.

Man bemerkte hier deutlich den Unterschied zwischen dem russischen Soldaten in Rußland und im Kaukasus. In Rußland ist der Soldat vielfach in trüber, niedergeschlagener Stimmung, seine Knechtschaft drückt ihn, und der Abstand von seinen Vorgesetzten demütigt ihn. Im Kaukasus dagegen ist er im allgemeinen heiter, oft possenhaft lustig – fast genau wie der französische Soldat. Die Uniform ist für ihn ein Ehrenkleid, er hat Aussicht auf Beförderung, Auszeichnungen und das Bestehen von Gefahren. Dies bringt ihn seinen Anführern näher, ja, schafft eine gewisse Vertraulichkeit mit den Offizieren.

Wer die Schwierigkeiten eines Feldzuges im kaukasischen Gebirge kennenlernte, würde erstaunt sein, welches Maß von Entbehrungen dort der russische Soldat zu ertragen vermag. Oft hat er viele Tage nichts zu essen als schwarzes, feuchtes Brot. Er schläft auf Schnee, schleppt Artillerie, Gepäck und Munition auf Berge, welche nie von menschlichen Füßen betreten wurden und wo lediglich Adler über Granit und Schnee in der Luft schweben.

Und wie wird dieser erbarmungslose Krieg geführt! Ein Krieg ohne Gnade, ohne Gefangene, wo fast jeder Verwundete umgebracht wird und wo die erbittertsten Gegner jedem Russen den Kopf und die mildesten Feinde ihm die Hand abschneiden.

Der französische Soldat hat zwei oder drei Jahre lang

einen ähnlich harten Krieg in Algier geführt, jedoch nicht mit so großen Geländeschwierigkeiten. Aber er war gut bezahlt, gut verpflegt und in gutem Obdach. Dabei hatte er – wenigstens theoretisch – Aussicht auf unbegrenzte Beförderung. Und dieser Zustand hat nur etwa drei Jahre gedauert, bei den Russen im Kaukasus sind es jetzt bereits vierzig Jahre.

In Frankreich ist es fast ausgeschlossen, den Soldaten um seine Rechte zu betrügen. In Rußland lebt jeder als Schmarotzer von seinem armseligen Dasein. Die Regierung bezahlt für jeden Soldaten monatlich für 32 Pfund Mehl und 7 Pfund Weizengrütze. Der Hauptmann empfängt diese Nahrungsmittel aus den Großmagazinen und müßte sie eigentlich dem Bauern weitergeben, der seinen einquartierten Soldaten zu verpflegen hat. Monatlich einmal wird die Rechnung mit dem Gemeinderat abgeschlossen, und der Hauptmann ladet diesen ein und bewirtet ihn mit Wodka, den der russische Bauer so gern trinkt. Der Hauptmann trinkt nicht, sondern schenkt nur ein. Natürlich bekommt der Gemeinderat einen tüchtigen Rausch und unterschreibt dann einen Empfangsschein, so daß sich Mehl und Grütze in einige Krüge Branntwein verwandelt haben. Der Soldat wird von seinem Bauern, der im voraus weiß, daß er keine Zahlung bekommt, daher schlecht verpflegt, aber der Hauptmann beweist seinem Obersten durch den Empfangsschein, daß der Soldat im Überfluß zu essen gehabt hat!

Im Felde soll der Soldat täglich eine Krautsuppe mit Kochfleisch – Tschi genannt – bekommen sowie dafür anderthalb Pfund Fleisch. Das Tschi wird im voraus hergestellt wie Bouillonwürfel. Ein Spekulant kam nun auf die Idee, an Stelle des Rindfleisches gesottene Raben zu nehmen. Raben fliegen in Rußland in Millionenschwärmen herum, laufen auf der Straße und den Bauernhöfen umher und stehlen Kindern das Brot aus der Hand. Der Rabe wird übrigens als unreines Tier angesehen und nicht gegessen. Jeder Jäger weiß jedoch, daß man eine sehr kräftige Fleischbrühe davon machen kann. Das aus Rabenfleisch bereitete Tschi war vermutlich besser als das aus schlechtem Rindfleisch. Aber durch eine Indiskretion wurde die Verwendung von Rabenfleisch bekannt, und während des ganzen Feldzuges wiesen die Soldaten ihr Tschi mit Abscheu zurück.

Die Regierung läßt in Sibirien große Ankäufe von Butter für die Kaukasusarmee machen. Diese Butter ist vortrefflich. Eben deswegen wird sie in Taganrog zu gutem Preise verkauft, und die Armee erhält statt dessen ranzige Butter aus Proviantmagazinen.

Man kann sich daher denken, wie froh die Regimenter waren, welche das Glück hatten, Oberste zu besitzen wie Fürst Korsakow und Graf Nostitz.

Diese Nacht schlief ich seit fast zwei Monaten zum ersten Male wieder in einem richtigen Bett!

Der Abschied am anderen Morgen wurde mir recht schwer. Diesmal bestand unser Begleitschutz nur aus 25 Kosaken, die aber so viel wert waren wie 50, denn es waren Linienkosaken. Unsere Weiterreise verlief ohne besondere Vorkommnisse, bis wir nach vorübergehendem Versinken im Schlamm nachts bei einem Kosakenposten ankamen. Unsere Begleiter ritten wie gewöhnlich sofort in starkem Galopp zurück, und Kalino begab sich in die befestigte Station, um weitere Begleitung zu erbitten. Es waren jedoch nur vier Mann verfügbar, alle anderen waren auf einer Streife gegen die Lesgier, die auf einem Raubzuge in der Umgebung gemeldet waren. Wir nahmen jedoch die vier Kosaken mit Dank an und fuhren weiter.

Die Sonne ging unter, und es fing an zu regnen, als wir eine halbe Werst vom letzten Kosakenposten unter einer Baumgruppe 25 Grabkreuze zählten.

Wir waren gewohnt, tatarische Grabsteine, aber keine christlichen Kreuze zu sehen, deshalb ließ ich durch Kalino nach ihrer Bedeutung fragen. Die Geschichte dieser Kreuze war schauerlich einfach: 25 russische Soldaten hatten eine »Gelegenheit« – also einen Geleitzug für gewöhnliche Reisende – begleitet. Es war Mittag, die kaukasische Sonne brannte heiß auf die Köpfe der Soldaten und ihres Unteroffiziers. Als sie dieses hübsche Wäldchen erreichten, beschloß man eine Ruhepause einzulegen, man stellte eine Schildwache auf, und der Unteroffizier mit den übrigen 23 Soldaten legte sich in den Schatten und schlief fest ein.

Was nun vorging, hat niemand erfahren, obwohl es nur eine halbe Werst vom Kosakenposten war. Aber man fand um vier Uhr nachmittags 25 Leichen ohne Köpfe.

Die schlafenden Soldaten waren von Tschetschenen überfallen worden, und die Kreuze bezeichneten die Stelle, wo die Unglücklichen ermordet und begraben worden waren.

Wir fuhren noch einige hundert Schritte weiter, dann mochte diese Schauergeschichte wohl im Kopf unseres Mietkutschers spuken, denn er hielt an und beriet sich mit dem Kosaken, welcher die Geschichte erzählt hatte. Das Ergebnis war, daß der Weg bei Dunkelheit sehr schlecht für Wagen und unsicher für Reisende sei, insbesondere bei der schwachen Bedeckung und vor allem, weil die Lesgier auf dem Kriegspfade wären. Ich würde diese Bemerkung nicht gemacht haben, gestehe jedoch, daß ich sie von unserer Eskorte gar nicht unwillig aufnahm.

Wir kehrten also um, und in einer Viertelstunde waren wir wieder beim eben erst verlassenen Kosakenposten, an dessen Tor eine Schildwache stand, also in Sicherheit. Man muß jedoch wissen, was einen zivilisierten Menschen dort erwartet: ein aus Lehm erbautes Haus, in dessen zahlreichen Ritzen Taranteln, Skorpione und Tausendfüßler hausen. Diese klugen Tiere ziehen sich im Winter in ihre verborgenen Schlupfwinkel zurück, aber es bleiben die Flöhe und Wanzen, »weil sie die Menschen lieben«. Im allgemeinen haben diese armen Tiere lediglich die harte und rauhe Haut der Linienkosaken zum Saugen zur Verfügung. Wenn sie einen donischen Kosaken zu fassen bekommen, so ist das eine Galanacht, aber wenn ein weichhäutiger Europäer ihre Beute wird, so ist das ihr höchster Feiertag. Ein solches Fest bereiteten wir ihnen jetzt.

Man führte uns in das beste Zimmer, dessen ganze Einrichtung aus dem Kamin, einem Ofen, zwei Stühlen ohne Lehne sowie einem in die Wand gemauerten Brett bestand. Letzteres diente als Feldbett.

Zu essen hatten wir nichts. Unsere Reiseküche, bestehend aus Bratofen, Rost, Fleischtopf, vier verzinnten Eisentellern, ebensoviel Gabeln und Löffeln, hatten wir zwar im Wagen mitgenommen, aber wir hatten gar nichts zum Zubereiten.

Kalino, welcher den Vor- oder Nachteil hatte, sprachenkundig zu sein, wurde mit zehn Rubeln abgesandt, um etwas Eßbares aufzutreiben, er brachte jedoch lediglich ein Stück Schwarzbrot sowie eine Flasche minderwertigen Wein zurück. Moynet und ich sahen uns an, wir hatten nämlich in der Dämmerung einen Hahn auf einer Leiter gesehen, die zum Heuboden führte. Aber, »man wird den Hahn um keinen Preis verkaufen, denn er ist die Uhr des Postens«.

»Das mag stimmen, aber auch ich habe im Magen eine Uhr, welche die Essenszeit sehr pünktlich anzeigt. Richard III. bot seine Krone für ein Pferd. Kalino, bieten Sie meine Uhr für den Hahn.«

Ich wollte gerade meine Uhr aus der Tasche ziehen, als Moynet sagte: »Lassen Sie es sein, hier ist er schon.«

Unter seinem Paletot zog der Witzbold einen prachtvollen Hahn hervor, der den Kopf unter seinem Flügel hatte und sich nicht rührte.

»Ich habe ihn eingeschläfert, um nicht durch sein Schreien verraten zu werden«, fuhr Moynet fort, »jetzt können wir ihm ungestört den Hals umdrehen.«

»Nein, ich bringe kein Tier um«, entgegnete ich, »mit meiner Flinte schieße ich alles tot, aber mit einem Messer oder mit den Händen töte ich nicht.«

»Da haben Sie den Hahn, machen Sie mit ihm, was Sie wollen«, und damit warf Moynet das regungslose Tier auf die Erde.

»Ist der Hahn denn magnetisiert?« fragte ich.

»Oh, es ist mehr als Magnetismus, es ist Starrsucht. Wir wollen seine Bewußtlosigkeit benutzen, um ihn zu rupfen. Er wird gebraten erwachen, wenn er dann Einsprache tun will, ist es zu spät.«

Ich nahm das Tier bei den Füßen hoch, es war richtig tot, Moynet hatte ihm den Hals nicht bloß gedreht, sondern wahrscheinlich gleich umgedreht.

Der Prozeß war zu Ende, das Urteil gesprochen, und der Hahn hatte verloren.

Im Umsehen war er gerupft, ausgeweidet, abgebrannt. Im Ofen konnten wir ihn nicht braten, weil wir weder Butter noch Öl hatten. Aber wir waren der Situation gewachsen: Wir schlugen einen Nagel in den Kamin, banden ihm beide Füße mit einem Bindfaden zusammen, hängten ihn daran auf und stellten einen eisernen Teller darunter, um den Saft aufzufangen. Dann versetzten wir ihn in Drehung, so daß er gezwungen wurde, alle Teile seines Leichnams dem Feuer auszusetzen. In einer Dreiviertelstunde war er gebraten. In unserer Reiseschatulle hatte sich sogar noch ein Rest von Olivenöl angefunden, und damit hatten wir ihn noch übergossen.

Der arme Hahn schmeckte vorzüglich. Er hatte keinen Harem und daher keinen Verdruß gehabt. Kein Hader, keine ungestüme Leidenschaft seiner Hühner hatten seine Ruhe gestört, und er erinnerte mich in seiner Fettleibigkeit an den berühmten *Coq vierge*, den jungfräulichen Hahn, den unser Brillat-Savarin so lobte. Dieser würdige Verfasser des berühmten Buches über die Lehre vom Geschmackssinn ist so bekannt, daß sein Name sogar hier – vierzehnhundert Meilen von Frankreich – allen, nicht nur Kalino, geläufig war. Zwar hat Rußland keine wahren Feinschmecker, aber da die Russen viel lesen, kennen sie auch auf diesem Gebiet die berühmten Vorbilder. Das einzige, was ihrer sonst vollendeten Gastfreundschaft fehlt, ist, daß ihnen Gott noch die Gabe schenken möge, sich auch zu praktischen Feinschmeckern zu entwickeln!

Nach dem Verspeisen des Hahnes mußte eine Frage gelöst werden, welche nicht weniger wichtig war als das Abendessen: Wie und wo sollten wir schlafen?

Drei schlanke Gestalten konnten auf dem Ofen liegen, für den vierten wurde das Feldbett bestimmt, also für mich, denn ich würde allein die Hälfte des Platzes auf dem Ofen eingenommen haben.

Die beiden ersten stiegen selbst nach oben, der dritte wurde nachgezogen. Dann reichte ich ihnen ein Strohbündel als Kopfkissen hinauf, warf mich auf die Bank, nachdem ich mich in meinen Pelzrock gehüllt hatte, und nach kaum einer Stunde schnarchten meine drei Stubengenossen um die Wette. Wahrscheinlich waren sie dort oben für die sonst so gut springenden Flöhe nicht erreichbar, und anscheinend war es dort für die Wanzen zu warm. Aber in meiner gemäßigten Zone konnte ich kein Auge schließen und fing sofort an zu fühlen, daß die Haare meines Pelzes sich kräftig infolge einer Invasion dieser so lästigen Insekten zu bewegen begannen.

Schließlich sprang ich von meiner Pritsche auf, zündete eine Kerze an und fing mit der einen Hand an, Notizen zu machen, während ich mich mit der anderen dauernd kratzte.

Die Nacht verging, ohne daß ich wußte, wie spät es war. Meine Uhr war stehengeblieben, und der Hahn war tot, aber endlich wurde es hell, und ich weckte die Schläfer. Der erste stieß beim Erwachen mit dem Kopfe an die niedrige Decke und warnte die beiden anderen davor, sich aufzurichten. Alle drei drehten sich darauf vorsichtig auf den Bauch und glitten ohne Unfall vom Ofen auf die Erde. Sie sahen allerdings aus wie drei Pierrots, die früh am Aschermittwoch nach Haus kommen. Nun wurden alle Bürsten aus dem Reisegepäck hervorgesucht, jeder bürstete seinen Nachbarn, und die ursprüngliche Farbe der bestaubten Kleider kam wieder zum Vorschein.

Darauf weckten wir die Kosaken und Kutscher, ließen anspannen und fuhren ab, ohne daß jemand bemerkt hatte, was mit dem Hahn passiert war. Es fiel ein feiner Regen, und ich war so müde, daß ich meinen Kopf in meinen Baschlik hüllte und bat, mich bis zur nächsten Station schlafen zu lassen und mich nur bei einem Angriff zu wecken. Nach einigen Stunden blieben wir bis über die Achsen im Schlamm stecken, und der Dauerregen hatte sich in einen Guß verwandelt, als ich wach wurde.

Um uns herum waren etwa acht Karawanen mit 25 Fuhrwerken, Büffeln und Pferden in der gleichen Lage. Die schreienden Leute waren Tataren, die ihre Tiere mit Flüchen in der Sprache Dschingis-Khans antrieben. Kalino blieb wie gewöhnlich ganz ruhig und meinte, er habe in Moskau beim Einsetzen des Tauwetters noch ganz andere Sumpflandschaften gesehen.

Wir versuchten mit Büffelvorspann herauszukommen, vergeblich. Endlich kam ich auf die Idee zu fragen, wie weit wir noch von der Station Schura entfernt wären. Als der Kutscher antwortete: »Etwa zwei Werst«, ließ ich sofort einen Kosaken mit unserem Geleitschein vorausreiten, um für uns fünf Vorspannpferde zu holen.

Schließlich kamen diese Pferde im Galopp an, sie wurden eingespannt, und es gelang ihnen, den Tarantas aus dem Morast zu ziehen, was acht Büffel mit ihren gespaltenen Klauen nicht geschafft hatten. Sie waren beim Anziehen immer jämmerlich ächzend auf die Knie gefallen. Eine Viertelstunde später erreichten wir Schura und gaben unseren zurückreitenden Kosaken einen Ersatzhahn mit vier Hühnern mit.

Moynet hatte einen Fieberanfall, der jedoch durch Bettruhe und eine starke Gabe Chinin bis zum nächsten Morgen vorüberging. Schura war eine verhältnismäßig neue Station des Regiments Apscheron. Der Regimentskommandeur Baron Wrangel war dienstlich in Tiflis, also ließen wir Pferde und Kosaken kommen und fuhren ab.

Beim Dorfe Helly ließen wir halten. Es war ein schöner tatarischer Aul auf einem Hügel. Dort schien große Aufregung zu herrschen. Von der Plattform eines Minaretts blickten viele Menschen auf einen Punkt und gaben den Untenstehenden Zeichen.

Hier endlich erhielten wir genauere Nachrichten vom Einfall der Lesgier, wovon wir seit drei Tagen nur unbestimmte Gerüchte gehört hatten. Am frühen Morgen waren zwei Hirten mit gebundenen Händen gekommen und hatten folgendes berichtet: Unter Anführung des gefürchteten Abrecks von Gaubden hatte eine Gruppe von etwa fünfzig Lesgiern die Schafe aus den Hürden des Dorfes geraubt und die beiden Hirten mitgeschleppt. Die Räuber hatten sich im Nebel verirrt und hatten bei einem anderen Dorfe Schafe und Schäfer im Stich gelassen und waren nach dem Waldgebirge bei Helly zu verschwunden.

Auf diese Nachricht hin hatte der Fähnrich, der eine Sotnie der Kosaken befehligte, die aus etwa zweihundert Mann bestehende tatarische Miliz von Helly zusammengerufen und hundert Freiwillige verlangt, die als seine Verstärkung mit ausrücken sollten. Er hatte sie bekommen, und seit drei Stunden war die Abteilung fortgeritten. Es war beinahe Mittag, und man hatte soeben aus einer Schlucht, etwa zwei Meilen von uns entfernt und etwas rechts von unserem beabsichtigten Wege, starken Pulverrauch aufsteigen sehen. Die Weiber waren in unglaublicher Aufregung. Viele Kinder liefen mit blankgezogenem Kandschar umher.

Wir ließen so schnell wie möglich die Pferde wechseln, zwölf Mann waren zu unserer Begleitung bereit, ehe wir sie verlangt hatten, und im Galopp fuhren wir auf den Kampfort zu. Wir glaubten bald in der angedeuteten Richtung, aber weit entfernt, lebende Wesen in schneller Bewegung zu erkennen, und ich ließ darauf zuhalten. Unsere Eskorte begrüßte laut diesen Entschluß, denn fast alle hatten Verwandte unter den ausgerückten Freiwilligen und wollten ihr Schicksal erfahren.

Zu meinem Erstaunen hörten wir keine Schüsse und sahen auch keinen Pulverdampf. Unsere Tataren jedoch erklärten uns dies. Bergstämme und Milizen schießen nur beim ersten Zusammenstoß mit Flinten und Pistolen aufeinander. Dann ziehen sie ihre Kandschars oder Schaskas und kämpfen mit der blanken Waffe bis zur Entscheidung.

Unsere Wagen hielten, als sie wegen des steilen Berges nicht weiter konnten. Wir machten deshalb unserer Begleitung den Vorschlag, daß drei Mann von ihnen bei unseren Wagen zur Bewachung zurückbleiben sollten, während wir drei mit den übrigen neun Mann zum vermuteten Kampfplatz ritten. Im Falle eines längeren Kampfes konnte unsere Verstärkung von Bedeutung sein.

Unsere Tataren waren einverstanden, und wir ritten mit unseren Gewehren auf den Knien bergaufwärts. Auf dem ersten flachen Absatz des Berges erblickten wir die Papaks einer entgegenkommenden Reiterschar. Unsere Tataren erkannten sie auf den ersten Blick als eigene Leute und galoppierten ihnen jubelnd entgegen. Wir hinterher.

Auch die andere Seite hatte uns als Freunde erkannt, sie riefen mehrmals »Hurra!« und hoben Arme mit Gegenständen hoch, die noch nicht zu erkennen waren.

»*Golowij, golowij!* – Köpfe, Köpfe!« riefen die uns voranreitenden Tataren, indem sie sich nach uns umdrehten.

Jetzt konnten wir nicht mehr im Zweifel sein, was die Entgegenkommenden begeistert in der Luft schwenkten! Bald trafen beide Gruppen zusammen. Eine dritte Schar näherte sich langsam mit drei Toten und fünf Verwundeten, drei weitere Verwundete konnten noch reiten. Fünf abgeschnittene blutige Köpfe und eine ganze Anzahl von abgeschnittenen Ohren an Peitschenschnüren machten einen wilden, aber malerischen Eindruck. Irgendwie erinnerte das Ganze an die blutigen Indianerkämpfe in Amerika mit dem Abziehen der Skalpe.

Durch Kalino ließ ich den Anführer der Sotnie fragen, ob wir einen Führer zum Kampfplatz bekommen könnten. Dieser wollte uns selbst begleiten. Er war ein Georgsritter und hatte soeben zwei Lesgier mit seiner Schaska getötet. In der Hitze des Kampfes hatte er ihnen die Köpfe abgeschnitten und war mit Blut bedeckt. Unterwegs berichtete er uns über den Zusammenstoß.

Mit seinen hundert Mann hatte er sich von den Schäfern führen lassen und diese dann bei ihren Herden zurückgelassen, nachdem sie die Spur der Räuber aufgenommen hatten. Als sie die Schlucht erreichten, war sie noch von dickem Nebel bedeckt. Plötzlich erblickten sie die Lesgier und wurden gleichzeitig mit einer Salve empfangen, welche ihnen einen Mann und zwei Pferde tötete.

Nun gab er den Befehl: »Nicht schießen, sondern mit Schaska oder Kandschar angreifen!« Die Lesgier wollten sich in der Schlucht ausruhen und waren abgestiegen. Durch den plötzlichen Reiterangriff mußten sie den Kampf zu Fuß annehmen. Unser Führer hatte bereits zwei Feinde niedergehauen, als er sich umsehen konnte und bemerkte, daß 15 Feinde gefallen waren und der Rest geflohen war.

Inzwischen erreichten wir den Kampfplatz, dessen Boden mit Blut bedeckt war. Rechts lagen die fast nackten Leichen, fünf davon ohne Kopf, die anderen ohne rechtes Ohr. Ihre Wunden waren schrecklich anzusehen. Eine Kugel macht nur ein kleines Loch mit einem blauen Ring. Aber hier sah man nur gespaltene Schädel, tiefe Brustwunden und Arme, die fast vom Leibe getrennt waren. Unser Führer zeigte mir die beiden von ihm Getöteten, und ich ließ mir seine Waffe zeigen. Es war ein einfacher Kandschar, mit einem Griff aus Horn und Elfenbein, allerdings mit einer Klinge von einem guten Schwertfeger. Ich fragte ihn, wieviel er dafür verlange. Er antwortete, daß er sie für acht Rubel gekauft habe und sie nicht mehr benötige, weil er den beiden Lesgiern die ihrigen abgenommen habe. Ich gab ihm zehn Rubel, und sein Kandschar befindet sich jetzt in meiner Sammlung denkwürdiger Gegenstände aus dem Kaukasus.

Wir kamen dann unangefochten nach Karabadakent.

Der Fürst Bagration war hier vor einer kleinen Weile durchgereist, hatte nach uns gefragt und wollte uns einholen, jetzt mußten wir hinter ihm her eilen. Als wir in Buinaki ankamen, erblickten wir einen Mann von 30 bis 35 Jahren in eleganter Tscherkessentracht: es war Fürst Bagration.

24. KAPITEL

Ich kannte den Fürsten dem Namen nach als einen der tapfersten Offiziere der russischen Armee. Er ist Befehlshaber des Regiments der eingeborenen Bergvölker und stammt aus der alten Königsfamilie, welche zwischen 886 und 1079 über Georgien herrschte. In der Chronik des Kaukasus wird sein uraltes Geschlecht aber bereits 700 Jahre vor unserer Zeitrechnung erwähnt.

Der Fürst sagte, er habe mir Vorwürfe zu machen, denn ich sei durch Schura gereist, ohne ihn davon in Kenntnis zu setzen. Ich hatte jedoch wirklich nichts davon gewußt, daß er sich in Schura befand.

Nachdem ich unsere Abenteuer erzählt hatte, sagte er: »Es tut mir leid, aber sie müssen umkehren, denn Sie haben das Schönste – den Karanay – nicht gesehen.«

Moynet weigerte sich zunächst, zurückzufahren, aber als der Fürst zusicherte, daß wir morgen in Karakent übernachten würden und erklärte, daß er bereits die nötigen Vorkehrungen für Essen, Übernachten und Wagen getroffen hätte, stimmte auch er zu.

»Gut, wir wollen uns beeilen. Fünf Pferde vor meinen Tarantas!« Während die Pferde eingespannt wurden, betrachtete ich die Waffen des Fürsten und meinte: »Durchlaucht haben da einen prächtigen Kandschar.«

Aber so etwas soll man einem Georgier wirklich nicht sagen, denn er wird es augenblicklich machen wie der Fürst! Dieser zog sofort seinen Kandschar aus dem Gürtel und sagte: »Es freut mich, daß er Ihnen gefällt. Er ist von Murtasale, dem ersten Schwertfeger des Kaukasus. Er hat ihn für mich auf Bestellung gemacht. Lesen Sie seine tatarische Inschrift: Murtasale hat diesen Dolch für den Fürsten Bagration gemacht.«

»Euer Durchlaucht setzen mich wirklich in Verlegenheit . . .«

»Nehmen Sie ihn nur, ich bestelle mir einen anderen.«

Nun nahm ich meinen Dolch in Augenschein. Es war auch eine sehr schöne Klinge aus Daghestan, jedoch der Griff aus grünem Elfenbein mit Gold paßte keineswegs für den Fürsten. Dann fiel mir meine Büchse ein, die mir unser berühmter Büchsenmacher Devisme vor meiner Abreise nach dem Kaukasus geschenkt hatte und aus der man auch Explosivkugeln schießen kann. Also ergriff ich diese Waffe und überreichte sie als Gegengeschenk dem Fürsten. Dann erklärte ich ihm den Mechanismus. Er hatte viel von dieser neuen Konstruktion gehört, kannte sie aber nicht. Dann sagte er: »Sie haben nun nicht mehr das Recht, mir etwas zu verweigern, und weil ich offenbar ihr Schuldner bin, müssen Sie mir erlauben, daß ich mich revanchiere.«

Als ich ihm unterwegs erzählte, was wir am Morgen erlebt hatten, und ihm den Kandschar zeigte, den ich auf dem Kampfplatz gekauft hatte und erwähnte, daß ich gern das erbeutete Gewehr des lesgischen Anführers erworben, jedoch mich nicht getraut hätte zu fragen, ob es verkäuflich sei, antwortete er: »Es ist bereits gekauft und soll sich zu meinem Kandschar gesellen! Sie bekommen das Gewehr. Ein Bagration gibt sein Wort nicht umsonst.« Und tatsächlich löste er sein Wort ein.

Um acht Uhr abends erreichten wir wieder Schura, das wir am Vortage um zehn Uhr verlassen hatten. Diesmal hatten wir denselben Weg statt in anderthalb Tagen in vier Stunden zurückgelegt. Zehn Minuten später wurde das Essen serviert. Ein Abendessen nach französischer Art! Von selbst ergab es sich, daß wir über Paris sprachen. Der Fürst hatte Paris erst vor knapp zwei Jahren verlassen, er kannte dort alle Welt. Wenn man den Pariser Damen jetzt gesagt hätte, was wir alles über sie gesprochen haben

– hier am Ufer des Kaspischen Meeres, am Fuße des Felsenberges Karanay, zwischen Derbent und Kislar –, so wären sie sicher mehr als erstaunt gewesen.

Dann legten wir uns in richtigen Betten zur Ruhe, es war das zweite Mal seit unserer Abreise von Ipatiwo. Um fünf Uhr früh wurden wir geweckt, und der Fürst kam in unser Zimmer, es war draußen noch Nacht.

»Jetzt schnell eine Tasse Tee oder Kaffee, und dann sehen wir den Sonnenaufgang aus der Kaspisee. Darauf frühstücken wir in der Festung Ischkarti mit einem Löwenhunger ... und dann werden Sie etwas sehen ..., aber ich will Ihnen die Überraschung nicht rauben.«

Draußen warteten auf uns hundert Mann vom Regiment des Fürsten. Nun wird man annehmen, daß diese aus Lesgiern, Tschetschenen oder Tscherkessen bestanden, welche sich den Russen unterworfen hatten. So ist es nicht, sondern es sind arme Teufel von den Gebirgsstämmen, welche – wie man in Korsika sagt – »ein Loch in eine Menschenhaut gemacht« haben, also der Blutrache anheimfielen, wenn sie nicht ihre Heimat verließen und im Regiment Bagration Dienste nahmen. Im Kampfe schlagen sie sich besonders gut, denn sie werden niemals zu Gefangenen gemacht.

Allmählich wurde es hell, in der Morgendämmerung schimmerten die weißen Kasernen von Ischkarti, die man von hier aus für Marmorpaläste halten konnte. Ein Stück der Kaspisee sah wie ein blauer Spiegel aus. Um halb acht kamen wir in der Festung an, wo alles schon zu unserem Empfang bereit war. Der Festungskommandant erwartete uns mit einem guten Frühstück. Fünfhundert Mann war unsere Infanterie-Eskorte jetzt stark.

Bis zwölf Uhr ging es stets bergan. Dreimal wurde haltgemacht, und der Fürst ließ jedem Soldaten ein Glas Wodka reichen.

Endlich erreichten wir den Gipfel. Unwillkürlich hielt jedermann sein Pferd zurück, der Boden schien unter unseren Füßen zu schwinden, denn der Felsen fiel siebentausend Fuß senkrecht in die Tiefe. Mich ergriff ein furchtbarer Schwindel, und ich warf mich zu Boden und hielt mir beide Augen zu und fing an zu zittern. Schließlich richtete ich mich auf. Es bedurfte großer Selbstbeherrschung, um hinunterzuschauen. Der Ausblick über das ganze Land der Avaren war unbeschreiblich. Man erblickte den Geburtsort Schamyls – Gimry –, und ganz weit in einem Tale liegt das Dorf Kabada, wohin sich Schamyl aller Wahrscheinlichkeit nach zurückziehen wird, wenn er aus seinem Versteck im Gebirge vertrieben wird.

Auf dem Gipfel des Karanay sieht man, wie staunenswert die Kaukasuskette zerklüftet ist. Kein Land der Welt ist durch vulkanische Erschütterungen mehr gequält worden als Daghestan. Diese Berge scheinen durch einen erbitterten Kampf der Gewalten zerrissen zu sein.

Wir blieben etwa eine Stunde auf dem Felsengipfel. Nach und nach hatte sich mein Schwindelgefühl gegeben, und ich mußte dem Fürsten gestehen, daß ich weder auf dem Faulhorn oder dem Rigi oder dem Ätna eine solche Aussicht gehabt hatte. Aber bevor wir dem Abgrund den Rücken kehrten, schossen unsere fünfhundert Infanteristen auf Kommando eine blinde Salve mit echt russischer Präzision ab. Kein Donner und kein Vulkan hätte ein stärkeres Getöse verursachen können. Man führte mich fast wider meinen Willen noch einmal an den Abgrund: Ich sah siebentausend Fuß unter mir Menschen wie Ameisen aus den Häusern stürzen. Sie glaubten wohl, der Karanay fiele zusammen.

Beim Rückweg mußten wir zunächst unsere Pferde am Zügel führen, bevor wir aufsitzen konnten. Wir speisten wieder in der Festung und baten den Fürsten, hier übernachten zu können, weil wir sehr ermüdet waren. Während wir noch Tee tranken, wurde ich in mein Zimmer gebeten. Dort erwartete mich der Regimentsschneider, um mir Maß zu einer vollständigen Offiziersuniform zu nehmen: Ich war auf Vorschlag des Obersten von den Soldaten einstimmig zum Ehrenmitglied des Regimentes der eingeborenen Bergvölker ernannt worden!

Die Musik spielte den ganzen Abend zur Feier meiner Aufnahme in das Regiment.

Bei Tagesanbruch reisten wir weiter, man verhieß uns eine sommerliche Reise nach Derbent. Wir kamen wieder durch Helly, wo der Fürst einige Worte mit dem Sotnienführer wechselte, ich sagte kein Wort, zweifelte jedoch nicht, daß von dem erbeuteten Anführergewehr die Rede war.

Später trafen wir in einem Orte unsere Fuhrwerke wieder. Ich blieb im Wagen des Fürsten, Moynet und Kalino nahmen den meinigen. Als wir weitergefahren waren, jagten wir Rebhühner hoch. Wir hielten an, und ich schoß eins davon. Dann flog eine andere Kette über einen kleinen Hügel, der uns etwas die Aussicht raubte. Ich ging ihr nach. Als ich jedoch die Anhöhe erstiegen hatte, vergaß ich die Rebhühner: Vor mir erblickte ich das riesige blaue, spiegelglatte Kaspische Meer. Aber es war öde wie die umliegenden Steppen.

Dieses Meer hieß im Altertum das hyrkanische. Vor seinem ersten Geschichtsschreiber – Herodot – gab es nur nebelhafte Fabeln von seiner Existenz, aber auch heute ist der Kaspisee kaum bekannter als zur Zeit Herodots, also seit fast einem halben Jahrtausend vor der Zeitrechnung.

Dieser größte See der Erde nimmt von Norden, Westen und Süden große Flüsse auf, von Osten nur Sand. Er verschlingt alles und hat keinen Abfluß, außer auf einem unbekannten unterirdischen Wege. Er wird wohl im Laufe der Zeiten die Zahl jener Salzsümpfe vermehren, welche man so häufig in den Kirgisen- und Nogaisteppen findet.

Gegen vier Uhr nachmittags erreichten wir Karakent. Man nahm unsere Eßvorräte aus den Tarantassen und speiste. Auf solchen Reisen ist das Essen die Hauptfrage. Wer von Astrachan nach Kislar reist, muß alles Essen mitnehmen, zwischen Kislar und Derbent muß man in jeder Ansiedlung sich verproviantieren. In Italien ißt man schlecht, in Spanien und Griechenland wenig, in den russischen Steppen meistens gar nicht. Die Russen scheinen übrigens gar nicht das Bedürfnis des Essens zu spüren. Wenn nur der Samowar siedet und der Tee in den Gläsern dampft, so ist alles übrige nebensächlich. Sie machen es wie die Araber, die morgens und abends ein paar Datteln essen und den Gürtel enger schnallen. Nachdem sie mit ihrem gewöhnlichen Körperumfang abgereist sind, kommen sie mit einer Wespentaille am Reiseziel an. Dabei macht es ihnen nichts aus, ob sie den gelben Tee des Kaisers von China trinken oder den Kalmückentee des Fürsten Tumen.

Aber mit dem Fürsten Bagration, der lange in Frankreich gelebt hatte und die dortigen Produkte aus dem Tier- und Pflanzenreich – die weiblichen Zweibeiner mit eingeschlossen – zu schätzen wußte, brauchten wir den Hunger nicht zu fürchten. Es ist mir unklar geblieben, woher er die große Gänseleberpastete hatte, die wir in Kanakent anschnitten und erst in Derbent vollends verzehren konnten. Wir waren doch in Luftlinie 1200 Meilen von Straßburg entfernt. Von China allerdings noch viel weiter, und dabei tranken wir ausgezeichneten chinesischen Tee.

Wir hatten Zeit. Derbent war nur fünfzig Werst entfernt, und man konnte diese ebene Strecke gut an einem Tage zurücklegen. Jedoch in dieser Gegend muß man mit Hindernissen rechnen: Auf der Umspannstation 18 Werst vorm Ziel waren keine Pferde zu bekommen.

Aber der Fürst stellte sich auf die Landstraße, hielt die ersten vorbeifahrenden Arabas an und verwandelte ihre Fuhrleute mit einigen tatarischen Worten und Geld, lachend und drohend, in Lohnkutscher für uns und ihre Gäule in Postpferde.

Gegen zwei Uhr nachmittags wurde uns durch einen tatarischen Friedhof vor einer Hügelreihe die Nähe von Derbent verraten. Dann sahen wir die pelasgische Mauer, die sich bis an den Kaspisee erstreckte und uns den Weg versperrt hätte, wenn nicht ein hohes Tor von orientalischer Bauart sich vor uns geöffnet hätte. Daneben war ein Springbrunnen, aus dem Tatarinnen mit langen bunten Schleiern Wasser schöpften.

An der Mauer standen regungslos starkbewaffnete Männer, sie sprachen nicht miteinander, sie sahen die vorübergehenden Weiber nicht an – sie schienen zu träumen. Auf der anderen Straßenseite sah man eine dieser halbverfallenen Mauern, wie sie im Orient fast immer an den Stadttoren zu sehen sind. Man könnte glauben, daß sie nur wegen des malerischen Effekts da sind.

Derbent ist wirklich das »Eiserne Tor«, das Asien von Europa trennt, es ist eine echte Grenzstadt, zugleich europäisch und asiatisch. In ihren Straßen wimmelte es von persischen, tatarischen, tscherkessischen und georgischen Trachten. Wir hielten vor dem Hause des Gouverneurs, des Generals Aktschejew, der in Tiflis war, aber die Dienerschaft empfing uns mit einem gedeckten Tisch. Der Fürst Bagration hatte von Schura aus seinen Zauberstab bis hierher ausgestreckt.

Dann führte uns der Fürst durch die Stadt. Das erste, was meine Aufmerksamkeit erregte, war eine kleine, mit einer Kette umgebene Erdhütte, vor der zwei Kanonen aufgepflanzt waren. Auf zwei steinernen Pfeilern daneben waren zwei Jahreszahlen eingegraben: 1722 und 1848.

Dazu eine Inschrift: »Erste Ruhe Peters des Großen«. Diese Kanonen hatte er mitgebracht, nach ihrer Datierung waren sie 1715 in Woronesch am Don gegossen. 1848 wurde um diese historische Stätte eine Kette gezogen.

Leider fand der Zar damals dort keinen Hafen vor, nur einen fünfzig Schritt langen Hafendamm, der bei ruhigem Wetter das Einschiffen außerhalb der Brandung ermöglichte.

Die Mauer, welche sich längs dieses Dammes zieht, hat große Schießscharten, um dem Wellenschlag weniger Widerstand zu bieten. Es gibt hier übrigens weder Flut noch Ebbe.

Überall sind die alten Mauern fast unversehrt, teilweise auch ausgebessert. Allerdings bezweifle ich, daß sie von den alten Pelasgern erbaut wurden. Nach meiner Meinung sind sie von einem König um das Jahr 562 zum Schutz gegen Justinian errichtet worden. Dies scheint durch den persischen Löwen über dem Südtor bestätigt zu werden. Dieser hat einen schellenförmigen Kopf, der dem Stil der Bildhauer dieser Zeit entspricht. Die altpersische Inschrift kann von den heutigen Persern nicht gelesen werden, aber Bagration versprach, mir einen Abdruck zur Übersetzung nach Paris schicken zu lassen.

Erst bei dunkler Nacht kamen wir im Gouverneurspalast an und wünschten, daß die Nacht schnell vergehen möge, damit wir am nächsten Morgen diese merkwürdige Stadt genauer besichtigen konnten.

Bei Tagesanbruch waren wir auf den Füßen. Derbent hat zwei Hauptstraßen, welche die Stadt kreuzweise durchschneiden. Die zur Perser- und Tatarenstadt aufsteigende hat an beiden Seiten Läden, in denen hauptsächlich Eisen- und Kupferschmiedearbeiten feilgeboten werden. In jedem Laden ist eine Nische, in welcher ernst und regungslos ein lebender Sperber sitzt. An Feiertagen geht der Schmied mit ihm auf den Lerchen- und Rebhühnerfang, wie in alten Zeiten.

Nachdem wir den Basar besichtigt hatten, kamen wir zur Moschee. Ich wollte der orientalischen Sitte gemäß die Schuhe ausziehen, aber der Mullah erlaubte es nicht, sondern hob die geweihten Teppiche auf und ließ uns auf den Steinplatten gehen.

Beim Herausgehen fiel mir eine Art Grabsäule auf, und ich bat um Auskunft, weil ich dachte, daß sich eine Legende daran knüpfte. Es war ein Irrtum, es handelte sich um ein gräßliches historisches Ereignis aus dem Jahre 1736. Damals beherrschte Nadir Schah die persische Stadt. Die Einwohner empörten sich gegen einen angeblich sehr milden Statthalter und vertrieben ihn. Nadir Schah wollte sich das Tor zu Europa nicht verschließen lassen und bestimmte seinen grausamsten Günstling zum neuen Statthalter mit dem Befehl, die Stadt wiederzuerobern und überließ ihm ausdrücklich die Wahl der Bestrafung der Einwohner.

Der neue Khan machte sich mit seinen Truppen auf den Weg, brach die Tore mit Gewalt auf und nahm die Stadt wieder in Besitz. Am nächsten Tage ließ er den Befehl verkündigen, daß alle Gläubigen sich in der Moschee versammeln sollten. Die guten Muselmanen begaben sich dahin, ihnen wurde auf Befehl des neuen Statthalters ein Auge beim Betreten der Moschee ausgerissen. Diejenigen, die zu Hause geblieben waren, ließ er holen und ihnen ebendort beide Augen ausreißen. Dann ließ er diese Augen der Einäugigen und Blinden wiegen. Nach persischem Maß wogen sie sieben Batman, nach russischem dreieinhalb Pud und nach französischem einhundertundzehn Pfund.

Diese ausgerissenen Augen hat man dann gegenüber dem Eingang der Moschee begraben und darüber eine Gedenksäule errichtet.

Während ich dieser scheußlichen Geschichte zuhörte, die mich an eine der Erzählungen der Sultanin Scheherazade erinnerte, sah ich etwa zwanzig Perser unter Führung eines einzelnen auf mich zukommen. Ich ahnte nicht, daß ich es war, den sie aufsuchten, aber bald war es klar, daß ich gemeint war. Darauf sagte ich zu Fürst Bagration:

»Was soll das bedeuten, Durchlaucht? Das sieht ja wie eine Deputation aus. Man will mir doch kein Auge ausreißen?«

»Ich glaube nicht, daß Sie dergleichen zu befürchten haben, nötigenfalls werden wir Sie in Schutz nehmen. Einem Ehrenmitgliede meines Regimentes reißt man nicht ohne weiteres ein Auge aus. Im übrigen kenne ich den Anführer der Deputation. Er ist der Sohn des Mannes, welcher seinerzeit dem russischen Kaiser die Stadtschlüssel überreicht hat. Ich werde ihn fragen, was er will. Er spricht russisch.«

Als er zurückkam, sagte er, es handele sich um folgendes: »Dieser Mann hat Ihre Bücher in russischer Übersetzung gelesen, hat sie dann seinen Freunden weitererzählt – die Perser sind seit alters gute Erzähler –, und seine Begleiter sind Bewunderer Ihrer Bücher »Drei Musketiere«, der »Königin Margot« und des »Monte Christo«.

»Hören Sie, Durchlaucht, ich bin nicht von Paris nach Derbent gekommen, um mit mir scherzen zu lassen, sagen Sie mir bitte, was die Leute wirklich wollen.«

»Ehrenwort, ich habe Ihnen die Wahrheit gesagt! Lassen Sie sich Ihre Zweifel nicht anmerken, Sie würden die Leute bekümmern. Nehmen Sie eine ernsthafte Miene an und lassen Sie ihn sprechen.«

Der Führer der Deputation trat auf mich zu, legte eine Hand auf sein Herz und hielt in Russisch eine Ansprache, die folgendermaßen begann und mir vom Fürsten übersetzt wurde:

»Berühmter Reisender! Euer Name ist uns durch die Übersetzung Eurer Werke ins Russische wohl bekannt. Seit langer Zeit haben die Zeitungen gemeldet, daß Ihr unsere Stadt mit einem Besuche beehren wollt, und wir haben Euch bereits lange erwartet. Jetzt sehen wir Euch persönlich und freuen uns darüber. Eurer Exzellenz wollen wir deswegen die Freude und Dankbarkeit der hiesigen persischen Bevölkerung aussprechen und hoffen, daß Ihr unsere Stadt nicht vergessen werdet, ebenso wie wir den Tag Eurer Ankunft bei uns im Andenken behalten werden.«

Ich verneigte mich förmlich und entgegnete:

»Empfangen Sie den aufrichtigen Dank eines Mannes, der während seines ganzen Lebens bemüht war, dem persischen Dichter Saadi nachzueifern.«

Der Fürst übersetzte meine Antwort und sagte dann zu mir in Französisch, es wäre wohl zweckmäßig, den Sprecher zum Essen einzuladen.

»Wo sollte ich denn mit ihm speisen, etwa im Café de Paris? Ich wohne ja als Gast beim Gouverneur.«

»Dort sind Sie wie zu Hause, selbstverständlich können Sie jederzeit Gäste einladen.«

»Dann haben Sie die Güte, ihn in meinem Namen für heute abend einzuladen, aber mit der Bedingung, daß er mir seine Ansprache in Persisch gibt, damit ich sie einrahmen lassen kann.« Dies wurde versprochen.

Darauf wurden uns vier Reitpferde vorgeführt, um einer Einladung des Stadtkommandanten in der Zitadelle zu folgen, weil der Weg nicht für unsere Kalesche befahrbar war und wir zu Fuß im Kot steckenbleiben würden. Oben erwartete uns bereits der Oberst und führte uns auf einen Aussichtspunkt: Die Stadt dehnte sich in einer Länge von drei und in einer Breite von einem Kilometer aus. Man sah außer den Dächern nur zwei Baumgruppen. Die eine war der öffentliche Stadtgarten, die andere waren die Platanen in der Umgebung der Moschee, in deren Schatten die Augen der unglücklichen Einwohner von Derbent vor 130 Jahren begraben wurden.

Wir wurden von einer reizenden Familie bei Tisch empfangen, nachdem wir das majestätische Bild unter uns genügend bewundert hatten. Die Frau, die Tochter und Schwester des Obersten sprachen französisch.

Nach dem Essen besichtigten wir auch die Mauern der Zitadelle, die teilweise mit Kugelnarben bedeckt sind. Zwar widerstand die Stadt dem erwähnten Kasi Mullah, der sie 1831 belagerte, hatte jedoch ungemein zu leiden, weil die Angreifer einen Turm in der Nähe genommen hatten. Dieser jetzt geschleifte Turm gehörte zu Außenwerken, welche die Zitadelle mit einer zweiten Befestigung verbanden. Außerdem war er mit der berühmten Großen Mauer am Kaukasus in Verbindung, welche mit der Großen Mauer Chinas von gewissen Geschichtsschreibern verglichen wird, und die sich von Derbent bis nach Taman auf der Tamanhalbinsel hingezogen und den ganzen Kaukasus durchquert haben soll.

Nun mußten wir uns nach vier Tagen von unserem Fürsten Bagration trennen. Er war nicht nur unser Wirt, sondern auch unser Cicerone und Dolmetscher gewesen. Er kannte alles und war das Urbild eines georgischen Fürsten, tapfer, gastfrei, edelmütig, uneigennützig, verschwenderisch, poetisch und schön. Vor unserer Abreise wollte ich wie sonst Lebensmittel kaufen, aber er antwortete: »Sie haben in Ihrem Tarantas bereits einige Hühner und Fasanen, Brot, Wein, Salz und Pfeffer. Außerdem werden Sie bis Baku überall einen gedeckten Tisch finden, für den Sie angemeldet sind.« Lächelnd fragte ich: »Und in Baku?« Denn ich glaubte nicht, daß seine Vorsorgemöglichkeit sich noch weiter erstreckte.

»In Baku werden Sie bei Herrn Pigulewskij, dem Distriktschef, wohnen, einem sehr netten Mann mit einer liebenswürdigen Frau und einer schönen Tochter. In Schumaka wohnen Sie beim Stadtkommandanten, in Nukha beim Fürsten Tarkanow, einem Mordskerl, der vom Kaiser für 22 überreichte Banditenköpfe einen Brillantring erhalten hat. Sein zwölfjähriger Sohn spricht so gut französisch wie Sie. In Rarska-Kalatzi finden Sie den Fürsten Mellikow und den Grafen Toll, die Ihnen Pferde geben, um einen der hundert in Trümmern liegenden Paläste der Königin Tamara zu besichtigen. Und in Tiflis endlich steigen Sie bei Baron Finot ab, der, wie ich glaube, der erste französische Konsul in Tiflis ist, dort werden Sie auch ein Gegenstück zum Pariser Boulevard de Gand finden. Hinter Tiflis müssen Sie selbst sehen. Alle Herren sind vor drei Tagen durch Kurier benachrichtigt worden, außerdem werden Sie bis Baku einen Nuker haben, um für Sie zu sorgen, und er wird in Schumaka und in Nukha abgelöst werden.«

Für solche Zuvorkommenheit ist kein Dank möglich, und wir reisten – lange unsere Papaks schwingend – ab, nachdem wir die Hoffnung ausgesprochen hatten, uns in Paris wiederzusehen. Als wir das prächtige Stadttor von Derbent passierten, das höchstwahrscheinlich von Chosran dem Großen erbaut wurde, betraten wir den Boden Asiens.

Obwohl unser Weg an der sogenannten lesgischen Linie entlangführte, hatten wir nur eine Ehrenbegleitung, denn zwischen Derbent und Baku ist von Räubern nichts zu befürchten.

Gegen Abend erreichten wir das daghestanische Kuba, und zwar fuhren wir nach Einbruch der Dunkelheit durch die Judenvorstadt. Hier sind die Juden ausnahmsweise Landwirte und keine Kaufleute. Sie wurden im Jahre 587

v. Chr. von Sanherib hier angesiedelt, ebenso wie die Juden in Lasistan. Der steile Weg zur Oberstadt war ohne Geländer und hatte in der Dunkelheit etwas Erschreckendes. Unser Führer geleitete uns zu unserer Wohnung, wo unser Abendessen bereit war.

Das Khanat Kuba ist eins der bedeutendsten von Daghestan, es zählt mit etwa 10000 Familien 65000 Einwohner. Die Stadt selbst ist wegen ihrer ungesunden Luft ebenso berüchtigt wie in Italien Terracina. Deshalb wird auch die Garnison sehr oft gewechselt.

Die hauptsächlichsten Handelsartikel sind tatarische Teppiche und Dolche von ausgezeichneter Güte. In Kuba sind die trockenen Gehwege auf den Dächern und nicht auf der Straße. Das Wetter war herrlich, die Luft sommerlich mild, und je weiter wir nach Süden kamen, desto schöner belaubt waren die Bäume.

Nachts kamen wir zur Umspannstation. Fünfhundert Schritte vor uns hörte man das Brausen der Brandung der Kaspisee, die wir seit einiger Zeit aus der Sicht verloren hatten. Deshalb stieg ich auf eine Düne, um das Meer bei Sternenlicht zu sehen. Von der spiegelglatten Wasserfläche wandte sich mein Blick wieder zur Steppe, die sich zwischen uns und der Halbinsel Apscheron ausbreitete. Man sah zwei oder drei Werst von uns entfernt fünf oder sechs Wachtfeuer von einem tatarischen Lager in der Steppe.

Ich stieg schnell von meinem steilen Abhang zur Poststation hinunter und sah, daß die Pferde noch nicht ausgespannt waren. Darauf schlug ich Moynet und Kalino vor, bei dieser schönen Nacht noch zwei Werst weiter zu fahren und einmal wieder in unserem mitgeführten Zelt zu schlafen, das wir seit unserem Ausflug zu den kirgisischen Salzseen nicht mehr benutzt hatten. Dabei konnten wir bequem ein Tatarenlager besichtigen.

Mein Vorschlag wurde angenommen, wir boten den

Kutschern einen Rubel Trinkgeld, und dieser zweite Vorschlag wurde noch erfreuter angenommen als der erste. Man verstaute das Abendessen in die Telege, und wir setzten uns wieder in den Tarantas und fuhren weiter. Der uns zugeteilte Tatar, welcher uns bei unseren neuen Bekanntschaften als Dolmetscher dienen sollte, hatte bereits in Derbent für unser Wohlergehen gesorgt, und man muß sagen, daß er sein Amt in jeder Weise gewissenhaft versah. Den ganzen Tag über galoppierte er an der Spitze der Eskorte, und etwa drei Werst vor der nächsten Umspannstation eilte er voraus, und bei unserer Ankunft meldete er uns, daß alles für uns bereit sei. Dann löste er sich anscheinend in Luft auf, und wir sahen ihn erst am nächsten Morgen an der Spitze unseres Geleitzuges wieder. Wo er gegessen und geschlafen hatte, war uns ein Rätsel.

Als wir das Tatarenlager erreicht hatten, sahen wir, daß es in der freien Wüste neben den Ruinen eines großen Gebäudes errichtet war, dessen Umrisse durch das Mondlicht noch größer erschienen. Als wir uns nach ihm erkundigten, wurde uns gesagt, daß es eine von Schah Abbas dem Großen – etwa im Jahre 1600 – bei seinem Eroberungszuge in diesem Zustande zurückgelassene Karawanserei war. Die Trümmer bestanden aus einer langen Mauer mit eingestürzten Türmen, und an der Mauer konnte man beim Flackern der Lagerfeuer hieroglyphische Figuren erkennen, die in die Steine eingegraben waren.

Jenseits derselben standen noch drei Gewölbe, deren Eingänge sich fast in Bodenhöhe befanden, und hier hatten sich einige Tataren um ein Feuer aus trockenen Zweigen gelagert.

Unsere Ankunft war längst durch wütendes Hundegebell angezeigt worden, und wir stiegen nicht eher aus den Wagen, bis die Tataren auf Ersuchen unseres Dolmetschers diese bösartigen Vierfüßler zurückgerufen hatten.

Wir ließen fragen, ob wir hier unser Zelt aufschlagen könnten und ihr Lager besuchen dürften. Die Antwort lautete, daß die Steppe Gemeingut sei und wir willkommen seien. Während die vier Kosaken unser Zelt aufschlugen, gingen wir auf das Hauptlager zu, das neben einem ausgetrockneten Brunnen lag, dessen steinerne Einfassung dieselben Figuren wie die Mauer zeigte.

Die Tataren saßen im Kreise auf kleinen Ballen, in welchen sie Mehl aus Baku für die kaukasische Armee transportierten, und backten Brot. Dies ging schnell: Sie schnitten einfach ein faustgroßes Stück vom frischen Teig ab, legten es auf eine mit Holzkohle geheizte eiserne Trommel, nachdem sie den Teig mit einer hölzernen Walze flachgewalzt hatten, und, nachdem es gar war, wendeten sie es um, und das Brot war fertig.

Darauf stand der Anführer auf und überreichte uns als Zeichen der Gastfreundschaft ein Stück Brot und Steinsalz. Wir nahmen beides dankend an und setzten uns zu ihnen. Diese Bewirtung hielt man anscheinend nicht für ausreichend, sondern ein Tatar schnitt uns ein Stück von einer Pferdekeule ab, das er in kleine Scheiben schnitt und ebenfalls zum Rösten auf die von innen geheizte Trommel legte. Es fing an zu dampfen und zu zischen. In fünf Minuten war das Braten beendet, und man gab uns zu verstehen, daß es für uns bestimmt war. Darauf zogen wir die kleinen Messer, die außen an der Scheide eines jeden Kandschars angebracht sind, spießten die fertig gebratenen Fleischscheiben auf ihre Spitze und verzehrten sie mit Brot und Salz. Ich muß sagen, daß wir oft an vornehmen Tafeln weit schlechter gespeist hatten. Dazu war dies Lageressen auch noch poetischer.

Immerhin saßen wir hier mit Abkommen von Dschingis-Khan und Timur dem Hinkenden in den Steppen am Kaspischen Meere neben den Ruinen einer Karawanserei, welche von Schah Abbas erbaut war, und hatten auf der einen Seite die Berge von Daghestan, von denen jederzeit gefährliche Räuber in die Ebenen hinabsteigen konnten und gegen welche man Freiheit und Leben verteidigen muß. Auf der anderen Seite lag dieses große Binnenmeer, das – trotz dem Schriftsteller Klapproth – auch heute noch uns fast so unbekannt ist wie den alten Griechen zur Zeit Herodots – 445 vor der Zeitrechnung – und das von Europäern so selten besucht wird.

Um uns klingelten die Schellen von etwa 50 Kamelen, welche das trockene Gras abweideten oder mit langgestreckten Hälsen auf dem Sande schliefen. Der einzige feste Punkt in der Unendlichkeit – außer den Ruinen – war unser inzwischen fertig errichtetes Zelt. Ich muß sagen, daß dies Bild in seiner Großartigkeit einen unvergeßlichen Eindruck machte.

Dann verabschiedeten wir uns mit Dank vom Karawanenführer, und als wir bei Tagesanbruch erwachten, war weder von den Tataren noch ihren Kamelen etwas zu sehen. Das Lager war noch in der Nacht abgebrochen worden, und die Steppe lag so verödet da wie auf der östlichen Seite der See, auf dem kein Schiff zu sehen war.

Während wir noch schliefen, hatte unser Tatar uns frische Pferde kommen lassen, und wir konnten unverzüglich weiterfahren. Auf den Vorbergen liefen Scharen von verwilderten Ziegen herum, die aber so scheu waren, daß wir ihnen nie auf Schußweite nahe kommen konnten. Das Gebirge war auf den Gipfeln rosenrot, unten violett, die Steppe gelb und das Meer tiefblau. Dann verließ unser Weg den vergessenen, verödeten, unbekannten und verleumdeten Kaspisee, und wir sollten ihn erst wieder in Baku erblicken.

25. Kapitel

Wir waren jetzt an der Stelle der Halbinsel Apscheron, wo der Weg sich plötzlich vom Seeufer zur Steppe wendet. Nach den ersten sechs Werst gelangten wir in hügelige Bodenerhebungen, die langsam ins Gebirge überleiteten. Diese Gegend erinnerte an Burgund, es gab kleine Dörfer, deren Schornsteine friedlich rauchten und deren Viehherden ruhig weideten. Getreidefelder waren grün und bezeichneten den Wiederbeginn der Zivilisation.

Unwillkürlich seufzte ich: So lange hatten wir von Zivilisation nichts gesehen, und ich hatte mich wohl gefühlt. Sollte jetzt der romantischste Teil unserer Reise wirklich schon zu Ende sein? Wir befragten unseren Tatar, aber über diesen Punkt beruhigte er uns: Am anderen Abhang des Kaukasus – zwischen Schumaka und Nukha – würden wir in dieser Hinsicht mehr als bedient werden, auch was Gefahren anbetraf. Lange führte uns der Weg durch dieses sanfte Hügelland, bis wir zu einer steilen Anhöhe kamen. Auf ihrem höchsten Punkte sahen wir das Kaspische Meer wieder, und zwischen uns und dem Ufer lag Baku in einem Tale.

Die Stadt besteht aus zwei getrennten Teilen, nämlich aus der weißen und der schwarzen Stadt. Erstere ist modern und wurde erst seit Beginn der russischen Herrschaft erbaut, aber das alte Baku, die schwarze Stadt, die Stadt der Perser und frühere Residenz der Khane, hat ein eigentümliches Gepräge. Sie ist von alten Mauern umgeben, die natürlich nicht gegen Geschützfeuer gebaut sind. Die Hauptbauwerke rühren von Abbas II. her. Es war zu allen Zeiten ein »heiliger Ort« für die Parsen. Warum, werden wir gleich sehen.

Volkstypen aus dem Kaukasus (zu Seite 423)

Ursprünglich war Baku ein selbständiges Khanat, wurde jedoch dann ein Vasallenstaat der Perser und von diesen 1723 an Rußland abgetreten. 1735 eroberten die Perser die Stadt wieder, aber der russische General Titianow wurde in Baku während einer Zusammenkunft mit dem Khan von Baku meuchlings umgebracht. Die den Russen freundlich gesinnten Armenier hatten ihn vorher gewarnt, daß seine Ermordung geplant sei, er hatte jedoch – wie Cäsar – geantwortet: »Sie werden es nicht wagen!«

Die Einwohner von Baku empörten sich darauf und wollten den Khan den Russen ausliefern, er entkam ihnen jedoch und konnte Persien erreichen. So wurde die Stadt wieder russisch. An der Stelle, wo der Mord geschah, steht jetzt ein Denkmal des Generals Titianow, sein Leichnam wurde in Tiflis begraben.

Die Befestigungen von Baku sind uralt und gleichen den stärksten Burgen des Mittelalters. Die Mauern sind dreifach und die Tore so eng, daß man mit einer Troika nicht hindurchfahren kann, sondern die Pferde voreinanderspannen muß.

Zunächst fuhren wir zum Bezirkskommandanten, Herrn Pigulewskij, der uns zu einer zweiten Mahlzeit einlud. Er hatte uns nicht erwarten können, weil er zwei tatarische Fürstinnen – auch diese gibt es – zu Tisch hatte. Es waren Mutter und Tochter, welche nach mohammedanischer Sitte ihre Schleier in Gegenwart von Fremden nicht lüften durften. Deshalb war er auch nicht bei Tisch erschienen. Er gab uns einen Führer, welcher uns zu der für uns reservierten Wohnung führen sollte. Diese war in den besten Zimmern des Stadtklubs, und seine Mitglieder hatten zu unseren Gunsten während unserer Anwesenheit darauf verzichtet. Auch hier eine großartige Gastfreundschaft.

Junger Mann vom Volk der Lasen

Nach Tisch setzten wir uns wieder in die Wagen und fuhren zu den berühmten Feuersäulen von Baku.

26 Werst von Baku entfernt befindet sich das berühmte Heiligtum von Artesch-Gah, wo das ewige Feuer brennt. Dieses Feuer wird durch Naphtha gespeist. Naphtha ist ein brennbares, leichtes und in gereinigtem Zustande durchsichtiges Erdöl. Aber auch nach der Reinigung verbreitet es beim Brennen einen dicken Rauch und hat einen unangenehmen Geschmack. Es wird zum Verpichen von Weinschläuchen benutzt, aber an den dadurch bedingten Beigeschmack habe ich mich nie gewöhnen können. Außerdem benutzt man es als Schmiermittel für Wagenräder, so daß die mohammedanischen Fuhrleute fürs Abschmieren kein verfluchtes Schweinefett zu berühren brauchen. Außerdem kann man es Mörtel beimischen, welches Verfahren bereits bei den alten Bewohnern von Babylon und Ninive verwendet wurde.

Naphtha entsteht bei Zersetzung von festem Asphalt oder Erdpech durch unterirdische Feuer. Man findet es an mehreren Punkten der Erde: in Amiano bei Parma, bei Salins in den Pyrenäen, zu Tegernsee in Bayern, in den Vereinigten Staaten, aber am häufigsten eben in der Umgebung von Baku. Man hat rings um die Stadt, besonders am Meeresufer, verschieden tiefe Brunnen von drei bis zu zwanzig Metern gegraben, und zwar durch tonhaltigen Mergelboden, der mit Naphtha getränkt ist. Aus etwa hundert dieser primitiven Brunnen wird schwarzes Naphtha gewonnen und aus fünfzehn weißes.

Jährlich werden etwa hunderttausend Zentner produziert, welche sowohl nach Persien wie auch nach Tiflis und Astrachan ausgeführt werden.

Wenn man von der Halbinsel Apscheron eine Linie nach dem anderen Ufer des Kaspisees zieht, so trifft man auf eine große Zahl von Naphtha- und Erdgasquellen.

Auf der »heiligen« Insel Suatoi – vor der Spitze der genannten Halbinsel – gibt es gleichfalls Naphthaquellen. Man kann demnach vermuten, daß sich unter dem Kaspisee bis in das Gebiet der Turkomanen eine riesige Naphthabank erstreckt.

Im Augenblick ist eine große Gesellschaft dabei, die Herstellung von Kerzen aus Naphtha zu beginnen. Man hat berechnet, daß die feinsten Kerzen daraus nur 75 Centimes pro Pfund kosten würden gegenüber einem bisherigen Preise von Stearinkerzen in Moskau von einem Franc 60 Centimes und zwei Francs in Tiflis.

Es ist daher nicht zu verwundern, daß die Parsen und andere religiöse oder abergläubische Sekten hiermit Geschäfte machen. Im Türkischen nennt man diese Leute *giaur*, was »Ungläubige« bedeutet, oder aber »Magier«, wie die Diener des Zoroaster-Kultes genannt werden.

Der Kultus der Feueranbeter herrschte im alten Persien bis zur Eroberung durch Alexander den Großen, aber unter seinen Nachfolgern wurde er verboten, und Überreste der Parsen wohnen jetzt entweder in Bombay unter englischem oder in Baku unter russischem Schutz.

Die Parsen sind infolge der grausamen Verfolgungen über die Jahrhunderte die demütigsten Leute der Welt. Wir wollten dem Feuertempel dieser armen Menschen einen Besuch machen. Dazu mußten wir zwei Stunden fahren, und dann erreichten wir einen Hügel, von dem aus wir sämtliche Feuer übersehen konnten:

Man stelle sich eine Fläche von etwa einer Quadratmeile vor, aus der unregelmäßig etwa hundert Flammensäulen auflodern, die der Wind ausbreitet, krümmt und wieder hoch bläst oder bis zum Erdboden niederdrückt. Inmitten dieser niemals erlöschenden Feuer steht ein großes viereckiges Gebäude, aus dessen Zinnen wie aus riesigen Gasbrennern hohe Flammen lodern.

Der Anblick war prächtig und ungewohnt. Nur an großen Feiertagen findet diese Festbeleuchtung statt, aber unsere Ankunft war angemeldet, und deshalb konnten wir sie bewundern. Diese armen Leute werden seit zweitausend Jahren verfolgt und bemühen sich jetzt, jeder Obrigkeit zu gehorchen, welche sie gewähren läßt. Aber wer das Kloster besichtigen will, muß sich beeilen, denn es wird nur noch von drei Feueranbetern bewohnt, einem Greis und zwei jüngeren Männern, von denen der eine erst vor einem halben Jahr aus Indien hierhergekommen ist.

Einige Stufen führen zum Altar, auf dem natürlich auch ein ewiges Feuer brennt. An die Mauer lehnen sich 20 Zellen für die Jünger dieses Aberglaubens, vor einer stehen in einer Nische zwei kleine indische Götzenbilder. Ein Parse zog nach unserer Ankunft sein Priestergewand an, ein anderer, der ganz nackt war, bekleidete sich mit einem Hemd, und zu unseren Ehren wurde uns eine Vorstellung einer Hindumesse gegeben. Ich muß sagen, daß auch hier durch einen monotonen Gesang und eine hypnotische Musik aus fünf Tönen und die alle Minuten wiederholte Anrufung von Brahma der etwa vorhandene Verstand von Gläubigen in gekonnter Weise eingeschläfert wurde. Von Zeit zu Zeit warf sich der Priester mit dem Gesicht zu Boden, was jedesmal von seinem Gehilfen durch das Aneinanderschlagen von zwei Schallbecken unterstrichen wurde. Nach diesem Hokuspokus erhielten wir alle ein Stück Kandiszucker, und wir bedankten uns für die Vorführung durch eine Gegengabe von je einem Rubel in Papier.

Darauf besichtigten wir die äußeren Brunnen. Der tiefste hat eine Tiefe von 20 Metern. Ursprünglich schöpfte man daraus Trinkwasser, das allerdings einen salzigen Geschmack hatte. Eines Tages war der Brunnen trocken, und man warf einen brennenden Span hinein, um zu sehen, warum. Dabei entzündete sich eine Flamme, die bis jetzt nicht erloschen ist. Übrigens würde es gefährlich sein, sich über den Brunnenrand zu beugen, weil man betäubt hineinfallen könnte, weshalb dieser ummauert wurde. Die übrigen haben nur einen Belag aus Eisengittern. Wenn man Steine darauflegt, so sind sie in weniger als zwölf Stunden zu Gips gebrannt.

Während wir diesem Brennen zusahen, erschien der Offizier, welcher im Dorfe Surakani – etwa eine Werst vom Kloster gelegen – den Befehl hatte, und lud uns ein, bei ihm den Tee zu nehmen. Aber das war nur ein Vorwand, um uns ein vorzügliches tatarisches Abendessen in einem schönen Zimmer, das sogar für unsere Nachtruhe hergerichtet war, vorzusetzen. Es gab persischen Pilaw, kaukasischen Schaschlik, Birnen, Trauben und Wassermelonen. Wir schieden erst um elf Uhr. Gern wäre ich bis zum nächsten Tage geblieben, aber man konnte doch Herrn Pigulewskij nicht gut allein nach Baku zurückfahren lassen.

Am anderen Morgen gegen neun Uhr meldete man uns den Fürsten Khasar-Uzmiew, der uns einen förmlichen Besuch machte, um sich uns zur Führung durch die Stadt zur Verfügung zu stellen.

Wenn die Pariser von einem Tatarenfürsten sprechen, so stellen sie sich darunter einen Wilden mit einem Schafspelz oder besser mit zwei Schafspelzen vor, von denen der eine den Papak und der andere die Burka darstellt, während er mit einer gutturalen, unverständlichen Sprache redet und ohne Kenntnis unserer Politik, unserer Literatur und Zivilisation ist. In Wirklichkeit ist der Fürst Uzmiew ein sehr schöner Mann von 35 Jahren, mit regelmäßigen Gesichtszügen, lebhaften und intelligenten Augen, schneeweißen Zähnen und einem mahagonifarbenen Bart. Er trägt eine sehr elegante Kappe aus schwarzem Lammfell, eine lange, mit Goldfäden besetzte Tscherkesse, auf der Brust vergoldete Patronentaschen, als Gürtel eine breite Goldtresse, an welcher in vergoldeter Scheide ein eleganter Kandschar mit einem Elfenbeingriff hängt. Dazu schwarze Beinkleider aus persischem Tuch, welche unter dem Knie in Gamaschen auslaufen, wie sie die Bergvölker tragen, und feine Stiefel, die einen schmalen Fuß bekleiden, der kaum mit dem Erdboden in Berührung gekommen ist.

Natürlich ist Fürst Uzmiew – wie alle Orientalen – ein großer Liebhaber von schönen Waffen, besonders schätzt er unsere einfachen und treffsicheren Gewehre. Er musterte die von mir mitgeführten Büchsen und konnte sofort die von Devisme hergestellten erkennen, dann fragte er mich, ob ich ihm nicht einen Revolver von diesem berühmten Büchsenmacher nach Baku schicken lassen könne.

Wie bereits erwähnt, hatte Devisme mir vor meiner Abreise aus Paris eine Büchse und einen Revolver gebracht. Ich hatte bereits erstere dem Fürsten Bagration geschenkt und glaubte, jetzt jemand für den Revolver gefunden zu haben. Ich holte ihn also und übergab ihn dem Fürsten. Eine Stunde später erhielt ich in bestem Französisch folgendes Schreiben von ihm:

»Sie haben zu schöne Waffen, als daß ich Ihnen für Ihre Sammlung noch etwas schenken könnte. Aber die Fürstin läßt Sie bitten, eine Geldbörse und zwei tatarische Gewänder anzunehmen. Erstere ist von der Fürstin persönlich gestickt worden.«

Ich war gerade im Begriff, zum Basar zu gehen, als ich dies schöne Gegengeschenk erhielt. Die Bevölkerung von Baku besteht hauptsächlich aus Persern, Armeniern und Tataren. Die Stadt ist zwar dem Namen nach russisch, in Wirklichkeit jedoch ebenso persisch wie Astrabad.

Die Perser haben eine dunkle Hautfarbe und sind ziemlich schlank gewachsen. Ich spreche hier natürlich nicht von den Persern im Iran, sondern in den von Rußland eroberten Kaukasus-Provinzen. Sie tragen eine spitz zugehende Pelzmütze und färben ihren Bart stets schwarz, ungeachtet seiner Naturfarbe. Seit über einem Jahrhundert sind sie abwechselnd von Turkomanen, Tataren und Russen unterjocht worden und nehmen dies als echte Fatalisten hin. Ihre Erinnerungen an die Vorzeit sind infolge des Fehlens von historischer Buchüberlieferung erloschen, die Erinnerung an die neue Zeit erfüllt sie mit Scham. Jeder Widerstand wird für unbesonnen und sinnlos gehalten, denn soweit sie zurückdenken können, ist jedesmal eine schwere Bestrafung erfolgt. Man hat ihre Städte geplündert, die Vermögen weggenommen und ihre Landsleute umgebracht. Um das Leben zu retten, mußten sie alle Mittel, auch die herabwürdigendsten, anwenden. Trauen Sie daher diesen Persern nicht, sie nehmen ihr Wort zurück, wenn es ihnen zweckmäßig erscheint.

Der Armenier ist an Gestalt dem Perser gleich, aber er wird beleibt, der Perser nie. Der Vater oder Familienälteste ist unbeschränkter Gebieter im Hause, nach ihm der älteste Sohn. Die Familie speist selten mit ihm, sein Wille ist unfehlbar, selten setzt man sich in seiner Gegenwart. Große Sparsamkeit, Ordnungsliebe und kaufmännischer Scharfblick sind armenische Eigenschaften. Wie die Juden sind die Armenier zerstreut worden, zwar nicht über die ganze Erde, aber über ganz Asien. Weil despotische Herrscher ihren Vermögen nachstellten, verheimlichten sie ihren Reichtum. Weil das freie Wort ins Verderben führen konnte, sind sie schweigsam, ja heuchlerisch geworden. Sie sind nicht ehrgeizig, weil ihnen – außer der kaufmännischen Betätigung – alle Laufbahnen verschlossen waren. Doch auf ihr Wort kann man sich ziemlich fest verlassen, ihre Unterschrift bürgt für Erfüllung ihrer Verbindlichkeiten.

Der Tatar hat durch Vermischung mit kaukasischen Frauen rassemäßig an Schönheit gewonnen – ähnlich wie es in Ungarn der Fall war –, er ist zwar kein Eroberer mehr, jedoch ein tapferer Krieger geblieben. Er war einst Nomade und hat seine Neigung zum Wanderleben behalten. Er ist gern Hirte, Viehzüchter – insbesondere von Pferden – und liebt Steppen und die Weite. Die Frauen weben Teppiche, die mit ihren schönen Mustern und ihrer Haltbarkeit einen Vergleich mit den persischen aushalten. Die Männer verfertigen die besten Dolche aus feinstem Stahl, die prächtigsten Scheiden sowie Gewehre, die mit Elfenbein und Silber eingelegt sind und welche einen solchen Wert haben, daß ein Tscherkessenhäuptling dafür zwei Frauen und vier Pferde hingibt. Das Wort eines Tataren genügt, seine Unterschrift ist überflüssig.

In Baku handelt man mit Seide, Teppichen, Zucker, Safran, persischen Stoffen und Naphtha. Man gewinnt dort im Jahre etwa sechshunderttausend Pfund Seide. Im Jahre werden achtzehntausend Pfund Safran geerntet. Für mich hatten natürlich lediglich Teppiche, Waffen und persische Stoffe Interesse. Aber von einer bekannten Dame wurde ich zu ihrem Goldschmied – einem Perser mit Namen Jussuf – geführt. Es war ein Glück, daß wir unsere Reise in Stettin und Petersburg begonnen hatten und nicht in Poti und Tiflis! Wir wären bestimmt nicht weiter als bis Derbent gekommen. Welch entzückende Augenweide bieten diese vollendeten orientalischen Goldwaren, Teppiche, Waffen und persischen Gewebe!

Glücklicherweise hatte ich so viel Selbstbeherrschung, dort nur einen Korallenrosenkranz sowie ein aus tatarischen Münzen zusammengesetztes Halsband zu erwerben. Dann verließ ich schnell diesen zauberhaften Laden, denn man hatte uns Trinkschalen gezeigt, wie sie aus »Tausendundeiner Nacht« sein konnten, Kopfschmuck und Diademe für Sultaninnen sowie goldene Gürtel für Elfen.

Diese Kostbarkeiten waren alle mit den primitivsten Werkzeugen gefertigt worden, mit Hammer und Meißel. Die Arbeit war allerdings nicht so vollendet in der Ausführung wie bei Pariser Juwelieren, aber wie schön waren sie im Entwurf!

Dies alles wird in elenden, halb verfallenen Hütten hergestellt, man läuft auf der Treppe Gefahr, den Hals zu brechen, und durch zerbrochene Fensterscheiben bläst von der Straße der Wind. Und mitten aus diesem Schmutz, diesen umherlaufenden Spinnen und Mäusen und krabbelnden Kleinkindern steigt aus einer kupfernen Räucherpfanne ein Duft auf, so daß man sich in einen der besten Pariser Parfümerieläden versetzt fühlt.

Gold, Parfüm, Edelsteine und Halbedelsteine, Waffen, Straßenschmutz und Staubwolken . . . das ist der Orient.

Der Basar bedeutet eine Versuchung anderer Art. Persische Seidenwaren, türkischer Samt, Teppiche aus Karaback, Polsterkissen aus Inchoran, Goldborten aus Tiflis, armenische Mäntel, Stickereien aus Georgien . . . alles ließ den Besucher stehen bleiben und die Auslagen bewundern. Ich kam erst zu Tisch bei Madame Pigulewskij, als es fast zu spät war.

Mittags legte sich der bis dahin heftige Wind, und wir hofften, daß es jetzt möglich sein würde, in einem Boot ein wunderbares Schauspiel zu erleben, das man nur in Baku erblicken kann: nämlich die Feuer im Meer. Hinterher sollten wir die Fatima-Moschee besichtigen.

Zunächst wollten wir die Überreste einer jetzt vom Meer überspülten alten Karawanserei sehen. Ihre Türme sind durch eine Mauer verbunden, und bei ruhigem Wetter ragen sie einen Fußbreit über die Wasseroberfläche empor. Diese Ruinen gehen 12 bis 15 Fuß hinab bis auf den Meeresboden und bedeuten ein schwer lösbares Problem.

Bekanntlich behaupten die Gelehrten, daß der Wasserspiegel des Kaspischen Meeres sich von Jahr zu Jahr zurückziehe. An Stellen, wo man 1824 eine Tiefe von 18 bis 20 Fuß lotete, mißt man heute lediglich 12 bis 15 Fuß. Wie tief war es aber dann, als die Karawanserei sich noch auf dem Trockenen befand? Das Gebäude ist doch sicherlich nicht auf dem Meeresgrund errichtet worden. Weil die Trümmer sich über eine Werst erstrecken, so muß die See, welche jetzt die Mauern von Baku bespült, früher mindestens eine Werst von Baku entfernt gewesen sein. Eigentlich müßten doch Sand und Geröll von den großen Flüssen Ural, Wolga, Terek und Kur, Kuma und Emba den Wasserspiegel erhöht haben? Gibt es denn doch eine unterirdische Verbindung zwischen dem Kaspischen Meer und dem Schwarzen Meer sowie dem Persischen Meerbusen? Ich bin kein Gelehrter, aber diese müßten deswegen verzweifelt eine Erklärung suchen.

Wir zündeten jetzt eine aus Werg und Naphtha hergestellte Congrevesche Rakete an, die mit einer Bleikugel beschwert wurde, und warfen sie in einen dieser Türme, dessen Fundamente sie hell erleuchtete, sehr zum Schrekken von einem Dutzend Fischen, die hier ihre Wohnung hatten und sich mit der Schnauze vor Schreck an dem Gemäuer rieben, weil sie ihre Eingangsöffnung nicht wiederfinden konnten.

Dieses »griechische Feuer« wird von den Tataren zubereitet. Dabei erinnerte ich mich, daß Joinville berichtet hat, daß die Kreuzfahrer in Schrecken versetzt wurden, als sie damit von den Türken beworfen wurden und es im Nilwasser weiterbrannte.

Nach dieser Vorführung setzten wir unsere Fahrt fort.

Zehn Minuten später umfuhren wir das Kap Baikow und landeten beim Kap Schikow. Dabei machte uns unser Bootsführer auf das anscheinend siedende und aufwallende Wasser aufmerksam, während im übrigen das Meer spiegelglatt war.

An unserer Landestelle befanden wir uns nur hundert Schritte vom Eingang der Moschee. Wir erkannten trotz der dunklen Nacht ihr zierliches Minarett, von dem herab der Muezzin die Gläubigen zum Gebet ruft. Obgleich es schon Abend war, öffnete man uns und zündete die altertümlichen Naphthalampen an, welche uns zwei Derwische vorantrugen. Wir wollten an der Tür die Schuhe ausziehen – wie in Derbent –, aber man gab es nicht zu, und unsere Begleiter begnügten sich damit, die geweihten Teppiche hochzuheben.

Man geleitete uns an das Grabmal von Fatima, welche der arabischen Dynastie der Fatimiden ihren Namen gegeben hat. Diese Moschee ist ein Wallfahrtsort für unfruchtbare Frauen. Diese pilgern zu Fuß hierher, halten eine neuntägige Andacht und sehen in Jahresfrist ihre Hoffnung erfüllt. Auch die Fürstin Uzmiew war in dieser Lage gewesen, und nach dieser Wallfahrt wurde sie Mutter eines Knaben! Aus Dankbarkeit hat der Fürst dann auf seine Kosten einen Weg von Baku nach der Moschee anlegen lassen.

Trotz ihres kostbaren heiligen Privilegs in bezug auf das Kinderkriegen schien mir die Moschee nicht sehr reich zu sein. Aber wahrscheinlich haben die Tatarinnen von Baku und Umgebung es selten nötig, die Hilfe der Enkelin des Propheten zu erbitten.

Dann bestiegen wir wieder unser Boot mit den Ruderern. Es war still und sehr finster, nur von der See schien ein leichter Wind zu kommen. Wir wollten die Stelle wiederfinden, wo wir die wallende Bewegung des Wassers bemerkt hatten. Das ist übrigens nicht schwer, denn man wird durch den Geruch von ausströmendem Naphtha geleitet. Bald konnte ein Ruderer dem Bootsführer sagen, daß wir angelangt wären. Dieser gab ihm den Auftrag, das Nötige zu veranlassen, ohne weitere Erklärungen abzugeben.

Er nahm nun zwei Hände voll Werg, zündete es an einer Bootslaterne an und warf je eine Hand davon nach Backbord und Steuerbord ins Wasser. Augenblicklich flammte in einem Umkreis von einer viertel Werst rings um unser Boot das Wasser auf. Für den ersten, der zufällig an dieser Stelle seine Zigarre mit einem Fidibus anzündete und diesen dann ins Meer warf, muß es ein großer Schreck gewesen sein, als er erlebte, daß die Wasserfläche wie eine Punschbowle Feuer fing. Wir fuhren buchstäblich in einem Flammenmeer.

Zum Glück waren die schön goldgelben Flammen nur leicht warm wie Weingeistflammen, und wir verspürten kaum eine angenehme Wärme, so daß wir dieses wunderbare Schauspiel ohne Unruhe genießen konnten.

Die Wasserfläche brannte in mehreren verschieden großen schwimmenden Inseln. Es gab solche, die nur so groß waren wie ein runder Tisch für zwölf Personen, während andere den Durchmesser des bekannten großen Bassins in den Tuilerien hatten. Wir fuhren zwischen ihnen umher, und manchmal ruderten uns unsere Bootsleute mitten durch diese Flammeninseln.

Dies war bestimmt das merkwürdigste und magischste Schauspiel, das man meines Wissens übrigens nur an diesem abgelegenen Fleck auf der Erde erleben kann.

Wir würden wahrscheinlich die ganze Nacht an dieser verzauberten Stelle geblieben sein, wenn nicht allmählich der Wind stärker geworden wäre. Die kleinen Flammeninseln erloschen als erste, dann die mittelgroßen und zuletzt die größten. Nur eine einzige brannte weiter.

Nun steuerten wir in Eile auf die Stadt zu, unsere acht Ruderer legten sich ins Zeug, und endlich blies der aufkommende Wind auch die letzte große Flammeninsel aus. Wir sahen sie jedoch noch lange gegen den Wind ankämpfen, dabei in den Wellentälern verschwindend und wieder auftauchend.

Vor Einlaufen in den Hafen zündete einer unserer Ruderer an einer Stange ein Feuersignal an, und sofort beleuchtete ein Schuner der russischen Kriegsmarine sein Deck, und wie auf ein Signal taten alle anderen im Hafen ankernden Fahrzeuge dasselbe.

Madame Pigulewskij erwartete uns bereits mit einer erlesenen Auswahl von persischen Süßigkeiten. Ich muß sagen, daß auch der reichste Kaiser auf dieser Erde – mit Ausnahme von Kaiser Alexander II., wenn er Petersburg verließe, um sich nach Baku zu begeben – in seinem Reiche keinen so zauberhaften Abend verleben konnte wie wir einfachen Künstler.

Der Name Baku bedeutet soviel wie »Nische der Winde«. Baku würde sich vergeblich bemühen, sich in die Familie europäischer Städte einzureihen. Durch seinen Boden, sein Meer, seine Mauern, seine Flußfische, die wilden Tiere, welche man in den Wäldern hört, durch seine Reptilien, die sich in der Steppe schlängeln, die Insekten, welche unter Felsblöcken leben, und die besondere Luft atmet alles Asien oder vielmehr Persien.

Wir wollen uns etwas mit dieser Tierwelt beschäftigen:

Ehre, wem Ehre gebührt, also beginnen wir mit dem Tiger. Wo der Tiger heimisch ist, gibt es keine Löwen: Selten herrschen zwei Tyrannen in einem Gebiet. Der Kur – im Altertum Cyrus genannt – scheint die Grenze zu sein, welche der Tiger sich selbst gesetzt hat. Sehr selten erscheint er am linken Ufer des Kur. Er kommt noch häufig in den Wäldern von Lenkoran vor, sein Gebiet überschreitet den Arax, er ist im Khanat von Karabagh verbreitet, ja, man trifft ihn sogar zuweilen in Georgien an. Sogar im Kaukasus hat man vereinzelt Tiger gesehen, zwei oder drei wurden auch in Avarien erlegt.

Vor fünf oder sechs Jahren hat in Lenkoran ein Tiger sich als Wegelagerer berühmt gemacht, und zwar beunruhigte er gewöhnlich die Landstraße von Lenkoran nach Astrinsk, die am Meer entlangführt und am Fuße des Gebirges von Schirwan vorbeigeht.

Eines Tages sah ein Kosak, der des Weges kam, ein Tier auf der Straße liegen und näherte sich ihm, ohne zu wissen, was es für eins war. Als er näher kam, hob das Tier den Kopf, zeigte die Zähne und brüllte hungrig. Jetzt merkte auch der Kosak, wen er vor sich hatte, und da er gerade ein Brot am Sattelsack griffbereit hatte, warf er es dem Tiger zu. Dieser streckte eine Tatze aus, zog es an sich und fing an zu fressen.

Der Kosak ritt weiter nach Astarinsk, ohne angegriffen zu werden und warnte dort alle Kameraden, die Straße zu benutzen, ohne irgend etwas Eßbares griffbereit zum Hinwerfen zu haben. Am nächsten Tage traf man den Tiger an derselben Stelle an, und ein armenischer Händler entkam ihm nur, weil das Raubtier seinen Hund zerriß. Von da an wagte niemand, dieses Straßenstück zu passieren, ohne für den Wächter dieser Stelle ein Geschenk bereitzuhalten. Allmählich genügte dem Tiger das Brot nicht mehr, und er verlangte anscheinend einen Belag darauf, und zwar blutiges Fleisch. Deshalb warf man ihm dann Hühner, Puten oder Fleischviertel zum Fraße vor, und das gutmütige Raubtier ließ die Reisenden ruhig passieren.

Aber das Gerücht von diesem seltsamen Zolleinnehmer gelangte endlich zur Kenntnis der russischen Regierung. Nun gibt es keine Regierung, welche es ohne schriftliche

Erlaubnis ihres Finanzministeriums duldet, daß ein Steuereinnehmer an einer öffentlichen Straße auf eigene Rechnung Wegezoll erhebt. Es war ein Fehler des Tigers, daß er diese Sondererlaubnis nicht rechtzeitig beantragt hatte. Also machte man eine Treibjagd. Zuerst wußte der Tiger nicht, was man von ihm wollte. Aber als man ihm eine Kugel in die Seite schoß, wurde er böse und warf sich auf die unvorsichtigen Jäger, welche ihn in seinem so friedlichen Dasein störten. Er tötete zwei derselben sofort und verletzte einen dritten schwer, so daß dieser kaum mit dem Leben davonkam. Die russische Regierung ist weder vor Kasi Mullah noch vor Schamyl zurückgewichen und konnte anstandshalber dies auch nicht vor einem Tiger tun. Aber er war entkommen.

Nun setzte man an Stelle von dilettantischen Jägern eine ganze Kompanie Soldaten gegen ihn ein. Der Tiger erhielt bei diesem Kampf bereits die neunte Kugel, sprang jedoch dann noch dem letzten Schützen, einem Kosaken, der sich vor dem Tier retten wollte, auf einen Baumast nach und riß ihm den Bauch auf und die Eingeweide heraus. Dann starb auch der Tiger, aber Kaiser Nikolaus hatte durch ihn insgesamt fünf Leute verloren.

Vor etwa vier Jahren brachte ein einzelnes Weib fertig, wozu hundert Soldaten und zwölf Jäger benötigt worden waren. Die Geschichte ereignete sich im Dorfe Dschemgamiran, das einsam im Walde liegt. Jedes russische oder russisch gewordene Dorf hat sein Dampfbad. Auch der ärmste Russe muß zweimal am Tage seinen Tee und einmal in der Woche sein Dampfbad haben. Hier war das Badehaus am Ende der Dorfstraße. Es war Sonnabend, der übliche Badetag. Der Bader und seine Frau hatten unter dem Kessel Feuer gemacht, und sie spalteten im Hofe Feuerholz, um weiter einzuheizen.

Während sie sich dabei betätigten, sahen sie plötzlich

einen Tiger mit ruhigen, seiner Stärke bewußten Schritten durch die angelehnte Tür ins Badehaus schreiten. Tiger lieben die Wärme sehr, und er ließ sich auf dem höchsten Absatz nieder. Der Bader war der Ansicht, daß er das Bad nicht für ein unbekanntes Tier geheizt hatte und lief ins Badhaus, um die große Katze fortzujagen. Er fand sie behaglich ausgestreckt, und sie machte keine Anstalten, den angenehmen Platz zu räumen.

Darauf überlegte der Mann und holte einen Eimer, den er mit kochendem Wasser füllte. Damit ging er wieder in die Badestube und schüttete dem erschrockenen Tier das kochende Wasser auf die Nase. Nun lieben die Tiger – wie gesagt – die Wärme sehr, aber kochendes Wasser mögen sie durchaus nicht. Man muß in allem maßhalten: Er stürzte sich sofort auf seinen Bademeister, um ihn zu bestrafen. Aber zum Glück für den Bademeister stand seine Frau mit dem schweren Beil zum Holzhacken neben ihm und schlug dem Tiger mit geübter Hand und voller Kraft damit auf den Schädel. Der Schlag spaltete dem Raubtier die Stirn, als ob sie ein Apfel wäre. Allerdings riß der Tiger das Ehepaar im Ansprung zu Boden, aber Mann und Frau kamen mit einigen Quetschungen davon.

Darauf ließ der damalige Gouverneur, Fürst Woronzow, die Tigertöterin nach Tiflis kommen. Anfangs war die Fürstin allein im Zimmer und sagte zum Scherz mit scheinbarem Zorn zu der Frau: »Unglückliche, wie konntet Ihr es wagen, einen Königstiger zu töten?«

»Madame«, erwiderte die durch den Ton der Fürstin irritierte einfache Frau, »ich kann schwören, daß ich nicht wußte, wer er war.«

Darauf brach die Fürstin in ein lautes Gelächter aus und beruhigte sie. Der Gouverneur trat nun herein und überreichte der Bäuerin für ihre mutige Tat eine Prämie von tausend Rubeln und eine Medaille, welche sie auf der

Ein Tarantas zu Seite 484)

Brust trägt wie ein Soldat eine Tapferkeitsauszeichnung. Die gute Frau erzählte uns selbst ihr Abenteuer. Sie konnte nicht begreifen, warum man sie zum Gegenstande von Erstaunen und Bewunderung machte. Sie selbst hatte beim Zuschlagen mit der Axt auf den Tigerschädel nicht mehr empfunden als ihr Mann, wie er diesem den Eimer mit heißem Wasser auf den Kopf ausgoß.

Seit dieser Zeit hatten die Tiger großen Respekt vor den russischen Badehäusern.

Im Dorfe Khanaka war ein Tiger noch weniger bösartig. Eine Frau wusch dort am Brunnen ihre Wäsche, etwa hundert Schritte von ihrem Hause entfernt. Sie hatte ein Kind von fünfzehn Monaten bei sich. Sie ging nach einiger Zeit ins Haus, um neue Seife zu holen und ließ das Kind beim Brunnen im Sande spielen. Als sie durch das Küchenfenster sah, bemerkte sie zu ihrem Entsetzen, daß ein Tiger aus dem Walde kam und dem Kinde seine große Tatze auf die Schulter legte.

Vor Schrecken war sie halbtot und konnte sich nicht bewegen. Aber anscheinend hielt das Kind den Tiger für einen großen Hund, faßte ihn mit seinen Händchen an den Ohren und fing an, mit ihm zu spielen. Zum Glück hatte das Raubtier ein joviales Temperament und ließ es sich ruhig gefallen. Dies furchtbare Spiel dauerte etwa zehn Minuten. Dann ließ der Tiger von dem Kinde ab, überquerte den Weg und verschwand wieder im Walde. Darauf stürzte die Mutter sich völlig außer Atem auf ihr Kind und stellte fest, daß es lachte und keine einzige Schramme hatte.

Diese drei Tigergeschichten sind im ganzen Kaukasus wohlbekannt.

Die Panther sind am Kur ziemlich häufig, besonders am rechten Ufer. Sie halten sich im Schilfrohr, im Dickicht und im Gestrüpp auf und überfallen die Schafe, die wilden

Schamyls Reiter (zu Seite 505)

Ziegen, selbst Büffel, die zur Tränke kommen. Früher richtete man auch Panther zur Gazellenjagd ab, so wie jetzt noch Falken zur Fasanenjagd. Wie bei der Beize der Falkner, so nahm der Jäger hierbei den Panther vor sich auf den Sattelbogen.

Diese Jagd war früher bei den Khanen, als sie noch selbständige Fürsten waren, sehr beliebt, ist jedoch nach der Russifizierung und dem Verschwinden des persischen Einflusses ganz verschwunden.

Schakale finden sich in solcher Menge, daß man beim Übernachten in einem Gebirgsdorfe durch ihr ungewohntes Geheul am Schlafen gehindert werden kann. Dieses Tier ist unschädlich oder vielmehr feige und greift Menschen nicht an, aber sein Geheul ist eine Plage.

Im Jahre 1635 erlitt der Abgesandte des Herzogs von Holstein an den Schah von Persien an der Küste von Daghestan im Kaspischen Meer Schiffbruch. Sein Sekretär sammelte Pflanzen, verirrte sich und fürchtete, von wilden Tieren gefressen zu werden, weshalb er abends auf einen Baum stieg. Als er am nächsten Morgen noch nicht zurück war, ging man auf die Suche und fand ihn schließlich auf seinem Baum. Er war vor Angst verrückt geworden und genas auch nicht wieder. Aus seinen Reden ging hervor, daß er aus Furcht vor dem Schakalgeheul wahnsinnig geworden war. Er behauptete, daß etwa hundert Schakale sich unter seinem Baum versammelt und in deutscher Sprache wie vernunftbegabte Wesen ihre privaten Probleme besprochen hätten!

Schlangen sind in der Umgebung von Baku ziemlich häufig, aber sobald man den Fuß in die Mughan-Steppe setzt, so kann man dort kaum einen Schritt machen, ohne eine zu zertreten oder von ihnen gebissen zu werden. Einer meiner dortigen Freunde, der Baron Finot – unser Konsul in Tiflis – ist dort mit einem Kosakengeleit durchgekommen und hat sie zu Hunderten gesehen. Einer seiner Kosaken hat eine schöne goldgelbe mit seiner Lanze aufgespießt.

Als Graf Subow im Jahre 1800 das nahe Saliani belagerte, das nur durch den Kur von den Mughan-Steppen getrennt ist, wollte er dort überwintern. Als seine Soldaten Löcher in die Erde gruben, um ihre Zelte aufzustellen, warfen sie Tausende von Schlangen dabei heraus, welche im Winterschlaf erstarrt waren.

Diese merkwürdige Tatsache wird auch aus dem Altertum berichtet. Plutarch sagt wörtlich: »Nach der Schlacht am Flusse Abas hat sich Pompejus in Marsch gesetzt, um durch das Land Hyrcanien – an der Südwestecke des Kaspisees – das Kaspische Meer zu erreichen. Er wurde jedoch gezwungen, sich zurückzuziehen, weil er nach etwa drei Tagen unterwegs auf riesige Mengen von Giftschlangen traf, deren Bisse tödlich waren. Darauf bog er nach Klein-Armenien nach Süden ab.«

Glücklicherweise kann man den gefährlichen Biß dieser Schlangen abschwächen, wenn man sofort Öl in die Wunde träufelt oder sie einfach mit Fett einreibt, anstatt das Gift ungehindert im Blut wirken zu lassen.

Es ist eine wunderliche Erscheinung, daß in jedem Frühjahr in großen Scharen wandernde Schlangen aus Persien über den Araxes schwimmen und in den Mughan-Steppen sich verbreiten. Was hat diese seltsame Erscheinung für Ursachen? Vielleicht ist es etwas Ähnliches wie die Laichzüge der Lachse in Kanada oder die Wanderungen der Meeraale zu unbekannten Begattungsplätzen? Der Liebesakt dieser Schlangen ähnelt sehr einem haßerfüllten Kampfe, und fast zwei Monate lang hallen diese Steppengebiete von unheimlichem Zischen wider, während man riesige goldgelbe und smaragdgrüne Reptilien hochaufgerichtet Polka tanzen und ihre dreifach gespaltenen Zungen oder Stacheln gegeneinander ausstrecken sieht. Letztere sind bei den einen schwarz und bei den anderen feuerfarbig.

Während dieser Rauschzeit wagt sich niemand in die Steppe, denn zu dieser Zeit ist der Schlangenbiß so gut wie unheilbar.

Jetzt möchte ich doch eine Sache erwähnen, welche meinen Lesern unglaubwürdig erscheinen wird: Gewisse hochadelige Familien in Georgien und in verschiedenen Khanaten von Baku, Kuba, Karabagh u. a. besitzen einen Stein, welcher die Eigenschaften des indischen Bezoarsteines der Fabel haben soll. Dieser Stein wird mit den kostbarsten Edelsteinen und Schmuck von Generation zu Generation vererbt und soll die Eigenschaft haben, alle Bisse von giftigen Tieren, Schlangen, Vipern und Skorpionen zu heilen. Man braucht ihn nur auf die Wunde zu legen, und er zieht das Gift an und heraus wie ein Magneteisenstein das Eisen. Der Oberst Davidow, der in Frankreich mit der Herzogin von Grammont verwandt ist und in Tiflis eine Fürstin Orbeliani geheiratet hat, besitzt auch einen dieser Steine.

Er hat die Größe eines Krammetsvogeleies, ist schwammig, bläulich, ohne Geschmack und an einigen Stellen geschwärzt wie eine Bohne, die auf einer Schaufel geröstet wurde. Ist jemand gebissen, so borgt man den Stein und legt ihn auf die Wunde, worauf der Stein die Farbe wechselt und ein fahles Grau zeigt.

Sobald die Operation beendet ist, legt man den Stein in Milch, worauf er nach einiger Zeit das Gift wieder verliert und seine gewöhnliche Farbe wiedergewinnt.

Ich habe den Oberst Davidow dringend gebeten, diesen Stein auf seiner demnächst bevorstehenden Reise nach Paris mitzunehmen und ihn dort von Gelehrten untersuchen zu lassen. Ich selbst glaube nicht, daß der Stein natürlich ist, vielmehr dürfte er mit einem Gegengift von den alten persischen Ärzten präpariert sein.

Dieser Wunderstein soll nicht nur Schlangenbisse, sondern auch Verwundungen durch Stachelspinnen heilen, die in der Umgebung von Baku ziemlich häufig vorkommen – *Phalangium araneoides* – und ein abscheuliches Aussehen haben. Der Körper hat die Größe eines Daumens und ruht auf kurzen Füßen. Sie ist sehr leicht reizbar und bösartig. Wenn man sie mit einem Skorpion in ein Glas tut, so kämpfen beide, bis meistens der Skorpion getötet wird.

Der Skorpion ist bekannt. Die roten sind gefährlicher als die gelben, aber eine schwarze Sorte ist die schlimmste. Das sicherste Mittel gegen diese Tiere ist, auf einem Schaffell zu schlafen. Das Schaf stellt den Skorpionen und Spinnen sehr eifrig nach und frißt sie.

Weniger gefährlich, aber lästiger sind die Moskitos. Von Kasan bis Asterabad gehört von Mai bis September der Luftraum den Moskitos. Sie dringen durch das feinste Gewebe, saugen sich in die Haut und verursachen dort einen brennenden Schmerz. Nach dem Jucken entstehen eiternde Pusteln, die nach etwa drei bis vier Monaten eine Art Blatternarben hinterlassen.

Eine andere Landplage sind – wie in Ägypten – die Heuschrecken. Man sieht plötzlich am heiteren Himmel von Georgien und Persien eine dunkle Wolke erscheinen. Man denkt zuerst an eine Gewitterwolke, aber sie bewegt sich zu schnell vorwärts. Dann erkennt man, daß es Milliarden von Heuschrecken sind. Wo sie einfallen, wird alles Grüne abgefressen.

Zwischen dem Kaspisee und dem Schwarzen Meere wächst übrigens auch eine für die Pferde sehr gefährliche Pflanze. Es ist dies der pontische Wermut. Zuweilen vergiften sich hundert Pferde damit, wenn sie auf einer

Weide wächst. Merkwürdigerweise schadet sie Schafen und Ochsen nicht.

Wir wollen abschließend allen Reisenden, welche dieselbe Reise zu machen wünschen wie wir, empfehlen, von Petersburg oder Moskau einen Sack mit sogenanntem »persischen Pulver« mitzunehmen. Wenn man dieses aufs Bett oder in die Kleider streut, so hat es die Eigenschaft, die meisten der genannten bösartigen Insekten zu entfernen. Ich nehme übrigens einen Beutel davon mit nach Frankreich, um es analysieren zu lassen. Mit meinen schwachen botanischen Kenntnissen vermute ich, daß es aus den Blütenstempeln der Kamille besteht.

Zufällig konnten wir am 10. Oktober ein tatarisches Fest erleben, das alle Jahre in Derbent, Baku und Schumaka gefeiert wird. Dies ist der Todestag Husseins, eines Sohnes Alis und Fatimas, deren Moschee wir besucht haben. Bei den Festgebräuchen wurde noch der Stand der dramatischen Kunst aus den Zeiten von Dschingis-Khan und Timur erkennbar.

Es wurde ein Kampf von Rustan, dem sagenhaften Gründer von Derbent – wir schreiben allerdings die Erbauung der Stadtmauern Alexander dem Großen zu –, mit dem Teufel dargestellt. Rustan ist natürlich in tatarischer Tracht, aber der Teufel hat abweichend von unseren wohl orientalischen Schreckbildern nicht nur den klassischen Pferdefuß und Schwanz, sondern auch in der Schnauze Fangzähne wie Wildschweinhauer, was mir indischen oder chinesischen Ursprungs zu sein scheint.

An Merkwürdigkeiten wollten wir noch den von Schah Abbas II. erbauten Palast der Khane von Baku besichtigen. Dieser ist um das Jahr 1650 in arabischem Stil erbaut, aber jetzt vernachlässigt. Der Vorhof ist großartig und im Stil einer sehr schönen Epoche der arabischen Baukunst gebaut. Besonders bemerkenswert ist der sogenannte Gerichtssaal. In der Mitte ist darunter ein Verlies, darüber ist ein Loch im Boden, das etwa 18 Zoll im Durchmesser hat und früher von einer Säule überdeckt war.

Wenn ein Mann zum Tode verurteilt war, aber seine Hinrichtung geheim bleiben sollte, so führte man ihn in diesen Saal, entfernte die Säule, ließ ihn niederknien und hieb ihm mit einem türkischen Krummschwert den Kopf ab, wobei der Hieb so ausgeführt werden mußte, daß der Schädel ins Verlies hinunterfiel, ohne die Einfassung zu berühren. Dann entfernte man die Leiche, versetzte die Säule wieder auf ihren alten Platz, und die Angelegenheit war erledigt.

Der unterirdische Raum des Verlieses soll durch einen Geheimgang mit der Fatima-Moschee in Verbindung stehen. –

Nach diesem letzten Ausflug erwartete uns im Hause des Herrn Pigulewskij ein Abschiedsessen, und nach diesen interessanten drei Tagen bestiegen wir unsere bereitstehenden Fahrzeuge und fuhren unter allseitigem Lebewohl ab.

Wir hatten uns entschlossen, an diesem Tage 120 Werst zu fahren und in Schumacha zu übernachten, was für die schlechten Wege im Kaukasus – eine Tagesreise von 30 Meilen – eine enorme Tagesleistung ist.

Man hatte mir gesagt, daß die Stadt sehr sehenswert sei. Das erste Merkwürdige, was mir auffiel, war eine Schafherde, die auf dem Flachdache eines Hauses weidete. Dieses war mit Erde bedeckt, das Gras wuchs hier wie auf einer kleinen Wiese, und dort grasten die Schafe ganz ruhig. Wie sie herauf- und herunterkamen, blieb mir ein Rätsel.

Schumacha ist in eine Ober- und eine Unterstadt geteilt. Die untere wird drei Monate im Jahr von einem schrecklichen Fieber heimgesucht, das tödlich verlaufen kann. Je höher man im Orte steigt, desto weniger wird man davon bedroht. Aber auch dort entgeht man nicht den häufigen Erdbeben, und man weiß nie, ob die Stadt am nächsten Morgen noch steht. Diese Beben sind an keine Jahreszeit gebunden. Die schlimmste Geißel ist jedoch für die Stadt der Mensch gewesen.

Schumacha war die Hauptstadt von Schirwan und hatte einmal einhunderttausend Einwohner, sie war reich, und das Land brachte dem Khan reiche Einkünfte. Jetzt hat sie kaum zehntausend Bewohner. Ich habe einstmals in der Umgebung von Algier einen arabischen Stammeschef – El Mokrany – gesprochen, der für einen weisen Mann gehalten wurde, und habe ihn gefragt: »Hast du jemals von den schönen Städten aus Marmor, Bronze und Granit erzählen gehört, die man Susa, Persepolis, Babylon, Memphis, Balbek und Palmyra nannte?« Er antwortete mir nur: »Das Seil, welches meine Zelte hält, ist nur ein Seil. Aber es hat sie alle überlebt. Das ist alles, was ich von ihnen weiß.«

Es ist unmöglich, eine höhere Lobpreisung, ja Vergötterung des Nomadenlebens und eine größere Verurteilung der Seßhaftigkeit auszusprechen.

Im Jahre 1645 kam Adam Olearius mit der erwähnten berühmten Gesandtschaft des Herzogs Friedrich von Holstein an die Höfe Peters des Großen und des persischen Schahs in Schirwan durch Schumacha oder Schumaka und erlebte noch die Stadt in ihrer vollen Pracht. Damals war sie eine bedeutende Handelsstadt am Schnittpunkt der Verbindungsstraßen mit dem Westen, Osten und Süden. Aber unglücklicherweise wurde infolge von ausbrechenden Tätlichkeiten in der Stadt eine erhebliche Anzahl von russischen Kaufleuten getötet und ihrer bedeutenden Wertsachen beraubt. Dies wurde zum Kriegsgrund zwischen Rußland und Persien. Peter I. eroberte Schumacha, zerstörte es vollständig als Vergeltung und machte aus ihr und ihrer Umgebung ein ungeheures Ruinenfeld.

Dann kamen die fortdauernden feindlichen Einfälle aus Persien, Bürgerkriege, eine Pestepidemie, so daß im Jahre 1816 von ihrer einst so volkreichen Stadt kaum 25 000 Menschen übrigblieben. Wegen der fortschreitenden Entvölkerung, den häufigen Erdbeben und jährlichen Fieberepidemien hat darauf Mustafa, der letzte Khan, die Restbevölkerung gezwungen, die so schwer heimgesuchte Stadt zu verlassen und ihm in die Nähe seiner Festung Fitdagh, ein schwer zugängliches Adlernest, zu folgen.

Als im Jahre 1817 der Chevalier Gamba Schumaka besuchte, fand er dort keinen einzigen der hunderttausend Einwohner vor, welche den Einzug Peters I. erlebt hatten, sondern nur eine verlassene Trümmerstadt, wo die Schakale hausten. Aber zwei Jahre später wurde der Khan verdächtigt, gegen die Russen mit Persien zu intrigieren und erhielt den Befehl von General Jermolow, sich nach Tiflis zu begeben. Entweder fand er es eines Fürsten unwürdig, sich zu rechtfertigen, oder sein Gewissen war wirklich nicht rein, jedenfalls flüchtete er nach Persien und überließ den Russen sein Khanat, seine Bergfestung und seine Untertanen.

General Jermolow erlaubte nun den dreißigtausend übriggebliebenen früheren Einwohnern, die Stadt wieder in Besitz zu nehmen, und die Karawanen der Verbannten kehrten zurück. Die noch brauchbaren Häuser wurden bezogen, die anderen ließ man ganz verfallen. Noch mehr als die Stadt hatte die einst so fruchtbare Umgebung gelitten. Einst war sie von Weingärten und Maulbeerbäumen bedeckt, und jetzt ist kaum ein Baum vorhanden, an dem sich Weinreben emporschlängeln oder dessen Blätter Seidenwürmer ernähren können, deren geringer Ertrag heute wieder fast die einzige Erwerbsquelle der Stadt geworden ist. Wir besuchten den Basar, der nur eine Straße einnimmt. Dort verkauft man nur Teppiche und Seidenstoffe nach primitivem Geschmack, die jedoch an sich ganz reizend wirken.

Im Basar wurden wir von Mahmud Beg, dem reichsten Tataren der Stadt, zu einem persischen Abendessen mit Bajaderentanz eingeladen.

Die Bajaderen von Schumaka haben nicht nur in Schirwan, sondern im ganzen Kaukasus einen besonderen Ruf. Man hatte uns schon seit längerem von diesen Priesterinnen eines doppelten Kultes erzählt. Auch der Fürst Dundukow, Fürst Bagration und Freunde in Baku hatten uns auf sie aufmerksam gemacht.

Diese Bajaderen sind ein Überrest der Herrschaft der Khane. Sie waren früher die Hoftänzerinnen. Leider waren nur noch drei von ihnen vorhanden. Es waren zwei Mädchen und ein Knabe. Die vierte, die sehr schön gewesen sein soll, hat Schumaka infolge gewisser Vorkommnisse, die großes Aufsehen verursachten, vor einigen Monaten verlassen.

Ihr Haus war nachts von räuberischen Lesgiern überfallen worden. Sie hatten dabei ihren Besucher, den Vetter Nadjew, getötet und das Mädchen gefesselt zurückgelassen.

Dieser Vorfall hatte jedoch dem Ruf der schönen Sona sehr geschadet. Sie hatte in der Stadt mehrere feste Verehrer ihrer Künste, und ein jeder glaubte der einzige Schüler zu sein. Daß ihr Vetter mitten in der Nacht bei ihr getötet worden war, ließ keinen Zweifel darüber zu, daß er eine Gunst genoß, die ihm so teuer zu stehen kam. Deshalb entschloß sich Sona, lieber ihr Zelt woanders aufzuschlagen und auszuwandern. Eines Vormittags blieb ihre Tür wieder verschlossen, und die Polizei drängte sich davor, aber das Haus war leer. Niemand hat bisher erfahren, was aus Sona geworden ist.

Da aber eine Bajaderengruppe sich mindestens aus drei Tänzerinnen zusammensetzen muß, weil die Drei eine kabbalistische Zahl im Persischen – auch im persischen Tanze – ist, mußte man sie durch jemand anders ersetzen und fand einen geeigneten Jungen, den man in Mädchenkleider steckte. Jetzt war die Dreizahl wieder vollkommen, und es war verwunderlich, anstatt zu stören, entzückte diese Pikanterie die tatarischen Zuschauer!

Die Abendgesellschaft sollte um acht Uhr beginnen, und wir mußten Herrn Olschinskij versprechen, daß wir hinterher uns in die Festung begeben würden, wo seine Frau in ihrer Eigenschaft als Ehrenvorsteherin einer Pension für fast erwachsene junge Mädchen von 15 bis 16 Jahren einen französischen Ball geben wollte.

Man sieht, daß man uns zu Ehren alles aufbot wie bei einem Besuch bedeutender Persönlichkeiten, sogar die Mädchenpensionate bekamen einen freien Tag.

Wir begaben uns nun zu Mahmud Beg. Er bewohnte das schönste persische Haus, das ich jemals zwischen Derbent und Tiflis gesehen habe, einschließlich dem des Pächters der Jagd auf Walrosse, Seekühe und Störe im Kaspischen Meer, mit Namen Archakuni. Letzterer hat übrigens bereits zwei Millionen Rubel für die Ausstattung seines Hauses ausgegeben, und es ist noch nicht vollendet.

Zunächst betraten wir einen orientalischen Saal, dessen Verzierung unbeschreiblich schön war. Die Anwesenden ruhten auf Atlaskissen und goldbestickten Polstern, welche mit Tüllüberzügen versehen waren. Dadurch bekamen die sehr lebhaften Farben einen weichen Ton. Im Hintergrund an einem sehr langen Fenster saßen die drei Bajaderen und fünf Spielleute. Natürlich gehört zu einem einheimischen Tanze auch eine dazu passende Musik.

Die eine der Frauen war von mittelmäßiger Schönheit, die andere muß eine außerordentliche Schönheit gewesen sein, aber jetzt hatte sie die Reife der Herbstblumen. Ihr Name war Nyssa, und sie war geschmückt wie alle Orientalinnen. Unter einem Samtkäppchen wallte überreiches schwarzes Haar hervor. Eine Schnur Hunderter tatarischer Goldmünzen war darumgeschlungen und fiel auf ihre Schultern und den Busen herab. Die Jacke war aus mit Gold besticktem rotem Samt, ihr Kleid aus weißem Atlas, dazu ein langer Gazeschleier.

Die zweite Bajadere, die gegen sie etwas abstach, war auch weniger reich gekleidet. Dagegen sah der verkleidete Knabe wie ein sehr hübsches Mädchen aus. Wenn man mich nicht vorher davon unterrichtet hätte, wäre mir die Verkleidung nicht aufgefallen.

Die Musik setzte ein. Sie bestand aus einer auf Eisenfüßen ruhenden Trommel, welche einem in der Mitte durchgeschnittenen Riesenei glich, einer Schellentrommel, einer Flöte, die aussah wie eine antike *Tibia*, ferner einer kleinen Mandoline mit Kupfersaiten, die mit einem Federkiel gezupft wurde, schließlich aus einer Art Kontrabaß auf eisernem Fuß, wobei der Stiel mit der linken Hand gegriffen wurde, so daß die Saiten den Streichbogen zu suchen schienen und nicht umgekehrt.

Das Ganze ergibt eine Musik, die sehr laut und wenig melodiös, jedoch originell ist.

Zuerst erhob sich der Knabe und begann mit Kastagnetten in der Hand eine Art Ballettanz. Er erhielt von Tataren und Persern, also von der Mehrheit der Anwesenden, großen Applaus. Darauf trat die zweite Bajadere und dann Nyssa auf.

Der orientalische Tanz ist überall gleich. Ich habe welche in Algier, in Konstantine, Tunis, Tripolis und Schumaka gesehen. Es ist mehr oder weniger ein rasches Trippeln und eine mehr oder weniger aufreizende Bewegung der Lenden, und die schöne Nyssa schien mir beide Tanzelemente vollendet zu beherrschen. Ich war so indiskret, nach dem berühmten »Bienentanz« zu fragen, aber mir wurde bedeutet, daß dieser nur im kleinsten Kreise vorgeführt werde. Aber Nyssa schien durchaus nicht deswegen beleidigt zu sein.

Dann wurde die Tanzvorführung durch ein orientalisches Abendessen unterbrochen. Die interessanteste Platte bestand aus Pilaw von Hühnerfleisch mit Granatäpfeln, beides mit Zucker und Fett zubereitet. Das Unglück bei allen nationalen Küchen – mit Ausnahme der französischen – ist, daß in den meisten Fällen die Speisen nicht nach bestimmten Grundsätzen zubereitet werden. Dabei hat die Kochkunst – ebenso wie die Musik – allgemeingültige Gesetze. Die barbarischen Völker kennen weder unsere musikalischen Regeln noch wenden sie sie praktisch an. So ist meiner Ansicht nach die Kalmückenmusik die am wenigsten unserem gesitteten Geschmack entsprechende.

Ebenso ist die russische Küche, obwohl sie anscheinend zivilisierter Kochkunst entstammt, im Grunde barbarisch. Sie hat die Eigenschaft, nicht vorher den Esser zu benachrichtigen, was er zu sich nehmen soll. Im Gegenteil, sie verhüllt ihre Speisen, ja, sie entstellt sie. Man glaubt Fleisch vorgesetzt zu bekommen und kaut auf Fisch, man denkt an ein Fischgericht und hat Weizengrütze oder Rahm im Munde. Ich möchte den Russen wünschen, daß ein wirklicher Feinschmecker ein zivilisiertes russisches Kochbuch schreibt.

Nach dem Abendessen, bei welchem der Hausherr und einige strenge Mohammedaner nur Wasser tranken, obwohl verschiedene Weinsorten serviert wurden, begann der Tanz wieder.

Ich muß sagen, daß man in Paris viel lebhaftere Ballfeste sehen kann, wo es bis zum Morgen ganz anders zuging als bei diesen Bajaderentänzen. Allerdings trinken in Paris alle Wein, selbst die Huris.

Gegen Mitternacht besuchten wir noch kurz den Mädchenball beim Kommandanten.

Wir wollten programmäßig am frühen Morgen aufbrechen und mit möglichster Anstrengung von Pferden und Kutschern in der nächsten Nacht in Nukha ankommen. Aber der Mensch denkt und Gott lenkt, sagt ein altes Sprichwort. Kaum war ich in meinem Zimmer, als jemand an die Tür pochte. Ich dachte an das kürzliche Erlebnis der schönen Sona mit den Lesgiern, meinte, daß man auch jemand anders in feindlicher Absicht heimsuchen könne und ergriff meinen langen Dolch, warf einen Blick auf meine Büchse und wartete.

Es war aber nur der Kommandant, der mir nachgeeilt war, als ich mich zurückgezogen hatte. Im Namen seiner Frau und Schwester wollte er mich beschwören, am nächsten Morgen – das heißt heute früh – noch mit ihnen zu frühstücken. Ich entgegnete, daß wir am gleichen Abend schon in Nukha ankommen wollten, aber er besiegte meinen Willen mit seiner Entgegnung: Ich sollte bei ihnen mit einem russischen Offizier frühstücken, der lange bei den Gebirgsstämmen in Gefangenschaft gewesen war und mir über Schamyl, den er öfters gesehen hatte, unbestreitbare und bestimmte Nachrichten geben würde.

Das war natürlich so verführerisch, daß mein Entschluß ins Wanken kam. Außerdem kam noch etwas anderes hinzu: Unser gestriger tatarischer Wirt, Mahmud Beg, mit dem ich über mein Interesse für die Falkenbeize gesprochen hatte, wollte mir für den Vormittag seine beiden besten Falkner und seine besten Jagdfalken überlassen. Dies hatte er dem Gouverneur inzwischen zugesagt. Wir sollten in einem sehr wildreichen Gebiet – 20 Werst von der Stadt – etwa zwei Stunden lang Gelegenheit zu einer Falkenbeize haben.

Ich hatte nur noch ein Bedenken, nämlich daß Moynet drängte, möglichst schnell nach Tiflis zu kommen. Aber der Kommandant hatte sich bereits sein Einverständnis gesichert. Nun konnte ich keine Einwendungen mehr machen.

Es wurde also endgültig verabredet, daß wir um neun Uhr bei ihm frühstücken, gegen elf Uhr abreisen und von ein bis drei Uhr jagen sollten. Das bedeutete natürlich, daß wir unterwegs übernachten mußten.

26. Kapitel

Wie verabredet erschienen wir am Vormittag beim Kommandanten, und tatsächlich war auch der versprochene russische Offizier dort. Er war ein Mann von 45 bis 50 Jahren und sprach recht gut französisch. Man hatte ihn bei Kuba gefangengenommen und ins Gebirge geschleppt. Dann wurde er zu Schamyl gebracht, und ihm wurde ein Lösegeld von zwölftausend Rubeln abverlangt, das später auf siebentausend Rubel ermäßigt wurde. Darauf hatten die Familie und seine Freunde dreitausend Rubel zusammengebracht, und der Gouverneur des Kaukasus, Graf Woronzoff, hatte den Rest bezahlt.

Seine Gefangenschaft hatte fünf Monate gedauert, und während dieser Zeit hatte er Schamyl ungefähr zweimal in jeder Woche gesehen.

Bei Drucklegung dieses Buches – Bruxelles 1859 – war Schamyl noch nicht endgültig besiegt, er wurde erst bei Erstürmung seiner letzten Bergfestung Gunib durch die Russen im September 1859 gefangengenommen, und der große Sohn Daghestans starb 1871 in Medina auf einer Pilgerfahrt zum Grabe Mohammeds. Der Freiheitskampf der Tscherkessen dauerte sogar bis 1864, und dann wanderte ihre Hauptmasse – fast eine halbe Million Köpfe stark – ebenso wie große Teile der anderen Kaukasusvölker, insbesondere Tschetschen und Lesgier, in die asiatische Türkei aus.

Der Frühstücksgast des Kommandanten erzählte uns folgendes:

Schamyl war etwa 56 bis 58 Jahre alt. Weil die Mohammedaner keine Personenstandsregister oder Kirchenbücher führen, müssen sie ihr Alter nach wichtigen Ereignissen annähernd berechnen. Deshalb weiß er selbst nicht genau, wie alt er ist, seinem Aussehen nach würde man ihn nur auf ungefähr 40 Jahre schätzen.

Er ist groß und hat ein sanftes, ruhiges und Ehrfurcht gebietendes Gesicht, das eine gewisse Schwermut zeigt. Man kann sich jedoch vorstellen, daß seine Gesichtszüge auch den Ausdruck großer Entschlossenheit zeigen können. Seine Augen sind fast schwarz, und er pflegt sie nach Art der Orientalen halb geschlossen zu halten. Sein langer Bart ist von rötlicher Farbe, wohlgepflegt, und zwischen den roten Lippen sieht man kleine, weiße, regelmäßige Zähne. Sein Gang ist langsam und gewichtig. Auf den ersten Blick erkennt man in ihm einen Mann von Überlegenheit und einen zum Befehlen geborenen Anführer.

Sein Anzug besteht gewöhnlich aus einer Tscherkeßka aus lesgischem Tuch von grüner oder weißer Farbe.

Auf dem Kopfe trägt er einen Papak von schneeweißem Lammfell, um welchen ein Turban aus weißem

Musselin gewunden ist, dessen Zipfel über den Nacken herunterfällt. Der Oberteil des Papak ist von rotem Tuch und mit einer schwarzen Quaste versehen. Er trägt Langschäfter aus rotem oder gelbem Saffianleder. Bei starker Kälte zieht er über seinen Rock einen Pelzmantel aus karmesinrotem Stoff, der mit schwarzem Schafsfell innen gefüttert ist.

Freitags begibt er sich in feierlichem Zuge in die Moschee, wobei er dann ein langes weißes oder grünes Gewand trägt.

Er ist ein ausgezeichneter Reiter und passiert die schwierigsten Gebirgspfade, vor denen viele zurückschrecken, mit der größten Sorglosigkeit. Auf Kriegszügen trägt er einen Kandschar, eine Schaska, zwei geladene Pistolen und ein geladenes Gewehr. Zwei seiner Muriden reiten neben ihm in ähnlicher Bewaffnung. Wenn einer im Kampfe fällt, ist stets ein Ersatzmann bereit.

Schamyl hält streng auf reine Sitten, sich selbst und anderen gegenüber. Hinrichtungen wegen derartiger Verfehlungen geschehen mit einem Beil, das im letzten Feldzuge erbeutet wurde und das mir der Gouverneur des Kaukasus, Fürst Bariatinskij, persönlich gezeigt hat.

Im Essen ist Schamyl mehr als mäßig. Seine ganze Nahrung pflegt aus Weizenbrot, Milch, Früchten, Reis, Honig und Tee zu bestehen. Sehr selten ißt er Fleisch.

Schamyl hat drei Frauen. Er hatte noch eine vierte, die ihm seinen ältesten Sohn, Dschemal-Eddin, geboren hat. Aber als dieses Kind bei der Belagerung von Achulgo von den Russen 1839 gefangen wurde, starb seine Mutter aus Kummer. Ihr Name war Patimate. Sie hinterließ ihm noch zwei andere Söhne mit Namen Hadschi-Mohammed und Mohammed-Chabe, außerdem zwei Töchter.

Die drei anderen Frauen Schamyls – die letzte hat er

soeben wegen Unfruchtbarkeit mit dem Scheidebrief zu ihrer Familie zurückgeschickt – heißen Saida, Schuaneta und Aminetta.

Saida ist die Tochter eines alten Tataren und jetzt die erste Ehefrau seit dem Tode von Patimate. Alle Kinder und die Dienerschaft gehorchen ihr wie dem Imam selbst. Sie hat die Schlüsselgewalt und die Verteilung der Lebensmittel und Kleidung. Auch steht sie im Rang über den anderen Frauen. Von ihr hat Schamyl nur eine Tochter, Navanjate, die zwar von Gesicht schön und sehr intelligent ist, jedoch etwas verkrüppelte Füße hat.

Schuaneta ist die Tochter eines reichen Armeniers aus Masdok, der mit seiner ganzen Familie bei der Eroberung dieser Stadt in Gefangenschaft geriet und in die damalige Residenz Schamyls, Dargo, gebracht wurde. Er bot ein Lösegeld von hunderttausend Rubeln für die Freilassung seiner Familie an. Aber die sechzehnjährige Schuaneta gefiel dem Imam so, daß er bereit war, sie zu heiraten und die Familie ohne weiteres freizulassen. Das Mädchen war einverstanden, trat zum Islam über und erhielt ihren jetzigen Namen. Nachdem ihr Vater und ihre Mutter gestorben waren, ließ sie ihr Erbteil an Schamyl auszahlen. Sie ist bekannt als Schutzengel der Gefangenen Schamyls. Die später gefangenen Fürstinnen Tschautschawadse und Orbeliani verdankten ihr bedeutende Milderungen ihres Schicksals in der Gefangenschaft.

Die dritte Frau Schamyls war Aminetta. Bei ihrer Scheidung war sie 25 Jahre alt und unfruchtbar, was ihr insbesondere Saida immer vorhielt mit der Behauptung, daß dies ein Beweis dafür sei, daß sie den Imam nicht wirklich liebe. Sie war tatarischer Abkunft und 35 Jahre jünger als der Imam. Der sittenstrenge Imam fürchtete, daß man seine Liebe zu einer unfruchtbaren Frau als reine Sinnenlust auslegen könne.

Im Harem des Imam lebt noch seine Schwiegermutter namens Bakko. Sie ist die Mutter seiner verstorbenen ersten Frau Patimate. Sie hat eigene Räume und kocht für sich ihre Zuteilungen an Fleisch, Reis und Mehl. Die Ehefrauen essen gemeinsam. Sie lieben ihren Herrn – diese Bezeichnung paßt besser im Orient als die Bezeichnung Gatte – sehr, allerdings äußert sich dies entsprechend ihren verschiedenen Charakteren. Saida ist eifersüchtig wie eine Europäerin und hat sich niemals an die Teilung mit den anderen Frauen gewöhnen können und würde ihre Ehegenossinnen unglücklich machen, wenn nicht die Gerechtigkeit des Imams sie schützte.

Schamyl befolgt mit großer Regelmäßigkeit die Vorschrift Mohammeds, welche den Muselmanen gebietet, wenigstens einmal in der Woche seine Frauen nachts zu besuchen. Am Morgen des jeweiligen Besuchstages läßt er Saida, Schuaneta oder Aminetta sagen, daß er heute zu Besuch kommt. Ludwig XIV. war in dieser Hinsicht weniger taktvoll: Er steckte einfach eine Stecknadel in ein Kissen aus Samt, das verschiedene goldgestickte Felder hatte und offen auf seinem Nachttisch lag.

Den Tag nach einem Besuch bei einer seiner Frauen soll Schamyl im Gebet zubringen.

Der Sohn des Imams, Hadschi-Mohammed, hat vor zwei Jahren Karnuate, die reizende Tochter Daniel-Begs, aus Liebe geheiratet. Ihre gute Abstammung macht sich in ihren Manieren und ihrer geschmackvollen reichen Kleidung bemerkbar. Sie ist eine Lesgierin und trägt immer ihr Nationalkostüm. Wenn beide nach Veden, der jetzigen Residenz Schamyls, zu Besuch kommen, so schläft Hadschi-Mohammed im Zimmer seines Vaters und Karnuate einmal bei Saida, ein andermal bei Schuaneta. Während dieser Zeit besuchen beide Männer aus Rücksicht keine ihrer Frauen.

Bei solchen Besuchen werden dem Sohn zu Ehren in einer Ebene bei Veden Reiterspiele veranstaltet, die drei Tage dauern. Dabei werden von den Tscherkessen, Tschetschenen und Lesgiern die kühnsten und schwierigsten Reiterkunststücke vorgeführt, welche die besten Kunstreiter europäischer Zirkusse vor Neid erblassen lassen würden.

Der Preis für die beste Leistung besteht entweder in einem reichverzierten Sattel, einem schönen Gewehr oder einem Rassepferd. Bei diesen – man möchte sagen – ritterlichen Reiterspielen wird an Munition nicht gespart, obwohl Geld, Pulver und Blei knapp sind. Übrigens ist es zutreffend, daß seit einiger Zeit Schamyl eine Pulvermühle im Hochgebirge eingerichtet hat.

Bei Verheiratung einer Dienerin wird nicht nur im Harem, sondern auch im ganzen Dorfe gefeiert. Bei einer solchen festlichen Gelegenheit werden alle Dienerinnen mit Ohrringen, Rosenkränzen, Armbändern aus Koralle oder Bernstein sowie einem Festkleid beschenkt.

Auch die Braut erhält eine Brautkleidung, bestehend aus einer weiten Hose, Brauthemd, Schleier und roten Halbstiefeln mit hohen Absätzen. Der gefangene Offizier hatte zwei Hochzeiten mitgemacht.

Am Hochzeitsessen nimmt die Braut nicht teil, sondern muß hinter einem dichten Teppich sitzen. Es ist ferner Vorschrift, daß sie – ebenso wie der Bräutigam – drei Tage nüchtern bleiben muß, ohne zu essen.

Das Essen wird auf einem Teppich aufgetragen und besteht aus Schaschlik als Hauptgang, Pilaw mit Rosinen, Backwerk, Honigwasser sowie reinem Quellwasser. Dazu wird Weizenbrot gereicht, manchmal in Milch eingetunkt.

Jedermann ißt mit den Fingern, die übrigens von den Frauen nach orientalischer Sitte mit Henna rotgefärbt sind. Einige wenige essen dagegen den Reis mit kleinen

Eßstäbchen, wie sie in China gebräuchlich sind. Die Mahlzeit beginnt etwa um sechs Uhr abends. Nach vier Stunden stehen die Frauen auf, und die Freundinnen der Braut nehmen die Geschenke des jungen Ehemannes in Empfang. Üblicherweise bestehen diese aus einem Krug zum Wasserholen, einem dicken Lammwollteppich, der gleichzeitig als Sitzpolster und als Matratze verwendet werden kann, einem Wäschebottich sowie einer Truhe aus bemaltem Holz oder gefirnißtem Eisenblech. Hinzu kommt meistens noch ein zweiter Schleier, ein Spiegel und einige Tassen aus Steingut, ein leichtes Seidentuch sowie Seidenstoff zum Verarbeiten und zum Besticken.

Darauf steigt die junge Frau zu Pferde, und Laternenträgerinnen begleiten sie zu ihrer neuen Behausung, wo der junge Ehemann sie an der Tür erwartet. Aber die Braut verläßt nicht eher ihr Elternhaus, als bis sie ihre Mitgift, die ihr persönliches Eigentum bleibt, erhalten hat. Sie besteht aus einem Betrag von 25 Rubeln für ein Mädchen, zwölf Rubeln für eine sich zum ersten Male wiederverheiratende Witwe und sechs Rubeln für eine, die sich zum zweiten Male verheiratet. Natürlich bedeutet dies nicht, daß die Mitgift bei reichen Mädchen oder besonders schönen dieselbe ist, es ist vielmehr der übliche Mitgiftbetrag für einfache Frauen aus dem niederen Volk.

Es ist übrigens bezeichnend, daß Schamyl Kinder gern hat, und während der ganzen Zeit der Gefangenschaft der Fürstinnen Tschautschawadse und Orbeliani, über die wir später noch sprechen werden, ließ er sich an jedem Morgen ihre Kinder bringen und spielte etwa eine Stunde mit ihnen, wobei er ihnen jedesmal ein kleines Geschenk machte. Sie hatten sich so mit ihm angefreundet, daß sie weinten, als sie freigelassen wurden.

Genau um Mittag nahmen wir Abschied von dem so entgegenkommenden Kommandanten des Ortes und seiner

Familie. Wir verließen Schumacha, und zwar sollte uns Nurmat-Mat mit zwölf Mann geleiten und für unsere Sicherheit wegen der auf einem Kriegszuge gemeldeten Lesgier bürgen.

Die beiden Falkeniere hielten jeder einen abgerichteten Vogel auf der Faust und ritten unserem Geleitzug voraus, was ihm ein mittelalterliches Gepräge gab. Zunächst war der Weg ziemlich gut, aber bald erschienen an beiden Seiten jene berüchtigten Dornbüsche, denen nur Kleidung aus lesgischem Tuch widersteht. Seit Baku hatten wir überhaupt keinen Baum gesehen, aber hier erblickten wir viele, sogar noch nicht entlaubte. Die Luft war fast sommerlich lau, der Himmel ohne Wolken und der Horizont herrlich blau. So legten wir die 20 Werst, die uns noch von unserem Treffpunkt trennten, in nur eineinhalb Stunden zurück.

Unsern Sammelplatz erkannten wir bereits von weitem. Dort erwarteten uns zwei Tataren mit zwei Handpferden und drei Hunden am Koppelriemen. Mit ihnen sollten wir der Jagd folgen. Wir stiegen aus. Aber weil wir unterwegs viele Hasen herumspringen gesehen hatten, blieb ich zu Fuß und ließ mir mein Pferd nachführen. Moynet folgte meinem Beispiel.

Wir waren noch nicht hundert Schritte gegangen, als jeder von uns einen Hasen geschossen hatte. Außerdem scheuchte ich ein Volk Fasanen hoch und merkte mir die Stelle, wo sie einfielen. Nun stieg ich zu Pferde und rief nach den Falknern. Sie eilten mit ihren Hunden herbei, und ich zeigte ihnen die Stelle, wo die Fasanen sitzen mußten. Als wir dort angekommen waren, befanden wir uns ungefähr in der Mitte einer Schar Fasanen, die auseinanderflogen. Nun warfen die Falkner ihre beiden Falken in die Luft. Einen verfolgte ich zu Pferde und Moynet den anderen.

Als ich zweihundert Schritte geritten war, hatte mein Falke bereits seinen Fasan gefangen. Ich kam noch zur Zeit, um ihn lebend zu bekommen, er hatte lediglich auf dem Kopfe eine leichte Verletzung. Es war ein prachtvoller Hahn.

Nun nahm unser Falkner aus einem Ledersack ein Stück Fleisch und gab es seinem Falken als Entschädigung für die ihm weggenommene Beute. Das Tier war zufrieden und bereit, noch einmal aufzusteigen. Darauf begaben wir uns auf unseren Sammelplatz zurück, wo auch Moynet mit einem prächtigen lebenden Hahn ankam, der allerdings stärker verletzt war als der meinige. Deshalb drehte man ihm sogleich den Hals um und steckte ihn in den Gepäckkasten unseres Wagens, wo bereits die beiden erlegten Hasen verstaut waren.

Darauf ritten wir auf eine kleine Erhöhung, von der aus wir einen sehr guten Rundblick hatten, hielten dort unsere Pferde an, so daß wir den Eindruck von zwei Reiterstatuen machten und entließen unsere beiden Falkner mit den losgekoppelten Hunden zur Suche in die mit Gebüschen besetzte Landschaft. Wir sahen, daß ein einzelner Fasan hochgescheucht wurde, ein Falke wurde hochgeworfen, aber der Fasan entkam ihm. Kurz darauf kam ein zweiter Fasan hoch, und der zweite Falke begann ihn zu verfolgen. Sie kamen direkt auf uns zugeflogen, und der Verfolger war höchstens vier Flügelschläge noch von seiner Beute entfernt, als wir zu unserem Erstaunen sahen, daß er sich plötzlich wie ein Stein ins Gestrüpp fallen ließ. Es sah aus, als ob er eine Kugel durch beide Flügel erhalten hätte.

Ich sah nach oben in die Luft, um womöglich die Veranlassung für dieses unverständliche Verhalten zu erkennen. Und tatsächlich sah ich etwa hundert Meter über mir einen Adler vorbeifliegen. Mein Falke mußte ihn bemerkt haben und kam sich anscheinend wie ein Wilddieb gegenüber diesem mächtigen Herrn der Lüfte vor, so daß er in den Büschen Schutz suchte. Aber der Adler flog weiter, ohne von ihm Notiz zu nehmen.

Nun lief ich zu der Stelle, wo sich der Falke hatte hinunterfallen lassen, und es war nicht leicht, ihn zu finden. Er hatte sich unter einem hohen Grasbüschel versteckt und zitterte an allen Gliedern. Ich ergriff ihn und zog ihn aus seinem Versteck, jedoch hatte er seine Klauen derartig krampfhaft zusammengezogen, daß er sie nicht lösen konnte, um sich auf meine Faust oder meine Schulter zu setzen. Er blickte angstvoll nach allen Seiten, aber der Adler war bereits weit weg und der Himmel leer.

Der Falkner kam herbei, nahm den von mir im angewinkelten Arm getragenen Vogel und beruhigte ihn. Trotzdem dauerte es über eine halbe Stunde, bis der Falke imstande war, wieder einen Fasan zu verfolgen, den er jedoch dann in seiner Unsicherheit nicht faßte. Ich muß jedoch sagen, daß mir dieser Zwischenfall wegen der Beobachtung der Tierseele mehr interessant als unangenehm war. Außerdem hatten wir doch innerhalb von zwei Stunden drei Fasanen erbeutet.

Aber die Zeit verstrich, und wir mußten an die Weiterreise denken. Deshalb beendeten wir die Jagd, überreichten den Falknern einige Rubel und behielten die Jagdbeute, die uns für den Rest unseres Weges als Proviant dienen sollte. Wir hatten noch etwa 30 Werst bis nach Turmanschaja, wo wir übernachten wollten, außerdem führte der Weg über einen steilen Berg, der auf jeden Fall bei Tageslicht zurückgelegt werden mußte.

Unser Begleitschutz war gewechselt worden, jedoch Nurmat-Mat verblieb an der Spitze unserer zwölf Kosaken. Er ließ nun je zwei von ihnen die Vor- und Nachhut nehmen und galoppierte mit den übrigen acht in Kreisen um unseren Tarantas. Dies war die Formation, die man stets einnahm, wenn die Straße für unsicher gehalten wurde.

Auch wir machten uns daher bereit und luden unsere Waffen, die um eine Büchse für Fürst Bagration und einen Revolver für den Prinzen Utzmiew vermindert worden waren, mit Kugeln an Stelle von Schrot, und fort ging es in schneller Fahrt.

Jedoch am Fuße des Gebirges mußte unsere Karawane Schritt fahren. Dies benutzten wir, um wieder Schrot in die Läufe zu schieben, und man ließ uns, von je einem Kosaken begleitet, etwas seitlich vom Wege nebenher gehen. Hierbei schossen wir noch einen Fasanen sowie einen anderen Vogel.

Kurz darauf jedoch wurde auf uns von einem unzugänglichen Terrain aus ein Schuß abgegeben, und die Kugel surrte in Kniehöhe vor uns vorbei. Dies erachteten wir als eine unmißverständliche Aufforderung, wieder in unseren Tarantas einzusteigen und uns gefechtsbereit zu machen. Es ereignete sich dann jedoch nicht der erwartete Angriff, und nach einer Stunde erreichten wir den Berggipfel, ohne daß wir einen Lesgier zu Gesicht bekamen.

Jetzt war die Landstraße so breit, daß zwei Wagen nebeneinander fahren konnten, aber das Gebirge war so steil, daß – wie auf dem Mont Cenis – wir in einer unermeßlich langen Schlangenlinie uns in Serpentinen abwärts bewegten, und man kann sagen, daß die Fahrt wegen der tiefen Abgründe manchmal recht lebensgefährlich aussah. Aber der großartige Horizont mit der Aussicht, die er bot, lenkte einen davon ab.

Wir befanden uns jetzt zwischen zwei Gebirgsketten, von welchen die zur Rechten am Fuße Bewaldung hatte, während sie in mittlerer Höhe unfruchtbar und unbewaldet, dagegen in der oberen Region mit Schnee bedeckt war. Die zu unserer Linken war nicht so hoch, ihr Fuß erschien tiefblau, und sie war oben von der untergehenden Sonne vergoldet. Wir fuhren also jetzt zwischen zwei hohen Gebirgszügen des Kaukasus in eine dazwischen liegende Ebene hinab, die breiter als ein gewöhnliches Tal war.

Man durfte jedoch nicht in die Tiefe sehen, wenn man nicht bei jeder Wegebiegung von einem Schauer oder Schwindel ergriffen werden wollte. Unser Kutscher schien wirklich den Teufel im Leibe zu haben. Vom Beginn des Abstieges hatte er mit der löblichen Angewohnheit von seinesgleichen – und wahrscheinlich durch den Schuß aus dem Hinterhalt auf uns noch von Angst beflügelt – sein Gefährt in Galopp versetzt, so daß die Nachhutkosaken weit zurückgeblieben waren, unsere Seitendeckung hinter dem Wagen herjagte und sogar unsere Vorhut überholt war.

Vergeblich brüllten wir ihm zu, er solle seine Pferde zügeln, aber er antwortete gar nicht, sondern peitschte im Gegenteil noch auf sein Gespann weiter ein, um ja nicht langsamer zu werden, sondern womöglich das halsbrecherische Tempo noch zu beschleunigen. Dabei hielt er wenigstens den Wagen auf der Straßenmitte, und zwar mathematisch genau, und am meisten beruhigte uns die Überlegung, daß er auf dem Kutschbock ja zehnmal mehr gefährdet war als die Wageninsassen.

Diese tolle Bergabfahrt, die normalerweise zwei Stunden hätte dauern sollen, wurde in diesem Tempo in knapp 50 Minuten zurückgelegt! Endlich befanden wir uns fast auf gleicher Höhe wie die vor uns liegende Talsohle, und vor uns lag keine Kehre mehr, sondern eine fast schnurgerade Straße, an deren äußerstem Ende die ersten Häuser sichtbar wurden. Wir glaubten schon so gut wie gerettet zu sein, als unser Kutscher dem neben ihm sitzenden

Kalino zurief: »Nehmen Sie die Zügel und kutschieren Sie weiter, ich kann nicht mehr!«

Hinten verstanden wir nicht, was er meinte, aber seine Gebärden waren alles andere als beruhigend. Unsere Pferde lenkten nicht etwa seitwärts in die gerade Straße ein, sondern liefen in der alten Richtung geradeaus, wodurch sie über einen Abhang, der steil war wie ein Dach, auf einen Graben zusteuerten. In diesem Augenblick endlich ergriff Kalino die Zügel, aber es war zu spät; anscheinend hatte auch er seine gewohnte Besonnenheit verloren.

Was sich nun ereignete, geschah so blitzschnell, daß man es kaum begreifen konnte: Als erster verschwand der Kutscher vom Bock und glitt oder stürzte zwischen die Pferde. Dagegen wurde Kalino durch den erfolgten Stoß in die Luft geschleudert, weil die Räder des Tarantas gegen ein Felsstück gestoßen waren. Ich selbst landete an dem Ast eines Baumes, an dem ich mich mit den Händen festklammern konnte und der sich unter meinem Gewicht bog, so daß ich nur einen Fuß über der Erde schwebte. Als ich dies festgestellt hatte, ließ ich los, und für mich war der Fall erledigt. Moynet stand bereits wieder aufrecht da.

Aber die beiden anderen Insassen waren nicht so gut davongekommen. Der Kutscher blutete am Kopf und an den Händen, er war zwischen und unter die Pferde gefallen. Kalino war auf einem Acker gelandet und hatte sich anscheinend keinen großen Schaden getan, aber eins beunruhigte ihn doch: Er war unser Zeitansager und trug meine Uhr, die ein ziemlich gutes, teures Werk hatte. Um sich damit wichtig zu machen, hatte er die Kette nicht an einem Westenknopf befestigt, sondern außen an seinem Rock. Bei seinem Luftsprung hatte er damit gegen einen biegsamen Ast gehakt, dieser hatte sie durchgerissen und dabei die Uhr weit weggeschleudert. Sie war und blieb verschwunden, und es nützte nichts, daß Kalino mir nachträglich sein Bedauern ausdrückte. Als Erinnerung blieb das abgerissene Stück der Kette.

Ich sagte zu ihm, daß wir zunächst unseren Postillon herausziehen müßten, bevor wir die Uhr suchten. Dies leuchtete ihm jedoch durchaus nicht ein, er war der Ansicht, daß erst die Uhr, dann der Mann kam. Aber ich bestand darauf. Moynet versuchte die Pferde auszuschirren, jedoch hier sind die Geschirre ganz anders als in Europa. Was bei uns ein Riemen ist, ist dort ein Seil und so weiter, also zog ich meinen Kandschar und schnitt die Pferde einfach los.

Im gleichen Augenblick erschienen die Kosaken bei uns. Sie hatten von weitem unsere Luftsprünge gesehen und kamen uns zu Hilfe. Sie waren willkommene Helfer, und jetzt gelang es auch, den Kutscher unter den gefallenen Pferden hervorzuziehen und seine nicht gefährlichen Wunden in einer nahen Quelle zu waschen und mit Taschentüchern zu verbinden. Als dies erledigt war, befragte ich ihn, von welchem Insekt er gestochen worden sei, als er seine Pferde in Galopp setzte und auf unsere Zurufe nicht antwortete.

Er gestand, daß von einem gewissen Augenblick an sich alles in seinem Kopfe gedreht hätte, und instinktiv hätte er die Pferde entlang der Straßenmitte laufen lassen, ohne sie zu hindern. Als wir fast ganz unten angekommen waren, wurde ihm ganz schwindelig, und er verlor fast seine Kräfte, so daß er Kalino noch zugerufen hätte, ihm die Zügel abzunehmen. Nachdem jetzt alle zwölf Kosaken zur Hilfeleistung verfügbar waren, dauerte es nicht mehr lange, und wir konnten mit dem Tarantas, der den Anprall gut überstanden hatte, unsere Fahrt weiter fortsetzen.

Um acht Uhr abends erreichten wir Turmanschaja, das

nichts Merkwürdiges bot, und um sieben Uhr früh trabten wir weiter. Je weiter wir kamen, desto sommerlicher wurde die Luft und die Vegetation, und das im November! Es wurde ein schöner Sommertag. Gegen elf Uhr erreichten wir die nächste Poststation. Es war nun die Frage, ob wir hier übernachten oder in Nukha beim Fürsten Tarkanow einen Tag verbringen wollten. Wir einigten uns auf die letztere Lösung, und ich befahl dem Kutscher weiterzufahren und uns beim staatlichen Kronhause in Nukha abzusetzen. Der Tarantas setzte sich in Galopp, und vorbei an Häusern, Mühlen und Fabriken kamen wir nach einer Viertelstunde vor einem Hause an, das einen düsteren Eindruck machte, dessen Fenster unbeleuchtet und dessen Tür verschlossen war. Anscheinend stand uns hier keine üppige Aufnahme bevor.

Unser Kutscher ging zu dem gegenüberliegenden Hause, um unsere Ankunft zu melden und den Schlüssel zum Rasthaus zu erbitten. Er kam nicht allein, sondern mit dem Nuker des Fürsten zurück, der schwer bewaffnet war und zweifellos Wache gestanden hatte. Als er unsere Waffen sah, fragte er, ob und womit sie geladen seien. Auf unsere Antwort, zwei Gewehre seien mit grobem Schrot und drei mit Kugeln geladen, wiederholte er mehrmals: »*Karascho, karascho!*«, was hier »sehr gut« bedeuten sollte.

Als er dann fragte, ob wir etwas brauchten, erhielt er einstimmig die Antwort »ein Abendessen!«.

Während er sich entfernte, um unserem Wunsche zu entsprechen, besichtigten wir dieses der Krone gehörende Rasthaus, das sechs Zimmer hatte, die jedoch kaum möbliert waren. Übrigens sahen wir hier zum ersten Male viele Nischen in den Wänden von der Art, von welcher uns Dandré in seiner Geschichte von dem Punsch trinkenden Militärarzt erzählt hatte. Hier waren leider alle Nischen leer.

Wir setzten uns also zu dritt auf eine Pritsche und beschlossen, doch am nächsten Tage weiterzureisen und dem Fürsten lediglich einen kurzen Höflichkeitsbesuch zu machen. Der Nuker erschien in verhältnismäßig kurzer Zeit mit je einer Platte mit geräuchertem Fisch und mit kaltem Fleisch sowie Wein und Wodka wieder. Wir aßen, vor Kälte schlotternd, denn das Brennholz war noch fast grün und wollte nicht recht brennen. Aber sobald der Samowar dampfte, trug er sehr zur inneren und auch äußeren Erwärmung bei, und wir befanden uns ganz gemütlich.

Die größte Überraschung bereiteten uns die inzwischen gleichfalls geheizten Schlafzimmer. Dort standen nicht nur Wachskerzen in den Nischen, sondern es lagen sogar dicke Filzdecken auf den Pritschen. Als der Nuker noch einmal erschien und fragte, ob alles in Ordnung sei, was ich dankend bejahte, machte Moynet einen Witz und sagte, es fehle höchstens noch eine Bajadere. Der Nuker ließ sich dieses ihm offenbar unbekannte Wort erklären und verschwand dann.

Ich nahm also das kleinere Zimmer und überließ Moynet und Kalino das große. Bevor ich mich legte, sah ich aus dem Fenster, wobei ich bemerkte, daß der Mond inzwischen aufgegangen war und eine auf- und abgehende Schildwache unter meinem Fenster patrouillierte. Dies fiel mir auf, denn unser Gepäck war im Hause und brauchte nicht bewacht zu werden. Außerdem wußte hier niemand, wer wir waren, denn ich hatte unseren Geleitschein niemand gezeigt. Aber ich wollte mir den Kopf darüber nicht zerbrechen, legte mich und war bald eingeschlafen.

Nach einiger Zeit wurde ich aus dem tiefsten Schlafe durch das Aufgehen meiner Tür geweckt. Schlaftrunken sah ich mich um und erkannte den Nuker, neben dem eine in lange Schleier gehüllte weibliche Gestalt stand.

»Bajadere!« sagte er.

Ich gestehe, daß ich zunächst nicht wußte, was er meinte. Aber er wiederholte immer wieder: »Bajadere, Bajadere!«

Schließlich fiel mir der Witz von Moynet ein. Der Nuker hatte Scherz für Ernst genommen! Aber ich hatte nicht den Wunsch nach einer Bajadere ausgesprochen und wollte keinen Anspruch auf sie erheben.

Deshalb rief ich laut ins andere Zimmer und fragte: »Wer will eine Bajadere?«

»Ich«, antwortete die Stimme Kalinos.

»Dann öffnen Sie Ihre Tür und Ihre Arme . . .!«

Als sich die Tür wieder geschlossen hatte, drehte ich mich um und schlief zum zweiten Male endgültig ein.

Nach meiner Schätzung mußte es zwei Uhr sein, als ich durch das Krähen eines Hahnes wieder geweckt wurde. Ich konnte daraus nicht klug werden und eilte schließlich auf den Balkon. Die Schildwache lehnte an einem Baum, eingehüllt in seine Burka und den Papak auf die Augen gedrückt, er konnte es nicht gewesen sein. Schließlich löste sich das Rätsel, als ich in Augenhöhe bei einem erneuten Krähen einen prächtigen Hahn mit seinen Hennen auf einem Baum dicht neben dem Balkon erblickte. In Nukha gibt es keine Hühnerställe, und abends wählen sich die Hähne Schlafbäume aus, fliegen hoch und kommen mit ihrem Harem nach Hellwerden wieder herunter.

Als ich dann ausgeschlafen erwachte, mußte ich zuerst – wie fast überall in Rußland – das Problem des Waschwassers lösen. Seit meiner Abreise von Moskau hatte ich niemals Waschwasser im Schlafzimmer vorgefunden.

Diesmal brachte mir übrigens am Morgen der Nuker auf meine Zeichensprache hin gleich eine sehr hübsche Kupferkanne, die jedoch nur fünf Gläser Wasser halten konnte. Man hält also die Hände hin, und der Diener gießt etwas Wasser über sie. Will man das Gesicht waschen, so nimmt man Wasser in den Mund, spuckt etwas Wasser in die Hände und frottiert damit das Gesicht. Dies Verfahren wird so lange fortgesetzt, bis das Wasser im Munde verbraucht ist und keins zum Mundvollnehmen mehr da ist. Dies ist wenigstens die Art, wie die einfachen Leute sich waschen. Wie es bei den Bessergestellten geübt wird, kann ich nicht berichten, weil diese sich bei dieser Zeremonie schamhaft einschließen. Fremde warten im allgemeinen, bis es regnet. –

Doch nun wieder zu unserem Nuker. Er ließ mir durch Kalino sagen, daß der Fürst Tarkanow sehr bedauere, nicht sofort von unserer Ankunft erfahren zu haben, und unser Gepäck solle in sein Haus gebracht werden. Es war nicht weit dahin, und wir gingen voraus, nachdem wir der Dienerschaft unser Gepäck zum Nachbringen gezeigt hatten.

Der Eingang in das Haus des Fürsten war außerordentlich malerisch. Das große Haustor hatte eine kleine Eingangstür, die nur durch einen einzigen Mann passierbar war, offenbar eine Vorsichtsmaßregel gegen feindliche Überfälle. Das Tor führte auf einen sehr großen Hof mit gigantischen Platanen, und unter jedem dieser Bäume stampften zwei oder drei Pferde, die zum Kampf aufgeschirrt waren. Dazwischen gingen etwa 20 Milizsoldaten umher, die Burka auf der Schulter, den spitzen Papak auf dem Kopfe, Schaschka und Kandschar zur linken sowie Pistolen an der rechten Seite. Ihr Anführer war etwa 40 Jahre alt und unterhielt sich mit einem wohl zwölfjährigen Knaben, der Tscherkessentracht trug und mit einem langen Dolch bewaffnet war.

Das Gesicht des Knaben zeigte den reinsten georgischen Typ: schwarze Haare und Brauen, feurige, dunkle Augen, griechische Nase, volle, rote Lippen und schöne, weiße

Zähne. Als er mich bemerkte, kam er auf mich zu und fragte auf französisch: »Sie sind Herr Alexandre Dumas, nicht wahr?«

»Jawohl«, antwortete ich, und erkannte ihn an der Schilderung durch Fürst Bagration, »und Sie sind der junge Prinz Iwan Tarkanow?«

»Papa«, rief er einem etwa 50jährigen Mann in russischer Oberstenuniform zu, »hier ist Herr Dumas. Er hat also doch nicht den Weg über Elisabethpol genommen.«

Dann zu mir nach einer herzlichen Begrüßung: »Ich habe noch nichts von Ihnen gelesen, aber jetzt, nachdem ich Sie kennengelernt habe, will ich alles lesen, was Sie geschrieben haben. Übrigens Papa, Herr Dumas will acht Tage hierbleiben.«

Darüber mußte ich lächeln und verbesserte ihn: »Leider müssen wir heute abend abfahren.«

»Abends lassen wir Sie auf keinen Fall fort, denn Sie dürfen nicht von den Lesgiern getötet werden, aber morgen wird sich das Weitere schon finden. Leider spricht mein Vater nicht französisch, aber ich werde dolmetschen. Mein Vater läßt Ihnen sagen, daß Sie in unserem Hause willkommen sind. Übrigens sagt Dimitri, daß Sie sehr schöne Gewehre haben. Ich darf sie doch einmal ansehen?«

Selbstverständlich bejahte ich, und wir stiegen die Treppe hinauf. Es war erstaunlich, wie geläufig der Knabe französisch sprach, man konnte kaum glauben, daß er niemals seine Heimat Schirwan verlassen hatte. Während wir Tee tranken, dachte ich an die Schildwache in der letzten Nacht vor unserer Wohnung. Deshalb fragte ich Prinz Iwan: »Apropos, hatte man gefürchtet, wir würden entwischen, weil wir bewacht wurden?«

»O nein«, erwiderte er lachend: »Man hat Ihnen zu Ihrer Sicherheit eine Schildwache gegeben.«

»Wieso? Waren wir denn hier nicht in Sicherheit?«

»Durchaus nicht, unsere Spione hatten uns gemeldet, daß die Lesgier eigentlich einen Angriff auf unsere Seidenfabrik beabsichtigten, außerdem wollten sie nach Möglichkeit mich entführen. Wir haben unsere Spione bei den Lesgiern, ebenso wie sie welche bei uns haben. Und mein Vater hat ihnen nicht nur großen Schaden getan, sondern auch eigenhändig einige Dutzend Köpfe abgeschlagen. Beim zweiundzwanzigsten hat ihm der Zar Nikolaus einen Ring als Anerkennung geschickt. Papa, hole ihn doch und zeige ihn Herrn Dumas!«

Der Oberst stand lächelnd auf und kam bald darauf mit einem kostbaren Ring wieder, welcher außen vier große Diamanten und innen den Namenszug des Kaisers hatte.

»Übrigens hat mein Vater ihn mir versprochen, wenn ich die ersten drei Lesgierköpfe abgeschlagen habe.«

Das äußerte er so gleichgültig, als ob er gesagt hätte, nachdem er drei Nüsse gepflückt habe.

»Warum wollen Sie nicht warten, bis sie 22 Köpfe erbeutet haben, dann erhalten Sie auch einen Ehrenring wie Ihr Vater, und Sie haben dann zwei in der Familie?«

Er antwortete: »Wer weiß, ob ich ebenso gute Gelegenheit haben werde, denn es wird von Tag zu Tag schwieriger, weil sich viele Dörfer unterwerfen. Lieber will ich bei meinen drei Köpfen bleiben. Auf diese Zahl komme ich bestimmt. Wer hat denn noch nicht drei Lesgier getötet?«

»Zum Beispiel ich, mein Prinz.«

»Sie sind auch nicht hier zu Hause, und diese Kämpfe gehen Sie nichts an. Sehen Sie, der Milizoffizier, mit dem ich im Hofe sprach, als Sie kamen, hat schon elf getötet, und wenn unsere Spione nicht falsch berichtet haben, wird er binnen drei Tagen sein Dutzend voll machen. Er hat übrigens das Georgskreuz, wie auch mein Vater, und ich werde es auch einst bekommen.«

Wenn unsere Knaben im Alter des jungen Prinzen sind, so spielen sie mit Kasperlepuppen und flüchten hinter die Reifröcke der Mütter, wenn man ihnen mit dem bösen Mann droht. Hier sind die Knaben im Alter des jungen Prinzen ständig von der Gefahr bedroht, geraubt zu werden, sprechen mit der größten Selbstverständlichkeit vom Kopfabschneiden, und es ist ganz natürlich, daß man ihnen einen rasiermesserscharfen Kandschar an die Seite hängt, wo man unseren Kleinen das Fleisch auf dem Teller zerteilt, damit sie kein Tischmesser anzufassen brauchen.

Zum Beispiel habe ich den zweijährigen Sohn des Fürsten Mellikow gesehen, der vollständige Tscherkessentracht anhatte, mit scharfen Patronen auf der Brust und einem Kandschar an der Seite, der haarscharf geschliffen war. Die Prinzessin Mellikow lächelte, als er davon sprach, daß sein Kandschar die Marke des berühmten Schwertfegers Murtasal habe, und sie forderte den kleinen Jungen, der eben gelernt hatte »Papa« und »Mama« zu sagen, von sich aus auf, ihn aus der Scheide zu ziehen und ihn mir zu zeigen. Jede französische Mutter würde bei einem solchen Anblick in Ohnmacht gefallen sein. –

Doch sprechen wir weiter von den Lesgiern. Der junge Prinz erzählte mir gewisse Einzelheiten, die mir neu waren. Er sagte, daß es in Nukha ein Dutzend Leute gebe, denen die rechte Hand fehle, die linke wird als wertlose Trophäe angesehen.

Dann erzählte er mir folgendes: Die Lesgier überfielen vor einiger Zeit Childa und konnten dabei in das Haus des Bezirksvorstehers Dodajew eindringen. Dieser hatte einen armenischen Sekretär mit Namen Sukiazow-Effrem. Mitten während des Nahkampfes ließ dieser sich zu Boden fallen und stellte sich tot, in der Erwartung, sich durch diese List zu retten. Ein Lesgier stolperte in der Dunkelheit über den anscheinend Toten, erkannte ihn als Gegner und schnitt ihm die linke Hand ab. Dabei hatte der Armenier die Willenskraft, keinen Laut von sich zu geben, aber zu seinem Unglück bemerkte der Lesgier draußen seinen Irrtum. Die abgehauene linke Hand war kein Triumph wie ein Skalp in Amerika, eher eine Schande für ihn. Also ging er wieder zurück ins Haus und schnitt die Rechte des unglücklichen Sekretärs ab, der diese doppelte Amputation überlebte. Heute ist er Polizeimeister in Telavi.

Er erzählte auch, was die Lesgier mit den abgeschnittenen Händen machen: Sie werden an die Türen ihrer Häuser genagelt, und wer die meisten davon annageln kann, ist der Angesehenste im Aul.

Als wir vom Teetisch aufstanden, war ich der Meinung, daß es nun Zeit sei, ein anderes Thema anzuschlagen und empfahl jetzt, eine Besichtigung und Erprobung meiner restlichen vier französischen Gewehre im Hofe vorzunehmen. Ich war ja meinem kleinen Dolmetscher eine Belohnung schuldig.

Der junge Prinz kannte sowohl die gewöhnlichen Doppelflinten als auch die Karabiner, aber der Hinterlader mit seinem Mechanismus war ihm neu. Während ich die Erklärungen gab, lehnte er sich an einen ebenfalls aufmerksamen, zahmen Hirsch, und ein starker schwarzer Widder lag vier Schritt entfernt auf allen vieren und betrachtete uns verachtungsvoll bei unserem Tun.

Ich machte zuerst einige Probeschüsse nach einem Brett, wobei ich mit einem Auge nach den Tieren schielte und erwartete, daß sie vor Schreck einen hohen Luftsprung machen würden, aber nichts ereignete sich. Beide waren so an das Schießen gewöhnt, daß man sie mit geringer Mühe bei ihrer kriegerischen Vorbildung hätte dazu bringen können, Dressurstücke zu zeigen, wie gewisse Hasen, die auf Jahrmärkten gezeigt werden und zum Trommeln und Pistolenschießen abgerichtet sind.

Nach mir schoß der Kleine, und zum Schluß versprach ich ihm – während sein Vater vom Balkon aus zusah –, daß ich ihm binnen drei oder vier Monaten ein gleiches Gewehr aus Paris schicken würde.

Nach dem Frühstück fragte ich ihn, ob er mich bei einer Stadtbesichtigung führen wolle, worauf er seinen Vater fragend ansah. Dieser nickte zustimmend, aber er gab dem Essaul des Prinzen einen Befehl, und vier Nuker schnallten um, setzten den Papak auf und machten sich zur Begleitung fertig. Auch der Prinz ergriff außer seinem Kandschar eine Pistole, kontrollierte Pulver und Zündhütchen wie ein alter Krieger und steckte beides in den Gürtel.

Die jetzt im Hofe anwesenden 15 Essauli steckten die Köpfe zusammen, und ihr Anführer Badrize sagte zum Fürsten Tarkanow, daß sein Sohn ohne Gefahr mitgehen könne. Er habe seit zwei Nächten mit seinen Leuten die Umgebung durchstreift, ohne etwas Verdächtiges zu sehen, und es wäre unwahrscheinlich, daß die Lesgier am hellichten Tage eine Stadt von fünfzehntausend Einwohnern angreifen würden.

Dann marschierten wir in Kampfordnung ab. Zehn Schritte vor uns marschierte der Essaul als Vorhut, dann kamen Moynet, Kalino und ich mit dem Prinzen, und ein Stück hinter uns kamen die vier Nuker als Nachhut. So waren wir gesichert wie eine militärische Marschkolonne und konnten die Stadt in Muße besichtigen.

Der Fürst bewohnte ein etwas abgelegenes Landhaus, natürlich wie alle anderen mit einer festen Einfriedigung, daher die durchaus nicht überflüssigen Vorkehrungen, die er traf, wie sich auch bald zeigen sollte. Wir gingen etwa eine Werst bis zur Hauptstraße, das heißt, wir hüpften von Stein zu Stein im Bett eines kleinen Baches, dessen Kies mit fast zwei Zoll Wasser bedeckt war.

Endlich bogen wir links ab in den eigentlichen Basar.

Hier war reges Leben. Außer den Budenbesitzern boten eine Menge Hausierer ihre Ware feil. Jeder derselben verkauft nur einen Artikel, nie zweierlei. Einige haben Säbel, Dolche, Pistolen und Flinten aus dem nahen Orte Kuba zu verkaufen, andere Teppiche aus Schumacha, noch andere Rohseide aus dem Gebirge. Mitten unter ihnen sah man Lesgier, welche Tuch feilboten. Es ist dies ein ungemein dauerhafter Stoff von weißer oder orangegelber Farbe, der im ganzen Kaukasus hochgeschätzt wird und Dornen widersteht. Jedes Stück, das für einen Mann von normaler Größe ausreichend ist, kostet sechs bis zwölf Rubel, je nach Qualität. Übrigens habe ich zwei Abschnitte, ausreichend für je eine Hose und eine Tscherkeßka, mitgebracht, vielleicht können unsere Tuchfabrikanten in Louviers und Elbeuf von diesen übrigens auch wasserdichten Proben etwas lernen.

Diese Handelsleute sind sehr bemüht, Käufer zu finden, ganz im Gegensatz zu den Budeninhabern. Letztere sitzen ernst und uninteressiert vor ihren Auslagen, und keiner dieser stolzen Leute scheint verkaufen zu wollen.

Die drei schönsten Basare, die ich hier unten gesehen habe, waren die von Derbent, Baku und Nukha, wobei ich den von Tiflis nicht ausnehme. Hier wird alles verkauft, Teppiche, Waffen, Sättel, Patronen, Polster, Tischdecken, Fußbekleidung aller Art, angefangen von den Sandalen der Bergstämme bis zu den Langschäftern der Georgier.

Weiter gibt es Ringe, Armbänder, Halsbänder mit ein, zwei oder drei Reihen tatarischer Geldstücke. Ich habe hier Frauenhauben gesehen, welche Zigeunerinnen auf den Bühnen unserer Theater überglücklich machen würden, dann Stecknadeln und vor allem wunderschöne Mieder mit goldenen und silbernen Früchten, die wohl Sinnbilder noch kostbarerer Früchte sein sollten, welche darin geborgen werden.

Alles wimmelt, fuchtelt und schreit durcheinander, gelegentlich kommt es auch zu einer Rauferei mit Peitschen und Messern. Aber es gibt auch höfliche, würdige Leute, welche die Hände über der Brust kreuzen, sich verneigen und küssen, es ist wie in einer persischen Stadt.

Mit einem Male jedoch hörten wir Geschrei und sahen ein Getümmel. Vier Lesgier von einem unterworfenen Stamm – Tuchverkäufer – hatten einen Reiter angehalten, indem sie ihm in den Zügel fielen. Ich weiß weder, was sie von ihm wollten, noch was er ihnen getan hatte. Er drohte mit dem Peitschenstiel und schlug einem Lesgier damit über den Kopf. Der Getroffene fiel zu Boden, zugleich jedoch stürzte das Pferd des Angegriffenen und war in einem Menschenstrudel verschwunden. Aber jetzt griff der Nuker des Reiters ein, und mit jedem Faustschlag schlug er einen Gegner zu Boden. Schnell war der Reiter auf den Beinen und hieb sich mit seiner Peitsche wie mit einem Dreschflegel eine Gasse, der Nuker sprang hinten auf das Pferd auf, und beide galoppierten davon, während drei der Lesgier blutend auf der Erde lagen.

Ich fragte den Prinzen: »Was bedeutet das, wer ist der Reiter, und was wollten die Lesgier von ihm?«

»Das weiß ich nicht«, wurde mir geantwortet, »es interessiert mich auch nicht. So etwas kommt oft vor. Die Lesgier haben ihn anscheinend beleidigt, und er hat sie geschlagen. Jetzt muß er sich aber in acht nehmen, denn sobald er aus der Stadt ist, kann ihn in jedem Augenblick eine Kugel treffen. Innerhalb der Stadt dürfen sie keinen Gebrauch von Waffen machen, sonst läßt mein Vater sie sofort erschießen.«

»Aber wenn nun einer mit dem Peitschenstiel erschlagen wird?«

»Oh, das ist etwas anderes. Eine Peitsche ist keine verbotene Waffe, und wer kräftige Arme hat, macht davon

Gebrauch . . . Aber sehen Sie, dort können Sie einen selten schönen Sattel kaufen, Sie bekommen ihn nirgends so wohlfeil.«

Darauf kaufte ich zwei gestickte Sättel für den Preis von 24 Rubel, so etwas Schönes kann man in ganz Frankreich nicht bekommen.

Während wir hiermit beschäftigt waren, kam ein Offizier in Tscherkessentracht vorbei und begrüßte den jungen Prinzen, der ihn mir als »Mohammed-Khan« vorstellte, worauf ich mich verneigte. Er war Träger des Georgskreuzes und hatte prächtige Waffen. Das Georgskreuz wird nur nach einer glänzenden Waffentat sowie auf Antrag einer Versammlung von Ordensrittern verliehen. Während wir weitergingen, fragte ich natürlich, wer er sei.

Der Prinz sagte, er sei der Enkel des letzten Khans von Nukha. Wenn diese Provinz nicht russisch geworden wäre, so würde sie ihm gehören. Man habe ihn zum Major gemacht, welchen Grad er sich redlich verdient hätte, außerdem habe man ihm eine Jahresrente ausgesetzt. Er sei übrigens der Neffe des berühmten Daniel-Sultan.

»Wie, ein Neffe des Naibs, der Schamyl so hoch schätzt, daß er der Schwiegervater seines Sohnes Hadschi-Mohammed wurde?« fragte ich erstaunt.

»Jawohl.«

»Aber wie ist es möglich, daß der Onkel Schamyl dient und der Neffe den Russen?«

»Dies beruht auf einem Versehen und einem Mißverständnis. Früher war auch Daniel-Khan auf russischer Seite, und zwar als Khan von Elissu, wurde jedoch anscheinend von General Schwarz, dem Befehlshaber der lesgischen Linie, etwas geringschätzig behandelt. Aus dieser Stimmung heraus hat er anscheinend zu seinem

Sekretär, einem Armenier, einige drohende Bemerkungen gemacht. Dieser schrieb an General Schwarz, daß sein Herr beabsichtige, zu Schamyl überzugehen. Aber infolge eines Mißverständnisses wurde dieses verräterische Schreiben nicht an den russischen General, sondern an Daniel-Khan selbst übergeben. Dieser richtete den Verräter, indem er ihn kurzerhand erdolchte. Dann stieg er zu Pferde und begab sich nun wirklich zu Schamyl. Dies geschah im Jahre 1845.

Mein Vater hat ihn gut gekannt und meint, er sei durch falsche Behandlung zum Äußersten getrieben worden. Vorher war er noch in Tiflis gewesen und hatte um Urlaub gebeten, weil er in Petersburg selbst mit dem Kaiser reden wollte. Aber man hatte ihm dies verweigert und ihm zur Beaufsichtigung eine Wache gegeben. Sieben Jahre später – 1852 – machte er durch Vermittlung von Baron Wrangel dem Fürsten Woronzow den Vorschlag, wieder in russische Dienste zu treten, man war auch bereit, ihm seinen früheren Rang wiederzugeben, aber er sollte in Tiflis wohnen, was er ablehnte. Darauf kehrte er zu Schamyl zurück, und seit dieser Zeit ist er sein bester Führer und tut uns großen Schaden.«

Nun fragte ich: »Haben sich Oheim und Neffe jemals im Kampfe gegenübergestanden, und wie verhalten sie sich dann?«

»Es ist zweimal vorgekommen. Sie grüßen sich und meiden dann einander.«

Jetzt betrachtete ich interessiert den jungen Offizier und fragte, ob er etwa im Palast der Khane von Nukha, den wir gerade besuchen wollten, geboren sei. In diesem Fall wollte ich meine Besichtigung aufschieben, aber der Prinz meinte, daß er das Gebäude, das seit 1827 in russischem Besitz ist, schon anläßlich eines Besuches betreten habe.

Wir gingen also weiter. Der Khanpalast steht auf dem höchsten Punkte der Stadt. Er ist erst 1782 erbaut worden, jedoch von sehr schöner Bauart. Das Schloß mit seinen Arabesken wirkt sehr malerisch, und das Erdgeschoß wurde für den vorübergehenden Aufenthalt zweier Großfürsten renoviert. Aber so wie in Rußland alles gemacht wird. Die Arbeit wird nie über das unbedingt Notwendigste ausgedehnt, und man läßt das angefangene Werk wieder verfallen, anstatt es zu erhalten, ja weiter auszubauen.

Das zaristische Rußland ist wie ein Naturelement, das sich wie ein Landräuber ausbreitet, aber hauptsächlich, um zu zerstören. In diesen Eroberern der Neuzeit ist etwas von der Barbarei der Skythen, Hunnen und Tataren erhalten geblieben. Vom Standpunkt unserer heutigen Zivilisation versteht man nicht dieses ständige Expansionsbedürfnis durch Eroberung und Raubbau und auf der anderen Seite diese Vernachlässigung jeder Erhaltung und Verbesserung des Vorhandenen.

Nach der Besichtigung kehrten wir über den Basar zurück. Mohammed-Khan hatte unterwegs gebeten, meine Waffen sehen zu dürfen. Die Gewehre wurden also gebracht, und nach einer ausführlichen Untersuchung wollte ich dem jungen Prinzen einen Beweis unserer freihändigen Schießtechnik geben, nahm meine Doppelflinte, warf ein Kopekenstück in die Luft und traf es mit fünf oder sechs Schrotkörnern.

Der junge Iwan hielt dies für Zufall und bat um Wiederholung, worauf ich diesmal zwei Geldstücke hochwarf und sie mit beiden Läufen traf.

»Ich bekomme doch auch ein solches Gewehr?«

»Jawohl, mein Prinz, Sie können sich darauf verlassen.«

Jetzt nahm Mohammed-Khan den jungen Prinzen zur Seite und sprach leise mit ihm. Darauf kam dieser zu mir und sagte: »Mohammed-Khan möchte ein Paar Revolver von Devisme haben und fragt, wie er sie sich beschaffen könnte.«

»Das will ich Ihnen sagen, er braucht mir nur zu sagen, daß er welche haben will, und ich werde sie ihm schikken.«

Meine Antwort wurde sogleich übersetzt und Mohammed-Khan kam zu mir und entschuldigte sich für die Umstände, die er mir mache, aber er wolle wissen, wieviel ein Paar Revolver von Devisme kosten würde. Hierauf erwiderte ich, daß ich ihm die Revolver schicken lassen würde, und er könne mir dafür zwei kaukasische Waffen schicken.

Darauf verneigte er sich als Zeichen seiner Zustimmung und überreichte mir seine Schaschka und sein Pistol. Auch den Dolch würde er mir geben, ließ er sagen, aber er habe ihn unter der Bedingung, ihn niemals wegzugeben, von einer befreundeten Persönlichkeit geschenkt bekommen.

Dieser Tausch erschien mir so vorteilhaft, daß ich zunächst Bedenken hatte, ihn anzunehmen, aber Iwan meinte, ich würde ihn durch eine Weigerung beleidigen. Daher verneigte ich mich gleichfalls und nahm Schaschka und Pistol an.

Beide Waffen sind geschmackvoll und elegant. Die Schaschka war übrigens anscheinend bekannt, denn ich trug sie bis Tiflis, und unterwegs drehten sich alle tatarischen Offiziere, die uns begegneten, danach um.

Nach dem Essen, das mehrere Male durch Meldungen von ankommenden Reitern an den Fürsten unterbrochen wurde, wollten wir noch einmal den Basar besuchen, aber der Fürst ersuchte uns, diesmal seinen Sohn nicht mitzunehmen, überhaupt wäre es besser, wenn wir diesen Spaziergang auf den nächsten Morgen verschieben würden. Er habe übrigens eine tatarische Abendunterhaltung vorbereitet. Anscheinend hatten die Boten Nachrichten über die Lesgier überbracht, und wir verzichteten daher auf unsere Absicht.

Später kam Badridze zurück, schien sehr vergnügt zu sein und rieb sich die Hände, während er leise mit dem Fürsten sprach. Dann wurde die Tafel aufgehoben, und wir tranken auf der Terrasse Kaffee. Unterdes stand bereits im Hofe ein Mann, der einen fast fuchsroten starken Widder an der Leine hatte, beide wurden vom schwarzen Widder des Fürsten mit bösen Blicken betrachtet. Die Abendunterhaltung sollte mit einem Widderkampf anfangen. Ferner erzählte uns Iwan im Vertrauen, daß dann ein tatarischer Tanz, ein Ringkampf und ein Ball folgen werde, auf welchem die eingeladenen angesehensten Frauen der Stadt auch die Lesginka tanzen würden.

Bald erschienen die Gäste mit Wagen oder auch zu Fuß. Einige Männer kamen auch zu Pferd, obwohl sie nur einige hundert Schritte vom Hause des Fürsten wohnten. Die Orientalen gehen eben nur im größten Notfalle zu Fuß. Einige Damen waren richtige Schönheiten, sowohl von georgischem als auch von armenischem Typ. Nach der Begrüßung nahmen alle auf dem großen Balkon Platz, der gewissermaßen als Theatergalerie diente. Gegen sechs Uhr abends war alles versammelt, auch 40 Mann von der Miliz hatten sich eingefunden, es waren die Leute, welche jede Nacht im Hofe und in der Umgebung des Hauses Wache hielten. Auch jetzt wurden Posten aufgestellt, und die übrigen gruppierten sich um den Kampfplatz für die Widder.

Das Zeichen zum Beginn wurde gegeben, und Nikolaus, der Leibwächter und Nuker des jungen Prinzen, der ihn nie verläßt und nachts vor seiner Tür schläft, faßte den schwarzen Widder bei einem seiner Hörner und ging mit ihm etwa zehn Schritt von dem roten Widder weg. Letzterer wurde von seinem Herrn gestreichelt, geküßt, umschmeichelt und seinem schwarzen Gegner gegenüber aufgestellt. Die Umstehenden versuchten, beide gegeneinander aufzuhetzen. Aber dies war vollkommen unnötig: Im gleichen Augenblick, als beide Widder auf ein Zeichen freigelassen wurden, stürzten sie aufeinander los wie zwei Ritter, vor denen die Kampfrichter die Turnierschranken öffneten.

Mitten auf dem Kampfplatz knallten ihre Köpfe gegeneinander. Es war ein heftiger, dumpfer Schlag, und er erinnerte etwas an die Belagerungsmaschinen der Antike, die »Widder« genannt wurden.

Beide Kämpfer sackten mit den Hinterbeinen ein wenig zusammen, wichen jedoch keinen Schritt. Dann gingen sie wieder von selbst auf ihre Ausgangsstellung zurück und stellten sich bei ihren Kampfleitern auf. Der einzige Unterschied zwischen ihnen war der, daß der schwarze Bock den Kopf hoch trug, während der rote ihn schüttelte. Die Zuschauer hielten dies anscheinend für ein schlechtes Zeichen.

Von oben gesehen bot der Hof jetzt einen höchst malerischen Anblick. Unter den zahlreichen Passanten, die inzwischen zum Zuschauen hereingekommen waren, befand sich auch ein Treiber mit drei Kamelen. Diese legten sich, in der irrtümlichen Meinung, dies wäre eine Karawanserei, hinter dem Kreis der Zuschauer nieder und streckten ihren langen Hals auf dem Boden aus, während ihr Begleiter sich auf die Ladung eines seiner Tiere stellte und so einen der besten Plätze zum Zusehen hatte.

Auch eine Anzahl von Reitern war zu Pferde in den Hof gekommen und im Sattel geblieben, nachdem sie den Fürsten nach Landessitte begrüßt hatten. Ebenso hatten sich jetzt einige tatarische Frauen mit ihren karierten Schleiern sowie einige Armenierinnen mit ihren weißen Gewändern eingefunden und sahen regungslos wie Statuen zu. Außerdem bildeten die etwa dreißig Milizsoldaten in ihrer malerischen Landestracht mit den im Abendlicht schimmernden Waffen einen Kreis, durch den noch einige Kinder geschlüpft waren, kurz, es waren etwa hundert Menschen in der Arena.

Doch der rote Widder war keineswegs besiegt, er hatte zwar einige Male die Ohren geschüttelt, aber man muß zugestehen, daß manchmal Widder dies auch aus geringfügiger Veranlassung tun. Im Gegenteil, er war so wenig besiegt, daß sein Herr alle Mühe hatte, ihn zurückzuhalten.

Nun fand ein zweiter, kräftigerer Zusammenprall statt. Der rote Widder sank mit den Hinterbeinen zusammen und wich etwas zurück, während der schwarze anscheinend überlegen war.

Beim dritten Gang wurde diese Überlegenheit noch deutlicher, diesmal schüttelte der rote nicht nur die Ohren, sondern den Kopf, und der schwarze Gegner ließ ihm jetzt keine Zeit mehr zur Erholung, sondern stürzte wütend auf ihn zu, stieß ihn in die Seite, ins Kreuz oder an die Stirn, wenn er sich ihm zudrehte. Gelegentlich purzelte er zu Boden. Er war besiegt und hatte anscheinend mit dem Gleichgewicht auch seinen Kampfgeist verloren, denn er durchbrach den Kreis der Zuschauer und flüchtete schließlich unter einen Wagen, womit er sich nicht nur für besiegt erklärte, sondern auch um Gnade bat. Das ganze Parterre jubelte darauf dem schwarzen Sieger zu.

In diesem Augenblick hörte man auf der Straße eine tatarische Trommel sowie eine georgische Surna. Dies ist eine Art Sackpfeife, welche jedoch eine außerordentliche Lungenkraft verlangt und die nur ein Georgier allein bedienen kann. Hier waren es Tataren, von denen zwei von Zeit zu Zeit sich ablösen mußten. In wenigen Augenblicken war der Hof leer, weil alle der Musik entgegeneilten.

Nun erschienen im Tor zwei Fackelträger, hinter ihnen vier Tänzer, dann wieder zwei Fackelträger und drei weitere Tänzer. Darauf strömte die inzwischen erheblich verstärkte Zuschauermenge wieder herein, und der Tanz begann. Plötzlich wurde er durch ein sehr heftiges Gewehrfeuer, das etwa eine halbe Werst entfernt zu sein schien, unterbrochen. Die Tänzer standen still, die Musik schwieg, die Miliz machte ihre Waffen fertig, die Essauli bestiegen rasch ihre gesattelten Pferde, und die Zuschauer im Parterre und auf der Galerie blickten fragend auf den Fürsten.

»Es ist nichts, Kinder, es ist nichts, Badridze läßt seine Leute sich nur im Feuern üben. Nur weiter mit dem Tanz!«

Ich fragte den Prinzen: »Es sind wohl Lesgier?«

»Wahrscheinlich, ja, aber weil Badridze dort ist, braucht man nicht darauf zu achten.«

Dann begannen die Musikanten wieder, und die Tänzer setzten ihre Füße in Bewegung. Jedermann nahm wieder seinen Platz ein, und obwohl man noch einzelne Schüsse hören konnte, schien niemand mehr darauf zu achten. Zwei Tänzer trugen kurze, schwere Keulen, während der dritte einen gespannten Bogen trug, dessen Sehne mit eisernen Ringen behängt war, durch deren Geklapper die Musik begleitet wurde. Die vier Fackelträger beleuchteten den Tanzplatz. Die beiden Surnaspieler lösten sich immer wieder ab. Die erregenden Töne dieses Instruments üben auf die Georgier dieselbe aufreizende Wirkung aus wie die Sackpfeife auf die Schotten aus dem Hochland. Sie schienen die Kraft der Tänzer zu verdoppeln. Endlich, nach einer Viertelstunde, war der anstrengende Tanz zu Ende, und es begann das Ringen.

Zwei Tänzer legten ihre Oberkleider ab, verneigten sich vor dem Fürsten, rieben ihre Handflächen mit Staub ein und stellten sich wie zwei Raubtiere gegenüber, die sich aufeinanderstürzen wollten.

Wer europäische Herkulesse beim Ringen gesehen hat, braucht keine tatarischen Ringkämpfe zu besuchen, seit den alten Griechen ist es immer derselbe Anblick. Dieses Schauspiel wäre also für uns weniger interessant gewesen, wenn es nicht durch einen schauerlichen Zwischenfall einen nur hier möglichen Hintergrund bekommen hätte:

Während die Ringer alle Kraft aufboten, um sich zu werfen, und der Kreis der Zuschauer sich immer enger um sie zusammenzog, trat aus dem dunklen Hintergrund langsam ein Mann hervor, der auf einer Stange einen zunächst noch nicht erkennbaren Gegenstand trug.

Er trat neugierig an den Kreis um die Ringkämpfer. Als er näher kam, konnte man im Flackerlicht der Fackeln die Umrisse eines Kopfes erkennen, der anscheinend in der Luft schwebte und sich langsam näherte, um dem Schauspiele zuzusehen. Der Mann dachte anscheinend nicht mehr an seine Trophäe, die er auf einem Stock trug und trat so weit wie möglich vor. Nun konnte man ihn deutlich erkennen: Er war mit Blut bedeckt, und der frisch abgehauene und geschorene Kopf zeigte eine tiefe Wunde, die Augen waren offen und die Gesichtszüge verzerrt.

Moynet stieß mich an und deutete auf den Kopf. Ich nickte und wandte mich an den Prinzen, um zu fragen, was das bedeuten solle:

»Badridze schickt uns seine Visitenkarte durch seinen Nuker Halim«, antwortete er lachend, während der Fürst Tarkanow in tatarischer Sprache hinunterrief: »Halim, was bringst du da, mein Sohn?«

»Es ist der Kopf des Banditenhäuptlings. Badridze schickt ihn Ihnen, er wechselt inzwischen nur seine Wäsche.«

Iwan flüsterte mir zu: »Ich sagte es Ihnen ja voraus, daß er heute sein Dutzend vollmachen würde.«

Halim fuhr fort: »Ich habe den Kopf abgeschnitten, und Badridze hat ihn mir geschenkt. Ich bekomme also die zehn Rubel Kopfprämie.«

»Gut, gut«, fuhr der Fürst fort, »aber für heute abend wirst du mir wohl Kredit geben. Nun lege den Kopf irgendwohin, wo die Hunde nicht an ihn herankönnen, denn er muß ja morgen auf dem Markte ausgestellt werden.«

»Sehr wohl, Durchlaucht«, entgegnete Halim und verschwand mit dem Kopfe auf der zum Balkon führenden Treppe. Dann erschien er wieder mit leeren Händen im Hofe, er hatte seine Beute irgendwo in Sicherheit gebracht, und Badridze erschien fünf Minuten darauf in einem sauberen Anzuge.

Die Lesgier waren in eine Falle gegangen, die er ihnen gestellt hatte. Bei seinem Feuerüberfall waren drei Lesgier gefallen, diese hatten dann ebenfalls gefeuert, aber Badridze hatte sich auf ihren Anführer gestürzt und ihm nach kurzem Kampfe den Schädel gespalten, darauf waren die Feinde geflohen.

Nun begann das angesagte Tanzfest. Die Damen tanzten sehr schön die Lesginka, das Gefecht hatte niemand aus der Ruhe gebracht.

Aber gegen elf Uhr ereignete sich wieder ein Zwischenfall: Wir sahen Halim in großer Unruhe nach etwas suchen. Ich fragte den Prinzen, und dieser erkundigte sich, kam dann lachend zurück und sagte: »Er weiß nicht, was aus dem Kopf geworden ist, vielleicht ist er ihm gestohlen worden.«

Er hatte ihn im Vorzimmer in einer dunklen Ecke auf eine Bank gelegt, und die Gäste hatten, ohne den Kopf zu sehen, eine Anzahl Mäntel und Pelze daraufgeworfen! Erst beim Fortgehen der Gäste kam er wieder zum Vorschein! Nachdem das Suchen zum Erfolg geführt hatte, fragte mich Iwan, als er mich in mein Zimmer führte, ob es mir gefallen hätte.

»Unglaublich!« antwortete ich leicht erschüttert dem Prinzen.

Am nächsten Morgen wurde der Kopf des lesgischen Häuptlings in der Basarstraße ausgestellt, und zwar mit einer Inschrift, welche seinen Namen und die Veranlassung seines Todes mitteilte. –

Wenn wir gesagt haben, daß Nukha eine sehr hübsche Stadt ist, so ist das eigentlich ungenau. Es ist vielmehr ein reizendes großes Dorf oder vielmehr eine Sommerfrische, denn von April bis Oktober vermehrt sich seine Bewohnerschaft von zwölftausend auf sechzigtausend Köpfe, weil dann viele Besitzer von Sommerhäusern dort gegen die Hitze Schutz im kühlen Baumschatten suchen und an den rieselnden kleinen Wasserfällen und klaren Bergbächen sich erholen.

Der bedeutendste Handelsartikel ist die Seide. Es gibt eine Seidenfabrik, die nicht nur Garn herstellt, sondern auch webt. Im letzten Jahre hat sie für sechs Millionen Rubel Rohseide verkauft.

Eine große Menge der schattenspendenden Bäume um die Häuser sind Maulbeerbäume, und ihre Blätter ernähren Milliarden von Seidenwürmern, deren geerntete Kokons den Reichtum der Gegend ausmachen. Vor etwa fünfzehn Monaten kamen italienische Kaufleute nach Nukha, weil in Italien Dreiviertel der Seidenraupen durch eine pestartige Krankheit vernichtet waren, um frische Eier zu kaufen. Aber in Nukha wollte man keine verkaufen, um die Konkurrenz nicht zu begünstigen, und sie mußten sich an die Lesgier wenden.

Ein junger italienischer Dekorationsmaler aus Tiflis, Ferrari, übernahm die gefahrvolle Reise. Er sprach fast alle kaukasischen Dialekte und verkleidete sich als Angehöriger der Bergvölker. Dann machte er sich mit 200 000 Franken in Silber und Gold auf den Weg, denn die unabhängigen Lesgier nehmen kein Papiergeld an. Er hatte vollen Erfolg, und die Italiener konnten aus dem gebrachten Material ihre in Europa erlittenen Verluste decken.

Zu den unterworfenen Stämmen, die in Nukha Teppiche, Seidenwürmer und Schafe feilbieten, gesellen sich oft unauffällig auch Leute aus dem Gebirge. Die Leute aus der Ebene kennen sie natürlich, aber sie verraten einander nicht. Die unabhängigen Lesgier streifen manchmal mehrere Tage in der Nähe der Stadt umher, um eine günstige Gelegenheit zu erspähen. Der jetzt auf dem Markte ausgestellte Kopf war der fünfte in diesem Jahre. Aber als Bekenner des Islam sind die Lesgier Fatalisten, und ein abgeschlagener Kopf macht auf sie keinen Eindruck: Kismet.

Diese unübersichtliche Mischung von verschiedenen Lesgiern in den Straßen von Nukha läßt den Fürsten so sehr um die Sicherheit seines Sohnes besorgt sein. Wie wir es am Vortage erlebten, kann jederzeit unauffällig und absichtlich eine Rauferei angezettelt werden. In der Verwirrung kann ein kräftiger Mann den Knaben am Kragen aufs Pferd heben und ihn im Galopp entführen. Er ist ein Lösegeld von hunderttausend Rubeln wert, und Banditen wagen schon etwas für einen solchen Betrag.

Im Basar wird ein ausgezeichneter Schaschlik verkauft, ebenso wie bei uns in Paris die *pommes frites*. Jeder Reisende, der nach Nukha kommt, sollte diesen sich nicht entgehen lassen. Im allgemeinen ist das Essen im Kaukasus nicht gut, um so mehr muß man jede Gelegenheit benutzen, etwas wirklich Gutes zu bekommen. Diese Zeilen schreibe ich in Poti, in einem schlechten Zimmer hinter dem Laden eines Krämers. Wenn ich jetzt an den Schaschlik aus Nukha denke, läuft mir noch das Wasser im Munde zusammen!

Unsere Abreise war auf ein Uhr nachmittags festgesetzt, wir wollten höchstens bis zur zweiten Umspannstation fahren und die folgende Nacht in der letzten Station vor Tiflis zubringen, hatten also Zeit. Daher weilten wir ziemlich lange im Basar, eine Art Ahnung sagte uns, daß es nirgends so schön sein würde wie hier.

Der Fürst hatte zu unserem Abschiedsfrühstück alle unsere neuen Bekannten aus Nukha eingeladen, er wußte nicht, wodurch er uns noch zurückhalten könne. Aber die Genüsse von Petersburg und Moskau hatten uns mit Eindrücken so übersättigt wie das süße Leben in Capua Hannibal und sein Heer. Wir mußten weiter! Bei Tisch erhielt ich noch von einem mir bis dahin unbekannten Offizier eine Bestellung auf ein Jagdgewehr von Devisme, das ich zu besorgen versprach.

Als die fahrfertigen Wagen – Tarantas und Telege – vorfuhren, und zwar zusammen mit einem Wagen des Fürsten, wurde die Tafel aufgehoben. Ich stieg in die Kalesche des Fürsten, zusammen mit seinem Sohn, der mir zuliebe nicht reiten wollte. Mit allen Essauli und Nukern, mit Badridze und fünfzehn Milizsoldaten, setzte sich die Karawane in Bewegung. Mit der leichten Kalesche hatten wir bald einen Vorsprung, und als ich unseren Tarantas aus dem Gesicht verloren hatte, wurde der Leibwächter Nikolaus zurückgeschickt, um zu sehen, was mit ihm los war. Er kam zurück und meldete, das schwerbeladene Gefährt hätte ein Rad gebrochen, es sollte einen

Tag dauern, um ein neues zu beschaffen. Moynet kam zu Pferde an und war außer sich.

Der Fürst bemerkte es, sagte leise einige Worte zu Nikolaus, der wieder davongaloppierte. Dann wurden Flaschen und Gläser aus der Kalesche hervorgeholt. Natürlich Champagnerflaschen. In Rußland und im Kaukasus trinkt man mit Schaumwein auf glückliche Reise und baldiges Wiedersehen. Es ist unglaublich, wie große Mengen echten und gefälschten Champagners in Rußland getrunken werden. Wenn man ganz Frankreich in Weingärten verwandelte, würde es solche Mengen nicht liefern können. Man trank und plauderte eine halbe Stunde.

Plötzlich sahen wir unseren Tarantas im Galopp herankommen und glaubten zuerst nicht richtig zu sehen. Wir hatten ja über zwei Dutzend Champagnerflaschen – Preis drei Rubel je Flasche – geleert. Aber der Fürst hatte eins von seinen Rädern holen und unseres auswechseln lassen.

Dann nahmen wir herzlichen Abschied vom Fürsten, von Iwan, der einige Tränen nicht zurückhalten konnte, von Badridze und anderen, setzten uns in unseren Tarantas und fuhren ab. Der Abschied fiel mir diesmal besonders schwer. –

Je weiter man sich von Nukha entfernt, desto großartiger wird die Landschaft. Die Gipfel sind mit Schnee bedeckt, und wir fuhren in das schönste Tal im Kaukasus, als Nukha hinter einem Berge der Kaukasuskette verschwunden war.

Links sahen wir Kachetien, diesen Garten des Kaukasus, den Weinberg Georgiens. Der Most, der hier gekeltert wird, kommt dem Kislarwein gleich und würde den französischen an Güte erreichen, wenn man die Zubereitung und die Lagerung besser verstünde. Aber man bewahrt den Wein in Schläuchen von Bock- oder Büffelleder auf, wodurch er zwar einen von Liebhabern geschätzten Beigeschmack bekommt, den ich jedoch abscheulich finde. Zu einem Teil bewahrt man ihn auch – wie im Altertum – in sehr großen Tonkrügen auf, die in die Erde eingegraben werden.

Rechts hatten wir eine hohe und steile Bergkette mit beschneiten Gipfeln sowie unübersteigbaren Felswänden, das Heimatland der noch unabhängigen Lesgier. Selbst im algerischen hohen Atlas hat man keinen Vergleich mit den Mühen und Geländeschwierigkeiten, die mit einem kriegerischen Unternehmen im Kaukasus verbunden sind, ganz abgesehen von feindlichen Gegenangriffen.

Bei Anbruch der Nacht kamen wir nach einer fünfstündigen Fahrt durch das schöne Alasantal an unserer letzten Station vor Tiflis an. Dieser Fluß bildete bis zum Überfall auf das Schloß Tschinondal des Fürsten Tschautschawadze – über den ich noch berichten werde – die äußerste Grenze für Unternehmungen der Lesgier.

Wir hatten hier zwei hölzerne Pritschen, einen Tisch und zwei Schemel zur Verfügung, aber wir waren daran gewöhnt, und zum Glück hatten wir von unserer Falkenbeize noch einen gebratenen Hasen sowie drei Fasanen bei uns. In aller Frühe reisten wir weiter, denn auf alle Fälle wollten wir abends in Zarke-Kalotzi sein. Ich hatte ein paar empfehlende Zeilen vom General Korsakow an Graf Toll, den Obersten des Regiments Perejoslow. Bei der Ankunft hielten wir vor einem großen Haus auf einer Anhöhe, und Kalino ging hinein, um nach dem Grafen Toll zu fragen. Als er mit dem Bescheid zurückkam, daß er hier sei, stiegen wir aus.

Ein höherer Offizier kam uns entgegen, und er fragte mich, ob ich Herr Alexandre Dumas sei, worauf ich mich verneigte und ihm das kurze Empfehlungsschreiben überreichte und fragte, ob er Graf Toll sei. Er verneinte dies und stellte sich als Fürst Mellikow vor. Er freue sich jedoch, uns bewirten zu können, den Grafen Toll würden wir beim Abendessen sehen. Wir konnten die Einladung nicht ablehnen, weil unser Gepäck bereits abgeladen war und wir gleich in behagliche, geheizte Zimmer geführt wurden.

Fürst Mellikow sprach das Französische nicht geläufig, jedoch der bald erscheinende Graf Toll hatte lange in Paris gelebt und sprach es fließend. Im Billett des Fürsten Korsakow an ihn stand: »Zeigen Sie Herrn Dumas vor allem das Schloß der Königin Tamara!«

Diese Herrscherin führte einst einen erbitterten Krieg gegen die Moslems, und wie in der Normandie alle alten Burgen an Robert den Teufel erinnern sollen, so ist angeblich in Georgien fast jedes Schloß von der Königin Tamara bewohnt gewesen. Es gibt etwa 150 derartige alte Schlösser, welche jetzt Schakalen und Adlern als Behausung dienen. Ich habe überall nach einer Geschichte der Königin Tamara gesucht, jedoch nur vage Sagen gehört und ein Gedicht über sie von Lermontow gelesen.

Nach dem Frühstück stiegen wir zu Pferde und waren in zwanzig Minuten bei den Ruinen eines alten Schlosses, das vor der kaukasischen Bergkette sehr malerisch auf einem Berge liegt, welcher das Alasantal weit überragt.

Im übrigen war es eine ziemliche Enttäuschung. Als wir zurückkamen, brachte uns der Adjutant sein Zeichenalbum. Eine Ansicht darin zeigte eine lesgische Tür, die mit abgehauenen Händen verziert war. Die Hände waren genauso festgenagelt wie an den Toren unserer Meierhöfe die Wolfstatzen. Man siedet vorher die abgehauenen Hände mit einem besonderen Präparat, damit sie lange frisch bleiben. An dieser Haustür befanden sich fünfzehn rechte Hände. Sehr fromme Lesgier nageln die erbeuteten Hände in einer Moschee an. So konnte man zum Beispiel in der Moschee von Dido etwa zweihundert Hände bewundern.

Auch die »christlichen« Tuschinen, erbitterte Feinde der Lesgier und aller Moslems, haben dieselbe barbarische Sitte und hauen jedem Feinde, der ihnen in die Hände fällt, die rechte Hand ab. Auch sonst läßt ihre Härte nichts zu wünschen übrig: Im letzten Feldzuge kämpfte ein Häuptling der Tuschinen mit seinen drei Söhnen auf der russischen Seite. Sein Lieblingssohn wurde dabei schwer verwundet. Man zeigte dem Vater das Haus, wo sein Sohn lag, er ging hinein und fand ihn jammernd und ächzend. Darauf trat der Alte an den Teppich, auf welchem sein Sohn lag, stützte sich auf sein Gewehr, sah den Verwundeten mit finsteren Blicken an und sagte zu ihm: »Habe ich einen Mann oder ein Weib gezeugt?«

»Einen Mann, Vater!«

»Nun, wenn du ein Mann bist, warum winselst du denn?«, worauf der Verwundete schwieg und ohne weitere Klagelaute seinen Geist aufgab. Darauf nahm der Vater den Leichnam, entkleidete ihn und legte ihn auf einen Tisch. Dann zerschnitt er die Leiche in 75 Stücke und machte zur Kontrolle bei jedem Stück einen Einschnitt in die Wand. Er hatte 75 streitbare Verwandte und Freunde.

Der Oberst überraschte ihn bei dieser schaurigen Arbeit und fragte ihn: »Was machst du denn da?«

»Ich bereite die Rache für meinen Sohn vor. In einem Monat werde ich von meinen Verwandten und Freunden ebenso viele Lesgierhände haben, wie ich von ihm Stücke abgeschnitten habe.«

In der Tat erhielt er innerhalb eines Monats 75 Hände, zu denen er noch 15 selbst erbeutete, im ganzen war sein Sohn also neunzigmal gerächt. –

Bis Tiflis waren es noch etwa 120 Werst, und die Wege waren schlecht. Wir mußten also die ganze Nacht durchfahren, wenn wir morgens ankommen wollten, doch bei den nächsten beiden Stationen ging alles glatt, und wir bekamen Pferde. Von da an war der Weg sicher, und wir nahmen keine Eskorte mehr. Wohl deshalb hielt man uns auf der dritten Station für Leute geringeren Standes, und trotz unseres Geleitbriefes behauptete der Postmeister, keine Pferde zu haben.

Wir kannten den Wert derartiger unverschämter Antworten, aber weil wir essen mußten, sagten wir, daß wir warten wollten. Ohne sich umzusehen, erwiderte der freche Kerl: »Tun Sie das, aber es werden in der Nacht keine Pferde kommen.« Er gedachte also uns zu erpressen. Darauf gibt es nur eine Antwort, nämlich eine Peitsche bereitzuhalten.

Ich gab also Kalino den Auftrag, meine schöne Peitsche – ein Geschenk des Generals Lahn – aus dem Koffer zu nehmen und sagte zu ihm, nötigenfalls würde ich damit Pferde aus der Erde stampfen.

Inzwischen trat ich mit Moynet in das Passagierzimmer. Diese Stube war überfüllt, denn alle Reisenden vor uns hatten dieselbe Antwort erhalten und mußten warten. Ein georgischer Fürst und sein Sohn waren an ihrer Kleidung erkenntlich. Sie aßen ein gekochtes Huhn und tranken Wodka dazu. Wir hatten noch zwei Fasanen, die uns der Koch des Fürsten Mellikow gebraten hatte, und eine große Kürbisflasche mit Wein.

Auf Einladung nahmen wir Platz am Tische des Fürsten und luden mit seiner Erlaubnis noch drei andere Reisende, die verdrießlich ein Glas Tee tranken, weil sie hier nichts anderes bekommen hatten, zu einem Gläschen Wein ein. Im Kaukasus ist die Gastfreundschaft allgemeiner Brauch, und unser Proviant sowie die acht Fläschen Wein aus unserer großen Kürbisflasche waren bald vertilgt. Nur Kalino hatte weniger getrunken, um für die beabsichtigte Exekution in gehöriger Verfassung zu bleiben, und wurde nun gebeten, die Peitsche zu nehmen und mir zu folgen.

Wir fanden den Postmeister an eine der hölzernen Säulen gelehnt, welche das Vordach der Station trugen. Kalino verlangte nun Pferde, aber es wurde ihm wiederum erklärt, daß keine da seien. Dann gingen Moynet und er in den Pferdestall und kamen zornig mit der Mitteilung zurück, daß 14 Pferde im Stall stünden. Der Postmeister wollte sich herausreden und behauptete, daß es Pferde von anderen Stationen seien. Worauf ich zu Kalino sagte: »Greifen Sie den Pferden unter den Bauch, wenn sie schwitzen, so ist es wahr, wenn nicht, lügt er uns frech an.«

Kalino kam bald zurück, und zwar mit der Meldung, daß die Pferde ganz trocken wären, und ich ließ ihn nun zuschlagen. Nach dem dritten Hieb fragte der Postmeister: »Wie viele Pferde brauchen Sie?«

»Sechs.«

»Sie sollen sechs bekommen, aber sagen Sie den anderen Reisenden nichts.«

Zu seinem Unglück war es zu spät. Die anderen hatten den Wortwechsel gehört, waren herbeigeeilt, und man konnte ihnen nicht verhehlen, daß noch acht Pferde verfügbar waren. Diese nahmen die Reisenden in der Reihenfolge ihrer Ankunft in Beschlag. Wir hatten die Feststellung gemacht und kamen als erste dran. In fünf Minuten waren unsere Wagen bespannt, der georgische Fürst versprach, uns in Tiflis zu besuchen, und im Galopp fuhren wir ab.

Wir verweilten nur zwei Stunden auf der letzten Station und fuhren bei Tagesanbruch weiter, aber es wurde zwei Uhr nachmittags, bis unser Kutscher uns von einer Anhöhe aus im Dunst einige weiße Punkte zeigte und meldete, daß dies Tiflis sei.

Der erste Anblick war enttäuschend, aber bald bekam der Berg das Aussehen einer Festung, die mit Zinnen und

Türmen besetzt war. Außerdem wurde uns bald darauf unwiderlegbar bewiesen, daß wir in ein zivilisiertes Land kamen, denn am Wege standen drei Galgen.

Der mittlere war leer, aber an den beiden anderen hingen . . . zwei Säcke. Wir diskutierten, was das bedeute, Moynet behauptete, es könnten keine Menschen, und ich sagte, es könnten keine Säcke sein. Unser Kutscher behauptete dagegen, daß es Menschen in Säcken seien.

Plötzlich wurden wir angenehm überrascht: An einer Wegebiegung sahen wir unten in einem tiefen Tale den schäumenden Kur fließen und weit ausgebreitet die weißen Häuser der Stadt. Unser Tarantas donnerte den steilen Weg hinab, bis zu einer Brücke, die in nicht weniger als sechzig Fuß Höhe über den Fluß führte. Unter uns lagen auf einer Sandbank etwa hundert Kamele.

Wir passierten nun die Vorstadt, gaben dem Kutscher Befehl, uns zum Hause des französischen Konsuls, Baron Finot, zu bringen, und der Tarantas fuhr durch die zurückweichende Volksmenge in die obere Stadt, zur Königsstraße.

Der Baron war nicht zu Hause, hatte jedoch seinem Diener Anweisung gegeben, weil er uns längst erwartete, uns in die bereitgehaltene Wohnung bei einem reichen Georgier, einem Herrn Iwan Subalow, am Theaterplatz zu führen. Dort waren für uns zwei Zimmer und ein großer Saal als Wohnung bestimmt. Moynet und Kalino nahmen das eine und ich das andere Zimmer, der Saal sollte uns als Atelier dienen.

Während wir noch mit unserem Einzug beschäftigt waren, erschien Baron Finot, den ich seit 1848 nicht gesehen hatte. Er fand, daß ich dicker, und ich, daß er grauer geworden war. Er ist in Tiflis unter den dort ansässigen 153 Franzosen sehr beliebt. Auch die Georgier würden sehr bedauern, wenn er sie verließe. Ich bin jedoch nicht lange genug in Tiflis geblieben, um zu wissen, was die Georgierinnen von ihm denken . . .

Er fragte zunächst, wie lange ich in Tiflis bleiben wolle, und ich solle während dieser Zeit an seinem Tische speisen. Das wollte ich zuerst ablehnen. Ich sagte ihm, daß ich etwa einen Monat bleiben wolle. Darauf fragte er mich: »Haben Sie denn so viel Geld, um in dieser Zeit dreitausend Rubel zu verzehren?«

»Das habe ich nicht übrig, und so teuer wird es nicht kommen.« Darauf lachte er und empfahl, mir zunächst die Haare schneiden zu lassen, dann würde ich schon eine andere Meinung über die dortigen Preise bekommen. Tatsächlich kam gerade der von Moynet für uns bestellte französische Friseur. Als er fertig war, fragte ich ihn, wieviel er bekomme.

»Drei Rubel, Monsieur«, war die Antwort! Ich glaubte, falsch verstanden zu haben.

»Wie, drei Silberrubel? Das sind ja zwölf französische Francs!«

»Jawohl, drei Silberrubel, Monsieur wird wissen, daß durch einen Ukas des Kaisers Nikolaus die Papierrubel abgeschafft sind.«

Dann empfahl er sich mit der Versicherung, daß seine Frau meine wärmste Verehrerin sei und erbat meine Erlaubnis, aus meinen abgeschnittenen Haaren ihr ein Nadelkissen zu machen.

Leicht erschüttert fragte ich den Konsul, was er wohl verlangt haben würde, wenn seine Frau nicht meine Verehrerin wäre. In Paris hätte es einen höchstens eineinhalb Francs gekostet.

»Das kann man nicht wissen, raten Sie mal, wieviel so ein Haarkünstler verlangte, als ich die Absicht hatte, mich dreimal wöchentlich von einem seiner Leute frisieren zu lassen. Nur frisieren, denn ich trage einen Vollbart.«

»Ich habe in Paris einen Barbier, der für sechs Francs monatlich alle zwei Tage vom Montmartre zu mir kommt.«

»Also hier sollte es 1500 Francs im Jahr kosten, lieber Freund!«

»Finot, ich will gern bei Ihnen essen.«

»Jetzt bleibt es also bei dieser Abrede, und ich eile nun wieder zur Fürstin Tschautschawadze, der ich Sie morgen vorstellen soll.«

Baron Finot konnte mir keine größere Ehre und kein größeres Vergnügen machen. Die Fürsten Tschautschawadze stammen von dem byzantinischen Kaiser Andronicus ab, und die Fürstin war die von Schamyl geraubte georgische Fürstin, welche nachher in Tscheriurth gegen seinen gefangenen Sohn Dschemal-Eddin ausgewechselt worden war.

Der Konsul kam zurück und sagte, daß er uns abends ins Theater führen würde. Eine italienische Gesellschaft gebe heute die »Lombardi«. Ich sagte zu, denn ich habe alle Theater Frankreichs, Englands, Italiens, Spaniens, Deutschlands und Rußlands gesehen, nur das Theater von Tiflis sei noch übrig.

»Übrigens hat der Friseur Ihnen die Haare zu kurz geschnitten, aber man wird glauben, daß dies eine neue Pariser Mode ist.«

Nun trat ich vor einen Spiegel und erschrak heftig, meine Haare waren so kurz wie eine Bürste geschnitten, aber nicht wie eine Kleiderbürste, sondern wie eine Bohnerbürste für das Parkett!

Ich zeigte mich meinen Reisegefährten, die in lautes Gelächter ausbrachen, und Moynet sagte: »Sie sind unsere Geldreserve. Wenn wir welches brauchen, zeigen wir Sie in Konstantinopel als Seehund aus dem Kaspisee!« Mit dem Blick des Malers hatte Moynet sogleich meine wirkliche Ähnlichkeit mit diesem sympathischen Tier, das einen so guten Tran liefert, erkannt.

»Jetzt in die Droschke zum Theater!« meinte Finot.

»Wie, wir sollen eine Droschke nehmen, nur um den Theaterplatz zu überqueren?«

»Sicher, Sie haben wohl bemerkt, daß es während und nach Ihrem Einzuge hier geregnet hat. Wir würden also im Kote waten müssen. Wenn es länger regnet, wird uns der Straßenschmutz bis an die Knie gehen. Sie werden das noch kennenlernen. Es kommt sogar vor, daß man in einer Droschke nicht sicher ist, sondern auf dem Sitz stehen muß. An dem Hause, wo Sie anhalten lassen, wirft man Ihnen dann ein Brett zu, und Sie gehen über diesen improvisierten Steg, um Ihren Besuch zu machen.

Übrigens haben wir hier auch noch wandernde Schlammströme. Im August 1856 hatten wir einen so starken Gewitterregen mit solchen Schlammassen vom Gebirge, daß dreißig Häuser einstürzten, 62 Personen ertranken und viele Droschken in den Fluß geschwemmt wurden. Wir wollen sehen, ob unsere noch da ist.«

Sie war da, und zehn Sekunden später konnten wir in die Vorhalle des Theaters treten. Ich muß sagen, daß ich über die geschmackvollen Verzierungen darin erstaunt war. Man konnte glauben, in der Vorhalle des Theaters von Pompeji zu sein.

Der Saal erschien mir wie ein Feenpalast, nicht wegen kostbarer Vergoldungen, die fast ganz fehlten, aber wegen des gelungenen Stiles. Ich muß dieses Theater zu einem der schönsten erklären, die ich je gesehen habe. Der Vorhang war sehr schön bemalt, und als er aufging, begann die sehr mittelmäßige Oper, jedoch die Sängerin, Fräulein Stolz, war Weltklasse und wird gewiß bald auf den Bühnen von Neapel, Florenz, Mailand, Venedig, Paris und London glänzen.

In Tiflis macht man keine Besuche in den Logen, wie es in Italien üblich ist. Nach der Vorstellung begleitete Finot uns in unser Heim zurück. Er hatte recht gehabt, es regnete noch immer, und der Kot war bereits einige Zoll tiefer geworden. Aber er versprach, uns am nächsten Morgen früh abzuholen, um mir den Basar zu zeigen und uns in einige Häuser der Gesellschaft einzuführen. Tatsächlich holte Finot uns Schlag sechs Uhr ab.

Wir hatten am Abend vorher unsere Namen beim Fürsten Bariatinskij eingeschrieben, und dieser Statthalter der kaukasischen Provinzen ließ uns sagen, daß er uns nachmittags um drei Uhr erwarte, er habe einen Brief für Herrn Dumas.

Also war genügend Zeit, zunächst die große Karawanserei zu besichtigen, die von einem Armenier erbaut wurde. Sie bietet einen interessanten Anblick: Durch ihre Tore ziehen mit Kamelen, Pferden und Eseln Vertreter aller Völker des Orients und des nordöstlichen Europas. Man sieht Türken, Armenier, Perser, Araber, Hindus, Chinesen, Kalmücken, Turkomanen, Tataren, Tscherkessen, Georgier, Mingrelier und Sibirier. Jeder trägt die einheimische Tracht, seine Waffen und Kopfbedeckung. Für die Unterkunft wird nichts bezahlt, aber es wird ein Prozent Lagerzins von den verkauften Waren erhoben. Es gibt noch zwei kleinere Karawansereien.

Die Basarstraßen sind von den Wohngegenden streng getrennt, die einzelnen Gewerbe wurden straßenweise zusammengelegt. Auch hier ist die Arbeitsteilung – ähnlich wie im Mittelalter bei uns durch die Innungen – ohne Zwischenhändler nach orientalischem Brauch geregelt. Dies ist allerdings etwas billiger im Endergebnis, aber das gilt doch nur für ein Land, wo die Zeit keinen Wert hat. Ein Armenier würde bei Beschaffungen in Tiflis binnen einer Woche vor Ungeduld sterben.

Nach einem ersten Bummel durch diese Straßen begaben wir uns nach Hause, um Stiefel und Beinkleider zu wechseln, was sehr nötig war, dann fuhren wir zum Fürsten Orbeliani. Sein Geschlecht stammt übrigens aus dem Himmlischen Reiche. Wenn ich recht unterrichtet bin, sind seine Ahnen im fünften Jahrhundert aus China nach Georgien gekommen. Vielleicht sind sie ursprünglich mit einer Seidenkarawane über die berühmte Seidenstraße hierher gelangt. Der jetzige Fürst besitzt übrigens jenen berühmten Bezoarstein gegen Schlangengift, der ein mütterliches Erbstück vom Könige Heraklius, dem vorletzten regierenden Fürsten von Georgien, ist.

Dann waren wir rechtzeitig beim Fürsten Bariatinskij. Unter Kaiser Nikolaus war er lange in Ungnade, wahrscheinlich wegen seiner Freundschaft mit dem Großfürsten und Thronfolger. Als Leutnant wurde er in den Kaukasus versetzt und befehligte dort zunächst hundert Linienkosaken, dann ein Bataillon und schließlich als Oberst das Regiment Kabardinskij. Während dieser Zeit stellte er die Elitetruppe der kabardinischen Jäger auf, mit denen wir zu Kasafiurte den nächtlichen Streifzug machten. Als Obergeneral nahm er seine Entlassung und zog sich nach Petersburg zurück.

Beim Regierungsantritt des neuen Zaren ging er als Gouverneur der Kaukasusländer wieder nach Tiflis. Er empfing uns in einem kleinen, persisch ausgestatteten Salon mit wunderbaren Waffen, silbernen Vasen von schöner Form und reichverzierten georgischen Musikinstrumenten an den Wänden. Teppiche und Polster waren natürlich von ausgesuchtem Geschmack.

Seinen Befehlen hatten wir in seinem Bereich die ausgezeichnete Aufnahme unterwegs zu verdanken. Wir unterhielten uns eine Stunde, und er behielt uns zu Tisch.

Finot hatte uns für den Abend eine Überraschung versprochen, und ich konnte mich nicht gut ausschließen und stieg mit in seine Droschke.

Wir sollten ein persisches Bad kennenlernen. Unterdes galoppierten wir durch die abschüssigen Straßen, die nur von Laternen der spät heimkehrenden Whistspieler gelegentlich erleuchtet wurden, so daß immer die Gefahr bestand, beim Stoßen gegen einen Stein aus dem Wagen geschleudert zu werden und am nächsten Tage einen Arm in der Schlinge tragen zu müssen. Während meines sechswöchigen Aufenthaltes in Tiflis habe ich viele solche Verkehrsopfer gesehen. Zum Glück war die am meisten abschüssige Straße voller Kamele, so daß unser Kutscher hier eine Viertelstunde lang Schritt fahren mußte. Wir überfuhren daher im Dunkeln auch keinen Fußgänger, was öfter vorkommt, weil weder Straßen noch Droschken beleuchtet sind, aber dichter Staub und Dreck hochgewirbelt werden.

Im Badhause wurden wir erwartet, weil Finot bereits am Morgen für uns eine Badstube bestellt hatte. Ein Perser mit spitzer Mütze führte uns über eine Galerie, unter welcher ein Abgrund gähnte, und durch einen von Badenden überfüllten Saal. Im Dampf konnte ich zuerst nicht erkennen, daß es alles Weiber waren.

»Ich habe den Dienstag, den Frauenbadetag, gewählt«, sagte Finot, »denn eine Überraschung muß vollkommen sein.«

Die Damen schienen nicht im mindesten überrascht, nur wir waren es. Nur zwei oder drei, anscheinend häßliche, verhüllten ihr Gesicht mit einem Handtuch, die anderen kümmerten sich gar nicht um uns. Es waren über fünfzig Frauen, die stehend oder sitzend im Dunst zu erkennen waren, übrigens war keine Venus dabei. Immerhin wäre es unbesonnen gewesen, stehenzubleiben, und wir folgten unserem Bademeister in unsere Stube. Sie bestand aus zwei Abteilungen. In der ersten befanden sich drei breite Ruhebetten, welche für sechs Personen Platz boten. In diesem Vorzimmer kleidet man sich aus und legt sich nieder, wenn man aus dem Bade kommt, um auszuruhen. Dann traten wir nackt mit unserem Handtuch in die eigentliche Badestube.

Zuerst mußte ich umkehren, denn meine Lungen konnten den Wasserdampf nicht gleich einatmen, ich mußte eine Weile in der offenen Tür stehenbleiben. Das Innere war recht einfach: drei viereckige steinerne Wannen enthielten Wasser von verschiedener Temperatur. Die Neulinge fangen mit einem Zuber von 30 Grad Reaumur an, steigen dann in die Wanne mit 35 Grad, und die ganz Abgekochten beginnen sofort mit der von 40 Grad. Es gibt im Kaukasus übrigens heiße Quellen mit 60 Grad, die aber nur als Dampfbäder ausgenützt werden können. Unser Konsul stürzte sich sofort in die 40-Grad-Wanne, wir Anfänger begannen mit der von 30 Grad. Als ich aus der 40-Grad-Wanne kletterte, ergriffen mich zwei Bademeister. Ich wollte nicht, aber es half nichts. Sie legten mich auf eine hölzerne Pritsche, schoben mir ein nasses Polster unter den Kopf, zogen meine Beine lang und drückten mir die Arme dicht an den Leib.

Darauf nahm jeder einen Arm und schien ihn auszurecken, so daß alle Gelenke, von den Schultern bis zu den Fingerspitzen, krachten. Dann nahmen sie meine Beine vor, ließen sie krachen, dann den Nacken, die Rückenwirbel und die Hüften. Merkwürdigerweise verursachte dieses gekonnte Ausrecken keinerlei Schmerz, sondern sogar ein gewisses Wohlgefühl. Mir kam es so vor, als ob meine Glieder, die noch nie geknackt hatten, mein ganzes Leben lang immer so gekracht hätten. Wenn man mich wie eine Serviette zusammengefaltet hätte, so hätte ich wahrscheinlich auch nicht geschrien.

Nachdem ich tüchtig Gliederknacken gemacht hatte, drehte man mich um, und der eine Badediener zog mir aus Leibeskräften die Arme lang, während der andere auf meinem Rücken mit den Füßen herumhüpfte. Dieser Mann war etwa 120 Pfund schwer, aber er schien mir so leicht wie ein Schmetterling zu sein. Er stieg etwa zwanzigmal auf meinen Rücken und zwischendurch wieder auf die Pritsche herunter. Dabei wurde mir außerordentlich wohl, und ich atmete so leicht wie noch nie, und meine Muskeln erhielten eine außerordentliche Spannkraft. Darauf fingen beide Bademeister an, mich mit den flachen Händen auf die Schultern, Seiten, Hüften und Waden zu schlagen. Mein Körper war eine Art Instrument geworden, auf welchem sie eine Klatschmelodie spielten, übrigens konnte ich plötzlich Lieder richtig singen und mit dem Kopf den Takt dazu schlagen, obwohl ich sonst keine Melodie richtig herausbringen kann.

Schließlich nahm das Ausrecken, Kneten und Schlagen leider ein Ende, und das Einseifen begann. Der eine Bademeister faßte mich unter die Achseln und setzte mich zurecht, etwa so wie Harlekin den Pierrot, als er glaubte, ihn umgebracht zu haben. Unterdes zog der andere einen aus Roßhaaren geflochtenen Handschuh an und rieb meinen ganzen Körper damit, während der erstere einen mit Wasser aus der wärmsten Wanne gefüllten Eimer über mich ausgoß.

Plötzlich ergriff der Mann mit dem Handschuh einen Sack, der ganz mit Seifenschaum gefüllt war, und leerte ihn über mich. Es brannte etwas in den Augen, aber sonst habe ich mich nie so wohl gefühlt wie unter diesem Seifenschaum, der an meinem Körper herunterrieselte!

Wie ist es möglich, daß Paris, die Stadt der sinnlichen Genüsse, keine persischen Bäder hat? Ein Geschäftsmann, der zwei Badediener aus Tiflis kommen ließe, würde nicht nur ein großes Geschäft machen, sondern sich auch ein Verdienst um die Menschheit erwerben!

Mit dem weißen Schaum bedeckt, wurde ich in das Bassin geführt, wo ich langsam wieder zu mir kam. Meine Begleiter waren ebenso behandelt worden, und nach etwa fünf Minuten gingen wir ins Vorzimmer, dessen Luft uns anfangs empfindlich kühl erschien, aber bald neues Wohlbehagen bereitete.

Nun legten wir uns auf die Ruhebetten, und man brachte uns Wasserpfeifen. Im Orient, wo der Tabak ein Parfum ist, wo der Rauch durch wohlriechendes Wasser und Bernsteinröhren zieht, verstehe ich den Genuß des Rauchens. Wir konnten zwischen Khalian, Tschibuk und Huka wählen, und je nach Belieben verwandelten wir uns in einen Türken, Perser oder Hindu.

Um den orientalischen Abend vollzumachen, ergriff nun ein Bademeister eine Art Gitarre und spielte leise eine Begleitung zu einem Liede mit Versen des persischen Dichters Saadi. Diese sanfte Musik schläferte uns langsam ein, die Mundstücke der Pfeifen entglitten unseren Händen und wir entschlummerten.

Von diesem Tage an besuchte ich alle zwei Tage die persischen Bäder.

27. Kapitel

Am folgenden Nachmittage holte uns Finot zu einem Besuch bei der Fürstin Tschautschawadze ab. Sie soll die schönsten Augen von ganz Georgien haben, sie hat das reinste georgische oder griechische Profil, sie ist glückliche

Gattin und Mutter, aber sie hat einen Ausdruck tiefer Schwermut im Gesicht. Dies ist wohl eine Folge des furchtbaren Ereignisses, das sie fast ein Jahr von ihrer Familie trennte.

Und doch zollte sie ihrem Entführer Schamyl eine tiefe Bewunderung, sie sagte zu mir wörtlich: »Er ist ein hervorragender Mann, sein Ruf ist eher zu gering als übertrieben.«

Ihre Entführung hatte Schamyl schon lange vorbereitet, um auf diese Weise seinen in russische Gefangenschaft geratenen ältesten Sohn Dschemal-Eddin zurückzubekommen. Dieser war in der Gefangenschaft glücklich geworden, als er nachher frei wurde, grämte er sich zu Tode.

Die Fürstin besitzt etwa 40 Werst von Tiflis ein sehr schönes Landgut namens Tschinondal. Es liegt auf dem rechten Ufer des Alasan in herrlicher Umgebung, hier pflegte sie mit den Kindern alljährlich zwischen Mai und Oktober zu verweilen und erst dann nach Tiflis überzusiedeln. Im Jahre 1854 gingen Gerüchte von Kriegszügen der Lesgier durch Tiflis, weshalb ihr Umzug sich verzögerte. Der Fürst erhielt jedoch beruhigende Nachrichten, und die Umsiedlung wurde auf den 18. Juni festgesetzt.

In Asien zieht man immer mit den gleichen Möbeln vom Stadthaus in das Landhaus und umgekehrt. Das ist sogar bei den reichsten Leuten so. Lebensmittel und Wäsche, alles wird auf Arabas geladen, und an der Spitze des Zuges fährt man in einem Tarantas. Andere Fuhrwerke können die kaukasischen Wege nicht passieren. Die Fürstin fuhr mit ihren drei jüngsten Kindern zusammen. Tamara war vier Jahre, Alexander 14 Monate und die kleine Lydia erst drei Monate alt. Die beiden ältesten Kinder fuhren mit ihrer französischen Gouvernante – Madame Drançay hat unter dem Titel *Souvenirs d'une Française captive de Schamyl* eine exakte Schilderung ihrer Erlebnisse gegeben – in einer zweiten Telege, und der Fürst überwachte zu Pferde den Reisezug.

Die Fürstin Anna hatte ihre Schwester, die Fürstin Warwara Orbeliani, mit deren Kindern nach Tschinondal eingeladen, und diese kam zwei Tage später mit ihrem siebenjährigen Sohn Georg sowie ihrer Nichte, der Prinzessin Baratow, in Begleitung einer alten Tante, der Fürstin Tinn, sowie von zwei Ammen und zwei Kammermädchen an. Der Fürst Elliko Orbeliani war vor kurzem in einem Gefecht mit Türken gefallen, so daß seine Witwe in tiefer Trauer war.

Nach der Ankunft erhielt der Fürst einen Gestellungsbefehl in eine zwei Tagesreisen entfernte kleine Festung, was die Fürstin besorgt machte, aber er beruhigte sie: Tiflis hätte Truppen nach dem nahen Telawi in Marsch gesetzt, außerdem sei der Alasan infolge heftiger Regengüsse für die Lesgier vollkommen unpassierbar geworden. Er wollte sie benachrichtigen, wenn es notwendig werden sollte, das Gut zu verlassen.

Alles ging gut bis zum 1. Juli, als man abends in Richtung auf Telawi starken Feuerschein bemerkte. Man stieg so hoch es möglich war und erblickte von dort aus, daß alle Häuser von Telawi in Flammen standen. Also mußten die Lesgier doch den Alasan überschritten haben. Gegen elf Uhr abends kamen bewaffnete Landleute ins Schloß und versuchten, die Fürstin zur Flucht zu bereden, aber diese weigerte sich, weil sie noch auf Nachricht von ihrem Gemahl wartete. Am Morgen flohen die Bauern ohne die Herrschaft.

Gegen zwei Uhr nachmittags kamen Gutsnachbarn und beschworen die Fürstin, sie sofort zu begleiten, sie selbst hätten alles im Stich gelassen, um ihr Leben zu retten. Erst abends, als man aus größerer Nähe Feuersbrünste sah, begann man Silberzeug, Juwelen und andere Kostbarkeiten einzupacken. Gegen Mitternacht ging ein Bauer auf Streife und kam nach drei Stunden mit drei Kugellöchern in seiner Kleidung zurück. Angeblich hatten jedoch die Lesgier den Strom nicht überschritten, und die Brände stammten von angezündeten Kornfeldern auf dem anderen Ufer.

Um sechs Uhr früh endlich wollte die Fürstin das Schloß verlassen, aber sie hatte nicht für Pferde gesorgt, und zwei Eilboten kamen zurück, mit dem Bescheid, daß erst nachts welche zurückkommen würden.

Völlig kopflos wurde am nächsten Tag weitergepackt, und abends war endlich alles zur Abfahrt bereit – bis auf Pferde. Im Laufe des Tages kamen noch verschiedene Leute und versuchten vergebens, die Fürstin zu sofortigem Aufbruch ohne Gepäck zu bewegen, die Koffer könnten ja nachkommen.

Man fühlte nahendes Unheil, versammelte sich im Zimmer von Warwara Orbeliani, legte die Kinder auf die Teppiche, löschte alle Lichter und betete. Draußen war es so hell, weil die Flammen immer näher kamen, daß man bei einem Angriff kaum entkommen konnte.

Gegen vier Uhr morgens fiel im Garten ein Schuß, aber ein Angriff erfolgte nicht. Als einzige hatte die französische Gouvernante Verstand genug, nun endlich etwas zu veranlassen und nicht alles der sogenannten »Vorsehung« oder einem doch noch eintreffenden Boten des belagerten Fürsten zu überlassen. Mutig schlich sie sich in den Garten, erblickte dort einen fremden Mann mit einem Gewehr und sah am steilen Stromufer, daß der Bergstrom sehr gefallen war und zwei Männer mit je zwei Pferden am Zügel dort nach einer seichten Stelle zum Übersetzen suchten. Sie eilte zurück und weckte die Fürstin Anna, welche sich nach den dauernden Aufregungen für kurze Zeit schlafen gelegt hatte. Dann ging sie ins Zimmer der

Fürstin Warwara. Diese betete noch immer und war anscheinend der Ansicht, daß daraufhin ein Wunder geschehen würde, anstatt auf Initiative bei ihrer Schwester zu drängen. Auch die Fürstin-Tante meinte nur, daß man abreisen werde, sobald die Pferde kämen. Auf die Idee, daß andere Pferde kommen könnten, kam sie gar nicht.

Um fünf Uhr fingen die Kammerfrauen an, den Tee zu bereiten, bekanntlich eine hochwichtige Angelegenheit für alle Russen. Gegen halb sechs Uhr kam unter Lebensgefahr ein Arzt aus Telawi im Galopp, um die Fürstin zur sofortigen Flucht, auf seinem Pferde oder mit ihm zu Fuß, aufzufordern, ihr Verhalten sei unverantwortlich. Die Antwort war, sie können weder zu Pferde noch zu Fuß mit sechs Kindern fliehen, außerdem könnte die alte Tante keine Werst zu Fuß gehen!

Immer noch packten die Bedienten überflüssigerweise etwas auf die Wagen, als plötzlich der Schreckensruf ertönte: »Die Lesgier.«

Der Doktor nahm sein Gewehr von der Schulter und eilte mit einigen Dienern dem Feind entgegen um ihn aufzuhalten. Es folgte ein unbeschreiblicher Augenblick des Schreckens und der Verwirrung. Die Frauen flüchteten auf den Boden des Schlosses und schlossen sich dort ein, weil man hoffte, daß die Lesgier unten im Hause genug zu plündern finden und nicht bis oben hinaufsteigen würden. Die Fürstin ließ alle sich in einem dunklen Winkel verstecken und sagte ernst: »Wir wollen beten, der Tod naht.«

Die Tante der Fürstin war sechzig Jahre alt, die alte Amme des Fürsten fast hundert, außerdem hatten sie sieben Kinder bei sich, von denen drei Säuglinge waren.

Nun hörte man das Geschrei der ins Schloß eingedrungenen Feinde, das Klirren zerbrochener Fensterscheiben, Spiegel und Gläser, des herausgerissenen Silberzeugs auf dem Parkett, das Splittern von zerschlagenen Möbeln und Pianos. Aus einem Dachfenster konnte man in den Garten hinabsehen, der sich nach und nach mit wild aussehenden Männern mit Turban, Papak oder Baschlik füllte; andere zogen auf einer für unersteigbar gehaltenen Abschrägung eines Abgrundes ihre Pferde hinter sich herauf. Pferde und Männer schienen einer Rasse von Dämonen anzugehören.

Die Frauen lagen auf den Knien und beteten noch immer, etwas anderes hatten sie nicht gelernt. Die Fürstin Anna drückte ihr jüngstes Kind, die kleine Lydia, an ihre Brust. Einige der dienenden Frauen hörten, wie Schritte die Bodentreppe heraufkamen und lehnten sich gegen die Bodentür. Nun stand die Fürstin Orbeliani auf, segnete ihren Sohn und trat an die Tür, sie hatte ihren Gatten verloren, hoffte im Jenseits mit ihm vereinigt zu werden und wollte den anderen Frauen zeigen, wie man unter Anrufung Gottes stirbt.

Schließlich donnerten Faustschläge gegen die zugehaltene Tür, einige Pistolenschüsse drangen durchs Holz, eine der Frauen wälzte sich in ihrem Blut, die andern wichen zur Seite, und die Tür sprang auf. Man sah den Tod vor sich . . . oder etwas Schlimmeres, die Sklaverei!

Sofort stürzt sich jeder Lesgier auf eine Frau, ergreift und zerrt sie als seine Beute beiseite, indem er sie an den Armen, an der Kehle, an den Haaren packt. Dann beginnt man sie nach unten zu schleppen, die schwache Holztreppe bricht wegen der Überbelastung mit viel zu vielen Menschen zusammen, und Lesgier, Frauen und Kinder fallen übereinander ins oberste Stockwerk hinunter. Dort entspinnt sich zwischen den Plünderern ein Kampf, denn die untengebliebenen sehen gepflegte Frauen als Beute vor sich und wissen, daß diese womöglich fünfzigtausend, hunderttausend, ja zweihunderttausend Rubel an Lösegeld wert sind.

Die Fürstin liegt mit aufgelösten Haaren fast ganz nackt auf der Erde, drückt jedoch immer noch ihre kleine Lydia an die Brust. Man hatte ihr fast die gesamte kostbare Kleidung vom Leibe gerissen, das Kind hatte nur ein Hemd an. Die französische Gouvernante war die Beute eines Tataren geworden und wurde jetzt von zwei Nukern bewacht, aber bei diesem traurigen Anblick schrie sie auf: »Oh, Fürstin!«

Diese erwiderte: »Was ist mit den Kindern?«

Die Gouvernante konnte noch gerade antworten, daß Marie auf einem Pferde sitze und Salome sich weiter weg befinde, als sie heftig zurückgerissen wurde. Man hatte ihren Anruf der Fürstin richtig verstanden und wußte nun, daß die auf dem Boden liegende eine wichtige Gefangene war. Sofort entbrannte ein Kampf zwischen vier oder fünf Lesgiern um sie, Kandschars wurden blankgezogen, und zwei Lesgier fielen im Nahkampf. Der Sieger fragte sie, ob sie die Fürstin sei, was sie durch Kopfnicken bejahte und dann fragte, wo ihr Sohn sei. Man zeigte ihn ihr. Der Junge saß unversehrt auf einem Pferde. Die Mutter war so erfreut, ihn noch lebend zu sehen, daß sie für den Räuber ihre Diamantohrringe losmachte und sie ihm übergab. Dann fiel sie in Ohnmacht.

In einem anderen Teil des Hofes saß die Prinzessin Baratow, eine junge Schönheit von 18 Jahren, auf einem Pferde. Ihre Kleidung war merkwürdigerweise noch vollkommen in Ordnung, ebenso ihre Haube und ihr Schleier.

Dagegen befand sich die alte Tante in schlimmster Verfassung. Man hatte ihr fast alle Kleidung vom Leibe gerissen, und die Haare hingen ihr wirr über das Gesicht. Die hundertjährige alte Amme des Fürsten hatte man halb nackt an einen Baum gebunden, von dem sie erst am nächsten Morgen losgebunden wurde. Sie wurde zusammen mit der alten Fürstin zurückgelassen, denn die primitiven Wilden waren anscheinend der Ansicht, daß sie zu alt wären, um irgendwelchen Wert zu haben.

Nach den ersten Schreckbildern kam es beim Plündern zu grotesken Szenen. Jeder steckte zu sich, was ihm in die Hände fiel, Schals, Geschirr, Diamanten oder Spitzen. Außerdem wurde alles gegessen, was vorgefunden wurde, auch Billardkreide, Pomade, Rosen- oder Rizinusöl, Zukker, Kaffee, Tee. Es war barbarisch anzusehen.

Endlich, nach etwa einer Stunde, gaben die Anführer das Zeichen zum Aufbruch. Man ließ zunächst die Frauen hinten aufsitzen. Lediglich die Fürstin mußte mit der kleinen Lydia in den Armen zu Fuß marschieren. Als der Zug an den Fluß kam, wurden die Wagen in Brand gesteckt. Die Fürstin mußte zu Fuß durchwaten, stürzte jedoch infolge der starken Strömung, so daß zwei Lesgier vom Pferd stiegen, sie herauszogen und sie mit dem Kinde auf ein Pferd setzten. Sie mußte den Reiter mit einem Arm umfassen und mit dem anderen das Kind festhalten. Als sie nicht mehr konnte, rief sie: »Um Gottes willen, ich beschwöre Euch bei Mohammed, wenn es sein muß, gebt mir etwas, um mein Kind festzubinden!«

Der 14 Monate alte Alexander war seiner Amme entrissen und auf den Hof gelegt worden, wo ihn eine Kammerjungfer, Lucie, an sich genommen hatte. Sie beschwichtigte das Kind anfangs mit Wasser, später mit Schnee, und rettete das Kind dadurch wenigstens vorm Hungertode.

Dem Prinzen Georg Orbeliani – sieben Jahre alt – ließ man sein Kindermädchen. Er war munter und von den Vorgängen wenig beeindruckt und gefiel daher den Lesgiern, sie durfte ihn mit einem Strick an sich festbinden.

Salome und Marie Tschautschawadse waren von ihrer Gouvernante getrennt worden. Salome hatte mit ihren Händchen auf die Räuber eingeschlagen, während die schüchterne Marie vor Hunger weinte, bis ihr ein 14jähriger Lesgierjunge einen Apfel gab, weil, wie er sagte, die Georgier ja gewohnt seien, täglich zu essen.

Die kleine dreijährige Tamara weinte unaufhörlich, bis der Lesgier sie in einen Sack steckte und diesen an seinen Sattel band, worauf die Kleine einschlief.

Das Wasser war doch noch sehr hoch, aber die Vordersten ritten ohne Verzug hinein, und die Reiter mit Kindern hinter sich hielten diese mit der einen Hand über dem Wasser, während sie mit der anderen ihre Pferde lenkten. Die Frauen mußten sich festklammern, während den Pferden das Wasser bis zum Hals ging. Im Strom verlor die Gouvernante ihren Rock, und sie kam naß und vor Kälte fast erstarrt, nur mit Hemd und Schnürleib bekleidet, am Ufer an, wo ihr ein Lesgier seine Burka zum Anziehen gab.

Am anderen Ufer wurde kurz gehalten, bis Schüsse fielen und ein schwacher Trupp Georgier versuchte, ihre Fürstin zu befreien. Die Lesgier glaubten, daß dies nur die Vorhut stärkerer Truppenverbände sei, und jagten trotz ihrer sehr großen Überlegenheit in schnellem Tempo davon. Als die tolle Jagd über Stock und Stein begann, hielt die Fürstin ihr Kind nur noch mit letzter Anstrengung fest und versuchte schließlich, es etwas höher zu heben, um es mit den Zähnen zu fassen, aber in diesem Augenblick schleuderte ein heftiger Stoß ihr das Kleine aus der Hand. Sie wollte vom Pferde springen, aber der Räuber hielt sie fest und schlug auf sein Pferd ein, so daß sie im Augenblick bereits weit von ihm entfernt war. Hunderte von Pferden galoppierten über das am Boden liegende Kind hinweg und zertraten es. Seine Leiche wurde später aufgefunden und dem Vater übergeben.

Die kleine Lydia war jedoch nicht das einzige Opfer der Flucht. Um ihren an sich schon sehr schwierigen Rückzug zu erleichtern, erdolchten die Lesgier von den zunächst mitgeschleppten etwa hundert Gefangenen sechzig, die sie für unwichtig hielten und deren Leichen später im Gebüsch gefunden wurden. Von diesen gehörten nur zwei zur Haushaltung der Fürstin, nämlich die Frau des Schloßverwalters und die Frau des Popen.

Unterwegs steckten die Lesgier die berührten georgischen Dörfer in Brand und machten neue Gefangene. Bei Anbruch der Nacht wurde jeder Pfad verlassen, und man drang in die undurchdringlichen Wälder ein, die mit Dornbüschen durchsetzt sind und den Fuß des Hochgebirges bedecken. Man mußte sich manchmal mit Schaschka oder Kandschar durch das Dickicht arbeiten, die bedauernswerten Frauen bluteten an verschiedenen Stellen, und ihre Haare verfingen sich oft in den Zweigen.

Um Mitternacht wurde zwei Stunden gerastet, und die Gefangenen erhielten wenigstens Wasser zum Trinken. Dann ging es einen halsbrecherischen Weg zu Fuß hinauf, der nur für Menschen und für Pferde aus dem Hochgebirge gangbar war.

Von jetzt an konnte man sich nach Signalfeuern richten. Viele Gefangene hatten blutige Beine und Füße, weil ihre Schuhe verloren oder zerrissen waren. Von Zeit zu Zeit warf sich eine Gefangene auf die Erde und wollte lieber getötet werden, aber sie wurden durch Peitschenhiebe gezwungen, sich weiterzuschleppen.

Endlich erreichte man eine Hochebene und saß wieder auf und galoppierte. Von Zeit zu Zeit traf man auf einen als Hirten verkleideten Spion, der die Meldung brachte: »Der Weg ist frei, ihr könnt passieren.«

Gegen elf Uhr mittags wurde zum zweitenmal gehalten. Die Reiter warfen vier Burkas auf die Erde und ließen die Fürstinnen darauf sitzen. Ein Naib nahm seine von den Dornen zerrissene Tscherkeßka und gab sie der Fürstin Warwara zum Flicken.

Als die Gouvernante ankam, wurde sie gefragt, ob sie Georg Orbeliani gesehen hätte, was sie mit den Worten beantwortete: »Ja, Fürstin, bis wir in den Wald eindrangen war er bei seinem Kindermädchen. Aber was machen Sie denn da?«

»Ich muß die Tscherkeßka meines Besitzers flicken«, antwortete sie mit einem traurigen Lächeln, worauf ihr die Französin das Kleidungsstück abnahm und selbst weiternähte.

In diesem Moment wurde das Kindermädchen der Fürstin Anna herbeigeführt, eine Georgierin namens Nianuka. Die Bedauernswerte hatte drei flache Säbelhiebe über den Kopf bekommen, und es war ihr Glück, daß sie so dickes Haar hatte und ihre Schädeldecke heil geblieben war. Aber sie war voll Blut, und etwas rann ihr immer noch über Schultern und Rücken. Außerdem war ihr durch einen Kandschar ein Finger fast abgeschnitten worden und hing nur noch an einigen dünnen Nervensträngen. Die Fürstin Orbeliani zerriß jetzt ihr Hemd und verband sie notdürftig. Ihre Kopfwunde ließ man so, weil das geronnene Blut jetzt einen natürlichen Verband bildete.

Beim Aufbruch setzte man nur die Fürstinnen zu Pferde, alle anderen Gefangenen mußten gehen. Die Gouvernante und die verwundete Nianuka gingen nebeneinander, wobei sich die durch den Blutverlust geschwächte Verwundete nur mit Mühe fortschleppte. Aber sobald sie stehenbleiben wollte, erhielt sie die Peitsche. Als sie endlich am Rande ihrer Kräfte war, rief sie jammernd nach der Fürstin Orbeliani, die darauf, ohne auf den ihr Pferd führenden Lesgier zu achten, ihr Pferd anhielt, abstieg und Nianuka auf ihr Pferd hob. Sie wurde wegen ihres Ranges mit gewisser Rücksicht behandelt. Aber nach zwei Stunden konnte sie nicht mehr Schritt halten und durfte als zweite wieder auf ihr Pferd steigen. Bald wurde sie jedoch aus

Schwäche fast ohnmächtig, weil es sie sehr anstrengte, mit Nianuka, die sich an ihr festklammerte, im Gleichgewicht zu bleiben. Endlich ließ man einen Tataren absitzen und gab jeder der beiden Frauen ein Reitpferd.

Es würde zu weit führen, hier alle weiteren Zwischenfälle dieses Leidenszuges aufzuzählen. Unter unsäglichen Strapazen näherte man sich Schamyls Bergfestung Pochalskij, wohin sich der Imam von seinem Hauptquartier Weden begeben hatte, um diesen wichtigen Streifzug besser leiten zu können.

Nach fünf Stunden befand man sich im Gebiet der Bergvölker, und die Einöde begann sich zu beleben. Von allen Seiten eilten lesgische Hirten herbei und betrachteten neugierig, wie die erschöpft hinsinkenden Gefangenen immer wieder hochgepeitscht wurden. Einer von ihnen schien Gefallen an der französischen Gouvernante gefunden zu haben und zog sie mit sich fort, anscheinend, um sie zu vergewaltigen. Auf ihr Schreien eilte ihr Eigentümer wieder herbei und verlangte sie zurück. Der Lesgier fragte: »Was soll ich dir für sie bezahlen? Wenn sie nähen kann, zahle ich dir drei Rubel für sie.«

Aber die Fürstin griff ein und erklärte, daß sie die Frau eines französischen Generals sei, der Lösegeld für sie zahlen würde. Darauf sagte ihr Herr, dann gehört sie dem Imam, und der gefährliche Streit war beigelegt.

Allmählich näherte man sich der genannten Bergfestung. Auf einer Art Terrasse vor der letzten steilen Treppe waren etwa zehntausend Lesgier angetreten, die fast nackt waren und die wohl zum ersten Male schöne Georgierinnen mit unverhüllten Gesichtern erblickten. Sie schrien wie Wölfe im Liebesspiel, und die Frauen hielten vor Angst ihre Hände vors Gesicht, um nicht zu sehen oder gesehen zu werden.

Die Naibs Schamyls, die durch Abzeichen kenntlich

waren, hielten jedoch mit Mühe diese Wilden zurück, sich auf die Frauen zu stürzen und mußten dabei mehrfach von der Peitsche und Drohungen mit Dolchen Gebrauch machen. Endlich kam ein Unterführer Schamyls, um die gefangenen Fürstinnen samt ihrem Gefolge nach oben in die Festung zu führen, wo sie sich in einem halbdunklen Raum wiederfanden. Vier von den ursprünglich fünf Kindern waren gerettet. Als letzte kam Fürstin Anna, die sofort nach der kleinen Lydia fragte. Als darauf ein vielsagendes Schweigen folgte, sank sie zu Boden.

Als kurz darauf ein Kleinkind zu schreien anfing, richtete sie sich auf und sagte, man solle ihr ihre Tochter geben. Darauf antwortete eine Stimme: »Fürstin, es ist meine kleine Schwester, die auch erst vier Monate alt ist und seit gestern früh nichts genossen hat. Sie wird jetzt verschmachten.«

»Nein, gebt mir das Kind«, antwortete die Fürstin und reichte ihm schluchzend die Brust.

Kurz darauf erschien der Unterführer wieder und teilte mit, daß Schamyl die Fürstin zu sprechen wünsche. Sie ließ ihm sagen, daß er zu ihr kommen möge, sie ginge nicht.

»Er ist ein Imam!«

»Und ich bin eine Fürstin.«

Als man dies Schamyl meldete, überlegte er eine Weile und entschied dann, daß die Gefangenen nach Veden gebracht werden sollten. Dort werde er dann mit ihnen reden.

Der vor kurzem im Kampf gegen die Türken gefallene Fürst Elliko Orbeliani war neun Monate in Veden gefangen gewesen, bevor er gegen tatarische Gefangene ausgetauscht wurde, die Besatzung wollte nun seine Witwe und vor allem seinen Sohn sehen. Sie suchten auf ihre Weise die seit zwei Tagen hungernde und mißhandelte

Frau zu trösten. Sie sagten, der Kleine sei ein Ebenbild seines Vaters.

Die Fürstenwitwe benutzte diese günstige Stimmung, um sich zu erkundigen, was Schamyl als Lösegeld für sie, ihre Schwester und die gefangenen Personen des fürstlichen Haushaltes verlangen würde. Ein Naib entfernte sich darauf und kam mit der Antwort zurück, der Kaiser Nikolaus solle ihm seinen gefangenen ältesten Sohn zurückgeben und Fürst Tschautschawadze solle für seine Leute eine Araba voll Goldstücke schicken

Die Fürstinnen senkten traurig die Köpfe, sie hielten diese Bedingungen für praktisch unerfüllbar. Bis dahin wußten sie nicht, daß Schamyl bereits Befehl gegeben hatte, sie in seine fast unzugängliche Hauptfestung Veden zu bringen, dort sollten sie ebensogut wie die Frauen des Propheten behandelt werden. Dies wurde ihnen jetzt mitgeteilt, und man forderte sie auf, nach Tiflis in diesem Sinne zu schreiben.

Die Fürstin Tschautschawadze verfaßte darauf zwei Briefe, einen an ihren Gemahl und einen an den Statthalter. Sie wurden Schamyl gebracht, der sie übersetzen und befördern ließ. Dann wurde Befehl gegeben, nach Veden aufzubrechen, wo die Antwort erwartet werden sollte.

Die Damen verlangten Kleidung, und man brachte ihnen ein Paar Frauenbeinkleider, ein Halstuch und einen alten Kutscherrock sowie einen Männerpaletot, alles andere war bereits verteilt. Die Fürstin Anna behielt die Beinkleider, gab ihrer Schwester Halstuch und Paletot und der Gouvernante den alten Kutscherrock. Nina Baratow brauchte nichts, sie hatte noch dieselben Kleider wie in Tschinondal an, nur ihr Schleier war von den Dornbüschen zerrissen worden.

Schamyl hatte für die Überführung den sichersten, das

heißt den schwierigsten Weg vorgeschrieben. Steile Gebirgspfade waren noch das bequemste, aber oft mußte man über weite Schneefelder marschieren, bald steile Felswände hinunterklettern oder sich an Steinvorsprüngen oder Sträuchern mehrere hundert Fuß hochziehen. Es war schwierig, immer ein Unterkommen für die Nacht zu bekommen, weil die Bevölkerung zum Teil sehr feindlich gesinnt war und die Giaurs nicht aufnehmen wollte. Die Einzelheiten diese vierzehntägigen Gewaltmarsches würden hier zu weit führen.

Eines Abends erreichte man einen Aul, der nur zwölf Werst von Veden entfernt war. Dort erwartete sie eine Frau, welche Musselin, Nähnadeln und Zwirn brachte, um Schleier für den bevorstehenden Besuch des Imam anzufertigen. Außerdem erhielt von hier an jeder der erschöpften Gefangenen ohne Standesunterschied ein Reitpferd.

Als man, gefolgt von einer neugierigen Menge, in Veden ankam, sahen sich die Fürstinnen nach einem dem Imam angemessenen Haus um, aber vergeblich. Sie wurden plötzlich in ein von Palisaden umgebenes, unscheinbares Haus geführt, das eher einem großen Schafstall als einer menschlichen Wohnung glich. Man durchzog drei Tore und drei Höfe. Vom dritten betrat man den Harem.

Die Gefangenen fanden dort ein wärmendes Feuer vor, das ihnen wohltat, weil sie von einem Gewitterregen durchnäßt waren. Das Zimmer war unscheinbar, aber man brachte ihnen Pilaw, die tatarische Nationalspeise. Der Schüsselrand war mit Honig und Früchten belegt, dazu gab es Brot und Trinkwasser. Das war beinahe ein Festessen gegenüber der kargen Ernährung in den letzten Wochen.

Dann trug man einen hölzernen Stuhl vor die Tür, und drei tatarische Dolmetscher stellten sich daneben, ohne das Zimmer zu betreten. Darauf erschien der Imam selbst. Er trug ein langes, weißes Oberkleid, vorn offen, mit einem kurzen, grünen Rock darunter, dazu einen weißgrün gestreiften Turban.

»Warwara, man sagt mir, du bist die Frau Ellikos, den ich gekannt und geschätzt habe. Sein Mund sprach nie eine Lüge, ich selbst verabscheue gleichfalls die Doppelzüngigkeit. Versuchet daher nicht, mich in euren Briefen zu betrügen. Der russische Sultan hat mir meinen ältesten Sohn genommen, er muß ihn mir jetzt wiedergeben. Man sagt, Nina und Warwara, daß ihr die Enkelinnen des Sultans von Georgien seid. Schreibet also an den russischen Sultan, daß er mir Dschemal-Eddin zurückgebe, und ich will euch zu euren Verwandten zurückschicken. Außerdem müßt ihr meinem Volke Geld geben. Ich verlange nur meinen Sohn.«

Nachdem die Dolmetscher in russischer und georgischer Sprache seine Worte übersetzt hatten, fügte er noch hinzu: »Ich habe Antwortbriefe für euch, aber einer derselben ist weder in russischer noch tatarischer oder georgischer Sprache geschrieben. Niemand hier kennt diese Schrift. Es ist nicht erlaubt, daß man euch in einer unbekannten Sprache schreibt. Was wir nicht übersetzen können, wird nicht gelesen. Allah empfahl den Menschen Vorsicht, und ich werde seinen Rat befolgen. Die russischen Briefe werdet ihr sofort erhalten, aber bedenket, daß jede Lüge eine Beleidigung gegen Allah und seinen Imam Schamyl ist. Jeder Person, die mich beim Briefwechsel zu hintergehen versucht, lasse ich den Kopf abschlagen.«

Darauf entfernte er sich in würdevoller Haltung.

Es war schon früher erwähnt, daß Dschemal-Eddin, der älteste Sohn Schamyls und seiner ersten Frau Patimate, seinerzeit bei der Belagerung von Achulgo gefangengenommen oder, richtiger gesagt, als Geisel den Russen gegeben worden war. Der Knabe war darauf nach Petersburg gebracht und dort in russischem Sinne sehr sorgfältig erzogen worden. Zuerst war er sehr scheu, wie eine Gemse im Hochgebirge, endlich wurde er jedoch zutraulich, insbesondere als er Gelegenheit bekam, sich im Reiten, das er seit seinem siebenten Jahre liebte, zu vervollkommnen und als er Lesen und Schreiben lernte sowie Fremdsprachen – Französisch und Deutsch außer Russisch – und sich mit der Weltliteratur vertraut machen konnte. Für seine guten militärischen Leistungen wurde er mit der Zeit sogar kaiserlicher Adjutant und Oberst eines Regimentes, kurz, er wurde völlig russifiziert, besonders durch seinen Verkehr mit gleichaltrigen Kameraden und eleganten Frauen.

Eines Tages mußte er sich beim Zaren melden, und der Monarch sprach zu ihm in ernstem, ja fast traurigem Tone etwa folgendes: »Dschemal-Eddin, Sie können den Vorschlag, den ich Ihnen machen muß, annehmen oder ablehnen. Ich will Ihnen keinerlei Zwang auferlegen, aber ich muß betonen, daß eine Annahme Ihrer würdig wäre. Zwei georgische Fürstinnen, die Fürstinnen Tschautschawadze und Orbeliani, sind von Ihrem Vater gefangengenommen worden, und er will sie nur unter der Bedingung herausgeben, wenn Sie sich wieder zu ihm begeben. Wenn Sie sich weigern, bleiben die Fürstinnen in lebenslänglicher Gefangenschaft. Antworten Sie mir jetzt nicht, ich will Ihnen drei Tage Bedenkzeit geben.«

»Sire, es bedarf keiner Bedenkzeit, um den Sohn Schamyls und Zögling des Kaisers Nikolaus zu lehren, was er in diesem Falle zu tun hat. Von Geburt bin ich Kaukasier, aber mein Herz ist russisch geworden. Ich werde in der Einsamkeit der heimatlichen Berge sterben, an die ich mich kaum wieder gewöhnen werde. Aber ich werde im Bewußtsein aus der Welt gehen, daß ich eine Pflicht erfüllt habe. Gestatten Majestät, daß ich die mir bewilligten drei Tage zum Abschiednehmen benutze. Ich werde dann abreisen, wann Sie befehlen.«

Tatsächlich reiste er in Begleitung des Fürsten David Tschautschawadze von Petersburg Anfang Februar ab. Nach drei Wochen kamen beide in Kasafiurte an, und Dschemal-Eddin verblieb dort im Hause des Fürsten. Verständlicherweise mußte er mit diesem in einem Zimmer wohnen, konnte sich jedoch anscheinend völlig frei bewegen, während ein Eilbote nach Veden abging. Er hatte sein Ehrenwort gegeben, nicht zu fliehen, und er speiste am Tische des Generals Nikolai. Zur Feier der bevorstehenden Auswechselung der Fürstinnen wurde ein Ball gegeben, er nahm daran teil und wurde der Mittelpunkt des Festes.

Schamyl hatte den 10. März zum Tag der Gefangenenübergabe bestimmt, als eine unerwartete Schwierigkeit eintrat. Außer der Rückgabe seines Sohnes hatte Schamyl die Barzahlung von vierzigtausend Rubeln gefordert, aber dieser Betrag sollte in Kleingeld, nämlich in 50-, 25- und 10-Kopeken-Stücken bezahlt werden, und das machte große Schwierigkeiten. Man konnte nur fünfunddreißigtausend Rubel in dieser Stückelung zusammenbekommen. Aber Dschemal-Eddin sagte zu, seinen Vater zur Annahme des Restbetrages in Gold zu bewegen.

Am vereinbarten Tage marschierte also der General Nikolai mit zwei Divisionen Infanterie, neunhundert Kosaken und sechs Kanonen an den Fluß Mitschik, wo der vereinbarte Auswechslungsplatz war. Hier ist das rechte, russische Ufer ganz baumlos, das linke hingegen – die Grenze von Schamyls Gebiet – ist bis fast an den Fluß stark bewaldet. Es war vereinbart, beiderseits eine Werst vom Flußufer anzuhalten. Als der General an den Platz kam, sah er, daß Schamyl bereits da war. Man erkannte von weitem sein Zelt mit einer schwarzen Fahne. Darauf wurde sofort ein armenischer Dolmetscher zu ihm geschickt, welcher über die Formalitäten bei der Auswechslung Vereinbarungen treffen sollte.

Es wurde folgendes bestimmt: Schamyls jüngerer Sohn, Hadschi-Mohammed, sollte mit 32 Tscherkessen die Damen zu einem am russischen Ufer stehenden einzelnen Baum führen. Dort sollte er seinen älteren Bruder und das Lösegeld von einem russischen Offizier und einer gleich starken russischen Bedeckung in Empfang nehmen. Dieser russische Offizier sollte Dschemal-Eddin bis zum Zelt des Imam begleiten und dann zurückkehren.

Dschemal-Eddin sowie 16 freizulassende tscherkessische Gefangene wurden also mit der erwähnten russischen Begleitung an den Fluß geführt und die Geldkisten dort niedergesetzt. General Nikolai und Fürst Tschautschawadze folgten mit einem Wagen für die Damen und blieben etwa 50 Schritte zurück.

Während sie vorrückten, näherten sich die Kaukasier mit den Arabas, in denen die Fürstinnen mit Gefolge saßen. An der Spitze von Schamyls Schar befand sich ein schöner, junger, etwas blasser Mann auf einem Schimmel. Er trug eine schneeweiße Tscherkeßka und einen ebensolchen Papak. Es war Hadschi-Mohammed.

Hinter ihm ritten in zwei Reihen und ausgerichtet die 32 prächtig gekleideten und kostbar bewaffneten Tscherkessen. Beide Abteilungen hielten zehn Schritte voneinander an. Hadschi-Mohammed und Dschemal-Eddin stiegen vom Pferde und sanken einander in die Arme, während die Muriden des Gefolges riefen: »Allah, il Allah!«

Nun kamen der Fürst und General Nikolai gleichfalls näher, und ihnen wurden die Fürstinnen samt Kindern und Gefolge überliefert, während die Muriden die Geldkisten übernahmen.

Dschemal-Eddin wurde den Fürstinnen vorgestellt, die ihm als ihrem Befreier dankten. Darauf nahm er Abschied von dem Fürsten und dem General und schritt in Begleitung von dazu bestimmten Offizieren auf seinen Vater zu.

Eine halbe Werst von Schamyl hielt Dschemal unter einer Baumgruppe an, um seine russische Uniform auszuziehen und die ihm von seinem Vater übersandte Tscherkeßka anzuziehen. Darauf bestieg er einen von zwei Nukern bereitgehaltenen edlen Rappen mit roter Schabracke, ließ das Pferd probeweise piaffieren und sprengte dann mit seiner Begleitung auf seinen Vater zu. Unterwegs mußte er noch einmal anhalten, weil sein jüngster Bruder – der dreizehnjährige Mohammed-Schabeh – ihm entgegenkam und ihn durch Umarmung begrüßte. Es war wohl eins der letzten Bilder alten Rittertums.

Darauf kam man zur Gruppe um Schamyl, dem seine Würde als Orientale sowie die religiöse Unempfindlichkeit nicht erlaubte, ihm als Stammesfürst entgegenzukommen. Er wartete, unbeweglich zwischen zwei alten Muriden sitzend, während man ihm einen zeremoniellen Sonnenschirm über den Kopf hielt.

Die russischen Begleitoffiziere wurden durch den schönen und majestätischen Eindruck des Imam überrascht und blieben erstaunt stehen.

Dschemal-Eddin stieg ab, trat auf seinen Vater zu und wollte ihm die Hand küssen, aber Schamyl konnte sich nicht länger beherrschen, stand auf, öffnete seine Arme und drückte nach so vielen Jahren zum ersten Male seinen ältesten Sohn an sein Herz, während ihm Tränen die Wangen herunterliefen.

Nach dieser ersten persönlichen Begrüßung setzte sich

der Sohn neben seinen Vater, dem der Stolz aus den Augen leuchtete. Die beiden russischen Begleitoffiziere sahen respektvoll und gerührt dieser Szene zu und ließen dann dem Imam sagen, sie hätten den Auftrag, ihm seinen Sohn zu übergeben, nun erfüllt und wünschten sich zu verabschieden. Schamyl erwiderte ihren Gruß und sagte: »Bis jetzt habe ich gezweifelt, daß die Russen Wort halten, aber von jetzt an habe ich von ihnen eine andere Meinung. Danket in meinem Namen dem General Nikolai und saget dem Fürsten Tschautschawadze, daß ich seine Frau, seine Schwägerin und Kinder wie meine eigenen Töchter behandelt habe. Ich danke Ihnen.«

Die Offiziere traten nun auf ihren früheren Kameraden zu, um ihm Lebewohl zu sagen. Dieser umarmte sie und gab jedem nach russischer Sitte drei Küsse, und Schamyl sah dieser Szene mit Wohlgefallen zu.

Wenn er ein Diplomat vom Format eines Talleyrand gewesen wäre, so hätte er jetzt erkennen müssen, daß es nicht schwer sein konnte, über seinen Sohn zu einem für beide Seiten vorteilhaften Verständigungsfrieden zu kommen. Es wäre dann viel Blutvergießen gespart worden, und vor allem wäre die später erfolgte Umsiedlung von fast einer halben Million Tscherkessen und anderen hochwertigen mohammedanischen Stämmen in die Türkei vermieden worden.

Fünfzig Muriden gaben den zurückkehrenden Offizieren das Ehrengeleit bis zur Flußgrenze.

28. Kapitel

Tiflis hieß ursprünglich Tiflis-Kalaki, was soviel wie Stadt der warmen Quellen bedeutet. Diese ermöglichten auch die Anlage der hervorragenden persischen Bäder am Orte. Seit die Stadt zu Rußland gehört, ist sie wenigstens gegen die dauernden Überfälle und Zerstörungen durch Türken und Perser geschützt worden und hat jetzt ein Theater, Karawansereien, Basars, 60 Fuß breite Straßen und schöne Plätze.

Die Statthalter und Generale Jermolow, Graf Woronzow und Fürst Bariatinskij haben sehr viel für sie getan. Als 1820 der erste französische Konsul Gamba sein Amt dort antrat, waren die meisten Straßen noch voll Trümmerhaufen vom letzten persischen Eindringen in die damals eng gebaute Stadt.

Der General Jermolow ist jetzt 80 Jahre alt und der Nestor der russischen Generalität. Ich sah sein Bild beim Fürsten Bariatinskij. Sein langes, weißes Haar gibt ihm das Aussehen eines alten Löwen. Immerhin hat er schon als Held an der Moskwa gegen Napoleon gekämpft, hat die große Armee und viele andere berühmte Persönlichkeiten überlebt, macht gern in Opposition und pocht dabei auf seine Popularität, auch bei den Kaukasiern.

Das große Unglück Rußlands in den kaukasischen Provinzen ist die Tatsache, daß man keinen festen Plan aufstellte und jeder neue Gouverneur – solange er überhaupt im Amte blieb – anders vorging. Der beste Statthalter war General Rosen, der ein außerordentliches Verwaltungstalent hatte. Man müßte eine Geschichte der russischen Gouverneure und ihrer Mißgriffe schreiben, um eine Erklärung des furchtbaren Kleinkrieges zu finden, den Rußland seit 60 Jahren mit großem Einsatz an

Menschen, Material und Kosten führt. Dabei bieten die weiten Täler des Kur, Arax und Alasan ideale Voraussetzungen für Weinbau, Seidenzucht und Ackerbau. Die Einführung einer geordneten Gewerbetätigkeit hätte zum allgemeinen Wohlstand und dadurch zu einer Befriedung führen können.

Aber es ist leichter, Menschen mit Pulver und Blei umzubringen, als sie zu bilden und zu erziehen, wozu eine gewisse soziale Aufklärung gehört, die nicht jede Gewaltregierung wagen kann oder will. Das flache Land wurde in kurzer Zeit erobert, aber es blieb im Innern feindlich. Die Rechte des Eigentums und die Pflichten wurden willkürlich gehandhabt. Der Haß, der in der Ebene keinen nennenswerten Widerstand leisten konnte, flüchtete sich in das unzugängliche Gebirge.

Leider wurde Rosen von seinem Posten abberufen. Nachher konnte man erkennen, was der Kaukasus in ihm verloren hatte, erst als Graf Woronzow nach einem kurzen Zwischenspiel berufen wurde, wurde es wieder besser. Dieser hatte einen altberühmten Namen, großes Vermögen und einen guten Ruf als Persönlichkeit und bewahrte gegenüber Ansprüchen der Hofkamarilla eine gewisse Unabhängigkeit.

Als Generalgouverneur von Neurußland und Bessarabien nahm er seinen Wohnsitz in Odessa, der 1793 von dem französischen Emigranten und späteren französischen Ministerpräsidenten Herzog von Richelieu gegründeten Hafenstadt am Schwarzen Meer.

Er förderte sehr den Wohlstand dieser Stadt, legte die berühmten Weingärten im Süden der Krim an und verwandelte diese Gegend in einen großen Garten mit schönen Landhäusern. Im Jahre 1845 wurde er Statthalter von Kaukasien und versprach – was fast jeder Gouverneur versprach, aber leider nicht hielt – den Bau von Landstraßen sowie von Brücken. Zunächst bewilligte die Regierung für Straßenbau nur eine unzureichende Summe, um damit sichtbare Erfolge zu haben. Trotzdem sagte man mir, daß man die Straße von Tiflis bis Wladikawskas mit Rubeln pflastern könnte, wenn man das in 50 Jahren für Unzulänglichkeiten und schlechte Arbeit ausgegebene Geld dafür verwenden könnte. Hier müßte man Römerstraßen bauen und fähige und vor allem ehrliche Baumeister zur Verfügung haben, aber an diesen fehlt es in ganz Rußland. Ohne ausreichende Verkehrsmittel kein Verkehr, kein Handel und kein Wohlstand.

Aber man hielt kriegerische Eroberungen für wichtiger als gute Landstraßen, und Woronzow erhielt den Befehl, nach einem am grünen Tisch in Petersburg ausgearbeiteten Plane gegen Schamyl und die Aufrührer in ganz Daghestan zu Feld zu ziehen. Der großsprecherische Kaiser Nikolaus ließ Schamyl sagen, daß er genug Pulver habe, um den ganzen Kaukasus in die Luft zu sprengen. Der Imam lachte nur über diese überhebliche Drohung.

Der Kaiser wollte nicht vergebens gedroht haben und gab Befehl zu jenem so verhängnisvoll verlaufenden Feldzuge, der noch heute Dargo-Expedition genannt wird. Dieses Unternehmen war eine wahre Iliade, die ihren Homer gehabt hätte, wenn Puschkin oder Lermontow noch am Leben gewesen wären. In der schließlichen Erstürmung von Salti und Gorgebil, im Zuge durch die Urwälder Awariens, in der Eroberung der Bergfestung Dargo – einer Residenz Schamyls – der Niedermetzelung eines ganzen Regiments in Stärke von dreitausend Mann, als sie Zwieback heranbringen sollten, endlich in der Rettung des fast verhungerten ganzen übrigen Armeekorps durch das Korps des Generals Freytag mit einem Lebensmitteltransport, hätte mehr als genug Stoff für ein antikes Heldenepos gelegen. Woronzow hatte im Biwak die Musik spielen lassen, um den Hunger und die dauernden Gewehrschüsse feindlicher Scharfschützen zu übertönen, alles Gepäck seiner Armee hatte er wie Peter der Große einmal verbrennen lassen, und seine einzige Nahrung in den letzten Tagen bestand in einem trockenen Stück Schwarzbrot.

So viel über den Grafen Woronzow.

Über den Fürsten Bariatinskij will ich öffentlich kein Lob singen, um meine Schuld abzutragen, ich will vielmehr sein moralischer Schuldner bleiben. –

Als ich in Tiflis ankam, glaubte ich, in ein halbwildes Land, etwa ein vergrößertes Nukha oder Baku, zu kommen. Aber das war ein Irrtum. Die französische Kolonie setzte sich größtenteils aus Näherinnen, Putzmacherinnen und Modewarenhändlern zusammen, so daß die georgischen Damen der Gesellschaft die Pariser Moden 14 Tage nach ihrem Erscheinen in der französischen Hauptstadt in Tiflis tragen konnten. Bezeichnend war, daß die Fürstin G. gerade aus Frankreich zurückgekommen war und das erste »plastische Korsett« mitgebracht hatte, wodurch ihr an sich schöner Wuchs noch gewonnen hatte.

Als Pariser wurde ich nun mit Fragen bestürmt, und man meinte, mir müßte diese Erfindung jedenfalls bekannt sein. Ich konnte nun wirklich nicht sagen, daß ich diese Schnürleiber bereits durch eine intim befreundete Dame kannte, sondern nur andeuten, daß ich durch Zufall vor meiner Abreise davon eine ziemlich genaue Kenntnis bekommen hätte.

Nun verlangte man von mir, darüber eine öffentliche Vorlesung zu halten, aber ich zog mich mit einer Notiz in dem Journal »Aurora« aus der Affäre.

Bereits vor der Ankunft in Tiflis hatte ich beschlossen, eine Woche für einen Ausflug nach Wladikawskas zu verwenden, denn ich wollte auch den Darialpaß besuchen. Ich wollte nicht nur den Kaukasus an beiden Enden umfahren, sondern ihn auch in der Mitte überqueren. Trotz des Dezemberwetters bestieg ich mit Kalino unseren Tarantas, Moynet verzichtete und tat gut daran, wie wir gleich sehen werden.

Wir kamen gerade noch – entgegen der Erwartung des uns auslachenden Postmeisters – bis Ananur. Dann aber wurde die Paßstraße nicht mehr schlechter, sondern lebensgefährlich, es konnten kaum zwei Pferde nebeneinander gehen. Außerdem waren wir in die Region des Winters gekommen, und der Schnee war kniehoch. Wir waren jetzt auf der lawinenbedrohten Straße, von der man sagte, daß man sie mit Rubeln hätte pflastern können, und deren Gesamtlänge höchstens 18 Werst ist, aber was für Werst! Wenn sie einmal fertig werden sollte, wird man angeblich weder von Lawinen noch Felsstürzen etwas zu fürchten haben.

In Passanaur hörten wir, daß es im Gebirge seit drei Tagen ununterbrochen geschneit habe, der Schnee liege mindestens fünf Fuß hoch, infolgedessen würden wir auch kaum mit einem Schlitten durchkommen. Also vertauschten wir unseren Tarantas mit einem Schlitten, der mit fünf Pferden bespannt war, und man erschreckte uns, denn man meinte, wir müßten wahrscheinlich unterwegs Ochsenvorspann nehmen. Als es steil wurde, erhielten wir an Stelle der fünf Pferde zwölf Ochsen, die bis an den Leib im Schnee mühsam schreiten mußten. Zweimal begegneten uns andere Schlitten. Der Weg war so schmal, daß der am Abgrunde fahrende in großer Gefahr war, abzustürzen. Glücklicherweise konnten wir – weil Rechtsfahren Vorschrift ist – uns hart an die steile Felswand halten.

Je höher wir kamen, desto mehr blendete der Schnee,

und die uns begegnenden Leute trugen große Augenschirme. Baron Finot hatte uns gewarnt, und auf seinen Rat hin hatten wir grüne Schleier mitgenommen, um keine Augenentzündung zu bekommen. Die nächste Station war ganz unter Schnee begraben, die Fenster lagen einige Fuß unter der Schneedecke und erhielten Luft und etwas Licht durch Laufgräben im Schnee. Man glaubte, mitten in Sibirien zu sein. Es war drei Uhr nachmittags, und es wurde ausgespannt.

Am nächsten Morgen reisten wir weiter. Seit unserer Ankunft waren von oben einige Schlitten durchgekommen, so daß wir eine Art Bahn vorfanden. Wegen meines Geleitbriefes und einem speziellen Befehl des Fürsten Bariatinskij hatten wir hinlänglichen Vorspann sowie einen Begleitschutz von zehn Infanteristen und zehn Kosaken.

Zwei Werst weiter begegnete uns das Mittelalter in der lebendigen Gestalt eines Inguschenfürsten mit einem Gefolge von vier Nukern. Alle zu Pferde. Vier weitere bewaffnete Reiter führten sechs schöne Windhunde am Riemen. Der Fürst trug eine erbeutete Rüstung unserer alten Kreuzfahrer, nämlich den platten Helm, das Kettenhemd, das gerade Schwert und einen kleinen Lederschild. Die Inguschen heiraten fünf, sechs, ja sieben Frauen – wohl um nicht ganz auszusterben – und haben also in dieser Hinsicht mehr Freiheit als die Moslems, denen »nur« vier Frauen gestattet sind.

Auch mit Osseten machten wir bald darauf Bekanntschaft, sie waren zum Freischaufeln der Straße eingesetzt und verrichteten diese Arbeit singend und einander Schaufeln voll Schnee zuwerfend. Sie wohnen an der großen Militärstraße Georgiens und verdienen dadurch viel Geld. Aber sie sind Verschwender, Spieler und Trunkenbolde. Hundert Jahre nach dem Tode der Königin

Tamara breiteten die Mongolen sich in einem doppelten Strome über das Flachland von Kaukasien aus, und vor ihnen zogen sich die Osseten ins Hochgebirge zurück, wodurch sie von Georgien isoliert wurden und in ihre frühere niedrige Kulturstufe und Unwissenheit zurücksanken.

Im Gebirge leben die Einwohner mehr vom Raube als von Arbeit, weshalb die Frauen nicht nur die häuslichen Arbeiten verrichten, sondern auch für Ernährung und Kleidung der abenteuernden Männer sorgen müssen. Deshalb kauft der Ossete, wenn er die Geldmittel hat, bis zu vier Frauen und jagt sie fort, wenn er mit ihnen unzufrieden ist. Ihre Mädchen sind nicht erbberechtigt, erhalten kein Heiratsgut und werden verkauft wie Haustiere. Die einzige Sitte, welche sich bei den Osseten seit Jahrhunderten unverändert erhalten hat, ist die Blutrache, welche ursprünglich die Sicherheit für das menschliche Leben erhöhen sollte.

Nach einigen Werst begegnete uns die russische Post in Gestalt eines Wagenkastens, der auf langen Schlittenkufen befestigt war. Sie war mit drei voreinandergespannten Pferden bespannt und mußte wegen der abschüssigen Steilheit des Weges von einigen starken Männern mit Hebeln gebremst werden, um nicht zu schnell den Berg hinabzugleiten.

Wir fragten nach dem weiteren Zustand des Weges und erhielten die unfreundliche Antwort des schlechtgelaunten Kuriers, daß einige Werst hinter ihm – nach dem donnerähnlichen Getöse zu urteilen – wahrscheinlich die Straße durch eine große Lawine verschüttet sei.

In zwei Stunden hatten wir trotz sechs Pferden und vier Ochsen als Vorspann lediglich vier Werst zurückgelegt, und unsere Fuhrleute bezweifelten, daß wir vor Anbruch der Nacht in der nächsten Station eintreffen würden, wenn wir überhaupt so weit kommen würden. Dies klang sehr bedenklich, und mit Mühe entlockte Kalino den mühsam aufwärts stapfenden Leuten weitere Erklärungen. Sie meinten, daß wir gegen zwei Uhr in Nebel und einen Schneesturm geraten würden, gleichzeitig wurde uns empfohlen, tiefstes Stillschweigen zu bewahren, denn durch die beim Sprechen entstehenden Luftschwingungen könnte etwas loser Schnee gelöst und wir durch eine darauf herabrollende Lawine ohne Erbarmen begraben werden.

Die Wetterprophezeiung ging übrigens sogar eine Stunde früher in Erfüllung, fünf Minuten nach ein Uhr sahen wir nur noch die hintersten Pferde vor unserem Schlitten, alles andere war in einem Nebelmeer verschwunden. Dabei wurde es empfindlich kalt, ein heftiger Wind blies uns ins Gesicht, und in einem fast nächtlichen Dunkel hörte man nur schwach das Klingeln der kleinen Glocke des vordersten Pferdes. Dabei schneite es so stark, daß die Pferde bereits nach einer Viertelstunde bis über die Knie mühsam im Schnee wateten. Nach einer weiteren Viertelstunde kamen zur Aufklärung vorausgeschickte Fuhrleute endlich zurück. Weil es so lange dauerte, wollte ich sie durch einen Schuß zurückrufen, aber als meine Absicht zu erkennen war, streckten sich zehn Arme nach meiner Büchse aus. Wenn schon die menschliche Stimme eine Lawine auslösen konnte, war dies erst recht vom Krachen eines Schusses zu erwarten.

Die Leute meldeten, daß nicht weit von hier tatsächlich eine große Lawine den Weg versperre, die der Kurier gehört hatte. Nun beriet ich mich mit Kalino. Wir mußten umkehren, eine längere Hartnäckigkeit, um unter diesen Schneeverhältnissen den Paß zu bezwingen, wäre abgeschmackt gewesen.

Nach drei mühsamen Tagen kamen wir ernüchtert wieder in Tiflis an. Dort glaubte man uns nach den Nachrichten von oben im Schnee begraben und meinte, daß wir erst im Frühjahr wieder zum Vorschein kommen würden. In Tiflis war das Wetter unverändert, der Himmel blau, und das Thermometer zeigte 20 Grad an. Ich hatte die Absicht, am ersten Donnerstag des Januar abzureisen, aber als ich dem Fürsten Bariatinskij meinen Abschieds- und Dankbesuch machte, erklärte er mir, daß er meine Abreise vor der russischen Neujahrsnacht verbieten müsse. Zu der Feier sollte ich Moynet einladen. Ich versuchte mich auf meinen Reiseplan zu berufen, aber Baron Finot erbot sich, an General Kulubiakin, der uns in Eriwan erwartete, zu schreiben, daß ich durch den Generalgouverneur noch zurückgehalten würde. Gegen diesen freundlichen Zwang ließ sich nichts machen, ich verneigte mich mit dem Versprechen, noch so lange zu bleiben.

Ich hatte nur Bedenken, daß das Wetter umschlagen könnte. Wenn es im Tale nur zwei Tage schneite, würde unsere Fahrt wegen des Passes und der schlechten Wege bei Alexandropol höchst gefährlich und vielleicht unmöglich werden.

Am 31. Dezember russischen Stils begaben wir uns im Frack gegen zehn Uhr zum Palais des Fürsten Bariatinskij. Auf der Freitreppe stand in Parade eine Doppelreihe von Kosakenunteroffizieren, die in ihrem weißen Papak, ihrer weißen Tscherkeßka mit vergoldeten roten Patronentaschen, goldbortenbesetzter roter Säbeltasche mit Scheide und versilbertem Dolch und Pistole im Gürtel prächtig anzusehen waren.

Diese dekorative Ehrenwache, neben welcher sich unsere mit schwarzen Fracks bekleidete Gruppe armselig ausnahm, war jedoch nur ein schwacher Vorgeschmack des Anblicks der Galatrachten der zahlreichen Georgier, die sich neben ihren eleganten Frauen, welche lange, goldgeränderte Schleier trugen, in den Salons des Palastes drängten. Kostbare Waffen blitzten am Gürtel der Männer und Diamanten auf der Stirn der Frauen. Man konnte sich in eine Szene des 16. Jahrhunderts zurückversetzt glauben. Man sah verhältnismäßig wenig russische Uniformen und noch weniger Herren im Frack.

Der die Honneurs machende Fürst trug russische Generalsuniform mit dem Großkreuz des Alexander-Newskij-Ordens sowie das Kreuz des Georgsordens.

Es ist überflüssig, zu erwähnen, daß die schönsten und anmutigsten Damen von Tiflis anwesend waren. Aber trotz der bekannten und viel gerühmten Schönheit der Georgierinnen standen ihnen einige deutsche Damen keineswegs nach, obwohl die einfacheren, modernen europäischen Kleider der letzteren mit der farbigen Nationaltracht der Georgierinnen keinen Vergleich aushalten konnten. Bis Mitternacht bewegte man sich zwanglos plaudernd durch die Säle. Einige Freunde des Hauses bewunderten die persischen Zimmer des Fürsten mit ihren Prachtwaffen und die prächtige Silbersammlung des Hausherren.

Einige Minuten vor Mitternacht brachten Bediente Silberplatten mit kaukasischem Champagner, der in den Gläsern wie flüssige Topase schimmerte. Selbstverständlich durfte man bei einer so feierlichen Gelegenheit nur mit einheimischem Wein aus Kaketien anstoßen.

Mir fiel auf, daß kaum für je zehn Personen ein Glas da war, aber hier trinkt man gewöhnlich nacheinander aus großen Silberbechern oder einer Art Bowlenlöffel mit langen Stielen.

Sobald der erste Glockenschlag zwölf ertönte, nahm der Fürst Bariatinskij ein Glas, sprach in russisch anscheinend einen Toast auf den Kaiser, setzte das Glas an den Mund und reichte es dann der neben ihm stehenden Dame. Die anderen Gäste nahmen gleichfalls Gläser von den Kredenztellern, tranken daraus und umarmten mit einem Neujahrswunsch gleichfalls den Nachbarn oder die Nachbarin. Wenige Minuten später wurde gemeldet, daß angerichtet sei.

Es waren etwa 60 Tische gedeckt. Der Generalgouverneur hatte die Männer, welche an seinem Tische Platz nehmen sollten, persönlich eingeladen und ihnen eine Tischdame zugeteilt. Ich gehörte dazu und sollte die Frau des Gouverneurs von Tiflis, eine höchst geistreiche, gebildete Dame, zu Tisch führen. Moynet hatte dieselbe Einladung erhalten, aber weil er die für ihn bestimmte Dame nicht kannte, überließ er sie einem anderen Gaste und setzte sich mit Fürst Uzmiew an einen Tisch. Als ich mich gegen zwei Uhr empfahl, wurde ich dringend gebeten, doch noch sechs Tage, bis zum Fest der Wasserweihe, zu bleiben.

Ich wollte der Rückkehr Moynets nach Paris keine Hindernisse mehr in den Weg legen, denn er hatte meinetwegen bereits den Winter geopfert und die Pariser Kunstausstellung versäumt. Daher beschloß ich, doch den direkten Weg nach dem alten Kolchis zu nehmen und mich am 21. Januar russischen Stils in Poti zur Rückfahrt einzuschiffen.

Von Tiflis bis Poti sind kaum dreihundert Werst, daher glaubte ich bis zum 11. Januar in Tiflis bleiben zu können, um rechtzeitig vor Abfahrt des planmäßigen Dampfers in Poti einzutreffen.

Also konnten wir an der Wasserweihe am sechsten teilnehmen. Es herrschten 15 Grad Kälte, und vom Kasbek wehte ein eisiger Wind herüber. Daher zog ich meinen Papak über die Ohren, zog meinen mit 24 Fellen ungeborener Lämmer gefütterten Beschmet an, darüber meinen russischen Kaftan und begab mich mit Kalino und Torriani zur einzigen Steinbrücke von Tiflis. Trotz der

Kälte kamen alle Einwohner der Stadt wie eine bunte Lawine von den höhergelegenen Stadtteilen zum Kur herab. Die Ufer waren voller Menschen, auf allen Dächern flatterten bunte Gewänder in tausend Farben und weiße, goldbestickte Schleier, jedes Haus sah aus wie ein Blumenkorb. Nur das Treibeis des Stromes erinnerte an den Winter. Trotz der Kälte entkleideten sich einige Fanatiker oder Angeber, um sich ins Wasser zu stürzen, sobald der Metropolit das Kreuz eintauchen würde, um im dadurch geweihten Wasser ihre Sünden abzuwaschen.

Die ganze Garnison war am Ufer aufgestellt, um durch blinde Salven und Kanonenschüsse die Wasserweihe mitzufeiern. Plötzlich ertönte Militärmusik, und man sah unter einem in dieser Jahreszeit trockenen Bogen der Brücke die Prozession vorüberziehen. Vor der Geistlichkeit und den Zivil- und Militärbehörden schritt der Metropolit unter einem Thronhimmel und trug das Kreuz, das in das Wasser des Flusses getaucht werden sollte. Der russische Klerus ist an der Oberfläche prächtig gewandet, wie faul er im Innern ist, haben wir an einer anderen Stelle des Buches bereits erwähnt.

Der Zug bewegte sich zu einem hellblauen Zelt mit goldenen Sternen fort, und die Geistlichkeit trat hinein, während die Infanterie präsentierte und die Musik einen Choral spielte. Als die Glocken zwölf schlugen, tauchte der Metropolit das Kreuz ins Wasser. Kanonendonner, Gewehrsalven und lauter Jubel der Bevölkerung begleiteten diese – mir wenig verständliche – Geste. Schwimmer und auch Reiter stürzten sich in den Fluß, und ich möchte hier erklären, daß ich doch lieber in Unbußfertigkeit sterben möchte.

Wir hatten nun das neue russische Jahr begrüßt und eine Wasserweihe gesehen. Moynet hatte sein großes Bild beendet und ich einen Roman abgeschlossen. Fürst Bariatinskij lud uns zu einem Abschiedsessen, und am nächsten Tag reisten wir tatsächlich ab. Zehn Tage erschienen uns ausreichend, um die letzten dreihundert Werst zurückzulegen.

Wir armen Reisenden kannten nun bereits die Tücken der Untiefen der Wolga, die Stürme auf dem Kaspisee, die Sandwüsten der Nogaitataren, die Sumpflöcher von Kasafiurte, die Felsenhänge von Derbent, die Naphthavulkane von Baku, die Furten des Alasan, aber wir kannten noch nicht die Schneeverwehungen des Surham und den grundlosen Kot der »Straßen« von Mingrelien. Diese Bekanntschaft stand uns noch bevor.

Um sieben Uhr waren die Postpferde da. Kalino sollte uns noch bis Poti begleiten. Zuerst hatte ich gehofft, ihn nach Frankreich mitnehmen zu können, aber drei Briefe, die er unterwegs an seinen Rektor geschrieben hatte, waren nicht beantwortet worden, oder die Antwort hatte uns nicht erreicht, und ohne Urlaub konnte er mich nicht begleiten, sonst wäre er nach seiner Rückkehr als Soldat in den Kaukasus geschickt worden. Auch der Fürst konnte ihm keinen Urlaub geben, weil die Universität Moskau ihre alten Vorrechte hütet.

Mittags waren wir endlich abfahrbereit, hatten jedoch über dem Packen vergessen, ans Essen zu denken, eilten über den Theaterplatz ins französische Gasthaus und bestellten eine Mahlzeit.

Während wir bei Tisch saßen, kam der Wirt des Hotels »Caucase« und teilte mir mit, daß zwei junge Armenier mich zu sprechen wünschten. Beide waren mir vollkommen unbekannt. Der Ältere trug mir mit ziemlicher Befangenheit sein Anliegen vor: Sein jüngerer Bruder hatte von seiner Familie die Erlaubnis erhalten, nach Frankreich zu gehen, um den Kommissionshandel zu erlernen. Der junge Mann sprach armenisch, persisch, russisch, georgisch, deutsch und französisch, war 18 Jahre alt und hatte die Gestalt eines antiken Antinous. Er wollte ursprünglich mit einem Freund reisen, aber dieser hatte ihn im Stich gelassen, und nun stand er mit seiner Unerfahrenheit allein den Problemen einer weiten Reise gegenüber.

Sein Bruder fragte mich nun, ob ich bereit sei, ihn mitzunehmen, natürlich würde er seine Reisekosten bezahlen. Ich dachte, daß ich nicht nur seiner Familie, sondern auch mir selbst und Kalino durch meine Zustimmung einen Dienst erweisen könne, denn eine solche Regelung ersparte Kalino einen anstrengenden Umweg und Kosten sowie Zeit, während sein armenischer Ersatzmann auf der Reise uns noch nützlicher als Dolmetscher sein würde als Kalino, der nur russisch und deutsch sprach. Ich nahm daher den Vorschlag der Familie an und machte schweren Herzens meinem armen Kalino die Mitteilung, daß wir bereits hier scheiden müßten. Er konnte aber auf diese Weise drei Wochen früher in Moskau eintreffen und schneller seinen Urlaub nach Frankreich erwirken, um mich dann in Paris wiederzutreffen.

Wir schieden nicht ohne Tränen, denn wir waren in den vier Monaten unserer manchmal gefahrvollen Reise vertraute Freunde geworden. Der junge Armenier sank seiner Mutter in die Arme, und die letzten Händedrücke wurden gewechselt.

Auch Finot benetzte seine konsularische Würde mit einigen Tränen. Unsere Fuhrleute waren schon ungeduldig, denn sie hatten bereits fünf Stunden gewartet, die beiden Postillone ließen ihre Peitschen knallen, und unsere fünf Pferde rollten die Wagen zum Tore hinaus.

Wieder war eine Kette enger Freundschaften gebrochen, ein letztes Lebewohl wurde uns nachgerufen, dann bogen wir um die Straßenecke und sahen von den Zurückbleibenden nichts mehr.

Ich dachte daran, wie gut ich in Tiflis arbeiten konnte, es war eine der schönsten und ungestörtesten Arbeitsperioden meines Lebens gewesen. –

29. Kapitel

Die ersten beiden Stationen, 39 Werst, hofften wir noch bis zum Abend zu bewältigen. Auf der ersten Umspannstation bemerkte ich, daß Kalino vergessen hatte, mir die Kofferschlüssel zu übergeben, aber ich gab einem Kosaken einen mit einem Rubel beschwerten Brief, er ritt sofort zurück, und anderthalb Stunden später mußte Kalino den Brief haben. Die Schlüssel sollten dem am folgenden Abend nach Kutais abgehenden Postkurier übergeben werden, und es war kein Zweifel, daß dieser uns bald einholen würde.

Je weiter wir ins Gebirge kamen, desto stärker schneite es. Wir fuhren über die vom Vater unseres Wirtes Subalow erbaute schöne Brücke, ließen die Ruinen einer Pompejusbrücke rechts liegen und nahmen nach der zweiten Station den Weg nach Kutais. Der Postmeister sagte uns, daß wir zwei Flüsse passieren müßten. Im Kaukasus hält man überall da eine Brücke für überflüssig, wo Mann und Pferd das Wasser nicht über den Köpfen zusammenschlägt. Auch wurde uns gesagt, daß wir einen Schlitten nehmen müßten, um den Tarantas zu erleichtern, weil die Flußufer steil wären. Jetzt hatten wir drei Fahrzeuge und neun Pferde. Glücklicherweise kostet ein Pferd nur zwei Kopeken je Werst. Außerdem nahmen wir auf Ersuchen des Postmeisters einen russischen Unteroffizier mit nach

Kutais. Als Gegendienst ließ er uns die Telege bis Kutais, so daß wir auf den Stationen nicht umpacken mußten.

Der Korporal Timaw war seinem Äußeren nach ein sonderbarer Mensch, anscheinend ein sehr beleibter Fünfziger. Als er jedoch abends auf der Station sich aus seinen Hüllen schälte – also drei Überröcke und seine Tulupe ausgezogen, seinen Baschlik aufgeknöpft und seine Pelzmütze abgenommen hatte –, war er mager wie ein Hering und höchstens 28 Jahre alt. Wir übergaben ihm die Aufsicht über den schwerbeladenen Tarantas und die Telege, die erheblich langsamer vorwärts kamen als wir im Schlitten.

An der ersten Furt kamen wir gut durch, wurden allerdings beim Hinauffahren der steilen Böschung mit dem Schlitten in den Schnee gekippt. Der zweite Fluß war breiter und tiefer, und wir konnten nicht sitzen bleiben. Wir ließen die Pferde ausspannen, ritten auf ihnen hindurch, schickten sie zurück, und der Kutscher kam mit dem leeren Schlitten nach. Inzwischen waren wir die hundert Schritte bis zur nächsten Station zu Fuß gegangen, wo wir eine Sammlung von Telegen und Tarantassen sowie einen bepackten unbespannten Schlitten vorfanden. Keine Pferde!

Der Posthalter war ein sehr gefälliger Georgier, der uns nach Vorzeigung unserer Papiere den Vorrang vor anderen Reisenden – mit Ausnahme der Kuriere – zusagte. Der Aufenthalt war uns übrigens nicht unangenehm, denn ich wollte meine Wagen mit den wertvollen Kisten nicht zu weit aus den Augen lassen. Im Passagierzimmer fanden wir den Herrn des ausgespannten Schlittens. Es war ein Deutscher mit seinem italienischen Diener Paolo, der erfreut war, als ich mich mit ihm als Dolmetscher in seiner Muttersprache verständigte.

Seit zwei Jahren hatte er nicht ein solches Vergnügen gehabt. Sie kamen aus Persien über Alexandropol. In

Surham sei die Straße durch Schneeverwehungen gesperrt. Unser neuer Begleiter, Gregory, ritt mit Moynet zurück, um zu sehen, wo unsere Fahrzeuge blieben. Nach anderthalb Stunden kamen sie mit beiden Fuhrwerken. Sie hatten den Tarantas mitten im Wasser stehend und die Telega am anderen Ufer vorgefunden. Die drei Pferde konnten den Tarantas nämlich nicht die Böschung hinaufziehen. Der Kutscher und der Unteroffizier waren nicht auf den Gedanken gekommen, die beiden Wagen mit allen sechs Pferden zugleich nacheinander hinüberzubringen!

Inzwischen war ein heftiger Wortwechsel zwischen dem Deutschen und dem Posthalter entstanden, weil letzterer das Gepäck des Deutschen unter einem Vorwand in den Schnee hatte werfen lassen, um uns den Schlitten zu geben. Der Deutsche reklamierte nun erklärlicherweise unseren Schlitten, aber schließlich bekamen wir doch den deutschen Schlitten, weil bei dem Schnee unsere Wagen nicht weiter konnten, und ich gab dem Deutschen unseren Tarantas, den er in Tiflis in Subalows Hof an Kalino übergeben sollte. Hierdurch hatte er noch den Vorteil, nicht auf jeder Station seine Sachen umpacken zu müssen, und wir schieden als beste Freunde.

Er nahm einen Brief an Kalino mit, der diesen ermächtigte, mit dem alten Tarantas zu machen, was er wolle. Der ehrwürdige Wagen hatte mir lange genug gedient, in ihm hatte ich über dreitausend Werst gemacht, und zwar auf unmöglichen Wegen, wo ein französischer Wagen dreitausendmal zerbrochen wäre. Abgesehen von dem einen Radbruch bei Nukha hatte er sich glänzend gehalten. Niemand weiß, wie alt das Fahrzeug war, als ich es in Astrachan vom Postmeister für 75 Rubel kaufte. Der Tarantas ist ein Wagentyp, den man als Mastodonten der Fortbewegung bezeichnen kann, sie sind so dauerhaft gebaut, daß sie die Sintflut überlebt haben könnten.

Auf der nächsten Station begrüßte mich ein russischer Offizier, der mit Depeschen und einer trefflichen Peitsche den Weg von Tiflis, für den wir anderthalb Tage benötigt hatten, in sechs Stunden zurückgelegt hatte. Er war so schnell in Marsch gesetzt worden, daß er nur mit seinem Soldatenmantel und Mütze bekleidet abfahren mußte. Ich fühlte, wie er fror, zog ihm einen meiner Papaks über die Ohren und warf ihm eine meiner Tulupen über seine Schultern. Er wollte beides in Kutais, wohin er unterwegs war, auf der Poststation zurücklassen. Sein Name war Hauptmann Kupskij. Nach dieser Vereinbarung und einem halben Dutzend Gläsern Wodka zur inneren Erwärmung jagte er mit seinem Schlitten weiter.

Während ich ihn draußen verabschiedete, hörte ich das Glockengeläut von Postpferden. Es war unser Korporal Timaw, der endlich ankam, aber nicht im Schlitten, sondern in der Telege. Er war noch auf der letzten Station, als Hauptmann Kupskij ihn einholte und ihm in seiner Eigenschaft als Kurier den Schlitten wegnahm. Timaw hatte darauf unsere Koffer auf die Telege gepackt und war trotz der Gefahr, im Schnee steckenzubleiben, mit ihr weitergefahren. Er hatte Glück gehabt und war, wenn auch mit Verspätung, durchgekommen.

Dieses an sich unbedeutende Ereignis sollte erhebliche Folgen haben. Am nächsten Morgen reisten wir ab. Nachts war ich einmal nach draußen gegangen, um nach den Schneeverhältnissen zu sehen. Die Erde schien mit einem weißen Leichentuch bedeckt zu sein, von Zeit zu Zeit wurde die Totenstille durch das Geheul eines Schakals oder Wolfes unterbrochen. Wir hatten keine zwei Schlitten bekommen können, und Timaw mußte uns wieder mit seiner Telege folgen, doch es bekümmerte ihn nicht, eventuell unterwegs steckenzubleiben. Es war starke Kälte, als wir gegen Mittag in Gory ankamen.

Unser junger Armenier ließ uns zu seinem Schwager fahren, der uns gut bewirten würde. Ich war einverstanden, wenn wir gleich nach dem Frühstück weiterreisen könnten, aber um uns länger da zu behalten, bestellte man die Pferde für eine Stunde später, und natürlich sollten dann keine Pferde im Stalle sein.

Moynet nahm nun unsere Papiere in die eine, unsere Peitsche in die andere Hand, nahm Gregory zum dolmetschen mit und ging mit ihm fort. Letzterer wußte nicht, was er davon denken sollte. Als Armenier gehörte er zu einer von jeher unterjochten Nation und einem versklavten Volke, und deshalb begriff er nicht, daß man auch befehlen und einem Befehl notfalls mit der Peitsche Nachdruck geben könne. Als ich nach Rußland kam, begriff ich dies zuerst auch nicht, aber die Erfahrung bewies mir, daß ich unrecht hatte, im Notfall darauf zu verzichten.

Die beiden kamen zurück und teilten mit, daß 15 Pferde im Stall stünden, und sechs derselben würden binnen einer Viertelstunde mit zwei Postillionen zur Stelle sein. Sie kamen auch nach 20 Minuten wirklich.

Wir saßen bereits in unserem Schlitten, und Timaw bestieg seine Telege, als Gregorys Schwager, der einige Worte mit einem ankommenden Reiter gewechselt hatte, uns zurief: »Sie können nicht abreisen, der Reiter sagt, das Wasser sei zu hoch und zu reißend.«

»Sonst kein Hindernis?«

»Nein.«

»Abfahrt!«

Zum allgemeinen Erstaunen fuhren wir ab, und einige flinke Georgier liefen hinter uns her, um zu sehen, ob und wie wir über den Fluß kämen.

Als wir an den reißenden, mit Treibeis bedeckten Bergstrom kamen, sank unser Mut. Unterdessen kam ein

Reiter von der anderen Seite, verhielt eine Weile am Ufer, beobachtete die Strömung, und nachdem er sich entschieden hatte, trieb er sein Pferd in den Fluß.

Das Wasser ging dem Pferd bis zum Bauch, aber in der Mitte des Flusses traf es auf eine flache Stelle, und es konnte sechs Schritte weit fast trocken gehen, dann ging ihm das Wasser nur bis zum Bauch und es erreichte das diesseitige Ufer.

»Wir müssen den Weg nehmen, den der Reiter gezeigt hat«, sagte ich zu Gregory, und er verdolmetschte es. Anfangs wollten die Postillione nicht, aber Moynet zeigte ihnen die Peitsche, und sie begriffen, daß diese nicht für die Pferde bestimmt war.

Wir hatten zwei Pferde an der Deichsel, das dritte war vorn angespannt, hierauf setzte sich der Kutscher und los ging es den alten Spuren nach. Das Wasser spritzte hoch auf, jedoch das Vorderpferd erreichte den Erdhügel im Strome, dann die beiden anderen. Aber der Schlitten stieß gegen einen Stein oder den steilen Rand der Untiefe, und dieser Ruck war so stark, daß die Stränge des Vorderpferdes rissen und der Postillion ins Wasser fiel. Auch Gregory, der dummerweise aufrecht im Schlitten stand, wurde herausgeschleudert, nur wir klammerten uns als erfahrene Reisende rechtzeitig am Schlitten fest.

Nun knüpfte der Kutscher die Stränge zusammen und stieg wieder auf, Gregory stieg wieder ein, und mit dem üblichen »Pascholl! Pascholl« und unter einem Hagel von Peitschenhieben passierte unser Gespann den zweiten flachen Flußarm mit Blitzesschnelle, und wir wurden am anderen Ufer zu dritt in den Schnee geschleudert. Wir hatten den Übergang geschafft als ob wir Enten wären, aber wir waren drüben und befühlten uns. Keiner hatte durch die Gewehre und Koffer etwas gebrochen, nur ließen wir unsere plastischen Porträts im Schnee zurück.

Nun mußte noch Timaw mit der Telege hinüber, und ich gestehe, daß ich nicht zuzusehen wagte, vielmehr setzte ich mich mit Moynet in den Schlitten, aber wir beteiligten uns an dem anfeuernden Gebrüll aller Zuschauer, schon um durch den dabei entstehenden Luftzug etwas trockener zu werden, und unser Schlitten galoppierte bereits ein Stückchen weiter.

Um mich von der wahrscheinlichen Tragödie hinter uns abzulenken, betrachtete ich eingehend die alte Burg von Gori. Man stelle sich einen eintausendfünfhundert Fuß hohen, steilen Felsen vor mit einer Riesentreppe aus Mauern und Türmen, die sich von unten bis zum Gipfel in sieben aufeinanderfolgenden Umwallungen ringförmig übereinander aufbauen. An allen Vorsprüngen ist die Anlage durch Wehrtürme verstärkt. Ganz oben befand sich eine achte Ringmauer um die Schloßruine mit dem Hauptturm. Moynet war zu erstarrt, um eine Skizze zu machen, aber er nahm im Geiste ein fotografisches Bild von diesem einmaligen malerischen Anblick auf und brachte abends eine Skizze aus dem Gedächtnis zu Papier.

Endlich glitten meine Augen – eigentlich wider Willen – über den Fluß, und als ich den traurigen Anblick dort erfaßte, hielt ich vor Schreck unwillkürlich beide Hände vor die Augen, als ob dadurch das Unheil ungeschehen gemacht würde:

Unser ganzes Gepäck lag im Jakehflusse mitsamt der Telege, Koffer, Kisten, Reiseküche, Schlafsäcke, und unser Timaw mitten darunter. Dieser Anblick löste bei mir eine Kurzschlußhandlung aus, und anstatt auszuspannen und unsere Pferde Timaw zu Hilfe zu schicken, zog ich meinen Baschlik über die Augen und schrie den Kutscher mit dumpfer Stimme an: »Weiter! Weiter!«, und er gehorchte. Wir fuhren dann noch durch einen weiteren Fluß, der uns wie ein scherzhaftes Hindernis vorkam, und darauf glitten wir 15 Werst weit über eine fast ebene Schneedecke. Aber nun sahen wir plötzlich einen sehr steilen und glatten Hügelabhang vor uns, etwa hundert Fuß höher als unser Gelände.

Diese Steigung konnte die Telege, die sich inzwischen hoffentlich aus ihrem nassen Bade befreit hatte, unmöglich überwinden, und ich ließ anhalten, um abzusteigen und zu überlegen, wie wir dieses Transportproblem lösen könnten. Während unser Fahrer den nur mit etwas Gepäck beladenen Schlitten nach oben führte, schnitten wir drei mit unseren Kandschars Holz und Zweige ab und entfachten ein Feuer, um uns zu wärmen und endlich zu trocknen. Es entstand zwar ein dicker Rauch von dem grünen Holz, aber wir wurden langsam wieder trocken, das war die Hauptsache.

Plötzlich spitzten wir die Ohren: Man konnte den Klang der Glocke von Postpferden vernehmen! Tatsächlich war es unsere Telege, und Timaw saß unerschüttert hoch oben auf unserem Gepäck!

Er bot einen grotesken Anblick, denn er glich einer Tropfsteinsäule aus Eis, das Flußwasser war infolge der Kälte an ihm zu Eiszapfen gefroren, aber er schien sich dabei ganz wohl zu fühlen. Das Wasser war an ihm sofort außen gefroren und konnte gar nicht erst durch seine bewährte fünffache Kleidung bis auf die Haut dringen. Bei warmem Wetter wäre er natürlich völlig durchnäßt worden, aber so hatte sich eine wasserdichte Eisrinde als Panzer um seine Kleidung gelegt. Auch unser Gepäck war wie in Eisblöcken, die nichts Nasses durchließen, verpackt. Wir fragten ihn erst gar nicht, wie er es geschafft hatte, den Fluß zu überwinden, sondern ließen nun unsere Schlittenpferde mit vorspannen, aber auch die sechs Pferde schafften das schwerbepackte Räderfahrzeug nicht nach oben, also mußte unser Wachkorporal unten warten, bis wir in voraussichtlich etwa zwei Stunden vom nächsten Dorfe Pferde oder Ochsen schickten. Unser unerschütterlicher Timaw blieb oben auf seiner Telege sitzen, wo er angefroren war und aussah wie der König Dezember, der von seinem Thron herab sein bereiftes Reich regiert. Wir fuhren also rasch weiter.

Anfangs war der Weg gut, aber nicht mehr lange, als es fast dunkel war, hielten wir wieder vor einer starken Steigung, im Hintergrund sah man über einer öden, weiten Schneefläche ohne eine Schlittenspur die Bergkette von Surham, das Grenzgebirge zu Armenien und der Ausläufer des Kaukasus zum Schwarzen Meere.

Ergeben nahmen wir unsere Gewehre auf die Schulter und begannen die Anhöhe zu Fuß zu ersteigen. Bei jedem Schritt sanken wir knietief in den Schnee, Gregory, der etwas seitwärts ging, sank sogar brusttief ein. Obwohl es starker Frost war, waren wir bald mit Schweiß bedeckt, durften jedoch nicht stehenbleiben, um uns nicht zu erkälten, ebensowenig fahren, wenn uns unser Schlitten, den wir als schwarzen Punkt etwa eine Werst hinter uns undeutlich erkennen konnten, eingeholt hätte. Nach dreiviertel Stunden waren wir endlich oben und gingen zur Abkühlung langsam weiter. Zum Glück schien ein bleicher, trüber Mond durch die mit Schneeteilchen durchsetzte Luft, und wir konnten nach ihm wenigstens unsere Richtung einhalten. Nach einer halben Stunde hörten wir auch Hundegebell, das uns die Richtung zum etwa vier Werst entfernten Dorfe anzeigte.

Unterwegs hatte uns der Schlitten aufsteigen lassen, nachdem wir unsere Tulupen wieder zugeknöpft hatten. Wir erreichten nun glücklich unfallfrei das Dorf, der Schlitten hielt vor einem angeblichen Gasthof, und wir riefen, halb erfroren, den Wirt heraus, welcher mit einem brennenden Span aus seinem Haus kam, das mehr ein alter Schuppen als ein Gebäude für Menschen war. In dieser elenden und schmutzigen Hütte brannte jedoch wenigstens ein Feuer in einem gemauerten Kamin, das gleichzeitig eine spärliche Beleuchtung spendete. Ein solches Dreckloch hatten wir noch nicht gesehen: Büffelhäute, gedörrte Fische, geräucherte Fleischstücke, halb leere Weinschläuche, verfaulte Binsenmatten als Lager für die Fuhrleute, ein Kloakengestank und gallertartiger Fußboden mit zur Seekrankheit reizenden, undefinierbaren Gerüchen. Um unser Ekelgefühl zu überwinden, hielten wir uns die Nasen zu und schlossen eine Zeitlang die Augen, dieses Inferno war schlimmer als die nächtlichen Gefahren draußen im Freien.

Der Wirt war nebenbei Fleischer und hatte blutbefleckte Kleider an, wie wir bemerkten, als wir ihn nach Pferden oder Zugochsen als Vorspann für unsere stekkengebliebene Telege fragten. Darauf ging er in eine Ecke und gab einem unter einer Art Tisch liegenden formlosen Gegenstand mehrere Fußtritte. Das Bündel rührte sich, winselte und fiel fast sofort wieder in Schlaf. Nach einer neuen, kräftigeren Serie von Fußtritten richtete sich schließlich im Halbdunkel eine nur mit Lumpen bedeckte kleine Gestalt auf, rieb sich die Augen und fragte schmerzerfüllt, was denn los sei.

Unglaublicherweise war dies ein Knabe, und als er in den Lichtschein des Feuers trat, nachdem er unter dem Tisch hervorgekrochen war, sah man, daß dieses Bild des Elends ein reizendes Kind war, das allerdings infolge von Quälereien bleich und abgemagert aussah. In unseren zivilisierten Ländern kann man sich so etwas gar nicht vorstellen, weil die Wohltätigkeit oder mindestens die Polizei dafür sorgt, daß derartige Scheußlichkeiten wenigstens äußerlich verdeckt werden.

Bald kam der Knabe zurück, rollte sich wieder wie ein

Igel zusammen, nachdem er unter den Tisch gekrochen war, und versank sofort wieder in Schlaf. Nach einiger Zeit erschienen zwei von ihm benachrichtigte Pferdevermieter.

Gregory verhandelte mit ihnen über den Preis für das Holen unserer Telege und handelte sie von fünfzehn auf zehn Rubel herunter. Wir gaben ihnen fünf Rubel als Anzahlung, und sie wollten in zwei Stunden zurück sein. Es war jetzt zehn Uhr abends, wir waren hungrig, aber unsere Reiseküche war auf der Telege. Der Anblick der herumliegenden Lebensmittel verursachte uns Übelkeit. Ich beauftragte Gregory zu fragen, ob Kartoffeln daseien, wir wollten sie in der Asche gar braten. Es waren welche da.

Der Wirt ging wieder zum Schlaftisch des Knaben, gab ihm die üblichen Fußtritte, bis er sich ächzend aufrichtete. Er ging darauf ins Dunkel des Hintergrundes des als Gaststube bezeichneten Saustalles und brachte einen Papak voll Kartoffeln, die er vor uns auf den schmierigen Boden schüttete. Ich steckte sie in die Asche. Moynet hatte unsere Fußmatte aus dem Schlitten geholt und schlief darauf bereits fest. Gregory hatte einen Zipfel erwischt und versuchte sich in sitzender Stellung aufrecht zu halten, ich lehnte mich gegen seinen Rücken, und so schliefen wir, einen Doppeladler bildend, sanft und ungewollt ein.

Nach etwa einer Viertelstunde erwachte ich bereits etwas gestärkt und holte mit meinem Kandschar einige Kartoffeln aus der Asche. Tatsächlich waren sie gar. Ich verlangte Salz. Wieder erhielt der arme Knabe Fußtritte, kroch hervor und brachte mir schließlich ein Salzstück von Nußgröße. Diese Art der Bedienung hatte wenigstens den Vorteil, daß das Innere nicht schmutzig sein konnte. Im ganzen Kaukasus verkauft man nur Steinsalz in Stücken aus Bergwerken, ich weiß nicht, wohin die großen Mengen von körnigem Salz versandt werden, die aus den zahlreichen Salzseen etwas nördlicher gewonnen werden. Nun stillte ich meinen größten Hunger mit einigen Kartoffeln.

Gegen zwei Uhr nachts endlich hörten wir das Schellen von Pferden. Ich eilte mit Gregory an die Tür, Moynet schlief ruhig weiter. Unsere Telege war mit acht frischen Pferden bespannt, von unseren Postpferden und dem Postillion war jedoch nichts zu sehen. Timaw hatte sie zu ihrer Station zurückreiten lassen und war unbewegt in der Nacht allein zurückgeblieben.

Solange es hell blieb, hatte er sich in seinem wärmenden Eispanzer ganz wohl gefühlt. Aber nach Einbruch der Dunkelheit hörte er Wolfsgeheul immer näher kommen und sah schließlich leuchtende Augen um die Telege schleichen. Timaw war auch noch waffenlos und wieder auf den hochbepackten Wagen geklettert.

Er hatte den Wagen nach Waffen abgesucht, aber wir hatten unsere restlichen drei Gewehre bei uns. Vorläufig trauten sich die inzwischen zu mehreren erschienenen Wölfe nicht an den Wagen heran, weil seine große Masse sie wohl beunruhigte, denn sie wußten nicht, was es war, aber schließlich wagte sich der erste heran und setzte sich in einer Entfernung von etwa zwanzig Schritten auf sein Hinterteil. Timaw kletterte nun so hoch wie möglich, und bei dem Geräusch, das er dabei machte, floh der erschreckte Wolf wieder. Als darauf alles still blieb und nichts weiter passierte, kam er jedoch zurück und setzte sich diesmal in zehn Schritt Entfernung nieder.

Darauf hatte Timaw seinen Papak nach ihm geworfen, worauf der Leitwolf wieder flüchtete, aber sich dann zum Angriff näherte. Inzwischen hatte der Korporal sich nach Wurfgeschossen umgesehen und zunächst unsere Reiseküche dafür verwendet, das heißt, er warf nacheinander alle ihre beweglichen Eisenteile, Deckel, Bratenrost, Kasserollen, Brenner und schließlich die Blechteller nach dem immer wieder zurückkommenden Tier. Schließlich hatte er nur noch einen Kochtopf und einen eisernen Kochlöffel zur Hand. Jetzt hörte er mit Werfen auf, weil er dadurch sich entwaffnete, und schlug beide Gegenstände gegeneinander. Aber bald hatten die Raubtiere gemerkt, daß damit für sie keine Gefahr verbunden war, und kamen diesmal in großer Zahl heran.

Timaw erkannte jetzt endlich, daß er verloren war, wenn er seine Verteidigung nicht änderte. Er dachte an sein Feuerzeug, das mit Schwefelhölzern vollgestopft war. Darauf warf er die letzten beiden Teile unserer Reiseküche nach ihnen und riß beim nächsten Kommen des Rudels ein Zündholz an, und bei seinem Blitz flüchteten die erschreckten Wölfe, aber sie kamen wieder etwas näher zurück.

Eine Stunde lang konnte er sich noch die Tiere vom Leibe halten, und als er nur noch ein paar Streichhölzer übrig hatte, erschienen zu seinem Glück die von uns geschickten Fuhrleute mit ihren Gespannen, und ihre Rufe, das Schellengeläute und Peitschengeknall jagte sie endlich in die Flucht. Die Fuhrleute glaubten, daß Timaw erfroren sei, aber sie fanden einen in Schweiß gebadeten Mann. Er erzählte ihnen sein Abenteuer und suchte mit ihnen seine Wurfgeschosse wieder zusammen. Wir hielten es nun für unnötig, Timaw noch darauf hinzuweisen, daß er niemals den Kutschern erlauben dürfte, auszuspannen und mit den Gespannen zu verschwinden, aber das war ein Irrtum unsererseits, wie sich bald zeigen sollte.

Unser Timaw war jetzt da, aber Postpferde fehlten, weshalb ich die Fuhrleute fragen ließ, wieviel sie bis zur nächsten Station verlangten, die Antwort war: Acht Rubel. Zehn Rubel hatte ich ihnen bereits gezahlt, und es hätte 18 Rubel für eine Station bedeutet, also lehnte ich ab. Timaw sollte warten, bis ich von der nächsten Station Pferde schickte. Nun war noch die Zeche zu bezahlen. Ich hatte fünf Kartoffeln gegessen, die anderen überhaupt nichts. Der Wirt verlangte fünf Rubel! Jede Kartoffel kostete demnach vier Francs!

Ich ließ ihm sagen, daß mein letztes Angebot für die fünf Stunden, die wir in seinem Dreckloch zugebracht hatten, ein Rubel sei, er habe zwischen diesem Angebot und einer Tracht Prügel zu wählen. Er wählte mit scheelen Blicken den Rubel.

Als wir abfahren wollten, besannen sich die Fuhrleute und nahmen fünf Rubel bis zur nächsten Station an, bei Bezahlung nach Ankunft. Wir mußten nun unseren eingeschlafenen Timaw wachrütteln, während fünf Pferde vor seine Telege gespannt wurden, was ich verlangt hatte. Von jetzt an sollte er zur Sicherheit immer vorausfahren, er war Fatalist, und ihm war auch dieses recht.

Gegen sieben Uhr morgens kamen wir auf der nächsten Station an. Keine Pferde! Das war nicht zu glauben bei dieser Jahreszeit und bei Tagesanbruch. Ich zeigte statt meines Geleitscheines nur die Peitsche. Auf einmal schienen die Pferde aus der Erde zu wachsen. Dies ist wirklich ein sonderbares Land, wo jedermann von solchen erpresserischen Mißbräuchen der Postmeister Kenntnis hat und niemand für ihre Abstellung sorgt!

Nach drei Stunden waren wir bei der nächsten Station, dem Dorfe Surham. Wieder angeblich keine Pferde! Moynet sagte jetzt zu mir:

»Lieber Freund, stecken Sie sich endlich einen Orden an, sonst kommen wir nicht weiter.«

Dies war traurig, aber wahr. Ich griff in meinen Schlafsack, nahm den ersten besten Orden heraus, heftete ihn an das Knopfloch und wiederholte meine Frage nach Pferden.

»Sofort, Herr General«, sagte der Posthalter.

Das nahe Surhamgebirge war anfangs leichter zu überwinden, als ich nach verschiedenen Schilderungen erwartete. Als wir nach einer Stunde auf dem Kamm waren, sagte der Kutscher, daß es von jetzt an immer bergab ginge. Moynet blieb skeptisch, und richtig, nach drei Werst begann eine halsbrecherische Abfahrt, die zwei Stunden dauerte und wobei wir beständig in Lebensgefahr waren.

Ich glaube dem Leser nun einen ungefähren Begriff von den Schwierigkeiten einer winterlichen Reise in Kaukasien gegeben zu haben und will mich jetzt in dieser Hinsicht kürzer fassen. Wir mußten zeitweise im Kiesbett eines Bergflusses fahren, ein Geröllfeld nach einer kurz vorher vorgenommenen Sprengung überwinden, und es fing wieder an, zu schneien und zu stürmen.

Als wir schließlich fast erfroren und erschöpft, denn wir waren so kreuzlahm geworden, daß wir ganze Strecken uns lieber zu Fuß durch tiefen Schnee neben dem im Schritt fahrenden Schlitten vorwärtskämpften, die Station erreichten, ließen wir unser Gepäck in das Passagierzimmer bringen. Moynet und Gregory waren so fertig, daß sie mit ihren Pelzen auf unserm Gepäck in Schlaf versanken, während ich noch die Kraft hatte, mir eine Art Lager zu bereiten.

Gegen vier Uhr nachmittags kam ein Schlitten von Kutais durch. Inzwischen hatten wir Bergungsmaßnahmen für den unerschütterlichen und sanftmütigen Timaw eingeleitet, er hatte wiederum weder Pferde noch Postkutscher bei sich und wartete, wie er uns durch einen vorbeikommenden Reiter sagen ließ, bei einem guten Feuer auf Hilfe.

Mit dem Schlitten aus Kutais war ein Edelmann vom Stamme der Imeretier angekommen, er hatte wie üblich zwei Nuker mit sich. Selten habe ich einen so schönen Anblick gehabt wie diesen Mann in weißem Turban, einem langärmeligen georgischen Kostüm unter seinem Baschlik, Langschäftern, in welchen weite Hosen aus lesgischem Tuch steckten, und kostbaren Waffen. Er brachte mir die Nachricht, daß meine Kofferschlüssel in Gory angekommen seien, aber der Kurier wäre dort liegengeblieben.

Wir luden den Imeretier zum Essen ein, denn jetzt hatten wir unsere Reiseküche bei uns, aber er hatte Fasttag und zwei gesalzene Fische bei sich. Die Genügsamkeit dieser meistens verarmten Edelleute ist unglaublich. Fast alle führen den Fürstentitel und reiten zu Pferde, mit einem Falken auf der Schulter, dabei eine Art Mandoline spielend und dazu eine langsame, traurige Melodie singend. Die von Gold und Silber strotzenden Nuker reiten hinter ihm, der eine hat ein Huhn für die Fleischtage und der andere gesalzenen Fisch für die Fasttage bei sich. Sie bestellen auf der Station nur heißes Teewasser, essen mit den Fingern und trinken aus einem Glase. Dies ist ihre einzige Tagesmahlzeit. Auf einer Reise über 150 Werst verbrauchen sie in zwei Tagen nur einen halben Rubel.

Der unserige hatte keinen Falken, aber eine Mandoline bei sich. Als wir nach dem Essen seine Musik hörten, gingen wir zu ihm und lauschten, sein Name war Luka. Imeretien gehört zwar zu Georgien, hat aber eine etwas abweichende Sprache. Im Altertum gehörte es zu Kolchis, dessen Geschichte mit den griechischen, römischen, persischen und georgischen Kulturkreisen verbunden ist.

Während die Zirkassierinnen sich gern in die Sklaverei der türkischen Harems verkaufen lassen, um der heimatlichen Misere zu entgehen, wehren sich die Imeretierinnen und Mingrelierinnen, wenn sie entführt werden. Wir freundeten uns an und fuhren gemeinsam weiter.

Als wir an eine Fähre kamen, die über den Fluß Quirill führte, sah ich auf einem gegenüberliegenden Berge die Ruinen einer alten Burg, deren dunkle Umrisse von der

Schneedecke abstachen. Und nun sollte ich eine der größten Entdeckungen auf meiner langen Reise erleben.

Ich rief unseren neuen Freund Luka, der gerade zu Pferde das Übersetzen beaufsichtigte, und fragte ihn, ob er über diese Ruinen etwas wisse. Darauf lachte er, antwortete jedoch nicht. Als ich weiter in ihn drang, schien er in Verlegenheit zu sein, so daß ich noch einmal fragte, warum er nicht antworte. In die Enge getrieben antwortete er schließlich:

»Wir Imeretier sind zwar nur schlichte Leute, aber Ihr würdet unrecht tun, wenn Ihr uns verspottet, wenn wir eine alte mündliche Überlieferung unserer Vorväter gegenüber Fremden erwähnen. Hier handelt es sich allerdings um eine Art Fabel, die man unmöglich glauben kann.«

»Aber ich möchte sie doch gerne hören.«

»Wenn Sie durchaus wollen, werde ich sie Ihnen erzählen. Also die Überlieferung sagt, daß dies Schloß in uralten Zeiten von einem Manne erbaut wurde, welcher aus einem anderen Teile der Welt hierher gekommen ist. Sein Name soll Jason gewesen sein. Er kam, um ein aus gesponnenen Goldfäden gemachtes Widderfell zu rauben. Ich selbst glaube kein Wort davon, aber der gemeine Mann in Imeretien erzählt diese alte Fabel und nennt diese Ruinen das ›Schloß Jasons‹. Nun, diese alte Geschichte von einem goldenen Schafsfell werden Sie lächerlich finden!«

»Mein lieber Fürst Luka, ich muß Ihnen im Gegenteil gestehen, daß ich diese Geschichte seit meiner Kindheit kenne«, erwiderte ich.

Luka blickte mich jetzt ganz erstaunt an und fragte: »Sie wollen doch nicht sagen, daß man Ihnen diese Geschichte in Frankreich erzählt hat?«

»Doch, doch, sie wird uns in der Schule gelehrt.«

Er sah mich weiter zweifelnd an: »Sie wollen sich doch nicht über mich lustig machen? Sie scherzen doch wohl?«

Ich gab ihm die Hand drauf, daß ich es ernst meinte und fragte weiter: »Und bis wohin ist denn Jason gekommen?«

»Bis hierher, diese Burg war der Endpunkt seiner Reise, übrigens mußte er sich mit seinen Gefährten bald darauf wieder einschiffen, denn die Einwohner jagten ihn aus dem Lande. Aber die Sage berichtet, daß er das goldene Fell und die Königstochter entführte.«

Kurz darauf kam mein Schlitten an die Reihe des Übersetzens, und dabei sann ich über das wunderbare Gedächtnis der Völker nach, die nur durch mündliche Überlieferung eine wahre Geschichte oder eine ausgeschmückte Fabel darüber aus einer Zeit lebendig bewahrt haben, die auf vierzig Jahre vor den Trojanischen Krieg zurückzudatieren ist. Man sollte durch archäologische Grabungen an Ort und Stelle genauere Feststellungen machen.

Als wir übergesetzt waren, erreichten wir Kutais, die Hauptstadt von Imeretien, die früher Kytaia oder später Kutatisium genannt wurde und einst die Hauptstadt des sagenhaften Kolchis war.

Dancarville behauptet, daß Kutais das uralte Ea, die Heimatstadt der Medea, gewesen sei. Wenn diese Ansicht richtig ist, muß die Stadt schon mehr als zwölfhundert Jahre vor unserer Zeitrechnung und mehr als ein halbes Jahrtausend vor der Erbauung Roms von den Pelasgern gegründet worden sein. Von dieser uralten Stadt sind jedoch über dem Erdboden keine Spuren mehr sichtbar. Später wurde im Mittelalter die Stadt neu auf dem steilen Berge rechts vom alten Leuchtturm wieder aufgebaut, weil diese Lage für die Sicherheit des Handelsverkehrs günstig zu sein schien. –

Wir kehrten nach Ankunft in einem deutschen Gasthofe ein, wo wir wenigstens eine gewisse europäische Bequemlichkeit wiederfanden, vortrefflich zu Abend aßen, und schliefen.

Am nächsten Morgen erschien der Adjutant des Gouverneurs, ein Oberst Romanow, und fragte, ob er uns behilflich sein dürfte. Nach den überstandenen Strapazen konnte er uns allerdings sehr nützlich sein. Ich teilte ihm mit, daß ich die Gelegenheit meines Aufenthalts in Kutais benutzen wolle, um das alte Kloster von Gaelaeth zu besichtigen, weil dort eins der alten Eisernen Tore von Derbent aufbewahrt werden sollte. Er war so freundlich, uns als Führer zu begleiten und die nötigen Reitpferde zu stellen.

Wir bestiegen die Pferde und ritten trotz des Glatteises im Trabe nach dem Klosterberg. Als wir oben standen, bewunderten wir die schöne Aussicht und fanden ein Bauwerk vor, das eins der schönsten Probestücke der alten byzantinischen Baukunst war. Leider sind die Freskenbilder fast verwischt und alles vernachlässigt.

Aber es waren doch noch einige wertvolle Bilder vorhanden, welche natürlich angeblich wundertätig waren, Tatsache ist jedoch, daß sie bei Eroberung des Landes durch den Islam jahrhundertelang verborgen und später in dies Kloster gebracht wurden, weil die Kathedrale von Aznavour niedergebrannt war. Die Rahmen der Bilder sind teilweise große Kostbarkeiten aus dem fünfzehnten Jahrhundert. Auf einem Bild ist St. Georg mit dem Drachen zu sehen, es soll auf einer Platte von gediegenem Golde gemalt sein. Alle diese vom Klerus auf Kosten des abergläubischen, primitiven Volkes zusammengerafften Kostbarkeiten machten in der elenden und schmutzigen Umgebung einen merkwürdigen Eindruck. Aber es sollte noch besser kommen:

In der Sakristei war der Fußboden mit alten griechischen und sicher seltenen wertvollen Folianten und Pergamenten bedeckt. Aber dann zeigte man uns eine Truhe mit starken Vorhängeschlössern, die in einen zerschlissenen Teppich eingewickelt war. Man öffnete sie und nahm kostbare Priestergewänder heraus: mit Juwelen besetzte Tiaren, mit echten Perlen bestickte Überwürfe, Schmuckstücke und auch eine alte Königskrone von Imeretien.

Ein Liebhaber von altem Schmuck hätte hier vor Begeisterung aus der Haut fahren können.

Bezeichnenderweise waren diese unschätzbaren Kostbarkeiten in Lumpen gehüllt und wurden von Leuten vorgezeigt, die man nicht mit einer Zange hätte anfassen mögen, wurden in einem verfallenen Tempel, wo das reine Elend herrschte, aufbewahrt und konnten gegen eine kleine Spende besichtigt werden.

Nun blieb noch für mich die Hauptsache zu finden, nämlich das sagenhafte »Eiserne Tor von Derbent«. Man führte mich in einen Winkel. Ich weiß wirklich nicht zu sagen, woher dieser riesige Torflügel, dieser einzigartige Verschluß stammt. Ich hatte keinen Maßstab bei mir, aber ich schätze ihn auf fünf bis sechs Meter in der Höhe und zwei bis drei Meter in der Breite. Er war anscheinend aus Eichenholz, bedeckt mit Eisenplatten und mit fünf eisernen Riegeln versehen. Unten ist das Eisen angefressen und läßt das Holz dahinter erkennen. Der andere Tür- oder Torflügel soll von den Türken als Trophäe fortgeschleppt worden sein. Ich glaubte die Überreste einer arabischen Inschrift zu erkennen, aber niemand von uns vermochte sie zu entziffern. –

Die Zeit drängte, denn wir wollten auf jeden Fall am 21. Januar in Poti eintreffen, um den fahrplanmäßigen französischen Dampfer zu erreichen, und eilten nach Kutais zurück.

Wir mußten uns reisefertig machen, begaben uns wieder in unseren deutschen Gasthof und merkten, daß wir uns der Zivilisation näherten, unsere Rechnung betrug sechzig Francs für Abendessen und Logis, hier schienen also die Straßenräuber ihr Gewerbe als Gastwirte auszuüben. Aber wir bezahlten unsere Rechnung, nachdem unsere Papierrubel gewechselt waren.

Wegen der Schlammverhältnisse hatte man uns geraten, Packpferde zu nehmen, aber meine beiden großen Kisten waren für ein Pferd zu schwer, jedoch Oberst Romanow beschaffte mir einen Schlitten, obwohl er die Ansicht äußerte, daß wir damit im Kot und Schlamm steckenbleiben würden.

Moynet war so ungeduldig, daß er mit Gregory als Dolmetscher und einem Packpferde durchaus vorreiten mußte, ich bekam von Romanow einen georgischen Diener, der ein wenig französisch sprach, und fuhr mit dem Rest unseres Gepäckes nach, ich setzte mich auf den Schlitten und ließ mir mein Reitpferd am Zügel nachführen. Beim Abschied lieh mir der Oberst noch dankenswerterweise einen bequemen Husarensattel.

Der Weg war so, daß ich gleich zu Anfang zweimal mit dem Schlitten umgeworfen wurde, die Wasserrinnsale waren mit einer dünnen Eisschicht bedeckt, ich stieg also aufs Pferd. Dann kamen wir an den achtzig Werst langen Marlakiwald. Der Schlitten kam jetzt ganz zügig auf dem von abfließendem Schneewasser gesäuberten Kiesgrund vorwärts, weil die Zugpferde festen Stand hatten. Anfangs folgte ich der Schlittenspur, aber mein Pferd glitt einige Male aus, ich ritt daher im Seitengraben, wo sich wegen der Strömung kein Eis bilden konnte, der Weg verwandelte sich in ein jetzt langsamer fließendes Flüßchen, so daß er allmählich tiefer wurde und eine Eisdecke hatte, durch die mein Pferd mehrfach durchbrach, schließlich verirrte ich mich, anscheinend, weil ich einer falschen Schlittenspur gefolgt war, und es wurde mir bald klar, daß ich irgendwo unterwegs übernachten mußte. Der Name der in Frage kommenden Poststation war Gubinskaja. Ich fragte den nächsten Mann, der mit Packpferden einen Waldweg passierte, nach der Richtung von Gubinskaja, und zu meinem Schrecken zeigte er in eine ganz andere Richtung als die, der ich folgte. Ich hatte mich also verirrt und mußte sehen, wie ich auf den alten Weg kam. Dazu hatte ich mein Reisegeld bei mir, keine Schußwaffe zur Hand, sondern lediglich den Kandschar.

Nach einer Viertelstunde befand ich mich in der Dunkelheit zwischen zwei Baumreihen, aber ich konnte im Schnee weder Schlittenspuren noch Pferdespuren erkennen. Also stieg ich ab, warf den Zügel über meinen Arm und suchte mit der anderen Hand nach ihnen. Tatsächlich entdeckte ich sie schließlich und ritt aufs Geratewohl weiter. Am besten ist es, wenn man sich in einer solchen Lage dem Instinkt des Tieres überläßt. Das meinige war ein Postpferd, welches den Weg nach Gubinskaja sicher sehr oft gemacht hatte und wußte, wo es seinen Hafer bekommen würde.

Als ich die Zügel losließ, setzte es sich sofort von selbst in Trab, und ich ließ ihm seinen Willen. Während ich noch die Spuren untersuchte, hatte ich nicht weit entfernt Wolfsgeheul gehört. Bald darauf erschien eins dieser Raubtiere, stand einen Augenblick still, heulte einige Male, wohl um mich seinen Genossen als fette Beute anzuzeigen, und verschwand wieder. Ich vermißte jetzt meine Doppelflinte, die am Schlitten festgebunden war, sehr. Das Pferd trabte jetzt rascher weiter, und beim Umsehen erblickte ich viele, nicht deutlich erkennbare Tiere, die mir geräuschlos nachliefen. Von Zeit zu Zeit sah ich auch zwei feurige Kugeln, die sicher die Augen eines verfolgenden Wolfes waren. Jetzt setzte sich mein Pferd, das unruhig zu schnauben begonnen hatte, von selbst in Galopp. War dies nur ein Beweis davon, daß es Angst hatte, oder zeigte es auch an, daß wir nicht weit von der Station waren?

Nach einiger Zeit hörte ich Hundegebell und entdeckte eine von Hecken umgebene, verlassene Kapelle. Als ich über die Hecke setzte, stürzte mein Pferd, weil es in einen wegen des tiefen Schnees nicht sichtbaren Graben trat, und ich wurde abgeworfen. Es war ein Glück, daß seit kurzem nichts mehr von meinen Verfolgern zu merken war, ich konnte also mit einiger Mühe wieder aufsteigen und sah nach einigen hundert Schritten einen Mann im Dunkel auf mich zugeritten kommen. Ich faßte nach meinem Kandschar und rief ihn auf russisch an und war sehr erleichtert, als er antwortete *brats* – Bruder – und es sich herausstellte, daß es ein donischer Kosak mit langer Lanze war, den mir Moynet von der Station entgegengeschickt hatte. Er ritt nun voraus, und nach einer halben Stunde sah ich durch das Fenster der Poststation meine Freunde, die sich an einem großen Feuer aufwärmten.

Ich muß gestehen, daß mir ihr Anblick weit angenehmer war als die Verfolgung durch die Wölfe im Walde. Deshalb gab ich dem Kosaken einen Rubel und ließ meinem Gaul für seinen Ortssinn eine doppelte Portion Hafer zuteilen.

Unsere Packpferde kamen erst zwei Stunden später, leider hatten die Fuhrleute unterwegs zwei meiner selten schönen kaukasischen Gewehre – davon eins mit der Fertigungsmarke des berühmten Kerim – angeblich verloren oder wohl gestohlen. Jetzt hatte ich nur noch zwei, nämlich die Geschenke der Fürsten Bagration und Tarkanow.

Am nächsten Morgen reisten wir weiter, und bis zehn Uhr ging alles gut, dann begann jedoch der Schnee unter den Strahlen einer glühenden Sonne zu schmelzen, und ich schwamm in meinem Schlitten in einem Meer von Kot und Schlamm, so daß ich binnen kurzem von Dreckspritzern bedeckt war. Ich stieg wieder zu Pferde, aber der Weg war nach knapp einer Stunde ein Morast geworden, der von Bächen des Schmelzwassers durchzogen wurde, und mein Reittier sank manchmal bis über die Knie und bald bis zur Brust in diesen Schlamm ein, von dem man sich in Europa keinen Begriff machen kann. Einmal war ich so unbesonnen, anzuhalten, um unseren Schlitten zu beobachten, und als ich weiterreiten wollte, stak mein Pferd einfach fest, und meine Steigbügel berührten die Oberfläche des Morastes. Ich mußte absteigen, versank bis über meine langen Stiefel und konnte das Pferd erst nach längerem Peitschen dazu bringen, sich zu befreien. Ich hatte die Mähne gefaßt und ließ mich mit herausziehen.

Unter weiteren großen Schwierigkeiten näherten wir uns nun dem Endziel unserer langen Reise, und nacheinander überquerten wir den Fluß, der in der Antike Hippus genannt wurde – also Pferdefluß wegen der Schnelligkeit seiner Strömung –, und erreichten den alten Phasis, der jetzt Rion heißt. Diesen konnten wir mit einem Boote bis Poti hinabfahren, also bis zum Schwarzen Meer, wo wir ein Schiff nach Marseille besteigen sollten. Ich besaß ein Empfehlungsschreiben an den Vorsteher des Ortes Neu-Maranoe, einer Kolonie der berüchtigten Sekte der Skopsi, welche von hier bis zur Mündung des Rion den Dienst als Bootsleute versehen.

Über diese seltsame Sekte habe ich bereits im ersten Teil meiner Reisebeschreibung einiges gesagt, und ich möchte hier nur daran erinnern, daß diese beklagenswerten Fanatiker sich selbst entmannen, sobald sie ein Kind gezeugt haben. In einem so schwach bevölkerten Lande wie Rußland ist dieser Irrwahn dem Hochverrat am Lande gleichzusetzen, und daher werden die Skopsi auch stets von den Amnestien ausgeschlossen, welche die Zaren bei ihrem Regierungsantritt erlassen. Und ausgerechnet zum Abschluß meiner Studienfahrt sollte ich sogar eine ganze Kolonie dieser irren Leute kennenlernen!

Bis dahin hatte ich sie nur vereinzelt erlebt, aber hier lebten über vierhundert. Als mein Schlitten anhielt, schlichen sechs Skopsi herbei, um das Gepäck abzuladen. In ihrem langen grauen Soldatenrock sahen sie aus wie Gespenster, ihre Stimme war leise und ausdruckslos, sie waren verrunzelt und ihre Muskeln erschlafft. Um einen kleinen Reisekoffer in die Station zu tragen, mußten zwei Skopsi mit Anstrengung anfassen, obwohl ein Kutscher den Koffer mit einer Hand zu tragen pflegte. Bei einer zweihundert Pfund schweren Kiste mußten sechs von ihnen zugreifen.

Die Skopsi haben alle Fehler der Weiber, aber keine ihrer guten Eigenschaften. Sie sind zänkisch, aber ihre Wortwechsel führen nie zu Tätlichkeiten. Sie sind Angeber und Petzer. Wenn einer von ihnen einmal einen Schlag abbekommen hat, geht er weinend davon und zeigt seinen Gegner beim Vorsteher an. Sie sind sehr geizig, und obwohl sie in diesem Dreckloch wenig Verdienstmöglichkeiten haben, besitzen sie oft vier- bis fünftausend Rubel, über welche sie testamentarisch verfügen können.

Wenn bei niedrigem Wasserstande keine Schiffe den Rion befahren können, wird der Personenverkehr mit flachen Ruderbooten aufrechterhalten, und die Skopsi stellen die Bootsleute. Der Ortsvorsteher ihrer Kolonie war ein pensionierter Oberst, und ich mußte bei ihm frühstücken, als er herausgerufen wurde. Nachdem er zurückkam, teilte er mir mit, daß ein imeritischer Fürst so schnell wie möglich nach Poti reisen wolle, um den Bruder des Fürsten Bariatinskij bei seiner Ankunft mit einem Dampfschiff zu empfangen, er selbst sei Gouverneur eines Bezirkes von Dörfern, welche der Bruder des Generalgouverneurs auf seinem Wege von Poti nach Kutais durchreisen mußte.

Selbstverständlich erklärte ich, daß unser Boot zu seiner

Verfügung stünde und daß ich keine Kostenbeteiligung annähme. Hierauf machte der Fürst einen Dankbesuch, und ich lernte in ihm einen jüngeren Mann von etwa dreißig Jahren kennen, welcher eine schneeweiße Tscherkeßka mit Patronentaschen und schönen damascierten Waffen sowie einen blaßroten und perlgrauen Beschmet und hohe Stiefel trug. Ein fast ebenso reich gekleideter Nuker folgte ihm.

Sein Name war Fürst Ingeradse. Mit demselben Dampfer, den er erwarten wollte, sollten wir uns übrigens nach Trapezunt begeben, der nächsten Anlegestation der französischen Dampfer. Obwohl wir am nächsten Morgen so früh wie möglich abfahren wollten, machte uns der Oberst darauf aufmerksam, daß die Skopsi auch das mit den Weibern gemeinsam haben, daß sie schwer aus dem Bett zu bringen sind, also wurde es neun Uhr, bevor wir ablegen konnten. Der Rion – Phasis – war an unserem Einschiffungsort etwa so breit wie die Seine bei der Austerlitzbrücke, aber sehr seicht, und im Fahrwasser lag oder trieb eine Menge entwurzelter Bäume.

Wir hatten drei Skopsi an Bord, von denen zwei mit der langsamen Strömung das Flachboot ruderten, während einer steuerte. Hin und wieder saß auf einem aus dem Wasser ragenden Baumstamm ein Kormoran in Lauerstellung, um nach Fischen zu tauchen. Wir hatten mit diesen Vögeln bereits auf unserer Wolgafahrt kulinarische Erfahrungen gemacht und wußten, zum Leidwesen unserer Zähne, daß ein gekochter oder gebratener Kormoran so unverwundbar ist wie Achilles, der Held von Troja. Daher ließen wir sie ungestört Fische fangen und warteten auf Schußgelegenheiten für Wildenten, die auch bald kamen.

Aber was fehlte, waren unterwegs Dörfer, wo wir unsere Beute braten konnten. Gregory hatte vergessen, sich zu erkundigen, ob wir unterwegs abkochen könnten, und die Schiffsleute wollten uns nicht erlauben, daß wir im Boot Feuer anmachten, also nützten uns die für drei Tage reichenden erlegten Enten vorläufig gar nichts. Die Wälder am Ufer wurden höher und dichter. Efeu und andere Schlinggewächse belebten die jetzt immergrünen Waldgebiete.

Die Flußufer sind durchschnittlich 15 Fuß hoch und fast senkrecht. Die Anwohner vermeiden es, Anlegestellen zu zimmern, denn sie wollen ja nicht von Durchreisenden belästigt werden. Warum sollten sie sich Mühe geben, um jährlich einige hundert Hühner und Eier zu verkaufen? Es ist einträglicher, ein schönes Mädchen für zweihundert Rubel oder einen hübschen Knaben für tausend Piaster zu verkaufen.

Schließlich erreichten wir aber doch unsere letzte Übernachtungsstation vor Poti. Einer unserer Schiffsleute sprang heraus und machte das Boot an einem Felsblock fest, während der Fürst und sein Nuker mit ihren Kandscharen einige Stufen in die Erdwand hieben, und wir zogen uns gegenseitig schließlich hoch. Der Schnee lag hier noch einen Fuß tief, aber an besonnten Stellen war er in tiefen Schlamm verwandelt.

Die Herberge für Reisende wäre selbst für einen abgehärteten Kalmücken abschreckend gewesen, sie machte den Eindruck einer Räuberhöhle. Häßliche Bastardhunde, wie man sie in der Nähe der türkischen Grenze findet, lagen neben ihren Herren, Pferde waren an den Wänden festgebunden, wieherten und bissen aufeinander ein, bis mit der Knute dazwischengeschlagen wurde. Von dieser traulichen Gemeinschaft waren nur die Schweine ausgeschlossen, denn die Türken haben ihre Abneigung gegen diese Tiere noch nicht überwunden, während sie dem Wein nicht mehr allgemein abhold sind. Wir sahen uns im überfüllten Raume um, aber es gab keinen leeren Platz.

Als kurz nach uns der Fürst und sein Nuker erschienen, standen jedoch drei von den am Feuer liegenden Männern auf, es waren Diener des Fürsten, die ihn hier erwarteten wie Pferde auf einer Poststation. Der Fürst sprach mit ihnen und stellte uns die frei gewordenen Plätze zur Verfügung. Er selbst wollte, um schneller vorwärts zu kommen, von jetzt ab reiten und gedachte mit Mietpferden in vier Stunden Poti zu erreichen. Er stieg nun zu Pferde, sein Nuker folgte ihm, und die drei anderen Dienstleute folgten zu Fuß.

Als wir schließlich nach einer der ermüdendsten Nächte unserer ganzen Reise – weil an Schlafen oder eine andere Tätigkeit in dem Gestank und Krach nicht zu denken war – endlich am nächsten Nachmittag die Flußmündung des alten Phasis erreichten, verglich ich die Schilderung des Apollonius von Rhodos mit ihr und muß sagen, daß sie auch auf den heutigen Zustand noch zutrifft: Vor der Mündung ist eine Sandbank, der Kanal mit seiner schäumenden Strömung ist vorhanden, links von der Einfahrt sah man die kaukasischen Berge und den Hügel der alten Stadt Ea, rechts ein etwas sumpfiges, ebenes Feld, wo bekanntlich an einer Eiche das goldene Vlies hing, und dann kommt man – vom Meere aus – »in ein nahes, mit Schilf bewachsenes Sumpfgebiet, wo Jason geankert haben soll, um sein Schiff, dessen Rahen und Mast niedergelegt waren, zu verbergen«. Aber ich bin kein Altertumsforscher. Als wir die so heiß ersehnte Halbinsel Poti betraten, versanken wir bis zu den Knien im Schlamm und erfuhren, daß unser Dampfer ausnahmsweise einmal pünktlich, am zweiundzwanzigsten, abgefahren war.

Ich ging mit gesenktem Kopf bedrückt auf die zwölf hölzernen Häuser zu, aus denen Poti besteht, ich mochte Moynet nicht ansehen.

Als ich dabei über einen Abzugsgraben sprang, erblickte ich unseren vorausgerittenen eleganten Prinzen. Aber in welchem Zustande! Er war nicht mehr der Fürst in eleganter Tscherkesse, vielmehr ähnelte er jetzt einem schwarz gefleckten Leoparden. Sein Besuch war nicht angekommen, und er freute sich über unsere Gesellschaft, denn auch wir mußten das nächste Schiff abwarten.

Als ich ihn fragte, ob er für seine drei Leute keine Pferde bekommen hätte, weil sie zu Fuß marschiert wären, sagte er folgendes:

»Ich weiß gar nicht, ob Pferde zu haben waren, aber selbst wenn welche verfügbar gewesen wären, so würden sie diese doch nicht geritten haben.«

Sie müssen auf Grund ihrer »Dienstbarkeit«, zu der sie oder vielmehr ihre Familien seit alters zu persönlichen Leistungen verpflichtet sind, bei diesen Vasallendiensten zu Fuß gehen, während andere Stammesleute ihren Fürsten bei Ableistung ihrer »Dienstbarkeit« zu Pferde begleiten müssen. Keine Macht der Erde kann einen reitenden Vasallen zwingen, zu Fuß Dienst zu tun und umgekehrt oder eine andere »Dienstleistung« zu übernehmen. Weder Strafen noch Drohungen würden einen »Fliegenabwehrer« dazu bringen, seinem Fürsten die Füße zu kratzen, dazu sind besondere »Fußkratzer« da. Im Augenblick hatte der Fürst übrigens wegen der kalten Jahreszeit keinen Fliegenjäger bei sich. Dagegen mußte ihn stets ein »Fußkratzer« begleiten, weil er es angenehm empfand, sich zu jeder Jahreszeit die Füße vorm Einschlafen kratzen zu lassen. Wenn er sich unterwegs in voller Kleidung zur Ruhe begab, so ließ er sich doch die Stiefel ausziehen und die Fußsohlen kratzen. Eine barbarische Sitte, aber patriarchalisch.

30. Kapitel

Wir saßen also auf unbestimmte Zeit in Poti fest, wie wir am nächsten Tage beim Dampfschiffagenten feststellten. Es war auch unmöglich, einen türkischen Küstensegler zur Überfahrt nach Trapezunt zu mieten, um Poti zu verlassen. Täglich mußten wir Hammelfleisch essen. Unser Wirt und Schlachter war Jude, und diesen Leuten ist – ebenso wie den Moslems – der Genuß von Schweinefleisch nicht geheuer, und er lehnte es ab, einmal zur Abwechslung ein Schwein zu schlachten. Er machte so viele Einwendungen, daß ich beschloß, selbst diesen gordischen Knoten zu zerhauen.

Also nahm ich meine geladene Büchse und stellte mich damit auf die Vordertreppe. Nicht weit davon wälzten sich etwa dreißig Schweine im Kot. Ich traf meine Wahl, zielte und schoß. Ein Schwein sank getroffen nieder, und ich ging ganz ruhig in mein Zimmer. Es dauerte auch nicht lange, bis der Besitzer kam und für das dreißig Pfund schwere Tier vier Rubel verlangte. Wir einigten uns auf drei Rubel, und ein Diener übernahm die Zubereitung.

Wir sahen interessiert dem Abbrennen und der Zerlegung des Schweines zu, als wir plötzlich Trommelwirbel hörten. So etwas durfte man nicht versäumen, und wir eilten auf den vorderen Balkon. Ein ärmlich gekleideter Ausrufer rührte von Zeit zu Zeit – Straßenecken und Straßen gibt es ja nicht in Poti – eine alte Trommel und verlas eine Ankündigung, und ich muß sagen, daß wir stolz waren, diesen geschichtlichen Augenblick mit zu erleben: Durch einen kaiserlichen Ukas vom 1. Januar 1859 wurde Poti zur Stadt erklärt! Zwei Jahre vorher war es zum »Hafen« ernannt worden, ohne daß darauf irgend etwas erfolgt war.

Wir beschlossen, die Erhebung Potis zur Stadt durch ein richtiges Festessen zu feiern und gleichzeitig unseren Fürsten und einen befreundeten türkischen Kornhändler glänzend zu bewirten.

Außer dem soeben erlegten Schwein hatte ich vom gestrigen Hammel noch ein Rückenstück, ich rechnete darauf, daß ich zwei Hühner, mehrere Dutzend Eier auftreiben könnte, während Moynet einige Krammetsvögel und Enten schießen wollte. Wir hatten ein Glas mit englischen Pickles, eine Flasche Olivenöl und beim Apotheker sogar ein Glas mit Pfeffer erworben. Moynet nahm sein Zeichenalbum unter den einen Arm, seine Doppelflinte unter den anderen und stieg in ein Boot, um auf einer nahen Insel zu jagen. Nach zwei Stunden kam er mit Gregory zurück, der eine Beute von zwölf Krammetsvögeln, zwei Enten und drei wilden Tauben trug.

Wir konnten nun an die Zubereitung des Festessens anläßlich der Erhebung von Poti zur Stadt gehen. Es wird für reiselustige Leser interessant sein, ein Festmenü von einem Robinson Crusoe aus dem Jahre 1859 zu studieren, der an dem einsamen Strand einer neugebackenen Stadt wie Poti gestrandet war.

Suppe à la Julienne,
Kohl mit frischem Schweinefleisch,
verbessertes Schaschlik,
Schweinsnieren in Wein gedünstet,
Hühner à la Provençale,
zwei gebratene Enten und zwölf Krammetsvögel,
kleine weiße Bohnen,
Rührei mit Nierensaft,
grüner Bohnensalat,
Walnüsse, Tee, Kaffee, Wodka
Tischweine:
Wein aus Mingrelien

Wein aus Kaketien
Wein aus Guriel

Bei der Zubereitung mußte allerdings eine Anzahl verschiedener Kunstgriffe angewandt werden.

Zum Kochen einer kräftigen Suppe ohne Rindfleisch half ich mir mit einem Mittelrippenstück vom Widder, mit einer alten Henne, drei Wildtauben und einem Raben, den ich schoß, während die erstgenannten Ingredienzien bereits auf dem Feuer standen. Ein Rabe gibt soviel Fleischbrühe wie zwei Pfund Rindfleisch, aber man muß ihn wie ein Kaninchen abhäuten.

Über die Zubereitung von Schaschlik habe ich bereits geschrieben. Meine »Verbesserung« bestand darin, daß ich das Rückenstück nicht in nußgroße Stückchen zerschnitt, sondern es ganz ließ. Dann spießte ich es auf einen Ladestock oder etwas Ähnliches und bestreute es ordentlich mit Salz und Pfeffer. Dann legte ich das eine Ende dieses improvisierten Bratspießes auf einen Stein als Unterlage, das andere Ende hatte der beim Zerlegen des Schweines bewährte Hausdiener in die Hand zu nehmen. Mit der anderen Hand mußte er meinen schärfsten Kandschar ergreifen und damit der Länge nach Einschnitte machen, sobald das Rückenstück anfing, braun zu werden.

Diese Oberfläche mit Längsschnitten konnte dann abgelöst und zuerst aufgetragen werden, während die untere Bratenschicht nach Bestreuen mit Salz und Pfeffer auf gleiche Weise behandelt werden sollte. Dies konnte je nach Dicke des Fleischstückes noch weiter fortgesetzt werden. Die so gebratenen Fleischstücke sollten mit frischer Butter und gehackter Petersilie serviert werden.

Moynet brauchte von meiner Kochkunst nichts zu lernen, denn als mein Adjutant hatte er schon an verschiedenen Siegen teilgenommen, die ich auf gastronomischen Schlachtfeldern in Petersburg, Moskau und Tiflis gewonnen hatte.

Der Fürst und der türkische Kaufmann erklärten hinterher, daß sie noch nie so gut gespeist hätten. Der Fürst konnte nicht begreifen, daß ich die Feder, die Jagdflinte und den Kochlöffel mit ziemlich gleicher Geschicklichkeit führen konnte, und er bekam einen hohen Begriff von der Zivilisationsstufe eines Volkes, bei welchem derselbe Mann zugleich Schriftsteller, Jäger und Koch sein kann. Er freute sich, daß er zu weiteren Erfolgen feinschmeckerischer Art auch ein wenig durch zur Verfügungstellung seines Nukers, der beiden Diener und seines Fußkratzers als Treiber bei einer Jagd beitragen konnte, denn wir beschlossen, in den nächsten beiden Tagen mit Booten auf das andere Ufer des Phasis überzusetzen und zu jagen.

Dort war ein vor vier Jahren umgehauener junger Schlag von Bäumen ein ideales Revier für Federwild, und wir konnten dann auch zwei Fasanen, einen Rehbock und zwei Hasen schießen, so daß wir abends Rehkoteletten, Hasenpfeffer und einen gebratenen Fasan zu Tische hatten. Meine Gäste waren außer sich vor Erstaunen, ohne uns würden sie nur Hammelfleisch und immer wieder Hammelfleisch als etwas ganz Selbstverständliches verzehrt haben.

Frischfisch war etwas Unbekanntes. Wohl gab es Fischer, aber sie salzten nur ihren Fang ein und verkauften ihn flußaufwärts bis nach Kutais. Ich mietete nun zwei Fischerboote mit je zehn Mann Besatzung und eine Barke für uns, worauf wir durch den immer breiter werdenden Kanal in einen großen See einfuhren. Dort blieb das eine Boot nach Ausbringen eines großen Schleppnetzes auf der Stelle, während das andere, einen großen Bogen beschreibend, weiterfuhr, und nach einer Stunde hatten wir beim Hochholen über fünfzig Pfund Fische im Netz, während der zweite Fischzug in dem drei Meilen langen See mehr als das Doppelte brachte.

In Asien kennt man keinen Frischfisch. Ich begnügte mich mit einem dreißig Pfund schweren Karpfen, zwei großen Stören und drei schönen Plattfischen, den Rest überließ ich den Fischern. Man zog den Fischen einen Strick durch die Kiemen, um sie am Leben zu erhalten, bis sie verspeist werden konnten. Ihre Schuppen schimmerten wie Gold und Silber.

Unser Tafelluxus, der uns für viele Entbehrungen entschädigen sollte, wurde von Tag zu Tag größer. Der Fürst wäre am liebsten immer bei uns in Poti geblieben.

Aber wir warteten ungeduldig auf das Dampfboot, und endlich, am 1. Februar morgens, wurde es uns signalisiert! Eine halbe Stunde später erfuhren wir, daß der »Großfürst Konstantin« zwei Werst vor der Küste geankert hatte und um drei Uhr nachmittags weiterfahren würde. Der erwartete Fürst Bariatinskij war wieder nicht an Bord. Unser Fürst hatte sich zum Empfang festlich geschmückt. An Stelle seiner gefleckten Tscherkeßka trug er jetzt eine schwarze, die mit Gold bestickt war. Auf diesem dunklen Grunde wirkten seine Waffen besonders schön.

Nun ließ ich Gregory unsere Rechnung mit unserem Wirt ausgleichen. Jakob berechnete uns für zwei Tage mit Verpflegung – die übrigen sechs hatten wir von Jagd und Fischfang gelebt – achtzig Rubel, also 320 Francs, davon für unsere »Zimmer« allein 24 Rubel oder 96 Francs! Mein Raum war also vier Francs teurer als ein Luxuszimmer im Hotel du Louvre in Paris. Gregory hatte die Preise nicht im voraus abgemacht, und wir sollten für hundert Francs Wein und für vierzig Francs Tee getrunken haben.

Ich bezahlte aber und stellte fest, daß für uns die Strecke von Tiflis nach Poti bis an Bord mehr als 1200 Francs in diesem wilden Osten gekostet hatte.

Der Fürst wollte nunmehr auch abreisen. Unsere 13 Gepäckstücke wurden auf den kleinen Zubringerdampfer gebracht, wir folgten nach herzlichem Abschied von unserem Fürsten und griffen zum letzten Male in die Tasche, um unsere Gepäckträger zu bezahlen. Wir wußten bereits, daß diese Handbewegung in der neuesten »Stadt« Rußlands sehr kostspielig war.

An Bord trafen wir die Zivilisation wieder, in allen Räumen herrschte französische, ja holländische Sauberkeit und ein seit sechs Monaten entbehrter Luxus: saubere Betten mit schneeweißer Wäsche und Matratzen. Bei Tisch gab es reine Servietten und weiße Tischtücher! Nach dem Essen gingen wir an Deck, um das Ankerlichten zu sehen. Das Wetter war herrlich, die Küste bot einen prächtigen Anblick. Der Kaukasus breitete seine beiden Riesenarme aus, so als ob er das Schwarze Meer an sich ziehen wollte, der eine Arm erstreckt sich mit seinen Ausläufern bis nach Taman und der andere bis zum Bosporus. Das Schiff hatte einen so ruhigen Gang, daß ein auf die Kante gestellter Taler nicht umfiel.

Unser Kurs führte zunächst nach Batum und dann nach Trapezunt, wo wir auf den französischen Dampfer »Sully« umsteigen sollten. Das nächste Ziel war Samsum, Sinope und Ieboli, dann Konstantinopel. Während der ganzen Tage konnte ich endlich wieder ungestört in Ruhe arbeiten, deshalb habe ich auch Konstantinopel nicht betreten, obwohl wir sechs Tage im Goldenen Horn vor Anker lagen. Auch lagen nach der Abfahrt von Poti die Anlaufhäfen nicht mehr auf russischem Boden und gehörten also nicht mehr zu meinem eigentlichen Reiseprogramm.

In Trapezunt kamen etwa dreihundert Kabardiner an Bord, die nach Konstantinopel wollten. Ich fragte den Kapitän, ob es Auswanderer seien, und als er antwortete: »Nein, es ist eine Spekulation«, verstand ich zuerst nicht, was er meinte, und bat um eine Erklärung.

»Ei, es ist klar wie der Tag, daß diese Schurken ihre Frauen und Kinder auf dem dortigen Sklavenmarkt verkaufen wollen.«

»Und Sie leisten dem Menschenhandel mit Weißen Beihilfe?«

»Wir können gar nichts tun, jeder hat seinen gültigen Paß. Die Weiber sind sehr vergnügt und glauben alle, daß sie an Paschas verheiratet werden oder womöglich in den Harem des Sultans kommen. Wir könnten nur einschreiten, wenn sie sich bei uns beschwerten, und das ist noch nie vorgekommen.«

»Das ist natürlich etwas anderes.«

»Sie können sie gleich in einer Prozession nach oben sehen, wenn sie Trinkwasser holen.«

Tatsächlich kam auch hinter einem ehrwürdig aussehenden Greis mit weißem Bart eine lange Reihe Frauen wie die Gänse hintereinander aus der Luke heraus, um ihre Wasserflaschen an Steuerbord füllen zu lassen. Dann stiegen sie wieder hinunter, und der Kapitän fragte mich, ob ich vielleicht eine so schön gefunden habe, daß ich sie kaufen wollte, was ich kopfschüttelnd verneinte.

Ich schaute aber durch die Luke hinab. Der Zufall hatte es so eingerichtet, daß zwei einander feindliche Stämme denselben Dampfer benutzen wollten, und wegen der dadurch notwendigen Trennung wurden sie noch enger als sonst im Schmutz zusammengepfercht.

Moynet, Gregory und ich speisten am Kapitänstische. Unser junger Armenier war sofort beim Anbordkommen seekrank geworden und lag in der Koje. Während wir aßen, setzte das Schiff sich in Bewegung. Beim Dessert hörten wir lautes Geschrei, und kurz darauf erschien der Bootsmann, um den Schiffsarzt zu holen.

»Was ist denn los?« fragten wir einstimmig.

»Die beiden feindlichen Häuptlinge sind mit ihren

Waffen handgemein geworden, und der eine hat dem anderen dabei das Gesicht aufgeschlitzt«, war die Antwort.

Der Kapitän sagte nur: »Man lege den, welcher den anderen verwundet hat, in Ketten.«

Dann hörte man unten Stampfen und Kampfgeräusche, worauf es wieder ruhig wurde. Nach zehn Minuten kam der Arzt zurück und meldete:

»Es ist ein böser Schnitt mit dem Kandschar, und die Wunde geht quer über das Gesicht von der einen Augenbraue bis zum Kinn, und das rechte Auge ist schwer verletzt, er kann einst König im Reiche der Blinden werden.«

»Sie meinen, daß er einäugig wird?« fragte ich.

»Einäugig war er leider schon«, entgegnete der Doktor. In diesem Augenblicke erschien ihr Dolmetscher und meldete, daß eine kabardinische Abordnung den Kapitän zu sprechen wünschte. Es war der ehrwürdige Greis von vorhin, der unverletzt geblieben war.

»Er läßt sagen, daß der andere, der auf Ihren Befehl in Ketten gelegt wurde, in Freiheit gesetzt werden müsse, weil der Streit zwischen freien Leuten aus dem Gebirge stattfand, die nicht der französischen Justiz unterstehen. Wenn einer schuldig wäre, würden sie ihn schon selbst bestrafen.«

Der Kapitän ließ antworten, daß sie unter seiner Justiz stünden, weil sie sich an Bord eines französischen Schiffes befänden, sie möchten sich sofort wieder ins Zwischendeck begeben.

Während wir Kaffee tranken, stürzte ein Schiffsoffizier herein: »Kapitän, die Kabardiner haben sich empört und verlangen, daß ihr Landsmann in Freiheit gesetzt wird, widrigenfalls würden sie von ihren Waffen Gebrauch machen.«

»Lassen Sie die Luken gut schließen, und leiten Sie

heißen Wasserdampf aus dem Dampfkessel ins Zwischendeck, um die Leute zur Räson zu bringen. Herr Dumas, nehmen Sie keinen Kognak zum Kaffee?«

Kurz darauf hörte man ein lautes Geheul, und bald darauf wurde gemeldet, daß die Meuterer sich auf Gnade und Ungnade ergäben.

»Es ist gut, lassen Sie den Dampfhahn schließen, aber die Luken bleiben vorläufig zu.«

Der Befehl wurde vollzogen, und die Ruhe wurde bis zur Ausschiffung in Konstantinopel nicht mehr gestört. Die Kabardiner gingen in langer Reihe schweigend von Bord, und hiermit endete endgültig meine russische Reise und alles, was mit dem Kaukasus zusammenhing.

Nachwort

In der so besonders reichen französischen Literatur, die leider im Gegensatz zur englisch geschriebenen im heutigen Deutschland viel weniger bekannt ist, als sie es verdiente, ragt Alexandre Dumas père – der ältere der beiden Alexandre Dumas – durch sein romantisches Leben, seine Weltgeltung und seine einmalige schöpferische Fruchtbarkeit als Dramatiker, Romanschreiber und Feuilletonist hervor. Er hat fast 600 Bücher hinterlassen.

Sein Freund Victor Hugo sagte später von ihm in einem Nachruf: »Er hatte sogar mehr Genie als Talent, er war eine tropische Natur, die sich nicht nur in seinem phantastischen Schaffen erschöpfte, sondern auch das Bedürfnis hatte, sich für seine Freunde finanziell aufzuopfern.«

Dumas ist Zeitgenosse von Lamartine, Victor Hugo, Balzac, Musset, George Sand und Flaubert. Sein Name war in literarisch gebildeten Kreisen Rußlands – besonders bei der russischen Frauenwelt – ebenso bekannt wie diese Schriftsteller. Einen großen Teil seiner Romane hat er als Feuilletons in Pariser Blättern erscheinen lassen, aber das hat er mit Dostojewskij, Dickens und vielen anderen gemeinsam, die in der damaligen Zeit regelmäßig ihre neuesten Romane zuerst in Tageszeitungen veröffentlichten. Für die Ausweitung des Leserkreises wurde die spannende Fortsetzung in der nächsten Nummer dem damaligen Journalismus so wichtig, daß die wenigen in Frage kommenden Feuilletonisten für Jahre oder auf Lebenszeit von den großen Zeitungen für alles Material »aufgekauft« wurden, das sie mit ihrem Namen zeichnen würden.

Die Goncourts haben von dem sechzigjährigen Dumas geschrieben: »Er hat zugleich etwas von einem Fakir und einem reisenden Händler aus ›Tausendundeiner

Nacht« . . ., es sind nichts als Tatsachen, merkwürdige Tatsachen, paradoxe Tatsachen, unglaubliche Tatsachen, die er aus der Tiefe seines ungeheuerlichen Gedächtnisses hervorholt . . . .«

Vom Vater hatte er eine athletische Gestalt und das Interesse für die alten Schriftsteller geerbt. Der General Dumas verfügte über herkulische Kräfte: er konnte als junger Dragoner, wenn er im Stall aufgesessen war und sich an einem Deckenbalken festhielt, mit dem Druck seiner eisernen Schenkel sein Pferd vom Boden hochheben. Aber er war auch ein eifriger Leser von guten Übersetzungen Caesars oder Plutarchs.

Von ihm hatte sein Sohn das Interesse für geschichtliche Themen und die alte Mythologie. Durch seine Heimatstadt Villers-Cotterêts sah er als zwölfjähriger Knabe 1814 den Zaren Alexander I. fahren auf dem Wege zum ersten Einzug der Alliierten in Paris nach Napoleons Abdankung. Dabei beobachtete der Knabe aus einem Kellerfenster die vorbeigaloppierenden Kosaken. Während der Hundert Tage nach der Wiederkehr Napoleons von Elba erblickte er zweimal den durchreisenden französischen Kaiser bei seiner Durchfahrt durch das Städtchen, in welchem seine Familie wohnte, auf seinem Schicksalsweg von und nach Waterloo.

Seine ganze Jugend war von nicht abreißenden Berichten berauschender und blutiger Abenteuer der Soldaten der Revolution und des Kaiserreiches beeinflußt, und daher zog ihn das Dramatische und Romantische auch auf der Höhe seines späteren Schaffens an. Man zählte seine Familie vielfach zu den Bonapartisten, obwohl sie streng republikanisch war und sein Vater von Napoleon sehr schlecht behandelt worden war und beim frühen Hinscheiden des Generals die Familie fast mittellos dastand, so daß der junge Dumas seine erste Reise nach der Hauptstadt unterwegs durch Wilddiebereien mit seiner Flinte finanzierte. Als er in Paris mit vier Hasen, einem Dutzend Rebhühnern und zwei Wachteln ankam, hatte er Glück: das Hôtel des Grands Augustins nahm ihm seine Jagdbeute ab und gewährte ihm dafür zwei Tage lang Unterkunft und Verpflegung.

Sein Pariser Anfang wurde durch den berühmten Schauspieler Talma, den Freund Bonapartes, sowie durch persönliche Beziehungen zu republikanischen Kreisen wohlwollend gefördert, weil er der Sohn des heroischen Generals Dumas war. Das einzige, was er zunächst einzusetzen hatte, war eine sehr schöne Handschrift, und damit gelang es, ihn für hundert Francs monatlich als Kanzlisten im Palais Royal, dem Hauptquartier des Hauses Orléans, das damals wieder einmal mit den Abgeordneten der Opposition konspirierte, unterzubringen.

In seiner Freizeit begann er, sich literarisch zu bilden. Seine Lektüre reichte von Äschylus über Plautus bis zu Walter Scott und Schiller. Besonders die Dramen Shakespeares sowie die Possen der Molièreschen Wanderbühnenzeit zogen ihn an. Außerdem besuchte er fleißig auf Freibillets die Pariser Theater zu Studienzwecken und lernte dabei zufällig den bekannten Theaterkritiker Nodier kennen. Dieser ebnete Dumas letzten Endes den Weg dazu, seinen ersten dramatischen Versuch, bei dem Walter Scott und Schiller Pate gestanden hatten, auf die Bühne zu bringen. Mademoiselle Mars, die damals auf der Bühne Molières herrschte, brachte jedoch die Aufführung seines ersten angenommenen Dramas »Christine« zu Fall, weil ihr gepflegter Stil als Schauspielerin mehr zu den Stücken der Klassiker paßte als zu den romantischen, leidenschaftlichen Dramen Shakespeares, denen Dumas und Victor Hugo nacheiferten.

Sein nächster Versuch, »Heinrich III. und sein Hof«,

erinnerte in manchem an die große französische Revolution und die gewalttätige Ära Napoleons. Die Durchsetzung dieser Aufführung war ein aufregender Roman, aber am Tage nach der Premiere war Dumas ein berühmter Mann. Ein Buchhändler erwarb für sechstausend Francs die Druckrechte, und das Stück wurde bei ausverkauften Häusern 38mal hintereinander gespielt.

Man schrieb das Jahr 1829 und Dumas war ganze 27 Jahre alt, ein Riese von etwas exotischer Schönheit und damals noch schlanker Figur. Jetzt begannen für ihn die Frauenaffären. Es gab damals in Paris sehr viele unverstandene oder ausgehaltene elegante Frauen, die sich nach der reinen und wahren oder sentimentalen Liebe sehnten.

Man muß daran denken, daß in nächster Nähe von Villers-Cotterêts, wo Dumas seine Jugend verbrachte, ein berühmtes Renaissanceschloß lag, das der jüngeren bourbonischen Linie, den Herzögen von Orléans, gehörte. Ähnlich wie der »Hirschpark« von Versailles der älteren Linie der Bourbonen hatte es – besonders zur Zeit der Regentschaft des Herzogs Philipp von Orléans nach dem Tode Ludwigs XIV. – einen skandalösen Ruf. Man nannte es »das Lusthaus der Roués und Libertins«, weil es stadtkundig war, daß darin Orgien stattfanden, welche Madame Tenvin in ihren Briefen als »Adam-und-Eva-Nächte« beschrieben hat. Hierzu wurden gelegentlich auch Stadtbewohner und Schloßbeamte eingeladen, was natürlich die Moralbegriffe in der Kleinstadt stark lockerte, besonders weil der dortige Hof nicht nur die Hauptquelle des Wohlstands, sondern auch bis zur Revolution absolutes Vorbild war. Es würde hier zu weit führen, die Namen der Mätressen von Dumas zu nennen.

Den Höhepunkt seiner Laufbahn als Dramatiker bildete zweifellos der Kostümball, den er in seiner Pariser Etagenwohnung gab. Leider hatte diese nur vier Zimmer, aber glücklicherweise stand die Nebenwohnung leer. Weil er vierhundert Personen einladen wollte, mietete er diese unbewohnten kahlen Räume und ließ sie von den besten Künstlern, die Paris damals aufzuweisen hatte, ausmalen. Ein Bühnenmaler bespannte die Wände mit Leinwand, und acht von Dumas Freunden übernahmen das Weitere. Jeder Künstler malte ein Sujet aus einem Werk der geladenen Schriftsteller.

Für das Festessen sorgte Dumas, indem er sich diesmal einen Jagdschein und eine Einladung in das Jagdrevier eines Freundes verschaffte und dabei neun Rehböcke und drei Hasen erbeutete. Das waren drei Rehböcke zuviel, weshalb er sie beim besten Delikateßhändler von Paris gegen einen dreißigpfündigen Lachs sowie einen fünfzigpfündigen Stör eintauschte, während für ein viertes Reh eine riesige Fleischpastete eingehandelt wurde.

Die schönsten Schauspielerinnen von Paris hatten zugesagt, und die Damen der Gesellschaft bestürmten den Gastgeber um Einladungen. Das Büfett war eines Gargantua würdig. Dreihundert Flaschen Bordeaux wurden warm und dreihundert Flaschen Burgunder kühl gehalten. In beiden Wohnungen seiner Etage spielten zwei erstklassige Streichorchester, und alles war mit Blumen überladen.

Gegen Mitternacht waren alle Pariser Größen persönlich anwesend: Männer von Amt und Würden, Künstler, Schriftsteller und Schauspieler, die Verleger der *Revue des Deux Mondes* und der *Revue de Paris*, dazu die Spitzen der Presse. Die Mars und andere Schauspieler erschienen in den Originalkostümen, welche sie in »Heinrich III. und sein Hof« getragen hatten. Der alte republikanische General und Freiheitskämpfer La Fayette hofierte die jungen Schauspielerinnen, wie wenn er wieder auf einem königlichen Ball in Versailles vor der Revolution wäre.

Die Zeitung »Artiste« schrieb über das glanzvolle Ereignis: »Mögen Sie ein Fürst sein, mögen Sie über ein Vermögen von einer Milliarde verfügen, so werden Sie doch nicht imstande sein, ein so glänzendes, so lustiges und so neuartiges Fest zu geben. Die von Meisterhand aus dem Stegreif gemalten Fresken könnten Sie nicht einmal für klingende Münze haben. Sie könnten auch nicht so viele junge, ausgelassene Künstler und Berühmtheiten bei sich versammeln. Und was Sie vor allem nicht haben werden, ist die freimütige, mitreißende Herzlichkeit unseres ersten Dramatikers Alexandre Dumas.«

Der Gastgeber war als Bruder Tizians erschienen, Alfred de Musset als Hanswurst, Eugène Sue als Domino, Delacroix als Dante, Rossini als Figaro. Das Fest dauerte bis neun Uhr früh, als die ausgelassene Menge mit der Musik voran zu einem letzten Galopp auf die Straße ging, und die Spitze des Zuges erreichte den Boulevard, während das Ende erst die Wohnung von Dumas verließ.

1830 wurde die Monarchie der älteren bourbonischen Linie durch die Julirevolution der Journalisten und die Antiklerikalen gestürzt und der liberale Herzog Louis Philippe von Orléans zum »Bürgerkönig« gewählt. Dumas hatte mit der Pistole in der Faust und seiner Doppelflinte auf dem Rücken die Stadt Soissons besetzt und aus dem dortigen Heeresmagazin Pulver für La Fayette nach Paris schaffen lassen. Als einer der ersten Revolutionäre hatte er die republikanische Trikolore gezeigt.

1832 begann der Geschmack des Massenpublikums aus den Vorstädten das Theater umzuformen. Auch dabei war Dumas einer der Bahnbrecher.

Jetzt begann er – zunächst für die *Revue des Deux Mondes* – als Feuilletonist Reisebilder zu schreiben, denen historische Berichte folgten, die er zwar romanhaft behandelte, welche jedoch auch von Historikern geschätzt wurden. Auf diesem Wege kam er dann zum Welterfolg seiner Zeitungsromane »Die drei Musketiere« und »Der Graf von Monte Christo«, die nicht nur in der westlichen Welt, sondern auch bei der Intelligenz Rußlands berühmt wurden.

Die Zeitumstände brachten damals eine Renaissance des historischen Romans hervor. Besonders sein Roman »Monte Christo« sollte der absolute Höhepunkt seines Lebens als Romanschreiber werden. Während er sonst für ein Manuskript zehntausend Goldfrancs erhielt, verdiente er durch diesen Zeitungsroman über zweihunderttausend Francs, kam sich nun wie ein Nabob der Literatur vor und entschied nunmehr, daß er jetzt ein Schloß, ein eigenes Theater sowie eine eigene Zeitung besitzen müsse. Tatsächlich ist es ihm auch – wenn auch nicht für die Dauer – gelungen, alle drei Lieblingspläne in großem Stile zu verwirklichen.

Balzac schrieb nach der Einzugsfeier des neuen Schlosses »Monte Christo«, an der am 25. Juli 1848 über sechshundert Freunde teilnahmen: »Monte Christo ist eine der köstlichsten Folies, die man je gesehen hat. Es ist die fürstlichste Bonbonnière, die es gibt. Dumas hat dafür bereits vierhunderttausend Francs ausgegeben und die Vollendung wird weitere hunderttausend Francs kosten. Es ist eine bezaubernde Villa, ein Lusthaus der Zeit Ludwigs XV. . . .«

Dumas selbst lebte darin bescheiden und arbeitete in einem ganz einfach ausgestatteten Zimmerchen in seiner »kleinen Festung«, etwa zweihundert Meter von der schloßartigen Villa entfernt. Es gab dort einen kleinen Wassergraben und sogar eine kleine Zugbrücke. In jeden Stein war der Titel eines seiner vielen Werke eingehauen, und dort schrieb er von morgens bis abends, manchmal auch bis tief in die Nacht.

Einem gelegentlichen Besucher streckte er dann seine

Linke entgegen und schrieb mit der Rechten weiter! Er hatte eben keine Zeit übrig. Ein bezeichnendes Gegenstück dazu gibt es in der Schilderung seiner Kaukasusfahrt, wenn er in einem primitiven Kosakenposten trotz Ermüdung nicht schlafen kann, ein Licht anzündet, und mit der einen Hand seine Reisebeobachtungen niederschreibt und mit der anderen sich wegen der ihn bedrängenden Insekten dauernd kratzen muß.

Auf seinem Schloß machte eine Sultanin der anderen Platz, auch Lola Montez, die spätere allmächtige Gräfin Landsfeld und Mätresse Ludwigs von Bayern, hat ihn dort besucht und ihn später in einem vorsichtigen Briefe nach München eingeladen, um ihn dem König vorzustellen.

Dumas hatte erkannt, daß in romanhaften, geschichtlichen Erzählungen sowie vergessenen oder anonymen Denkwürdigkeiten ein ungeheurer und wenig ausgeschöpfter Stoff lag, er wurde daher der Historiker des breiten Publikums und stand sich nicht schlecht dabei. In dem Jahrzehnt zwischen 1845 und 1855 befand sich Dumas – allein an der Fruchtbarkeit seines Schaffens gemessen – auf der Höhe seiner Romanerfolge.

Vom Ministerium und von Zeitungen wurde er jetzt nach Spanien und Algier entsandt: nach Spanien als Historiograph bei der Hochzeit der Infantin Luisa Fernanda, nach Algier, um dies eroberte Land in Frankreich bekannter zu machen.

Wir wollen zum Schluß noch erwähnen, daß Dumas sich während seines politischen Exils in Brüssel, das er mit Victor Hugo teilte, als den französischen Livius und Victor Hugo als den französischen Tacitus bezeichnet hat. Und das war beinahe wahr.

Natürlich mußte er auch bei dem Freischarunternehmen Garibaldis, der auf Sizilien landete, um Italien zu vereinen und die alten Gewalten zu vertreiben, dabei sein.

Zum Dank ernannte dieser ihn später zum Direktor der antiken Ausgrabungen in Pompeji und stellte ihm das Palais Chiatamone in Neapel als Wohnsitz zur Verfügung. Hier fand er endlich die Zeit, seine *Impressions de voyage en Russie* über seine Kaukasusfahrt zu Papier zu bringen, welche im Herbst 1861 als Feuilletons im *Le Constitutionel* veröffentlicht wurden.

Bildnachweis:

Bilder 2, 3, 4, 5, 6, 7, 8 und 15 aus der Zeitschrift „Globus“ (19. Jh.); 11, 12, 13, 14 und 16 aus Fr. Bodenstedt „Völker des Kaukasus“, 1849; 9 und 10 aus „Meyers Universum“ (Sammlung von Kupfer- und Stahlstichen des 19. Jhs.); 1 Staatliche Graphische Sammlung, München.

Helsingfors
Kronstadt
Schlüsselburg
St. Petersburg
(Leningrad)
Finnischer Meerb.
Reval
Estland
Peipus-S.
Ilmen-S.
Uglitsch
Jar
Kaliasin
Jelpati
Twitz
Moska
Wolga
Livland
Riga
Kurland
Düna
Bordino
Mojaisk
Ostsee
Paris, Berlin, Stettin
Memel
DEUTSCHES REICH
Danzig
Dnjepr
Pripjet
Warschau
Polen
RUSSISCH
Charkow
Kiew
Dnjepr
ÖSTERREICH-
Preßburg
Odessa
Budapest
UNGARN
RUMÄNIEN
Bukarest
Belgrad
SERBIEN
BULGARIEN
Sofia
Schwar
Konstantinopel
TÜRKISC
Thessaloniki
Marseille
N
N